国家社科基金教育学一般课题『美国教育思想史』最终成果（课题批准号BOA150033）

美国教育思想史

贺国庆 等 著

浙江大学出版社
ZHEJIANG UNIVERSITY PRESS

前言

　　教育思想是对教育现象的认识，一般包括教育主张、教育理论、教育学说、教育思潮等。教育思想源于并植根于教育实践，反过来亦可以指导教育实践。一般而言，教育思想是教育客观规律的体现，它反映并顺应了时代发展的要求。

　　研究美国教育思想史，对于我们从整体上深入了解美国教育具有重要意义。今日美国教育是昨日美国教育发展演变而来的，掌握美国教育思想发展脉络，有助于我们对当下及未来美国教育发展方向的把握。研究美国教育思想史，有助于我们揭示美国教育乃至人类教育发展的客观规律。美国在发展教育过程中，积累了丰富的经验，提炼出众多教育发展的客观规律，值得我们发掘和借鉴。作为一个国家，美国的历史不到250年；由殖民地时期算起，美国教育史的时间跨度也仅有400年左右。尽管历史并不久远，但美国所铸造的教育成就是世所罕见的。诚如滕大春先生所言："美国原是世界上年轻的国家，在世界教育史上是后进。但成立以来，经营奋斗，到第一次世界大战后，已成为资本主义社会的教育先进之邦。第二次世界大战后的今日，竟是教育超级大国。它的历史短而步子快，教育成就在资本主义国家中是罕见的。"美国教育之发达的影响因素有很多，而其"善于掌握教育发展的客观规律和巧于运用这些客观规律等因素，这是别国所罕及的"。换言之，美国教育的迅速崛起，在很大程度上与其在教育理论领域的积累、发展与创新有着紧密的关联。就哲学角度而言，伟大的教育实践必然催生出伟大的教育思想，而科学的教育思想必然有力助推教育实践的健康发展。美国在其并不久远的教育史上孕育出的丰富、深邃的教育思想体系，显然是促使美国教育在不同时期快步前进、快速发达的重要力量。因此，对美国教育史的研究，不能也无法回避对美国教育思想史的研究。

从历史角度梳理美国教育思想的孕育、生成、壮大的发展过程，探讨不同阶段代表性教育思想和主要流派的内容主张、核心特征与历史影响，分析各时期教育思想的源变过程以及内在历史关联，不仅有助于廓清美国教育思想发展的基本脉络，充分把握美国教育思想演进的历史线索与具体内容，同时也有助于正确理解教育思想与教育实践的互动关系，特别是有助于科学认识美国教育勃兴背后的教育思想因素。

美国教育思想史的重要学术价值使其很早即成为国内外学界关注的重要内容。围绕这一领域，学界从不同角度进行了长期和深入的研究，为本书提供了较为充分的文献基础。

国外学界特别是美国学者对美国教育思想史的系统性研究起步较早，1900 年即有温什普（A. E. Winshio）所著《伟大的美国教育家们》（*Great American Educators*, 1900）一书出版，该书对美国历史上一批声名卓著的教育家及其思想作了较为全面的介绍。此后，有学者对美国历史上有重大影响的教育人物及其思想作了专门研究，如伍迪·托马斯（Woody Thomas）的《本杰明·富兰克林的教育观》（*Educational Views of Benjamin Franklin*, 1931）和玛丽·曼（Mary P. Mann）的《贺拉斯·曼的一生》（*Life of Horace Mann*, 1937）等。

20 世纪中期，关于美国教育思想史的研究日渐升温，相关成果不断涌现。其中关于美国教育思想的通史性著作有：塞耶（V. T. Theyer）编撰的《美国教育思想的形成：从殖民地至今》（*Formative Ideas in American Education: From the Colonial Period to the Present*, 1965），该书全面阐述了自殖民地时期以来美国不同历史阶段代表性的教育思想和教育理论；珀金森（Henry J. Perkinson）编撰的《美国教育思想二百年》（*Two Hundred Years of American Educational Thought*, 1979），该书系统介绍了 18 世纪以来从本杰明·富兰克林到保罗·古德曼等近 20 位美国著名教育家的教育思想；蒙加兹（Dickson A. Mungazi）编撰的《美国教育理论的演进》（*The Evolution of Educational Theory in the United States*, 1999）以时间为线索，对不同历史阶段代表性的教育思想和理论流派进行了细致描述，并分析了美国教育理论演进的历史特征及其影响。

关于美国教育思想的史料性成果有：里帕（S. Alexander Rippa）编撰的《美国教育思想文献史》（*Educational Ideas in America, A Documentary History*, 1969），该书从文献叙事的角度，详细梳理了美国教育思想的演变脉络；米尔森（Andrew J. Milson）等编撰的《美国教育思想：1640—1940 年的文献》（*American Educational Thought: Essays from* 1640—1940, 2004）收录了美国自 1640 年以来 300 年间共计 52 篇著名文献，这些文献不仅有助于了解当时的美国教育状况，也有助于分析美国历代教育家们所关注的教育问题的变化过程。

有关世界教育思想史的著作中，也有大量反映美国教育思想史的内容，如科提斯（S. J. Curtis）编撰的《教育思想简史》（*A Short History of Educational Ideas*, 1970）对美国教育思想史的相关内容多有涉及。梅耶（Frederick Mayer）编撰的《教育思想史》（*A History of Educational Thought*, 1973）一书五部分内容中，第四和第五部分以大量篇幅专门介绍了美国教育思想的奠基、形成和历史演进。

除上述成果外，国外大量有关美国教育史、教育思想史和著名教育家的研究成果与文献史料同样是对美国教育思想史研究的充实与丰富，其中部分代表性成果已有中文译本问世。特别是就学术研究的角度而言，美国著名历史人物和教育家，如富兰克林、杰斐逊、贺拉斯·曼、艾略特、杜威、杜波伊斯、卡伯雷、桑代克、贝林、克雷明等人的代表性著作、论文等文献，对本研究具有基础性的支撑意义。

在中国，由于美国始终是外国教育史研究的重点对象之一，因此对美国教育思想及其历史变迁的研究长期备受重视，早在民国时期出版的外国教育思想史著作中（如瞿菊农的《西洋教育思想史》、蒋径三的《西洋教育思想史》等），即有对美国著名教育家（如杜威）的教育思想以及主要教育思潮或流派的介绍。中华人民共和国成立以后，特别是 20 世纪 80 年代以来，外国教育史学科的繁荣和外国教育史研究成果的涌现，为美国教育思想史研究的开展奠定了重要基础。滕大春先生主编的《外国教育通史》、吴式颖先生与任钟印先生主编的《外国教育思想通史》、赵祥麟先生主编的《外国教育家评传》，以及张斌贤主编的《西方教育思想史》、单中惠主编的《西方教育思想史》等著述提供了美国教育思想史研究所需的基本历史框架和重要史料线索。滕大春先生的《美国教育史》一书对众多具有广泛教育影响力的美国历史人物均有涉及。

此外，国内大量有关美国教育的断代史、专题史，特别是对美国教育思想的专题研究成果也在很大程度上丰富了美国教育思想史的研究。

另有部分外国教育史博士学位论文对美国代表性教育家的教育思想和主要教育流派进行了深入研究。

尽管我国学界在美国教育思想史领域的研究上已经具备了良好的基础，但遗憾的是，至今中国大陆学者尚无系统性的《美国教育思想史》专著问世。我国台湾地区于 2003 年曾出版林玉体著的《美国教育思想史》，但该书大部分内容源自美国学者克雷明的《美国教育史》，且书写方式侧重于人物叙事，从学理角度对人物教育思想的系统性整理着力较少；其研究时限约止于 20 世纪前期，对此后美国教育急剧变革时期代表性教育家、教育思潮与流派关注不多。且就国别教育思想史的系统性、完整性和内在有机统一性而言，已有成果尚有一定欠缺。本书尝试在前人成果基础上，尽可能广泛占有相关文献，推出一部能全面反映美国教育思想变迁历程的《美国教育思想史》专著。

本书除前言和结语外，共分为七章。第一章阐述美国殖民地时期的教育思想，第二章阐述美国独立建国到 19 世纪中期的教育思想，第三章阐述南北战争到 20 世纪初的教育思想，第四章阐述美国 20 世纪上半期的教育思想，第五章阐述二战后至 20 世纪 70 年代的教育思想，第六章阐述 20 世纪 80 年代以来的教育思想，第七章阐述在美国有较大影响的教育哲学的演变和发展。

全书各章节具体分工情况如下：

前言，贺国庆、荣艳红。

第一章，贺国庆。

第二章第一节，檀慧玲、贺国庆；第二、三节，檀慧玲；第四节，张宛。

第三章第一节，贺国庆；第二节，孙雨、何振海；第三节，梁丽、贺国庆。

第四章第一、二、三节，荣艳红；第四节，康绍芳。

第五章第一、三、四节，刘向荣；第二节，荣艳红。

第六章第一、三节，周保利；第二节，荣艳红、贺国庆；第四节，何振海。

第七章，金传宝。

结语，贺国庆、荣艳红。

全书由贺国庆、荣艳红负责统稿。

本书力求全面反映美国教育思想的发展脉络，既有对著名教育家教育思想的阐述，也有对一些有影响的政治及社会人物教育观点的阐述；既有对一般教育思想、教育思潮、教育流派的阐述，也有对高等教育、职业教育等思想的阐述。当然，由于篇幅有限，难以面面俱到，只能择其要者了。尽管如此，仍难免挂一漏万，祈请读者批评指正。

目　录

第一章　殖民地时期的教育思想

欧洲人移民美洲之前，印第安人是美洲的原住民。1607—1733 年，英国殖民者先后在北美洲东岸建立了 13 个殖民地；1607—1776 年，大陆会议通过《独立宣言》，是为美国殖民地时期。殖民地时期美国的教育思想基本上沿袭了欧洲的传统，其中英国传统占据了主流。

第一节　印第安人的文化和教育

印第安人是美洲大陆的原住民，在欧洲人移民美洲之前数千年，印第安人各部落就在此地生活，他们拥有较为灿烂的文明、较发达的城市、多种经济形态和生活方式，以及各自的语言、文化和教育。欧洲殖民者来到美洲后，实施同化政策，而原住民的文化和教育元素未被新居民接纳，逐渐走向封闭乃至消亡。

一、印第安人的历史和文化

一般认为，美洲的历史始于哥伦布 1492 年发现新大陆，美国的历史始于 1607 年由伦敦弗吉尼亚公司送出的第一批移民在弗吉尼亚建立詹姆斯敦。然而，早在欧洲人发现或移民美洲前数千年，美洲大陆的原住民——印第安人就创造了相当发达的文明。考古学家相信，北美大陆的最早居民是在约 1.5 万年前穿越白令大陆桥来到北美的，随后他们由北向南向中美洲和南美洲迁移，逐渐遍布整个美洲大陆。在哥伦布发现美洲之前，"就已经有了阿兹特克人、印加人以及玛雅人的伟大文明，就已经存在发达的社会与丰富的文化遗产"[1]。由此可以说，欧洲人称之为"新大陆"的地方，实际上"是历史悠久的一片大地，是数百万人民的家园"[2]。

---

[1]　［美］韦恩·厄本、杰宁斯·瓦格纳：《美国教育：一部历史档案》，周晟、谢爱磊译，中国人民大学出版社 2009 年版，第 2 页。

[2]　［美］詹姆斯·柯比·马丁等：《美国史》（上），范道丰等译，商务印书馆 2014 年版，第 2 页。

古印第安人在约 9000 年前主要以狩猎为生，柱牙象、猛犸、大海狸、大树懒、大角野牛等都是人们捕猎的对象，有时也采集种子和浆果，如草莓、葡萄、西红柿等。后来随着冰川世纪的结束，气候变暖，许多动物灭绝，印第安人的生活方式也随之改变。他们把大树干挖空做成船，用船从内河航道和海上捕获食物。驯养的狗类被引入北美。约在 7000 年前，玉米在如今的墨西哥被培植出来，成为北美许多印第安人的主要粮食来源之一。其他食用性植物有谷类、豆类和蔬菜，还有辣椒、鳄梨和南瓜等。食物的丰富促进了人口的繁衍，约 3000 年前，印第安人的城市开始出现。"他们的城市成为商业和礼仪的中心，有着巨大的经济和社会影响范围。"①

大约在公元前 2000 年到公元前 1500 年间，较为固定的农业城镇已出现在墨西哥；公元 300—900 年，中美洲出现了许多拥有大金字塔、庙宇、宫殿等建筑物的繁华城市，位于中美洲的玛雅文明发展到了相当的高度。史家称："他们精心建造城市和神殿庙宇；手工艺人生产金、银、珠宝饰物和其他精致的金属制品；商人们则扩展自己的商品销售网；知识分子创造出象形文字、数学体系和几种历法，其中一种历法在当时是世界上最精确的。"②

在哥伦布 1492 年发现新大陆之前，西半球散居着约 7500 万印第安人，居住在现墨西哥以北的美洲大陆的印第安人数在 700 万~1000 万。早期的欧洲探险者将美洲称为"处女地"或一片"渺无人烟的空地"，这与事实是不相符的。实际上，"散落在美洲各地的印第安人以部落形式各居一方，构成了斑驳瑰丽的多元文化景象"③。可以毫不夸张地说，欧洲人与印第安人在美洲大陆相遇时，几乎所有印第安人部落都有自己的语言或方言，都以各自的形式书写了自己的历史，都按各自的需求形成了自己的生活方式。④ 在北美土著居民中，已知被使用的语言超过了 160 种，方言更达 1200 种。这些群体之间各自独立，"在每个独立的小世界里，人们共用同种语言，共享同种宗教观念，共有同种历史与习俗"⑤。

① ［美］卡罗尔·帕金、克里斯托弗·米勒等：《美国史》（上），葛腾飞、张金兰译，东方出版中心 2013 年版，第 12 页。
② ［美］詹姆斯·柯比·马丁等：《美国史》（上），范道丰等译，商务印书馆 2014 年版，第 5-6 页。
③ 王恩铭：《美国文化史纲》，上海外语教育出版社 2015 年版，第 1 页。
④ 王恩铭：《美国文化史纲》，上海外语教育出版社 2015 年版，第 2 页。
⑤ ［美］韦恩·厄本、杰宁斯·瓦格纳：《美国教育：一部历史档案》，周晟、谢爱磊译，中国人民大学出版社 2009 年版，第 4 页。

二、印第安人的教育实践和思想

如同多元文化一样，印第安人的教育也是多元的，各部落教育差异明显。"但是，不同部族中教育的基本元素还是相似的，男孩和女孩在被正式承认并被接受为部族社会成熟的一员之前，都必须掌握一定的技巧，了解一定的知识。"[①] 这些技巧和知识包括生存的技巧，如狩猎和作战的能力对于男孩而言是至关重要的，此外，还必须掌握种植、渔猎、植物采集以及工具制作方面的知识，还要学会如何获得以及准备、保存食物，如何建造住房以及缝制衣物的技能。"在所有的土著社会中，生存需求迫使年轻人都必须像他们的长辈那样接受良好的指导。"[②]

除了生存的知识和技巧，宗教知识也是不可少的。美洲原住民最大的相同之处是他们的宗教信仰。"本土的年轻人必须对统治这个世界的精神力量有所了解，必须学会同所有生灵和谐相处的生存之道。"[③] 如切罗基人每日必不可少的祈祷与仪式。

印第安教育的主要目标是塑造个性。"男性和女性都被期望成为勇敢、吃苦耐劳、正直、顺从的人。"性格养成很早就开始了，把儿童赤身裸体扔进雪堆里的家庭游戏就是方法之一。当印第安男孩们成人的时候，他们会在森林里独自度过一整个冬天，身上只带着一张弓、一柄斧子和一把刀。"不论是狠揍他们，还是鞭打他们，掐他们也好，捶他们也罢，（印第安人）一旦打定主意不退缩，就绝不会退缩。"[④]

迪安·韦布将印第安人的教育内容归结为"三门基础课"，包括实用技能或生存技能、传统文化知识、精神意识等。

印第安儿童自幼就开始接受各种教育，教育与生活是联系在一起的。"孩子们从一生下来就被各色的人包围着，这些人都可以充当孩子的教师，代代如此。"[⑤] 在儿童的教育中，直系家庭最为重要。"印第安家长把孩子青春期之前的

---

① ［美］韦恩·厄本、杰宁斯·瓦格纳：《美国教育：一部历史档案》，周晟、谢爱磊译，中国人民大学出版社 2009 年版，第 4 页。

② ［美］韦恩·厄本、杰宁斯·瓦格纳：《美国教育：一部历史档案》，周晟、谢爱磊译，中国人民大学出版社 2009 年版，第 5 页。

③ ［美］韦恩·厄本、杰宁斯·瓦格纳：《美国教育：一部历史档案》，周晟、谢爱磊译，中国人民大学出版社 2009 年版，第 5 页。

④ ［美］查尔斯·曼恩：《1491：前哥伦布时代美洲启示录》，胡亦南译，中信出版社 2014 年版，第 48 页。

⑤ ［美］韦恩·厄本、杰宁斯·瓦格纳：《美国教育：一部历史档案》，周晟、谢爱磊译，中国人民大学出版社 2009 年版，第 5 页。

岁月看作在玩耍中成长的时光，而且会把后代留在身边一直到婚前。"① 此外，大范围的家庭成员以及整个部族的作用也是不可或缺的。"此时的教育还不是什么特殊的东西，它尚未与生活相分离，还是生活的一个组成部分。"②

印第安人非常重视教育的作用。"对他们每个人而言，孩子的培养都非常重要，因为他们懂得，只有后起的一代沿着他们的足迹走下去，整个部落的生命——'人类'的生命——才能得以保存，他们的部落才能勃兴和繁荣。"③

教育史家认为："在印第安人的教育思想与实践中，最核心的观点就是，人是由精神、理性和肉身组成的。在这三个因素中，精神是最重要的。"第二个核心的教育理念是健康，包括身体健康和精神健康。第三个核心概念是自尊，包括意义、能力、力量和道德四个核心要素，而对这四个核心要素的阐释，体现了印第安人教育实践中传统的核心价值，分别是：归属精神、主宰精神、独立精神、慷慨精神。④

印第安人的教育方法包括讲故事、成年礼、见习、奖惩等。

印第安人的教育思想和实践有许多可圈可点之处。欧洲文化教育和印第安文化教育原应是平等和相互交流的关系，实际上，两种文化在遭遇的过程中，都曾经历变化并分享某些信仰，共享某些价值观。在欧洲人移民美洲的初期，印第安人曾为移民"提供食物和帮助，使欧洲人得以生存和发展"⑤。但由于"欧洲中心论"思想的影响，印第安人被看作是愚昧、落后、野蛮的人群，"对于英国殖民者而言，土著美国人的文化抗拒是一种对基督教导的冒犯，是一种殖民扩张的障碍"⑥。"那种认为印第安人是未开化的、野蛮的观点，使得他们贬低、否定印第安人的文化传统。在许多殖民者眼中，他们需要对印第安

---

① ［美］查尔斯·曼恩：《1491：前哥伦布时代美洲启示录》，胡亦南译，中信出版社 2014 年版，第 48 页。

② ［美］韦恩·厄本、杰宁斯·瓦格纳：《美国教育：一部历史档案》，周晟、谢爱磊译，中国人民大学出版社 2009 年版，第 6 页。

③ ［美］韦恩·厄本、杰宁斯·瓦格纳：《美国教育：一部历史档案》，周晟、谢爱磊译，中国人民大学出版社 2009 年版，第 8 页。

④ ［美］L. 迪安·韦布：《美国教育史：一场伟大的美国实验》，陈露茜、李朝阳译，安徽教育出版社 2010 年版，第 66 页。

⑤ ［美］乔尔·斯普林：《美国学校——教育传统与变革》，史静寰译，人民教育出版社 2010 年版，第 11 页。

⑥ ［美］乔尔·斯普林：《美国学校——教育传统与变革》，史静寰译，人民教育出版社 2010 年版，第 11 页。

人实行强迫的同化政策。"① 同化政策的实施，使印第安文化教育未能成为美国最初文化教育的要素，外来的欧洲文化传统成为早期美国的主流。

第二节　欧洲传统教育理论的移植

美国早期教育思想的渊源来自欧洲，而欧洲传统教育思想则源自已有数千年历史的古希腊。正如美国教育史学者蒙加兹（Dickson A. Mungazi）所说："要论及美国教育理论的演化，就必须先讨论古希腊的思想进程。如果不讨论欧洲的发展，就无法讨论美国历史的全貌。教育理论的演化也不例外。"②

一、早期的欧洲移民

1492 年，意大利人哥伦布开启了美洲的探险之旅，随后西班牙人、法国人、英国人、荷兰人、瑞典人接踵而至。1565 年，西班牙人在美洲建立了第一个欧洲人的定居点；1606 年，方济各会修士在美国境内建立了第一所学校。然而，最终英国人送出了人数最多的移民定居者，并广泛发展教育，从而取得了文化和政治的支配地位。

1607 年，伦敦弗吉尼亚公司送出的第一批移民共 104 人在弗吉尼亚建立了詹姆斯敦定居点，标志着英国向新大陆移民的开端。

1620 年，一批主张脱离国教的英国人乘坐"五月花"号船，由荷兰抵达马萨诸塞，建立了普利茅斯殖民地。十年后，普利茅斯殖民地人口达到 5700 人。

英国最初的移民大多是为了逃避宗教迫害而寻求宗教自由的清教徒，他们对塑造宗教在殖民地社会中的地位方面发挥了巨大作用。在 17 世纪 20 年代，英国移民人数已超出任何其他欧洲国家。到 17 世纪中叶，英国移民已遍布北美各殖民地。

晚于英国的移民大部分来自法国和普鲁士。法国移民主要是受天主教迫害的胡格诺教徒，他们大多定居于新大陆的海港中心，成为成功的商人。普鲁士的移民拥有各种各样的宗教信仰，主张教会和国家分立。

虽然到新大陆后面临诸多困难甚至危险，如疟疾、印第安人的敌意等，

---

① ［美］L. 迪安·韦布《美国教育史：一场伟大的美国实验》，陈露茜、李朝阳译，安徽教育出版社 2010 年版，第 67 页。

② Dickson A. Mungazi, *The Evolution of Educational Theory in the United States*, Westport: Praeger Publisher, 1999, p.15.

但移民们最终站稳了脚跟，并形成了三个各具特色的移民区域，即新英格兰殖民区、大西洋中部殖民区和南部殖民区。上述"各个区域都有其不同的地理和气候特征，并都将以独特的方式来影响这些地区的发展"①。

二、三个移民区

（一）新英格兰移民区

新英格兰移民区包括马萨诸塞、康涅狄克、新罕姆布什尔、佛蒙特和罗德岛，该地区对美国教育思想和教育制度影响深远，特别是马萨诸塞殖民区对美国早期教育发展影响极大。

新英格兰是清教徒的定居地，斯普林说："他们的目的是创建一个美好的社会，这种社会意味着一个赢得上帝的赞许，并被世界的其他地方当成范例的、秩序井然的宗教社会。"②"由于清教徒们都是受过良好教育的人，他们重视教育的价值，认为教育是保持清教徒生活方式的一种手段。清教徒们借鉴了宗教改革中提出的一些教育观点，认为教育是一个有文化的人接受宗教教诲、实现救赎和自我独立、履行公民职责的必经之路。"③

清教徒的原则以加尔文神学为基础，加尔文对欧洲宗教改革运动产生了巨大的影响，甚至被称作"新教教皇"。加尔文相信，上帝既是全能的，又可惩罚他人。为了避免永世在地狱，人们不得不把耶稣基督当作自己的救世主，接受其教诲指示，以此求得上帝的恩宠和宽恕。④

加尔文的思想渗透到欧洲大多数国家，如英国的清教徒、苏格兰的长老会教友、法国的胡格诺教徒、荷兰的改革宗成员，都是加尔文的追随者，上述宗教团体成为向北美 13 个殖民地移民的主体。史家说："加尔文神学包括五个要素，对新英格兰移民具有特殊的吸引力：（1）上帝至高无上，知晓包括人类命运在内的所有事情；（2）上帝创造宇宙，对万物拥有绝对权威；（3）上帝按照自己的形象创造了人类，所以人类在被创造伊始是纯洁的，但却由于自己的行为而堕落；（4）人类只能像耶稣被钉在十字架上那样牺牲自己才能获得那不

---

① Dickson A. Mungazi, *The Evolution of Educational Theory in the United States*, Westport: Praeger Publisher, 1999, p.19.

② ［美］乔尔·斯普林：《美国学校——教育传统与变革》，史静寰译，人民教育出版社 2010 年版，第 15 页。

③ ［美］L. 迪安·韦布《美国教育史：一场伟大的美国实验》，陈露茜、李朝阳译，安徽教育出版社 2010 年版，第 78 页。

④ ［美］詹姆斯·柯比·马丁等：《美国史》（上），范道丰等译，商务印书馆 2014 年版，第 27 页。

配领受的神之恩典，获得救赎，人类做任何事都无法确保可以得到救赎，无论做多少善行也无法拯救人类；（5）只有预先蒙选，人才能获得救赎。"①

清教徒极为重视教育的作用，他们甚至将学校教育"看作是仅次于宗教的与荒蛮世界中恶魔般的野蛮作不懈斗争的最重要武器"②。清教徒把教育儿童当成一项任务，这样儿童们才能遵守社会规则和要求。而儿童自己是无法学习这些规则的。清教徒以加尔文神学为生活方式，行事遵循这样一种信念，即所有人，特别是年轻人都是野蛮人，需要持续不断地用纪律及监督来控制他们想要逾越社会规则的倾向与欲望。教育的功能就是帮助其转化行为，使其对整个社会有益。在应用这一理论规则之后，社会上所有人都能依照规则行事就成为促成社会结构凝聚有序的关键。③

从 1620 年到 1700 年，清教徒接受了加尔文主义神学，并将之变为新英格兰生活的一部分。到 18 世纪中叶，作为教育理论的加尔文主义完全站住了脚。著名清教牧师科顿·马瑟（R. Cotton Mather）是新英格兰当之无愧的最博学的学者，他于 1710 年发表《论行善》（*Essays to Do Good*），完全支持加尔文神学。在教育领域，马瑟展示出惊人的博学多才和广泛的兴趣，他比同时代的任何人在殖民地教育思想的延续和改造方面都更具有代表性。

乔纳森·爱德华兹（Jonathan Edwards）1754 年出版《自由意志》（*Freedom of the Will*），提醒清教徒维护加尔文神学的重要性。在教育上，他强调在早期教育儿童使其接受清教徒价值的意义。他说："让儿童听从于父母，遵从于其教导，服从其命令，这样便会得到上帝赐福，而免遭降祸。我们有理由从上帝所创世界的许多事物中认为，孩子对父母不负责任、不服从和胡作非为最容易使上帝降祸于人及一切俗世之物。"④

早期的宗教领袖对新英格兰社会产生了重要影响，其中一个重要原因是他们的文化程度高于普通人。爱德华兹在耶鲁获得文学学士和文学硕士，马瑟的祖父理查德·马瑟曾就读于牛津大学，其父英克里斯·马瑟在哈佛学习，马瑟自幼就接受了良好的教育，一生撰写了 400 多部著作。就整个新英格兰人的文

---

① Dickson A. Mungazi, *The Evolution of Educational Theory in the United States,* Westport: Praeger Publisher,1999, p.20.

② ［美］劳伦斯·A. 克雷明：《美国教育史：殖民地时期的历程（1607—1783）》，周玉军等译，北京师范大学出版社 2003 年版，第 43 页。

③ Dickson A. Mungazi, *The Evolution of Educational Theory in the United States*, Westport: Praeger Publisher, 1999, p.20.

④ Dickson A. Mungazi, *The Evolution of Educational Theory in the United States*, Westport: Praeger Publisher, 1999, p.20.

化水平而言，也普遍高于其他地区。据统计，到美国革命前夕，新英格兰人口中男性人口的识字率已接近100%，而同期英国仅为二分之一到三分之二。[1]

新英格兰地区居民多是英国受宗教迫害的清教徒，他们的理想和目标是建立清教支配的新社会，到后来越来越不能容忍任何异于清教神学的其他宗教和社会思想。蒙加兹说："由于采取了这样的自我保护策略，新英格兰排斥了一大批可以促进当地发展的人。他们就像科顿·马瑟家族一样，认为只有清教神学对新英格兰是最好的，从而失去了从更加宽广与全面的角度来观察社会的机会，而这正是使社会更具代表性和多元化进而在此基础上实现丰富多彩所需要的。"[2]

（二）大西洋中部移民区

中部殖民区包括纽约、宾夕法尼亚、特拉华和新泽西等地，这里与新英格兰不同，一是没有新英格兰那么多的山和岩石，土地肥沃，适合农耕；二是移民不仅来自英国，也来自普鲁士、荷兰、法国和斯堪的纳维亚半岛国家等国，在语言、宗教、文化诸方面表现为多元性，这种多元性有利于形成宽容、理解与合作的氛围。有学者认为，在大西洋中部殖民区，宗教多元主义被不同的宗教团体所接受，包括荷兰改革宗、贵格会、路德教会、圣公会、长老会、犹太教和罗马天主教，各种信仰者和谐地生活和行事，几乎不存在任何冲突。这一区域如此多样化的宗教团体表明他们为了所有人和社会的利益，愿意接受宗教宽容。[3]"更重要的是，对宗教的宽容延伸到了生活的其他领域，比如经济和社会发展。"[4]

纽约原名新阿姆斯特丹，1626年成为荷兰殖民地，吸引荷兰人来这里的是皮毛贸易的丰厚利润。1664年，英国人接手新阿姆斯特丹，改名为纽约，但荷兰人仍努力维持其文化和宗教活动。

宾夕法尼亚殖民地的创立人是英国人威廉·佩恩（William Penn），他是英国贵格会领袖，支持宗教宽容和政治自由，此种做法遂吸引了众多移民来到宾

---

[1] ［美］韦恩·厄本、杰宁斯·瓦格纳《美国教育：一部历史档案》，周晟、谢爱磊译，中国人民大学出版社2009年版，第50页。

[2] Dickson A. Mungazi, *The Evolution of Educational Theory in the United States*, Westport: Praeger Publisher, 1999, p.22.

[3] Dickson A. Mungazi, *The Evolution of Educational Theory in the United States*, Westport: Praeger Publisher, 1999, p.22.

[4] Dickson A. Mungazi, *The Evolution of Educational Theory in the United States*, Westport: Praeger Publisher, 1999, p.23.

夕法尼亚。1683 年 10 月，第一批德国人到达宾夕法尼亚。到独立战争爆发前，德国移民已迁移到每一个英国殖民地，其中最集中的地方是费城，该城成为各殖民地中在宗教上最具多样性的城市。

虽然宗教不同、文化多样、语言迥异，但大西洋中部殖民区的移民拥有一个共同的理念，那就是过上有意义且充实的生活，每个人必须能够阅读圣经。这一理念是该地区所有教育活动的基础。这种多元化的民族和文化决定了在该地区不可能建立单一的学校制度。在新英格兰创办城镇学校时，大西洋中部各殖民地设立了隶属于不同教会的教区学校。在这里，"宗教自由实践后来迅速成为教育理论演化的基础"[①]。

（三）南部殖民区

南部殖民区包括马里兰、弗吉尼亚、佐治亚、北卡罗来纳和南卡罗来纳等地，这里的气候条件适宜种植多种农作物，包括甘蔗、烟草和棉花。"1607年第一个殖民地在詹姆斯敦建立后，农村的孤立和农业生活方式就成为南部社会的基本决定因素。"[②] 由于始于 1619 年非洲大量奴隶的进入，奴隶制成为南方社会的基石，以奴隶制为基础的种植园制度成为南部的支配力量。直到 1862 年林肯总统签署《解放黑人奴隶宣言》，奴隶制才得以终结。

在实施奴隶制的南方，奴隶当然是没有受教育权的。蒙加兹说："奴隶制度迫使殖民者必须运用有限的资源去发展一个新的社会。它强迫殖民者相信有些人比其他人更重要，所以必须区别对待。奴隶制还滋生了一种新理论，认为个人在社会中的地位是由其所做的贡献决定的，而其贡献是由其身份决定的。此类理论原则令公平与正义变得毫无意义，然而对任何社会而言，要实现和平与和谐，公平正义都是至关重要的。南方社会忽略了一个事实，即奴隶也像殖民者一样渴望自由。"[③]

因为占有土地和奴隶，种植园主拥有明显的权势和地位，他们是统治阶级。由于来自英国，"他们从来没有忽视家庭的稳定和忘记他们英国的传统……他们以英国为典范，模仿他们的家庭生活和他们的生活方式，他们设法以与英国相同的方式教育他们的儿子，所有的知识被认为是成为一个英国绅士

① Dickson A. Mungazi, *The Evolution of Educational Theory in the United States*, Westport: Praeger Publisher, 1999, p.23.

② ［美］亚历山大·里帕：《自由社会中的教育：美国历程》，於荣译，安徽教育出版社 2010 年版，第 5 页。

③ Dickson A. Mungazi, *The Evolution of Educational Theory in the United States*, Westport: Praeger Publisher, 1999, p.24.

所必不可少的"①。

　　南部殖民区是皇家殖民地，英国国教被视为官方宗教（天主教徒的避难所马里兰除外）。英国国教认为，儿童的教育是家长的责任，不是政府和教会的职责，因而，教育被认为是一种私人和个人的事情。种植园主家庭有时送儿子回英国受教育，但更经常的是雇请家庭教师或送孩子到私立学校就学，私立学校成为南部殖民区对儿童进行教育的主要形式之一，没有任何立法要求地方政府必须支持或资助学校。另外，南部殖民区以农耕为基础的经济条件决定了人们主要采取分散居住的定居方式，也导致了公立学校的流产。

三、北美殖民地教育理论的渊源

　　毋庸置疑，北美殖民地教育理论源于欧洲。"最初定居在大西洋沿岸的几十名殖民者，以及后来的数千名殖民者，将来自欧洲的教育理念和经验带到了美洲，为美国教育制度的演进播撒了希望的种子。"②

　　众所周知，北美殖民地早期移民主要来自英国，因而英国的教育制度和教育理论占据了支配地位。尽管三个殖民区在对待教育的态度上有所不同，在移植英国教育制度时呈现了各自的特点，教育发展的水平更是参差不齐，但其共同性仍是主要的。这些英国移民享有使他们成为英国国民的共同语言和忠诚，享有一种共同的教育观念，这种教育观念形成于文艺复兴时期的古典人文主义和新教改革的教派传统。这些英国殖民者，不论定居在新英格兰还是南部或中部殖民区，都深深地沉湎于宗教献身的观念。虽然他们奉行的宗教仪式不尽相同，但他们多具有新教的一般倾向，正是这种倾向形成了他们的生活观和教育观，也成为其教育理论发展的基础。

（一）古希腊教育思想渊源

　　美国著名教育史学家克伯莱（Ellwood P Cubberley）说：古希腊、古罗马和基督教是形成现代西方文明的三大基石。③在教育上，古希腊是西方教育思想的源头，以苏格拉底、柏拉图和亚里士多德为代表的古希腊教育家的教育思想对后世影响极为深远。他们不仅奠定了学校课程的基础，也奠定了教育

---

　　① ［美］亚历山大•里帕：《自由社会中的教育：美国历程》，於荣译，安徽教育出版社 2010 年版，第 7 页。

　　② ［美］L. 迪安•韦布：《美国教育史：一场伟大的美国实验》，陈露茜、李朝阳译，安徽教育出版社 2010 年版，第 48 页。

　　③ ［美］埃尔伍德•帕特森•克伯莱：《美国公共教育：关于美国教育史的研究和阐释》，陈露茜译，安徽教育出版社 2012 年版，第 1 页。

理论的基础。

1. 柏拉图

柏拉图是古希腊最具代表性的哲学家和教育家，年轻时曾师从苏格拉底，老师被处死后，柏拉图曾在埃及、小亚细亚、意大利南部等地游学 12 年，公元前 387 年回到雅典创建学园，专心教育和著述长达 40 年。其代表作《理想国》成为西方最早的教育经典著作。

柏拉图十分重视教育的作用，将教育视为建设"理想国"的重要杠杆。他主张教育应由国家管理，儿童公有，全部教育公有。他还强调应将教育作为一种工具，利用它完善人的品质，如诚实、正直及其所定义的人性之善良，即心灵美。这构成了他的理论基础，认为人类的心灵能够辨别善恶，因此人性本善。良好的教育能够使人变得更好，从而服务于社会。因此，新大陆教育理论在形成阶段就强调宗教和道德教育的重要性，其目的在于升华人类心灵，从而使人类生活更具意义。[①]

在柏拉图看来，教育的目的是培养个人，使其不仅能理解自己的需求，还能全面理解其所在的世界，从而使其活动围绕着将社会变得更好、更适宜所有人生活而开展。柏拉图对教育目的的定义包括对知识的追求，以此使个人学习到伦理标准和道德规范，并获得判断是非的能力，从而有别于其他物种。他建议，为了确保个人可以施展才华，社会必须承认其基本的自由。这些自由包括思考的自由、形成新思想的自由，以及在学习中运用新思想的自由。如果学习者可以相互进行有意义的交流，那么这就是最好的学习环境。这些因素对于新大陆建构社会体系和教育发挥了重要作用。[②]美国教育史学者范·泰尔（William van Til）总结了柏拉图对教育理论演化及其在当今社会中的应用所做的贡献，他说："柏拉图对西方社会和教育理论的贡献在于其努力发展出了多种思想，被美国学校沿用至今。这些思想包括国家为教育提供财政支持，通过立法维护学生的教育权益，指导教育发展，确保学生安全，鼓励学生遵守纪律，制定规则以确保教师的安全并确定其执教资格，大致规定了学生的升学条件，以及推进义务教育。然而，当今社会仍然面临着柏拉图所在社会面临的问题。这些问题包括：贫穷，教育支出不均衡，缺乏资金来源，教育优先权混乱，在教育学生

---

① Dickson A. Mungazi, *The Evolution of Educational Theory in the United States*, Westport: Praeger Publisher, 1999, p.28.

② Dickson A. Mungazi, *The Evolution of Educational Theory in the United States*, Westport: Praeger Publisher, 1999, p.29.

像成年人一样寻求社会问题解决方法上收效甚微，过于强调物质财富，无法帮助学生理解和重视道德的价值。因此，柏拉图为西方社会留下了良好的教育理念，同时也遗留了许多有待解决的问题。"[1] 美国著名教育史学者孟禄说：柏拉图的教育思想对后世产生了深远的历史影响，具有永恒的价值。[2]

2. 亚里士多德

亚里士多德是古希腊百科全书式的学者，也是"古希腊教育经验和教育思想之集大成者"。他将教育看作国家政权建设的一个重要方面，"因为忽视教育就会危害政制"，"教育应由法律规定，并且应是国家的事务。"[3]

亚里士多德认为只要具备良好的环境，所有学习者都有在学习过程中出类拔萃的潜能，而社会则有责任为人们提供这种良好的学习环境。[4]

亚里士多德相信：受过教育之人便是文明人，可以根据他在各项人类事业中的参与情况来衡量其价值。这些事业包括艺术、政治、法律、公民活动和具有创造性的活动，而具有创造性的活动包括音乐、文学、戏剧及社会服务。

亚里士多德公元前335年创办的吕克昂学园（Lykeion）在古雅典人的教育中发挥了重要作用。史家描述道：学园是一个更为灵活的机构，没有固定的地点。亚里士多德变成了流动的教师，学生在哪里，他就去哪里讲学。街道、公共场所和公园都变成了他们的教室。他很快就成为富有声望的智者，把所讲授学科的全部知识都传授予学生。这些学科包括伦理学、自然科学、政治、玄学和道德价值。亚里士多德利用学园发展了有关教育和社会的理论。其理论原则中有一部分与自然发展进程相关，把自然现象置于等级结构之中。他把无生命的物体放在最底层，把有机生物体置于其上，人类位于最顶层，其他动物则在人类下层。之所以把人类置于最顶层是因为人拥有理性的力量，这种力量可以通过教育加以提高，他认为其他动物也具有少量有限的理性，但人类比其他物种运用得更多。[5]

亚里士多德的著作涉及生物学、法学、植物学、科学、数学、心理学和

---

① Dickson A. Mungazi, *The Evolution of Educational Theory in the United States*, Westport: Praeger Publisher, 1999, p.31.

② Dickson A. Mungazi, *The Evolution of Educational Theory in the United States*, Westport: Praeger Publisher, 1999, p.46.

③ 夏之莲：《外国教育发展史料选粹》上册，北京师范大学出版社1999年版，第122-123页。

④ Dickson A. Mungazi, *The Evolution of Educational Theory in the United States*, Westport: Praeger Publisher, 1999, p.32.

⑤ Dickson A. Mungazi, *The Evolution of Educational Theory in the United States*, Westport: Praeger Publisher, 1999, p.33.

生理学等多门学科，他被誉为古代西方"最博学的人"。他对各个学科知识的广泛涉猎使其不仅对其学生产生了重要影响，还对两千年后其他国家与地区的社会产生了影响。博伊德和金说："古希腊教育思想和实践，对于每个欧洲国家教育的形成，都有巨大影响。"① 对秉承欧洲传统的美国亦如此。

（二）文艺复兴和宗教改革时期的教育思想渊源

克伯莱说：在文艺复兴时期，古代文学和学术作品被重新发现；在宗教改革时期，新教徒们坚信普通教育是得救的主要手段，这些都成为美国教育传统的起源。②

文艺复兴是欧洲 14—17 世纪发生的一场以复兴古希腊罗马文化为口号的反对封建主义和教会神权的思想解放运动。在这一时期，人类生活的众多领域都取得了非同寻常的成就。"这是一个伟大的变革时代：封建制度衰落了，民族国家与国家主义兴起了，城市出现了，商业复兴了，发明了火药，孕育了新式的艺术、文学与建筑，以及发现了新大陆。"③

文艺复兴运动也在很多方面影响了美国的发展。克雷明说："无论是出身地位低下的还是高贵的，那些来到美洲的人都是文艺复兴时代的人，正因为如此，他们身上也有那个时代的所有热情、时尚和各种矛盾。"④ 文艺复兴时期的人文主义哲学和宗教改革时期的宗教哲学都强调教育的重要性，这种思想不时体现在美国开国元勋们的教育论述中。

荷兰人文主义学者伊拉斯谟是文艺复兴时期最重要的教育思想家，蒙加兹认为伊拉斯谟的两个观点，对新大陆的教育理论产生了重要影响。第一，神职人员缺乏教育。因此殖民地时期神职人员的教育受到了重视，以便他们可以更好地发挥引领作用。第二，社会缺乏公正。伊拉斯谟一定目睹了宗教裁判所的行为，利奥十世和马丁·路德、克莱门特和亨利八世之间的冲突以及买卖赎罪券的行为。⑤ 此外，人们还注意到，伊拉斯谟十分强调拉丁语和希腊语教学

---

① ［英］威廉·博伊德，埃德蒙·金：《西方教育史》，任宝祥、吴元训译，人民教育出版社 1985 年版，第 2 页。

② ［美］埃尔伍德·帕特森·克伯莱：《美国公共教育：关于美国教育史的研究和阐释》，陈露茜译，安徽教育出版社 2012 年版，第 3 页。

③ ［美］L. 迪安·韦布：《美国教育史：一场伟大的美国实验》，陈露茜、李朝阳译，安徽教育出版社 2010 年版，第 48-49 页。

④ ［美］劳伦斯·A. 克雷明：《美国教育史：殖民地时期的历程（1607—1783）》，周玉军等译，北京师范大学出版社 2003 年版，第 4 页。

⑤ Dickson A. Mungazi, *The Evolution of Educational Theory in the United States*, Westport: Praeger Publisher, 1999, p.46.

的重要性，他在《对话集》中用对话的方式来教授拉丁文，也传授宗教和道德，
"这种利用文本来教授语言和基督教教义与美德的方式成了《新英格兰读本》仿
效的原型。后来，《新英格兰读本》成了北美殖民地最重要的教科书"①。

普利亚姆和范·帕顿认为，随着文艺复兴扩展到整个欧洲，加之 1440 年发
明印刷机所带来的便利，人们对知识的渴望引发了一场知识革命，对新大陆的
发展产生了深远影响。随着人口增加，新大陆出现了很多有组织的社区。人们
对有意义教育的寻求使学者和学术得以流动，从而为有组织社区的发展提供了
可能。学者和学术的流动性是社会发展与稳定的前提。②

蒙加兹认为文艺复兴对新大陆教育理论的演变还有其他两个重要的影响。
首先，是自由探索的理念带来了一些批判性思想，不仅在欧洲，新大陆亦然。
"人类思想及发展所拥有的自由推动着人类以前所未有的方式建立起有关科学、
经济、政治与社会和教育的理论。……人们对自由的追求越来越强烈，在此压
力下，教会领袖逐渐全面降低了对各领域知识活动的控制，允许人类精神去探
索新领域。在此重大变革中，世俗社会的因素得以发挥作用。"在新大陆，尽管
宗教仍是影响教育发展的主要因素，但此时学术追求中的世俗因素不再像在中
世纪时那样被压制了。其次，宗教教育与世俗学科教学之间找到了功能上的平
衡。约翰·加尔文（John Calvin）1536 年出版的《基督教要义》（*Institutes of the
Christian Religion*）驳斥了部分天主教基本神学理论，宗教活动开始需要更加
广泛的自由来理解人类生活中的世俗问题。圣经学者日益认识到人类生活和社
会并非仅由宗教组成。加尔文对天主教神学的不满越来越多，并因此开始研究
新的神学，形成新的世俗理论来讨论人类生存及经验中其他的重要方面。至马
丁·路德发现新神学，对宗教自由的追求再也无法与世俗活动的自由相分离。③

"文艺复兴精神使人们开始在学习过程中不断地涌现出新思想，标志着人
类在生活各方面的努力尝试。对人类生活中各领域知识的好奇与渴望为人类探
索更具意义的教育提供了良好的环境。"④欧洲如此，新大陆同样如此。

文艺复兴为欧洲的古典中学奠定了基础，这种学校以意大利学者发现的

---

① ［美］L. 迪安·韦布：《美国教育史：一场伟大的美国实验》，陈露茜、李朝阳译，安徽教育出版社
2010 年版，第 49 页。

② Dickson A. Mungazi, *The Evolution of Educational Theory in the United States*, Westport: Praeger Pub-
lisher, 1999, p.46.

③ Dickson A. Mungazi, *The Evolution of Educational Theory in the United States*, Westport: Praeger Pub-
lisher, 1999, pp.46-47.

④ Dickson A. Mungazi, *The Evolution of Educational Theory in the United States*, Westport: Praeger Pub-
lisher, 1999, p.47.

古典知识为主要课程，成为为社会中上层提供中等教育的主要机构。克伯莱说："这种古典学校在意大利被称为宫廷学校，在法国被称为学院或高级中学，在德意志被称为文科中学，在英格兰被称为拉丁文法学校。……到 1600 年，这种类型的中等学校风靡了整个英格兰，同时，它还被早期的新英格兰殖民者带到了北美殖民地。"① 一般认为，波士顿在 1635 年就创办了拉丁文法学校。

宗教改革是 16 世纪与天主教脱离并建立新教会的运动，1517 年，马丁·路德（Martin Luther）发布了抨击教皇的《九十五条论纲》（*Ninety-five Theses*），是为宗教改革之始。之后新教逐渐形成了路德派、加尔文派以及英国国教三大教派，与罗马天主教（旧教）形成了抗衡的局势。新教改革和天主教的反宗教改革，深深地影响了殖民地时期美国的社会、经济和政治诸方面。在教育上，如果说文艺复兴的教育思想主要影响北美殖民地的中等教育，那么，宗教改革则影响了殖民地初等教育的发展。马丁·路德主张教育应由国家来掌管，国家有权力、有义务来管理课程的设置、教科书的编写和教法的选用。加尔文主张建立由国家掌控的、普遍的、强迫的教育制度，主张建立本族语学校，这些都被北美殖民地仿效和贯彻。克伯莱说："目前我们国家的小学是宗教改革的产物。"② 他还说："如果说文艺复兴重视发展中等教育，并为中等教育的发展提供了新的教学内容和目标，那么，宗教改革则为儿童教育树立了另一个全新的目标：教育不是为了国家或社会的利益，而是为了个人信仰的需要。其结果是用母语教学的小学的发展。"③

（三）洛克教育思想

洛克（John Locke）是英国著名的哲学家、政治学家和教育理论家。他生活在 1632—1704 年的英国，正值美国殖民地时期。虽然一生未曾到过美洲大陆，但洛克的哲学、政治及教育思想，对殖民地时期和建国初期的美国甚至南北战争时期的美国产生了广泛而深远的影响。美国学者劳埃德·杜克（Lloyd Duck）认为洛克的思想在新大陆恰逢其时，无论是在世时还是离世后，洛克都因其对新大陆发展的巨大影响而为人们所熟知，其有关政治、社会和教育的

① ［美］埃尔伍德·帕特森·克伯莱：《美国公共教育：关于美国教育史的研究和阐释》，陈露茜译，安徽教育出版社 2012 年版，第 4-5 页。
② ［美］埃尔伍德·帕特森·克伯莱：《美国公共教育：关于美国教育史的研究和阐释》，陈露茜译，安徽教育出版社 2012 年版，第 7 页。
③ ［美］埃尔伍德·帕特森·克伯莱：《美国公共教育：关于美国教育史的研究和阐释》，陈露茜译，安徽教育出版社 2012 年版，第 7 页。

理论对人们思想的演变产生了巨大影响。①

1. 洛克的哲学和政治思想在新大陆

洛克是英国经验主义哲学的开创者，与贝克莱、休谟被并称为英国近代三大经验主义哲学家。洛克哲学思想的代表作是《人类理解论》(*An Essay Concerning Human Understanding*)。他反对当时流行的"天赋观念论"，提出了"白板说"，认为儿童刚出生时其精神是处于空白状态的，人的全部知识或观念都来自后天的经验，每个人生来有同样的智力，有享受教育的平等权利。"白板说"在洛克时代的英国是惊世骇俗的，因此当英国人听说国王和女王在出生时与其他人一样、精神处于空白时感到非常震惊。②

洛克政治思想的代表作是《政府论》(*The Second Treatise of Government*)及《论宗教宽容的信》(*A Letter Concerning Toleration*)等。他批判了"君权神授"和"王位世袭"，提出了立法权、行政权和对外权"三权分立"的学说。他从道德和实践两方面为思想自由和宗教自由进行辩护，认为政府唯一的责任就是保护人民的生命、自由和财产，从而使其获得幸福的生活，而只有人民幸福了，政府自身才能有所保障。政府永远不能限制人民追寻自由与幸福，如果无法确保人民幸福，那么人民必须拥有选择其他政府的自由。③"在自然状态中，所有的人都是自由而平等的。当统治者成为一个暴君的时候，人民有权力进行反叛。"④

洛克的经验主义哲学尤其是政治学说对美国产生了巨大影响。美国教育史家克雷明认为洛克对新大陆的影响是经多渠道而实现的。早在1700年，伦敦书商就将洛克的主要著作《人类理解论》《政府论》《教育漫话》(*Some Thoughts Concerning Education*)等发运到宾夕法尼亚的委托人手中。此外，大众普及的方式也促成了洛克思想的传播，包括通俗文学、普及读物、出版年鉴、报刊转载、演说布道以及各类小册子，等等。⑤大批各类读物运用培根、牛顿和洛克的格言，有针对性地对公众进行教育。洛克的思想，正是通过这些

---

① Dickson A. Mungazi, *The Evolution of Educational Theory in the United States,* Westport, Connecticut: Library of Congress Cataloging-in-Publication Data, 1999, p.37.

② Dickson A. Mungazi, *The Evolution of Educational Theory in the United States,* Westport, Connecticut: Library of Congress Cataloging-in-Publication Data, 1999, p.37.

③ Dickson A. Mungazi, *The Evolution of Educational Theory in the United States*, Westport, Connecticut: Library of Congress Cataloging-in-Publication Data, 1999, p.37.

④ ［美］亚历山大•里帕:《自由社会中的教育:美国历程》，於荣译，安徽教育出版社 2010 年版，第49 页。

⑤ Lawrence A. Cremin, *American Education, The Colonial Experience 1607—1783*, New York: Harper & Row, Publishers, 1970, p.256.

形式，在美国得以广泛传播和普及的。

　　在独立战争前，洛克的"天赋人权"和"社会契约"学说就被殖民地政治领袖们拿来作为反抗英国暴政的武器，"洛克比任何人都更有力地论证了'无代表权的赋税乃暴政'这一学说的基础"[①]。根据这一学说，殖民地政治领袖们"声称在没有政治代表权的情况下英国不能随意向殖民者征税，强行征税则意味着对殖民者的天赋权力的剥夺，从而破坏了统治者与被统治者之间的政治约定"[②]。在独立战争中，洛克的《政府论》被誉为"美国革命的教科书"，"为美国争取独立的领导人在 1776 年反对专制君主提供了反抗的哲学理由"[③]。"在相当长一段时间里，洛克的自由主义被公认为理解美国革命最核心的政治思想。……国父们口中的'伟大的洛克先生'堪称为革命时期'美利坚的哲学家'。……洛克的思想贯穿了《独立宣言》等重要的美国政治文献，堪称美国建国的'政治福音'。用哈茨广为人知的说法，美国全国上下都接受了洛克的信条，美国社会是一个洛克式的社会，她对洛克发展了一种'无条件的、不讲理的依恋'，虽然许多美国人可能根本不知道洛克何许人也，但洛克已经成了美国全民族的精神。洛克所谓的'自然自由主义'是理解美国革命的基本前提，而且直到美国内战时期，洛克式的观念都在美国思想中始终占据着支配地位。"[④]

　　美国著名政治学家梅里亚姆（Charles Edward Merriam）说：洛克是美国爱国者最尊敬的权威，其思想对殖民者有举足轻重的影响。"几乎每一个作者都受洛克的感化，许多作者引证他的话，其他许多作者的言论明白无误地表现出洛克的哲学特征。"[⑤]

　　众所周知，杰斐逊是《独立宣言》的主要起草人，而洛克是其精神上的导师，《独立宣言》的主要观点如自然法、天赋人权、国家和政府的契约性质、人民主权和人民有权反抗暴政，早就经洛克等人阐述过，由于《独立宣言》与洛克的《政府论》如此相似，竟有人指斥杰斐逊抄袭了洛克。[⑥] 对此，美国学者沃浓·路易·帕灵顿作出了公允的评论，他说："断言杰斐逊不过是在重复洛克的话，不过是从法国人文主义者那里借来了一些修正过的观点，这是不对

---

　　① ［美］梅里亚姆：《美国政治学说史》，朱曾汶译，商务印书馆 1988 年版，第 48 页。
　　② 王希：《原则与妥协——美国宪法的精神与实践》，北京大学出版社 2014 年版，第 4 页。
　　③ ［美］亚历山大·里帕：《自由社会中的教育：美国历程》，於荣译，安徽教育出版社 2010 年版，第 49 页。
　　④ 吴飞：《洛克与自由社会》，上海三联书店 2012 年版，第 12-13 页。
　　⑤ ［美］梅里亚姆：《美国政治学说史》，朱曾汶译，商务印书馆 1988 年版，第 48 页。
　　⑥ 吴飞：《洛克与自由社会》，上海三联书店 2012 年版，第 13 页。

的。要说他用旧世界的哲学表达和证实了当时寻求充分表达的某些本土倾向，这更接近事实。"① 另有学者认为："《独立宣言》最重要的功能并不在于它提出了某种全新的政治思想或政府理论，而在于它将由欧洲启蒙运动产生的天赋人权和社会契约等思想从一种抽象的理论转化为现实政治的原则，并通过后来的美国革命将其变成了新生的美国宪法的理论基础。"②

洛克的政治学说成为美国宪政的一种重要的理论基础。其"主权在民"的思想，经由卢梭和孟德斯鸠等人的发展，成为美国宪法的主要原则之一，其"三权（立法权、行政权和外交权）分立"思想经由孟德斯鸠发展为立法权、行政权和司法权的三权分立，由美国宪法首次付诸实践。英国哲学家罗素说："在实践和理论两方面，他主张的意见在以后许多年间是最有魄力威望的政治家和哲学家们所奉从的。他的政治学说，加上孟德斯鸠的发展，深深地留在美国宪法中，每逢总统和国会之间发生争论，就看得见这学说在起作用。"③

2. 洛克的教育思想在美国

洛克的教育思想和其政治哲学思想是一脉相承的，在洛克看来，教育即是最大的政治。

洛克教育思想的代表作是《教育漫话》，其绅士教育理论和功利主义教育思想对美国影响极为深远。

《教育漫话》1693 年出版后，很快风行欧洲。到 18 世纪末，该书在英国出了 10 版，在德国出了 7 版，在意大利出了 6 版，在法国出了 5 版④，足见其影响。在整个 18 世纪，"洛克的教育言论愈来愈被当作权威而引用"⑤。美国教育史学者佛罗斯特说：洛克"生活在 17 世纪，却对 18 世纪的欧洲和美国造成了无可匹敌的影响。他的著作讨论了社会政治与教育问题，其中所表达的思想被 18 世纪的许多伟大人物奉若神明"⑥。殖民地人对《人类理解论》和《教育漫话》非常熟悉，这两本著作在所有地区都十分抢手并常常在期刊和人们的通信中被提及。

洛克的绅士教育主张渗透着浓厚的功利主义气息。他认为国家的幸福和繁荣，有赖于儿童具有良好的教育，这种良好的教育就是绅士教育。他主张重

① ［美］沃浓·路易·帕灵顿：《美国思想史》，陈永国译，吉林人民出版社 2002 年版，第 169 页。
② 王希：《原则与妥协——美国宪法的精神与实践》，北京大学出版社 2014 年版，第 55 页。
③ ［英］罗素：《西方哲学史》下卷，何兆武、李约瑟译，商务印书馆 1976 年版，第 134 页。
④ 滕大春：《外国近代教育史》，人民教育出版社 1989 年版，第 43 页。
⑤ 滕大春：《外国近代教育史》，人民教育出版社 1989 年版，第 56 页。
⑥ ［美］佛罗斯特：《西方教育的历史和哲学基础》，吴元训等译，华夏出版社 1987 年版，第 405 页。

新建构知识的领域，不能被视为牧师或学者所独能，而是绅士的一般义务。他坚持真理的价值由其用途和倾向来衡量。他猛烈抨击烦琐哲学家、逻辑骗子和过分书呆子气的人。他认为学问的最终目的不是掌握一门专门的学科，也不是掌握所有的科学，而是发展能力，这种能力可使一个人获得知识的任何要素；而且一个人一旦拥有这种知识，他将使自己适应或接受未来生活的需要。在洛克看来，学习源于世界，也是为了世界。通过学习，学习者能够知晓更多的生活知识，以至于最终能够生活得更丰富多彩。①

洛克的观点代表并加强了关于知识的一种正在发展的功利主义倾向，这种功利主义在 1704 年洛克去世时已经开始在英裔美国人的世界中流行开来。当时宣传功利主义的通俗英文刊物有《闲谈者》《旁观者》和《卫报》，这三种刊物都是在伦敦出版的，但在殖民地流传甚广。"它们把培根、牛顿、洛克和荷马、柏拉图、亚里士多德以及西塞罗等古代明哲并列，推崇他们是当代巨人。"② 它们通过提出各种问题来抨击时弊，评判道德是非。在教育上，它们明确论述了学问在生活事务中的作用，无情地批评了各种形式的卖弄学问。它们相信有实用价值的知识能帮助个人在事业上获得成功，从而有利于社会发展。它们甚至要把哲学从私室、图书馆、学校和学院中清除出去，安放在俱乐部、社会、茶楼和咖啡馆中。③ 在关于教育机构方面，这些杂志所主张的观点与洛克完全吻合。它们提倡正确的父母训练，批评学校教学的专制性。在殖民地，广大有志青年如饥似渴地阅读刊登在这些杂志上的文章，获益匪浅，功利主义教育主张逐渐渗透到他们的血肉中。

在殖民地，洛克关于教育和知识的观点也通过瓦茨（TsaacWatts）、菲利普·多德里奇（Philip Doddridge）和詹姆斯·伯格（James Burgh）等人的著作得以传播。

瓦茨 1674 年生于一个不尊奉英国国教并因信仰而曾遭受迫害的家庭。他在纽因顿·格林的托马斯·罗学院接受教育并开始阅读笛卡尔和洛克的著作。他后来成为殖民地很多领导人的朋友和顾问，对殖民地事务保持了持续的关注。瓦茨的著述包括赞美诗、儿童宗教读物、逻辑学和教育学教科书以及论述教育方针的论文，这些都对殖民地教育产生了直接的影响。克雷明说："瓦茨的教科

---

① Lawrence A. Cremin, *American Education, The Colonial Experience 1607—1783,* New York: Harper & Row, Publishers, 1970, p.364.

② 滕大春：《美国教育史》，人民教育出版社 2001 年版，第 29 页。

③ 滕大春：《美国教育史》，人民教育出版社 2001 年版，第 29 页。

书在传播洛克关于教育目的和性质的观点中发挥了关键作用。"① 其中影响特别大的是《逻辑学》（Logic）和《智力的增进》（The Improvement of the Mind）两书。前者是介绍洛克主义对系统逻辑研究的教科书，为殖民地的大学和中学所广泛采用，引发了许多读者直接阅读洛克的《人类理解论》的兴趣。后者是一部关于教育学的功利主义的论著，既适合于自我教育，也适合于正规教学。瓦茨明确提出把理性带到日常事务中去的观点，并将观察、阅读、演讲、交谈和系统学习作为提高智力水平的五种手段。在其死后出版的《关于儿童和青年》中，他主张应教给孩子们在现代社会和未来社会为他们的地位和身份所必备的有用的知识。他还强调了父母在教育管理中的关键作用。克雷明评价说：瓦茨的"倾向是洛克主义的，精神是功利主义的，特征是温和主义的"②。

与瓦茨相似，多德里奇也出生于非国教家庭，他 1719 年进入约翰·詹宁斯（John Jennings）经营的学校，开始接触洛克的《人类理解论》等著作，他后来与瓦茨建立了终生的师徒关系。在殖民地，多德里奇主要是作为几本实用性神学的大众读物的作者为人所知，他的教育著作主要是论述如何培养基督教徒的，包括《儿童宗教教育演说》（Sermons on the Religious Education of Children）、《基督教的原则》（The Principles of the Christian Religion）等。这些著作的许多建议体现了洛克《教育漫话》一书的精神，如父母被要求明白、认真、温和、耐心地教育自己的孩子；要远离诱惑；偶尔须用一下杖责，但要适度，而且总是作为最后一招来使用；一切都必须在上帝的帮助下虔诚地推进。③

詹姆斯·伯格是洛克的崇拜者。他的代表作《人性的尊严》（The Dignity of Human Nature）在殖民地知识阶层流传甚广，"被看成是不顺从国教者关于教育的最丰富、最具代表性的论著"④。在该书中，伯格为 6 岁到成人的每一阶段都制订了一份详细的学习计划，还为有志于在各个有意义的领域自学的人开列了一套读书目录。伯格承认人们与生俱来的差别，主张人人都有责任扩展理解力，让心灵变得更崇高，而达到这一目标的关键是由具有优良品质、教养和

① Lawrence A. Cremin, *American Education, The Colonial Experience 1607—1783,* New York: Harper & Row, Publishers, 1970, p.281.

② Lawrence A. Cremin, *American Education, The Colonial Experience 1607—1783,* New York: Harper & Row, Publishers, 1970, p.370.

③ Lawrence A. Cremin, *American Education, The Colonial Experience 1607—1783,* New York: Harper & Row, Publishers, 1970, p.284.

④ Lawrence A. Cremin, *American Education, The Colonial Experience 1607—1783,* New York: Harper & Row, Publishers, 1970, p.285.

广博知识的教师指导的学校教育。教师必须完全从其他事务中解脱出来，将整个身心投入教学之中。这种教学在实用知识和装饰性知识两方面都要适合学生的年龄、能力和前途。特别要传授对他们生活有用的知识，以确保他们未来生活的幸福。除了在学校教育这点上与洛克不同，伯格是完全赞同洛克的教育观点的。

由上可知，洛克对美国早期教育的影响是巨大而深远的。教育史学者说：洛克"对经验、良好的学习习惯、功利主义课程、感觉实在论的强调，促进了美国教育中科学和实践的成分"[①]。

3. 洛克与美国教育家

洛克对美国早期教育思想的奠基作用是勿庸置疑的，同样勿庸置疑的是美国许多教育家都曾受过洛克思想的影响。

（1）富兰克林与洛克

富兰克林是美国著名的政治活动家、科学家和教育家，他深受启蒙运动思想影响的功利主义和实用主义教育思想对教育思想的"美国化"起到了重要作用。迪安·韦布（L. Dean Webb）在《美国教育史》（*The History of American Education: A Great American Experiment*）一书中写道："富兰克林深受启蒙哲学的影响，特别是受到了约翰·洛克的影响。"[②]

富兰克林是自学成才的典范，他自幼好学不厌，博览群书，自称他的益友是四本书，即班扬的《天路历程》（*The Pilgrim's Progress*）、科顿·马萨的《庞尼腓克斯》（*Bonifacius*）、《旁观者》（*The Spectator*）和笛福的《社会改造刍议》（*Essay Upon Projects*）。他在自传中写道：在印刷所当学徒时，"我偶然看到了一本《旁观者》第三期，我以前从未见过，于是就买了回来，反复阅读，十分高兴能读到这样优美漂亮的文章，希望如有可能就模仿它的风格"[③]。他在1751 年发表的《关于英语学校意见》（*Idea of the English School*）中，提到曾吸收弥尔顿的《教育论》、洛克的《教育漫话》等，尤其是洛克的功利主义教育思想，成为富兰克林教育活动的圭臬。滕大春在《美国教育史》一书中说："富兰克林是洛克的功利主义的崇信者，善于学用结合，不喜欢空疏无用地追求

---

① John D. Pulliam & James J. Van Patten, *The History and Social Foundations of American Education*, New York: Pearson Education, Inc., 2013, p.118.

② ［美］迪安·韦布：《美国教育史——一场伟大的美国实验》，陈露茜、李朝阳译，安徽教育出版社2010 年版，第 103 页。

③ ［美］本杰明·富兰克林：《富兰克林自传》，李瑞林、宋勃生译，国家行政学院出版社 1998 年版，第 19 页。

知识，因而肯于观察、分析和学以致用。"[1] 富兰克林 1743 年发表的《关于推进英属北美殖民地实用教育的建议》（*Proposals for Promoting Useful Knowledge Among the British Plantations in America*）、1749 年发表的《关于宾夕法尼亚青年教育的建议》（*Proposals Relating to the Education of Youth in Pennsylvania*）以及 1751 年创办费城文实学校，都体现了浓厚的功利主义色彩。

在《关于宾夕法尼亚青年教育的建议》的行文和脚注里，富兰克林经常大段大段地引用弥尔顿和洛克等人的原话，作为课程计划的依据。这反映了上述教育家对富兰克林确凿无疑的影响，但有人因此而断言富兰克林计划缺乏创新性就大错特错了。富兰克林理论是对弥尔顿和洛克等人有关思想的继承和发展，其课程计划在提高英语教学在学校中的地位方面，在提升现代外国语的地位方面，在引进科学和实用数学方面，在重视和强调历史学习方面，在打破古典主义教育对中等教育课程的垄断地位方面，都超越了弥尔顿和洛克的主张。克雷明说：富兰克林所提出的教育方案明显是创新的，在总体结构和内容上是具有美国特征的。[2]

如果说洛克的课程体系多少还为古典主义保留了一席之地的话，那么富兰克林的课程体系可以说在很大程度上已经摒弃了古典主义的传统。从一定意义上说它是洛克主义在美国发展的必然结果。

1727 年，富兰克林在费城创办共读会（Junto），定期讨论有关道德、政治或自然科学的问题，成为当时宾夕法尼亚州最优秀的研究哲学、政治的学术团体。众所周知，洛克曾制定英格兰共进社方案。

美国学者普利亚姆等人在《美国教育的历史和社会基础》一书中说："富兰克林对自学和实践功效的信念，他对经验科学的广泛兴趣以及他为任何想要学习的人提供教育机会的愿望，完全与洛克的理论相一致。由大批律师和商人组成的有实力的中产阶级的出现是殖民地晚期值得注意的事件，恰好有助于支持洛克的思想。富兰克林和洛克都强调教育的世俗倾向，而反对由宗教教派支持的学校的教会主义倾向。"[3]

---

[1]　滕大春：《美国教育史》，人民教育出版社 2001 年版，第 115 页。

[2]　Lawrence A. Cremin, *American Education, The Colonial Experience 1607—1783,* New York: Harper & Row, Publishers, 1970, p.265.

[3]　John D. Pulliam & James J. Van Patten, *The History and Social Foundations of American Education*, New York: Pearson Education, Inc., 2013, p.118.

（2）杜威与洛克

洛克对美国教育思想的影响是清晰可见的，但从杜威的论著中寻找洛克的踪迹已十分罕见，是不是由此就能断定洛克对美国历史上最伟大的教育家没有什么影响呢？答案无疑是否定的。

洛克是经验主义的始祖，经验主义认为：人类的全部知识都是由经验来的。杜威说："洛克是最有影响的经验主义者。"① 杜威信奉经验主义哲学，其教育思想常常被称为"经验主义教育思想"。

美国学者弗雷德里克·李尔奇承认："十九世纪末，当杜威第一次出现在教育舞台上的时候，美国的学校还没有它自己的哲学。在美国的教育史上虽已创办了许多本国的学校，如富兰克林的学校，贺拉斯·曼办的非教派学校，由公家拨给土地的学院和文科学院等。但美国的教育思想仍从属于欧洲。在十九世纪的最后十年里，德国的学说占统治地位，而当时在教育上最负盛誉的赫尔巴特，正像哲学上的黑格尔的学说一样，依然保持着强烈的影响。"② 学生时期的杜威，就曾是黑格尔的信徒，在密歇根大学任教时他曾开设政治哲学课程，主要从历史的观点出发，讨论了"天赋人权"论、功利主义、英国的法学派和唯心主义学派。这门课程最显著的特点是，按照霍布斯、洛克和卢梭的思想，讨论相关问题。③ 杜威后来形成的民主主义教育或实用主义教育思想正是建立在对众多前辈欧洲教育家学说批判继承的基础上的。他曾批判斯宾塞的教育是成人生活的准备说，批判黑格尔和福禄贝尔把教育理解为开展儿童先天理性的观点，批判洛克把教育理解为训练心智的学说，批判赫尔巴特把教育理解为教师按照心理的统觉过程向儿童提供教材从而形成儿童的观念的学说，批判福禄贝尔和少数赫尔巴特弟子们的教育是复演人类文化的学说。在此基础上，杜威创立了自己独特的实用主义教育理论。可以说，没有上述这些伟大的教育家及其学说，就不会形成杜威全新的教育思想。虽然洛克思想在杜威身上已难见明显痕迹，但潜在的影响是依稀可见的。

洛克认为人类几乎所有知识都是从对以往经验的感知及运用中获得的，杜威在此基础上提出了自己的认知理论，认为认知是对以往经验的应用。他说："每种经验完全不受愿望或意图的影响，每种经验都在未来的种种经验中获取生命力。因而，以经验为基础的教育，其中心问题是从各种现时经验中

---

① ［美］约翰·杜威：《民主主义与教育》，王承绪译，人民教育出版社2001年版，第285页。
② ［美］简·杜威：《杜威传》，单中惠译，安徽教育出版社1987年版，第184页。
③ ［美］简·杜威：《杜威传》，单中惠译，安徽教育出版社1987年版，第47页。

选择那种在后来的经验中能够丰满而具有创造性的生活的经验。"① 教育史学者说："杜威将该理论作为其进步主义教育理论的一部分提出，而进步教育与传统教育是相对立的。洛克的认知及经验理论能在 20 世纪的教育实践中得到应用，着实不同寻常。"②

洛克是具有世界影响的思想家，有现代"政治之父"的美誉。"自由、自然权利、社会契约、家庭、革命、财产、宗教宽容、现代教育等概念的现代含义，无不与洛克的名字紧密联系在一起。"③

洛克也是旧世界和新世界的桥梁。人们赞誉洛克"正是将古希腊大师的思想传递到新大陆的人"④。这种思想包括政治和哲学思想，也包括教育思想。学者说："洛克在新大陆教育理论的演变方向影响长远，这种沟通新旧世界的能力使其拥有独特的历史地位。"⑤

洛克面向实际的功利主义教育思想的影响在美国源远流长。从殖民地时期的美国，到独立建国时期的美国，再到南北战争后的美国，功利主义教育都是占主导地位的美国教育哲学之一，功利主义教育思想对形成美国最具特色的实用主义教育思想也产生了重要的影响。

洛克不仅对美国，而且对欧洲乃至世界的教育也产生了持续的影响。

第三节　本土教育思想的萌芽

在 170 多年的殖民地历史中，北美形成了三种各具特色、既有联系又有区别的教育模式，分别是新英格兰模式、大西洋中部模式和南部模式。比较而言，三种模式中最有成效、对后来美国教育发展最有影响的，当推新英格兰模式。

---

① 吕达等主编：《杜威教育文集》第 5 卷，人民教育出版社 2008 年版，第 319 页。

② Dickson A. Mungazi, *The Evolution of Educational Theory in the United States,* Westport, Connecticut: Library of Congress Cataloging-in-Publication Data, 1999, p.37.

③ 吴飞：《洛克与自由社会》，上海三联书店 2012 年版，导言，第 1 页。

④ Dickson A. Mungazi, *The Evolution of Educational Theory in the United States,* Westport, Connecticut: Library of Congress Cataloging-in-Publication Data, 1999, p.37.

⑤ Dickson A. Mungazi, *The Evolution of Educational Theory in the United States,* Westport, Connecticut: Library of Congress Cataloging-in-Publication Data, 1999, p.37.

一、新英格兰地区的教育理论

清教对新英格兰教育理论影响深远，成为殖民地初期教育理论发展的基础。

（一）清教徒关于教育的一般观点

新英格兰殖民地的教育理论发展在殖民地建立早期的立法中体现得极为明显。1636 年，马萨诸塞议会颁布法令，创立了新大陆第一所学院，其唯一的目的就是满足清教社区的需要，为其培养教育牧师。1643 年，一本题为"新英格兰的最初成果"的小册子声称："当上帝把我们安全地带到新英格兰后，我们建造了自己的房屋，为生活提供了必需品，在附近建立了礼敬上帝的教堂，并且组织了世俗政府：下一步我们渴望和期待的是获得高深的知识，并使之永存于我们的子孙后代之中。"[1]

清教徒登陆普利茅斯仅仅 16 年后就建立了哈佛学院，表明清教徒影响之大以及对高等教育的重视。哈佛一经建立便使用了欧洲中世纪创建大学时形成的教育理论。教师所采用的基本理论方法都针对提高学生的宗教与道德水平，而这是学生智力发展的基础。这一理念反映了当时欧洲大学教育理论的主要成分。[2] 其中一项主要内容是古希腊教育家所实践的师生关系，即教师扮演着学生父母的角色。

清教徒的高等教育理论源于新英格兰殖民者对加尔文神学的虔诚，为殖民地培养有教养的牧师是建立哈佛学院的初衷。他们认为圣经非常重要，并将其作为主要教学材料以确保宗教价值能被正确地传授给大学生。人们广泛接受加尔文神学，对其深信不疑。如果有人在上大学后没能彻底信奉加尔文神学，人们会认为其高等教育缺失了最重要的一环。他会因此被认为无法胜任牧师或者社会领袖。这样的人即使接受了高等教育，也无法获得相应的社会地位。

在清教徒看来，救赎灵魂是人类身体的主要功能。上帝创造人类不是为了让其沉迷于尘世的乐趣，而是为灵魂获得永生做准备。除了得救预定论，清教徒还相信人可以通过认真研读圣经来提升灵魂获得救赎的机会。大学入学条件相当严苛，课程体现了当时欧洲大学的课程设置情况。

---

[1]　Lawrence A. Cremin, *American Education, The Colonial Experience, 1607—1783*, New York: Harper & Row, Publishers, 1970, p.210.

[2]　Dickson A. Mungazi, *The Evolution of Educational Theory in the United States*, Westport: Praeger Publisher, 1999, p.49.

1642 年，马萨诸塞议会制定了殖民地第一部教育法，即 1642 年马萨诸塞教育法，要求父母和监护人确保孩子上学仅仅是为了接受宗教与道德价值教育，并将其作为有意义的社会生活最宝贵的基础。该法的制定是出于国家有责任指导教育的发展以确保社会发展的理念。通过这项法规，父母和监护人了解到自己在子女教育中所担负的责任。1647 年，马萨诸塞至少有 9 所学校在运行中。克伯莱说："1642 年马萨诸塞法之所以著名，是因为它第一次在英语世界中实现了由议会来代表殖民地强迫儿童学习。这不仅是加尔文教对新世界最卓越的贡献，而且对未来的发展也具有重要的意义。"①

1647 年，马萨诸塞议会颁布《老骗子撒旦法》，要求 50 户及以上家庭组成的社区聘请一名教师来指导儿童学习阅读、写作和算术，其薪俸由市镇开支；100 户及以上家庭的社区要聘请一名拉丁文教师，为儿童将来进入大学做准备，违令者将处以 5 英镑的罚金。克伯莱说：该法比 1642 年的马萨诸塞教育法前进了一大步。"它不仅建立了一个学校系统——为城镇儿童设立的初等学校和为大城市的青年设立的中等学校，而且第一次在英语世界中，宣称殖民地有权要求各个团体建立和维持学校，否则殖民地可以对其处以罚款。"② 有学者就清教徒教育理论的形成与应用得出四点结论：第一，国家认为自己有义务要求每个学生都接受教育，这一要求是基于其教育理论提出的。第二，国家可以建立有关社区作用的理论，从而根据需求来控制教育的实施。第三，国家可以创造条件，使行政当局能够管理教育。第四，公众捐款可以用于资助教育。③

清教徒认为基础教育的目的是确保基本读写能力，尤其是阅读、写作和算术能力。这些能力被认为是所有层次教育能够获得成功的试金石。基础教育阶段的课程结构设置要能确保形成良好的连续的学习过程。学习从字母表开始，之后依次是音节、词和句子。学生从中开始接触清教神学和主祷文的基本内容。最重要的教材是 1690 年面世的《新英格兰读本》，该读本广受欢迎，真实地反映出清教徒的理念，被称作新英格兰地区的"微型圣经"。

清教徒认为中等教育的内容应与拉丁文法学校相类似。在新英格兰，只有社会、宗教及政治精英的子女才能进入这样的学校。学生一直被灌输这样一

---

① ［美］埃尔伍德·帕特森·克伯莱：《美国公共教育：关于美国教育史的研究和阐释》，陈露茜译，安徽教育出版社 2012 年版，第 12 页。

② ［美］埃尔伍德·帕特森·克伯莱：《美国公共教育：关于美国教育史的研究和阐释》，陈露茜译，安徽教育出版社 2012 年版，第 19 页。

③ Dickson A. Mungazi, *The Evolution of Educational Theory in the United States*, Westport: Praeger Publisher, 1999, p.51.

种观念，那就是他们承担着将来成为社会、政治和宗教领袖的责任，如果不能达到预期，就会被认为是失败者。这意味着在新教徒社会中，学生的成败早在其进入中等学校前就被决定了。顾名思义，拉丁文法学校讲授拉丁语、希伯来语、希腊语和英语，其教学内容来自西塞罗、李维、凯撒、维吉尔、柏拉图、亚里士多德和希罗多德的著作。因为这些著作强调道德、社会及宗教价值，所以学习这些被认为是受过良好教育的标志，科学、历史、现代语言、数学和地理等实用性学科只有在能够补充传统经典的语言学习时才具有价值。①

（二）清教教育思想的代表人物

清教教育思想杰出的代表有科顿·马瑟、约翰逊、威瑟斯庞等人。

马瑟（Cotton Mather）是美国清教领袖，曾获哈佛学院硕士学位，其父于 1685—1701 年任哈佛学院院长。马瑟最著名的著作有《美洲基督教全书》（*Magnalia Christi Americana*, 1702），有关教育的著作有《有序的家庭》（*Family Well Ordered*, 1699）、《关注托儿所》（1702）、《论善行》（*Essays to Do Good*）等。他相信教士在传教和教育工作中的中心地位，提出了培训教士包括阅读、研究、祈祷以及行善的完整课程规划。他确信研究自然科学可以让人深刻地认识上帝那无穷无尽的智慧，因此他主张系统学习新科学。②

马瑟将虔诚的信仰视为教育的主要目标，认为教育的主要目的就是为孩子信仰宗教做好准备，而达到这一点的途径就是去理解圣经。他说："如果我们得到拯救，那只能通过笃信圣经而获得。"所有父母、师长、教士和导师都必须"尽早开始教育孩子早早了解圣经，以便他们得到智慧而获得拯救"③。

在《论善行》一书中，马瑟试图向官员、医生、律师、学校校长以及"富有的绅士们"讲授他们可以如何去行善，为他们之中的每一类人都提供了有关他们对亲友、邻居、仆人乃至整个社区所负有的责任的详尽指导。他对父母的最初告诫在书中阐述得最为完整详尽，这就是从宗教信仰、文明举止以及知识学问等方面去教育培养孩子。④

---

① Dickson A. Mungazi, *The Evolution of Educational Theory in the United States*, Westport: Praeger Publisher, 1999, p.52.

② ［美］劳伦斯·A. 克雷明：《美国教育史：殖民地时期的历程（1607—1783）》，周玉军等译，北京师范大学出版社 2003 年版，第 243 页。

③ ［美］劳伦斯·A. 克雷明：《美国教育史：殖民地时期的历程（1607—1783）》，周玉军等译，北京师范大学出版社 2003 年版，第 245 页。

④ ［美］劳伦斯·A. 克雷明：《美国教育史：殖民地时期的历程（1607—1783）》，周玉军等译，北京师范大学出版社 2003 年版，第 246-247 页。

　　塞缪尔·约翰逊（Samuel Johnson）是美国第一位有声望的哲学家，他曾任国王学院院长长达 10 年之久。他先是信奉清教，后担任英国国教的传教士。其代表作是 1752 年出版的《哲学原理》（*Elements Philosophica*）一书。该书是美洲讲英语地区出现的第一部哲学教科书。约翰逊把这部著作中所包含总的思想体系称为"百科知识"或学识，包括文法学、修辞学、演讲术、历史、诗歌、数学、力学、地质学、天文学、自然史、形而上学以及伦理哲学。该书由"心智"和"伦理"两部分构成。前者论述有关理性和认识问题，后者论述有关道德行为问题。他赞同并非娇纵的家庭教育和具有完美的宗教基础的、在智力上稳固发展的学校教育，这一切都不无巧合地彰显了洛克学说。

　　威瑟斯庞（John Witherspoon）是苏格兰裔美国长老会牧师，曾在爱丁堡大学第一位讲授洛克思想体系的教授约翰·史蒂文森指导下研读《人类理解论》。他于 1768 年迁居美国，任新泽西学院（后来的普林斯顿大学）院长。其有关教育的观点散见于他的布道、神学演讲、修辞学论文、他任期内学院的通知以及他"论教育信札"中，克雷明说："在学院里，他利用一切可能的机会把'信仰和学识结合在一起，向人们展示两者之间的联系及其相互之间的影响，防止任何企图将两者分裂以及使两者对立的倾向'。他坚持主张一种宽泛的课程设置，他使自己的授课内容超出了传统的古典主义著作和哲学研究，其中包括英语和法语、历史和演讲修辞学等学科的系统讲授。……在他的教育信札中，他提出了一种典型的洛克式教学法，敦促人们去关注青年人的健康，关注教学方式的调整以适应他们的不同气质，并强调父母的教育技巧的多样化，以便尽早确立自己对孩子们的道德权威。"[1]

　　在威瑟斯庞的领导下，普林斯顿学院毕业生中出了一位美国总统、一位副总统、10 位内阁官员、60 位国会议员以及 3 位最高法院法官。其本人曾任大陆会议代表，是签署美国《独立宣言》的唯一教士。克雷明说："他从政治上和哲学上为新生的共和国创建一批领导力量做出了贡献，同时也对 19 世纪美国教育特征的形成产生了深远影响。"[2]

---

[1]　［美］劳伦斯·A. 克雷明：《美国教育史：殖民地时期的历程（1607—1783）》，周玉军等译，北京师范大学出版社 2003 年版，第 256 页。
[2]　［美］劳伦斯·A. 克雷明：《美国教育史：殖民地时期的历程（1607—1783）》，周玉军等译，北京师范大学出版社 2003 年版，第 256 页。

二、大西洋中部殖民地的教育理论

大西洋中部殖民地教育理论的发展体现了该地区的国际化特征。该区域不像新英格兰那样只接受一种宗教信仰或神学，而是发展出了一个多元化的社会，宗教多元化表现得相当明显。宗教派别包括圣公会、罗马天主教、犹太教、路德宗、荷兰归正会和长老会。持有不同信仰的人愉快地生活在一起，并共同合作建设这片区域，因而宗教宽容成为教育理论发展的基础，每个教派自行设计体现其各自宗教信仰的教育体系。由于这一区域具备开发农业的潜力，所以社会鼓励学生考虑广泛的教育，既能接受以博雅教育为基础的学术教育，又能接受职业教育。由于宗教和语言传统上的差异，没有任何一种单一的教育演化倾向能够适用于整个大西洋中部殖民地，因此，该地区未能找到建立稳固教育体系的共同基础。

1664 年之前，纽约被称为新阿姆斯特丹，荷兰归正教会对当地的教育理论产生了很大的影响，但与清教徒在新英格兰的做法不同。荷兰西印度公司支持教育发展是因为其官员相信教育是将来人们回报社会及为社会利益服务的关键。1664 年英国殖民者接收新阿姆斯特丹并改名为纽约，逐渐建立起由英国国教资助的慈善学校。需要注意的是，其理论基础是要通过教育帮助穷人变成社会的有用之才。而在新英格兰地区，清教徒资助贫民学校是基于相信要靠教育来使穷人抵抗"老骗子撒旦"的诱惑。

在宾夕法尼亚，贵格会、长老会和德国路德宗的信徒都建立起为各自利益服务的教育体系。贵格会信徒竭力反对清教徒在教育过程中为了训练儿童听从于父母而使用的严酷体罚，认为儿童是上帝纯真、美丽的创造，他们如果掌握了正确的方法，就会非常善于学习。贵格会信徒认为成年人给予的爱，而不是对体罚的恐惧，才让儿童更好地学习。他们还相信每个儿童都有所不同，都有必须被满足的特殊需求，不能通过控制其思想和情绪，而是要设法促进其表达的自由，使其自由融入学习过程。宾州贵格派首领佩恩（William Penn）为谋求社会安宁而重视教育，"他不崇尚高深学术，认为博学在古代竟使亚当犯罪，在近代则使大学成为懒惰、放荡、淫邪、粗鄙无知的标志。另外，他又坚持贫者富者都须掌握可以理解的和具有实效的真理，这不但能够增进生活能力，而且教人互助互赖而不互相残杀，从而消弭战乱灾祸"[①]。在佩恩的影响下，各教派努力设校办学，教派学校成为宾州教育的一大特色。

---

① 滕大春：《美国教育史》，人民教育出版社 2001 年版，第 50 页。

清教徒和贵格会信徒在教育理论上存在明显差异，而大西洋中部地区其他宗教团体在教育理论发展中或多或少都与贵格会相一致。他们也都认为体罚儿童等严厉纪律有损于儿童的学习兴趣，无论如何都应该被避免。

与新英格兰一样，大西洋中部地区的高等教育理论发展以培养牧师为导向。一些建立于殖民地晚期的大学主要关注这一点。如 1746 年基督教长老会创建的普林斯顿大学，就是为新泽西培养牧师的。1776 年，荷兰归正会出于同样的目的建立了罗格斯大学，又称为皇后学院。这些大学的建立与被称为"大觉醒运动"的宗教复兴同步。除了宗教复兴，这一时期还被称为理性时代或启蒙时代。在这一时期，学习和获得大量学科知识的需求成为人类生活的一部分。获得知识对个人与社会的发展都至关重要。

大西洋中部殖民地的教师来自牧师群体。荷兰归正会的学校非常重视基本（宗教）概念的学习。学校每天的活动从祈祷和诵读圣经开始。很多情况下，男女孩子同校学习。这样做是为了促进他们之间相互理解。大西洋中部地区教育的宗派特征使其很难创建共同的学校体系，这种情况直到贺拉斯·曼时代才有所改变。

三、南部殖民地的教育理论

南部殖民地在教育观上与新英格兰差别巨大。新英格兰人是受到英国国教排斥而到新大陆寻求宗教自由的，而弗吉尼亚和南部殖民地的人多是信奉英国国教的人，他们来美洲的目的主要是获取经济利益。正如斯普林所说："在殖民政策的背景下，与新英格兰殖民地相比，弗吉尼亚最好地代表了英国的教育政策。这是来自祖国更为直接控制的结果，重视殖民利益。"[1]

种植园是构成南方社会的基本单位，种植园主代表土地所有者阶级，拥有左右社会发展的政治及经济权力，多数移民认可英国社会分层的思想。由于没有新英格兰那样的民主制度，不可能出现公共学校。少数精英"从来没有忽视家庭的稳定和忘记他们英国的传统。……他们设法以英国相同的方式教育他们的儿子，所有的知识被认为是成为一个英国绅士所必不可少的"[2]。南部缺乏新英格兰城镇的凝聚力和加尔文主义的宗教力量，因而没有对教育执着的宗教

---

[1]　［美］乔尔·斯普林：《美国学校——教育传统与变革》，史静寰译，人民教育出版社 2010 年版，第 27 页。
[2]　［美］亚历山大·里帕：《自由社会中的教育：美国历程》，於荣译，安徽教育出版社 2010 年版，第 1 页。

信仰，也使它没有出现有特色的学校制度。在南方，正规教育不如专业的农业知识重要。少量的正规教育只服务于精英阶层。在正规教育不足的情况下，艺徒制和济贫学校成为南部殖民地的主流，另有少量的慈善学校和荒地学校，这些学校是为穷人而设的。

学者认为："南方缺乏正规教育是因为其需求没有其他两个地区那样强烈。不强调宗教的作用就意味着不重视道德价值。南方地区缺乏正式的制度结构来为新社会准则的传输提供基础，导致社会问题的出现。在这种背景下，理论演化与其他问题相比处于次要地位。"①

殖民地时期美国的人口除了本土印第安人，就是来自欧洲各国的移民，这些移民自然而然地形成了三大移民区。

与人们最初的设想不同，土著印第安人也拥有灿烂的文明和多元的文化，教育不仅是其文明和文化生活的体现，也是延续其文明和文化生活的重要保障。从部落生命延续和文化文明持续繁荣的角度出发，印第安人与世界其他民族一样非常重视教育。印第安人的教育体现了在生活中进行的特征，其教育实践和教育思想除了关注下一代人对生存技能的掌握，还非常重视下一代人的性格养成、必要的宗教文化知识的掌握等。

欧洲移民除了将欧洲的历史文化和教育传统带到了美国，在新大陆长期的生活实践中，他们还分别形成了各自的教育传统。比如北部新英格兰地区的民众深受清教文化的影响，更加注重灵魂的救赎，宗教与道德教育成为该区域思想家最为关注的教育内容，与此同时，他们还创建了殖民地第一所高等院校，颁布了第一部强迫教育的法案，成为殖民地教育的一面旗帜。大西洋中部殖民地的人口来源更为庞杂，宗教和语言类型更为多元，虽然该地区缺乏建立任何一种单一倾向的教育体系的基础，但是各教派也在其教义的指导下推动着各具特色的教育思想和实践的形成。殖民地南部的移民大多来自英国的国教派，经济目标是其移民的主要动机。由于其对于英国文化的认可程度更高，因此无论其教育思想还是教育实践，均体现出了鲜明的英国绅士教育的特色。

---

① Dickson A. Mungazi, *The Evolution of Educational Theory in the United States,* Westport: Praeger Publisher, 1999, p.57.

第二章　独立建国到19世纪中期的
　　　　教育思想

独立建国到 19 世纪中期是美国从艰苦创业走向初步繁荣的重要发展阶段。随着独立战争的打响，破旧立新的美国教育革命也拉开了序幕。美、法两国在战争时期的相互扶持与往来，加快了两国的文化交流，促进了法国启蒙教育思想向美国的输入。建国初期的美国教育发展始终伴随着法国启蒙教育思想的影响，正是在启蒙教育思想的促进下，涌现出了本杰明·富兰克林、乔治·华盛顿、托马斯·杰斐逊、诺亚·韦伯斯特、本杰明·拉什以及拉尔夫·瓦尔多·爱默生等美国教育思想先驱，他们的实用主义教育、"包罗万象的教育"、"宽泛的教育"、公共教育等思想为美国建国后教育的健康发展指明了方向。进入 19世纪，继承并弘扬先驱精神的公共教育思想的提出、州立大学理念的出现以及大学自治思想的进一步强化，美国教育思想的独立性进一步增强，所有这些都为独具美国特色的教育思想登上历史舞台奠定了厚实的基础。

第一节　法国启蒙教育思想在美国的传播

基于独立战争期间结下的深厚友谊，美国建国后，美、法两国官方和民间的交往日趋加强。也正是在这一时期，作为启蒙运动中心的法国，其饱含理性精神的启蒙思想不仅对美国国家制度、政治制度的形成造成重大的影响，而且也为此时期美国教育思想打上了浓重的法国烙印。

一、美国建国初期"法国热"的兴起

"《独立宣言》的发表，标志着旧时代的结束和新时代的肇端。"[①] 在此之前，尽管这群清教徒乘坐着"五月花"号来到"新世界"，但英裔美国人从未打算也无法与"旧世界"断然诀别。基于法国与英国的世敌关系，他们"惯性"地敌视和不信任法国，加之在宗教信仰上信奉新教的美国人视法国为不容忍新教

---

① 贺国庆：《法国启蒙运动教育思想对美国的影响》，《河北大学学报》1994 年第 3 期。

的天主教国家，英、法两国为争夺殖民地所进行的战争让美洲这片土地上的居民对法国的仇恨记忆难以消除。然而，时代发生了改变，人们的观念亦随之更迭。在独立战争时期，美法两国结成同盟，一起反击英国殖民者，深厚的革命友谊让美国掀起了一股学习法国的浪潮。在以富兰克林、杰斐逊等人为首的政治家们积极的外交努力下，美国和法国于 1778 年签订了同盟条约。"法国不仅是承认美利坚为'一个民族'的第一个国家，而且为处在生死关头的美国提供了大量的财政和军事援助。数千名法国士兵、水手和官员直接参加了美国的独立战争，给予美国人民争取独立的斗争以巨大的鼓舞。"① 继而美国掀起了巨大的法国热，极大地刺激了美国人对法国文化的兴趣，随后的法国革命更进一步促进了两国人民的交往。

（一）政治外交，打开文化交流通道

1776 年至 1785 年间，美国第一位驻外大使——本杰明·富兰克林旅居法国，他凭借卓越的外交才能，成功促成了法国对美国独立战争的支援。在法期间，富兰克林结识了当时许多法国的著名人士，如伏尔泰、杜尔哥、孔多塞、王后玛丽 – 安托瓦内特等。富兰克林身上所体现出来的睿智、勤勉、诚实、自律、无私等优秀品质和个人魅力受到法国社会各阶层人士的认可和欢迎，他们完全被他所迷住，对他倾注了极大的好感，有些富有的法国家族甚至流行以他的画像装饰画廊。在法国人的心里，富兰克林即是美国人的象征。富兰克林也赞扬法国人民是和蔼可亲的人民。他在 1783 年时说："他们热爱我，我也热爱他们。"② 1783 年，法国和美国签订了《1783 年巴黎条约》，结成了法、美军事同盟，赢得了欧洲人民对北美独立战争的同情和支持。当 1790 年富兰克林逝世的噩耗传到巴黎时，国民制宪议会宣布举哀三天，足见法国人民对他的厚爱之情。

托马斯·杰斐逊是富兰克林的继任者。他于 1785—1789 年担任驻法公使，目睹了法国革命是如何开始的。在法国期间，他结识了许多文化学术界人士，如马布里、拉斐德、罗歇佛库公爵和孔多塞等自由主义贵族，他们都是杰斐逊寓居巴黎时的密友。他经常出入乌德托伯爵夫人（卢梭《忏悔录》后半部的女主人公）的沙龙和爱尔维修夫人的家，通过与他们的自由交往，杰斐逊在思想上不可避免地受到这些人的影响。他已不仅仅是一名官方委派的公使，实际上

---

① 贺国庆：《法国启蒙运动教育思想对美国的影响》，《河北大学学报》1994 年第 3 期。

② Paul Merrill Spurlin, *The French Enlightenment in America*, Athens: The University of Georgian Press, 1984, p.19.

成为新旧世界之间文化学术和科学技术交流的重要使者。他通过大量的书信，向国内友人介绍法国思想；他还向国内许多人寄送各种书籍，帮助他们了解欧洲和法国的发展。

（二）公众互通往来，促进两国文化交流

通过法、美两国的先驱在政治上、经济上、文化上的交流，法国成为许多美国人向往的地方。"尤其是法国首都巴黎，像一块巨大的磁石，吸引了美国众多的旅行者、商人和艺术家。"① 被誉为美国"第一个旅行家"的沃森（E. Watson）于 1779 年到了法国，他在后来撰写的《回忆录》中叙述了自己在法国的经历。他说："我相信，与法国结盟和交往，能够使我们民族摆脱不列颠的管教。"又说："美法结盟将趋向消除对法国的极度的偏见。"② 18 世纪 80 年代，大批美国人士涌至巴黎，其中有美国独立战争中的海军英雄琼斯（J.P.Jones）、以《常识》（Commonsense）一书闻名美国的潘恩（Thomas Paine），等等。

美法两国人员的往来和交流是双向的。不仅美国人到了法国，也有大批法国人涌向美国。特别是在法国大革命期间，数以万计的避难者由法国和圣多明哥逃往美国，其中大多数进入东部沿海城镇。他们中有相当一部分人是手艺人和店主，也有来自法国大城市的贵族，如夏多布里昂、塔列兰和后来成为法国国王的路易·菲力普。一些法国建筑师、艺术家和旅行者也来到美国。这一时期，法文报纸也开始在美国印刷发行。

上述在法国的美国人和在美国的法国人，构成了两国联系的桥梁。通过这些人，法国的启蒙思想、文化和教育思想，源源流入美国，深深影响了一代美国人。

（三）革命战斗中相互扶持，增进两国交流互通

美国独立战争的胜利为法国革命开辟了道路，同时，在法国革命爆发时，美国立即作出了反应。韦伯斯特（Noah Webster）当时写道："当法国爆发革命的消息传到美国时，他欣喜若狂，他对（法国）革命成功的关注几乎就像当初对美国独立战争的关注一样。"③ 美国第二任总统约翰·亚当斯后来回忆说："在那时（1793 年），对法国和法国革命的热情，几乎遍及整个美国，尤其在宾夕

---

① 贺国庆：《法国启蒙运动教育思想对美国的影响》，《河北大学学报》1994 年第 3 期。

② Paul Merrill Spurlin, *The French Enlightenment in America,* Athens: The University of Georgian Press, 1984, p. 22.

③ Paul Merrill Spurlin, *The French Enlightenment in America,* Athens: The University of Georgian Press, 1984, p. 24.

法尼亚，特别是费城，强烈的感情是不可抗拒的。……马拉、罗伯斯庇尔、布里索和山岳派，经常是演讲的主题和每天餐桌上的祝酒词。"[①] 在法国大革命时期，居住在法国的美国人也参加了法国革命，与法国人民并肩作战，立下了不朽的功勋，进一步促进了两国的交往。

二、法国启蒙运动教育家及其学说对美国的影响

如同文艺复兴和宗教改革一样，启蒙运动不是地区性或局部现象，而是一场广泛的思想运动。启蒙运动最初源于英国，从 18 世纪开始，法国成为启蒙运动的主战场，孟德斯鸠、伏尔泰、卢梭、狄德罗、爱尔维修、霍尔巴赫、孔狄亚克、达朗贝尔、马布里等人都是法国启蒙运动的旗帜人物。虽然并非每一个启蒙学者都是教育思想家，个人观点也有很大的差异，但他们都反对天主教会的蒙昧主义，都将教育看作社会改革的有效手段或途径。

法国启蒙学者的哲学信条体现为许多具体原则，"如自然法则、性善论、自然宗教、社会契约、自由、平等和追求幸福、国民教育、科学、进步和人类无限的完善、经验主义、行为主义、道德的相对性和功利主义，等等。当然，并不是所有的启蒙学者都赞成上述所有的原则，但大多数人都接受其中许多学说，有的接受几种"[②]。虽然法国启蒙学者对哲学信条并没有达成共识，但不论是坚持哪种原则，都为当下及未来的教育创造一种新的和良好的秩序打下了基础。

（一）法国启蒙思想学者的教育思想对美国的影响

伏尔泰被称为理性的主要倡导者、"嘲讽的天才"和"良心的唤醒者"。他主张"健全理性的自由人"的教育，自由平等是他的教育理想与目标。他的部分著作，如《路易十四时代》（*The Age of Louis XIV*）、《英国书信》（*Letters on England*）等在北美殖民地广泛流传。自由的殖民地人喜欢引用伏尔泰对英国宗教的评论："一种宗教将产生压迫，两种宗教将使英国人相互割断对方的喉咙，但因为有许多种宗教，他们反而能和平且和睦地生活在一起。"[③] 伏尔泰被美国人视为法国最高尚品德和深邃智慧的化身，许多公共图书馆都收藏有他的书籍。华盛顿就对伏尔泰的历史著作十分感兴趣，杰斐逊也收藏有大量伏尔泰

① Paul Merrill Spurlin, *The French Enlightenment in America*, Athens: The University of Georgian Press, 1984, pp. 24-25.

② 贺国庆：《近代欧洲对美国教育的影响》，河北大学出版社 2002 年版，第 55 页。

③ Henry F. May, *The Enlightenment in America,* New York: Oxford University Press, 1976, p.40.

的著作和有关他的书籍。此外，1757年《南卡罗来纳报》就曾从他的《哲学辞典》中选登了一篇《上帝》，1775年该报还曾刊登订购伏尔泰著作的广告。

孟德斯鸠是另一位对美国有深远影响的启蒙思想家，他的学说在殖民地居民和独立后的美国人中广泛流传。"他从三种形式的政体理论提出了政体教育思想的基础，即政体原则，并认为共和政体的原则是品德，君主政体的原则是荣誉，专制政体的原则是恐怖，与政体适应的是三种形式的政体教育。"[①] 孟德斯鸠在《论法的精神》第四章阐述了他的"政体教育"思想，这本书也成为殖民地的一本畅销书，在美国产生了广泛影响，同时也吸引了诸如富兰克林、约翰·亚当斯、杰斐逊、詹姆斯·威尔逊（James Wilson）等建国先驱成为其忠实拥护者。

卢梭是启蒙学者中教育思想方面的巨人，他从多方面扫荡了荼毒人心的封建教育。他一方面主张教育应培养自然人，另一方面认为教育是政府的重要职责，应由政府掌管。"卢梭提出了儿童自然发展的内在自然规定和外在自然规定，即儿童发展的自然法则和自然权利，主张儿童的教育环境自然化。"[②] 尊重儿童，让儿童以儿童的方式成长，是卢梭教育思想的核心。他的"以儿童为本位"的教育价值取向，强调教育的内在目的。同时他提出应基于儿童身心发展规律而设置丰富的教育方法，主张儿童同时接受"国家的教育"和"自然的教育"，要成为公民和真正的人的思想，不仅在法国，而且对欧洲其他国家和美国教育的发展也产生了深远的影响，可以说，有了《爱弥儿》，启蒙运动才有了系统的教育理论。

爱尔维修倡导教育万能说，否定天赋观念，认为人的智慧是后来教育的产物。他反对贵族和教会对学校的垄断，提出世俗教育的主张。美国著名思想领袖，如约翰·亚当斯和杰斐逊等人，都存有他的著作。杰斐逊赞扬爱尔维修是"世界上最好的人之一"。他引用爱尔维修《论精神》中的观点，将自我主义或自私自利作为道德行为的根据，称爱尔维修是这条原则的"最天真的倡导者"。但根据杰斐逊的观点，仅有自私自利是不够的，在人的道德天性中，也能够发现利他主义的根源。[③] 约翰·亚当斯、麦迪逊和韦伯斯特等人都受到了

---

① 朱旭东、王保星：《外国教育思想通史·18世纪的教育思想》第6卷，湖南教育出版社2002年版，第2页。

② 朱旭东、王保星：《外国教育思想通史·18世纪的教育思想》第6卷，湖南教育出版社2002年版，第3-4页。

③ Paul Merrill Spurlin, *The French Enlightenment in America*, Athens: The University of Georgian Press, 1984, p.82.

爱尔维修的影响，尽管他们并不赞成他的某些推论和观点。

狄德罗虽不同意教育万能说，但他十分重视教育在人发展中的作用，认为世界上的罪恶是罪恶的教育和罪恶的制度造成的。他提倡世俗化的教育，主张将学校从僧侣手中收回来，交由国家管理，并主张实施普及的、免费的初等义务教育制度。虽然狄德罗的著作在美国远不如伏尔泰、孟德斯鸠、卢梭的著作那样流传，但富兰克林、亚当斯、杰斐逊、麦迪逊等人，都藏有其编撰的法文版《百科全书》。

启蒙运动的教育思想总的来说可以概括为"反对封建传统教育；重视教育对改造社会和在人发展中的作用；主张建立世俗的、免费的、普及的和对人人平等的国家教育制度"[1]。这些启蒙学者的哲学思想深深地渗透到法国革命时期的教育之中，同时，也通过法、美两国的不断交流影响了建国初期的美国。启蒙学者的政治哲学和教育思想，成为美国新教育诞生的依据。

（二）法国启蒙主义教育思想在美国的传播

富兰克林一手创办的美国哲学会（APS）是把启蒙运动思想传播到美洲的一个重要媒介。哲学会吸纳擅于政治辩论与科学知识信息交流的文人学者，"到1800年该学会已有会员超过650人，包括诸如孔多塞（Condorcet）、拉斐德（Lafayette）、拉瓦锡（Lavoisier）和杜邦·德内穆尔（DuPont de Nemours）这些杰出的欧洲人。甚至在法国大革命时期被法国皇家法院放逐的人也被允许加入该组织"[2]。正是哲学会这样自由开放的平台，在传播法国启蒙思想家的启蒙思想方面发挥了重要作用。

《独立宣言》的起草人杰斐逊可以说是最全面地拥有法国启蒙运动思想的人，他比任何其他美国人都更多地受到法国思想和文化的影响。在出使法国的五年中，杰斐逊的思想和感情深深地打上了法国烙印。他谙熟法国启蒙学者的自由思想，并与法国具有启蒙思想的教育家时常进行通信和交往，从而形成了他教育观点上明显的法国色彩。美国教育史学家威金（G.A.wiggin）说："杰斐逊的教育思想是坚定地建立在18世纪启蒙运动的哲学之上的。"[3]将杰斐逊的教育计划与18世纪法国启蒙教育思想进行比较，不难看出两者间共同的特征，

① 贺国庆：《近代欧洲对美国教育的影响》，河北大学出版社2002年版，第59页。
② ［美］S.亚历山大·里帕：《自由社会中的教育：美国历程》，於荣译，安徽教育出版社2010年版，第58页。
③ Gladys A. Wiggin, *Education and Nationalism, An Historical Interpretation of American Education*, New York: McGraw-Hill Book Company, Inc., 1962, p.124.

即由国家举办的、平等主义的、世俗的和以哲学为基础的。除了平等主义外，其他三个观点或特征，杰斐逊都反映在他为弗吉尼亚制定的教育制度以及为弗吉尼亚大学制订的计划之中。法国的平等主义被他转化成普及教育思想。他虽然没有提出为所有人设立从初级学校到大学的教育，但他主张为所有人建立公共教育，而且他坚持根据智力而不是社会经济地位从中等学校和学院选拔有才能的青年。

法国启蒙运动思想对美国教育的影响是极其深远的。从形式上看，"法国的影响更多地体现为教育的方向和指导原则，而不是具体的设施或机构"[1]。正如美国教育史家鲍尔斯通（R.G.Paulston）所说的那样："法国的影响是鼓舞人心的、含有哲学意义的，并且在文化—政治方面输入了一些新的观念。这种影响代表了一种短暂的然而却是强烈的相互依存的全面的意识形态的影响。而且，法国贡献的政治性使它很容易随着时代和地点而变化。它没有像英国对文理学院或普鲁士对师范学校的影响那样，留下属于一般的机构的形式。相反，美法两国人民对人类、自然和理性的信念存有共同的信仰。在这一信仰的鼓舞下，两国人民共同努力使得法国启蒙运动思想对美国特定的团体和机构产生了深远的影响。"[2]

第二节　建国初期先驱的教育思想

不论是本杰明·富兰克林、乔治·华盛顿还是托马斯·杰斐逊、本杰明·拉什，众多的美国建国先驱，除了对国家的创建做出了丰功伟绩，他们也对美国教育如何健康发展贡献了自己的聪明才智。建国先驱们的教育设计不仅丰富了美国教育思想的宝库，而且也引领着美国建国后教育实践的发展。

一、本杰明·富兰克林的教育思想

本杰明·富兰克林（Benjamin Franklin，1706—1790），1706年出生于波士顿商人家庭，一生辗转于波士顿、费城、伦敦、巴黎等地，致力于塑造一种新的美国原型。启蒙运动的世俗观念对富兰克林产生了很大影响，富兰克林的生

---

① 贺国庆：《法国启蒙运动教育思想对美国的影响》，《河北大学学报》1994 年第 3 期。
② Roland G.paulston, French Influence in American Institutions of Higher Learning, 1784—1825, *History of Education Quarterly*, 1968, 8(2), P.229.

活许多方面体现了当时美洲殖民地正在出现的中产阶级的利益和思想。^①"在他的倡导和影响下，美国逐渐形成了独有的朴素而幽默的风格、民族的价值观和实用主义哲学观。"^②富兰克林深受培根、洛克、休谟等人思想的熏陶，可以说，富兰克林成了培根、牛顿和洛克思想的宣传家和楷模，他汲取了启蒙思想中那些最适合于他所处的那个时代和世界的思想观念。"如果富兰克林的美国同胞要在美国寻找一个培根式的科学家的话，那就是富兰克林了。他对电力所做的实验和他的创造天才，表明了'知识就是力量'。他的新式火炉、双光眼镜和避雷针，使他成了美国的培根，成了一个功利主义异彩和社会向善精神相互交融的化身。"^③

儿时的富兰克林勤勉好学，父亲一直希望他能够在未来从事教会方面的事务，因此将8岁的富兰克林送入拉丁文法学校学习。也许是因家庭经济条件有限，也许是父亲意识到他不适合神职人员的工作，富兰克林仅完成了两年学业便辍学在家，而后开启了他的学徒生涯。尽管只有仅仅两年的学校学习生活，但富兰克林的优异成绩与表现就已经证明了他超越寻常人的聪慧与才能。富兰克林选择职业的过程十分谨慎，父亲带着他四处观摩学习，有泥瓦匠、铜匠等等，虽然能工巧匠给富兰克林带来极大的动手兴趣，却始终不是他的职业选择，最后他选择到其兄长詹姆士的印刷所学习印刷术。正是这样的择业奠定了富兰克林的从政基础与机会。

富兰克林在印刷所的第五年，詹姆士办起了自己的报纸——《新英格兰报》(*The New England Courant*)，这给富兰克林刻苦学习和练习写作创造了契机。富兰克林最初以"沉默的社会改造者"(Silence Dogood)的名字在报端撰文批评当时政治、宗教、风习和教育的积弊，还大力鼓吹出版和言论自由。1723年，詹姆士因此被捕入狱，当时年仅17岁的富兰克林放弃印刷业转而奔赴费城和伦敦，还曾在伦敦经营印刷所两年。1727年，他再次由英国返回费城，开办印刷所，编印《费城新闻》(*The Pennsylvania Gazette*)，继续写作和探讨社会问题。到1730年，24岁的富兰克林已经在北美和欧洲各国为人所熟知了。1732—1757年，富兰克林逐年编印《可怜的理查德年表》(*The Poor*

---

① ［美］S. 亚历山大·里帕：《自由社会中的教育：美国历程》，於荣等译，安徽教育出版社2010年版，第54页。

② ［美］沃尔特·艾萨克森：《富兰克林传——一个美国人的一生》，杨颖译，中国社会出版社2008年版，第2页。

③ ［美］查尔斯·博哲斯：《美国思想渊源——西方思想与美国观念的形成》，符鸿令译，山西人民出版社2008年版，第107页。

Richard Almance）。该书是广为流传的群众读物，也是家喻户晓的格言汇编，富兰克林也因此声名鹊起，由此开启了他曲折艰辛、磨难重重，但成就卓著、辉煌灿烂的一生。

富兰克林勤勉的一生在诸多领域都颇有建树，他是18世纪美国最伟大的政治家、科学家、教育家、思想家等，作为美国独立战争时期重要的领导人之一和美国历史上最具有重要影响的人物之一，被美国人民誉为"民族之父""美国的完人""美国三杰"之一等，与华盛顿、杰斐逊齐名，曾被美国权威期刊《大西洋月刊》评为影响美国的100位人物第6名。

（一）实用主义教育思想与共读会、图书馆及哲学会

美国社会教育史学家柯蒂评价"富兰克林的教育思想是实用主义的和功利主义的"[1]。亨利·康马杰认为："美国人讨厌理论和抽象的思辨，他们避开那些深奥的政治哲学和行为哲学，就像健康人不吃药那样。他们的哲学家不是乔纳森·爱德华兹，而是本杰明·富兰克林。他们虽然拒绝宗教意义上的功利主义，但是，他们又是十足的功利主义者。"[2]富兰克林早期生活和自学经历就是这种功利主义教育观的体现。亨利认为美国哲学中的"实用即真理"的思想在富兰克林身上淋漓尽致地表现出来，这一思想也在富兰克林的实践中得到了验证与推广。

1727年，富兰克林在经营印刷所期间时常针砭时事，并与伙伴们共同组建共读会（Junto），供大家探讨知识所用，参加集会的人是来自各行各业的青年，有作家、数学家、测量员、木匠、商人、印刷工人等。富兰克林共读会"很大程度上是借鉴了'邻里互助会'的形式"[3]。此外，洛克对富兰克林的影响也是关键因素之一，洛克建议在英国成立共进社很可能也启发了他。共读会是面向现实而共读、共学和共同讨论的组织，和教会或教士组织的查经班不同，与大学的论辩课也不同。查经班以圣经或宗教问答为根据，拘泥于章句的注解，不准越雷池一步，以养成宗教信仰为宗旨；大学论辩课是就神、法、医的课题或专著进行系统的理论性探索，笼罩着教条主义或学院主义的气氛。而共读会则是从生活或斗争中选择真实问题，由会员读书做准备，再互相论辩以求解决。共读会不是"学以致信"或"学以致知"，而是"学以致用"。在富兰克林

① Merle Curti, *The Socialldeals of American Educators*, Totowa: Littlefield Adams & CO, 1959, p.35.
② Henry Steele Commager, *The American Mind*, New Haven: Yale University Press, 1950, p.8.
③ ［美］沃尔特·艾萨克森：《富兰克林传——一个美国人的一生》，杨颖译，中国社会出版社2008年版，第46页。

看来，"知识必须为人所理解，更须对人产生实际效用。因为教育是生活的一部分，知识是进步社会的组成环节，教育和知识是为人生和社会服务的。他对于追求知识而轻视实用的哈佛学院是讽刺的"①。富兰克林的共读会由会员自发捐书，供会友共同阅读，书籍包括文学、史学、地理学等多种名著，但不包括神学书籍。会员们每星期五晚上聚会，每人轮流提出问题，展开讨论，内容涉及道德、科学、政治、文学等，富兰克林的许多重要著作都是在这里讨论过然后才发表的，共读会被评为费城"最好的哲学、道德和政治学校"②。共读会也"成为北美殖民地捐资成立图书馆的先锋，以后更广泛推行于其他地区"③。

自发捐赠建成的图书馆逐渐发展成为北美洲第一家捐赠图书馆。1731年，富克兰林筹备创建了北美洲第一个图书馆——费城图书馆。随后，越来越多的图书馆被建立起来，解决了殖民地书籍不足、学习困难的问题。图书馆的推广受到民众欢迎，引发了人们阅读的兴趣，因而在18世纪70年代初期，对民间的影响十分突出。富兰克林本人也认为"这种图书馆本身已经成为一种伟大的事业，它的数字在不断地增多，这些图书馆改善了美洲人的日常谈话，使得普通的工人和农民变成像别国大多数绅士那样聪明，并且或许在某种程度上帮助了在殖民地各地普遍展开的保卫他们自身权利的斗争"④。18世纪美国独立以前，在富兰克林创办的协作互助型图书馆的引领下，众多市镇也纷纷出现了同类型的图书馆。

富兰克林还领导创立了美国哲学会，传扬实用主义学说，影响深远。"为促使有才能的各方面人士肩负使命进行科研和发明，富兰克林所创设的最有想象力和最新式的教育机构就是美国哲学会。"⑤与共读会和图书馆面向文化程度一般的民众进行科学知识的普及不同，哲学会的目的是建立一个定位更高、面向科学家和学者的交流平台。1743年，他发表了普及实用知识的具体方案——《关于推进英属北美殖民地实用知识的倡议》(*Proposals for Promoting Useful Knowledge Among the British Plantations in America*)，建议所有有学习和发明热情及才能的人结成一个团体，即美国哲学学会，提出"在殖民地领域广阔而

---

①　滕大春：《美国教育史》，人民教育出版社2001年版，第116页。

②　《外国科学家史话》编写组：《外国科学家史话》，辽宁人民出版社1979年版，第113页。

③　滕大春：《美国教育史》，人民教育出版社2001年版，第116页。

④　［美］本杰明·富兰克林：《富兰克林自传》，姚善友译，生活·读书·新知三联书店1985年版，第98页。

⑤　Henry J. P, *Two Hundred Years of American Education Thought*, Lanham: University Press of American, 1987, p.9.

移民居住分散的情势下，可以哲学会为据点，以通讯及会议方式，联系各地急于求知之士，从事上起天文，下至地理以及动、植、矿物和数、理、化、医等应用学科的学习探讨。哲学会不是研究形而上学、本体论、认识论和道德论或某家某派哲学理论的纯粹学术团体，乃是群众锻炼面向实际的思维能力的组织"①。在富兰克林的倡议下，哲学会于同年成立。哲学会早期成员包括科学家、律师、工匠等，许多美利坚合众国的创始人如华盛顿、亚当斯、杰斐逊、汉密尔顿等都是其成员，当然，会员中还有如拉法叶、施托伊本等杰出的外国人士。

哲学会特别重视教育对建国的重要意义。在独立建国之后，人们对于办学方向问题举棋不定之际，哲学会曾以"公共教育应如何办理"为主题，带领会员进行热烈论辩，进而在全国范围掀起了教育的大论战，从而为制定新国家的教育方针奠定了思想的基础。在哲学会发展的过程中，会员曾和伦敦的英国皇家学会、爱尔兰的都柏林学会以及巴黎的法国科学院取得联系并进行交流合作。1769 年，共读会与哲学会这两个组织合并成美国哲学会应用知识促进学会（ APSPUK ）。直到 1790 年去世，富兰克林每年都当选为该学会的主席。②

（二）实用主义教育思想与文实学校

富兰克林曾总结自己组织共读会、开办图书馆、出版书报等形式宣传和普及实用知识的经验体会，谈及实用性教育的功用。他说："对于他们的学生来说，如果教授的每一件东西都是有用将是很有益处的，这每一种知识都是有装饰性作用的，但学海无涯，人生短暂。因此学生只应学习那些有用的和最具装饰性的。"③ 在此之前，以博雅教育为主的拉丁文法学校在费城存在百年之久，根基深厚、影响广泛。但随着北美殖民地经济、社会的发展，这种教学内容枯燥、教学方法机械僵化的学校已不能满足当时人们的教育需求，因此在费城、纽约、波士顿、新英格兰等地出现了由私人传授实用技艺并能够在清晨或夜晚开课的补习学校（业余学校）。这些业余学校专门培养机械工人、售货员、文牍人员、测量人员、翻译人员等，符合当时城市发展需求。富兰克林提出建立新型的文实学校的建议，倡议建立"一所以英语而不是拉丁语为教学语言的学校，课程囊括科学知识和实用技能，旨在培养能够将实用知识普遍用于社

---

① 滕大春：《美国教育史》，人民教育出版社 2001 年版，第 117 页。

② ［美］S. 亚历山大·里帕：《自由社会中的教育：美国历程》，於荣等译，安徽教育出版社 2010 年版，第 58 页。

③ 夏之莲：《外国教育发展史料选萃》上册，北京师范大学出版社 2006 年版，第 443 页。

会、政治及个人职业的人，从而建立一种正规教育与自我教育相结合的新型的教育模式"①。他的教育计划目的不是培养学者、诗人和科学家，而是培养有实际事务能力的人。

1749 年，富兰克林发表了《关于费城青年教育的倡议》（*Proposals Relating to the Education of Youth in Pennsylvania*），其中主要阐述了他的文实学校思想，并积极力言青年教育的重要性。他说："青年的优良教育是家庭和国家幸福的切实基础。国家政府无不视教育为国本，予以经费等多种支持。在来美殖民地先辈中，有许多人曾在欧洲受到良好教育，凭着他们的明智博学和善于经营，殖民地才蓬勃发展起来。"② 教育无论是对个人还是对国家都应当具有实用性，"具有智慧和良好行为的人，是一个国家的力量之所在，较之财富和军队，教育更为重要，因为前者如果掌握在愚昧和邪恶的人手里，往往导致毁灭"③。因此，费城青年教育改革的倡议中，更加主张实用之教，方案就是创立文实学校。在他的方案中，设想了一个连续六年的课程安排，所设课程内容无不透露着实用主义精神，"在语言学习方面，他认为学生不仅要学习古语，更重要的是学习英语和最有生活效用的现代外语，如法语、德语、西班牙语等；在宗教方面，他摒弃流俗的教派教学，希望通过学校设置一种宗教演进史的科目；在历史学科方面，青年必须了解用拉丁文和希腊文著写的历史名著，并学习商业史和创造文明史；在地理学科中，青年人应该学会从地图中认识各城市及其掌故"④。

1751 年，富兰克林在费城创立文实学校（Philadelphia Academy）并担任校长。这是美国历史上第一所将古典课程与现代实用学科相结合、兼顾升学与就业双重培养目标的学校。"文实学校于 1753 年领取了办学许可证，这是美国中等教育史上的新生事物。"⑤ 这所学校与欧洲传统博雅教育彻底决裂，开启了美国式中学的先河。费城文实学校在建立和发展过程中，引发各城市的效仿，由此掀起了文实学校运动，大大影响和扭转了人们的教育观念。富兰克林文实学校的新颖蓝图在独立建国后逐渐被人理解，成为美国中等学校的主要类型，美国著名教育学者奥恩斯坦称文实中学为"中学的先驱"。⑥ 后来，费城文实

① 　Joel Spring, *The American School 1642—1990*, New York: Longman, 1990, p.22.
② 　滕大春:《美国教育史》，人民教育出版社 2001 年版，第 118-119 页。
③ 　单中惠:《西方教育思想史》，教育科学出版社 2007 年版，第 220 页。
④ 　朱旭东、王保星:《外国教育思想通史·18 世纪的教育思想》第 6 卷，湖南教育出版社 2002 年版，第 556 页。
⑤ 　滕大春:《美国教育史》，人民教育出版社 2001 年版，第 121 页。
⑥ 　［美］奥恩斯坦:《美国教育学基础》，刘付忱、姜文闵、陈泽川译，人民教育出版社 1984 年版，第 82 页。

学校在史密斯教务长和学院董事会的共同努力下于 1755 年升级为费城学院；1779 年，州立法机关下令改名为宾夕法尼亚州立大学；1791 年又改名为宾夕法尼亚大学。

（三）道德教育思想

富兰克林的道德教育思想也具有浓厚的实用主义气息，他的道德观来源于生活，又回归于生活。马克斯·韦伯曾评价道："富兰克林的美德充满着功利主义的色彩。诚实是有用的，因为它保证着信任。其他美德也是一样。……这些美德，如同所有其他东西一样，只有在它们真正的对个人有用的时候才是美德，当这种外在的代替在期待中达到了目的之时，它就总是显得多余。"[1] 有学者将富兰克林的道德观表述为"理性利己主义道德观"，认为富兰克林将理性视为对待道德应有的态度，只有在理性指导下，人们才能采取合理的行动，道德才能让人感到真正的快乐和幸福，在这种理性的道德所带来的幸福的影响下，富兰克林引导人们修身向善，"任何一个人，不论他的出身多么卑贱，只要具有这些世俗的美德，都能获得幸福的生活"[2]。

富兰克林一生都在思考和践行这种"理性的利己就是利他"的实用主义和功利主义的道德观。他曾为自己制定了著名的十三条完善自身品德的戒律，即"节制、缄默、条理、决断、节俭、勤勉、诚恳、正直、中庸、清洁、沉着、贞节、谦虚"，并制作了一个小册子来记录和反省自己一天的行为，每天严格地、不断地自我检查。"我提出了十三种德行，这是当时我认为是必需的或是相宜的全部德行名目，在每一项底下我加了一些简单的箴言，充分地说明我认同该词含义应有的范围。"[3] 他的《穷理查德历书》一书"全书既饶有趣味，又教人勉为善行，是切合时势需求的大众读物。它是妙语惊人的格言集，更是投合大众爱好的教科书。就当时而言，英政府强迫殖民地人民交纳税金，而人民则对此不胜厌烦。贫苦的理查德劝告人们如果你再懒惰，就等于加倍地纳税，如果你再骄傲，就等于交纳三倍税额，如你再愚昧，就等于交纳四倍之多的税款。他开导人们依法纳税而勿再迟疑。理查德还劝人勤于劳动：'勤劳是幸运之母'，'睡眠的狐狸捕不到鸟'，'早睡早起使人健康、致富和聪明'，

---

[1]　Max Weber, *The Protestant Ethic and The Spirit of Capitalism*, London: Allen & Unwin, 1930, p.24.

[2]　涂纪亮：《美国哲学史》第 4 卷，社会科学文献出版社 2007 年版，第 88 页。

[3]　［美］本杰明·富兰克林：《富兰克林自传》，姚善友译，生活·读书·新知三联书店 1958 年版，第 75 页。

'诚实是最好的政策'，'天助自助者'等等^①。这些在后来变成常用的谚语、习常交谈的用语，也是人们日常行动的指南。富兰克林还于1748年写过一篇短文——《给一个年轻商人的忠告》（Advice to a Young Tradesman），被认为是对资本主义精神最完美贴切的阐释。他在文中写道："时间是金钱。……信用是金钱。……注意自己的行为，表明你也注意自己的财富，从而使你显得谨慎而诚实，进而增强你的信用。"^②这篇文章中提到了商人应具备的诸项美德，不过每个美德后面富兰克林总会将其与"生财"相联系，以此说明这些品行是利人利己，比如珍惜时间、勤奋工作是美德，因为它能让你挣到钱；节俭是美德，因为它能让你积累更多财富；守信是美德，因为它能提升你的知名度……如果反之，懒惰虚度、铺张浪费、失信欺诈则会损人不利己。既然如此，就不要去损人，人人都遵守道德，人人都从中得利。

当然，富兰克林的道德教育思想并未仅仅停留在狭隘的个人趋乐避苦和追求私利上，而是将其进一步扩展到整个社会进步和国家利益上来。一方面，"富兰克林之所以重视道德修养的培养，是出于实际生活中公私利益的需要，而不是虚无缥缈地追求纯精神的完善。……（另一方面），在他看来，人们之所以应当注意个人的道德品行，是因为有德行的人才能事业成功，诸事顺利，有德行的人去服务于公众，报效国家，才能保证公众福祉和国家利益不受损害"^③。"只有当一个人已经认识到服务他人才是获得快乐的真正方法时，他才能以快乐为目的去遵守所有道德准则。"^④个人可以凭借独立自由的精神与勤勉敬业诚信的优秀品德获取财富，并将财富转化为个人参与社会公益、促进城市和国家繁荣。可见，富兰克林的道德教育思想是希望个人能够做到严于律己，以达到人人具有道德修养，最终具备为国家成长服务的能力。富兰克林的道德教育思想适应了北美殖民地晚期及建国初期社会发展的需要，大大启迪了民智，促进了美利坚合众国民族性格的养成，加速了美国的民族解放和新国家建设的进程。"从欧洲和英国来美的移民绝大多数勤劳、智慧、好奇和爱好探索。富兰克林以此为起点而缔造新大陆人民的质朴、勤奋、坚毅、节约的心理状态

---

①　滕大春：《美国教育史》，人民教育出版社2001年版，第123页。

②　S. Alexander Rippa, *Educational Ideas in America: A Documentary History,* New York: Aavid McKay Company, Inc., 1969, pp.103-104.

③　［美］沃尔特·艾萨克森：《富兰克林传——一个美国人的一生》，杨颖译，中国社会出版社2008年版，第62页。

④　Christopher S. McClure, Learning from Franklin's Mistakes: Self-interest Rightly Understood in The Autobiography, *Review of Politics,* 2014（76），pp.69-92.

和思想意识，颇有助于形成美利坚民族的性格。教育学者推崇道：富兰克林善于充当人们的精神导师。"①

二、乔治·华盛顿的教育思想

乔治·华盛顿（George washington，1732—1799）是北美殖民地独立战争的军事统帅，是美国第一任总统，也是美国历史上一位伟大的政治家、军事家。作为美利坚合众国首任总统，华盛顿非常重视教育在国家发展中的重要作用。当联邦主义者把注意力聚焦在建立一个更强大、更集中的国家政权的问题上时，他却把视线落在教育上。华盛顿曾说："知识是每个国家和每个公民幸福的可靠基础"②，"要把筹办普遍传播知识的学校当作头等重要的目标"③。华盛顿认识到建立符合国家利益的教育机构以培养合格公民对于新生美国的重要价值，他的具有联邦主义特征的教育思想包含了知识的传播、教育的发展价值以及教育在美国文化同一性形成中的作用等多种内容。他曾对高等教育寄予极大的期望，主张建立国立大学，认为为了培养与共和国保持一致的公民品性，必须大力发展科学和文化，为此需要建立一所由联邦政府出资的国立大学。④华盛顿认为"教育是启发和确保我国公民具有正确思想的一种最有效的措施"⑤。"通过对全国各地来的一部分青年进行普遍的教育，以使我国同胞在各种原则、观点和生活方式上同化，是建立这所学府最值得注意的宗旨之一。我们公民在上述几方面的共同点愈多，我们结成永久联盟的希望也就愈大……"⑥华盛顿还认为："这样一所大学的首要目标应该是对我们青年进行有关政治科学方面的教育。在一个共和国里，还有什么别种知识比这更重要？在这样一个国家的立法机关里，还有什么职责比赞助一项把这种知识传授给祖国自由的未来捍卫者的计划更迫切呢？"⑦

（一）知识普及与国立大学计划

华盛顿强调广泛普及知识的价值。他说："在我们这样的国家中，社会舆

① 滕大春：《美国教育史》，人民教育出版社 2001 年版，第 123 页。
② ［美］菲利普·方纳：《华盛顿文选》，王缓昌译，商务印书馆 1960 年版，第 74 页。
③ ［美］理查德·D. 范斯科德：《美国教育基础——社会展望》，北京师范大学外教所译，教育科学出版社 1984 年版，第 11 页。
④ ［美］约翰·罗德哈梅尔：《华盛顿文集》，吴承义等译，辽宁教育出版社 2005 年版，第 638-639 页。
⑤ ［美］乔治·华盛顿：《华盛顿选集》，聂崇信等译，商务印书馆 1983 年版，第 310 页。
⑥ ［美］乔治·华盛顿：《华盛顿选集》，聂崇信等译，商务印书馆 1983 年版，第 330 页。
⑦ ［美］乔治·华盛顿：《华盛顿选集》，聂崇信等译，商务印书馆 1983 年版，第 331 页。

论可以直接对政府的措施做出反应。"① 因此相应的知识水平是必不可少的。华盛顿把知识提高到可以维护自由宪法的认识水平。同时他认为："知识可以使那些受托担任政府职务的人懂得，政府的每一重要目的都会得到民众通情达理的信任；它可以使民众理解并珍视他们的权利；使他们能预见到并预防这些权利可能遭受侵犯；使他们懂得什么是压迫，什么是必须行使的合法权威；使他们懂得，什么是由于不顾他们的困难而加给他们的负担，什么是不可避免的社会需要带来的负担；使他们分清，什么是自由精神，什么是无法无天；使他们懂得珍视前者，避免后者，联合起来，尊重法律的不可违犯性，并保持警惕，防止人们犯法。"② 在《致联邦政府所在地行政长官》里，他进一步指出了知识的内容，包括艺术、科学、文学等知识。他说："美国的年轻人需要出国才能接受高等教育，学习科学知识，对此我感到无以名状的遗憾。……而且将这些思想还不成熟的年轻人送到与我国政体完全不同的国家学习是极其危险的。"③ "我极希望看到制定一项计划，使艺术、科学、文学等课程的讲授达到最高水平，具有欧洲教学的一切优点，并且拥有能获得人文科学知识的一切设施，而这些知识，对使我们的公民在社会或私人生活中能胜任地应付紧急事变，是很必要的。"④ 由此可见他对普及知识教育的迫切渴望。在 1796 年 9 月17 日的《致合众国人民》的告别演说中他进一步强调普及知识并为此设立机构具有头等重要的目的。因为"品行和道德是民主政府的必要的源泉"，是一条"对各种自由政府起支配作用"的规则，所以他主张通过普及知识教育，普遍提高公民道德水平。此外，华盛顿并不否认宗教的道德力量，他认为道德和宗教又是推动政治繁荣的一切倾向和习惯中必不可少的支柱，"没有宗教也可以维持道德，无论什么都比不上完美的教育对具有特殊构造的人所产生的影响。因为理智和经验都告诉我们，不能期望在排除宗教原则的情况下全民道德能普遍提高"⑤。华盛顿肯定了公民的道德和宗教品性是为民主政府服务的原则。

华盛顿认为民主社会与共和制国家的公民绝大多数是符合政治标准的理性的人。他提出："通过资助现有的学院、筹建新的国立大学，或者其他有效办法，能很好地促使这一理想目标的实现，须由立法机关作为一项议题予以慎

---

① ［美］乔治·华盛顿：《华盛顿选集》，聂崇信等译，商务印书馆 1983 年版，第 261 页。

② ［美］乔治·华盛顿：《华盛顿选集》，聂崇信等译，商务印书馆 1983 年版，第 261 页。

③ S. Alexander Rippa, *Educational Ideas in America: A Documentary History*, New York: David McKay Company, Inc., 1969, p.126.

④ ［美］乔治·华盛顿：《华盛顿选集》，聂崇信等译，商务印书馆 1983 年版，第 302 页。

⑤ ［美］乔治·华盛顿：《华盛顿选集》，聂崇信等译，商务印书馆 1983 年版，第 321 页。

重考虑。"① 华盛顿在 1790 年 1 月 8 日向国会两院发表的演说中提出了筹建新的国立大学的建议，目的在于大力促进科学和文学的发展。他构想的国立大学应由联邦政府资助，通过高深的科学和文学的教育塑造理性的公民和国家未来领导人。他说："我也同样相信，诸位也会同意我的意见，即两院应该大力促进科学和文学的发展。"② 他认为知识是公众幸福的最可靠的基础，他看到了共和国公民对政治制度的敏感性和领悟力。1795 年 1 月 28 日，华盛顿在《致联邦政府所在地行政长官》的信中再次谈及在华盛顿建立一所大学的事。他说："在联邦政府所在地建一所大学的计划已成为人们经常谈论的话题。"③ 他甚至希望人们进一步思考"究竟以何种方式创办这所重要的学府，应该有多大规模，用什么方法使大学计划实现，经费如何解决，目前取得哪些进展"④ 等问题。由此可见，华盛顿对创办国立大学具有清晰明确的政治目标，他希望通过知识普及、大学教育让青年认识和熟稔联邦共和政治制度，从而更好地建立联邦共和国政权。

（二）教育目的

华盛顿把教育与国家利益和公民的政治品质联系在一起，清醒地认识到教育的重要作用。1796 年 9 月 1 日，在进行告别演说之前，华盛顿在致亚历山大·汉密尔顿（Alaexander Hamilton）的私函中不仅再次提及他对大学的"眷恋之绪"，并且用非常明确的语言阐明教育对国家发展所具有的重要意义与价值。他写道："我一直感到遗憾的是另一项与国家利益密切相关的主题，却始终没有提上议程。我指的是教育，这是启发和确保我国公民具有正确思想的一种最有效的措施，特别是要建立一所大学。"⑤ 华盛顿反复论证"大学"的培养目标，反映出他对新共和国政治人才的渴望。他认为："建立大学更具有特殊意义。"因为在大学里，"那些有志于从事政治的人不仅接受理论和原则教育，而且他们自己也有能力为实际工作奠定扎实的基础"⑥。华盛顿甚至把"大学"建址放在首都，赋予其政治的意蕴。华盛顿指出大学校址应在联邦政府所在地，因为它具有胜过别的地方的优点，"联邦政府所在地属于中央，其他方面

---

① ［美］乔治·华盛顿：《华盛顿选集》，聂崇信等译，商务印书馆 1983 年版，第 261 页。
② ［美］乔治·华盛顿：《华盛顿选集》，聂崇信等译，商务印书馆 1983 年版，第 261 页。
③ ［美］乔治·华盛顿：《华盛顿选集》，聂崇信等译，商务印书馆 1983 年版，第 301 页。
④ ［美］乔治·华盛顿：《华盛顿选集》，聂崇信等译，商务印书馆 1983 年版，第 301–302 页。
⑤ S. Alexander Rippa, *Educational Ideas in America: A Documentary History*, New York: David McKay Company, Inc., 1969, p.128.
⑥ ［美］乔治·华盛顿：《华盛顿选集》，聂崇信等译，商务印书馆 1983 年版，第 310 页。

的优点胜过别的地方，理应是建立这所大学的合适地址"①。华盛顿十分坚信教育的发展价值，因此才赋予创办大学这样明确的政治目标。

（三）教育的功能

华盛顿还提出了"大学"具有可以消除新共和国各地偏见的功能，实质上，他的这一思想与富兰克林、韦伯斯特等人是一致的，即通过教育培养美国人的民族主义意识，促进文化同一。他说："在大学里，来自美国各地的青年琢磨有关艺术、科学和文学方面的学问。"他们"聚集于此，会逐渐发现联邦的某一部分并无理由对另一部分存在忌妒和偏见"②。他在《致联邦政府所在地行政长官》的信中说："来自这个正在发展中的共和国各地的青年，会聚在一起，彼此交往，互通情况，这将有助于消除因各地情况有异所引起的种种偏见。"③面对当时美国存在的实际——移民的异质性，华盛顿认为有必要通过教育，培养一种忠诚于新共和国的同质的公民。他说："少年时期是建立友谊、形成习惯的最重要时期。来自全国各地的年轻人齐聚大学可以消除偏见和隔阂。整个世纪的一般交往可能还抵不上在七年间亲密交往所起的作用，而且没有什么其他办法能比人们在年轻时期的亲密交往更有效地根除偏见。"④他对这些青年还寄予厚望，"在我国进入更先进的阶段时，这些年轻人十有八九会居于前列，为国家出谋划策"⑤。华盛顿于1790年提出建立"国立大学"，是适应新共和国的需要，因为这时的美国已不是1776年的美国，而是一个联邦共和国。一方面，培养具优良政治品质的公民和培养国家未来的政治人才的需要，促使他孜孜追求"大学"的建立（卢梭在《关于波兰政府的筹议》中已经阐明了这种思想）；另一方面，华盛顿认为联邦共和政府控制的"大学"体现了国家的权力意志，具有消除移民异质性、促进民族文化同一的功能。

三、托马斯·杰斐逊的教育思想

托马斯·杰斐逊（Thomas Jefferson，1743—1826），生于弗吉尼亚州夏洛特斯维尔（Charlottesville），16岁入威廉玛丽学院学习，19岁毕业后成为一名律师，26岁当选为州议员。独立战争时期，积极参与斗争并起草《独立宣言》。独立

---

①　［美］乔治·华盛顿：《华盛顿选集》，聂崇信等译，商务印书馆1983年版，第302页。

②　［美］乔治·华盛顿：《华盛顿选集》，聂崇信等译，商务印书馆1983年版，第310页。

③　［美］乔治·华盛顿：《华盛顿选集》，聂崇信等译，商务印书馆1983年版，第302页。

④　S. Alexander Rippa, *Educational Ideas in America: A Documentary History,* New York: David McKay Company, Inc., 1969, p.128.

⑤　［美］乔治·华盛顿：《华盛顿选集》，聂崇信等译，商务印书馆1983年版，第311页。

后，又投身于国家建设。36 岁当选西弗吉尼亚州州长，40 岁当选为国会议员，42 岁出任法国公使，46 岁任国务卿，57 岁当选为美国总统并于 4 年后成功连任，1809 年退出政坛。此后 10 余年，他致力于弗吉尼亚州立大学的创建。在杰斐逊的一生中，政治家是他的主要身份，但作为教育家、思想家，他为美国建国初期的人文发展、社会教育所做的贡献也功不可没，尤其是弗吉尼亚州立大学的建立，对美国高等教育影响深远。

杰斐逊很幸运地受到当时殖民地最佳的教育，他的教育思想在此期间得以形成。杰斐逊 14 岁时从学于名师莫利，16 岁入威廉玛丽学院，其间大量阅读培根、牛顿、洛克的著述，称赞他们是历史上未曾有过的最伟大的人物，是无人能及的巨人。他结识弗吉尼亚的士绅，懂得天赋人权和宇宙间的自然法则。他钟爱古典学科，钻研柏拉图、欧里庇得斯（Euripides）、西塞罗、维吉尔等的著作，广泛阅览文艺复兴时期的伊拉斯谟、莫尔、马基雅维利和莎士比亚的作品，精通英国洛克和法国孟德斯鸠的政治学说。杰斐逊在政治观点和教育观点方面很大程度上受到法国启蒙学者和英国哲学家洛克的启发。洛克在阐明关于政府的理论时，给理性以极为重要的地位。"作为洛克的崇敬者，杰斐逊肯定民主社会尤其离不开人的理性，因此要狠抓教育。"同时，杰斐逊又是民主政治的主张者，认为"不得人民的思考和许可，任何政府都无权强制人民服从，如果硬叫人民缺乏自由抉择而一味盲从，人们便无异于直接慑于武力压迫的奴隶"[1]。杰斐逊的教育民主思想的核心是公民享有平等的受教育权，这是《独立宣言》所宣扬的"人生而平等"权利观念的必然延伸。"培养公民是西方早期教育现代化普遍追求的目标，也是国家发展的一种普遍需要。"[2] 杰斐逊的教育观正是培养公民，他认为教育应覆盖每个儿童，无论贫富、性别、种族、阶级，都应该受到同等的对待。杰斐逊理性的民主教育思想使其成为"美国基础教育的奠基者""美国高等教育的创新者"。

（一）论教育的功用

第一，教育是扼制政府腐化的重要手段。杰斐逊主张通过办教育培养美国社会所需的合格公民。他说："欧洲各国的统治阶级把他们的国家分为两个阶级：狼和羊。……应该珍惜我们人民的精神，使他们时刻保持警惕，让他们受到教育（以使他们有能力关心公共事务）。因为如果一旦他们不关心公共事

---

[1]　滕大春：《美国教育史》，人民教育出版社 2001 年版，第 274-275 页。
[2]　朱旭东：《欧美国民教育理论探源——教育制度意识形态论》，北京师范大学出版社 1997 年版，第 27 页。

务，你，我和国会议员以及州议会议员，法官乃至州长们将会变为狼。"①由此可见，杰斐逊十分重视公共教育的发展，并认为教育能够培养公民的政治常识和参与民主政治的技能，从而防止政府施行暴政。

第二，教育能够使每个受教育者有机会发展个人的潜能，改善人的生活，增进人民幸福，有益于建设国家和民族。首先，他以自身的体验证明，教育的过程也就是一个人的个性展开的过程，在此过程中，通过切磋学问、慎思明辨，个人的潜能会被最大限度地激发出来，从而得以更好地服务社会。其次，杰斐逊还认为，教育可以改善人类生活，增进人类幸福，并且有益于建设国家和民族。他在1818年曾说过："如果人类的幸福，如我们所希望的那样应该一步一步地改善的话，教育应该是达到这个目的的主要的手段。"在另一份报告中，他又说："除了教育，任何东西都不能促进一个国家的繁荣、强大和幸福。"②正因为如此，他才将教育的前景和个人、国家的命运联系在一起。按照他的逻辑，教育可以传授知识，而知识就是力量。"每一代人都把新的知识储蓄到这个知识宝库中去，这样知识的累积一代比一代更丰富，这就无限期地一步一步增进人类的幸福。因而人类幸福的增进是没有止境的。"③杰斐逊更进一步认为，教育是提升人类生活质量和推动人类幸福的重要手段，在这点上，杰斐逊对教育的认识超越了以往所有自然权利学者及人文主义学者有关人的权利的观点。"我的愚见是：聪明而善良的人是一个国家的力量所在，这样的人比财富或武器更加重要，因为财富和武器在愚昧的管理下，时常会引起破坏，而不是为人民带来安全。"④由此可见，杰斐逊看到了教育除可提供物质保障，还具有超乎物质的精神价值，特别是与民主政治的命运紧密联系，可见其教育思想的先进性。

第三，良好的教育所产生的道德的、政治和经济的收益是不可限量的。他在1822年曾说："我渴望光明和教育的传播，因为这是改善景况、提升美德、造福人类的最值得信赖的资源。"⑤杰斐逊对教育功用的深度探索，将人类对教育功用的认识提升到了崭新水平，也集中展现出其作为政治家的远见卓识。他认为，教育在改进人们的道德品质、发掘人的内在潜力方面具有基础性

①　Harold Hellenbrand, *The Unfinished Revolution: Education and Politics in the Thought of Thomas Jefferson,* London: University of Delaware Press, 1990, p.150.

②　刘祚昌：《杰斐逊传》，中国社会科学出版社1990年版，第192页。

③　刘祚昌：《杰斐逊传》，中国社会科学出版社1990年版，第193页。

④　刘祚昌：《杰斐逊传》，中国社会科学出版社1990年版，第194-195页。

⑤　马瑜：《托马斯·杰斐逊——弗吉尼亚大学之父》，《大学英语》2004年第5期。

的作用。他说，正如我们可以通过嫁接的技术改变野生树的品质，使其结出最好的果实一样，"教育以同样的方式将一个新人嫁接于土生土长的血统中去，把本性中有邪恶和怪癖的人改造成为有德行和有社会价值的人"①。教育是人们拥有理性、完善心智、获得幸福的最重要的手段。

（二）公共教育与普及基础教育

杰斐逊是美国公共教育的倡导者，一生都在为构建美国公共教育体系而努力。1778 年起，杰斐逊着手构建美国新型的公共教育体系，先后起草《关于进一步普及知识的法案》《大学修正法案》《公共图书馆法案》三项法案，形成了系统的公共教育计划，其公共教育思想的核心是让政府承担教育的职责。杰斐逊认为，资产阶级共和国既然视一切权力属于人民，政府的权力来自人民的委托，那么在实行民主政治的新型政府中，政府不仅要关注个体的幸福，更应该把公众的利益放在首位。此外，杰斐逊还认为，如果每个公民都能分享终极的权威，政府权力就能得到有效的监督和制衡，政府就会安全。因此，民主政治的实现必须以公民接受良好的教育为前提，举办公立教育理应作为政府基本的责任和义务。而且，由政府举办的公立教育应该以义务、平等、免费为主要特征和基本要求。他还特别指出国家应该提供必要的公共教育经费，并举办与经济发展水平相适应的义务教育。

针对《关于进一步普及知识的法案》，杰斐逊提出："整个教育方案的最终结果将是向州内全部儿童教授阅读、写作和普通算术……这项法律的总的目标便是提供适应每个人的年龄、才能及状况的教育，以实现他们的自由和幸福。"② 杰斐逊倡导的国家创办的公立教育应该是涉及一切阶级的普及化教育，这种普及化教育由三个不同程度的教育所构成："1. 不分贫富，一切儿童都收的初级学校；2. 对一般生活有用，为一切处于小康状态的人们所向往的中等教育；3. 一般地教授科学及高级科学的学府。"③ 在上述三级公立国家教育制度中，特别应当注意普及初级学校的教育，法案中将每个县划成若干个分区，每个公民都有资格在区内学校接受国家提供的 3 年免费的初等教育。为了使公共教育思想具有现实的可行性，杰斐逊设计了具体完善的、带有鲜明的一体化特征的

---

① ［美］梅利尔•D. 彼得森：《杰斐逊集》，刘祚昌、邓红风译，生活•读书•新知三联书店 1993 年版，第 494 页。

② 姚云标：《美国公共教育中宗教问题研究》，博士学位论文，北京师范大学，2003 年。

③ ［美］梅利尔•D. 彼得森：《杰斐逊集》，刘祚昌、邓红风译，生活•读书•新知三联书店 1993 年版，第 48 页。

公共教育办学机制。

（三）高等教育思想与弗吉尼亚大学

杰斐逊在逝世前自拟的墓碑上写了3个头衔："美国《独立宣言》的撰写者""弗吉尼亚州《宗教自由法》的提议者"和"弗吉尼亚大学之父"。可以说创建弗吉尼亚大学是他毕生不可磨灭的贡献。"杰斐逊早在18世纪70年代后期就有了类似的想法。当时作为改革弗吉尼亚法律运动的一个部分，他提议建立一个金字塔结构的教育体系。该体系中，在区级设立小学，在县级设中学，在州层面设新式大学。"[1]杰斐逊弗吉尼亚大学思想的出现与阿尔伯马尔学院具有一定渊源。阿尔伯马尔学院是一所创建于1803年的高等教育机构，杰斐逊曾于1814年任该学院董事，并致力于将其改造成为一所大学，他的新式大学思想也正是在这一过程中逐渐发展成熟。杰斐逊对弗吉尼亚大学的创建费尽苦心，这也注定这所大学是一所不同寻常的大学。弗吉尼亚大学"是美国第一所州立大学"，在美国高等教育史上有独特的地位，它的建立在促进美国高等教育世俗化、民主化，以及确立和提升大学的服务职能等方面都具有开创性的历史意义。与此同时，在创办该大学的过程中，杰斐逊高等教育思想也逐渐成熟。

1818年，杰斐逊担任议会任命成立的委员会主席一职，并起草了《罗克菲什报告》，该报告奠定了弗吉尼亚大学的基础。报告中明确弗吉尼亚大学的目标是培养政治家、立法者和法官，以促进公共福祉及个人幸福。《罗克菲什报告》还详细阐明了政府的原则及结构，规范了国家间交往及市政治理的法律，反对所有随意的、非必要的对个人行动的限制，这种完善的立法精神将给予人们在不侵犯他人平等权利范围内充分的自由。其中，对于青年的教育，报告认为应发展年轻人理性的能力，拓展他们的视野，培育他们的道德修养，培养他们的美德和秩序意识；启迪他们提高数学及物理学方面的科学素养，提升他们的艺术修养，并有助于他们的健康、生存和身心愉悦；培养他们自我反思和纠错的能力，使他们成为别人的道德楷模，并实现自我内在的幸福感。[2]

为达到大学功利化的教育目标，杰斐逊对公立大学的教育内容进行变革，注重发展实用科学，开创了美国高等教育实现社会服务功能的先声。杰斐逊首先将学科分为"古代语言、现代语言、纯数学、物理学、物理数学、自然哲

---

[1]　［美］R.B. 伯恩斯坦：《杰弗逊传》，徐静姿译，中国人民大学出版社2017年版，第243页。

[2]　［美］R.B. 伯恩斯坦：《杰弗逊传》，徐静姿译，中国人民大学出版社2017年版，第244-245页。

学、动植物学、解剖与医学、政治学、观念学和国内法等十多类"①，这个学科分类较为完善地覆盖了当时的知识领域。按照新的学科分类，杰斐逊又扩展了弗吉尼亚大学课程设置的广度，开设了"古典语言、现代语言、数学、自然科学、自然历史、解剖学与医学、道德哲学、法律八门课程供全体学生选修，以确保学生知识体系的完善"②。新的课程体系中，杰斐逊突出了语言学的重要地位，认为"美国这样一个年轻的移民国家，要从欧洲历史文化中寻找自己的精神内核，而美国也需要从同时代的其他国家中汲取法律、文化等方面的营养。因此，语言是开展科学研究的工具，是教育的关键性的基础，是取得任何成就的载体"③。

杰斐逊支持宗教自由，他试图将宗教教育与公立大学的教育有机结合在一起。但美国宪法规定一切宗教教派的地位是平等的，政府直接规定对公立大学宗教教育的原则和方式，极易引发各宗教教派之间的不平等。因此，杰斐逊提出，公立大学应被排除于宗教自由的领地之外，避免对宗教的干预，此外，政府创立的公立大学也应避免与宗教之间相互影响，尤其诸如入选教授会和董事会的成员聘用等，要排除宗教性挑选条件，大学应以伦理学的教授取代神学的教授，以确保为所有教派青年提供共同的思想基础。

四、诺亚·韦伯斯特的教育思想

诺亚·韦伯斯特（Noah Webster，1758—1843）是 18 世纪晚期至 19 世纪早期美国历史上一个极为重要的人物。韦伯斯特出生于康涅狄格州的西哈特福，师从公理会牧师帕金斯（Nathan Perkins），16 岁进入耶鲁学院学习，20 岁毕业以后在哥拉斯顿柏里和哈特弗等地任教；曾师从大法官艾立斯渥斯（Olives Ells-worth）攻读法学，23 岁起开始从事律师工作。在独立战争年代，他在康州的沙仑（Sharon）和纽约州的哥森（Gosh）设立学校，用新国家的精神培育青少年一代。多年课堂工作经验令韦伯斯特感触最深的就是美国教育的落后，特别是人们虽对教育的重要性津津乐道，却不肯拿出充足经费支持发展教育事业。此外，由于教育经费紧缺，致使学校缺乏教科书，教学用具粗糙且简陋，

---

① ［美］梅利尔·D. 彼得森：《杰斐逊集》，刘祚昌、邓红风译，生活·读书·新知三联书店 1993 年版，第 496 页。

② ［美］梅利尔·D. 彼得森：《杰斐逊集》，刘祚昌、邓红风译，生活·读书·新知三联书店 1993 年版，第 495 页。

③ ［美］梅利尔·D. 彼得森：《杰斐逊集》，刘祚昌、邓红风译，生活·读书·新知三联书店 1993 年版，第 495 页。

菲薄的待遇只能招揽素质低下的教师，因而教学效果很不理想。他呼吁提高教师质量，"每个教师所教的学生不得超20名，教学方法应引起儿童的兴趣，应鼓励学生求学的志趣和动机，不能注入灌输又枯燥乏味"[①]。建国后，韦伯斯特主要从事演讲、教育、创办杂志等活动。

（一）新教育与民族独立

韦伯斯特一直致力于美国教育的彻底改革和开拓创新。首先，他呼吁美国的民族独特性，强调需要为一个新兴国家的人民创办教育。他说："教育年轻人对于所有政府来说都是头等重要的大事，个体在早期接受的教育会逐步沉淀为一个国家的民族性。"[②] 因此，发展一种不同于欧洲的新教育既是新生的美利坚合众国教育史上的大事，也是美国文化史中的大事。美国文化独立发展的大前提是树立美利坚合众国国民高尚而一致的民族性。韦伯斯特于1785年在其所著《美国政治素描》（*Sketches of American Policy*）中说，"加强美国的政治威力，必须实行中央集权的政治体制，还需要适合于这种体制的教育，以谋求国民精神的和谐和团结。……要向全国各阶层的人士普遍传授知识……因为科学能解放人类和抛弃根深蒂固的错解或偏见，而各种偏见或反社会的情感都是国民友好接触的大敌，是激起国民分裂的火种"[③]。由此可见，在韦伯斯特眼中培养适应独立政治的国民性格是当前美国教育最为急迫的任务。

1787年，适逢美国制定宪法，韦伯斯特又提出必须发展新学校和新教育来适应新国家的需要。他曾多次说，为了实现美利坚国民性的优美和和谐，要振兴新颖的教育，要创办能够摒弃欧洲人陈腐的价值观和传统观念的新教育。他呐喊："美国人，要破除那些捆绑束缚你们心灵的枷锁，像独立国家的国民那样言行！"又说："你们已经做了太久被傲慢的父母控制去选择喜好的幼儿了！如今你们已经有了增进和保卫你们自己喜好的条件了。你们已经有了一个新国家，需要凭借你们的努力来提高和支持了！已经有了国民性，需要凭借你们的智慧和品德来建设和扩大了！为着实现这些宏伟的目标，就必须制定远大的政策，并且把这种政策建立在一项广泛的教育体制之上。"[④] "我们的教育不

---

①　滕大春：《美国教育史》，人民教育出版社2001年版，第282页。

②　Andrew J. Milson & Chara Haeussler Bohan (etc.), *Reading in American Educational Thought: From Puritanism or Progressivism,* Greenwich, Connecticut: Information Age Publishing, 2004, p.91.

③　朱旭东、王保星：《外国教育思想通史·18世纪的教育思想》第6卷，湖南教育出版社2002年版，第589页。

④　Lawrence A. Gremin, *American Education, the National Experience, 1783—1876,* New York: Harper & Row, 1980, p.265.

应该只关注历史和外国——希腊、罗马、英国，每一个美国儿童都应该熟悉自己的国家。"①

韦伯斯特在民族独立的思想基础上阐释其广泛的教育理念，他的教育理想的设定是宏伟而广博的。在韦伯斯特于 1828 年所编的《美国英文大辞典》（*An American Dictionary of the English language*）中，他所阐述的教育远远超过学校的领域，甚至都没有提及"学校"一词。他说："教育是向人们的心中灌输关于艺术、科学、道德、宗教和行为的原则。好好地教育儿童是家长和保护人最重要的职责。"他还说："怎样实施这种教育呢？一部分要由父母注意和尽职，一部分要靠公开的报章宣扬，一部分要依凭到美国各地旅游，使青年由考察各州、各地的情况来完成他们的文化教育，即由他们观看各地的河流、土壤、人口、建设和商业利益，而且特别留意各地居民的精神和作风、法律和风俗以及设置的机构，从而获得深切的启发和领悟。"② 韦伯斯特也曾提及学校的构想，即地方设置的公立学校每年至少上课四个月，由本地最受人敬佩和知识最广博的人负责主持。当然，韦伯斯特所设想的学校不只限于简易学校模式。

此外，韦伯斯特的新教育观还融入了功利主义教育思想。在他的理想中，每个儿童都应学会正确地说英语、读英文和写英文，都须学习算术，都应对国家的历史、地理和政治有所了解。在这些知识之上，个人应按照各自的职业志愿去学习农业、商业、文学和家事等致用学科。他为接受这种新教育的学生设计了一个从初等教育到高等教育的较为完整的课程体系，如准备经商者可以学习现代外语、数学、商业原理等课程，准备研习学术者可以学习古典语文和古典学科，等等。③

另外，韦伯斯特的新教育观还十分强调教师的作用。他直言不讳地说，在他所设计的这个教育计划中，其时的美国，不论是在公立学校还是学院或大学里，最欠缺的就是好教师④，他所指的好老师是那些具有高尚的道德品质和丰富的知识及能力的人。他说："对于那些聘用无知的人教导孩子的人，我有一个重要的建议，那就是对于年轻人的教育来说，坏的教导还不如没有教导，

① Andrew J. Milson & Chara Haeussler Bohan (etc.), *Reading in American Educational Thought: From Puritanism or Progressivism,* Greenwich, Connecticut: Information Age Publishing, 2004, p.105.

② Lawrence A. Gremin, *American Education, the National Experience, 1783—1876*, New York: Harper & Row, 1980, p.266.

③ Andrew J. Milson & Chara Haeussler Bohan (etc.), *Reading in American Educational Thought: From Puritanism or Progressivism*, Greenwich, Connecticut: Information Age Publishing, 2004, p.101.

④ Andrew J. Milson & Chara Haeussler Bohan (etc.), *Reading in American Educational Thought: From Puritanism or Progressivism*, Greenwich, Connecticut: Information Age Publishing, 2004, p.101.

这是因为改掉坏习惯比记住新观念要困难得多。对于柔弱的小树苗，我们动动手指即可轻易折断，但是待其长成树木后就对他们无能为力了。"①

韦伯斯特还呼吁要重视家庭对孩子的教育和影响。他说："父母们都希望自己的孩子能够成长为有教养、有良好的习惯和礼仪、忠顺且受人尊敬的人，但是他们自己是言行粗陋、行为不检、受人鄙视的人。……父母们总是在忽略一个事实，即孩子的人生通常是在模仿自己的父母和监护人。比如，一个孩子，在森林里长大，有可能会成为野人；在部队里长大，有可能会成为士兵；在厨房里长大，有可能会成为仆人；在高贵文雅的环境里长大，则有可能会成为一个绅士。"② 因此，父母的学识和教养对于孩子的健康成长是非常重要的。

（二）语言发展与文化统一

韦伯斯特在语言与文化方面的功劳功不可没。"他认为美国在文化方面的独立是美国在政治上独立的切实保证，而语言和国家文化具有不可分割的关系。一种为国民所共同认可的国家的语言是国家成为一个整体的纽带。"③ 韦伯斯特呼吁美国在语言方面的独立，呼吁构建具有特色的美国语言和文学体系，以此来区别于欧洲及英国，并摆脱欧洲和英国的束缚；呼吁通过明确的美国国语，来改造在美国流行的英语，为此他专门撰写《书写的革命》（The Reforming of Spelling）一文，逐条纠正和讲解如何正确、标准地读、写美国的英语。④ 与此同时，首先，他反对崇英的倾向，停止从英国运来或翻印英国的语文课本。其次，要求美国学者编著新作，自力更生，借以更新美国人的语言和精神面貌。韦伯斯特的身体力行获得了丰硕的成果，他致力从语言中剔出欧洲和英国语文中的缺点，从美国地方语言中清除地域性的读音和用语，从而实现在文化上的独立。

韦伯斯特被人称为"美国文法和辞典之父"。他于1783年著成《美国拼音读本》（或称《初等学校拼音课本》）（Webstex' School Spelling Book）。这本书出版后在社会上获得民众的欢迎，取得傲人的成绩，到1837年已销售2400万册之多。这本大量畅销的书一定程度上实现了韦伯斯特的文化统一理想。拼音课

---

① Andrew J. Milson & Chara Haeussler Bohan (etc.), *Reading in American Educational Thought: From Puritanism or Progressivism*, Greenwich, Connecticut: Information Age Publishing, 2004, p.101.

② Andrew J. Milson & Chara Haeussler Bohan (etc.), *Reading in American Educational Thought: From Puritanism or Progressivism*, Greenwich, Connecticut: Information Age Publishing, 2004, pp.103-104.

③ 朱旭东、王保星：《外国教育思想通史·18世纪的教育思想》第6卷，湖南教育出版社2002年版，第588页。

④ S. Alexander Rippa (etc.), *Educational Ideal in America: A Documentary History*, New York: David Mckay Company, Inc., 1969, pp.148-150.

本主要是利用学者和具有优良学养的士绅最为准确的发音来建立发音的标准，既避免抄袭英国，又防止地域性倾向。该书问世后，拼音成为学校中通行的和重要的学科，并且解决了教师迫切需要解决的教材问题。韦伯斯特在读本的序中说："我在选文时，是注意美国政治的。当独立战争开始时，人们在国会中的最著名的讲话是含有关于自由和爱国主义的、高尚的、正义的和争取独立的感情的杰作，我无法把它们不放置在新生一代的胸襟中。"[①] 韦伯斯特还要求学生用这些宝贵内容练习讲演，锻炼参与民主政治的能力。

在坚信通过语言统一文化的信念之下韦伯斯特完成了他最伟大的功绩——编著《美国英文大字典》（*American Dictionary of English*），该书于 1825 年完成，是他以 25 年岁月所撰著。这本大字典是美国语日益畅行的开路先锋，既便利了人们的日常生活和文化活动的应用，也便利了各级学校的教学工作。韦伯斯特曾在《初等学校拼音课本》前言中提道："作为一个独立国家，我们的光荣迫使我们在语文和政治方面具有完整的体制。英国语言不能作为我们语言的模范，因为英国作者已经腐朽；纵使英国语言并未走向衰落，英国也离美国过于遥远，其语言无法作为美国语言的有用的模板。当然，美国可以在语言方面以英语为基础，这也不可讳言。另外，美国必将日趋强大，别国语言在美国语言中的残痕最后一定要消失。所有美国人都必须使用同一的语言，各地方的方音同样须清除，否则是会形成将来的不谐和一致的。"[②] 韦伯斯特认为只有通过学校教育和采用标准课本进行教学才能实现每一个人都正确地读、写母语。[③] 除此之外，他还认为要清除社会惯语的不雅，要尊重文人雅士的语音而克制群众的鄙俗语言，使语言变得优美。

（三）女子教育思想

韦伯斯特十分重视女子教育，他认为女子教育是养成公民道德品质的重要前提。他希望通过加强女子教育，让女子在家庭中对子女进行教育，从而作为学校教育的补充，来弥补当时教师学识能力低下等不足，以此提高并养成公民道德品质。

首先，为更好地养育子女，女子应该接受教育。"妇女负有养育和教育子

---

①　Lawrence A. Gremin, *American Education, the National Experience, 1783—1876*, New York: Harper & Row, 1980, p.263.

②　滕大春：《美国教育史》，人民教育出版社 2001 年版，第 286-287 页。

③　Andrew J. Milson & Chara Haeussler Bohan (etc.), *Reading in American Educational Thought: From Puritanism or Progressivism,* Greenwich, Connecticut: Information Age Publishing, 2004, p.99.

女的职责，而美国妇女常常不以恪尽母职视为要事。"[1] 韦伯斯特认为女子自身接受教育能够使她们在孩子幼小的心灵植入与政府自由原则相一致的美德、礼仪和尊严等品质。为了避免邪恶的偏见，女子的职责就是正确指导她们的孩子第一次出现的倾向，并且为孩子选择的保姆应该具有和蔼的举止、公正的态度和广阔的理解力。

其次，同男子教育一样，女子教育也有其民族性和国家性。韦伯斯特认为，美国发展女子教育不能完全效仿法国或英国。他说："在当时的各个国家，通常对于女子教育来说，养成她们得体的言行、在家庭中受到尊重、在社会上与人和谐相处的品质就是好的教育。但是，对于美国的女子教育，还应该有一个教育目标，即有用性，要教给女孩儿们能够用母语纯正且优雅地说或写，而这往往是她们所匮乏的。"[2] 同时，她们还应学习数学、地理，以及文学，包括诗歌、写作等。可见，在他看来，女子教育和男子教育一样，应该与政府的原则相适应，与社会的发展阶段相一致。但是，韦伯斯特也认为那种超越女子本职的教育则是错误的。换言之，女子受教育不是为了让她们在民主生活中扮演积极参与的角色，而是为了履行为人母、为人妻的重要职责。

另外，女子贤明智慧能产生多方面的影响。"男子有优良女子为终身伴侣，就可避免灾患而获致幸福。"[3] 韦伯斯特认为女子的特质决定她们在社会风气的形成与变化中起着至关重要的作用，如果缺乏对女子的教育，很可能对腐化社会起到推波助澜的作用；相反，一旦把好的习俗强加在她们身上，通常她们又是最不容易被腐蚀的。与此同时，女人的品质可以直接影响与带动男人，"由于他们喜欢的女子德行高尚，结果或者他们克制自己，不受腐化生活的侵蚀，没有成为一个堕落的人；或者他们的罪行得到了改造"。韦伯斯特认为"喜欢与德行好的女子为伴或交谈，可能是青年不受腐化生活诱惑的最安全的途径。一个男人若有贤良的女子为伴侣，他就很少与坏的东西接触"[4]。因此，社会需要女子受到良好的教育，并且尽可能把她们的影响扩展到男子身上。

五、本杰明·拉什的教育思想

本杰明·拉什（Benjamin Rush，1746—1813）生于宾夕法尼亚州费城。拉

---

[1]　滕大春：《美国教育史》，人民教育出版社2001年版，第288页。

[2]　Andrew J. Milson & Chara Haeussler Bohan (etc.), *Reading in American Educational Thought: From Puritanism or Progressivism*, Greenwich, Connecticut: Information Age Publishing, 2004, p.109.

[3]　滕大春：《美国教育史》，人民教育出版社2001年版，第288页。

[4]　郭小能：《诺亚·韦伯斯特教育思想探究》，博士学位论文，华东师范大学，2010年。

什 28 岁时因参与第一次大陆会议，改变了其人生轨迹。30 岁时拉什当选为第二次大陆会议的代表，由此成为独立建国运动的重要人物之一。拉什投身于塑造美利坚合众国的运动，与杰斐逊一样，是《独立宣言》的签署者和缔造美利坚合众国的元勋，同时，拉什又与韦伯斯特一样，呼吁美国在文化上的独立，因此，他又是美利坚新文化的开拓者。

游学欧洲期间，拉什接受了苏格兰日趋流行的唯物主义哲学，受到了英国辉格派激进主张的启发，同时受法国启蒙学者的影响，思想极为先进。他说在此以前，他不曾听到英皇的权威是曾受人怀疑的。他从此开始认为政治乃是天体中的太阳。返美后，拉什在费城学院任化学教授，同时一面行医，一面进行医药研究，他的研究工作使他对实验科学大感兴趣，被人称为"美国医学科学的创始人"。早在独立战争前夕，拉什就对于 1774 年在费城召开的第一次大陆会议进行了热烈赞扬，并接触了华盛顿和其他进步的政治家和思想家。1776年，拉什被选为第二次大陆会议代表，致力于独立建国运动。他强调政治革命必须以革命的文化和教育为基础，因为只有这样才能将殖民地的人民改造成为合众国的国民，成为美利坚人民。他坚信美国人虽已变革了他们的政府，但他们还须进行有效思想原则、社会见解和生活状态等方面的革命。拉什是医学家、政治家和教育理论者。他自称："我永远受一种信念所驱策而精力充沛，就是我是为全世界的利益和为全人类的未来而奋斗的，是坚定地为创立新的政治体制和谋求人类幸福而奋斗的。"[①] 事实极为明显，振兴美国教育恰是创立新的政治体制和增进人类幸福的关键步骤。

（一）包罗万象的民众教育思想

拉什是一位格局与眼光都十分高远的政治家，他推行大规模的包罗万象的全民教育。为了实现这一教育理想，拉什主张采取一系列强有力的改革措施：建立国立大学和实施免费教育、改良监狱、新闻纸免纳赋税、为黑人兴修教会、废止死刑、推广女子教育、提倡生活节约、解放黑人奴隶。他认为只有这样做才能引领人类步入一个崭新的社会。拉什认为独立战争带来了比以往都好的新社会，这是人类太平盛世的开端，此时，为着人类盛世的形成而改造和发展人们的心智，最重要的途径就是办教育。他对教育的功能持十分肯定的态

①   George W. Comer, *The Autobiography of Benjamin Rush*, Princeton: Princeton University Press, 1948, p.161.

度，他说："我认为把人们打造成共和国的机器是存在可能的。"①

　　拉什"包罗万象的民众教育"思想主要体现在《关于在宾夕法尼亚州建立公立学校和普及知识的方案》(*A plan for the establishment of public schools and the diffusion of knowledge in Pennsylvania*)中。与杰斐逊的教育提案类似，拉什的教育方案也分为三级。"第一级是在每个拥有或超过100户的城镇建立的学区学校或城镇学校，主要教授读、写、算、英语和德语。这些学校免费向所有适龄儿童开放。第二级为在宾州不同区域创设的四所学院，主要教授数学和科学的高级分支学科。第三级创建费城大学，设置法律、医学、神学、政治学、经济学和自然科学等。"②虽与杰斐逊的教育提案类似，但拉什的教育方案更加系统与完整，他将这三级学校看作一个完整的体系。大学为学院培养教师，学院为免费学校培养教师；免费学校为学院提供生源，学院为大学提供生源。拉什希望通过这样一个教育方案，能够使宾州民众运用同样的语言、具备相似的思维方式，从而使宾州成为一个具有文化特色的州。

　　（二）宗教信仰与科学知识兼顾的教育思想

　　拉什受法国狄德罗、霍尔巴哈、拉·美特利等唯物主义者的启发，认为事物的存在和性质形成了感觉经验，而人的认识或知识则起源于这些感觉到的经验。在此基础上，他认为人的大脑的情况影响着人的记忆、思维和想象。他把人的生理机制和人的行为结合起来，成为教育心理学和学习心理学的先声。拉什完全赞同启蒙学者的民主思想，但对启蒙学者的自然神论是不接受的。他在《自传》(*The Autobiography of Benjamin Rush*)中说，他的最初的学校教师芬莱(Finley)曾给他早年留下深刻的印象——宗教信仰是人的善良生活所必需的。他虽把事物的经验作为理解一切的基础，对于上帝或神却是从不怀疑的，相信上帝和神创造了宇宙和控制了宇宙的运行。与此同时，拉什接受了苏格兰的常识性质的唯实主义。他相信人类先天具有外在的和内在的两种感觉。外在感觉提供关于外界事物的知识，这种知识是通过神经活动而成为心灵中的观念的；内在感觉是产生关于上帝、灵魂、意志和道德之类的第一原理的。他承认上帝给予了人类各种心灵能力并指导人类的各种行为，也就是说，拉什认为道德和宗教是不能分割的。正因如此，拉什把基督教和启蒙思想结合起来，不主

　　① Lawrence A. Gremin, *American Education, the National Experience, 1783—1876*, New York: Harper & Row, 1980, p.164.

　　② Lawrence A. Gremin, *American Education, the National Experience, 1783—1876*, New York: Harper & Row, 1980, pp.116-117.

张国家和教会分立，他呼吁实施宗教教育。他说："市镇和学区的初等学校要传授圣经，没有教义的教育将使人们没有道德，没有道德就将没有自由，而自由乃是一般民主政府的目标和生命。"又说："在一个民主国家，有用的知识是以宗教为基础的。"[1]1784 年，拉什在宾夕法尼亚州创立了迪金森学院（Dickson College）。由于拉什笃信基督教，这个学院就由长老会教士主持。

（三）国立大学思想与创立迪金森学院

拉什除了创立迪金森学院和促使宾夕法尼亚州成立大学外，特别主张创建国立大学，即由联邦主办而非各州举办的学府，收容由各州大学毕业的学生，除了教授高深学术外，还会选拔优秀大学生从事科学研究实验工作，这些学生要到各地搜集国内外的发明创造，以获取最新的科学成就。

在召开制宪会议之前，杰斐逊就认为独立战争虽然结束了但革命远未结束，国家"尚有待于建立和完善我们新的政府体制，然后还要为之培育我们公民的行为规范、道德品质和文明举止"[2]。与杰斐逊的思想相一致，1787 年 1 月，拉什在《博览美国》（American museum）杂志上以醒目的标题"告合众国人民书"发表文章。他在文章中指出："美利坚人民并非生来就是合众国公民，因而为了塑造合格的公民，使公民的品性与合众国保持一致，就必须将知识和政府原则传播于合众国的每一个角落。为达此目的，拉什主张让国会拨款建立一所国立大学（Federal University）辐射全国，其中最为重要的是，在该大学中，凡事都要以共和政府为旨归。"[3]这是美国历史上首次正式公开论及建立一所国立大学的理念，虽然并不完整也不系统，但在这个时间提出该理念有着不可忽视的重要意义。

实际上，1786 年 9 月，拉什就在《绅士杂志》（Gentleman's Magazine）发表了《在宾夕法尼亚州建立公立学校和传播知识的计划》（A Plan for the Establishment of Public School and the Diffusion of Knowledge in Pennsylvania）。在这项"计划"中，他为宾州设计了一个教育体系的雏形："在州首府设立一所大学（university），由州财政支持；州境内设学院（college）四所，其教学应与当时美国已有的学院一致；每郡设一所专科学校（academy），作为学院的预备机构；每镇区设一所公共学校（free school），或者某一地区只要满百户即可办一

---

[1]   Lawrence A.Gremin, *American Education, The Colonial Experience, 1783—1876*, New York: Harper & Row, 1980, p.116.

[2]   Benjamin Rush, *Address to The People of The United States*, Berne, Indiana: Witness Press, 1918.

[3]   Benjamin Rush, *Address to The People of The United States*, Berne, Indiana: Witness Press, 1918.

所公共学校。"① 从建立学校的各级行政区域来看，这是关系到整个联邦的教育设计，是为"适合合众国的教育模式"而准备的，"大学"设立在州的首府而且全州只有一所，由公共财政支持。值得注意的是，拉什在这篇演说开篇即简短地讨论了学习知识对人类的影响和益处："知识有助于排除愚昧和偏见；自由只存在于知识社会中，对知识的无知就会导致对权利的无知；知识的普及有助于增进法律和政府的权威；知识可促进作为合众国基础的工农商业的发展以及文明的进步。"② 从中可以看出，他关于知识的观点无一不是指向合众国和公民，这是他论述教育的基本理论前提和出发点，也正是在此基础上，他系统论述了"国立大学计划"。

　　而后，拉什于 1788 年 11 月在《博览美国》杂志正式系统论述了他的"国立大学计划"，其主要内容包括："第一，国立大学的目的是塑造符合新政府体制的合众国公民，这是合众国宪法和人民幸福的永恒基础；第二，塑造的方式是将国家的年轻人聚集到国立大学中，传以知识或令其相互沟通和交流，以消除愚昧和偏见并塑造公民的习惯；第三，国立大学的主要授课内容包括合众国政府的原则和体制、农工商业的理论和实践以及有助于农工商业发展的自然哲学、自然史、数学和化学知识等，并学习现代语言英法德语而非古典语言；第四，校长待遇优厚，教授的工资微薄，但可以通过向学生收取课程费用来补贴教授收入的不足；第五，学位要特别，以同其他学院的学位相区别，要体现出毕业生已经为公民和公共生活做好了准备。"③ 拉什作为坚定的联邦主义者，这一计划的提出有一定的政治背景，当时制宪会议结束已一年有余，新宪法在各州的批准过程并非一帆风顺，对新联邦体制的批评和质疑声音不断，拉什开篇就用"教育"来回应新宪法反对者们对新体制的质疑："只要人民能够通过一种符合我们国情的教育来为我们新的政府体制做好准备的话，这些言论自会烟消云散。"④ 因此，该文一方面是拉什国立大学理念的表达，另一方面也是对新宪法反对者们的回应，更是他本人政治观点的表达，从根本上说，这仍然是他为如何构建完善的共和国而做出的努力。他还主张："在这所大学里，只应该教授那些能够为我们年轻的公民和公共生活做准备的学科。……在这所大学建立

---

①　Benjamin Rush, A Plan for the Establishment of Public School and the Diffusion of Knowledge in Pennsylvania, *Gentleman's Magazine*, 1786(56), p.775.

②　Benjamin Rush, Plan for a Federal University, *American Museum*, 1788, 5(4), pp.442-444.

③　Benjamin Rush, Plan for a Federal University, *American Museum*, 1788, 5(4), pp.442-444.

④　Benjamin Rush, Plan for a Federal University, *American Museum*, 1788, 5(4), p.442.

三十年以后，让国会通过一个法案并规定，没有在该大学获得学位的人不能被委以政府权力。"①不过，在他的这份计划中，国立大学几乎就是国家公务人员的培养机构，从整个教育体系来看，国立大学也是超越于已有学院之上的机构。拉什的国立大学，"作为一种教育机构，其目的和范围过于狭隘，并且带着强烈的国家主义和精英主义的色彩"②，并渗透着古典共和主义的理想，因此即便今后国立大学得以成立，也只可能是拉什的计划，政府和民众都不可能接受这一种安排。尽管如此，他的建议仍然得到华盛顿、麦迪逊以及几位参议员的支持。

（四）倡导女子教育

拉什在《关于女子教育的思考》一文中，建议女子应接受自由教育，因为共和政治实验的成功有赖于有国民意识和文化知识的"半边天"，而且女子拥有和男子同样的才能，能够接受和男子同样的教育。再则，由于母亲的抚育决定新生一代的发育成长，她们为履行为人母的职责也须接受教育。拉什很重视家庭教育的价值，认为儿童在学校容易和不良儿童接触而养成恶德，但和家人接触而染成恶德者很少。要搞好家庭教育，女子必须是贤妻良母。他建议女子应学习比较广泛的课程，其中应包括读、写和英文文法、算术和簿记、地理和历史、天文、化学、物理学、音乐、跳舞，特别是宗教课。女子也应善于适应社会、风习和政府等环境的需要。美国虽自始即以自由、平等和民主相标榜，女子教育却是直到以后才真正提到日程之上，因此，拉什早早地提倡女子教育是有远见的。③

六、拉尔夫·瓦尔多·爱默生的教育思想

拉尔夫·瓦尔多·爱默生（Ralph Waldo Emerson，1803—1882）是美国 19世纪著名的思想家、文学家、诗人，也是积极倡导变革与创新的教育思想家。爱默生曾接受拉丁文学校和哈佛学院的正规教育，学成后在一所学校短期任教后进入哈佛神学院。1826 年，爱默生被米德尔塞克斯牧师协会"批准任教"，在波士顿及其附近地区各地教堂做过访问牧师，又加入波士顿第二教堂。作为一名牧师，爱默生虽然尽职尽责，颇有成就，但自己并不满意，因而在 1832

---

① Benjamin Rush, Plan for a Federal University, *American Museum*, 1788, 5(4), pp.442-444.

② David W.Robson, *Educating Republicans: the College in the Era of the American Revolution, 1750—1800,* Westport, Connecticut: Greenwood Press, 1985, p.231.

③ 滕大春：《美国教育史》，人民教育出版社 2001 年版，第 293 页。

年，他向牧师大会提出辞呈。此后不久，他便赴欧洲，游历了意大利、法国和英国，拜会了塞缪尔·泰勒·柯勒律治（Samuel Taylor Coleridge）、托马斯·卡莱尔（Thomas Carlyle）、威廉·华兹华斯（William Wordsworth）、沃尔特·萨维奇·兰多（Walter Savage Landor）和约翰·斯图亚特·密尔（John Stuart Mill）等人。游历归国的爱默生对自己的人生职责与规划进行了重新思考，决定在文学领域一试身手，最终成为奠定美国文化精神的代表人物。爱默生一生大部分时间或从事教师职业或从事与教育有关的工作，有人曾将他的一生概括为"以中学教员开始并以教师告终"，鉴于他在教育界的广泛影响和巨大声望，1874 年他获得了英国格拉斯哥大学荣誉校长的提名。[1] 爱默生是"他那个时代的具有代表性的教育家"[2]，美国前总统林肯称他为"美国的孔子""美国文明之父"。

（一）尊重学生的教育

"教育就是唤醒每一个灵魂"，"教育的秘密即在于尊重学生"。[3] 这是爱默生教育观中最核心的理念。这种尊重不仅意味着人格上的尊重，更在于处理教、学关系上的尊重。"不是教你想去教的东西，而是教他所能接受的、适合他天性发展的东西，因为每个人都必须以一种全新的方式接受教育。"[4]

作为超验主义的代表人物，爱默生倡导个人主义学说，强调精神的力量远过于物质，强调直觉的重要性和个人潜能的无限性，教育则在于引导和展现出人的潜能。爱默生相信，"人是内生的，教育就是他的展现"——人的个性，在他看来——"正确的伦理道德是中心，从灵魂向外发展"。[5] 和 17 世纪启蒙思想家一样，他坚信凡人皆有理性，这种理性拜上帝所赐，使人高于万物，甚至人本身就拥有可以被视为与神较为接近的性质，即神性。就像他在《论教育》（On Education）中所言的，"人的最崇高目的，就是他自身"[6]。"相信你自己"是爱默生的名言。他认为上帝将每一个幼小的生命带到人间时就使他怀有某种愿望，去实践某种神意，因此，每个来到世间的人都是一个天才，与众不同。而我们所能做的，就是抱着敬畏与尊敬之心等待，宛若等待自然的万物

---

[1]　John Madison Fletcher, *Emerson's Ecuational Philosophy*, Bouler: University of Colorado Press, 1905, p.24.

[2]　［美］劳伦斯·A. 克雷明：《美国教育史：建国初期的历程》，洪成文等译，北京师范大学出版社 2002 年版，第 319 页。

[3]　Howard Mumford Jones (eds.), *Emerson on Education*, NewYork: Teachers College Press, 1966, p.141.

[4]　Howard Mumford Jones (eds.), *Emerson on Education*, NewYork: Teachers College Press, 1966, p.126.

[5]　［美］吉欧·波尔泰：《爱默生集（论文与讲演录）》，赵一凡等译，生活·读书·新知三联书店 1993 年版，第 679 页。

[6]　钱满素、杨靖：《爱默生教育思想研究》，中央编译出版社 2015 年版，第 43-44 页。

开花结果。爱默生相信个体、尊重学生的教育观念对于当时美国个人主义及民主思想的发展和广泛传播产生了重要的作用，也对后世杜威提出"儿童中心论"，注重儿童的个体经验，强调儿童的个性成长和发展等教育思想具有一定的影响。

（二）宽泛的教育观念

爱默生持有宽泛的教育观念。他那篇关于教育的论文原名为"教育"，该论文原是从爱默生在 19 世纪 30 年代和 40 年代所做的演讲中摘录出来的，在爱默生去世的前几年由其作品代理人辑在一起出版。爱默生批判当时的教育太过实用主义，而不注重教给孩子诸如诚挚、慷慨等美德[①]，认为教育的伟大目标是道德的，与此同时，教育要"教给学生自信心；激励年轻人对自己感兴趣；使其渴望触摸到自己的本性；让他了解他的智慧，告诉他其全部力量都集中于他的智慧；激励他虔诚地向往伟大的心灵。为此，要督促年轻人阅读书籍，培养其自信——一种对自我价值的信心，反对一切表面现象，反对一切匮乏的思想"[②]，而不是对"耍手腕、玩阴谋或求得恩惠"的信心；还要劝说成年人"尊重儿童"，控制男孩子的"喧嚷、犯傻和胡闹"，并"用知识按照其天性指引的方向'武装'他的'天性'"。在这篇论文中，爱默生比他惯常的做法更多地提到某些特定的教育机构的影响力。"概括人类的知识和经验，正是学校、大学和社会造成了人与人之间的差别。"尽管提出这样的观点，爱默生仍然尖锐地批评了当时的教育机构。他高度赞扬"自然的"家庭式教育。"学校的全部理论都是在保姆或母亲的膝盖上"，他说，"儿童热心于学习，正如母亲热心于教他一样。这样双方都有快乐"。他还赞美那些"自然的学院"，它们在整个历史上都围绕着"自然"的教师而形成——雅典的年轻人围绕着苏格拉底，亚历山大里亚的年轻人围绕着帕拉丁，巴黎的年轻人围绕着阿伯拉尔，德国的年轻人围绕着歌德。但他对把这些"自然"现象组织成像军队那样注重速度和效率来训练人的大众教育制度极为反感。"我们的教育方式旨在使人才速成、节省劳力，旨在为大众做不能恭恭敬敬地、一个一个做的事情。他认为矫正这些'冒牌'做法的唯一方法是'把生活的智慧输入教育中来。放弃这种军事式的急速

---

① 　S. Alexander Rippa（eds.）, *Educational Ideal in America: A Documentary History,* New York: David Mckay Company, Inc., 1969, p.179.

② 　［美］劳伦斯·A. 克雷明：《美国教育史：建国初期的历程》，洪成文等译，北京师范大学出版社 2002 年版，第 305-306 页。

做法，采用自然的速度，自然的秘密在于耐心'。"①

（三）论学者

在爱默生眼里学者就是"思考着的人"，强调的是一种状态，学者就是要时刻保持思考的状态。当一个学者处于最佳状态时，他就是"所有人的思想代表"。学者的一生是通过自然、书籍和行动对其上下求索的心灵施加影响且持续不断接受教育的一生。

在爱默生的观念中，自然是第一个伟大的"教育家"。他认为学者需要直接认识自然，从而充分理解自然的价值。"学者最初对自然的感受来自对物体和现象的考察和分类，但他的目的不是把握特定的规律和普遍原理，而是深刻理解他与自然归根到底源自'同一个根'，都有同样的神性。"② 在爱默生看来，获得这种理解，就是智慧的开端。

第二种对学者的教育影响是诗人的心灵，它是透过文学、艺术和学校，尤其是透过书籍而流露出来的。学者需要参阅书籍，只是别忘了书籍仅仅是过去某个作者在某个特定的时候创作出来的。这个作者曾经思考过这个世界，在他自己的心灵中对这个世界做过独特的布局，然后把它表达出来献给别人。因此，书籍是向自然学习的替代品，它们蕴涵着基本上由他人查明的真理。即使在最优秀的书籍中，如在莎士比亚的著作中，由于它们影响过甚，先于他人得到了独立思考和自我发现，反而造成了巨大的危害。因此，书籍又是危险的，使用它们时需要小心谨慎，若过高地估价了它们，学者就不会成为思考着的人，而变成了书蠹。

第三种对学者的教育影响是行动。行动从属于思考，但它是思考所必不可少的伴侣。"没有了它"，爱默生提醒人们说，"思考也就永远不能变得成熟而成为真理。当世界像一片美丽的云彩浮动在眼前时，懒惰者连其美丽也看不到。行动中虽有怯懦，但心灵缺乏勇气就不成其为学者。思维的先导即是行动，通过它思维才从无意识过渡到意识。我所知道的就这些，因为它们是我亲历践行的。"像书籍一样，行动本身就是有价值的、必要的，但它的作用基本上只限于作为一种资源：它检验并调和了才智，并在生活中使其完成。"个性比智慧更重

---

①　［美］劳伦斯・A. 克雷明：《美国教育史：建国初期的历程》，洪成文等译，北京师范大学出版社2002年版，第305-306页。

②　Ralph Waldo Emerson, *The American Scholar*（*12 vols*），Boston: Houghton, Mifflin and Company, 1904, p.84.

要"，爱默生告诫人们，"思考只是机能而已，而生活才是机能的执行者"。[1]

第三节　构建美国学校系统：公共教育思想

公共教育体系的创建是美国教育史上的重大事件，美国中小学校后来之所以被称为美国社会的熔炉和风险减压阀，离不开公共教育作用的发挥。贺拉斯·曼、亨利·巴纳德、詹姆斯·卡特等人的公共教育思想直接引领了许多州公立学校的创建，作为美国公共教育运动的奠基人物，他们的功绩值得人们永远铭记。

一、贺拉斯·曼的公共教育思想

贺拉斯·曼（Horace Manna，1796—1859），1796 年生于马萨诸塞州富兰克林小镇，1819 年于布朗大学毕业之后曾留校任教，后来又进入法律学校学习，做了四年律师。由于擅长演讲，贺拉斯·曼赢得了市民的欢迎与信任，于 1827 年当选为马萨诸塞州众议院议员，六年后入参议院，并做过议长。1837 年，贺拉斯·曼被其他热心教育的人士推荐为州教育委员会秘书，这意味着他要放弃之前体面的、前程似锦的职业转而去从事教育工作———一个当时在美国基本上不受重视的领域。几经考虑，他认识到教育是人类最崇高的事业，合众国的未来在教育，因此不顾前途、待遇和名誉，他毅然受命，欣然接受了这一职位。他在日记中写道："一条道路已经在我面前展开。上帝让我无私、英明地为人类谋福利。……从今以后，我将把自己的一切献给人类最高尚的事业。我有信心使一切得以改善。"[2]凭借对教育事业的热爱、睿智、勤勉及奉献精神，贺拉斯·曼成为 19 世纪美国公共教育运动最杰出的领袖，极大地促进了美国公共教育事业的开拓，被尊称为"公共教育运动的旗手""美国公共教育之父"。

贺拉斯·曼在担任马萨诸塞州教育委员会秘书期间（1837—1848）所撰写的 12 份年度工作报告，集中体现了他的公共教育思想和理想：[3]

1. 一个自由而又无知的合众国一定是不会长久的，必须实现普及义务教育，增长民众的知识和才智。

---

[1]　Ralph Waldo Emerson, *The American Scholar* (*12 vols*), Boston: Houghton, Mifflin and Company, 1904, pp.94-95, 99.

[2]　Joy Elmer Morgan, *Horace Mann: His ideas and ideals*, National Home Library Foundation, Washington, D.C., 1936, p.13.

[3]　刘传德：《外国教育家评传精选》，北京师范大学出版社 1993 年版，第 94、98、99-100 页。

2. 这种教育必须是由有志于普及教育、对教育有浓厚兴趣的民众来支持、赞助和领导的教育。

3. 这种教育必须对不同宗教信仰、不同种族、不同文化背景的儿童一视同仁。

4. 这种教育以广泛的道德教育为特征，必须摒弃狭隘的宗教限制。

5. 一个自由社会所拥有的精神、方法和纪律必须渗透于这种教育的始终，排斥一切粗暴、体罚的教育理念。

6. 只有训练有素的专业教师才能实施这种教育。

（一）公共教育观

贺拉斯·曼之所以致力于公共教育事业的建设，主要源于他的社会观和政治观。当时美国不良社会现象，如酗酒、赌博、盗窃、破坏公物等层出不穷，贺拉斯·曼对此深感担忧，认为只有消除这些犯罪现象，社会问题才能迎刃而解。由于教育当属提高人们的认识和品德的重要手段，"只有靠教育才能改造社会"的意识逐渐成为他教育思想的核心。同时，贺拉斯·曼是民主思想者，民主政治观也是他公共教育思想的基石。他肯定人人享有受教育的权利，大力提倡公共教育，即由政府举办免费的世俗的学校来培养符合民主国家需要的公民。基于这一社会观与政治观，他对公共教育观进行了系统的论述。

首先，公立学校是属于所有人的公共学校，公平是其首要的价值追求。"它将对所有人开放，由州和地方社区提供，作为每一个儿童天赋权利的一部分。它将对富人和穷人一视同仁，不仅免费，而且教学质量像任何私立学校一样好。它将不属于任何教派，而接受所有教派、阶级和任何背景的儿童。"① 在1845年的《第9年次度报告》（*Ninth Annual Report*）中，贺拉斯·曼提出"镇上所有的孩子，不论是贫区、富区、大区还是小区，都享有平等的上学权利"，他认为只有这样的公立学校才能真正实现教育理想。在过去，教育不平等是社会不平等的产物，而在民主国家中，不能使人民享受这种权利便是政府失职。政府必须像保卫其他民权一样，实施普及教育以保卫人民享有受教育的权利。获得知识和教育是人类谋求幸福的工具，教育权利的被剥夺可以视作间接掠夺了儿童的财富，因为儿童能否成为善良的公民取决于是否接受教育。此外，政府或教育行政单位不支付教育费用更无异于从儿童身上盗用公款，因为教育开支是绝对不能吝啬和被非法挪用的。在过去，教育被教会、家庭、慈善机构和

---

① ［美］劳伦斯·克雷明：《学校的变革》，单中惠、马晓斌译，山东教育出版社2009年版，第9页。

私人团体操纵，而如今已不能满足启发民智的需要，必须由政府承担教育经费，举办公立学校才能适应形势的发展。

其次，公共教育是根据新生一代儿童的特点来进行的教育更新与改革。公共教育不只要在制度上革新，还要在教育内容与形式上革新，这一切革新都要基于儿童并关注儿童。在贺拉斯·曼看来，"儿童在气质能力和兴趣方面各不相同，因此，课程设置就应该适应这些差别"①。在欧洲特别是普鲁士的学习经历，使他看到了中央集权的学校体系及其所带来的巨大成就，对其羡慕不已并试图加以效仿。他曾称赞普鲁士邦学校不用体罚而取得的成绩。他说他"参观该邦学校极多，却不曾看到因体罚和因畏惧体罚而啼哭的学生。教师把他们当作具有个性而接受耐心引导的教育对象，因而不加以硬性管压和滥施打罚。教师还认为打罚不能拯救儿童的心灵，而且暴力常常导致暴力，即人在儿童时如惯于接受暴力，儿童长大后也必然崇尚暴力。实际上，教师应是儿童的向导而非专制暴君，首应具备的是对儿童的热爱和责任感"②。贺拉斯·曼认为儿童天性是善良的，他在欧洲了解到了裴斯泰洛齐的教育理论，并推崇裴斯泰洛齐的热爱儿童和尊重儿童的进步教育原则和方法。然而，贺拉斯·曼也并非儿童中心论者。他认为尊重教育的社会并不任由教师强迫儿童盲目服从做驯顺的羔羊，但也绝对不能陷于无政府主义。适当的办法是引导儿童自我控制、自我选择和自愿地服从理性和义务所制定的条律，这就是使人在自主和自觉的基础上来满足社会的要求了。

（二）公共教育的功能

贺拉斯·曼从政治、经济建设、社会发展等方面论述了教育的功能。

首先，从政治角度看，教育是国家强盛的命脉，是合众国的生命线。一般群众必须接受教育才能具有公民意识和尽其公民职责，而且政治领袖的社会才干也并非先天所有，他们是从众多受教育的公民中产生，这样才会知晓民情和为民治事，才能和群众无隔膜并且被群众所诚服。至于教育通过育人而使国家有光明的未来，更是不言而喻的。贺拉斯·曼还从美国是移民众多而民族复杂的国家来论证教育应由政府办理。就是说，各国移民都带有祖国的传统观念和文化背景，不仅语言文字和生活习惯不同，他们的思想意识也存在差异，尤其需要依靠公立学校发挥民族熔炉的作用，来使美利坚合众国成为多元民族的

①　［美］劳伦斯·克雷明：《学校的变革》，单中惠、马晓斌译，山东教育出版社2009年版，第10页。
②　滕大春：《美国教育史》，人民教育出版社2001年版，第306页。

家庭，既能和睦相处，又能同舟共济，而不流于矛盾和混乱之局。他说："教育是人类诞生以来最伟大的发明，教育是对人类环境有着最大稳定作用的平衡器，是社会机器的平衡轮。"①他还说公立学校是"合众国继续存在的不可缺少的条件"②。

其次，从经济建设看，贺拉斯·曼认为教育可以医治贫穷，可以发展生产，可以富民和富国。因此，他呼吁工人及贫民群体积极支持公立学校的建立，在他看来，贫民可以在公共学校中获得教育，从而获益。在《第12次年度报告》（*Twelfth Annual Report*）中，贺拉斯·曼向那些依靠工作谋生的人强调了公共学校的重要性，"公共学校是防止美国的社会像欧洲一样分化的唯一机构，之所以这样说，是因为公共学校阻止了'资本的统治和劳动的卑下'的演变趋势，此外，是教育创造发展了新的财富——那些尚未被人占有或想到的财富。……教育发挥的作用超过了人类其他任何工具，它是人类极为重要的平衡器——是社会机器的平衡轮"③。贺拉斯·曼肯定学校创造社会经济价值的作用，他建议马萨诸塞州议会既要注意开发丰富的矿藏，又须注意开发蕴藏于人民头脑中的智力。

最后，从社会发展看，贺拉斯·曼认为一个社会需建立人所公认的道德标准或伦理规范。贺拉斯·曼认为公立学校要引导人走向正轨，才能根治"酗酒、斗殴、盗窃、抢劫、奸淫、凶杀的无秩序、无纪律"的社会，而无知则是国家动荡不安和人民遭受苦难的源头。"贺拉斯·曼清楚地认识到知识就是力量，但是，这种力量既作恶又行善。因此，公民教育不能仅仅是智力方面的，对道德价值的看法不可避免地进入了教育的范畴。"④诚然，获得知识的人不仅理智发达和行为有节，而且运用科学知识可以生财致富，从消费者成为生产者。不过，贺拉斯·曼对知识的功用的认识更具理性、辩证性。他认为自由公民不能仅是理智发达而已，还必须养成正确的价值观和人生观。美国由农业国家走向工业化国家的过渡中，旧的道德观念为新形势所冲击，新社会尚未形成应有的价值观和生活观，人们何去何从，往往迷失方向，致使社会安宁失去保障。虽

① R.Freeman Butts, *A Cultural History of Education: Reassessing Our Educational Traditions*, New York: McGraw-Hill Book Company, 1947, p.563.

② Ellwood P.Cubberley, *Public Education in United States: A Study and Interpretation of American Educational History,* Boston: Houghton Mifflin, 1919, p.563.

③ ［美］韦恩·厄本，杰宁斯·瓦格纳：《美国教育：一部历史档案》，周晟、谢爱磊译，中国人民大学出版社2009年版，第145页。

④ ［美］劳伦斯·克雷明：《学校的变革》，单中惠、马晓斌译，山东教育出版社2009年版，第8页。

有法律的准绳、教会的说教、警察的惩戒和监狱的刑罚，但收效甚微。正因如此，贺拉斯·曼极为重视道德教育，他认为纵情任欲不加以向善的诱导，就可能使人不仅去杀人，且将导致自杀。在《第 12 次年度报告》中，他写道："与以往社会相比，公立学校……创造更有远见的理智和培养更纯粹的道德。在这之前，贤人哲士决不会在议会大厅里主持会议，其深奥的言论也决不会被记录在法令汇编上。"① 可见，他挽救社会发展的道德教育依托于公共学校，就像他经常被人引用的名言一样"开一所学校能关一所监狱"，就是说学校能化地狱为天堂。

（三）公共教育的中立性

贺拉斯·曼认为，作为实现普及教育最好途径的公立免费学校同样必须是中立的，不受政治、宗教、性别、种族等外界因素影响，任何政治势力、宗教团体、利益组织甚至舆论，都不可侵入校园。

首先，公共教育不受政治影响。贺拉斯·曼曾参观欧洲的学校教育，回国后写成了著名的《第 7 次年度报告》(Seventh Annual Report)。在这份报告中，他多次称赞普鲁士的学校，认为它是欧洲各国学校中的王冠，其教学内容充实，教学方法富有艺术性，学校管理有方，而且师生关系友好和谐，实在是美国学校学习的榜样。结果反对派给他扣政治帽子，说普鲁士实行的是君主专制和军国主义政治，如果美国向其学习，就会沦为不讲民主的国家。贺拉斯·曼认为，学习别国好的教育经验应该与其政治制度分开。如果普鲁士能够利用教育以支持其专制政府，美国肯定也可以利用教育来支持并永远巩固共和制度。培养国民的自由精神比培养国民的奴性精神更容易。对于普鲁士的先进教育经验，应该取其精华，择善而从，不能因为其政治落后而否定其教育成就。②

其次，公共教育不受宗教束缚。在美国公立学校运动中，宗教问题是矛盾最尖锐的问题之一。贺拉斯·曼呼吁宗教信仰自由，大力推动普通学校的创办与推广，强调在普通学校中排除灌输任何教派教义，这在当时的美国无疑是非常先进的。作为新兴的移民国家，美国的基督教派别林立、十分复杂。为在学校中传授本教派的教义，培养本教派的信徒，各教派都试图把学校控制在自己手中。这种做法显然违背了 1791 年联邦宪法明确规定的公民享有宗教信仰自由的原则，也给公立学校运动制造出无穷的麻烦和阻力，影响了公立学校的

① ［美］劳伦斯·克雷明：《学校的变革》，单中惠、马晓斌译，山东教育出版社 2009 年版，第 8 页。
② 徐曼：《贺拉斯·曼公共教育思想研究》，硕士学位论文，山东师范大学，2008 年，第 19 页。

普及。因此，贺拉斯·曼极力反对具有巨大伤害性的宗教教派之争进入公立学校，他提出公立免费学校应是不受任何教派浸染的净土，更不应介入教义教派的纷争之中。"任何一个教派都不能利用学校制度，去取得压倒其他教派的特权。"[①] 公立免费学校中只能开设所有儿童共同需要的课程。公共教育机构的宗教教育应当以不加任何教派解释的圣经为教材，以陶冶儿童性情和平，学习和养成各教派共有的虔诚与道德原则。贺拉斯·曼被认为是在教育上"调和宗教与政治的关系的第一人"[②]。

最后，公共教育不分性别和种族。第一，女生也有权利进入公立学校学习。教育机会的均等不能因性别而有所差异。在卸任马萨诸塞州教育委员会秘书一职后，贺拉斯·曼受邀担任了安蒂奥克学院院长，在他的不懈努力下，学院办成了一所男女同校的高等学府，这也是美国教育史上首个对女生开放的大学。他说："既然早在伊甸园中，上帝选中了亚当和夏娃，那么男女两性就应该同是上帝的子民。但后来在基督教国家里，对男女的教育却有了差别，甚至剥夺了女子受教育的机会，这显然不是上帝的本意，而是大男子沙文主义在作祟。"[③] 而且，男女在一起上学读书，有相互激励的作用。这样，更能培养出男性彬彬有礼的绅士风范和女性温柔体贴的风度仪态。第二，公共教育应接纳黑人与白人同校。贺拉斯·曼从人道主义的立场出发，主张解放黑奴，在他的公共教育中，坚持让黑人与白人一样享有受教育的权利。在当时的美国，虽然阻力重重，但贺拉斯·曼力排众议，以身作则，接收了一位黑人女学生 Miss Chloe Lee。他的这一做法获得了妻子玛丽·皮博迪女士的赞许和大力支持，他们还邀请该女生在家中吃住。

（四）师范教育思想

贺拉斯·曼十分重视教师的作用，坚信培养优良的师资是确保公共学校教育质量的保障，为此他不遗余力地倡导师范教育，呼吁培养优秀的教师。"1839 年，他在马萨诸塞州列克星敦建立了第一个师范院校（名称源于法语'ecole normale'）。在开学典礼上，曼宣称没有师范学校，'那些免费学习就会失去他们本身的力量和恢复活动的能力，其结果就是，学校会变成慈善学校，

---

① ［美］E. P. 克伯雷：《外国教育史料》，华中师范大学、西南师范大学、西北师范大学、福建师范大学教育系译，华中师范大学出版社 1991 年版，第 645 页。

② ［美］F. P. 格雷夫斯：《近三世纪西洋大教育家》，庄泽宣译，商务印书馆 1931 年版，第 165 页。

③ ［美］E. P. 克伯雷：《外国教育史料》，华中师范大学、西南师范大学、西北师范大学、福建师范大学教育系译，华中师范大学出版社 1991 年版，第 643 页。

这样一来，学校就会在形式上和实际上逐渐消亡'。"① 教育史学家 L. 迪安·韦布曾评价说："如果有人能冠以美国教育之父的头衔的话，那人一定是贺拉斯·曼。"②

贺拉斯·曼于《第 7 次年度报告》中称赞普鲁士国民教育的优良成绩取决于教师。在报告中，他两相对比，通过详尽比较美国与普鲁士教师在育人及教学等方面的差异，提出美国师资队伍存在的问题，从而断定这是美国教育失败的主要因素。此时美国的教师地位低微、收入微薄，从事教师的人要么将教育作为副业，要么则是实在没有其他谋职渠道，教师还没有成为一个专业的职业。他举例道："不得优秀教师而培植优良的学生，乃是缘木求鱼，那无异于希望穿外衣而没有成衣匠人，希望戴帽子而没有制帽工人，希望戴手表而没有制表工人，希望住房屋而没有木工和瓦工。"③ 在贺拉斯·曼的理想中，"教师应是热爱儿童之人，不能成为严酷体罚的实施者；他不是一味灌输和注入知识的填鸭者，应是长于启发诱导者。他曾描绘优秀教师在语言方面应是经过缜密选择的，在发音和声调方面应是正确而有吸引力的，在举止方面应是文雅而优美的，在讲话选题方面应是振奋人心而富有效益的"④。教师质量的低劣严重影响了教学的质量，改革迫在眉睫。为了培养优秀的师资，他主张马萨诸塞州应当借鉴普鲁士教师培训制度，建立州立师范学校。他反复强调、大声呼吁，提高学校质量的唯一方法就是培养更好的老师，不进行师资培训，没有好的教师，公立学校就将失去它们自身的力量，"有其师，必有其校"⑤。直到 1898 年他即将辞去秘书职务之时，还在《第 12 次年度报告》中着力指出，没有师范学校，普通学校终将无法繁荣。他同时也指出："教学在所有艺术中是最困难的，在所有科学中也是最深奥的。"⑥

---

① ［美］L. 迪安·韦布：《美国教育史：一场伟大的美国试验》，陈露茜、李朝阳译，安徽教育出版社 2010 年版，第 166 页。

② ［美］L. 迪安·韦布：《美国教育史：一场伟大的美国试验》，陈露茜、李朝阳译，安徽教育出版社 2010 年版，第 165 页。

③ 滕大春：《美国教育史》，人民教育出版社 2003 年版，第 301 页。

④ 滕大春：《美国教育史》，人民教育出版社 2003 年版，第 301 页。

⑤ E. I. F. Williams, *Horace Mann: Educational Statesman*, New York: The Macmillan Company, 1937, p.193.

⑥ 赵祥麟：《外国教育家评传》，上海教育出版社 1992 年版，第 391 页。

二、亨利·巴纳德的公共教育思想

亨利·巴纳德（Henry Barnard，1811—1900）是 19 世纪美国公共教育改革的代表，为美国公共教育的发展做出了不可磨灭的贡献。他的公共教育思想具有可行性、适应性及具体性等特点，深刻影响了 19 世纪美国的学校改革。"（巴纳德）恢复了美国公共教育的活力"[①]，被后世誉为"美国公共教育早期发展的领导人"[②]。

巴纳德出生于康涅狄格州哈特福市，幼年入霍普金斯初等学校（Hopkine Grammar School）和芒森（Monson）文实学校；1830 年由耶鲁大学毕业，以后曾在任纽约州首席检察官的霍尔（Willis Hall）开办的法律学校任职；后经耶鲁大学校长戴（Day）的聘请，负责管理宾夕法尼亚州韦尔斯伯鲁镇（Wellehoro）的文实学校；1835 年，赴欧洲考察各国社会和教育，曾在霍夫威市参观费伦贝格的劳动学校，在此期间，与裴斯泰洛齐学校的教师频繁接触，使他受到启发；1837 年返美被推选为康涅狄格州的众议院议员，此间他积极参与社会改造工作，提倡公共福利事业，举办盲、聋、哑及弱智儿童教育，积极策划建立州教育委员会，该委员会于 1838 年成立，巴纳德被委任为该会的教育督察长；1845 年任罗得岛州教委会主席；1849 年重返康州，继续担任教育督察长一职；1858 年起先后任威斯康星大学校长和圣路易学院院长；南北战争以后他担任联邦教育署首任署长（1868—1870）。巴纳德一生的事业都在教育领域，屡居要职，在 19 世纪美国教育改革运动中发挥了至关重要的作用，取得了诸多建树，美国第二任教育行政长官约翰·伊顿（John Eaton）对巴纳德多方面的教育贡献曾颇为赞赏。[③]

（一）公共教育理念及其实践

巴纳德认为教育是一项极其重要的神圣的事业，"普及教育是一个国家教育繁荣兴盛的基础"[④]。因此，他十分重视公共教育的推广与宣传，一生致力于公共教育的改革与发展。早年考察欧洲各国的经历，使他更加坚定认识到普及公共教育对于知识传播的重要性。他是普及公共教育的忠实拥护者，并把自己

①　Bernard C. Steiner, *Life of Henry Barnard*, Washington: Bureau of Education, 1919, p.5.

②　单中惠、贺国庆：《外国教育思想通史·19 世纪的教育思想》第 8 卷，湖南教育出版社 2002 年版，第 33 页。

③　John L. Clifton, *Ten Famous American Educators*, Columbus, Ohio: R. G. Adams & Company, 1933, p.44.

④　王兆璟、王春梅：《西方民族主义教育思想研究》，民族出版社 2006 年版，第 96 页。

毕生的精力与财力都投注于此。巴纳德认为"关乎一个国家巩固和繁荣的不是它的经济，而是它的有才智的人"①，公共教育的普及关系着社会的进步。教育造成了人与人之间真正的差别，同时也造就了不同地区间的落后与发展。就每个人来说，知识都是重要的。因此，每个人都需要接受教育，受教育权是每位公民的权利，获得教育机会理所应当。巴纳德曾这样定义自己的职责："我的工作职能即是不断收集和传播知识，而这些知识对所有人都是有用的。"② 在他看来，公共教育是促使人们接受教育、获得有效知识的必要手段。公共教育应忽略家庭背景，不分社会地位，使所有的儿童都能享有平等接受学校教育机会的权利。美国的进步需要有才智的人来成就，而面向公众的教育则是促进美国公民进步的必要且充分的手段。美国不仅要重视教育，更要重视面向所有儿童的普及公共教育。

在 19 世纪美国公共教育运动中，贺拉斯·曼和巴纳德无疑是最重要的两个人。为了更好地普及教育，巴纳德认为建立公立学校是实施普及公共教育最可行且最直接有效的手段与方法。为此，他极力主张建立公共学校，并提出州政府对学校教育进行干预与监督管理。为扩大公共教育的推广度，他建议"公共学校要像空气与光线一样，赐福于所有的公民"③。为此，他主张每个地区都要面向所有儿童，建立自己的公共学校，教授他们各方面的知识，提高他们未来生活的能力。这一主张，贯穿于巴纳德公共教育实践的始终。不论是在康州还是罗德岛，巴纳德不断在演讲中发表自己关于建立公共学校的思想，并详尽描述了各级学校的基本框架。他提出初等教育阶段学生入学年龄在 8 岁以下，主要接受道德训练方面的教育；中等教育阶段的学生年龄在 8~12 岁，要在注重道德教育的基础上，重视礼仪方面的养成；高等教育阶段则在注重古典教育的基础上，为将来的商业、贸易、制造业及机械技术提供预备教育。此外，还应为黑人儿童提供教育及供工作者学习的夜校。

巴纳德公共教育思想的先进性在于他的理念并非一成不变，而是结合实际，不断地进行调整与改革。为了更好地推动公共学校的建立，他提出了公共学校制度的改革。这些改革主要针对当时美国各州公共学校管理萧条、落后的情况而提出的。在总结实际、走访调查及借鉴国外经验的基础上，巴纳德明确

---

① 吴式颖：《外国教育史简编》，教育科学出版社 1988 年版，第 230 页。

② Vincent P.Lannie, *Henry Barnard*: *American Educator,* New York: Teacher College Press,1974, p107.

③ 单中惠、贺国庆：《外国教育思想通史·19 世纪的教育思想》第 8 卷，湖南教育出版社 2002 年版，第 38 页。

指出了改革和完善公共学校管理的五大方法："第一，明确各城镇的职责是确保其对于各年级的公共学校的监督与管理责任。要面向所有儿童和青少年，为他们提供平等的、以实用生活为目标的免费的学校教育，要资助各公共学校改善其学校教育条件，为其提供地图、地球仪等各类教学器具；第二，建立教师协会或师范学校，促进教师专业教学技能的提高，切实提高公共学校的教学效率。第三，各个城镇要设立多个学区，同时设立公共学校委员会，负责各学校的访问、调查、监督及与家长、教师的谈话等等，并以调查报告的形式，为公共学校的改革与完善提出建议与计划。第四，主张公共学校教师与行政人员阅读教育资料，并定期向他们发行统计资料，促进先进教育思想、经验的传播与借鉴。第五，建立公共图书馆，提高公民的学习意识，培养青少年的阅读习惯，促进课堂教学。"[1]

在公共教育实践中，巴纳德认为要坚持提高公立学校质量，首先就要有较为完备的、适应教育教学活动开展需要的基本办学条件和管理规范。巴纳德于1848年所写的《论校舍》（*School Architecture*）是涉及范围广泛的关于学校建筑与管理的一部著作。该书客观、清晰地描摹出19世纪前半叶美国学校的落后局面。其中不仅穷举、论述了当时学校校舍情况，而且更加翔实、系统地探讨了建校选址、经费筹划、教师管理、设备使用与配备、学生学习的教材等问题，具体包含了以下几个方面的内容：（1）浅谈学校建设中的错误；（2）在建设过程中应该考虑的宗旨和原则；（3）各种计划的详细描述；（4）座位安排和取暖通风改善说明；（5）地图目录、地球仪以及其他插图；（6）有关教育的书目以及适合学校图书馆的书；（7）校舍维护守则；（8）有关学校建筑的具体例子。[2]书中提出的建议也极其详细且具有操作性，如"教室的安排须使教师能够一眸眼便看到全班学生，能够从一个地点向全班学生讲授，能够极容易地接触到任何一个学生而不扰乱其他学生，能够听取一个年级学生背诵而不妨碍其他年级学生书写作业"[3]。巴纳德还论及如何在教室中安排学生的座次，即"教师座位应在前边讲台之上，学生则应坐在教室中间的通路两边。当一个年级的学生背诵时，教师应照顾别年级学生不受干扰"[4]。巴纳德更建议学校应充实教学设备，辅助教学活动。这些极为朴素的建议和建设正表明美国当

---

[1] 单中惠、贺国庆：《外国教育思想通史·19世纪的教育思想》第8卷，湖南教育出版社2002年版，第38页。

[2] Bernard C. Steiner. *Life of Henry Barnard.* Washington: Burear of Education, 1919, p.83.

[3] 滕大春：《美国教育史》，人民教育出版社2001年版，第312页。

[4] 滕大春：《美国教育史》，人民教育出版社2001年版，第312页。

时的学校是经济困乏且教学水平极为低浅的，也由此证明巴纳德的主张与观点
是超前的、具有重要意义的。

（二）师范教育观

巴纳德极为重视教师在教育过程中的关键作用，认为教师是教育工作的
命脉，"教师的质量是公共学校教学提高的关键性因素"，"教师是教育的关键、
课程教学的关键"。[1] 然而，美国教师数量和质量不能满足客观需要，致使教
育事业如无源之水和无本之木。"拥有高质量的教师，公共学校才有可能摆脱
现有状况，促进公民学校教育意识的提高。"[2] 在他看来，教师应该是公共学校
教育最重要和最值得信任的人。优秀的教师是好的公共学校的保障，没有好的
教师，想要拥有好的公共学校，是不可能的。在担任康州公共学校委员会秘书
时，巴纳德曾多次在演讲中表示："给我优秀的教师，我将能在五年的时间里，
促使康涅狄格州的公共教育发生一场质变。……好的教师应该成为美国公共教
育改革事业中的先锋、先进教育思想的传播者。"[3]

巴纳德在担任罗德岛教育委员会督学时就建立了教师培训班（又译为"师
范学校"）。他在旅欧时期接触到裴斯泰洛齐的共事者、创建幼儿园的福禄贝
尔，幼儿学校首创者欧文和英国教育家布劳汉（H-my Brougham）。他向培训
班的学生广泛介绍这些人的思想，收到了良好的效果。1839年，巴纳德在康
涅狄格州创立师资培训班，用于入职前预备教师的教学培训，他亲自授课，并
邀聘耶鲁大学教授担任教师。培训班以提高预备教师的学校教学技能和学校管
理水平为目的，培训内容涵盖了高等数学、学校管理、教学仪器演示、自然哲
学等多方面综合学科知识。此外，为了更好地开阔预备教师的眼界，巴纳德还
向他们介绍了当时欧洲各国先进的教学经验与方法。

巴纳德在师资队伍建设方面也有较为全面系统的理念和观点。首先，注
重教师培训，要求教师不断提高自身素质。在呼吁各城镇建立教师培训班的
同时他还强调教师教育要向纵深发展。为了同时促进在职教师的职业发展，巴
纳德利用各种报纸、书本、杂志，向年轻教师宣传各种教师职业技能和发展
经验。在《康涅狄格公立学校杂志》（*Connecticut Common School Journal*）中，
他曾多次建议年轻教师，在教师教育技能培训稀缺的情况下，为了自身职业技
能发展与提高，要注重多方面教育资料的搜集与阅读，更要注重向经验丰富的

---

[1] Vincent P.Lannie, *Henry Barnard·American Educator,* New York: Teacher College Press, 1974, p.97.

[2] Vincent P.Lannie, *Henry Barnard·American Educator*, New York: Teacher College Press, 1974, p.97.

[3] Vincent P.Lannie, *Henry Barnard·American Educator*, New York: Teacher College Press, 1974, p.107.

优秀教师寻求实际教学技能的指导。此外，巴纳德还编写了《德国的学校和教师》（Education, the School and the Teacher, in German Literature）一文，向美国教师宣传德国教师的教育方法与经验，他始终将教师教育作为决定美国公共教育改革和促进学校教育质变的关键。

其次，巴纳德还为教师教育培训谋求适当的保障。在依靠个人努力的基础上，他还充分利用公共学校委员会秘书一职，向州政府寻求促进教师教育培训的经费支持和保障。他多次上书呼吁建立师范院校，提议通过定期教师研讨会、职前实习培训及教师教学理论学习等方式培育优秀的专职教师。

再次，巴纳德十分重视教师利益的保障。当时，巴纳德建议提高公立学校教师们的工资待遇，改变教师的窘困生活状态与低下的社会地位。

最后，在教师聘用与转入方面，巴纳德还就教师职业资格的认证给予了详细的说明。他特别提出了对女性教师聘用的建议，认为初等教育的教师最好选择女性教师。在他看来，聘用女性教师的优越性在于，她们相比男性教师，自身拥有"更多的温柔和优雅礼貌、更纯洁的道德、更强大的兴趣和美好的鉴赏力及管理方面更高的满意度"[1]。在适当的教育分级系统中，女教师也怀有强大且深厚的宗教原则，这有利于教会幼龄学生们"注意力的集中"和"基础的语言知识"，同时还有助于他们的"心智发展"。当然，他强调说，这需要对女性教师的培养和支持。

此外，巴纳德还重视访问公共委员会成员与教师，关注教师对公共教育信息的反馈。他的公共教育与教师教育实践密不可分，在他的努力下，1839年，美国第一所教师培训机构在康涅狄格州成立；1846年，罗得岛州建立了第一所州立教师研习所；1849年，他被选为康涅狄格州师范学院的第一任校长。巴纳德是美国当之无愧的"教师培训机构之父"。

（三）教育信息的编纂与传播

巴纳德同时还不遗余力地致力于教育信息的编纂与传播。他在晚年接受《哈特福德时报》（The Harford Times）记者的访问时说："我所做的事情的目的是收集和传播有用的知识。……从各种各样的渠道收集信息，这些资料源甚至很多学生都无法获取，然后广泛地传播它是我的使命。"[2]他认为教育信息的功用具有双向性，一方面，教育信息的收集、整理与编纂，有利于认清美国公共

---

① 孙雪：《亨利·巴纳德与美国公共教育研究》，博士学位论文，华东师范大学，2015 年。

② Bernard C. Steiner, *Life of Henry Barnard*, Washington: Burear of Education, 1919, p.9.

教育事业现状与借鉴别国先进经验；另一方面，教育信息的传播与宣传，可提升公民的意识，开阔他们的眼界，有利于国外先进教育经验的宣传与应用，更有利于美国公共教育事业的改革与发展。在日记中，他曾这样写道："我要通过声音的力量，尽我最大的努力，改变现有教育的窘困状态，向每位家长、教育行政人员及学校教师，传播国内外最新的、最有价值的教育经验，抛弃那些旧有的、无用的东西，促成教育的发展与改变。"①

通过教育信息资料，一方面，可以纵观世界各个国家的教育情况，区分教育的好坏优劣，有针对性地吸收借鉴先进的教育理论和经验；另一方面，可以帮助各级教育行政人员和公立学校教师进行对比分析，了解美国各州、各城镇、各地区公共教育的实际情况。在康涅狄格州任职时，巴纳德就曾发出这样的感慨："为了公民有尊严的幸福生活，一个州必须了解本州的实际公共教育状况。没有对公共教育做实地调查的州，是不能正确了解本州的学校教育现状的。"② 也正是出于这个目的，在工作中，巴纳德总是对所在地区的实际教育情况作详细、细致的了解。他不仅走访了解当地居民对学校教育现状的看法，更与各学校的教师进行座谈，充分收集康涅狄格州公立学校的校风、校貌的信息。

巴纳德还十分重视教育信息的传播，认为传播教育信息和思想能够帮助更好地进行教育改革，为此他积极创办教育杂志，以此为公众提供获取教育信息和进行交流的平台。早在 1838 年，巴纳德就综合各公共学校的调查结论，发行了《康涅狄格公共学校》杂志。他着重对当时康州公共学校的缺陷做了详细说明，并提出改革建议，还对欧洲各国的公共学校教育系统做了详细介绍，以此来促进美国公共教育的改革。后来，任罗德岛公共学校委员时，巴纳德又促成了《罗得岛州学校指导杂志》（*The Journal of the Rhode Island Institute of Instruction*）的发行。1854 年，巴纳德立足于全国教育信息传播的角度，向美国联邦政府提出建立一个全国性的公共教育信息资料库，以方便教育信息在全国各地的互惠与共享。1855 年，巴纳德纵观不同时代、社会、宗教社团的教育观点，自费编辑出版了《美国教育杂志》（*The American Journal of Education*）。从 1855 年到 1881 年间，该杂志共编辑出版 32 卷，平均每卷 800 多页，它主要是面向公众宣传美国教育发展的历史，并以时间为序，介绍了公

---

① 单中惠、贺国庆：《外国教育思想通史 • 19 世纪的教育思想》第 8 卷，湖南教育出版社 2002 年版，第 33 页。

② Vincent P.Lannie, *Henry Barnard: American Educator*, New York: Teacher College Press, 1974, p.56.

共教育系统相关的学校机构管理、教学方法及道德教育等各方面的教育经验，此外，杂志中还掺杂了欧洲各国教育思想家的相关教育文章及其教育发展的历史资料等。

三、詹姆斯·卡特的公共教育思想

詹姆斯·卡特（James·Cater，1795—1845）毕业于哈佛学院，是马萨诸塞州早期教育改革家。他始终强调州对学校事务的责任和管理权，并大力倡导建立一所公立师资培训机构作为综合公立学校体系的一部分。卡特一生致力于美国的师范教育与公共教育事业，因他对教师教育与教师培训的改进和完善所做出的努力与贡献，被誉为"师范学校之父"。

（一）公共教育理想

"马萨诸塞州的詹姆斯·G.卡特是改革运动中第一批教育领导人之一，他为贺拉斯·曼的杰出工作铺平了道路。"[1]卡特的公共教育理想与其在学校教育工作的经验是分不开的。1820年他从哈佛学院毕业后来到马萨诸塞州，开始了学校教育改革方面的探索。初期他在哈佛学院和格罗顿文实学校（Ctroton Academy）作为一名教师亲自体验了学区制的实施，基于在一线教育工作的深刻体验，他于1824年和1826年分别发表了两篇文章。文章指出当时学校存在资金不足、教师素质低、社会地位低、学制短等问题。与此同时，他认为改变当时现状的唯一途径是立法机构给予学校免费支持。卡特曾向州立法机关申请拨款建校，要求成立州教育委员会，负起州教育事业的领导职责。"在卡特的努力下，通过了1827年的《马萨诸塞州法案》（Massachusetts Law of 1827），该法案要求创办由税收支持的中学。"[2]继马萨诸塞州之后，缅因州、新罕布什尔州和佛蒙特州也都创办了各自的公立中学，从而掀起了一股建立公立中学的热潮，公立学校运动如火如荼开展起来，公立中学数量大大增加。

（二）师范教育理念

19世纪上半叶，美国人口规模快速增长，西进运动走向深入，西部开发如火如荼，来自爱尔兰、德国、英国等的移民大量涌入，美国近代工业化也已全面展开，普及初等教育，以适应当时工农业生产的发展，成为迫切的社会需

---

① ［美］S. 亚历山大·里帕：《自由社会中的教育：美国历程》，於荣译，安徽教育出版社2010年版，第99页。

② ［美］L. 迪安·韦布：《美国教育史：一场伟大的美国试验》，陈露茜、李朝阳译，安徽教育出版社2010年版，第145页。

要。在这种情况下，随着早期教育家们在全国范围内的大力宣传，公共教育思想逐渐深入人心，获得认同，各州纷纷开办公立学校，由此掀起了轰轰烈烈的公立学校运动。从 19 世纪 20 年代起，免费而大众化的公立教育运动席卷了美国北部和中西部，而大体量学校的建立对教师数量和质量提出了更巨大的需求和挑战，19 世纪早期设在文实中学中的师资培训班和导生制根本无法满足这一需求，而当时美国高等教育的目标是培养神职人员，不是培养教师，这促使人们不得不重新考虑教师供给和教师质量的问题，建立专门的师范教育机构成为当务之急。

卡特认为振兴教育必须先从师范教育入手。他认为："有何种教师，就会有何种学校。"[1] 他对当时的师资状况很不满意，并对当时教师能力差、工作流动性大等现象提出了严厉的批评。由于当时教师还不是一个专门的职业，也缺乏专业化的标准，人们普遍认为"教师是天生的，而不是培养的"，作为教师，只要学问渊博、对所教科学有了较好的掌握就完全能够胜任教学工作，根本不需要任何专门的职业训练。[2] 富兰克林就曾说"殖民地正遭受着缺乏优秀师资的痛苦"。卡特强烈呼吁举办师范学校，对教师进行专业训练，为普通学校培养教师，并要求州政府把师范学校作为公立学校制度的一个组成部分加以建立和维持，因为师范学校通过对社会，尤其是对年轻人的影响将成为支配公众思想感情、公共道德和宗教的一个工具，一个比政府所拥有的其他工具更有力的工具。在此过程中，政府的大力支持、热心教育事业的政治家和其他教育家们的不懈努力也为卡特倡导师范教育提供了政策上和精神上的支持。不仅如此，伴随着国家和公民对教育的重视程度不断加强，人们对进入教师队伍的人员的专业素质和资格要求也不断提高，这促进了美国师范教育事业向着纵深化、专业化、标准化、规范化的方向发展。正是在卡特、贺拉斯·曼等人的积极倡导与努力下，"教学是一门科学、也是一门艺术以及教师必须经过专业训练"的思想逐步为许多有识之士所认同 [3]，美国的师范教育逐步形成了自己的特色，并走向规范化。

卡特非常重视师范学校专业性特色的确立。他关于师范学校的设想为后来师范学校的发展奠定了基础。卡特提出，师范学校的课程应包括三部分：（1）在未来要教的科目方面使师范生打下牢固的基础；（2）向师范生传授教学

---

① Edgar W. Knight, *Education in the United States*, Boston: Ginn and Company, 1934, p.315.

② William Aspenwall, The Necessity of Professional Training for Teachers, *Edcuation,* 1902, 23(1), p.27.

③ John Dickson, The Prowvince of the Normal School, *Edcuation,* 1892, 13(1), p.1.

的科学和艺术；（3）指导师范生进行教学实习。① 具体来看，卡特的师范学校课程观对后来美国师范学校的课程设置具有重要意义。比如卡特认为：第一，师范学校在训练教师的过程中"必须创造出一种它自己所特有的学问和科学，这种科学是发展儿童智慧和在儿童不同年龄阶段传授知识的科学"；第二，在教育专业知识方面，要教授与教育科学、教学法相关的准备课程，他主张师范学校在重视学科内容教学的同时，还应该重视教学方法；第三，在教学实习方面，卡特设想为师范学校建立供学生实习的附属学校，使理论联系实际，促进学生教学能力的提高。这三方面可以看成后来在美国盛行的师范教育课程的雏形。

（三）师范教育实践

卡特为美国教师教育与教师培训的改进和完善进行了艰苦卓绝的努力，取得了令人瞩目的成就。他曾专门撰文阐述建立师范学校的重要性，强调政府应承担起建立师范学校的责任。1825 年，他在《波士顿爱国者报》（*Boston Patriot*）上发表署名"富兰克林"的文章，指出"私立教师预备学校已无法满足社会需要，政府应建立师范学校，取公众之财为公众谋幸福。……以培养教师为目标的学校将成为免费学校教育体系中的一部分，并且是极其重要的一环。而且，不管其他学校是否如此，师范学校恰恰是政府监管的免费学校教育体系的一个组成部分……"② 1827 年，卡特向马萨诸塞州立法机关提出申请，要求州拨付经费建立一所高级师范中学，这一建议在参议院遭到否决，但他并未因此而放弃努力。同年，他在马萨诸塞州的兰卡斯特市创办了一所师范学校。虽然这所学校办得并不太成功，但卡特改革师资状况的决心及理念得到了很多教育家和社会人士的肯定与支持。由于卡特的呼吁与实践，师范教育得到了人们的广泛关注，并开始考虑建立由政府出资和管理的州立师范学校。

卡特在马萨诸塞州教育局的创建中也功不可没。卡特利用任马萨诸塞州议员职务之便，积极实践他的教育改革计划，并选择了从推行改革所依托的体制机制入手。1837 年他起草了一个法律提案，要求在马萨诸塞州建立一个教育局。这一提案在州立法机关得到通过，1837 年马萨诸塞州成为美国第一个拥有州教育局的州。卡特还成为这个机构最早的一名成员，贺拉斯·曼任第一

---

①　John Cook, Professional Training of Teachers in Normal School, *Journal of Proceeding and Addresses*, 1894, 133(7), p.87.

② 王凤玉：《美国师范教育机构的转型：历史视野及个案研究》，博士学位论文，华东师范大学，2007年，第 27 页。

任秘书。① 依托州教育局，卡特与贺拉斯·曼积极开展了建立师范学校的活动。他们还协同布鲁克斯一道，进行了大量的演讲活动，借此宣传师范教育理念。

此外，"通过詹姆斯·卡特和贺拉斯·曼等教育家的努力，马萨诸塞州立法机关于 1838 年还颁布了全美第一个《师范学校法》，该法案决定拨款筹建州立师范学校"②。1839 年，第一所州立师范学校在马萨诸塞州诞生，开创了美国公立师范学校的先例。随后又于 1840 年在马萨诸塞州开办了第二所州立师范学校。同年，又在布里奇·沃特开办了第三所州立师范学校。这些师范学校培养了很多杰出的教育先行者，在美国整个师范学校发展中起到了重要的作用，而卡特也成为当之无愧的"美国师范学校之父"。

第四节　美国对欧洲大学观的传承与突破

美国对于欧洲教育传统的效仿、继承，不仅表现在公共教育领域，在高等教育领域同样可见。欧洲大学观对于美国高等教育的发展影响巨大，这从殖民地时期所建立的学院模式中不难看到。但同时，美洲又是一块不同于欧洲的大陆，从殖民地时期开始，美国高等教育对于欧洲大学观的继承就是因地制宜、因时制宜，传承中兼有突破，这也是美国殖民地时期高等教育的特色所在。

一、殖民地学院时期对欧洲传统大学理念与模式的引入

殖民地时期新英格兰地区的社会与教育模式虽不是美国社会与教育发展的全部代表，但不可否认，该地区的教育模式是研究殖民地时期美国教育发展的典型样本。美国高等教育亦在此起步。这一时期对殖民地高等教育发展影响最大的莫过于取自英国的欧洲大学传统。

美国高等教育的历史可从哈佛学院的创建开始追溯。1633 年，清教传教士约翰·艾略特（John Eliot）致函马萨诸塞议会，建议在马萨诸塞湾建立一所学院。是年 10 月马萨诸塞议会通过了建校决议。该校初期定名为"剑桥学院"，并于 1636 年建成。由于当时第一批移居马萨诸塞湾殖民地的移民中大约有 130 人接受过大学教育，而其中 35 人毕业于剑桥大学伊曼纽尔学院③，他们

---

① 邹海燕：《十九世纪的美国中等师范教育》，《教育研究与实验》1985 年第 3 期，第 20-36 页。
② 王萍：《美国中小学教师教育发展研究》，博士学位论文，华中师范大学，2012 年，第 35 页。
③ ［美］亚瑟·科恩：《美国高等教育通史》，李子江译，北京大学出版社 2010 年版，第 17 页。

依照伊曼纽尔学院的模式创办新的学院，不仅以"剑桥"为名，课程开设也极力效仿；直到建校两年后，因接受牧师约翰·哈佛（John Harvard）的大量遗赠而更名"哈佛"。

然而要全面理解殖民地学院的办校哲学与管理结构，还必须了解牛津和剑桥以外的英国大学传统。在英格兰大学模式以外，苏格兰大学模式在殖民地学院的创建中也产生了重要影响，二者共同构成了英国大学传统。比如殖民地学院的创办者虽然对英格兰大学的寄宿学院制不无兴趣，但他们厌恶牛津学者的懒散及其自治模式，而更愿选择苏格兰大学的外行管理模式。[①] 可见，殖民地学院从课程到管理模式，是英格兰与苏格兰大学办校模式的结合体。

（一）殖民地学院的办学主体与培养目标

在九所殖民地学院中，除费城学院外，几乎每所学院的创办都与教会有着紧密的联系。教派创建学院的传统古已有之，当新的教会形成时，就会建立属于自己的学院，以便对年轻一代进行符合教派要求的教育。中世纪时一些大学就是从宗教机构或教会学校发展而来的，教会兴办大学符合欧洲大学的古老传统。在殖民地学院中，哈佛学院由清教徒建立，达特茅斯学院和耶鲁学院是由从马萨诸塞州清教徒中分离出来的公理会教友建立的。另一些宗教团体也在其他殖民地建立了自己的学院：威廉玛丽学院由英国国教派人士建立，新泽西学院由长老会建立，罗德岛学院由浸礼会人士建立，皇后学院由荷兰归正宗建立，国王学院由英国国教徒建立。唯有费城学院，即后来的宾夕法尼亚大学主要是由殖民地非教派机构所创办。[②] 新大陆的广阔天地虽为宗教宽容提供了可能，但此时这一理念在北美殖民地并未得到接纳。[③]

就培养目标而言，以哈佛学院为例，哈佛所在的新英格兰地区，其领导者是一批接受过较高层次教育的清教徒。他们怀抱着宗教理想漂洋过海移民新大陆，期待能将清教理想付诸实践。他们决意在北美大陆上创办学院，因为最令他们担忧的是在第一代受过良好教育的牧师去世以后，教会中再无有文化的牧师，因此培养具有较高文化素养的合格牧师成为他们创办高等学校的重要初衷。然而宗教目的并不是哈佛办校的全部目的。如历史学家弗雷德里克·鲁道

① John R. Thelin, *A History of American Higher Education* (2nd ed.), Baltimore: The Johns Hopkins University Press, 2011, p.11.

② ［美］亚瑟·科恩：《美国高等教育通史》，李子江译，北京大学出版社2010年版，第18页。

③ John R. Thelin, *A History of American Higher Education* (2nd ed.), Baltimore: The Johns Hopkins University Press, 2011, p.13.

夫（Frederick Rudolph）认为，是新教的使命感迫使马萨诸塞湾的领导人建立起哈佛学院——新教联邦需要有能力的统治者，教会需要有知识的牧师，文明社会也依赖那些有知识、有品位和有文化价值感的人，建立哈佛学院就是为了培养牧师、教师和地方官员——只有这些人才能将文明与野蛮、天堂和地狱区分开来。[1] 可见，除宗教目的以外，哈佛学院的创办也有世俗的考虑，就是要为社会培养管理者与文明传承所需的适当人才，因此自建院之初哈佛的培养目标就是双重的。英国国教派创办的威廉玛丽学院也是同样肩负着为教会和国家培养领导者的双重职责：为教会提供虔诚信奉宗教的具有良好学问与举止的青年，同时在印第安人中传播基督教[2]，也为国家、社会培养公职人员及其他具有一定知识水准的职业人，这就是殖民地学院大都持有的双重培养目标，与欧洲传统大学包含职业性的教育目标并无二致。值得注意的是，此时的神职人员除肩负宗教职责外，也是帮助广大民众接触、传承社会文化的重要桥梁[3]，他们在保存社会智力与文化传统的活动中贡献卓著。

殖民地学院的培养目标是实用且符合社会实际的。由于在当时教会和政府结成紧密的同盟，事实上，在培养年轻人成为公职人员或者教区牧师的问题上并不存在明显分歧。学院培养神职人员，是因为大多数神职人员就是社区的领袖，且极有可能成为政治家。[4] 直到殖民地后期，随着宗教力量的日渐削弱，殖民地学院开始更加重视公共服务及对年轻人的公民教育。

（二）殖民地学院承担的职能与课程模式

殖民地学院培养牧师与社会管理者的目标都须通过课程与教学来实现。在德国大学的科研职能传入北美大陆之前，教学就是殖民地学院的基本职能。为了方便对学生的教学和管理，集中寄宿制是一种为配合教学活动进行而建立的学生管理制度。殖民地学院对教学而非对研究的强调，对学生而非对学者的强调，对秩序、纪律而不是对学问的强调，都是哈佛学院取自英国大学住宿学院的特点。[5] 但与英国大学不同，殖民地学院承担起了另一项职能，即颁授学

---

① ［美］韦恩·厄本、杰宁斯·瓦格纳：《美国教育——一部历史档案》，周晟、谢爱磊译，中国人民大学出版社 2009 年，第 68 页。

② John S. Brubacher, *Willis Rudy. Higher Education in Transition: A History of American Colleges and Universities (fourth edition)*, New Brunswick: Transaction Publishers, 1997，p.8.

③ Bernard Bailyn, *Education in the Forming of American Society: Needs and Opportunities for Study*, Richmond: William Byrd Press, Inc., 1960, p.91.

④ ［美］亚瑟·科恩：《美国高等教育通史》，李子江译，北京大学出版社 2010 年版，第 17-19 页。

⑤ 贺国庆：《德国和美国大学发达史》，人民教育出版社 1998 年版，第 83 页。

位的职能。在英国，大学与学院之间界限分明，学院为学生居住并接受训导的场所，拥有基本的自治权，但无权授予学位。拥有学位授予权的只有牛津、剑桥两所大学。由于殖民地不同于英国的实际情况，哈佛学院建立初期就承担起了学位授予的职能——从 1642 年开始便颁授了第一批学位，自此一直独立授予学位，尽管这一权力从未获得有关当局或个人的批准或许可。事实上，哈佛学院在开始颁授学位之时，甚至还未取得办学特许状。[1]

殖民地学院总体上是以教学（知识授受）而不是以知识进步为中心的。从哈佛学院 1638 年的课程表中可以看到早期新英格兰地区殖民地学院教学内容的概貌：入学第一年要学习逻辑、医学、修辞、神学、植物学史与种类、希腊语源学和希伯来文法；第二年学习伦理、政治、希腊散文和辩证法以及修辞学、神学和植物分类学；第三年当学生们能用希腊文熟练写作时，开始学习算术、天文和几何。[2] 从建校直到 1653 年，哈佛学院的学制为 3 年，由校长一人承担所有课程。[3] 自 1654 年起，哈佛的学制效仿英国大学改为 4 年。当校长邓斯特为哈佛确定课程体系之时，他将欧洲历史上教育发展的三种倾向结合在了一起，即中世纪的"七艺"、文艺复兴时期人文主义对希腊及拉丁古典作品的兴趣，以及体现宗教改革思想的宗教教育。此时，古典著作与神学的学习构成哈佛学院课程的主体。亚里士多德的逻辑学、物理学、算术、几何、天文、文法、修辞学、辩证法、语源学、句法学、诗学等都是为了心智训练的目的而开设的。对于圣经的学习被赋予了特殊的地位，学生们会被要求去阅读拉丁文圣经，并能够有逻辑性地对经文进行解读。学生们每月要参加一次辩论。上述课程以外还会安排一些历史与自然科学的不定期讲座。[4] 哈佛学院早期课程的开设充分体现了其对欧洲大学课程传统的继承，且是为培养有学问的神职人员与社会管理者的目标服务的。

与哈佛学院所代表的新英格兰课程模式不同，威廉玛丽学院受苏格兰大学影响甚深。在整个 18 世纪，受启蒙思想影响的苏格兰大学一直处在改革当中，且此番改革直接影响到了殖民地学院的发展。苏格兰大学要求教授们从事特定学科的教学和研究，从而奠定了学科专业化的基础，同时放弃那种所有学

① ［美］亚瑟·科恩：《美国高等教育通史》，李子江译，北京大学出版社 2010 年版，第 17-18 页。
② ［美］亚瑟·科恩：《美国高等教育通史》，李子江译，北京大学出版社 2010 年版，第 31 页。
③ John D. Pulliam & James J. Van Patten, *The History and Social Foundations of American Education* (10th ed.), Upper Saddle River: Pearson, 2012, pp.106-107.
④ John D. Pulliam & James J. Van Patten, *The History and Social Foundations of American Education* (10th ed.), Upper Saddle River: Pearson, 2012, p.107.

生都要修习相同科目的必修课程的观念，并且增加了科学课程的门类。威廉玛丽学院的第一任校长来自爱丁堡大学，因此学院课程呈现出与苏格兰大学类似的特征。费城学院的首任院长曾就读阿伯丁大学，因而也受到苏格兰大学的影响，十分强调课程的实用价值。在国王学院和费城学院，航海学、地质学、政治学和数学取代了神学和古典课程成为课程的中心，从而拓宽了先前依赖逻辑推理的课程范畴。[1] 罗德岛学院同样怀有拓展课程领域的鲜明意图，甚至将"公共教学应体现对于科学的普遍尊重"写入章程；学院中的年轻学者热衷于自然哲学研究，事实上他们不愧为当代物理科学的先驱，其拥有的学术兴趣与知识量早已超出了完成正规教学所需的知识范围。[2] 需要注意的是，这些新兴研究与科学课程在美国独立前就已进入殖民地学院课程且获得普遍接受，一个重要原因便是，这些新研究、新课程并未直接挑战宗教的权威，科学家们认可基于观察的分析方法，但同时也秉持洛克的观点，即认为理性、经验与神启是并行不悖的。[3]

总体而言，至美国独立时，科学课程已在殖民地学院课程体系中占据了日益重要的地位，学院气氛也随之发生了积极的变化。此时的学生虽然仍在学习希腊语和拉丁语著作，但阅读这些著作的主要目的不再是为宗教学习打基础，而是在为古典课程的学习做准备。这体现了人文主义者的要求。从以宗教教义为基础的课程，转变为以希腊语和拉丁语著作为基础的人文主义课程，最后逐渐演变为以科学课程取代基督教圣经课程，这正是对殖民地时期学院课程变革基本脉络的呈现。[4] 如霍夫斯塔特（Richard Hofstadter）所言，在 18 世纪后半叶的美国学院中，自由、活力及对公共效用的关注已显著提升。[5]

（三）殖民地学院的管理模式及其特征

既然殖民地学院大都由教会人士创办，是否严格接受教会人士的管理和控制呢？事实并非如此。殖民地学院大都形成了由非教会人士或非专业人士主导的对学院内部事务负有决定权的董事会来管理学院事务的模式，即外行管

---

①　[美] 亚瑟·科恩：《美国高等教育通史》，李子江译，北京大学出版社 2010 年版，第 32-33 页。

②　John R. Thelin, *A History of American Higher Education* (2nd ed.), Baltimore: The Johns Hopkins University Press, 2011, pp.19-20.

③　E. D. Duryea, "The University and the State: A Historical Overview" in *Higher Education in American Society*, Philip G. Altbach & Robert O, Berdahl. New York: Prometheus Books, 1981, p.23.

④　[美] 亚瑟·科恩：《美国高等教育通史》，李子江译，北京大学出版社 2010 年版，第 36 页。

⑤　Bernard Bailyn, *Education in the Forming of American Society: Needs and Opportunities for Study*, Richmond: William Byrd Press, Inc., 1960, pp.88-89.

理模式。通过组建董事会，将教会影响与外行管理相结合，成为美国高等教育管理中最重要的特征之一。外行管理模式中的"外行"包含两层含义：其一是指相对于牧师的教会以外的世俗人士；其二是指相对于学术人士而言的非学术人士。

欧洲大学自中世纪兴起，不是由教师或学生的自治团体发展而成，便是从宫廷、宗教机构内部衍生而来。在这些早期大学里逐渐形成了一种公司式的管理方式——借助教皇颁布的诏书或特许状，一定程度上脱离了地方当局的管辖，建立起对内部事务的自治模式。[1] 尽管历经宗教改革，大学出现了接纳世俗人士参与管理的倾向，但在欧洲这一教皇时代遗留下来的习俗几乎并未改变。[2] 只有在 17—18 世纪世俗化倾向更为明显的苏格兰大学中出现了由世俗人士代表居多的董事会掌管校务的情形。

从表面看来，殖民地学院的外行管理模式与欧洲大学的学术自治模式差异明显，但窥其内核——自中世纪形成的公司式的管理方式并未改变。可以说，殖民地学院的外行管理模式是在当时北美特殊的社会历史条件下，效仿苏格兰大学管理模式而形成的。殖民地学院创建之时，它们所拥有的学者不论在数量还是独立意识上都无法形成强大的自治性团体，因此只能由非专业人士组建学院并聘任一位校长来进行管理。此外，事实上，在达特茅斯学院案发生之前，殖民地学院一度被视为服从于殖民地或州政府现实需求与部署的公共机构。[3]

1639 年，哈佛学院就已成立董事会，但此时的董事会还不是实质上的管理机构，需服从于马萨诸塞州议会，学院的首任院长也由州议会任命。直到 1650 年州议会才颁布了学院章程，规定学院成立评议会和董事会。评议会由院长、5 名评议员和 1 名司库组成，负责处理学院事务，包括制定学院方针政策、任命学院其他官员和教员、购置校产、接受馈赠、诉讼和被诉讼以及投资等事项。[4] 而评议会的决定最终须经董事会批准才能生效。董事会的成员则包括：殖民地州长、副州长、学院院长、9 名州法官助理、9 位牧师和附近镇上的教师们——学院方针及重要事宜的决定权即掌握在他们手中。可见哈佛学院形成的是一种双层管理结构——由学院行政管理人员和教师组成的评议会和主

---

① E. D. Duryea, "The University and the State: A Historical Overview" in *Higher Education in American Society,* Philip G. Altbach & Robert O. Berdahl. New York: Prometheus Books, 1981, p.23.

② 贺国庆：《德国和美国大学发达史》，人民教育出版社 1998 年版，第 84 页。

③ E. D. Duryea, "The University and the State: A Historical Overview" in *Higher Education in American Society,* Philip G. Altbach & Robert O. Berdahl. New York: Prometheus Books, 1981, p.26.

④ 贺国庆：《德国和美国大学发达史》，人民教育出版社 1998 年版，第 84 页。

要由院外人士组成的董事会，而后者才是真正掌握实权的机构。

同样形成双重管理结构的还有威廉玛丽学院和罗德岛学院。威廉玛丽学院的管理模式与哈佛略有不同。1691 年，弗吉尼亚的国教领袖詹姆斯·布莱尔（James Blair）从主教那里获得了授权 18 位弗吉尼亚绅士组成学院董事会的特许状，回到弗吉尼亚创建威廉玛丽学院。学院董事会成员被称为董事，拥有通过董事会大会提名新增董事的权力。董事会还被授权为学院立法，并确定学院的继任者。威廉玛丽学院也成立了由教师组成的教授会。但董事会有权选举教授会成员。较之哈佛学院，威廉玛丽学院的外行董事会对学院的教授会拥有最终裁决权。[①] 殖民地九大学院中的其他六所都形成了由董事会决策学院一切重要事务的单层管理结构。

总之，殖民地学院并不是由学者们自主建立的学术组织，而是由院外人士，即由牧师、地方官员和法官等组成的董事会来进行管理的。校长作为董事会中唯一的教师代表，由董事会任命，并对董事会负责。因此，殖民地学院建立时，教师群体并没有获得自治权。另外，虽然董事会掌控了学院所有重要事务，但董事会发挥作用的范围也一直是董事会成员与教师群体争论的焦点。[②]

美国殖民地学院以欧洲大学模式为蓝本，在综合吸收欧洲大学的办校理念与办学模式的基础上创立了自己的学院。正如布尔斯廷（Daniel J. Boorstin）所言，殖民者来到新大陆时还没有一套现成的制度供他们遵循。因此，他们必须确立新的政治制度和教育制度。设立大学董事会的想法移植于苏格兰大学，课程模式和寄宿制来源于剑桥大学。没有哪个学院采纳欧洲大陆学生寄宿的管理模式，也没有哪个学院接受某个教会的严格控制。[③] 这既是殖民地学院世俗化的动力，亦是其表现。

二、国立大学设想的破产与州立大学思想及模式的出现

（一）美国国立大学设想的破产

美国殖民地学院全部属私立学院，附属于各个不同的教派、机构，虽然经历缓慢变革，但到美国建国前后，神学和古典课程依旧在课程体系中占有相当比重，学院生活与社会实际联系并不紧密。而此时的建国者们对教育热切关注，将教育视为实现政治理想的重要途径。虽然他们所持的政治、宗教以及

---

① ［美］亚瑟·科恩：《美国高等教育通史》，李子江译，北京大学出版社 2010 年版，第 38 页。
② ［美］亚瑟·科恩：《美国高等教育通史》，李子江译，北京大学出版社 2010 年版，第 36 页。
③ ［美］亚瑟·科恩：《美国高等教育通史》，李子江译，北京大学出版社 2010 年版，第 17 页。

教育观点各有不同，但在教育问题上却达成了基本共识，即要求在这个崭新国家里建立起一种新型教育体系，以推动共和理想的实现。在对该体系的构想当中，就包括建立国立大学的设想。

最早提出这一设想的是本杰明·拉什，他建议新国会在首批通过的法案中批准建立一所联邦大学。他认为，联邦大学应当为公立或私立学院的毕业生提供最高级别的教育，以培养出一个持有共同基本原则的领导集体来效力国家。在他看来，这就是国立大学的职责所在。拉什曾言，在成立 30 年后，联邦大学就能够为这个国家培养出杰出的共和领导人，因而立法机构有必要立法规定"没有在这所联邦大学中获得学位"的任何人"都休想进入相关的权力机构"。[①]

事实上，即便是在宪法第十条对联邦政府的权力做出一定限制之后，美国前六任总统还都曾表态同意建立一所国立大学。1790 年在对国会所作的年度报告中，乔治·华盛顿就表达了类似的意愿，并在几年后为创办国立大学遗留了一笔捐赠。1806 年，美国著名学者、驻法大使乔尔·巴洛（Joel Barlow）重提建立国立大学的计划后，即便是一向反对"强力政府"的托马斯·杰斐逊也力劝国会在修宪时予以考虑。[②] 詹姆斯·麦迪逊在 1810 年也提出过同样的建议，他认为一所国立大学对启迪智慧、拓展爱国主义精神以及调和学生的价值观都极为有益，这样的大学能够将"我们自由和幸福的政府体系"置于一个更为牢固的基础之上。[③]

从美国建国者们试图建立国立大学的主张中，不难发现法国教育思想影响的痕迹。法国是第一个承认美利坚为"一个民族"的国家，法国对美国高等教育的影响，也是法国对美国政治思想影响的必然结果。最早有法国人魁奈（Chevalier Quesnay de Beaurepaire）在弗吉尼亚的里士满成立美国艺术和科学学会的计划，他意图在美国建立一所法国式的科学研究和高等教育机构，并在巴尔的摩、费城和纽约等地设立分支。这项计划 1786 年在法、美两国都获得了资金与精神上的支持，其中杰斐逊和富兰克林都是该计划热情的支持者。[④] 但由于法国大革命的爆发，计划遭遇搁浅。然而其中包含的对于集中的、世俗的和无所不包的教育体制的构想，则在纽约州立大学、密歇根大学和弗吉尼亚大

---

①　［美］韦恩·厄本、杰宁斯·瓦格纳：《美国教育——一部历史档案》，周晟、谢爱磊译，中国人民大学出版社 2009 年版，第 109 页。

②　贺国庆：《外国高等教育史》，人民教育出版社 2003 年版，第 187 页。

③　［美］韦恩·厄本、杰宁斯·瓦格纳：《美国教育——一部历史档案》，周晟、谢爱磊译，中国人民大学出版社 2009 年版，第 110 页。

④　贺国庆：《德国和美国大学发达史》，人民教育出版社 1998 年版，第 90—91 页。

学的创办与初步建设中体现了出来。美国最终以其州立大学的组织形式回馈了法国，反哺了法兰西帝国大学。[①]

尽管总统们力主建立一所国立大学，1785 年及 1787 年《西北土地条例》也支持类似动议，华盛顿甚至捐赠遗产作为建校基金，麦迪逊在任时曾三次向国会提出此项议案，但均遭拒绝。原因何在？其一便是州权主义者的阻挠，发挥直接作用的便是国会中的州权主义者。他们坚持认为建立国立大学有违反美国宪法之嫌，担心国立大学的创办会成为国家权力无限制扩大的起点，因此坚决站在反对立场。其二，就美国公众层面而言，对于创办国立大学的动议要么持反对态度，要么并不热心。国立大学过于鲜明的联邦色彩使私立学院或教派学院存有戒心；又由于殖民地时期以来的学院大都由教派创办，代表着地方或教派的利益，致使从这些院校毕业的学生也大都持有类似的立场。[②] 这无疑影响着民众的态度。其三，就美国建国时的社会建制而言，创办国立大学亦难上加难。建国初期美国各州各行其是，整个国家呈松散的邦联状态。政治上分权而治的传统在教育上的反映，便是由州和地方教育当局来负责为教育建设出资，以促进教育的发展。真正为各级教育提供资助的主体是地方教育当局和各州政府。截至 1800 年，在美国的 14 个州中已有 7 个在各自的州宪法中明确表示对教育负有责任。随着时间的推移，这一做法逐渐被各州所接受。[③] 因此，州立大学才是此时在美国土地上兴起的新型大学模式。

（二）美国州立大学思想和模式的出现

建国初期几位总统创办国立大学的动议在联邦政府迟迟不获通过的同时，各州政府已开始承担起为州兴办高等教育的责任。

殖民地时期九大学院均集中在美国东部少数城市，办学规模小，招生人数有限，还保留了英式高等教育的遗风，课程设置偏重古典。建国后，随着美国领土不断向西部和南部拓展，学院分布的不平衡性日益凸显，旧有的小型院校日渐难以满足民众日益增长的入学需求。起初，一些州着手对私立学院进行改造，使之服务于新时期的社会发展需要。如宾夕法尼亚州议会试图改组费城学院的董事会和教授会，以使之符合新的政治方向，并一度改设宾夕法尼亚大

---

① 贺国庆：《德国和美国大学发达史》，人民教育出版社 1998 年版，第 93 页。

② John S. Brubacher & Willis Rudy, *Higher Education in Transition: A History of American Colleges and Universities* (4th edition), New Brunswick: Transaction Publishers, 1997, p.220.

③ ［美］韦恩·厄本、杰宁斯·瓦格纳：《美国教育——一部历史档案》，周晟、谢爱磊译，中国人民大学出版社 2009 年版，第 110 页。

学；纽约州 1787 年改组国王学院，更名为哥伦比亚学院，力图由州政府加以控制；弗吉尼亚州则试图将威廉玛丽学院改为州立。然而上述努力均以失败告终。① 在此形势下，急需高级建设人才的各州政府，尤其是西南部各州政府决定斥资办理高等院校，州立大学应运而生。从 1785 年的佐治亚、1789 年的北卡罗来纳开始，各州立法机构相继批准建立"州立大学"，但真正意义的州立大学并没有出现。直至 1819 年，托马斯·杰斐逊在弗吉尼亚的夏洛特镇建立的弗吉尼亚大学才被称作美国"第一所真正的州立大学"。到 1860 年时，美国州立大学已达 66 所。②

美国州立大学的兴办与发展同样离不开欧洲教育理念的影响。州立大学初建时受到法国教育观念的深刻影响。

其一，就州立大学建立的理念基础而言，美国州立大学的思想起源可追溯到 18 世纪的启蒙运动，而法国正是启蒙运动的中心。启蒙运动的基本理念是理性与进步，该理念使人相信只要接受理性力量的指引，人类就将永远处于进步之中，建成（接近）完美的社会。③ 在社会改革中，教育（或称启蒙）则被视为克服无知、战胜非正义的重要武器，同时在个人对幸福的追求中也扮演着重要角色。基于启蒙的观念，接受高等教育、进行高级智识活动不应再为贵族人士所专有。美国州立大学的创立代表了民主人士在高级学习领域的公共行为，这在一定程度上改变了大学教育仅仅作为一种贵族追求的遗风。④ 弗吉尼亚大学的创办者杰斐逊即认为，教育就是要为新兴的美国的所有公民做好技能与情感方面的准备，使他们能够自给自足，有能力追求幸福，并为共和政体的存续做出贡献。⑤ 因此，他创办弗吉尼亚大学的设想便是围绕着广阔领域的高级学习、大学组织管理模式的建立、选拔教师与学生的资格条件及期待以及大学的世俗导向等方面展开的。⑥ 美国教育史学者布鲁贝克（John S. Brubacher）曾评论道，杰斐逊创办弗吉尼亚大学"从一开始，它的目标就是比已有的学院提供更为高级的教学，允许学生专业化和选科自由。当

①　贺国庆：《德国和美国大学发达史》，人民教育出版社 1998 年版，第 97 页。
②　贺国庆：《德国和美国大学发达史》，人民教育出版社 1998 年版，第 99 页。
③　［美］韦恩·厄本、杰宁斯·瓦格纳：《美国教育——一部历史档案》，周晟、谢爱磊译，中国人民大学出版社 2009 年版，第 90-91 页。
④　余承海、程晋宽：《美国州立大学的起源与发展》，《高教发展与评估》2013 年第 6 期。
⑤　Jennings L, "Wagoner Jr..Jefferson's Educational Legacy "in *The History of Higher Education: Major Themes in Education* (*Volume I*), Roy Lowe, New York: Routledge, 2009, pp.126-127.
⑥　Jennings L, "Wagoner Jr..Jefferson's Educational Legacy "in *The History of Higher Education: Major Themes in Education* (*Volume I*), Roy Lowe, New York: Routledge, 2009, p.126.

该校 1825 年开学时，其课程安排远比其他学院更加广泛，它完全是一所公共事业的机构，而不是私立机构或半公共机构。它早期的方向明显是世俗的和非教派的。总之，它成为 19 世纪前十年中美国高等教育所具有的革命性的启蒙运动精神的最彻底的体现"[1]。

其二，从早期州立大学的建制与职责来看，州立大学是作为州教育管理体制的核心机构出现的，这集中体现了法国教育观念和体制的巨大影响。纽约州立大学就是一个典型案例。纽约州立大学并不是一所传统意义上的大学，而是一所继承法国教育模式、管理高等教育的机构，一个控制和管理整个州内各级学校、各类教育的"大学"。[2] 这种教育管理体制的思想起源可追溯到 1579 年法国颁布的"布卢瓦法令"（Edict of Blois），该法令首次提出建立一种在国家制度之下的包括所有大学的组织或机构的设想。时至 1768 年，法国高等法院院长罗兰（Rolland d'Erceville）也在一份报告中号召建立由世俗政府领导的控制所有学院和学校的国家教育制度。1775 年，法国财政大臣杜尔哥（Anne-Robert-Jacques Turgot）也向国王提交报告，建议设立国家教育理事会，管理全部的学会、大学、学院和初级学校。后来，在孔多塞、塔列兰等人的改革计划中也曾提出过类似的设想。[3]

从 1777 年纽约州宪法中亦不难发现来自法国的影响。在美法两国的接触中，法国关于公共政策、政治哲学及教育的思想传播到美国大多数新建的州，特别影响了那些具有民主共和思想和较高文化水平的人群和社会团体。如当时正出使巴黎的富兰克林就常与纽约殖民地总督科尔登（Cadwallader Colden）通信讨论教育问题。在纽约州立大学组建时期发挥重要作用的杰伊（John Jay）和以斯拉（Ezra I'Hommedieu）都曾赴法国研究学习，吸取了有关世俗教育、国家控制和中央集权管理的思想，并最终推动了纽约州立大学的创办和早期发展。[4] 密歇根大学的创建和早期组织也很大程度上受到了法国的影响，直至 1821 年该州的管理体制趋于民主后，法国的影响才慢慢消退。到 19 世纪中期，塔潘主政下的密歇根大学开始接受德国大学的影响。

自从美国建国开始，西部各州就对法国集权的教育系统产生了强烈兴趣，并试图将州立大学建成法国式的集中掌管全州教育的管理机构。这一集权的教

---

① John S. Brubacher & Willis Rudy, *Higher Education in Transition: A History of American Colleges and Universities (fourth edition)*, New Brunswick: Transaction Publishers, 2017, pp.147-148.

② 贺国庆：《德国和美国大学发达史》，人民教育出版社 1998 年版，第 92 页。

③ 贺国庆：《德国和美国大学发达史》，人民教育出版社 1998 年版，第 92 页。

④ 贺国庆：《德国和美国大学发达史》，人民教育出版社 1998 年版，第 92-93 页。

育管理制度在美国的土地上最终并未落地生根。但以弗吉尼亚大学、密歇根大学为代表的州立大学依旧保留了一些来自法国教育的影响，并逐渐形成了自己的特征：

第一，州立大学管理的公共模式。作为公立学府，美国州立大学接受州政府的资助，并为本州发展服务。自创建时起，弗吉尼亚大学就将行政管理与控制的公共模式写入章程。弗吉尼亚大学的各项权力在创办伊始就掌控在董事会手中，而董事会又直接由州政府任命，并经立法机构批准。同时，弗吉尼亚州政府斥巨资为该校兴建校舍、图书馆及各类设施，且每年为该校拨付经费。可以说，以公款资助且为州政府控制的州立大学模式，是美国西南部各州开创的一个先例。

第二，州立大学课程领域的拓展。州立大学接受州政府资助，服务于州的发展。相对于东部的私立学院而言，州立大学对社会生活中新的教育需求能够做出更为及时、充分的反应。这无疑是凭借州立大学趋于科学、实用的课程体系来实现的。弗吉尼亚大学将提供比现有学院更为高级的教育作为目标，并赋予学生选修的自由，支持他们进行专业化学习。杰斐逊还因此被艾略特（Charles W. Eliot）视为"选修制的最早实践者与宣传者"[1]。自创办时起，弗吉尼亚大学就开设了较其他学府丰富得多的课程，设立了8个教授职位，包括古典语言、现代语言、数学、自然哲学、自然史、解剖学和医学、伦理学和法学，各科教授大多从欧洲聘请。[2] 这样的学科设置加之选修制的尝试更好地满足了西部各州发展的人才需求。从州立大学课程重视自然科学的特征来看，也不难发现启蒙观念与功利主义思潮的影响。

第三，州立大学的世俗性质。在弗吉尼亚大学的章程中，其早期的办学定位清晰无误地写明为世俗性质，而非教派性质。从性质上说，州立大学与早期建立的具有鲜明教派特征的殖民地学院是截然不同的。服务于州的发展，满足社会发展的实际需求，而非为某一教派服务，是州立大学的重要特征。正因如此，州立大学在创办之初就面临着私立学院的嫉妒与教派势力的敌视，从而加剧了其初建时期处境的艰难。密歇根大学在建立初期之所以能够迅速发展，并在西部州立大学中发挥支配性影响，不可忽视的原因便是密歇根州建立起了强有力的中央集权式的管理体制，并形成州税收支持的教育系统，导致教派和

---

[1]　Jennings L, "Wagoner Jr..Jefferson's Educational Legacy "in *The History of Higher Education: Major Themes in Education* (*Volume I*), Roy Lowe, New York: Routledge, 2009, pp.34-135.

[2]　贺国庆：《德国和美国大学发达史》，人民教育出版社1998年版，第96页。

私立学院的势力相对弱小。但从美国西部的整体状况来看，在州立大学发展的早期，教派势力对州立大学的渗透、打击不曾停止过。

创建初期的州立大学规模很小，入学者寥寥，如密歇根大学1841年开学时仅有2名教授，6名学生；1843—1844年仅有教授3人，讲师1人，助教1人，学生53人；至1852年仅有学生72人，1860年才增加至519人。[①]不仅如此，此时的州立大学从州政府获得的经费数额也不稳定，因而经济窘迫，常常入不敷出；加之教派势力的敌视与攻击，发展面临重重困难，存活率极低。尽管如此，新兴的州立大学仍显示出强大的生命力。由于其面向社会实际，注重学以致用，为西部各州培养了众多实干人才；又由于其不再受控于某个教派，因而引进了更世俗更广泛的课程体系[②]，使之向名副其实的大学迈进了一步。

州立大学的创办，并没有抑制其他类型学院的发展，在这个新兴国家的许多地方，开始有更多的宗教机构和热心人士投入学院和大学的创建与发展中去。联邦政府拒绝通过建立国立大学来影响高等教育；同时，联邦最高法院也对州政府插手私立院校发展的权力进行限制，这都保护了地方人士、教派团体创办高等院校的热情。其中一个著名案件的胜诉，既保护了私立学院的权益和发展，也对州立大学的发展起到了重要的推动作用，这个案件就是达特茅斯学院案。

三、达特茅斯学院案背后折射出的大学自治理念

达特茅斯学院位于新罕布什尔州，建立于1769年，根据英国国王乔治三世（George Ⅲ）颁发的特许状设立了董事会，是北美大陆上最早出现的九所殖民地学院之一。早期殖民地学院大都通过董事会制度，寻求社会外部力量参与学校事务管理。此外，由于殖民地学院规模小且筹资困难，或多或少会接受一些来自州政府的资助，还通过特许权得到政府的部分税收支持，这样便为后来政府干预并借此改造学院的举动埋下伏笔。

美国独立战争的胜利及伴随而来的政治转型给形成于殖民地时期的高等教育机构带来了巨大冲击。一方面，教育制度的发展受制于政治环境；另一方面，政治模式的转变直接影响着建国者们与民主人士对传统高等教育机构的态度和期望。那些满怀民主精神的政治精英希望现有的高等教育机构能够承担起推广民主思想的重要责任，并将对传统学院的改革视为与英国政治权威决裂的重要

---

①　滕大春：《美国教育史》，人民教育出版社2001年，第208页。

②　贺国庆：《德国和美国大学发达史》，人民教育出版社1998年版，第99页。

方式之一。① 作为新罕布什尔州唯一的高等教育机构，达特茅斯学院必然成为民主精英们关注和改造的对象。正是这种州政府插手大学改造以及增加、指定校外人士组成委员会来控制大学的现象，最终导致了达特茅斯学院案的发生。②

此案案情并不复杂。老韦洛克的儿子约翰·韦洛克依据学院原始章程授予的权力继任达特茅斯学院院长。但由于观念上的差异，学院董事们与院长的矛盾日益激烈，在老韦洛克时期的最后一名学院董事过世之后，双方的矛盾达到了顶点，约翰也被解除了院长、教授以及董事的职务，导致新罕布什尔州政府介入了该争端事件。自 1816 年起，新罕布什尔州政府通过三项立法变相修改了达特茅斯学院的章程，成立"达特茅斯大学"，增加学院董事会成员，并新设监事会机构对该校实施管理，从治理结构上将成立于殖民地时期、具有私立性质的达特茅斯学院定性为"政府控制的公共机构"。③ 此举遭到了达特茅斯学院原董事会的反对，从而引发了诉讼。学院董事会将州议会告上了法庭，控告其擅订法律，未经正常程序剥夺学院财产权，破坏了具有契约效力的特许状，损害了受宪法所保护的契约权利，要求法院宣布州议会所通过的法律无效。

此案上诉至美国联邦最高法院。直至 1819 年 2 月，联邦最高法院判决达特茅斯学院董事会胜诉。其判决理由为达特茅斯学院系"私人的慈善团体"（Private eleemosynary institution），是由契约确定的法人，因此拥有各种绝对权力、永久性和个体性。学院过去所得英国皇室的特许状是受美国宪法保护的契约，不应受到任何侵犯。④ 州议会不能干涉学院所拥有的绝对权力，特别是财产权和管理权。据此，联邦最高法院宣布 1816 年州议会通过的有关法律无效。

达特茅斯学院案发生之前，因外行管理校务、且接受州政府的资助，使得殖民地学院一度被误认为为殖民地或州政府需求服务的公共机构。达特茅斯学院案的判决维护了私人团体的独立性，保护私立学院的自治权免受来自政府的干扰，并维护了与此密不可分的学术自由。同时，该判决使各州政府不得不重新审视州与学院之间的关系，通过新建州立大学，而非资助现有私立学院的方式实现高等教育的扩张⑤，使得美国高等教育公私立分化的体系形成。

---

①　周详：《达特茅斯学院案与美国私立大学章程》，《湖南师范大学教育科学学报》2014 年第 2 期。

②　张斌贤、王晨：《外国教育史》，教育科学出版社 2008 年版，第 282 页。

③　周详：《达特茅斯学院案与美国私立大学章程》，《湖南师范大学教育科学学报》2014 年第 2 期。

④　E. D. Duryea, "The University and the State: A Historical Overview"in *Higher Education in American Society*, Philip G. Altbach & Robert O, *Berdahl*.New York: Prometheus Books, 1981, pp.26-27.

⑤　E. D. Duryea, "The University and the State: A Historical Overview"in *Higher Education in American Society*, Philip G. Altbach & Robert O, *Berdahl*.New York: Prometheus Books, 1981, p.27.

　　由非教会人士或非专业人士组成的董事会决策校务的外行管理模式，是美国高等教育在殖民地时期就已形成的管理体制。维护大学自治是董事会最基本的职能之一。在法庭上，达特茅斯学院董事会不畏强权，据理抗争，坚持达特茅斯学院姓"私"不姓"州"的基本事实，认定州政府无权更改学院的性质与名称；若要变私为公，便是对私有产权的侵犯。大学自治是大学自身逻辑的内在要求，根植于对高深学问的持续探索之中。在学术团体内部，只有学者最有资格对学术问题做出判断，只有专家有资格评判专家，这是大学自身逻辑的必然体现。[①] 中世纪大学由学者组成，大学即是学者的行会，大学自治的形成自然而然。在美国，学院和大学最初并非由学者举办，但学术法人制度以及公司式管理为大学自治提供了制度保证。在学术法人制度的保护下，专业性教师群体逐渐成长起来，教师参与管理的权力在不断增强，对学术事务的自主控制权也缓慢上升。

　　经过宗教改革运动，民族国家兴起，欧洲大学外部的主要权威逐渐由教会和世俗政权两个并行的权威转变为单一的权威——国家政府。美国的情形也是一样。建国后，高等教育与政府的关系成为美国高等教育发展中的重要问题。从国立大学动议的破产和达特茅斯学院案等一系列事件中，都不难看到美国高等教育相对于政府的独立地位在不断受到挑战。尽管如此，"美国大学的突出特点之一仍是享有明确的不受政府控制的自由……无论公立或私立，都有权不经政府审查自行任命教授；公、私立院校均有权自由挑选学生。学院可以自行决定开设何种课程。私立大学有权自行分配经费，公立院校也拥有对从州立法机关拨来的款项进行分配的权力"[②]。从西方大学的历史来看，大学只有作为一个独立自治的学术组织，在谋求自身独立和价值中立的基础上，才能对社会、国家的发展承担起其义务和责任。

　　问题的另一方面则是，私立大学是否无法有益于一个新兴的民主国家？答案是否定的。美国高等教育的历史证明，赢得自治地位，并不意味着大学会孤立于国家和社会的发展。"为国家服务"恰恰是19世纪后期美国私立大学喊出的口号，事实上，它们也做到了。[③] 大学的存在不同于政治机构或企业，它试图保护和提升超越任何个人、任何经济集团或任何政治势力与组织狭隘利益的价值观念，它应是社会道义的代表者，它满足的是全社会、全民族和整个国

---

① 和震：《美国大学自治制度的特征与主题》，《学术研究》2006 年第 1 期。

② ［美］德里克·博克：《美国高等教育》，乔佳义译，北京师范学院出版社 1991 年版，第 3-4 页。

③ 和震：《美国大学自治制度的特征与主题》，《学术研究》2006 年第 1 期。

家的需要。私立大学亦是如此。大学完全有可能通过秉持为公众服务的理念来实现其公共价值，只要把服务私人目标和公共目标结合起来，通过政府和市场的共同力量，私立院校就可以有效地为社会发展服务。①

最后，大学自治并不是绝对的。其一，大学与政府之间的关系正在变得日益紧密。如学者比尔德（Charles Beard）谈到达特茅斯学院案的影响时所言，"私立学院的独立自主不是绝对的。原有学院在客观形势下，也作了一定程度的妥协。他们中有的由州委派董事会成员，领取州的补贴费，从而政府可以直接或间接过问校政，参与决定办学方针，学院慢慢不再是殖民地时期那样广泛享受自治权的世外桃源。学院在过去乃是宗教教派设立和控制的，如今和政府结起联盟"。② 其二，在谋求学术自主与价值中立的诉求中，大学教师群体与董事会之间始终存在着某种持续的张力。大学董事会都具有一定的政治倾向，特别是在一些私立大学中，多少存在一定的政治党派或某些财团的倾向性。因此，外行管理与学术自主之间相互耦合，又相互牵制。即使努力寻找共同可接受的权力分配的合理范围和原则，在外行管理和教师参与之间的冲突也是难以避免的。③

纵观美国从独立建国到 19 世纪中期教育思想发展的历史，不难发现该时期美国教育思想受到以英、法为代表的欧洲国家教育传统影响甚深。在独立建国前后，法国启蒙思想对美国教育的影响尤为深远。以伏尔泰、孟德斯鸠、爱尔维修、狄德罗、孔多塞为代表的启蒙思想家都坚信教育的伟大力量，将教育视为社会改革的有效手段与途径。他们重视教育在社会改造和个人发展中的作用，主张建立世俗的、免费的、普及的和人人平等的国家教育制度。启蒙思想家们的政治哲学与教育思想成为这一时期美国构建教育蓝图的重要依据与参照。美国的缔造者如富兰克林、华盛顿、杰斐逊等亦是美国教育思想的先驱，他们的教育思想中包含的民主性、世俗性、实用性等特征也是法国启蒙思想特征的反映。

美国独立以前，殖民地学院不论在培养目标、承担职能还是课程模式、管理模式等方面都主要取法于英国大学。而到了建国前后，在美国流行了一个多世纪的英国学院模式受到了挑战。来自法国的教育思想——作为其政治、文

---

①　高金岭、晏成步：《大学公共性实现：政府与市场的力量——从"达特茅斯学院案"和"灯塔制度"谈开去 》，《教育学报》2013 年第 2 期。

②　滕大春：《美国教育史》，人民教育出版社 2001 年版，第 205-206 页。

③　和震：《美国大学自治制度的特征与主题》，《学术研究》2006 年第 1 期。

化思想的一部分——开始对美国高等教育产生很大影响。对于美国的建国者而言，当他们试图创建适合于新国家的高等教育机构时，从法国找到了可资效仿的榜样。但是法国的政治思想整体而言是以国家控制和中央集权管理为特征的，而这与美国随后建立起的分权而治的教育管理体制并不吻合。因此，随着时间的推移，带有鲜明政治色彩的法国教育思想因不再适合美国教育分权、民主的氛围，其影响逐渐减弱。不仅创建国立大学的动议最终破产，一些具有法国倾向的大学在其后续发展中，法国特征也日益淡化，开始接受德国大学的影响，向真正意义上的大学迈进。

此外，19世纪前半期美国公共教育的蓬勃发展离不开贺拉斯·曼和亨利·巴纳德等人的倡导和推动。公共教育义务、免费、平等、政府管理、财政支持等理念均可从法国启蒙教育思想中找到源头；但就组织形式而言，美国师范学校则是效仿了普鲁士师范学校的模式。美国公共教育在发展的过程中也开始接受来自普鲁士的教育影响。

第三章　南北战争到20世纪初的教育思想

南北战争进一步消除了美国工业发展的障碍，南北战争后，美国步入了所谓的"镀金时代"。伴随着科学技术迅猛发展，工农业产值迅速飙升，在短短几十年的时间内美国一跃成为世界上最富有最强大的工业国家。美国国力的迅速壮大进一步强化了人们对于国家的认同感，美国教育文化的独立性也在逐步增强。此期间的美国教育思想一方面继续深入地撷取欧洲教育思想的养分，卢梭、裴斯泰洛齐、福禄贝尔、赫尔巴特及其学派、斯宾塞、蒙台梭利等人的思想，在美国继续发挥或正在发挥着各种各样的影响，为美国教育的发展涂上了浓重的欧洲底色；另一方面，无论是在基础教育领域还是高等教育，独具特色的美国教育思想此时期部分已经出现或部分雏形初现。哈里斯等人的公共教育思想，帕克等人的进步主义教育思想，吉尔曼、艾略特、霍尔等人的研究型大学理念，特纳、布朗、莫雷尔等人的赠地学院思想，怀特等人的康奈尔计划，范海斯等人的威斯康星观念的提出，不仅为美国璀璨的教育思想宝库注入了新鲜的血液，而且也在实践中发挥着重要的指引作用，它们共同推动了美国教育的快速发展。

第一节　欧洲教育家对美国的影响

19世纪中期到20世纪初，欧洲教育思想对美国产生了广泛而持续的影响，为美国教育大厦的最终矗立奠定了基础。

一、卢　梭

卢梭是法国启蒙运动思想家、哲学家和教育家，其自然教育理论对后世影响深远。英国教育史家拉斯克（Robert R. Rusk）和斯科特兰（James Scotland）认为："在超级大国的时代，人们可能有理由断言，西方教育家中有两位是伟大的——只有两位：一位是柏拉图，另一位是卢梭。今天，西方教育依然是两个不同哲学流派博弈的战场，这两个流派的源头便是这两个人物。"①卢梭之后的著名教育家如裴斯泰洛齐、康德、巴泽多、福禄贝尔等人，无不受到他的影响。康德曾说："从本质上说，我是一个探索者。我感觉到了对知识的渴求、急切前行的愿望和发现的喜悦。有时候，我相信这才是人生的真正尊严，我鄙视那些无知者。是卢梭纠正了我，想象中的优越感消失了。我开始学习尊重人。如果我不相信自己的哲学将把人类共同权利归还所有的人的话，我应当看到，自己的用处要比那些普通劳动者少得多。"②

就美国而言，早在 1762 年，《爱弥儿》已传入北美殖民地，为人们广泛阅读。但当时卢梭的教育思想未能对美国教育产生直接的影响。他的教育学说最早是通过后来的欧洲教育家间接影响美国的，直到 19 世纪末期，随着美国进步主义教育的兴起，卢梭教育思想才日益为美国人所熟知。

裴斯泰洛齐是卢梭教育思想的信奉者，他也是美国人发现卢梭教育理论的桥梁。当裴斯泰洛齐的教育方法开始在美国流传，人们逐渐发现和认识到卢梭的价值，遂直接从卢梭那里寻找鼓舞和源泉。到 19 世纪末，卢梭已成为对美国进步主义教育家最有吸引力的欧洲教育家之一，美国儿童中心的进步主义教育家接受卢梭对早期儿童教育宽容的方法和他的阶段发展理论，接受卢梭在儿童没有准备好之前不应该强迫他们学习的观念。儿童的学习环境扩大到学校以外，自然研究、资源的保护和校外旅行考察成为新的教学方法。

帕克（Francis Parker）曾被誉为美国"进步教育运动之父"。他担任过地区学校的教师、校长，曾任教于师范学校，又游学于欧洲，接触到裴斯泰洛齐、福禄贝尔、赫尔巴特等人的教育理论和实践活动。回国后任职教育行政部门，担任师范学校校长。有学者说："在他（帕克）的教育思想中，尊重天性和热爱儿童是教育的首要原则。"③克雷明说："帕克大量借用裴斯泰洛齐的方法、福禄贝尔的儿童观和赫尔巴特的统觉学说，并把它们综合起来。这标志着一种从美国早期的先验论到更新的科学教育学的过渡，从对欧洲理论的依赖到更有独创性的尝试的过渡"④，他甚至认为帕克的"哲学目的就比其他任何东西更带有

① ［英］罗伯特·R.拉斯克、詹姆斯·斯科特兰：《伟大教育家的学说》，朱镜人、单中惠译，山东教育出版社 2013 年版，第 121 页。
② ［英］罗伯特·R.拉斯克、詹姆斯·斯科特兰：《伟大教育家的学说》，朱镜人、单中惠译，山东教育出版社 2013 年版，第 163 页。
③ 滕大春：《美国教育史》，人民教育出版社 2001 年版，第 548 页。
④ ［美］劳伦斯·阿瑟·克雷明：《学校的变革》，单中惠、马晓斌译，山东教育出版社 2017 年版，第 120 页。

卢梭主义的性质"①。亚历山大·里帕（S. Alexander Rippa）在《自由社会中的教育》（*Education in a Free Society: An American History*）一书中指出："在帕克那里，卢梭、裴斯泰洛齐和福禄贝尔的教育理论找到了一个热衷的传播人。"②

约翰逊（M. Pierce Johnson）深受卢梭教育思想的影响，她是美国最早将卢梭教育理论付诸实践的人。她多年担任中小学及师范学校教师，被称为最早的儿童中心论者。1907年，她在亚拉巴马州创办费尔霍普学校，她称学校的目标是"照顾身体的健康，发展最好的智力理解，保护情感生活的真挚和自然"，总之是"提供生长的恰当条件"。她称这种教育为"有机的"，因而她的学校也被称为有机学校。她说："我们必须经常记住，我们面对的是一个统一的有机体。"③对整个有机体来说，各部分都是统一的。

约翰逊赞成卢梭的"儿童不是小成人"的观点，强调一种较灵活的适应个别儿童需要的教学方法。在费尔霍普学校，一切违反儿童发展规律的事情都被废除，一种非正规的学习气氛弥漫于学校的组织和生活。各种成绩分组被取消，代之以根据年龄的简单分类。儿童之间没有比较，儿童根据自己的能力来鉴定学习效果。所有外来的奖赏均已取消，代之以儿童内心的满足。而且，学校尽可能延迟各种正规学习。约翰逊说："童年的延长是人类的希望——从出生到成人的时间越长，有机体越强。"④她将儿童的阅读和写作延迟到9或10岁，这显然受到卢梭的启发。她严格反对对儿童的任何压力，提倡以自发性、主动性、兴趣和真诚，引导儿童教室内外的生活。学校里没有"强迫的作业，指派的功课，以及照例的考试"⑤。"该校儿童运用天赋的本能，自然地去学习，绝对没有念念不忘考试和升学的那种奇怪心理。"⑥

杜威曾亲临费尔霍普学校参观，并在1915年发表的《明日之学校》（*Schools of Tomorrow*）一书中，高度赞扬了约翰逊在费尔霍普的教育实验，称之为卢梭教育学原则的一种生动体现。他说："约翰逊女士的根本原则就是卢梭的主要思想，那就是，就在儿童时期经历着对于作为一个儿童有意义的事物

①　［美］劳伦斯·阿瑟·克雷明：《学校的变革》，单中惠、马晓斌译，山东教育出版社2017年版，第120页。

②　［美］亚历山大·里帕：《自由社会中的教育：美国历程》，於荣译，安徽教育出版社2010年版，第183页。

③　贺国庆：《近代欧洲对美国教育的影响》，河北大学出版社2000年版，第82页。

④　Lawrence A. Cremin, *The Transformation of the School*, New York: Alfred. A. Knopf, 1962, p.149.

⑤　［美］约翰·杜威：《明日之学校》，朱经农等译，商务印书馆1935年版，第22页。

⑥　［美］约翰·杜威：《明日之学校》，朱经农等译，商务印书馆1935年版，第22页。

来说，儿童是成年人生活的最好准备，而且儿童有享有他的儿童时期的权利。因为他是继续生长的动物，他必须发展得在成年后的世界里能成功地生活，成人不应当做任何事情干涉他的生长，所做的一切事情应当有助于他的身心圆满和自由的发展。"①

至于杜威本人受卢梭的影响，更是显而易见的。他在《明日之学校》和《民主主义与教育》（*Democracy and Education*）等著作里，多次引证卢梭尊重天性的自然主义教育理论。《明日之学校》几乎每一章都引用了卢梭的一句话作为标题。② 他说："卢梭一生所说的话、所做的事，有许多是愚蠢的。但他认定教育应当根据受教育者的天赋能力，根据研究儿童以发现这些天赋的能力，这种主张却是现代一切发展教育事业的努力的基调。"③ 杜威标榜的"教育即生活""教育即生长""教育即经验改造""从做中学"，无一不可从卢梭的思想中找到渊源。在教育思想上，杜威和卢梭是一脉相承的。如果说杜威是美国进步主义教育的集大成者，那么称卢梭为"开山祖"，他是当之无愧的。进步主义教育中出现的"设计教学""经验课程"乃至"发现法"教学，都可以从卢梭的《爱弥儿》中找到原始观点。④ 史家说："进步教育最值得珍惜的特征——儿童中心、自发活动、分阶段教育、实践活动、案例的效用、追求全面均衡发展以及间或反对主知主义的决心。……除了培养'社会美德'和解放女子，都可以直接追溯到让－雅克·卢梭的创新理念那里。"⑤

二、裴斯泰洛齐

裴斯泰洛齐是瑞士著名的民主主义教育家，他提出和谐发展的教育思想，提出"要素教育"理论和"教育心理化"的思想，奠定了小学分科教学法的基础。裴斯泰洛齐"受到卢梭思想的强烈影响，特别是卢梭的'自然教育'思想的影响，所以，他喜爱实践而不是书本学习，而且关注心理的发展。裴斯泰洛齐把日内瓦看作'新旧教育世界的转折点'。"⑥

---

① 吕达、刘立德、邹海燕：《杜威教育文集》第 1 卷，人民教育出版社 2008 年版，第 217 页。

② ［英］罗伯特·R. 拉斯克、詹姆斯·斯科特兰：《伟大教育家的学说》，朱镜人、单中惠译，山东教育出版社 2013 年版，第 164 页。

③ 赵祥麟、王承绪：《杜威教育论著选》，华东师范大学出版社 1981 年版，第 131 页。

④ 贺国庆：《近代欧洲对美国教育的影响》，河北大学出版社 2000 年版，第 84 页。

⑤ ［英］罗伯特·R. 拉斯克、詹姆斯·斯科特兰：《伟大教育家的学说》，朱镜人、单中惠译，山东教育出版社 2013 年版，第 164 页。

⑥ ［英］罗伯特·R. 拉斯克、詹姆斯·斯科特兰：《伟大教育家的学说》，朱镜人、单中惠译，山东教育出版社 2013 年版，第 165 页。

　　裴斯泰洛齐生前就已作为卢梭思想的化身而闻名欧洲，其新方法在欧美广泛传播。早在 19 世纪初，裴斯泰洛齐的学说即输入美国，其中既有直接从瑞士传来的，也有间接从英、法、德等国传来的。1804 年，苏格兰移民、费城商人和科学家麦克卢尔（William McClure）访问法国，开始对裴斯泰洛齐的思想发生兴趣，并将法国人所撰写的关于裴斯泰洛齐的论文介绍给美国人。他多次拜访在伊佛东的裴斯泰洛齐和在霍夫威尔的费伦伯格，并邀请裴斯泰洛齐到美国设校办学。虽然裴斯泰洛齐未能成行，但他推荐了曾在自己手下当过教师的尼夫（Joseph Neef）。尼夫于 1806 年赴美，担任费城一所裴斯泰洛齐式学校的校长。尼夫由是成为"裴斯泰洛齐在美国的使者"[1]。

　　19 世纪上半期，美国许多教育家翻译了德法等国教育家有关裴斯泰洛齐的文章，还有许多人赴欧参观裴斯泰洛齐的教育改革实验，回国后通过演讲和文章宣传裴斯泰洛齐的方法，以弥补美国教育的缺点。许多人研究和应用裴斯泰洛齐的各种教学法，如算术教学法、地理教学法、音乐教学法以及其他各科教学法。伍德布里奇（W. C. Woodbridge）19 世纪 20 年代曾几度访问裴斯泰洛齐，尤其对地理和音乐教学感兴趣。在他的影响下，大量的地理书籍问世，对美国初等学校的地理教学做出了贡献；伍德布里奇还引发了梅森（Lowell Mason）对音乐教学的兴趣，梅森使音乐（清教教育所忽略的领域之一）成为正在兴起的美国公立学校课程的一个重要组成部分。1821 年，科尔伯恩（W. Colburn）出版了建立在裴斯泰洛齐原则之上的《初级算术教程》，该书后来被各校广泛采用。[2]

　　1824 年，麦克卢尔与欧文一起参加了在印第安纳州新罕布什尔公社生活区的实验，他致力于将新罕布什尔发展成为科学研究和裴斯泰洛齐教育的重要中心。与尼夫一起，麦克卢尔将其他裴斯泰洛齐式的教师带到新罕布什尔。由于麦克卢尔与欧文的分歧以及参与者的宗派活动，1828 年该实验以失败告终。

　　1839 年，亨利·巴纳德在康涅狄格的教师中分发一本关于裴氏的小册子，1847 年和 1849 年又分别发行了另两本关于裴氏的小册子。裴氏教学法也开始进入马萨诸塞一些私立学校。作为《美国教育杂志》的主编，巴纳德发表了许多有关裴氏哲学和方法的文章，在此基础上，1862 年又出版了《裴斯泰洛齐和裴斯泰洛齐主义》（*Pestalozzi and Pestalozzianism*）一书。

　　对裴斯泰洛齐最有力的宣传是 1846 年霍瑞斯·曼的报告和谢尔登（F. A.

---

① 贺国庆：《近代欧洲对美国教育的影响》，河北大学出版社 2000 年版，第 147 页。
② 贺国庆：《近代欧洲对美国教育的影响》，河北大学出版社 2000 年版，第 147-148 页。

Sheldon）在奥斯威哥所从事的教育实验。他们一致主张美国应效仿普鲁士，采用裴斯泰洛齐的方法以改革教育。谢尔登 1853 年被聘为纽约奥斯威哥的教育督察长，通过实物和直观教学课的展览，他了解了裴斯泰洛齐的工作，决心在他领导的学校实施裴斯泰洛齐的方法。1862 年，他担任奥斯威哥师范学校校长，聘请曾在英国采用裴氏方法培训教师的琼斯和曾在瑞士参加裴斯泰洛齐教育实验的克鲁西之子小克鲁西任教师，在奥斯威哥采用直观教学法，这些新教师促进了师范学校教育思想和方法的改观。"大批的参观者前来参观这项工作，'口授'和'直观教学'成为教育领域中的新思想，奥斯威哥教师也成了整个北方地区的城市学校系统和师范学校选择的对象。"[1]1865 年，奥斯威哥师范学校由私立改为州立，学校融英、德以及裴斯泰洛齐思想于一炉，最先采用实物教学和口语教学，一个新的伊佛登在美国诞生了，参观者纷至沓来。在 25 年中，学校招收学生达五六千人之多，其中毕业生达两千多人，他们毕业后奔赴全国各地，担任教师或校长，形成所谓"奥斯威哥运动"（Oswego Movement）。"很多有志于从事教师职业的人从四面八方来到奥斯威哥学习取经。当他们结业的时候，每个人都带着裴斯泰洛齐的实物教学法回到美国各个地区。"[2]许多地方纷纷按照奥斯威哥的榜样创办师范学校，裴斯泰洛齐主义终于在美国开花结果，对 19 世纪后半期美国师范教育及初等教育的课程产生了深远的影响。[3]克伯莱说："裴斯泰洛齐的思想与教学法真正传入美国，要归功于爱德华·A.谢尔登的能力与倡议……在他连续多年全身心地努力之后，裴斯泰洛齐式的教学进程开始被广为传颂，他引介的裴斯泰洛齐的思想与教学法也开始传遍美国的每一个角落。"[4]1865 年，全国教师协会认可了直观教学法。

三、福禄贝尔

福禄贝尔是德国著名教育家、学前教育的开拓者，他开办了世界上第一个幼儿园，建立了以"创造性游戏"为特色的幼儿教育体系，对世界幼儿教育事业产生了深远的影响，被誉为"幼儿教育之父"。

---

① ［美］埃尔伍德·帕特森·克伯莱:《美国公共教育:关于美国教育史的研究和阐释》，陈露茜译，安徽教育出版社 2012 年版，第 238 页。

② ［美］约翰·S. 布鲁巴克:《教育问题史》，单中惠、王强译，山东教育出版社 2012 年版，第 238 页。

③ 贺国庆:《近代欧洲对美国教育的影响》，河北大学出版社 2000 年版，第 148 页。

④ ［美］埃尔伍德·帕特森·克伯莱:《美国公共教育:关于美国教育史的研究和阐释》，陈露茜译，安徽教育出版社 2012 年版，第 236-237 页。

　　福禄贝尔教育思想在 1848 年普鲁士革命后被德国移民传播到美国。布鲁巴克说："最初，福禄贝尔派的教学观念仅仅被一些私立幼儿园所应用。美国南北战争之后，在曾担任圣路易斯的督学、后担任美国教育部部长的哈里斯领导下，这些观念广泛地传入公立学校。"①

　　最早向美国公众介绍幼儿园思想的是德国人克劳斯（John-nes Kraus）。他是福禄贝尔的一位追随者，曾极力推动德国幼儿园运动的发展。他于 1851 年来到美国，通过为报刊撰写文章和演讲，唤起人们对福禄贝尔思想的注意。巴纳德在担任美国第一任联邦教育署长时，曾邀请他与美国教育署合作，这为他在全国范围推广幼儿园思想提供了机会。

　　巴纳德对福禄贝尔幼儿园发生兴趣，始于 1854 年，当时他作为美国代表，参加在伦敦举行的国际教育制度和设备展览会，展览会展示了福禄贝尔幼儿园的全套设备。回国后，他在提交给康涅狄格州州长的报告中，谈到幼儿园制度时，介绍了他在伦敦所看到的幼儿园的实施情况，他赞之为世界上推动幼儿发展最有独创性的、最有吸引力的和最富于哲理性的形式。②1854 年 12 月，在华盛顿举行的美国教育促进协会第四次会议上，巴纳德做了关于幼儿园的演讲。1856 年，《美国教育杂志》上，发表了一篇关于福禄贝尔幼儿园的短文，把这一新教育描述为"对伦敦教育展览会最令人关注的和最有教育意义的贡献之一"③。

　　著名德裔政治家舒尔兹（Carl Schurz）的妻子舒尔兹夫人曾接受过福禄贝尔的指导，她于 1855 年在威斯康星州的沃特敦，开办了美国第一所幼儿园。最初幼儿园的影响主要局限在德裔社区，英裔美国人多对幼儿园持怀疑态度。幼儿园招收了舒尔兹夫人的小女儿和一些亲戚及邻居家的孩子，采用德语教学。第二所幼儿园是曾受过福禄贝尔培训的弗兰肯伯格（Caroline L. Frankenberg）在俄亥俄州的哥伦布开办的，这两所幼儿园都由德国人主办。在 1870 年前美国开办的十余所幼儿园中，绝大部分是德国人开办的，通常设在德裔社区。

　　将幼儿园纳入美国文化之中的工作，是由波士顿的皮博迪（Elizabeth Peabody）完成的。1859 年，皮博迪结识了正在波士顿访问的舒尔兹夫人。通

----

①　［美］约翰·S. 布鲁巴克：《教育问题史》，单中惠、王强译，山东教育出版社 2012 年版，第 240-241 页。

②　贺国庆：《近代欧洲对美国教育的影响》，河北大学出版社 2000 年版，第 106 页。

③　［美］亚历山大·里帕：《自由社会中的教育：美国历程》，於荣译，安徽教育出版社 2010 年版，第 176 页。

过她，皮博迪第一次听说了福禄贝尔幼儿园。舒尔兹夫人在幼儿园受训的小女儿的性格、智力和行为，给皮博迪留下了深刻的印象，她视之为幼儿园培养的成果。舒尔兹夫人送给她一本《人的教育》，这些都激发了她对新的教育制度的极大热忱。1860年，皮博迪在波士顿开办了美国第一所用英语教学的幼儿园。她在姐姐玛丽·曼（霍瑞斯·曼的遗孀）的帮助下，积极推动幼儿园的教育理想实现。为掌握真正的幼儿园管理方法，她于1867年来到德国，与一些优秀的幼儿园工作者一道研究，其中包括福禄贝尔的遗孀路易丝和最忠实的信徒比洛夫人。[①] 在幼儿园运动的早期，美国多数幼儿园是由感兴趣的慈善家或官员私人资助的。

皮博迪回国后，致力于推动幼儿园运动在美国的发展工作。通过公开演讲、私人通信和发行新杂志《幼儿园使者》（Kindergarten Messenger），广泛宣传幼儿园思想。她在马萨诸塞斯普林菲尔德所作的演说，促使游戏设备器具制造商布雷德利（Milton Bradley）对幼儿园发生兴趣。1869年，布雷德利帮助出版了韦伯（Eduard Weibe）的《儿童的乐园》，这是美国第一本研究福禄贝尔主义的著作。同时，布雷德利开始制造幼儿园用具。皮博迪曾尝试在波士顿创办一所实验幼儿园，并作为公共学校制度的一部分，但未获成功。1870—1871年，她多次致函圣路易斯市公立学校督学哈里斯（W. T. Harris），鼓励他创办幼儿园，并将幼儿园纳入圣路易斯公共学校体系之中，但哈里斯起初对皮博迪的建议并未加以重视。在圣路易斯建立幼儿园的动力来自苏珊·布洛（Susan Blow）。[②]

布洛是圣路易斯市一位富商的女儿，她父亲亨利·布洛担任过州参议员、国会议员、驻外大使等职。在1871年布洛全家到欧洲的旅行中，苏珊第一次看到德国的一个幼儿园班，萌发了在圣路易斯开办幼儿园的设想。最初，其父布洛想资助女儿开办一所私立幼儿园，但被女儿拒绝。布洛开始与哈里斯督学商谈，请求开办一所作为公共学校制度一部分的幼儿园。哈里斯同意举办一所试验性的幼儿园，并答应配备教师和提供场地。在幼儿园正式开办前，布洛用一年时间到纽约随贝尔特（Maria Boclte）学习，贝尔特是一位极有经验的幼儿园教师，曾在德国与福禄贝尔的遗孀一道工作，移居美国后在纽约开办了一所幼儿园教师训练学校，布洛就在这所学校学习。经过学习，布洛对幼儿园在圣路易斯的成功充满信心。1873年春，她从纽约写信给哈里斯说："我们将看到

① 贺国庆：《近代欧洲对美国教育的影响》，河北大学出版社2000年版，第107页。
② 贺国庆：《近代欧洲对美国教育的影响》，河北大学出版社2000年版，第107页。

这颗有极大发展前途的种子长成大树那一天，我比任何时候都渴望看到这个制度被纳入我们公立学校体系。"①

在哈里斯的主持下，圣路易斯城市学校委员会投票决定，建立一所公立幼儿园，并将它作为城市公共学校制度的一部分，这是美国幼儿园发展史上最重要的步骤。1873 年 8 月，幼儿园正式开学，在布洛灵活的管理下，幼儿园获得极大的成功。到 1879 年，幼儿园已扩大到 53 个班级，聘请了 131 名教师和许多助理人员。幼儿园思想从圣路易斯传入西部各州。到 19 世纪 90 年代末，幼儿园已成为美国教育中的一股强大力量。根据美国教育署 1873 年统计，美国当时有 12 所幼儿园，72 名教师和 1252 名学生。到 1898 年时，幼儿园增至 4363 所，教师 8937 人，学生 189604 人。取法圣路易斯市，许多美国大城市建立了作为公立学校制度一部分的公共幼儿园，如旧金山于 1878 年，辛辛那提于 1879 年，芝加哥于 1880 年，费城于 1881 年，波士顿于 1883 年，都实现了这一步骤。1878 年，纽约道德文化协会成立了美国第一所免费幼儿园；到 1890 年，美国各城市 115 个免费幼儿园协会维持了 223 所免费幼儿园。②

到 20 世纪初，美国大约开办了 5000 所幼儿园，哈里斯 1903 年宣称："福禄贝尔的幼儿园是文明社会的一个巨大福音，因为这一原因和许多别的原因，福禄贝尔，作为博爱的伟大倡导者之一，他的名字将受到颂扬。"③

四、赫尔巴特及赫尔巴特学派

赫尔巴特是近代德国最伟大的教育学家之一，以"科学教育学之父"闻名于世，正是赫尔巴特使教育学摆脱哲学的母体，成为一门独立的科学。赫尔巴特以实践哲学和心理学为基础，创立了主知主义教育思想，强调"智育是全部教育的中心"。他的教学理论对德国乃至世界的教育理论影响极大。后来，他的门徒将他的理论运用于实际教育工作中，形成了赫尔巴特学派。

赫尔巴特的学说在齐勒尔（Tuiskon Ziller）领导下的莱比锡大学和斯托伊（K. V. Stoy）以及来因（Wilhem Rein）领导下的耶拿大学，获得极多的改进。齐勒尔 1865 年出版的《教育性教学学说的基础》被看作是赫尔巴特运动之始。19 世纪后期，随着一批美国年轻人从德国大学留学归来，赫尔巴特及其

①　H. Warren Botton & Eugene F. Provenzo Jr, *History of Education and Culture in America*, New Jersey: Prentice-Hall. Inc., Englewood Cliffs, 1983, p.175.

②　贺国庆：《近代欧洲对美国教育的影响》，河北大学出版社 2000 年版，第 108-109 页。

③　［美］亚历山大·里帕：《自由社会中的教育：美国历程》，於荣译，安徽教育出版社 2010 年版，第 176-177 页。

学派的教育学说传入美国。德加莫（Chorles de Garmo）、麦克默里兄弟（Charles McMurry，Frank McMurry）等人，都曾在耶拿大学和德国其他地方学习过赫尔巴特及其学派的方法。回国后通过他们自己关于教学方法的教科书宣传赫尔巴特学说。德加莫任教于伊利诺伊州立师范学校，麦克默里任教于北伊利诺伊师范学校，弗兰克任教于哥伦比亚大学师范学院，经过他们的宣扬，赫尔巴特主义很快在美国流传开来。[①] 布鲁巴克说："这些年轻人把赫尔巴特学派的五段教学法看作适合于各科教学的一种'普遍方法'而进行推广，因为它符合人们学习的心理逻辑。美国的师范学校很快就完全接受这一观点，并按照赫尔巴特学派的理念重新调整自己的教学模式。他们严格地遵循五段教学法，在他们看来，既然这是一种普遍的教学方法，那就应该这样做。"[②]

1892 年，赫尔巴特的《普通教育学》以"教育科学"的书名被翻译发表，大批论述赫尔巴特主义的书籍纷纷出版，其中有的成为当时师范学校教学理论的核心教材。

德加莫积极从事把德国教育思想介绍到美国的工作，他于 1889 年和 1895 年，分别出版了《方法的实质》（*The Essentials of Method*）和《赫尔巴特和赫尔巴特主义》（*Herbart and the Herbartians*）。1892 年，他与麦克默里兄弟发起成立了赫尔巴特俱乐部，1895 年该俱乐部被改组为全国赫尔巴特学会，成为美国传播赫尔巴特主义的全国性组织。

克伯莱说："赫尔巴特学派的观点像一把野火，点燃了整个美国。……在十几年中，赫尔巴特学派的观点与'儿童研究'互相竞争，成了主流的教育思潮。19 世纪 90 年代赫尔巴特学派的浪潮与 60 年代裴斯泰洛齐的狂热信徒们一样。它们都在特定的历史时期内提出了一种崭新的教育观念，它们都为我们初等学校的教学引入了新的元素，给师范学校的教学带来了新的转折，并深深地影响了教师培训，逐渐在我们的教育实践和历史中找到了自己合适的定位。"[③]

赫尔巴特以建立"科学的教育学"自诩，经过其门徒加工改造的赫尔巴特主义传播到世界各地，尤其在美国风行一时。然而好景不长，"在 20 世纪第一个十年中，当诸如'儿童中心'和'预习'的新的教育学学说开始占统治地位的

① 贺国庆：《近代欧洲对美国教育的影响》，河北大学出版社 2000 年版，第 134-135 页。

② ［美］约翰·S. 布鲁巴克：《教育问题史》，单中惠、王强译，山东教育出版社 2012 年版，第 239-240 页。

③ ［美］埃尔伍德·帕特森·克伯莱：《美国公共教育：关于美国教育史的研究和阐释》，陈露茜译，安徽教育出版社 2012 年版，第 253-254 页。

时候，赫尔巴特理论很快就衰弱下去了"①。全国赫尔巴特学会也于 1902 年更名为全国教育科学研究会。1905 年以后已很难找到一篇关于赫尔巴特或赫尔巴特主义的文章。

杜威曾担任赫尔巴特学会主席，但逐渐意识到赫尔巴特教学法的机械性和刻板性，遂成为赫尔巴特主义的叛逆者。不仅如此，杜威还创立了与赫尔巴特为代表的传统教育学迥异的现代教育理论。②

五、斯宾塞

斯宾塞（Herbert Spencer）是英国著名哲学家、社会学家和教育家，他抨击英国传统教育的弊端，主张以科学教育取代古典语教学，教育应该为人的完满生活做准备。他说："为我们的完满生活做准备是教育应尽的职责，而评判一门教学科目的唯一合理办法就是看它对这个职责尽到什么程度。"斯宾塞列举了完满生活应该包括的五种活动：一是直接保全自己的活动；二是从获得生活必需品而间接保全自己的活动；三是目的在于抚养教育子女的活动；四是与维持正常社会政治关系有关的活动；五是在生活中的闲暇时间满足爱好和感情的各种活动，学校课程应该按照这些活动组织起来。为准备直接保全自己的活动，须学习生理学；为获得生活必需品而间接保全自己的活动，需要学好广泛的科学知识，包括逻辑学、数学、力学、物理学、化学、天文学、地质学、生物学和与生产成就有关的社会科学；为准备抚养子女的活动，需要学习有关教育学科的知识，包括生理学、心理学和教育学等知识；为将来"履行公民职责"做准备，必须学习历史、社会学等知识；为准备将来善于在闲暇中满足爱好与感情的需要，要求学会欣赏自然、文学、艺术的知识，这些知识包括油画、雕塑、音乐、诗歌等课程。斯宾塞把当时科学发展的成就引入学校课程，纠正了旧教育偏重古典文科教学的倾向，使新的课程体系充满新的自然科学内容，赋予课程以浓厚的科学和功利色彩，极大地推动了近世科学教育的发展。③

亨利·霍尔特（Henry Holt）说："可能没有别的哲学家像斯宾塞那样在 1870 年到 1890 年间享有如此盛誉。从前大多数哲学家的影响可能仅限于影响专门从事哲学研究的读者，而斯宾塞却为整个英国和美国的知识界所普遍

① ［英］罗伯特·R. 拉斯克、詹姆斯·斯科特兰：《伟大教育家的学说》，朱镜人、单中惠译，山东教育出版社 2013 年版，第 219 页。
② 贺国庆：《近代欧洲对美国教育的影响》，河北大学出版社 2000 年版，第 137 页。
③ 贺国庆：《近代欧洲对美国教育的影响》，河北大学出版社 2000 年版，第 42 页。

熟悉和广泛谈及，其影响范围比从前任何时候都更广泛。"①斯宾塞在美国受到的欢迎更甚于英国，克雷明说："实际上，斯宾塞在美国而不是在他自己的国家，发现了更生气勃勃的影响和更实际的市场。"②斯宾塞在《自传》（*An Autobiography*）中也承认：在英国，他的思想面临着敌意和冷淡，他的著作甚至蚀本出版。然而在美国，他的思想很快流行开来。③亚历山大·里帕说："在所有进化论发展的新的综合性理论中，赫伯特·斯宾塞的著作在美国受到了最广泛的阅读。他的一般教育哲学在很大程度上反映了这种新的达尔文进化论学说和在美国内战后的年代里科学重要性的不断增强。实际上，斯宾塞是进化论和社会达尔文主义的最大普及者，他对美国人的影响在内战后稳定增长，并在1882 年访问美国发表一系列演讲和出席庆祝他的宴会和典礼时达到了顶点。"④

斯宾塞思想在美国的传播归功于尤曼斯（Fdward Livingston Youmans）的积极倡导，他推动了斯宾塞的著作在美国的出版，并在自己主办的《大众科学月刊》（*The Popular Science Monthly*）上专题刊载斯宾塞的作品，他还说服斯宾塞为国际科学著作丛书撰写《社会学研究》（*The Study of Sociology*，1874）。他在 1863 年给斯宾塞的信中说："我认为，对于文明社会来说，还有许多事情要做，什么是我们需要的观念？那就是既广泛而又有条理的观念。我认为，对于我们的需要来说，没有人能像你一样提出这样有价值的思想。"⑤当斯宾塞1887 年访问美国时，尤曼斯做了大量的接待和宣传工作。

除了尤曼斯的大力倡导，斯宾塞在美国的流行具有更基本的社会原因。在南北战争后的年代里，美国与工业化和都市化联系在一起的社会动荡和与达尔文主义挑战联系在一起的文化动荡，交织在一起。当达尔文的调查结果和进化理论在报刊上予以披露，它对传统的神创世界、上帝造人、物种不变等学说的挑战，比以往任何时候都明确和发人深省，美国人被迫思考科学知识和基督教教义之间是否永远存在一致性的问题。斯宾塞的学说为他们提供了肯定地回答该问题的无所不包的哲学，他认为在科学家所能够知道的领域，没有什

①　V.T. Thayer, *Formative Ideas in American Education*, New York: Dodd, Mead & Company, Inc., 1965, p.133.

②　Lawrence A. Cremin, *American Education, the Metropolitan Experience 1876—1980*, New York: Harper & Row, Publisher, 1987, p.387.

③　贺国庆：《近代欧洲对美国教育的影响》，河北大学出版社 2000 年版，第 43 页。

④　［美］亚历山大·里帕：《自由社会中的教育：美国历程》，於荣译，安徽教育出版社 2010 年版，第164 页。

⑤　［美］劳伦斯·阿瑟·克雷明：《学校的变革》，单中惠、马晓斌译，山东教育出版社 2017 年版，第81 页。

么会侵扰宗教这个特殊的领地，即侵扰对"不可知物"（the Unknowable）的崇拜，他提供了一种易于为广大的个人所理解和欣赏的哲学。① 曾任哈佛大学医学院院长的霍姆斯（O. W. Holmes）评论说：斯宾塞"比他同时代的任何别的哲学家更进一步地实现了培根提出的将所有知识作为研究领域的主张"②。曾会见过达尔文、斯宾塞和赫胥黎的美国历史学家和哲学家菲斯克（John Fiske）说：斯宾塞的主张超过了亚里士多德和牛顿，几乎像"铁路超过轿子或电报机超过了信鸽一样"③，在许多人的眼里，斯宾塞似乎是时代的科学精神的体现者。在20世纪五六十年代两获普利策奖的美国历史学家霍夫斯塔特（R. Hofstadter，1916—1970）曾注意到：将美国第 18 任总统格兰特当作他们的英雄的一代美国人，把斯宾塞当作他们的思想家。④ 由上述不同时期美国著名学者对斯宾塞的评语，我们可正确把握斯宾塞学说在美国的历史作用。

就教育而言，亚历山大·里帕说："斯宾塞的教育思想符合现代教育学的主流。……他在对待教育的态度上既是理智的又是极度实用的，斯宾塞属于美国进步主义伟大的先锋之一。他强调的进步主义教育原则给人印象如此深刻，以至于他预见了约翰·杜威的许多工作成果。"⑤ 克雷明认为："在斯宾塞的众多著作中，《教育论》（Education）在美国拥有最广泛的读者……这些论文提出了一些见解。这些见解必须发出最有权威的声音，使一个依靠《穷理查德》（Poor Richard）的格言培养起来的民族能感受到。"⑥ 美国密歇根大学教授沛恩在 1886 年也曾说斯宾塞的《教育论》是卢梭《爱弥儿》之后的一部最有用和最深刻的教育著作。哈佛大学校长艾略特（Charles W. Eliot）曾为斯宾塞的《教育论》撰写序言，称他是一位真正的教育先锋。艾略特说《教育论》提出的许多理论，"虽然除了一个重要例外，都曾经为以前的教育思想家有力地提倡过，但是斯宾塞论文的语气是进攻性的，他的建议是革命性的。比较新的理论贯穿在所有四篇论文之中，但在以'什么知识最有价值？'为题的论文中，叙

①　贺国庆：《近代欧洲对美国教育的影响》，河北大学出版社 2000 年版，第 44 页。

②　Lawrence A. Cremin, *American Education, the Metropolitan Experience 1876—1980*, New York: Harper & Row, Publisher, 1987, p.389.

③　Lawrence A. Cremin, *American Education, the Metropolitan Experience 1876—1980*, New York: Harper & Row, Publisher, 1987, p.389.

④　贺国庆：《近代欧洲对美国教育的影响》，河北大学出版社 2000 年版，第 45 页。

⑤　［美］亚历山大·里帕：《自由社会中的教育：美国历程》，于荣译，安徽教育出版社 2010 年版，第 166 页。

⑥　［美］劳伦斯·阿瑟·克雷明：《学校的变革》，单中惠、马晓斌译，山东教育出版社 2009 年版，第 81 页。

述得最为充分。……他认为科学作为教育的材料，在所有方面都优于语言；它们更好地训练记忆，而且是优良的记忆；它们培养判断力；它们传递令人赞美的道德的和宗教的训练。他的结论是：'对于纪律，对于指导，科学具有最主要的价值。从全部效果来看，学习事物的意义比学习文字的意义更好。'他用'科学'一个词回答了'什么知识最有价值'的问题"①。

克雷明高度评价了斯宾塞的历史贡献。他说："斯宾塞著作的直接作用显然是促进了美国社会中一些长期存在的教育思潮的发展。这种发展有力地支持了艾略特坚持不懈倡导的'新教育'运动。这是一场以纯科学与应用科学、现代语和数学为基础的运动。这场运动对全国教育协会十人委员会提出的应该对中学课程中的自然科学与其他学科一视同仁的观点，显然是有影响的。这场运动对全国教育协会中等教育改组委员会的报告也具有决定性的影响。这个报告提出，把健康、掌握基础知识、健全的家庭成员、职业技能、公民职责，善于利用闲暇和培养道德品质作为美国中等教育的七个'主要目标'。"②

六、蒙台梭利

蒙台梭利（Maria Montessori）是意大利著名的幼儿教育家，她在研究和诊疗残疾及低能儿童的实践中，对儿童的教育产生了兴趣。她认为智力缺陷者，与其说主要是医疗问题，不如说主要是教育问题。教育可以改善低能儿童的状况，而且，适合低能儿童的正确教育方法，也能运用于正常儿童。1907 年，她在罗马贫民区开办了一所"儿童之家"，开始了对幼儿教育的实验和研究。1909 年，她总结"儿童之家"的经验，撰成《蒙台梭利方法》（*The Montessori Method*）。由于她的主张不同于传统教育，强调儿童的个性和自由，很快引起了世人的注意。

蒙台梭利在从事教育工作的同时，曾访问欧美和印度等地区，广泛宣传自己的理论和实践主张，其影响波及包括美国在内的世界各主要国家。

20 世纪初期的美国，工业迅速发展，对教育提出了新的要求，美国实用主义教育思潮应运而生，因反对传统教育，号称"现代教育学派"的蒙台梭利提出自由教育，许多观点与现代教育相吻合，逐渐受到美国教育家的注意，她

---

① ［英］赫·斯宾塞：《斯宾塞教育论著选》，胡毅、王承绪译，人民教育出版社 2005 年版，第 42 页。

② ［美］劳伦斯·阿瑟·克雷明：《学校的变革》，单中惠、马晓斌译，山东教育出版社 2017 年版，第 104-105 页。

的"儿童之家"吸引了许多有兴趣的美国人前往参观和考察。①

1910年，蒙台梭利教育思想传入美国，安尼·乔治（Anne E. George）成为美国第一个蒙台梭利培训的女主管。1912年，她将《蒙台梭利方法》译成英文在美国出版，该书立即成为畅销书。1913年，她在纽约州塔瑞城开办了美国第一所蒙台梭利学校。美国最早开始对蒙台梭利教育思想进行研究的是哈佛大学教授霍姆斯（Henry W. Holmes）和诺顿（Arthur O. Norton）。1912年和1913年，菲沙（D. C. Fisher）先后出版《蒙台梭利母亲》和《蒙台梭利手册》两书，流传甚广。美国一些幼儿园和小学开始采用蒙台梭利的方法。1913年，蒙台梭利应邀赴美讲学，受到热烈欢迎，并得到美国总统的接见和宴请。随后一批对促进蒙台梭利方法感兴趣的美国人成立了"蒙台梭利教育协会"，会员中有不少当时的知名人士和高级官员，威尔逊总统的女儿担任了协会的秘书。1915年蒙台梭利受全国教育学会的赞助再度访美，在旧金山讲学并开设蒙台梭利样板学校，在这里，观察者能够透过玻璃墙看到儿童正在运用教学材料。从此，美国各地纷纷成立"蒙台梭利协会"，举办师资训练班。1916年被核准的蒙台梭利学校达189所，另有2000多所以她的名字命名或采纳了她的一些方法的学校，蒙氏教学法在美国普遍流行，许多杂志连续刊文宣传蒙台梭利，蒙台梭利运动在美国达到高潮，杜威父女1915年在《明日之学校》一书中特别介绍了蒙台梭利的方法。然而不到几年，蒙台梭利热骤然降温，虽然蒙台梭利一再强调自由教育的价值，但美国人认为她的方法不符合"自由教育"的原则。杜威一方面称赞蒙台梭利自由教育的主张，另一方面也毫不含糊地对她提出批评。他说："蒙台梭利学校的学生在物质方面似乎比美国教育家所办的学校的学生更优越些，但在思想方面不及美国学校的学生了。他们可以自由来往，自由作息，自由说话，自由移动，其目的是获得关于各种事物的知识和行动所需要的技能，各人都在'自行矫正'的材料上独自下功夫，然而儿童却没有创造的自由。他虽有选择所用器具的自由，却没有确定自己行动目的的自由，也不能按自己的计划去处置各种材料。"② 著名教育家、哥伦比亚大学师范学院教授克伯屈（W. H. Kilpatrick）也极力反对蒙台梭利感觉训练的方法及教具材料。他曾用一年时间赴罗马研究蒙台梭利的方法，1914年撰文对蒙台梭利方法提出了

---

① 贺国庆：《近代欧洲对美国教育的影响》，河北大学出版社2000年版，第154页。
② ［美］约翰·杜威：《明日之学校》，朱经农等译，商务印书馆1935年版，第141-142页。

尖锐的批评。在他看来，蒙台梭利方法落后于现代教育 50 年。[①] 他反对以感觉训练作为一切学习的基础，认为蒙台梭利的教具是脱离实际生活的。他说，蒙台梭利对于个性的强调，违背了美国进步主义者的理论中十分重视的社会的相互作用。他甚至认为良好方法的一切要素都已包括在杜威的理论中了，而杜威的理论是蒙台梭利的理论所无法企及的。克伯屈对蒙台梭利的批评，在美国影响很大，人们对蒙台梭利的热情日渐冷却了。到 1918 年，蒙台梭利在美国几乎销声匿迹，直到 20 世纪 50 年代才重新恢复活力。1960 年，美国成立蒙台梭利学会，到 2012 年，美国已有约 6000 所蒙台梭利学校，另有约 500 所蒙台梭利磁石学校或机构 [②]，反映了蒙台梭利学说的生命力。

第二节　公共教育思想的持续发展和
进步教育思想的萌芽

从南北战争到 20 世纪初，美国教育经历了巨大的变迁。这一时期，"现代化的和具有美国特色的各级各类学校" 逐步繁荣起来 [③]，初等教育日益普及，中等教育蓬勃发展，高等教育更是阔步前进。实践领域的不凡成就必然与理论领域的丰硕成果相伴而生。事实上，这一时期同样是美国在教育理论方面建树颇丰的一个重要阶段，哈里斯和帕克就是在这一时期涌现出的众多教育家中的杰出代表。前者将贺拉斯·曼等人的公共教育思想继续推向深入，而后者则成为进步教育运动的主要发起者和重要奠基人。

一、哈里斯的公共教育思想

威廉·托里·哈里斯（William Torrey Harris，1835—1909）是 19 世纪后期美国著名的公共教育领袖、教育哲学家与课程理论家。美国教育家巴特勒（Nicholas Murray Butler）曾评论道："如果不了解哈里斯的毕生事业，就无法真正理解美国教育史及我们美国人对哲学的贡献。"[④] 滕大春先生也曾评价道：

[①]　Gerald L. Gutek, *An Historical Introduction to American Education*, Long Grove, IL: Waveland Press, Inc., 2013, p.268.

[②]　Gerald L. Gutek, *An Historical Introduction to American Education*, Long Grove, IL: Waveland Press, Inc., 2013, p.268.

[③]　滕大春:《美国教育史》，人民教育出版社 2001 年版，第 339 页。

[④]　Kurt F. Leidecker, *Yankee Teacher: The Life of William Torrey Harris*, New York: The Philosophical Library, 1946, p.5.

"继公共教育运动的倡导者贺拉斯·曼之后，的确应推哈里斯为功不可泯的教育巨子。"[1]

（一）生平与著述

1835年，哈里斯生于马萨诸塞州，幼年受益于母亲的哲学启蒙，并产生了哲学意趣。4岁进入当地的"红色校舍"[2]学习。9岁随父母迁居罗德岛并进入一所城市学校学习，之后又就读于5所新英格兰地区的学院，为进入耶鲁大学做准备。然而这些学校压制个人自由且课程内容过于传统，使得青少年时期的哈里斯非常痛苦。这些早期经验对哈里斯产生了持久的影响，并影响了他之后的教育思考。事实上，这也是早期公立学校运动的真实写照。正如克雷明（Lawrence A. Cremin）所言："哈里斯在贺拉斯·曼的教诲与榜样的培育下，在北部与西部愈渐高度组织化、系统化的教育体系下接受培训并成长起来。"[3]1854年，哈里斯入读耶鲁大学。然而，哈里斯很快就意识到他无法理解与忍受耶鲁所代表的传统与形式主义。幸运的是，哈里斯通过德裔学者产生了对欧洲哲学的兴趣。1857年，厌倦了耶鲁的哈里斯选择了肄业，并向着新文化的诞生地圣路易斯进发。圣路易斯时期的哈里斯同时发展着他在学校教育与哲学上的两项事业，这二者相辅相成，共同促进着他对公共教育的理解。哲学上，哈里斯在德裔学者布罗克梅耶（Brockmeyer）的感召下选择了从事黑格尔哲学研究，并于1866年加入了美国早期哲学团体"圣路易斯哲学学会"，次年创办了美国第一份英文哲学刊物《思辨哲学杂志》（*The Journal of Speculative Philosophy*）。二者的使命相同，一是致力于哲学的探讨与传播，二是力求哲学在美国社会的广泛应用。在哈里斯看来，这种应用就是哲学与公共教育的连接。在学校事业上，哈里斯于1858年入职圣路易斯公立学校担任教师，由于能力出众，次年就被时任督学迪沃尔（Ira Divdl）任命为校长，1861年任圣路易斯助理督学，1868年升任督学，并开始对圣路易斯公立学校系统进行全面改革，直至1880年离任。在此期间，哈里斯还加入了全美教育协会（National Education Association）与全美社会科学学会（American Social Science Association）等组织。经过短暂的欧洲访学后，哈里斯于1881年来到马萨诸

---

① 滕大春：《外国教育通史》第4卷，山东教育出版社1992年版，第364页。

② 红色校舍是19世纪上半叶新英格兰地区普遍建立的一种世俗性乡村学校，为早期公立学校运动的产物。它一般只有单间房和一个教师，目的是普及基础教育。

③ ［美］劳伦斯·阿瑟·克雷明：《美国教育史：建国初期的历程（1783—1876）》，洪成文等译，北京师范大学出版社2002年版，第560页。

塞州的康科德哲学学校（Concord School of Philosophy）任教，并成为该校的实际负责人，直至 1888 年。1882 年至 1885 年间哈里斯还兼任康科德市的督学。在全国教育工作者与国会立法者的支持下，1889 年新任总统哈里森（Benjamin Harrison）正式任命哈里斯为全美教育专员，并参与制订了著名的《十人委员会报告》与《十五人委员会报告》。1906 年，在历经四届政府后，哈里斯主动请辞。

哈里斯一生著述广泛，据国外学者统计，其本人撰写的出版物就达 400 多份。这些出版物大都关于公共教育，或与之密切相关。在此对思想性的核心著述进行列举。文章类：《美国教育理论》（The Theory of American Education，1870）、《美国教育理论的陈述》（A Statement of the Theory of Education in the United States，1874）、《教会、国家和学校》（The Church, the State and the School，1881）、《课程的基本原理》（The Rationale of the Course of Study，1888）、《当前公立学校德育工作的需要》（The Present Need of Moral Training in the Public School，1888）等。专著类：《学校中的道德》（*Morality in the Schools*，1889）、《教育理论》（*The Theory of Education*，1898）、《学校城市》（*The School City*，1906）等。《教育的心理学基础》（*Psychologic Foundations of Education*，1898）为哈里斯最负盛名的一部著作。莱德克（Leidecker）在《扬基老师：威廉·托里·哈里斯的一生》一书中认为："本书是哈里斯教育智慧的总和与实质，是反抗实用主义与实验主义的最后阵地。"[1] 此外，还包括哈里斯在任圣路易斯督学期间撰写的 12 份年度报告。报告主要记录了该地区公立学校一年的基本概况。哈里斯对圣路易斯公立学校系统进行改革的具体情况就记录于这些年度报告中。需要指出，哈里斯的著述多数与他的教育哲学有着密切关联，同时哈里斯关于公共教育的思考也在他的教育实践与著述过程中日益深化和体系化。

（二）公共教育思想的现实与哲学基础

南北战争后，美国社会迎来了全新的局面，这种"新"至少包含三方面的内容，即统一的国家得以重新建立且更加稳固、多数人国家意识的兴起、工业化进程的加快。其中，最后一方面还导致本土人口的激增、民族成分愈发复杂以及城市化进程的加快。这种变化反映在公共教育上，就是学龄儿童在范围、

---

① Kurt F. Leidecker, *Yankee Teacher: The Life of William Torrey Harris*, New York: The Philosophical Library, 1946, p.534.

人数、种族和民族上的急剧变化，这是摆在公共教育面前的新困境。这也是贺拉斯·曼和巴纳德等早期公共教育领袖所未遇见过的，因为此前的公共教育范围要小得多，参与的人数也要少得多，而他们的种族和背景也更为有限。因此，贺拉斯·曼和巴纳德等人通过公立学校寻求民族同一性的过程较少需要精确的统一或组织良好的行政政策。① 同样，面对这种境况也无法得到欧洲经验的指导，欧洲的学校系统不必像此刻美国那样需要迅速处理这些社会问题。面对全新的美国社会，公共教育该如何推进成为新的时代课题。正是在这种局面下，哈里斯登上了历史舞台。作为新一代公共教育领路人的哈里斯，并不认为现有问题是公共教育发展的根本性障碍，相反却视其为建立新的扩大化的公立学校系统的契机。事实上，新的美国社会也恰是公共教育向纵深化推进的新起点。由此，哈里斯继承了贺拉斯·曼等人的"遗产"，开始了新的公共教育探索，而他的公共教育思想也在前人的基础上得以萌生。

南北战争后，哈里斯之所以能成为新一代公共教育领袖中的佼佼者与他对教育哲学的运用密不可分。作为美国新黑格尔主义的核心人物，哈里斯对黑格尔思辨哲学的研读帮助他建立了自己的黑格尔主义教育哲学。哈里斯认为"思辨哲学是对国民生活新阶段的消化与理解"②。这种哲学有效地帮助他判断了教育与公立学校的时代价值，同时也为他的教育思考与教育改革实践提供了有效且具体的方法论指导。正如韦恩所言："哈里斯将自己的教育管理工作同自己对哲学领域的学术兴趣紧密地结合到了一起。"③

首先，哈里斯曾运用思辨哲学探讨了认识中意识的三个阶段，并得出了思辨性思维活动本身就是自我教育的最高形式的结论。这种自我教育帮助人们进行思辨性思考，而这种思考的终极目的是个人自由的最高形式，即自我实现。然而，这种自我实现还必须服从于历史与当下所形成的社会制度。黑格尔认为外部经验是个体定义自身的唯一媒介，个体会受到制度发展的影响，个体的成长是由他在社会中的互动所决定的。④ 黑格尔谈道："世界历史就是自由意识的进步。"⑤ 这种自由意识意味着个人自我定义的扩充，即个体在社会中能够

---

①　Robert H. Wiebe, The Social Functions of Public Education, *American Quarterly*, 1969 (2).

②　William T. Harris, To the Reader, *The Journal of Speculative Philosophy*, 1867(1).

③　［美］韦恩·厄本、杰宁斯·瓦格纳：《美国教育：一部历史档案》，周晟、谢爱磊译，中国人民大学出版社 2009 年版，第 260 页。

④　William H. Goetzmann, *The American Hegelians: An intellectual Episode in the History of Western America,* New York: Alfred A Knopf, 1973, p.15.

⑤　［德］黑格尔：《历史哲学》，王造时译，上海书店出版社 2001 年版，第 19 页。

使用理性思维来控制自身的欲望。用哈里斯的话讲就是："个人需要在社会秩序中认识自我，并为了永恒的自由而放弃短暂的自由。"[1] 在秩序的框架下，从个人头脑出发最终回归社会制度，这是哈里斯处理公共教育中"个人本位"与"社会本位"关系的哲学源泉。

其次，"自我疏离"和"自我活动"是哈里斯教育哲学的核心理念。简言之，自我疏离是指个体要打破与原始自我有关的联系，摆脱孤立的自我，并将自我与一个更大的整体联系起来，进而获得精神的自我的过程。自我疏离帮助人从野蛮状态中获得转变，拥有新的属性，并在理想的世界中找到自己真正的归属。[2] 通过自我疏离的过程，人们了解了所处的社会文化环境，适应了文明社会的秩序，并将原始的本性逐步转变为精神的本性。自我疏离思想帮助哈里斯从宏观上把握了教育，他认为教育首先是一种"中介"，是把自我与一个更大的整体联系起来的过程。用他的话讲就是"教育是采用社会秩序代替其纯粹的动物本能的过程"[3]。他曾指出这是一切教育的基础。[4] 然而，自我疏离之所以能够实现，还因为人是一种具有自我活动的自我决定的存在。[5] 哈里斯认为，个体如果想利用自身潜力与内部经验来实现人生理想，教育就必须使个体在服从制度要求的基础上，在他身上发展某种程度的自我活动。[6] 自我活动简言之就是个体头脑自发产生的且逐步趋向于社会性的思考模式。在哈里斯看来，"自我活动"有着不同层级，可大致概括为"本能性自我活动"与"非本能性自我活动"。前者指的是个体对与生俱来的能力的运用，如感知觉和记忆。后者的范围则较为宽泛，它泛指个体对一切后天所形成的自我能力的运用，如逻辑运算和社会性思考。哈里斯认为，"本能性自我活动"是"非本能性自我活动"产生的基本条件。"非本能性自我活动"是哈里斯希望所有个体都能或多或少实现的一种社会性自我活动，其基本要求就是个体至少通过这种自我活动的发展能对社会环境有基本的认识与适应。反之，这也决定了"社会秩序"是"非

①　William T. Harris, *Psychologic Foundations of Education: An Attempt to Show the Genesis of the Higher Faculties of the Mind*, New York: D. Appleton & Company, 1898, p.282.

②　William T. Harris, Nature vs Human, or the Spiritual, *American Journal of Education,* 1871(3).

③　［美］亚历山大•里帕：《自由社会中的教育——美国历程》，於荣译，安徽教育出版社 2010 年版，第 178 页。

④　［美］亚历山大•里帕：《自由社会中的教育——美国历程》，於荣译，安徽教育出版社 2010 年版，第 178 页。

⑤　Kenneth Zimmerman, William Torrey Harris Forgotten Man in American Education, *Journal of Thought,* 1985(2).

⑥　William T. Harris, The History and Philosophy of Education, *Chautauquan*, 1882(3), p.28.

本能性自我活动"发展的限定条件。因此，哈里斯所谈的自我活动尽管强调了个体主体性的发挥，但这也是一种相对的自由。在哈里斯看来，无论是"自我疏离"还是"自我活动"的有效发展，都只能由正规的公立学校来实现。

（三）论教育与公立学校的价值

基于对教育哲学的理解，哈里斯指出了教育的实际价值。他谈道："教育使年轻人养成了社会生活所必需的习惯和活动，并确保了他在实现人民道德心和理性方面的作用。……它必须使个人服从他所生活的社会制度的要求。"[①] 哈里斯进一步阐释道："教育使人认识到自己周围的传统和习惯的重要性。……教育能在孩子身上发展一种新思想或训练他做一种新行为。然后通过无休止的重复，新的活动减少为习惯。这就是从有意识的自发性阶段减少到无意识的活动状态。所有的精神生活都依赖于这种转化。"[②] 哈里斯认为这一过程使得智力与意志能够从较低层的思考活动中获得解放，这就为融入新秩序与新的思维创造提供了可能。

哈里斯将教育的实施者归为了五种机构，即家庭、学校、文明社会、国家和教会。哈里斯十分注重这五种机构彼此之间的关联，他认为这五种机构遵循着一种递进的关系，即教育始于家庭的启蒙，之后进入外部世界接受学校、社会和国家的文明教育，最终完成于教会进行的精神教育。在这五种机构中，哈里斯最为推崇学校的职能，他认为学校是"让所有阶级的人去参与文明生活的伟大工具"[③]。在哈里斯看来，参与文明生活就是个体能在服从现有社会秩序的基础上完成自我发展与文明创造，这也是建立学校的目的。哈里斯认为本质上的自我体现在文明的制度中，而学校是完成自我的关键。他谈道："文明是发展的，学校是家庭的补充，教育是国家、教会和市民社会的发展。文明越先进，其形式与制度结构也就越复杂。学校作为专门训练不成熟的人参与那些复杂工作的特殊机构，也就越重要。"[④] 相比其他机构，学校在塑造个体方面有着更大作用与目标。他认为，除学校外的各类机构尽管都在进行某种教育，但教

---

① 转引自：J.J. Chambliss, William Torrey Harris' Philosophy of Education, *Paedagogica Historica,* 1965(2).

② William T. Harris, *Twenty Annual Report of the Board of Directors of the St. Louis Public Schools,* Saint Louis: St. Louis Suoerintendent's Office, 1875, p.207.

③ 转引自：［美］劳伦斯·阿瑟·克雷明：《学校的变革》，单中惠、马晓斌译，山东教育出版社2013年版，第15页。

④ William T. Harris, The Church, the State and the School, *North American Review,* 1881(9).

育的结果更多的是无意识的习惯和倾向。① 这些机构的目的是一旦学生开始接受正规的学校教育，就释放他们的智力空间，以便使他们专注于更高的理念。哈里斯所谈的学校主要是指得到规范管理的"公立学校"，这也与他的教育事业相统一。在现有的社会秩序下，哈里斯认为公立学校有责任也有能力塑造合乎社会发展的个体，这不仅是指对个体智力的培养与知识的灌输，更在于超越智力范畴的道德价值的塑造。他在 1871 年圣路易斯的年度报告中谈道："美国制度的精神在公立学校中得到了比在其他地方都更大的体现。如果新一代公民不是在民主的原则下成长起来的，那么错就在公共教育制度。"② 在他看来，公立学校的本质就是现有社会制度和价值观的维护者，而非变革社会的工具。作为教育领导者，哈里斯在巩固早前公共教育成果的基础上，试图建立符合新兴工业社会和城市社会需要的公立学校系统。

（四）论公立学校的课程与教学专业化

在个体智力培养上，哈里斯认为公立学校相比其他机构有着无可比拟的优越性。哈里斯希望通过公立学校中的课程与教学来帮助学生适应文明社会与实现自我。然而，为应对公立学校扩大化与提高教学效率的需求，原有的课程体系必须有所改进。因此，公立学校课程中的"变"与"不变"以及变的程度成为摆在哈里斯面前的课题。哈里斯深刻地意识到了这一点，他基于时代判断，最终选择了在继承原有传统课程的基础上对其进行有效改造或重新建构，而非课程观的变革。

按照现代学者的分类，哈里斯可以被明确地归为知识中心课程的代表人物。首先，哈里斯认为学校课程应以彼此分离且具有逻辑性的学术性课程为主，课程的建构始终应依据各学科的学术性知识。哈里斯认为学术性课程最利于学生自我活动的发展，他为学生了解世界与实现自我提供了最有效的平台。哈里斯反对在公立学校中开展手工训练等实用性课程或完全根据学生个人的喜好来开发课程。他认为实用性课程的价值低于传统学术性课程。他说："首先培养人文学科，其次是职业培训。"③ 他举例谈道："教一个儿童做木工，是给他有限的关于自我与自然的知识；而教他阅读，则是给他一把开启人类所有智慧

① Lawrence A. Cremin, *American Education: The Metropolitan Experience 1876—1980*, New York: Harper and Row, 1988, p.520.

② 转引自：［美］劳伦斯·阿瑟·克雷明：《学校的变革》，单中惠、马晓斌译，山东教育出版社 2013 年版，第 15 页。

③ William T. Harris, *Vocation versus Culture,* Proceedings of American Institute of Instruction, 1891, p.20.

的钥匙。"① 同时，他认为纯科学的研究在难度和范围上都远胜于应用科学，因而传统学术性课程可涵盖手工训练的效能。他谈道："如果可以教青年在文学、算术、语法、历史等科目上发挥自己的能力，那么他们就能轻松地进行任何形式的手工训练。"②

其次，哈里认为学术性课程应以教科书主宰，而非实物和口头传授。尽管哈里斯承认实物教授可以促进学生本能性自我活动的发展，因而应以此作为学校教学的起点，但他也指出："对年幼学生感官机能的过度培养，会阻碍灵魂进一步成长为精神洞察力"③，即实物教授会阻碍高级自我活动的发展，因此学校应依照学生的年级逐步弱化对实物的使用。另外口头传授是对自我活动的破坏，因为这会使学生产生对教师言语的依赖而丧失自主思考能力，学生在学习下一主题前，仅有时间对教师此前的言语产生初步印象，因此对口头传授要予以限制。④ 在哈里斯看来，课程只有以教科书为中心才能真正发展学生的自我活动。仅从学生发展角度看，这种课程可以使学生独立于教师而有更多自主反思的空间和时间。同时，哈里斯所谈的教科书都是各学科的经典与千百年来的人类经验，它们经受住了时间与现实的检验。在哈里斯看来，教科书既是教学方法也是课程，维护教学方法不会有损于课程。⑤ 此外，教科书的优势还在于它使不同学校的教师开展相同的课程与教学成为可能，这也是作为领导者的哈里斯所考虑的。

最后，分科课程是哈里斯课程理论的基本观点。哈里斯对分科课程的理解要追溯至他于1874年提出的"灵魂五扇窗"，五扇窗实质上就是五个相互独立的学术性科目，每一门科目都被哈里斯看作是通向智慧世界的心灵之窗。具体言之，它包括帮助学生了解人类社会的文学、语法与历史，以及帮助学生熟悉自然世界的算术与地理。根据教育价值的高低，哈里斯将它们排序为文学、算术、语法、地理与历史。尽管科目名称较历史上并无实质性变化，但这些科目都植根于现代观念且内涵也不同以往。这五个科目在内容上互不重复，但在

① 转引自：［美］劳伦斯·阿瑟·克雷明：《学校的变革》，单中惠、马晓斌译，山东教育出版社2013年版，第28页。

② William T. Harris, *Vocation versus Culture*, Proceedings of American Institute of Instruction, 1891, p.16.

③ William T. Harris, *Psychologic Foundations of Education: An Attempt to Show the Genesis of the Higher Faculties of the Mind*, New York: D. Appleton & Company, 1898, p.142.

④ William Torrey Harris, The Theory of American Education, *Journal of Education,* 1870(2).

⑤ ［美］丹尼尔·坦纳，劳雷尔·坦纳：《学校课程史》，崔允漷等译，教育科学出版社2006年版，第101页。

教育与心理价值上相互补充。哈里斯认为这是获取更完整的自我定义与自我实现的基础科目，也是进行课程设置的基本框架。[①] 哈里斯曾指出这几类科目超越了一切其他科目。[②] 他认为这五类课程应始于基础教育阶段，目的是为进一步获取和创造知识做准备。"灵魂五扇窗"很大程度上是哈里斯基于当时教育现状，在运用黑格尔观点与继承原有古典课程的基础上所提出的。以此为基础的课程设置曾在圣路易斯公立小学进行过有效实践。1895年，哈里斯在《十五人委员会报告》中对如何规划小学课程进行了总结。他认为，规划的各类课程一是应当有一定的逻辑顺序与相互关系，每一种课程都应有存在的必要性，或是为继续学习同一学科做准备，或是为其他课程的学习做准备。二是各类课程还应与人类世界相对应，即设置的课程要能反映人类知识体系的某一部分，且在同一部分上各类课程之间不应有过多重复。三是每一课程的选择都要基于心理学的考虑，即规划的课程应当能使学生大脑中的各项官能得到适宜的发展。四是规划的课程还应与他所处的文明世界与自然环境相适应。[③] 同时，哈里斯在报告中依旧沿用了他的学术性课程与"灵魂五扇窗"理论，并为小学设计了五种主要课程，以及包括自然科学和音体美在内的其他课程。哈里斯在报告中对这些课程从价值、地位、内容、课时、授课法以及相互关系等多个方面进行了详尽阐释。

在开发公立学校课程的同时，教师的教学也要与之同步，由此哈里斯提出了教师教学专业化的观点。鉴于教师专业化是教师教学专业化的基础，哈里斯认为：首先，无论是师范生还是在职教师都必须接受专业化的教师培训，其中就包括对教育学和哲学等科目的学习。其次，不同地区的教师应当实施相同的课程并使用相同的教科书，不过在具体教学中教师可以根据学生水平在课时和进度上予以调整。最后，教师需要在教学中明确自己的定位，即教师的价值仅在于引导。哈里斯反对纯粹的口头传授与死记硬背，他认为实质内容必须通过学生自身的"自我活动"来获得理解。哈里斯的课程与教学强调了学生的自主性，但这只是一种相对的自由。学校和教师仍是学生发展的实际控制者，况且学生本身就只能在"现有社会秩序"与"传统课程"的框架下发展，因而哈里斯在课程与教学上的观点是带有明显保守性的。事实上，哈里斯的课程与教学

---

① William T. Harris, The Theory of American Education, *Journal of Education*, 1870(2).

② William T. Harris, *How to Teach Natural Science in Public Schools?*, New York: C.W. Bardeen Publisher, 1895, p.9.

③ The National Education Association, *Report of the Committee of Fifteen on Elementary Education with the Reports of the Sub-committees*, New York: The American Book Company, 1895, pp.40-41.

仍旧是对传统观点的继承、延续与发展。

（五）论公立学校的道德与宗教教育

相比智力培养，哈里斯更为强调学校在个体道德塑造上的作用，他甚至认为这会影响到国家的安全与未来。他指出，个体道德决定着他能否适合于文明社会，能否共享文明成果。[①] 他从黑格尔的观点中意识到理性是最高的实在，它是自发的，其特征是超越物理规律的自由，其最高动机是道德动机。因此，人要追求无限的道德进步。[②] 哈里斯认为传统人文课程可以促进个体道德水平的提升，例如教授儿童读写能力可转化为教授道德，因为阅读名著时，儿童会本能地吸取传统道德进而唤起更大的自我定义。尽管如此，哈里斯还是强调制度化的道德训练，他称其为"自我控制"（self-control）。"自我控制"即个体在学校的教导下应学会守时、讲卫生、懂礼貌、服从教师及保持安静。实际上，这是为了使个体脱离自我，而服从一种社会秩序。哈里斯认为公立学校首先需要做的就是培养个体对秩序的服从，这是获得自由的前提。他认为这种外部规则是道德的最低层面，但也是最重要的方面，它是使自我与更伟大的自我建立联系的基础。尽管它是简单机械的，但所有的学校教育都要由此开始，因为没有坚实的基础，其他形式的道德和自由就不会发生。

宗教是道德教育中不可避开的话题。哈里斯并不反对宗教教育，他为学校所订立的外部规则本身就是对清教徒道德准则和传统价值观的延续，但哈里斯认为这种外部规则仍有赖于自我控制的成功。哈里斯在谈到个人精神救赎时，认为宗教是最高层次的。但在其他时候，他更多的是在讨论精神救赎如何依赖于公立学校所提供的道德。[③] 哈里斯指出这并非因为世俗教育更为重要，而是因为宗教是一种非常个人化的体验，这种体验只能通过使用神学语言的宗教仪式来进行。[④] 同时他认为神学语言在解释道德规则时过于"模糊"，学校难以把控学生由此发生的内部体验。因此，哈里斯认为宗教不应该以任何显而易见的方式进入学校，因为这无益于社会道德准则与个体道德认同的构建。这一认识对哈里斯尤为重要，作为新时期的教育领导者，他面临的教育问题非常现

---

① William T. Harris, The Present Need of Moral Training in the Public School, *Journal of Education,* 1888(27).

② Kenneth Zimmerman, William Torrey Harris Forgotten Man in American Education, *Journal of Thought,* 1985(2).

③ Douglos McKnight, Morality and Public Schools: The Specter of William Torrey Harris, *The Journal of Educational Foundations,* 1999(4).

④ William T. Harris, The Church, the State and the School, *North American Review,* 1881(9).

实。工业化与移民问题迫使哈里斯必须削弱宗教神学规范，而选择更利于工业社会发展的世俗道德规范，且实施者必须是得到规范管理的公立学校。

（六）论公立学校中的民族、种族与女子教育

哈里斯在解读公共教育与改革公立学校时，个体的民族性问题是必须探讨的话题。这一问题在他任职圣路易斯期间显得尤为突出。哈里斯所面对的是一个多元文化社会，其中的德裔移民更是文化的有力塑造者。因此，如何通过学校教育来协调各民族在文化上的互容是哈里斯需要做的。哈里斯首先避免了"排他主义"和"本土主义"，并认同各民族对自身民族特性的保留。他说："民族记忆与志向、家庭传统、习俗和习惯、道德——所有这些构成了可以称之为每一个体之性格的实质内容；而且，若人格未受到灾难性的削弱，就不能突然地排除或改变这些实质性内容。"[1] 因此，他希望外裔学生能在接受美国化教育的同时不遗失本民族的文化。此外，哈里斯还极力反对民族层面上的社会等级制。实际上，我们可以将哈里斯关于民族教育的见解视作他为维持公立学校系统的稳定性与维护社会秩序的体现。哈里斯的以上主张在他引入与改革德语教学时得到了充分体现，尽管这一过程由于不同民族个体与文化内在的矛盾性而一波三折，但他在对民族问题的处理上确实胜过同时代的督学们。

在种族教育方面。南北战争后，圣路易斯的黑人数量急剧攀升，圣路易斯成为仅次于巴尔的摩与费城的美国第三大黑人聚居地。哈里斯并不太赞成种族平等，但他意识到为维护地区稳定与发展，黑人的文明化与受教育问题就必须得到有效解决。因此，他提出黑人也有接受公共教育的权利，并在立法、建校、招聘教师以及与黑人代表协商等方面进行了努力。他希望为黑人开设"隔离但平等"的教育，并采用知识教育与实用技能相结合的课程。[2] 尽管由于政治原因、种族歧视以及资金问题，哈里斯的计划在落实中并不顺利，但他在黑人教育上的探索显然走在了美国教育家的前列。

在女子教育方面，哈里斯认为工业化社会的男女应享有平等的受教育权利。他认为，妇女在学习能力上与男子并无差异，既然妇女需要走出家庭进入社会和工厂工作，那么她们就需要学习和男人一样的课程。由此，哈里斯提出了男女同校的主张。

---

① 转引自：［美］戴维·B. 泰亚克：《一种最佳体制：美国城市教育史》，赵立玮译，上海人民出版社2010年版，第111页。

② ［美］劳伦斯·阿瑟·克雷明：《美国教育史：城市化时期的历程（1876—1980）》，朱旭东等译，北京师范大学出版社2002年版，第181页。

（七）对美国公共教育发展的历史贡献

作为新时期的公共教育领袖，哈里斯的最大贡献就是使公共教育适应了南北战争后美国的快速工业化进程。克雷明认为："一方面，哈里斯是南北战争前所取得的胜利的伟大巩固者；另一方面，他最终使公立学校制度合理化了。"①

在理论贡献上。首先，哈里斯是美国本土教育哲学的先锋人物，他继承和发展了黑格尔哲学，并创建了一套可以服务于公共教育建设的美国化的教育哲学体系。哈里斯将这种教育哲学进行了有效实践与传播，这为19世纪末美国各地的公共教育改革提供了有效的方法论指导。同时，这种教育哲学也为后来者的哲学与教育理论工作打下了良好基础，而杜威就是这种影响的受益者。②克雷明指出，作为当时知名度最高的学校工作者，哈里斯恰好在学校教育日益占据美国教育结构重心地位的时候，提出了美国最早的关于学校教育的系统哲学。他的哲学思想即使在1906年他离任教育专员时，仍然是无可替代的。③其次，在公立学校建设上，哈里斯为美国各地区的公立学校提供了一套行之有效的具体改革举措与行政管理理论，这既可针对某一学校，也适用于某一地区的多所学校。最后，哈里斯发展了传统的知识中心课程，并创建了适合于工业化发展与公立学校扩大化的课程体系。同时，哈里斯还基于新的观念拓展了传统科目的内涵，并得到了十五人委员会的认可。美国教育学经典教材《教育基础》中写道："当代学科领域课程可追溯到19世纪70年代的哈里斯的著作。……哈里斯建立了一种'科目学'的定位，这一定位已经真正地主宰了从他那个时代起到今天的美国课程设置。"④

在实践贡献上。1865—1880年间哈里斯运用其教育哲学对圣路易斯公立学校进行了系统改革，这包括行政体系改革、分级制改革、学校的标准化改革、教师教学专业化改革以及课程系统改革。这使得圣路易斯公立学校系统成为当时全美的典范。其间，哈里斯于1866年在公立学校中引入了埃德温·李（Edwin Leigh）博士的语音系统，并在此基础上开发了当时全美最高效的语言

---

① ［美］劳伦斯·阿瑟·克雷明：《学校的变革》，单中惠、马晓斌译，山东教育出版社2013年版，第13页。

② 哈里斯对杜威走哲学道路的信念起着至关重要的作用。21岁的杜威在哈里斯的《思辨哲学杂志》上发表了第一篇文章《唯物主义的形而上假设》，并得到了哈里斯的鼓励与指导，这是杜威在历史上的首次登场。实际上，杜威就是以黑格尔的绝对唯心主义者身份开始了他的哲学生涯。

③ ［美］劳伦斯·阿瑟·克雷明：《美国教育史：城市化时期的历程（1876—1980）》，朱旭东等译，北京师范大学出版社2002年版，第182页。

④ ［美］阿伦·奥恩斯坦，莱文·丹尼尔：《教育基础》，杨树兵译，江苏教育出版社2003年版，第446页。

教学系统。在哈里斯的倡议下，1867 年，服务于教师专业化成长的柯克斯维尔师范学校（Kirksville Normal School）在圣路易斯成立。1873 年，哈里斯在圣路易斯创办了美国第一所公立幼儿园。1875 年，哈里斯经过与黑人领袖协商，创办了圣路易斯的第一所黑人高中。同时，哈里斯还在公立学校中进行了德语课程的改革探索。哈里斯在教育实践上的成功证明了他的理论在指导新时期公立学校改革时的有效性与合理性。

总而言之，哈里斯的教育思想与教育改革，扩大了公立学校的范围，并提高了办学效率。更重要的是，他的教育思想与教育改革，丰富了公立学校的理念与内涵，使南北战争后的广大师生既能接受新的社会现实，又不丧失教育中所蕴含的传统价值观，并一定程度上在多样化的学生群体中实现了美国共同的意识形态和文化准则，这有助于工业化社会的平稳发展。但不可否认，哈里斯的教育思想是特定时代的产物，并带有明显的"过渡性"。克雷明指出："要充分理解哈里斯的工作，人们就必须首先把他看成一个教育思想史上的过渡人物。"[1] 与此并存的是哈里斯教育思想中的"保守性"取向，这体现在哈里斯的教育思想仍旧是对传统教育观点的继承与改造，而无本质性的创新。这种"保守性"的来源还在于黑格尔的观点，可以说黑格尔哲学一方面成就了哈里斯，一方面也束缚了哈里斯对下一个时代的解读。又由于哈里斯的教育领导者身份，因而他的观点在世纪之交陆续受到了来自手工训练家、赫尔巴特学派与早期进步主义者的批判，其影响日益削减。尽管如此，我们仍不能否认哈里斯在美国公共教育发展上的历史贡献。当 20 世纪来临时，新的时代任务落在了年轻的且富有进步主义色彩的下一代美国教育家身上。

二、"进步教育运动之父"：帕克的教育实践及其主张

弗朗西斯·韦兰德·帕克（Francis Wayland Parker，1837—1902）是 19 世纪中后期美国著名的教育实践家，他在马萨诸塞州昆西市发起的教育改革，以及在库克师范学校任校长期间进行的教育探索，均在 19 世纪的美国教育史上留下了浓墨重彩的篇章，他也因此被公认为美国进步教育运动的最早倡导者，同时被杜威誉为"进步教育运动之父"。

帕克是一位名副其实的教育实践家，在他所开展的一系列教育改革中，帕克积累了"至为丰富"的教育实践经验，当然，"（帕克）并非局限于工作经

① ［美］劳伦斯·阿瑟·克雷明：《学校的变革》，单中惠、马晓斌译，山东教育出版社 2013 年版，第 10 页。

验的人，他具备新颖的教育眼光和教育思想"[1]，换言之，尽管"帕克并不是系统深邃的教育理论家，但他的崭新教育观点是极有进步意义的"[2]。

（一）帕克的生平与教育实践

1837 年 10 月 9 日，帕克[3]出生于美国新罕布什尔州贝德福地区一个叫皮斯卡塔夸格（Piscataquag）的乡村，家境一般，父亲靠制作橱柜维生。帕克 6 岁时，父亲去世，帕克被他的叔叔送到戈夫斯顿（Goffstown）的一个农场主家做学徒。在 5 年的学徒期间，帕克每年只有在冬季农闲时才有机会到学校接受为期 8 周的教育。学徒期满后，帕克边打零工边在一所学校接受正规教育。1853 年，16 岁的帕克完成学业，开始从事教职。1859 年，帕克经人推荐到伊利诺伊州的卡洛顿（Carrolton）担任一所学校的校长。其间，针对学校管理松懈失序的状况，帕克整顿学纪，并且组织学生修缮校舍，还为学校开辟出一块合适的操场，表现出了一定的学校管理才能。1861 年南北战争爆发后，帕克加入联邦军队，并参加了在南卡罗来纳和弗吉尼亚等地的一系列战役。战争期间，他因表现英勇而在 1864 年被授予陆军中校军衔，"帕克中校"也因此成为伴随他一生的一个重要称谓。南北战争结束后，帕克曾有机会到华盛顿担任军职，但他最终还是选择了回归学校。

1865 年，他到新罕布什尔州曼彻斯特地区的一所文法学校担任校长。在此期间，帕克"首次脱离常规的学校教学"，尝试将他在军队的某些经验引入教育领域，比如他充分利用竞争作为激励学生努力学习的手段，同时还根据学业成绩对学生进行等级评定等。1868 年，帕克辞去曼彻斯特文法学校校长职务，转赴俄亥俄州的代顿（Dayton）市，在该市一所学校担任校长。在代顿工作期间，帕克更加深刻地认识到美国基础教育存在的问题，"忧伤的（学习）过程和忧伤的（教学）方案"给孩子们带来的不幸让帕克印象深刻，由此他开始大量阅读相关教育书籍，特别是认真研读了奥斯维哥运动发起人爱德华·薛尔顿（Edward Sheldon）的许多作品，进而对裴斯泰洛奇等欧洲教育名家的思想和理念产生了浓厚的兴趣。

1869 年，代顿市新组建了一所师范学校，帕克被任命为首任校长。结合

---

① 滕大春：《美国教育史》，人民教育出版社 2001 年版，第 548 页。

② 滕大春：《美国教育史》，人民教育出版社 2001 年版，第 554-555 页。

③ 帕克的生平和教育实践主要整理自以下文献：Franklin Parker, *Francis Wayland Parker, 1837—1902,* Paedagogica Historica, 1961(1); Charles Dennis Marler Jr., *Colonel Francis Wayland Parker: Prophet of the "New Education",* Redwood city: Stanford University Press, 1965; 滕大春：《美国教育史》，人民教育出版社 2001 年版。

多年的基础教育教学与管理实践，帕克在师范学校里进行了一些改革尝试，但他的改革理念和具体举措引发了众多的不解甚至抨击，比如，帕克对教材的单向知识传授模式提出了质疑，而这招致了教材出版商的反对，另一些反对者则批评帕克没有接受过正规的高等教育，不是"大学毕业生"，借喻帕克的改革理念不具科学性和合理性……许多批评和反对使帕克无法正常地开展工作，1872 年，心力交瘁的帕克最终选择从代顿师范学校辞职。

辞职后的帕克意外迎来了自己的人生转机。他的姑妈离世后为他留下了 5000 美元的遗产，利用这笔遗产，帕克得到了赴欧洲留学和游历的机会。1872 年，帕克抵达欧洲，并进入德国柏林大学学习。学习期间，帕克还遍访荷兰、瑞典、意大利、法国等地，深入接触到欧洲各种教育革新实践。值得一提的是，完成学业后帕克并未获得柏林大学的学位，当时柏林大学的校长曾问帕克想攻读何种学位，他答道："先生，我学习不是为了学位，而是为了美国的儿童。"[1] 受这种理念的驱动，在欧洲留学期间的帕克除认真修读了大量与教育相关的课程外，还密切关注福禄贝尔、裴斯泰洛奇、赫尔巴特等人的教育主张，同时对夸美纽斯、卢梭、巴西多等著名教育家的思想有了系统的了解。欧洲的留学和游历生涯对帕克此后的教育活动产生了重大影响。

1875 年，帕克从欧洲返回美国，随后被任命为马萨诸塞州昆西市的首任督学。从 1875 年到 1880 年，帕克在担任昆西市督学期间，对该市的公立学校系统进行了大刀阔斧的改革，这就是美国教育史上著名的"昆西实验"。帕克领导的昆西实验聚焦于学校教学改革方面。当时昆西的学校系统中充斥着陈旧的科目和呆板的教学，完全是"旧时代教育"的翻版。[2] 对此，帕克吸收借鉴卢梭、裴斯泰洛奇、福禄贝尔、赫尔巴特等教育家的观点，形成了"儿童是教育教学的中心""做中学"和"'集中'的课程设计原则"等改革指导思想[3]，进而开展了包括教学、课程和学校管理在内的系统性改革，相关改革举措后被命名为"昆西方法"（Quincy Method），得到社会各界的广泛关注。在昆西的改革是帕克教育生涯的第一个高峰，帕克由此赢得了全国性的声誉。在评价帕克领导的昆西实验的贡献时，杜威认为帕克最重要的成就是将教师注意力从墨守成规的学校

① Charles Dennis Marler Jr., *Colonel Francis Wayland Parker: Prophet of the "New Education"*, Redwood city: Stanford University Press, 1965, p.61.

② Charles Dennis Marler Jr., *Colonel Francis Wayland Parker: Prophet of the "New Education"*, Redwood city: Stanford University Press, 1965, p.85.

③ 杨帆、张斌贤：《教育改革的新起点：昆西学校实验》，《教育科学研究》2016 年第 2 期。

工作中转移到了儿童个体身上，把学习者放在了教育过程的中心环节。[①]

1880 年，帕克离开昆西，前往波士顿担任公立学校学监。帕克尝试将昆西的改革举措应用于他所负责的学区内的学校，但由于波士顿的学校系统比昆西规模更大，情况也更为复杂，帕克的改革尝试引发了部分学校的校长和教师的反对，并没有取得很好的效果。

1883 年，帕克前往芝加哥，担任库克师范学校校长。在库克师范学校，帕克将教师培训和公立学校教育改革相结合，按照"儿童中心"、"集中"原则、民主共同体等思想开展了包括课程、教学、学校管理在内的全方位系统化的教育改革。[②] 帕克在库克师范学校的改革是其教育生涯的又一个高峰，这次改革既是昆西实验的延续，又在某种程度上是对昆西实验的升华，呈现出很多不同的特点。也可以说，担任库克师范学校校长时期，帕克关于美国学校教育改革的整体认识已经较为成熟。和昆西实验一样，库克师范学校的改革举措也在全美引起巨大反响。由帕克领导和主持的昆西实验与库克实验均对当时美国的学校教育改革产生了广泛而深刻的影响，共同开启了此后轰轰烈烈的进步教育运动。正是从这个意义上，杜威在 1930 年撰写的《新学校有多少自由？》（*How Much Freedom in New Schools?*）一文中明确表示："帕克比其他任何人都堪称进步教育运动之父。"[③]

晚年的帕克所做的另一件值得关注的事情，是他参与了芝加哥大学教育学院的创办。1899 年，帕克受命担任新组建的芝加哥学院（Chicago Institute Academic and Pedagogic）院长。1901 年，在芝加哥大学校长威廉·哈珀的积极争取下，芝加哥学院并入芝加哥大学，改组为芝加哥大学教育学院，帕克担任首任院长。遗憾的是，1902 年帕克就因病去世，未能在芝加哥大学的平台上继续进行教育改革探索。帕克去世后，在缅怀其人生业绩时，哈珀曾说："无论是作为士兵、学生、教师，还是作为领导者、管理者和思想者，帕克在不同时期都扮演了高度负责的人生角色。"杜威也曾评价说："尽管我们朋友的身体已离我们远去，但他的精神永垂不朽，并将不断发扬光大。"[④] 从帕克献身教育、致力改革所取得的业绩和产生的影响来看，应该说哈珀、杜威等人对帕克

[①]　Franklin Parker, *Francis Wayland Parker, 1837—1902*, Paedagogica Historica, 1961(1).

[②]　杨帆、张斌贤：《从昆西实验到库克实验——帕克教育思想与实践的转变》，《清华大学教育研究》2018 年第 3 期。

[③]　Franklin Parker. *Francis Wayland Parker, 1837—1902*, Paedagogica Historica, 1961(1).

[④]　William R. Harper & John Dewey, In *Memoriam. Colonel Francis Wayland Parker*, The Elementary School Teacher and Course of Study, 1902(10).

的评价是恰如其分的。

（二）帕克的教育主张

作为一名始终站在教育改革前沿的实践家，帕克在吸收借鉴卢梭、裴斯泰洛奇、福禄贝尔、赫尔巴特等欧洲教育名家学术思想的基础上，通过认真观察、分析和思考美国学校教育的实际状况，亲自主持开展一系列教育教学、课程与学校管理改革实践，特别是在昆西和库克的改革实践，逐步形成了较为丰富和成熟的教育主张。这些教育主张集中体现在《关于教学的谈话》（ *Talks on Teaching* ）、《关于教育学的谈话》（ *Talks on Pedagogics* ）等一系列论著中。不过仍需注意的是，帕克并不是一位传统意义上的教育思想家或理论家，他对教育的理解更多地来自他的教育工作实践，例如《关于教学的谈话》和《关于教育学的谈话》就是帕克在学校工作期间与教师对话的产物，因此从这个意义上说，很多教育史家认为"帕克是教育艺术家而非教育理论家"[①]。

后世有很多学者从不同角度尝试对帕克的教育主张进行梳理。马勒（ Charles Dennis Marler, Jr. ）在 1965 年完成的博士学位论文中，从六个方面总结了帕克的教育理念，包括：对孩子的信任（ faith in the child ）、教育的目的（ purpose of education ）、民主与公共学校（ democracy and common school ）、作为理想与现实桥梁的儿童研究（ child study : bridge between ideal and practice ）、作为（教育）实现手段的课程与方法（ the means of fulfillment : curriculum and methodology ）、作为专业与科学的未来教育（ the future of education : profession and science ）。[②] 约翰逊（ Gregory S. Johnson ）在 1974 年完成的博士学位论文中，分析了帕克的教育哲学及其在语言和阅读教学中的体现，他重点从课程与教学的角度分析了帕克的教育哲学，主要内容包括：儿童观（ the child ）、集中理论（ the theory of concentration ）、学习的中心课程（ the central subjects of study ）、形与数（ form and number ）、注意与观察（ attention and observation ）。[③] 从上述内容可以看出，帕克对教育的认识涵盖了教育理论中的若干基本问题，如：怎样看待儿童，如何看待学校教育与社会的关系，知识的类型和教学的手段，课程设置与教学过程等。

[①] 滕大春：《美国教育史》，人民教育出版社 2001 年版，第 548 页。

[②] Charles Dennis Marler Jr., *Colonel Francis Wayland Parker: Prophet of the "New Education"*, Redwood city: Stanford University Press, 1965, p.viii.

[③] Gregory S. Johnson, *Francis Wayland Parker: An Historical Study of the Influences on His Philosophy of Education as It Relates to Language Arts/Reading Instruction*, Honolulu: University Press of the Pacific, 1973, pp.25-38.

我国学者对帕克的教育实践活动与理念主张也多有关注。滕大春先生在《美国教育史》一书中对帕克的教育思想进行了较为系统的分析，认为帕克的教育思想可以归纳为三个方面，即尊重和热爱儿童是教育的首要原则；儿童要从直观和活动中进行学习；公共教育（学校）是民主社会的凝聚手段。[①] 赵祥麟从"所有儿童都应在统一的公立学校受教育""顺应儿童的自然倾向进行教育""和谐发展是教育的目的""按统一的原则组织教学"等四个方面阐释了帕克关于教育的论述。[②] 单中惠从"儿童中心的学校""活动的课程与方法""教师及师资培养"等方面对帕克的教育思想进行了解读。[③] 张斌贤等指出，"将儿童置于教育的中心""强调教育的民主性""提出新的课程观和教学方法观"等是帕克对教育事业做出的主要贡献[④]，这在一定程度上也体现了帕克教育思想的相关内容。

通过考察帕克的生平与教育活动，以及综合国内外相关学者对帕克教育主张的总结与归纳，可以发现，作为一名在实践领域产生广泛影响的教育改革家，帕克关于教育的论述或主张几乎涉及当时教育活动的方方面面，而且其观点之间也有着内在的有机联系。国内外学者对帕克教育主张的种种阐释均有其合理性，这些阐释是进一步全面和深入认识帕克及其教育观的重要基础。从另一个角度来看，数十年致力于教育改革的帕克对当时美国的学校教育和课堂教学的细微之处有着异于常人的敏感性和洞察力，他也因此被称为教育"艺术家"。尽管帕克不是传统意义上的教育思想家，但不可否认的是帕克广博的教育观背后是有其具有统摄性的内在逻辑的。这种内在逻辑体现在，帕克的教育主张和教育实践实际上始终都在围绕着教育的基础性命题而展开，即如何认识儿童，要把儿童培养成什么样，以及如何培养儿童。从这一角度出发进行梳理，或许可以对帕克的教育观有新的认识。

在如何认识儿童这一命题上，帕克基于"儿童是学校教育的焦点"的认识，主张教育者必须了解儿童，进而遵循儿童的本性开展教育。"尊重天性和热爱儿童是教育的首要原则。"[⑤] 这一主张显然是受到了自19世纪初即传入美国的欧洲教育新思想的影响。19世纪，裴斯泰洛奇、福禄贝尔、赫尔巴特等欧洲教育名家的理论在美国传播开来，并付诸实践。帕克一则从自己对美国教

---

① 滕大春：《美国教育史》，人民教育出版社2001年版，第548-553页。
② 赵祥麟：《外国教育家评传》（第2卷），上海教育出版社2003年版，第433-443页。
③ 单中惠：《西方教育思想史》，教育科学出版社2007年版，第431-434页。
④ 张斌贤、褚洪启：《西方教育思想史》，四川教育出版社1994年版，第615-616页。
⑤ 滕大春：《美国教育史》，人民教育出版社2001年版，第549页。

育的亲身观察中感受到这些教育新思想的巨大魅力，一则在其赴欧学习与游历期间也深入了解了这些名家观点的具体内涵。帕克"从裴斯泰洛奇、福禄贝尔、赫尔巴特等教育家吸取了丰富的营养。他从裴斯泰洛奇吸取了关于教育方法的知识，从福禄贝尔吸取了关于尊重儿童的观念，从赫尔巴特吸取了关于注意的理论。帕克吸取了这一切而加以融会贯通，使早期美国的教育过渡为新的教育"①。在帕克看来，对作为教育对象的儿童的正确认识，是开展一切教育的起点，只有准确把握儿童的天性，才有可能实施有效的教育手段。那么，儿童天性是什么样的呢？帕克在《关于教育学的谈话》中指出，"科学家告诉我们，儿童出生的时候听不见、看不到也不能说话，但他拥有不可思议的发展的可能性"；儿童的天性中存在着自发活动的倾向，这种倾向是儿童进行学习的驱使力；而且，"直到教育干预之前，儿童一直是行动和表现的统一体"，活动是儿童的天性，儿童是自发地、无意识地通过活动开始每一门学科的学习的。② 总而言之，作为上帝的造物，儿童是应该得到信任的，要相信"儿童有改善和发展的可能性"。帕克承认，每个学校里都会有所谓的"坏孩子"，但是他坚信，"除非神圣的火花熄灭，否则坏孩子都是可以被拯救的。关键在于环境的安排，要避免设计出他们不喜欢的培育环境，而是要创设一种从中他们可以发现并且开始做他们所喜欢的良善之事的环境。孩子们渴望做点什么，而且他们对做正确的事的喜爱程度远胜于做错误的事"③。帕克始终强调，"儿童的自然性向是上帝赋予的记录。……我们在这里是为着一个目的而奋斗的，这个目的就是理解儿童的自然性向，并且使这些性向继续按照儿童的天性，向一切方向发展"④。帕克上述对儿童的认识构成了其教育主张和教育实践的重要起点。

作为"上帝的肖像"，每个儿童都有着发展的可能。那么，通过教育，要将儿童培养成什么样子呢？对这一命题的回答构成了帕克的教育目的观。帕克承认，学校的任务是训练孩子们热爱工作，使他们在成长的每一个阶段都能依照永恒不变的法则去做任何必要的事情。但帕克认识到，这并非教育的终结，他说："（教育的）伟大目标，其首要价值，是人的发展。"⑤ 而这种发展

①　滕大春：《美国教育史》，人民教育出版社 2001 年版，第 548-553 页。

②　转引自：杨帆、张斌贤：《教育改革的新起点：昆西学校实验》，《教育科学研究》2016 年第 2 期。

③　Charles Dennis Marler Jr., *Colonel Francis Wayland Parker: Prophet of the "New Education"*, Redwood city: Stanford University Press, 1965, pp.132-133.

④　滕大春：《美国教育史》，人民教育出版社 2001 年版，第 549 页。

⑤　Charles Dennis Marler Jr., *Colonel Francis Wayland Parker: Prophet of the "New Education"*, Redwood city: Stanford University Press, 1965, p.133.

集中体现在帕克所说的人的"性格"（character）上。帕克认为性格的发展或成长对每个学生都至关重要，"一个人所有的知识和技能，他的所思、所知和所做，都表现在他的性格上。性格是所有这些表现的总和，是头脑中一切事物的表现"①。理想的人的性格，包含着健康、快乐、乐于助人、值得信赖、良好品位、职业使命和公民精神等基础元素，因此发展理想的性格，才应该成为教育最终极的使命。然而，帕克对当时的学校能否提供这种教育是有所怀疑的。帕克曾说："我们如何才能获得理想的性格？靠学校吗？你把你的孩子送到学校所求为何？你送他们去学校为的是知识，而不是性格。"这反映出帕克对传统学校教育的批判态度，在他看来，传统的学校教育以知识为最终目的，这是一种不道德的行为。不过需要指出的是，帕克的上述观点并非要将知识的获取与性格的养成对立起来，实际上，两者也绝非对立和矛盾的，而是说知识只有在有助于理想性格养成的过程中才能体现出价值。换言之，帕克强调的是，"知识本身并没有内在价值"，"知识的价值存在于它对人之良善的有用性上"。②

基于儿童观和教育目的观，帕克对如何培养儿童也形成了独到的理解，其核心内容包括：（1）在一个民主社会中，所有的儿童都应该在统一的公共学校中接受教育。帕克认为，只有民主政治才能使人获得自由，而建立民主政治只能依靠教育，公共学校是孕育民主社会的土壤。他设想，所有儿童，无论阶级、民族、教派、贫富和性别，都应在公立学校中共同生活8~12年，"在偏见进入他们幼稚的灵魂之前，在仇恨被固定下来之前，在怀疑成为一种习惯之前，公立学校中的儿童出于互相帮助的目的一起生活和工作，他们互相交流、互相合作、互相学习。这样公立学校就可以增进儿童之间的相互理解，消除他们之间的偏见和隔阂，最终促成民主社会的形成"③。（2）学校里的课程和教学，应该根据儿童的天性加以设计和实施。帕克认为，传统的学校教育，无论是课程的设置，还是教学的方式方法，都没有将教育的对象——儿童放在中心位置，由此导致儿童对学习失去了兴趣，因此他十分强调对学校的课程内容和教学方法进行改革。在课程设计上，帕克吸收了赫尔巴特的"集中"原则。所谓集中，是指在学校的所有课程中，选择一门科目作为学习的中心，使其他

①　Charles Dennis Marler Jr., *Colonel Francis Wayland Parker: Prophet of the "New Education"*, Redwood city: Stanford University Press, 1965,p.134.

②　Charles Dennis Marler Jr., *Colonel Francis Wayland Parker: Prophet of the "New Education"*, Redwood city: Stanford University Press, 1965, p.135.

③　杨帆、张斌贤:《从昆西实验到库克实验——帕克教育思想与实践的转变》,《清华大学教育研究》2018年第6期。

科目都作为学习和理解它的手段。基于此原则，帕克认为，儿童是所有学科的中心，儿童从一开始就自发地对周围的人、事和环境感兴趣，而儿童自发学习并保持持久兴趣的对象中，包含了所有的核心学科，如地理学、地质学、矿物学、植物学、动物学、人类学等。帕克据此提出应按照集中的原则围绕上述核心学科统一课程，学生的阅读、语言、写作等课程的学习都应围绕这些核心学科的学习来实施，这样一来，所有学科和课程就以儿童为中心统一了起来。[①]

在教学方面，帕克尤为强调做中学，这是帕克在昆西实验和库克实验中都始终坚持的一条基本原则。在昆西，帕克主张教师应尽最大的可能为学生创造各种做的机会，凡是能通过做来学的东西尽量让学生通过做来学；在库克，帕克进一步完善了做中学的实施，他组建了专门的手工训练部，让儿童有机会系统地开展手工艺活动，以此使儿童对自己最适应的职业做好准备，为将来在世界上生存提供更好的机会。而且，这种手工训练不是孤立的而是系统完整的，与其他科目的学习交织在一起，如物理教学中简单设备的制作与绘画、算术、几何的学习相互联系。可以说，在将手工艺课程引入公立学校并系统完整地实施方面，帕克及其主持的教育实验做出了开创性的贡献。[②]

除上述内容外，帕克还在具体的课程教学方面提出了系统的改革建议，同时帕克也高度重视师资的培养，围绕如何造就优秀的教师进行了系统探讨和实践尝试。这些内容共同构成了帕克广博而深邃的教育主张。

作为新教育的"先行者"，帕克基于对传统教育的批判，提出了一系列具有前瞻性的教育主张，且通过他的教育改革实践验证了其理论并产生了深远影响，从而奠定了他在美国教育史上的独特地位。诚如滕大春先生所评价的：帕克是教育实践的革新者，杜威是教育哲学的建立者，而杜威的教育哲学和帕克的教育观点显然是直接且鲜明地连接在一起，帕克的儿童观和杜威的儿童中心论，帕克的教育观和杜威的做中学、教育即生活理论，帕克的民主理想和杜威的学校即社会理论，"不只是相似的，而且是性质相同的。可以肯定帕克是美国实用主义教育思潮的先导"[③]。

---

①　杨帆、张斌贤：《教育改革的新起点：昆西学校实验》，《教育科学研究》2016 年第 2 期。

②　杨帆、张斌贤：《从昆西实验到库克实验——帕克教育思想与实践的转变》，《清华大学教育研究》2018 年第 6 期。

③　滕大春：《美国教育史》，人民教育出版社 2001 年版，第 585 页。

第三节　大学现代化运动背景下的高等教育思想

南北战争给美国历史带来了重要的转折，为美国社会的现代化发展提供了条件。战争结束后，南部地区的奴隶制度被废除，南部各州重归联邦，重新建立政治和社会结构。联邦政府通过一系列重建工作，将美国各州纳入了统一的现代工业发展体系，使得市场迅速扩大。一方面，南部地区拥有丰富的矿藏、棉花和农林资源，还有大量廉价劳动力，吸引了北部地区的企业家前来投资。另一方面，随着战后重建工作的深入，很多获得自由的黑人逐渐得以离开束缚他们的南部农业区，涌入北部工业城市。此外，西进运动迅速地扩展了美国疆土，再加上移民法案颁布之后，美国招募了数以千万的新移民，这些都为美国工业快速发展提供了大量新的市场和劳动力。

19世纪60年代及之前，美国一直是农业国，1860年时的工业生产总值尚不及英国的一半[1]，也落后于法德两国。南北战争结束后，美国农业种植面积及产量迅速上升，但与工业生产的比例关系发生了巨大变化。从19世纪70年代起，随着工业市场的扩大，劳动力密集增长，科技不断进步，交通及通信工具日益便捷，美国实现了经济上的飞跃。1890年，美国工业产值超过英、法、德三国，跃居世界首位。钢铁、采矿、石油开采等重工业和轻工业生产全面繁荣，工业产品总值超过农业，实现了从农业国向工业国的转变。尽管遭遇了90年代严重的经济萧条，美国工业经济仍然持续发展。1913年，其工业生产总量超过英、法、德、日四国总和，从此成为世界头号工业强国。

交通设施与通信手段的发展与完善，也为美国全境的经济发展注入活力。南北战争结束后，原本就落后且遭严重破坏的南部地区铁路得以重建。1890年，南部地区的铁路线达到27655英里。19世纪末，南部地区已形成完整的铁路网，将所有主要城镇连接起来。1900年，美国境内铁路长度从1870年的5.3万英里增至19.3万英里，超过欧洲铁路长度总和。无论是居民出行还是货物运输，都可以越来越快捷地往来于各个城市与地区。与此同时，城镇内部的交通设施也不断升级，19世纪70年代，缆车取代了大部分马车，80年代末起，一些美国城市开始设置电车线网，到1902年，97%的美国城市交通实现了电气化[2]，加上新建的高架铁路和地下铁道，形成了快速多样的城市交通网络，城市中心和城郊得以连接，城市中心不断外延，人们的活动及居住范围大

---

① 刘绪贻、杨生茂、丁则民：《美国通史》第3卷，人民出版社2008年版，第83页。
② ［美］詹姆斯·柯比·马丁等著：《美国史》，范道丰等译，商务印书馆2012年版，第760页。

幅扩展。在交通手段变得发达的同时，美国通讯方式也在突飞猛进地发展。19世纪 90 年代，建立起了比较完整的电报及电话系统，电话成为美国家庭社会及商业活动的重要工具。交通及通信手段的发达为美国经济、社会及文化的繁荣创造了条件。

工农业的发展，交通及通信方式的变革，都促进了美国的城市化发展。战争结束后，美国城市数量及规模迅速扩大，街道扩建，新建筑拔地而起，城市人口迅猛增长。1900 年，有近 40% 的美国人居住在城镇，1920 年攀升至 50%。1860 年，美国只有 9 座人口超过 10 万的大城市，1900 年增加到 38座 ①，其中有 3 座城市人口超过百万。城市规模的扩展与密度的增加，改变了美国人的生活方式。

除了战乱平息、市场统一、劳动力增加等因素外，美国工农业经济的飞速发展以及城市的扩张，还离不开教育的支持，科技发明、生产方式变革、城市规划等各方面都要依靠受过良好教育的专业人员来进行管理与服务。19 世纪 70 年代到 20 世纪初，美国经济的腾飞与教育，特别是高等教育的迅速发展是环环相扣、互相需求并相互促进的。而从本质上来看，美国高等教育的迅速发展与德国大学有更加深刻的、千丝万缕的联系。

1810 年，柏林大学建立，在其带动下，德国大学广泛实行变革并焕发出新的活力，率先转变为现代大学，成为世界，特别是西方高等教育的典范。19世纪末至 20 世纪初，美国积极地向德国学习，引进了德国大学思想中的两大精华，一为研究，一为学术自由。19 世纪 70 年代起，美国各地的研究型大学和多种学科的研究生院如雨后春笋般涌现，各学科纷纷建立专门学会，极大地推进了美国的学术发展。联邦及各州颁布了倡导及保障学术自由的条例，并建立起相关组织。从某种程度上讲，美国高等教育现代化的进程主要依赖于两个基础，一是通过一场时间长、规模大的留学活动使得美国积极地学习德国大学思想，并从美国国家特征与精神出发，确立起基本的现代高等教育思想与体系。当然，此处必须注意的是，尽管美国现代大学思想具有显著的德国基因，但并不完全等同于德国大学。即使是研究、学术自由这两个深度借鉴自德国的理念，仍然被加以调整，形成了鲜明的美国特色。二是在完成了基本的学习、模仿与移植之后，美国大学还注意到了德国工业教育取得的成就。务实的国家特质推动美国大学在关注学术研究的同时也注重实际应用。于是，通过一系列

---

① ［美］詹姆斯·柯比·马丁等著：《美国史》，范道丰等译，商务印书馆 2012 年版，第 758 页。

举措，在教学与科研两大功能的基础上，社会服务新增成为现代大学的第三项功能，并由此确立了美国独具特色的现代大学制度。

一、美国人留学德国浪潮

国际化是大学的重要特征之一，而国际化的重要标志是学生的流动性。在20世纪前的西方大学史上，曾经有过数次颇有影响的留学潮（19世纪前更多地称之为游学），分别出现于中世纪、近代早期及19世纪，它们极大地促进了西方社会的进步和各国文化教育的交流与发展。美国学人留学德国的浪潮贯穿了整个19世纪，在西方大学留学史中意义非凡。

1810年，普鲁士教育厅厅长洪堡成功地恳请普鲁士国王废除了之前的禁令，让德国学生重新获得在国外学习的自由。但他可能没有预料到，留学禁令解除后，德国并没有出现大规模的出国留学潮，却迎来了大批前来德国留学的外国人，其中美国学生人数最多。从1815年到20世纪初，近万名美国学子负笈德国，被史家称作"高等教育史上文化相互影响的最不寻常的例子之一"①。

美国学人留德活动历经百年，人数众多、影响深远。根据留学活动的规模，可以将其划分为起步期（1815—1850）、快速发展期（1851—1900）和尾声（1901—1917）三个时期。在长达50年的快速发展时期中，留学者的数量出现了3次明显的高峰，第一次在19世纪50年代，第二次和第三次分别出现于19世纪70年代和90年代。赴德留学及归国美国学人最活跃的时期则是从19世纪70年代，即南北战争结束后开始的。

（一）南北战争前的美国学人留德活动

1766年，本杰明·富兰克林（Benjamin Frankelin）到哥廷根大学参加会议，之后访问了其他德国城市。在他的支持下，兰卡斯特青年本杰明·史密斯·巴顿（Benjamin Smith Barton）于1799年从哥廷根大学获得医学博士学位，并成为该校为美国培养的第一位医生。②

19世纪初的美国，除了德国移民，很少有人学习过德文，德语文献甚至字典都非常少见，人们对德国文化和大学都知之甚少。然而有趣的是，某种程度上恰恰是法国人向美国开启了探知德国及德国大学的大门，为美国大学向德国学习并建立自身现代大学体系提供了引子。1814年，法国作家斯塔尔夫

---

① 贺国庆：《德国和美国大学发达史》，人民教育出版社1998年版，第116页。

② Albert Faust Bernhardt, *The German Element in the United States with Special Reference to Its Political, Moral, Social, and Educational Influence* (Vol. Ⅱ), Boston: Houghton Mifflin Company, 1909, p.209.

人（Madam de Staěl）的著作《德国》（De Allemagne）被译成英文出版。书中盛赞德国大学："德国北部地区布满了全欧洲最有学识的大学，德国人擅长通过各种方式学习，并将才能发挥到极致，在这点上，其他国家，甚至英国，都不能及。"[1] 美国教育界及青年通过这本书对德国大学产生兴趣。在这样的背景下，乔治·蒂克纳（George Ticknor）和爱德华·埃弗里特（Edward Everett）于1815年到汉诺威地区的哥廷根大学学习。1816年和1817年，约瑟夫·格林·科格斯韦尔（Joseph Green Cogswell）与乔治·班克拉夫特（George Bancroft）也相继来到哥廷根大学，成为"第一批在德国大学学习的美国人"。在留学之前，这四位年轻学人都曾经在哈佛学院学习或工作，获得学位并回到美国之后又都在哈佛担任过教职，参与和推动了哈佛的改革，因此被称作"哈佛帮"（Harvard group），是起步期留德学人中最典型的代表，由此正式开启了长达百年的美国学人留德浪潮。美国学者斯文（C．F．Thwing）说："这四人即便不是对哈佛学院，但至少是通过哈佛学院，对美国文学和高等教育产生了基本的影响。他们帮助把欧洲学术带到了美国，打破了美国生活的孤立局面，激发了美国学者正确评价德国知识和教学的重要价值。"[2]

1832年，另一位法国人维克托·库森（Victor Cousin）发表了《德国，特别是普鲁士公共教育报告》（Rapport sur l'Etat de l'instruction pub lique dans quelques pays de l'Allemagne et particulierement en Prusse），聚焦于以柏林大学为首的普鲁士地区高等教育改革所取得的成效，对斯塔尔夫人的《德国》做了有效的补充，并在美国青年中引起了更多的关注，继哈佛帮之后，赴德求学，特别是赴柏林大学的美国人逐年增多。1829年，在哥廷根留学的美国人朗费罗（H.W.Longfellow）写道："试问迄今为止美国的大学为何物？答案只有一个，那就是两三座砖瓦建筑和一座小教堂，再加上一位在里面祈祷的校长。而哥廷根大学则是教授云集，他们极有思想，其名望吸引了众多学生…… 学生们能够学到前所未闻的知识。与之相比，我们则望尘莫及。"[3]

19世纪中期以前留学者的经历与成绩提高了德国大学在美国的知名度和吸引力，同时也开始把德国大学的一些理念带回美国。

19世纪中期，美国高等教育机构数量有所增加，但办学质量仍然与欧洲

---

[1]　Albert Faust Bernhardt, *The German Element in the United States with Special Reference to Its Political, Moral, Social, and Educational Influence* (*Vol. Ⅱ*)，Boston: Houghton Mifflin Company, 1909, p.210。

[2]　贺国庆：《德国和美国大学发达史》，人民教育出版社1998年版，第114页。

[3]　Richard Holdfaster & Walter P. Metzger, *The Development of Academic Freedom in the United States*, New York: Columbia University Press, 1955, p.374.

有显著差距，自身的师资需求也难以得到满足。德国大学持续快速发展，加之早期留学者对其大加赞赏与宣传，到了19世纪50年代，留德美国学人数量迅速增长。仅选择哥廷根大学的就比40年代增加了近70倍，达到97人。[①] 而60年代爆发的南北战争并没有阻断留学者的脚步，战争期间的留学人数反而保持了小幅上升。不少美国青年苦于国内战乱困扰，求学不便，于是选择了德国大学，来满足自己对安宁与优质高等教育的渴求。这一时期的留学者大都在战争结束之后活跃于美国各种教育改革活动中。

（二）南北战争结束后到20世纪初的美国学人留德活动

1865年，南北战争结束，美国高等教育长期存在的问题引起了越来越多的关注。一方面，旧式学院培养的人才无论在数量还是质量方面都已经无法满足工业经济发展的需求。另一方面，《莫雷尔法案》实施后，各州纷纷建立新大学，需要大量富有学识的教师和管理者来建设。此时，美国既需要有好的体系榜样以供学习与借鉴，也需要大量人才来开展教学与管理工作。战争前的留德活动及其培养出的优秀学人，成为可以解决上述问题的最佳答案。因此，从德国归来的青年学者迅速被美国大学，特别是新建大学聘用。同时，这些学校也热衷于鼓励自己的毕业生去德国留学，继续深造。

19世纪70年代，留德美国学人数量突增十余倍，超过2500人，是这个世纪留德活动过程中人数增幅最大的十年。同样也是在这一时期，倡导模仿德国大学模式及理念来改革美国高等教育的留德学人陆续成为美国新建大学及原有大学（学院）的校长、董事会成员或教授，这一方面加快了美国教育改革的步伐，另一方面也直接刺激了留德人数继续全面增长。特别是新建大学，有大量毕业生、年轻教师及管理者纷纷赴德，学习先进的学术及学科发展模式和办学理念。早期留学者以发现和探究新的研究领域为目标，后来者则更多地考虑职业的问题。对很多美国人来说，如果"在德国折取学术桂冠的话，就会为今后在任何领域的职业发展创造一个非常有利的开端"[②]。学习者的构成及其在德国的院校选择和所学内容都比19世纪中期之前更为多样。

19世纪90年代，留德美国学人的规模达到第三次高峰。1895年至1896

---

① 梁丽：《美国学人留德浪潮及其对美国高等教育的影响（1815—1917）》，河北教育出版社2016年版，第63页。

② Hermann Rohrs, *The Classical German Concept of the University and Its Influence on Higher Education in the United States*, New York: Peter Lang, 1995, p.62.

年间，在德国大学正式注册入学的美国学生就达到 517 人。[①]19 世纪 90 年代末，留学总人数达到历史最高峰。这一时期的美国已经从农业国转变成为工业国，工业产值也跃居世界首位。美国人在德国学习的重点也相应地落在了自然科学与经济学上，表现出非常显著的追求实用的特征。

从 1900 年起，德国大学校园中的美国学生人数开始锐减，一方面是因为美国大学的迅速发展，同时也因为德国大学的质量和水平略有下降。1917 年，第一次世界大战接近尾声，美国正式加入协约国一方参战，与德国形成军事上的对立，长达一个世纪且规模巨大的美国学人留德浪潮宣告终止。而 20 世纪初的美国高等教育与 100 年前则已不可同日而语，通过向德国学习与模仿，最终实现了升华，在办学规模、类型、质量等方面都实现了质的飞跃，确立了自己较为完整的高等教育思想及制度体系。

二、德国大学理念对美国现代高等教育思想的影响

毫无疑问，依循英国传统建立的殖民地学院是美国高等教育的雏形与起点，英国高等教育思想是其最初的理念来源，这一传统塑造了 19 世纪前美国高等教育的形态。但独立战争开始后，出于历史及政治原因，美国开始主动寻求其他的榜样。一方面，法国文化教育的发展及成就在欧洲大陆长期占有重要的地位；另一方面，法国为美国独立战争提供了思想与物质上的巨大帮助。因此，法国成为当时美国开始向欧洲学习的首要目标。托马斯·杰斐逊就对法国高等教育情有独钟，致力于学习法国大学的课程设置，特别是现代语言。并在此基础之上建立起了弗吉尼亚大学。[②]

美国大学原本有可能就此依照法国大学的模式发展下去。但是德国大学推行的各种革新在 19 世纪取得了令人瞩目的成效。特别是在 1810 年柏林大学建立后，整个德国的科技与文化的发展都受到了强有力的推动。原本因数次战败而饱经沧桑的德国，因为教育，特别是高等教育的先行变革与发达而摆脱困境，进而成为欧洲经济与科技的中心。如此不寻常的成就对美国这样一个同样经历了战争且务实的新兴国家来说，具有无可比拟的吸引力。有研究者认为，美国之所以后来转而以德国为榜样，"唯一合理的解释就是 19 世

---

① 梁丽：《美国学人留德浪潮及其对美国高等教育的影响（1815—1917）》，河北教育出版社 2016 年版，第 68 页。

② 虽然杰斐逊的初衷是模仿法国建立一所公立大学，但在筹建过程中，杰斐逊与蒂克纳一直保持着频繁的交流。最终弗吉尼亚大学在课程制度的建立、教师招聘、图书馆管理及藏书来源等方面都因为蒂克纳的影响而吸收了很多德国大学的元素。

纪德国大学制度的声望，以及德国科学、文学、哲学的声誉对美国学生来说充满着魅力"①。

经过 19 世纪到 20 世纪初长达百年的留学活动，德国大学思想通过留德美国学人这一庞大群体漂洋过海，又借助这一群体长期的教育活动在美国落地生根，并延展出新的元素。哈佛大学教授沃尔兹（J.A.Walz）在《德国对美国教育和文化的影响》（*German Influence in American Education and Culture*）一书中说："今日美国学术所拥有的较高地位以及它在某些分支领域所拥有的主导地位，直接和间接归于许多在德国大学接受先进训练和吸取灵感的美国人。"②不仅如此，许多留德学人回国后担任了美国大学的校长，直接参与并领导了 19 世纪下半叶美国以德国大学为榜样的高等教育改革，对美国大学在 20 世纪的崛起发挥了关键作用。康奈尔大学首任校长怀特（A.D.White）曾说："我在柏林大学的学生生活进一步加强了我为美国大学做点什么事情的愿望。在那里，我认为我的大学理想不仅能够实现，而且能够扩展和完善……"③ "德美两国通过文化领域的经验交流，使思想的力量跨越国家和民族界限，实现了共同繁荣，是'现代社会跨文化借鉴的典型例子'。"④ 美国从德国大学思想中汲取了充足的养分，确立了教学与研究相结合及学术自由两大核心思想，继而建立起自己的现代高等教育思想和制度。

（一）确立教学与研究相结合的原则

19 世纪之前，西方大学的基本功能是为政府和宗教机构培养人才，主要使用中世纪诵读经典的方式向学生灌输固定知识。18 世纪后期，哈勒大学和哥廷根大学率先进行改革，开创了讲座、习明纳等新的教学模式，建立了实验室及图书馆等新的学习及实践场所。具备了以上条件后，柏林大学于 1810 年建立，第一次确立了研究与教学相结合的原则，成为"近代大学的重要原则之一，也是柏林大学对世界高等教育的重大贡献"⑤。

施莱尔马赫（Friedrich Daniel Ernst Schleiermacher）、费希特（Johann Gottlieb Fichte）、洪堡（Wilhelm von Humboldt）等人作为柏林大学的主要缔造

---

① Hermann Rohrs, *The Classical German Concept of the University and Its Influence on Higher Education in the United States*, New York: Peter Lang, 1995, p.36.

② 贺国庆：《德国和美国大学发达史》，人民教育出版社 1998 年版，第 125 页。

③ 贺国庆：《德国和美国大学发达史》，人民教育出版社 1998 年版，第 126 页。

④ Hermann Rohrs, *The Classical German Concept of the University and Its Influence on Higher Education in the United States*, New York: Peter Lang, 1995, p.35.

⑤ 贺国庆、梁丽：《柏林大学思想及其对美国的影响》，《高等教育研究》2010 年第 10 期。

者，较早对其进行了坚定而明确的定位。他们的理念是"成为柏林大学的主旨和原则，并深深影响着德国和其他国家的大学"①，其中对美国影响最深远的两个核心思想是教学与研究相统一和学术自由。

施莱尔马赫认为大学的任务是"促进那些拥有高尚思想和丰富知识的青年建立学术观念，帮助他们在各自投身的研究领域中取得成就，渐渐使其本能地从学术研究角度看待所有事物，不孤立地看待事情，而是将之置于紧密的学术关联框架中，持续地与相关知识和整体知识相联系。这样青年学者就能够学会在思考中注意学术原则，掌握研究能力、探索能力和展示能力，逐渐可以独立地解决问题"②。费希特认为大学的重点不是仅仅讲授书本内容，而是"扩展与超越书本的原理和方法"。因此大学的目标是以书本为媒介，教会学生"通过运用科学的理解来取得发展"。③

洪堡主张，大学的主要任务是追求真理，把科学研究放在首位。他坚信知识永无尽头，因此人类必须通过研究保持自身和国家的活力。他提出"我们必须认识到，知识（Wissenschaft）④尚未穷尽，并且永无穷尽，人类唯有不懈地探求。人一旦停止对知识的追求，或者臆断知识亦有边界，只需积累而无需深思，那么他将失去一切并且无法挽回。长此以往，语言会变得空洞无物，知识也会离我们越来越远；同时对国家也是一种损失"⑤。追求知识是大学的首要原则。他还从师生关系的角度阐释了研究的重要性："教师并非为学生而生，学术是二者共同的目标；学术活动不会依赖他们，也不会因其缺席而失去光彩；如果不能达成一致，学生就会结合已有的知识和经验去探寻和接近自己的目标。"⑥因此，他主张大学教学必须与研究相结合，没有研究，就无从发展科学并培养真正的人才。只有以研究成果为基础展开的教学才能被称

---

① 贺国庆、梁丽：《柏林大学思想及其对美国的影响》，《高等教育研究》2010 年第 10 期。

② Walter Rüegg, *A History of the University in Europe. Vol. III : Universities in the Nineteenth and Early Twentieth Centuries (1800—1945)*, Cambridge: Cambridge University Press, 2004, p.48.

③ Hermann Rohrs, *The Classical German Concept of the University and Its Influence on Higher Education in the United States*, New York: Peter Lang, 1995, p.25.

④ "Wissenschaft" 一词在中文中被翻译成"科学"，从词源学看是借用了日语对英文 science 的音译。也有一些学者，比如 Daniel Fallon，用英文中的 knowledge（知识）来对应该词。事实上"这个德国词汇的含义包括专注和神圣的追寻。它不仅指以理性认识为目标，也以实现自我为目标；不仅是对精确科学（exact science）的研究，还包括对大学所有教学内容的研究；不局限于对能创造即时效益的事物的研究，还包含在道德层面对事物本身及其终极意义的研究"。

⑤ Daniel Fallon, *The German University*, Philadelphia: Colorado Associated University Press, 1980, p.24.

⑥ Hermann Rohrs, *The Classical German Concept of the University and Its Influence on Higher Education in the United States*, New York: Peter Lang, 1995, p.31.

为真正的大学教育。

除了强调研究的重要性，洪堡还阐述了研究与教学之间共时互动的关系，消除了人们对研究会削弱甚至妨碍教学的疑虑。"如果教师不从事研究，学生就无法了解研究的本质，以及研究过程中可能遇到的困难、挫折与收获，会导致学生只局限于阅读他人的研究成果。因此，研究可以丰富教学，如果在课堂以外时间进行研究，就可以避免教学和研究之间相互妨碍。"[1] 研究与教学相结合之后，可以带动教学内容与观点的更新，二者可以互相推动。

在上述思想的指导下，研究在德国大学中的地位得以确定。研究与教学相结合的理念使德国大学的研究能力和学术水平迅速提高，重新确立了大学活动的目标与方向。"大学希望培养神学家而非牧师；培养法学家而非律师；培养医学家而非医师。一句话，培养学者成为大学的基本任务。"[2] 德国大学的学术活动表现出两个重要特征：一是彻底性，二是相关性。所谓彻底性就是师生对自己的研究领域了如指掌。在美国留学者眼里，德国大学生勤奋专注，个个都是专家。所谓相关性是指德国大学重视学科之间的关联，坚信如果想要更好地了解某个学科就必须了解其他学科。这种兼顾深度与广度的追求使德国大学师生对研究充满热情，愿意付出大量时间与精力，不急功近利，给美国青年留下了深刻的印象。[3]

与德国相比，美国大学则处于完全不同的境地。1850 年前，无论是哪种形式的美国高等教育机构，都不曾开展过研究，更缺乏研究的精神与理念。当时，美国人认为可以通过自学掌握研究技术；私立图书馆完全能够跟上知识发展的步伐；对富兰克林这样的人而言，教授的职位毫无意义；爱默生那样的学者无须在学生面前独白；而像杰斐逊、欧文（Irving）和莫特利（Motley）这样的人物也无法通过训练进行复制。[4] "美国教育缺乏对知识价值的信仰。许多人认为教育的价值就在于通过考试，获得学位，或者达到某种目的。大学和小学的学生皆是如此。……美国人总是在谈论教育但却很少提及学术问题。美国学生只阅读上课所需要的教材，却不愿意探索教师未曾提及的领域。而德国大

---

① Hermann Rohrs, *The Classical German Concept of the University and Its Influence on Higher Education in the United States*, New York: Peter Lang, 1995, pp. 30-31.

② 贺国庆、梁丽：《柏林大学思想及其对美国的影响》，《高等教育研究》2010 年第 10 期。

③ 梁丽：《美国学人留德浪潮及其对美国高等教育的影响（1815—1917）》，河北教育出版社 2016 年版，第 96 页。

④ Richard Hofstadter & Walter P. Metzger, *The Development of Academic Freedom in the United States*, New York: Columbia University Press, 1955, p.369.

学生却有着强烈的求知欲，他们充满激情地投入研究中，常常与同学探讨问题到深夜。"① 除了学生，德国和美国两国教授之间的差距也非常明显，留德学人发现德国教授具有严谨的研究态度与炙热的激情，而美国教授却"缺乏个性、博而不精，他们只能讲授测量学和拉丁式辩术（Latin eloquence），薪水过得去就感到很满足"②，留德学人敏锐地觉察到并认真地反思了美国大学研究方法的缺乏和研究精神的缺失问题。随着德国研究理念的成熟和留德活动的日益活跃，19 世纪中后期的留德学人逐渐掌握了系统的研究方法，并形成了清晰的研究理念，希望将其用于推动美国高等教育的发展。

1850 年，曾有留德经历的密歇根大学校长亨利·塔潘（Henry P. Tappan）出版著作《大学教育》（*University Education*）。在德国大学的启示下，他把大学定义为"全面学习所有知识、从事科学研究的场所"③。这大概是美国学人首次在著述中专门探讨高层次的研究，并明确提出要把研究引入美国大学。虽然塔潘的设想未能完全成功实施，但他的尝试为 19 世纪 70 年代美国大学确立教学与研究相结合的原则拉开了序幕。19 世纪 70 年代，越来越多的留德学人回到美国，希望能够像在德国大学那样继续进行研究，并将其方法与精神传承下去。他们最终通过建立全新独立的研究型大学和在原有旧大学中设立研究生院两种途径确立了教学与研究相结合的理念。

1876 年，约翰·霍普金斯大学创立，标志着德国大学的研究理念及办学形式正式被移植到美国。首任校长丹尼尔·吉尔曼（Daniel Coit Gilman，1831—1908）于 1853 年起与安德鲁·怀特结伴游历欧洲，先后在英国、法国和俄国停留学习，观察和体会了欧洲各国文化和高等教育。吉尔曼于 1854 年到达德国，去往俄国后又返回柏林，并在柏林大学学习至 1855 年，这段留德生活塑造了其教育思想的核心部分并深刻地影响了他的实践。在柏林大学研究精神的启发下，他在 1855 年提出应当"鼓励有独创性的探索与研究"④ 的思想。

回到美国后，吉尔曼首先就任于耶鲁的圣菲尔德科学院，重点负责为这一新建的科学院启动科学教育。1856 年，吉尔曼出版了一本宣传册，指出了

---

① Charles F. Thwing, *The American and the German University: One Hundred Years of History*, New York: The Macmillan Company, 1928, pp.140-142.

② Richard Hofstadter & Walter P. Metzger, *The Development of Academic Freedom in the United States*, New York: Columbia University Press, 1955, p.375.

③ Henry P. Tappan, *University Education*, New York: Routledge / Thoemmes Press, 1994, pp.5-6.

④ Laurence R. Veysey, *The Emergence of the American University*, Chicago: University of Chicago Press, 1965, p.159.

美国教育忽视科学教育与研究的弊端，"人们没有机会为了追求科学或者从事工程、建筑、农业、采矿和制造业等职业而学习科学。其后果就是我们很多行业的发展都落后于欧洲"①。此后，吉尔曼还先后担任过图书管理员、纽黑文市教育委员会学校观察员（school visitor）、州教育委员会秘书、耶鲁大学政治地理学与政治经济学教授等职。他希望将自己在欧洲，特别是德国学习到的经验用于耶鲁大学的改革，但承受了来自保守力量的巨大压力。

1872年，出于对理想的追求及子女健康的考虑，吉尔曼离开耶鲁，出任加利福尼亚大学校长，继续倡导大学应重视科学研究，应拿出耐心来培养高层次人才；同时要响应时代的要求，学习其他国家和前人的经验，使之符合美国社会的需求。1873年，加利福尼亚大学尚未招收研究生，吉尔曼在董事会报告中特别强调了研究的重要性，这在当时美国高等教育机构的领导者中是极为先进的。可惜的是，当时加州各界对高等教育的产出表现出强烈的急于求成的态度。同时，由于加利福尼亚大学是州立大学，经常因为政治利益集团之间的博弈而受到限制。吉尔曼感觉自己作为校长"虽然地位有所提高，但仍缺乏足够的决定权"②。与在耶鲁一样，打造一所自由并拥有较高研究水平的美国大学的理想难以实现。此时，吉尔曼已经积累了丰富的实践经验，教育理念也日趋成熟。有研究者指出：吉尔曼的教育思想"来源众多，并非原创，是根据当时美国的需求与状况加以综合与调整而成的"③。德国大学理念，特别是研究理念则是其教育思想中最为重要的一部分。

1874年，霍普金斯大学董事会邀请哈佛大学校长艾略特、康奈尔大学校长安德鲁·怀特和密歇根大学校长安吉尔作为顾问共同商讨新建大学的定位等问题。这三位校长都曾在德国学习，并以不同的方式在各自任职的大学中推行了从德国借鉴的办学模式。三人根据各自的经验提出了各种设想与建议，一致认为应当发展研究生教育，并不约而同地推荐吉尔曼担任校长。当从好友安德鲁·怀特那里得知霍普金斯大学正在筹建并有意邀请他任职的消息时，吉尔曼立刻表现出浓厚的兴趣，并很快就辞职去往巴尔的摩，最终在那里使美国大学真正具备了现代大学的研究功能，实现了自己改革美国高等教育的理想。

① Abraham Flexner & Daniel Coit Gilman, *Creator of the American Type of University*, New York: Harcourt, Brace and Company, 1946, p.9.

② John C. French, *A History of the University Founded by Johns Hopkins*, Baltimore: The Johns Hopkins Press, 1946, pp.31-32.

③ Abraham Flexner & Daniel Coit Gilman, *Creator of the American Type of University*, New York: Harcourt, Brace and Company, 1946, p.15.

吉尔曼认为大学的精神就是追求真理，大学应为知识渊博的教授和学生提供研究的场所和条件。因此在与董事会讨论办学方向时，吉尔曼提出要"创建一所有别于传统学院的新型大学，把提高和推动学术研究作为第一要务。高薪聘请各个学科最前沿的一流学者，招收成熟优秀的学生。希望他们将来能够公布和发表自己的研究成果"①。1875年，吉尔曼正式上任，在就职演说中宣布新大学的目标是"鼓励研究；培养年轻一代成长进步；帮助和促进那些有望推动科学与社会进步的优秀学者取得发展"②。1876年，霍普金斯大学正式招生，成为美国第一所独立的研究型大学，其研究生院相当于德国大学的哲学院，致力于学术研究及其能力培养，被霍夫斯塔特（Hofstadter）和梅茨格（Metzger）称作"巴尔的摩的哥廷根大学"。德国大学也将其视为兄弟院校（sister institution）。美国高等教育在德国大学思想的深刻影响下，开始步入现代大学体系。

吉尔曼在霍普金斯大学确立教学与研究相结合原则的重要举措有三点。

第一，高薪聘请留德学人担任教职，确保研究理念与水平。

在霍普金斯大学建校之前及初期，吉尔曼和董事会极力找寻"重要研究领域的领袖"来领导新大学的学科建设。③吉尔曼格外青睐那些德国培养的"了解德国大学体系，富有经验、能力和热情"④的学者。1884年在册的53位教师中，几乎人人都有留德经历，其中有13人在德国大学获得了博士学位。⑤这些留德学人凭借在德国获得的知识、方法及理念和优秀的专业水平，成为各专业和学科的领军人物，确保霍普金斯可以从起步就具备较高的研究水平。更重要的是，他们中大多数都是具有强烈的历史责任感的教育家，希望为美国大学现代化做出贡献，为吉尔曼提供了很多有价值的建议，确保了德国大学研究理念的有效传播和实践。

第二，确立研究生教育的核心地位及运行体系。

吉尔曼直接借用德国大学哲学院的模式来设置霍普金斯的核心部分——

---

① John C. French, *A History of the University Founded by Johns Hopkins*, Baltimore: The Johns Hopkins Press, 1946, p.32.

② Daniel Coit Gilman, *University Problems in the United States*, New York: The Century Co., 1898, p.35.

③ John C. French, *A History of the University Founded by Johns Hopkins*, Baltimore: The Johns Hopkins Press, 1946, p.39.

④ Ward W. Briggs & Basil L. Gildersleeve, *The Formative Influence, German Influences on Education in the United States to 1917*, Cambridge, NewYork: Cambridge University Press, 1995, p.253.

⑤ Charles F. Thwing, *The American and the German University: One Hundred Years of History*, New York: The Macmillan Company, 1928, p.43.

研究生院。"哲学院最重要，应当最受重视。哲学院招收其他学院的优秀毕业生，由著名教授对其进行培养。学校为研究生提供机会，让他们学习和研究更加高深的学问。"[1]1883年，成立了由校长、教授和副教授组成的研究生考核委员会，负责研究生教育与博士学位申请及考核工作，其培养方案和学位授予制度几乎详尽地涵盖了研究生教育及学位申请的所有细节。

为了支持和鼓励学生投入学习与研究，霍普金斯大学于1876年率先在美国设置了研究生奖学金制度，要求获得者全身心地投入专业学习和研究中去，并要在学年末通过论文、研究成果、讲座等方式来证明自己有效地使用了奖学金。[2]同时，学校还资助学生到其他国家，特别是德国留学。1884年，约翰·杜威（John Dewey）在霍普金斯大学取得博士学位后获得奖学金到欧洲学习。19世纪七八十年代，留德美国学生人数猛增，霍普金斯大学一度成为最大的生源地，优厚的资助吸引了大量优秀的学生前来学习。

吉尔曼还仿照德国大学，选拔优秀的研究生担任助教，参与本科生的教学工作。"研究生同时具备学生、研究者和教师三重身份，教学和研究的有机结合以另一种形式得到体现。很多研究生沿着这样的轨迹，从学生、助教开始，最后成为教授和著名学者。"[3]

第三，支持建立学术团体，创办学术出版物。

吉尔曼对德国大学组建学术团体和出版学术期刊的做法由衷地赞赏。他认为大学除了教学，还有责任为教师及学生提供探讨和交流学术问题的场所和机会；学术团体和出版物就是这样的媒介与载体。1877年12月，吉尔曼建立了历史政治学会（Historical and Political Club）并担任会长。1877年5月，霍普金斯著名教授吉尔德斯利成立语言学协会，以鼓励学术研究并帮助成员及时了解语言学领域的新发展为宗旨。同年，莱姆森建立了科学协会（Scientific Association），1880年创办了《美国化学期刊》（American Chemical Journal）。1880年，《美国语言学期刊》（American Journal of Philology）创刊，学界人士可以通过期刊对语言学和文献学研究批评标准展开辩论。此后，又有多位霍普金斯的教授在各自的研究领域组建协会和创办学术期刊，为优秀学者提供学术

---

[1]　Abraham Flexner, *Daniel Coit Gilman. Creator of the American Type of University*, New York: Harcourt, Brace and Company, 1946, p.64.

[2]　Hugh Hawkins, *Pioneer: A History of the Johns Hopkins University 1874—1889*, New York: Cornell University Press, 1960, p.80.

[3]　梁丽：《美国学人留德浪潮及其对美国高等教育的影响（1815—1917）》，河北教育出版社2016年版，第141页。

交流与展示成果的平台，激励年轻学人不断探究，其中有很多至今仍对全美甚至世界学术产生着重要的影响。

霍普金斯大学在师资建设、办学定位、人才培养等各方面革新了美国大学的旧模式。在此之前，"研究只是个人的事情，研究工作和其他职业相比处于次要地位。吉尔曼和霍普金斯大学董事会第一次提出把研究作为大学的基础和出发点"①，为美国研究型大学的管理和运行树立了榜样，之后几乎所有美国研究型大学身上都能找到霍普金斯模式的影子。

1889 年秋，新建的克拉克大学迎来第一批新生，曾在霍普金斯大学任教的留德学人斯坦利·霍尔（G. Stanley Hall）担任首任校长。他在吉尔曼的基础上更进一步，提出克拉克大学是"教授的园地，要通过关怀生活、传授研究方法和鼓励式培养等方式选拔学生，使他们成为优秀人才。……要提供一流的教育，尤其是关注独创性的研究"，"培养杰出的教授，通过探索和研究促进科学的新发展"。② 直接把克拉克大学打造成纯粹的研究生教育机构，成为美国历史上第一个专门从事研究生教育的大学。

1891 年 7 月，芝加哥大学建立，威廉·哈珀（William Rainey Harper）出任校长。尽管哈珀没有在德国大学注册学习过，但他 1886—1890 年在耶鲁大学教授语言学时，正值曾经留学柏林与波恩的校长德怀特（Timothy Dwight V.）按照德国模式推行改革，开展研究生教育。哈珀目睹了在德怀特的倡导下，德国影响给耶鲁大学带来的变化，学生人数重新快速增长，资金来源增加，校园规模也不断扩大。③ 其高等教育理念正是在这一时期形成的，因此在芝加哥大学就任时他提出"大学的首要任务是科研，其次是教学"，并将大学本科学习分为初级学院和高级学院两个阶段。芝加哥大学"接过霍普金斯大学的接力棒……是美国大学走向成熟的体现，是 20 世纪美国大学的榜样"④。可以说，以约翰·霍普金斯大学为代表的研究型大学群体的兴起，是 19 世纪美国人留学德国的直接产物。

在上述三所及其他新建研究型大学快速发展的同时，美国传统学院也通过几代留德学人的努力，逐步确立起教学与研究相结合的原则，当然，这个过程也是非常艰难的。早在 19 世纪 30 年代，蒂克纳就有将德国研究生教育照

---

① Abraham Flexner & Daniel Coit Gilman, *Creator of the American Type of University*, New York: Harcourt, Brace and Company, 1946, p.64.

② W. Carson Ryan, *Studies in Early Graduate Education*, New York: The Merrymount Press, 1939, p.47.

③ 张金辉：《耶鲁大学办学史研究》，中央编译出版社 2009 年版，第 75 页。

④ W. Carson Ryan, *Studies in Early Graduate Education*, New York: The Merrymount Press, 1939, p.128.

搬至美国的想法。但当时美国的教育基础等条件并不成熟，加之保守势力极力排斥，因此不了了之。50年代，密歇根大学校长亨利·菲利普·塔潘（Henry Philip Tappan）希望按照德国模式，建立一所学术研究至上的大学。他先后出版《大学教育》（*University Education*）、《从新世界迈入旧世界及再回归》（*A Step From the New World to the Old,and Back Again*）等著作，表达了对德国大学模式的赞赏，提出"一切都是为了促进科学研究"[1]，应使研究成为大学的重点，还推出了美国第一个研究生课程。遗憾的是，塔潘的改革也未能成功。

霍普金斯大学等全新的研究型大学创立后，教学与研究水平发展迅速，获得了良好声望。守旧的传统学院感受到了严重的危机，意识到若想免于落后甚至被淘汰，必须进行改革。基于前人屡遭阻碍的经历，留德学人意识到，很难将旧式学院彻底转型为德国模式的现代大学。于是他们另辟蹊径，先相对温和地引进德国大学具体的教学方式，如习明纳、讲座制、实验室等，借此将研究理念加以渗透，逐渐地使旧式学院的功能从单一的教学转向研究与教学相结合。例如在哈佛大学，艾略特先是购买德文书籍、扩建图书馆、建设实验室，之后于1872年建立起研究生院。其目标是仿照德国模式，培养真正掌握高深知识和研究能力的研究生。虽然初期发展速度较慢，但仍然"使哈佛大学向现代大学大大地迈进了一步……具有了既重视知识的传授又重知识的创造的现代大学的特点"[2]。与之相似，安吉尔担任密歇根大学校长后，也是先引进了德国的讲座制与习明纳，再逐渐加强研究的地位。1897年，安吉尔还在密歇根大学创设了"教学科学与艺术"（science and art of teaching）专业，提升了大学作为学术研究机构及大学教师对其教育职责与功能的认识[3]，最终实现了塔潘未竟的理想，使密歇根大学成为其他大学的榜样。对于传统学院的这一经历，艾略特在霍普金斯建校20周年致辞中曾经说过："虽然哈佛在1872年建立了研究生院，但直到霍普金斯大学建立后我们才开始被迫把精力投入研究生教育中去，其他大学也都大致是如此这般的情形。"[4]

美国在借鉴德国研究精神的同时，还根据自己的情况做出了调整。吉尔曼强烈反对任何的简单的模仿。他指出："我们要以美国现状为基础建设真正

[1]　Hermann Rohrs, *The Classical German Concept of the University and Its Influence on Higher Education in the United States*, New York: Peter Lang, 1995, p.77.

[2]　王英杰：《大学校长与大学的改革与发展——哈佛大学的经验》，《比较教育研究》1993年第5期。

[3]　Hermann Rohrs, *The Classical German Concept of the University and Its Influence on Higher Education in the United States*, New York: Peter Lang GmbH, 1995, p.78.

[4]　W. Carson Ryan, *Studies in Early Graduate Education*, New York: The Merrymount Press, 1939, p.3.

的美国大学，而不是在美国照搬一所德国大学或者英国大学。"因此霍普金斯大学成为一所真正原创性的大学，对外界持开放态度，但只采用那些能为自身目的服务的成分。[1] 美国大学在学习德国重视基础研究的同时，也从未忽视应用学科的教学与研究。德国大学思想在这片新的土壤之中快速生长，逐渐生发新的枝丫，从而形成既有德国基因，又有美国特色的现代大学体系。

（二）确立学术自由的思想

学术自由"是以柏林大学为代表的近代大学的核心思想"[2]，其形成经历了一个多世纪的漫长过程。18 世纪末至 19 世纪初，在国家命运令人悲观的背景下，德国知识界对大学未来命运和改革进行了广泛的讨论，施莱尔马赫、费希特和洪堡的大学观建构了德国大学思想的基本框架和主要内容。在柏林大学建立的过程中，他们提出了各自的主张，但一致的内容就是自由的组织原则，即学术自由思想。

1808 年，施莱尔马赫发表《德国式大学随想》(*Occasional Thoughts on Universities in the German Sense*)，明确了知识分子的概念，提出知识界应拥有独立且自由的思想，大学应独立于国家。大学的正常运行需要具备"精神上完全自由的气氛"。自由可以使人机敏，是学术活动的前提，所以应将强制行为和政府干预控制在最少。[3]

费希特提出，"最彻底的外在自由和最广义的学术自由是柏林大学成功的秘诀所在"[4]。1811 年 7 月，费希特被教授选举为柏林大学校长，他发表就职演说《论学术自由唯一可能遇到的干扰》，声明柏林大学"以'不听信不足够的理由'作为其学术自由思想；教学和科研以追求真理为主旨，不受制于政府一时的政治利益及党派、教派的狭隘眼光；而是以国家和民族的长远利益、人类进步和完善发展、自由探索真理为办学的主旨"[5]。

洪堡对学术自由的思考与坚持早于柏林大学建校。1789 年，他发表文章《论宗教》(On Religion)，质疑和批评普鲁士政府的极端教条主义政策，呼吁

---

[1]　Hermann Rohrs, *The Classical German Concept of the University and Its Influence on Higher Education in the United States*, New York: Peter Lang GmbH, 1995, p.79.

[2]　贺国庆、梁丽：《柏林大学思想及其对美国的影响》，《高等教育研究》2010 年第 10 期。

[3]　Hermann Rohrs, *The Classical German Concept of the University and Its Influence on Higher Education in the United States*, New York: Peter Lang GmbH, 1995, pp.21-27.

[4]　龚放：《柏林大学观的当代价值——纪念德国柏林大学创建 200 周年》，《高等教育研究》2010 年第 10 期。

[5]　张宝昆：《人的因素对大学发展的影响：德、美、日三国大学发展与高等教育思想家》，《外国教育动态》1998 年第 1 期。

人们捍卫学术自由。1792 年，在《论如何确定国家作用的界限》（*Ideas on an Attempt to Define the Limits of the Effectiveness of the State*）中，进一步探讨学术自由的意义，成为"德国自由主义思想的里程碑，对德国自由主义发展的推动作用贯穿了整个 19 世纪"①。在柏林大学筹建过程中，洪堡只提出一项基本原则，即聘请最杰出的学者，给予他们科研自由。他将国家对大学的责任总结为"问题的关键就在于选对人才"，对诸如组织形式、规章制度等细节不予干涉。② 教授不是政府官员而是独立的学者；其教学活动遵循教学自由和学习自由的原则，不受任何所谓标准的限制；教学的目的是把学生培养成具有独立之思想和自由之精神的人。③ 包尔生指出，在洪堡的界定下，柏林大学被认定为"国家的教育机构"和"赋有特权的法人社团"。④

德国大学的学术自由主要包含两个层面的内容：一为个人的自由，二为机构的自由。⑤ 从内部条件来看，学术自由主要指大学中参与教育与学术活动的主体的自由，包括教师的教学自由（lehrfreiheit）和学生的学习自由（lernfreiheit）。学术自由是保证教师和学生的教学活动得以正常进行和持续的基础。德国的学术自由不代表教授可以肆无忌惮地发表言论，也不仅仅是学生拥有上课与否或者参加什么样的课程，而是创造一种贯穿于整个研究及教学过程的自由环境和气氛，是德国大学乃至整个学术界应当享有的权利，也是其生存和发展的必备条件。从外部环境看，大学作为学术组织，可以自由地从事学术活动而免受强制与干涉。"德国大学是国家机构，但又混合了政府约束、文化独立、有限的教授选举权以及由选举产生的管理者等众多因素，因而表现出自治机构的特征。"⑥

德国大学的学术自由为美国留学者打开了一扇崭新的大门。南北战争前，美国大学规定学生在入学时必须进行宗教宣誓。战争结束后，文化教育界仍然强烈地排斥新理念和不同观点。同时，"加尔文禁欲主义和维多利亚式的文雅

①　Daniel Fallon, *The German University*, Philadelphia: Colorado Associated University Press, 1980, pp.14-15.

②　Daniel Fallon, *The German University*, Philadelphia: Colorado Associated University Press, 1980, p.19.

③　Friedrich Paulsen, *The German University and University Study*, New York: Germans, Green, and Co., 1906, pp.52-53.

④　［德］弗里德里希·包尔生：《德国大学与大学学习》，张弛等译，人民教育出版社 2009 年版，第 74-75 页。

⑤　Robert M. Maciver, *Academic Freedom in Our Time*, New York: Columbia University Press, 1955, p.3.

⑥　Richard Hofstadter & Walter P. Metzger, *The Development of Academic Freedom in the United States*, New York, London: Columbia University Press, 1955, pp.385-386.

严谨在美国人的头脑中根深蒂固"①。因此当年轻的美国学人置身于德国自由的学术环境和相对宽容愉悦的社会文化氛围之中时，无不感到惊讶与赞叹，继而陷入沉思。早期留德学人首先注意到了教师的自由。1815 年 10 月，蒂克纳在给托马斯·杰斐逊的信中写道："德国学术界的激情与学识使得教师获得了高度的宽容。他们可以任意讲授和发表个人观点，而不必遭受政府或者公众舆论的干扰，据我所知，只有在德国才存在这样的自由。类似的自由在法国引发了大革命，在英格兰撼动了王室的根基，而在德国，却自然而然地激励了思想家的才华。……如果真理要靠自由探索才能获得，我确信德国的教授及学者正走在一条光明大道上，向着真理快速行进。"② 班克罗夫特并不太接受哥廷根大学神学教授的怀疑论，但仍然非常羡慕德国学术界所拥有的民主与自由："教授有权坚持并发展个人学术写作风格。……没有任何法律可以限制研究与试验的内容"③。

南北战争后，越来越多的美国学人赴德学习，他们对德国大学学术自由的理解更加全面与深刻，对其更是大加推崇。詹姆斯·哈特在自传性著作中详细描写了德国各所大学的日常生活，把当地人友善热情的性格、师生在校园内外平等自由的交流、小酒馆中青春与梦想激荡的斗酒游戏以及德国大学生激烈的决斗场景生动地呈现在美国读者面前，感慨道："在德国人心中，无论资金多寡，学生人数多少，或者建筑状况如何，大学绝不缺少教学自由和学习自由。"④ 克拉克大学校长霍尔也在自传中坦言："我在德国感觉得到了解放，摆脱了美国狭隘僵化的正统观念、乏味的风俗道德及清教徒对享受快乐的限制。……德国大学是当今世界上最自由的地方，几乎是重新塑造了我，改变了我对生活的态度。……我在从未见过的自由中得到了很多快乐。"⑤

德国大学的学术自由思想构建了美国留学者的学术观，深刻地影响了他们在美国的教育实践。特别是在南北战争结束后，留德学人通过各种改革确立

---

① Richard Hofstadter & Walter P. Metzger, *The Development of Academic Freedom in the United States*, New York, London: Columbia University Press, 1955, p.393.

② Orie William Long, *Literary Pioneers: Early American Explorers of European Culture*, Cambridge: Harvard University Press, 1935, pp.19-20.

③ Richard Hofstadter & Walter P. Metzger, *The Development of Academic Freedom in the United States*, New York, London: Columbia University Press, 1955, pp.391-392.

④ Richard Hofstadter & Walter P. Metzger, *The Development of Academic Freedom in the United States*, New York, London: Columbia University Press, 1955, p.393.

⑤ Richard Hofstadter & Walter P. Metzger, *The Development of Academic Freedom in the United States*, New York, London: Columbia University Press, 1955, p.39.

了美国大学的学术自由思想。

怀特在担任康奈尔大学校长期间，非常支持和保护学术自由。他强调教师必须享有教学及表达学术观点的自由，指出"德国人认为教授就是能屡屡提出新观点的人"，教授在学术活动中不应屈从于他人，否则就辜负了教授这一头衔。① 吉尔曼认为研究与自由是美国大学（学院）最需要从德国借鉴的两个理念。他在就职演说中声明，学术自由是大学的精神和基石，"如果即将建立的大学不以发现和传播真理为主旨，就不能被称为大学"，还提出"学术自由包括追求真理的自由和对不同见解的包容，因此在选任教授及管理人员时不应有任何门派观念。"② 这是吉尔曼针对大学教育问题所提的 22 条意见中的一条，使霍普金斯大学从一建校就避免了教派或党派的干扰。

在哈佛大学，早期留德学人蒂克纳曾尝试通过实施德国式的选修制来实现教学自由。与引进研究精神的过程非常相似，尽管哈佛在 1825 年通过了蒂克纳的提议，但在实施时遭到了保守派的强烈抵制。这样的抵制不仅来自哈佛校内，还来自其他传统学院。1828 年，耶鲁学院发布《耶鲁报告》（ The Yale Report ），猛烈抨击选修制，拉开了美国高等教育界有关课程改革问题的论战。这场较量以 1846 年蒂克纳辞职，新章程被废除而告终。

1869 年，艾略特出任哈佛大学校长，在就职演说中赞扬和强调学术自由："一所大学必须本土化；并具备雄厚的资金；但最重要的是要拥有自由。自由之风必须吹过每一个角落，就像飓风一样猛烈。自由的学术环境是文学与科学的温床。哈佛大学希望为国家培养学术正直、思想独立的人。我们要求所有教师具有严肃、虔诚和高尚的品质；同时我们也将自由给予所有师生。"③ 艾略特在长达 40 年的任期中实施了大刀阔斧的改革，其中最核心的就是全面确立选修制。他指出，教师"是其研究领域的主人"，享有教学与表达观点的自由，因此"也要给予他人同样的自由，不得将个人观点强加于人"。④ 同时，想要尊重和保护学生学习的自由，选修制是最好的实现途径。1870 年，哈佛大学开始实施选修制，将所有课程统一集中编码列表，供学生选择。经过多年推行与调

① Hermann Rohrs, *The Classical German Concept of the University and Its Influence on Higher Education in the United States*, New York: Peter Lang GmbH, 1995, pp.99-100.

② Hermann Rohrs, *The Classical German Concept of the University and Its Influence on Higher Education in the United States*, New York: Peter Lang GmbH, 1995, pp.98-100.

③ Richard Hofstadter & Walter P. Metzger, *The Development of Academic Freedom in the United States*, New York, London: Columbia University Press, 1955, p.394.

④ S. M. Lipset & D. Riesman, *Education and Politics at Harvard*, New York: McGraw-Hill Book Company, 1975, p.100.

整，选修制于 1886 年在哈佛大学全面确立。其入学人数、教学质量与研究水平得以快速发展与提高。选修制在其他大学也得到了广泛应用，教师根据个人研究专长与成果开设课程，使得教学内容得以扩展并走向纵深；学生则根据专业与研究兴趣选择课程。美国大学的课程结构发生了巨大变革，步入现代大学的行列。

选修制帮助美国大学有效地实现了教学自由。而美国大学教授协会（AAUP）成立并发布《学术自由和终身聘任制的原则宣言》(*Statement of Principles on Academic Freedom and Tenure*)，则标志着学术自由思想被正式确立为美国高等教育原则。19 世纪末 20 世纪初，美国发生了一系列学术自由被干扰甚至破坏的事件。威胁学术自由的主要来源有两类，一是不容异己的保守学术势力，二是日趋官僚化并以追逐商业价值的工商业资本家为主的大学董事会，后者造成的伤害更加广泛和严重。为了维护学术自由，1915 年 1 月，在以留德学人为代表的教授的呼吁下，美国大学教授协会正式成立，来自 60 个高等教育机构的 867 位教授出席会议，成为第一批协会成员。杜威当选为首任主席。同年 12 月，协会发布《学术自由和终身聘任制的原则宣言》，界定了社会公众、大学、董事会与教授四者的概念和相互关系；明确了学术自由的范围与学者的责任；提出尊重与信任是学术自由的基础。[1] 该报告在开篇中声明，"学术自由，在传统上就包括教师的自由和学生的自由；包括教学自由和学习自由"，"这是对德国影响的致谢"[2]，被称为"美国有关学术自由原则最广泛、最全面的宣言"，"本年度对教育政策问题最有价值的贡献"以及"教师职业发展的里程碑"。[3] 美国联邦教育专员（The United States Commissioner of Education）将报告印发给全美 3000 所高等院校。[4] 学术自由和教授终身制的原则在美国得以确立。

同样，德国学术自由思想扎根于美国的过程也因受到当地客观条件的影响而产生了新的特点，形成了美国特色。第一，在美国，学生的自由与教师的自由是在不同时期先后确定的。选修制确立后，学生的自由得到保障并且相对

---

① Richard Hofstadter & Walter P. Metzger, *The Development of Academic Freedom in the United States*, New York, London: Columbia University Press, 1955, pp.407-411.

② 贺国庆、梁丽：《柏林大学思想及其对美国的影响》，《高等教育研究》2010 年第 10 期。

③ Richard Hofstadter & Walter P. Metzger, *The Development of Academic Freedom in the United States*, New York, London: Columbia University Press, 1955, pp.407-411.

④ Richard Hofstadter & Walter P. Metzger, *The Development of Academic Freedom in the United States*, New York, London: Columbia University Press, 1955, p.408.

稳定，但教师的自由不断受到威胁与冲击，也因此受到更多和持续的关注。第二，美国大学对教授在校内的自由有着更为严格的限制。第三，从政治生活来看，德国大学是国家机构，教授作为公务人员需要服务并忠于国家，因此言论自由相对较少，而美国教授作为公民，在校园及学术生活以外拥有更多的言论自由。

三、美国大学社会服务思想的确立

有两个关键因素推动了美国现代化大学体系的建立，一是德国大学思想的影响；另一个就是以《莫雷尔法案》（*The Morrill Act*）为法律依据，"康奈尔计划"为思想基础，"威斯康星观念"的形成为确立标志的社会服务思想。

（一）《莫雷尔法案》的颁布

美国利用公共土地支持教育事业发展的历史可以追溯至其建国初期。1785年制定的《土地条例》（*Land Ordinance*）规定，每个市镇都要拿出特定的1平方英里土地，将其出售或出租所得收入作为当地教育经费。至1850年，西进运动的开拓者已经跨过密西西比河，征服了得克萨斯、落基山脉与太平洋沿岸等广大地区，更是为美国州立大学提供了大量土地。内战爆发前，已经有20个州利用公共土地建立起了大小不一的高等教育机构。

1853年，伊利诺伊大学教授约翰逊·特纳（Jonathan B.Turner）呼吁联邦政府向各州划拨土地及资金，兴建农工大学。他提出"为了建设一种真正的民主，工业阶级也必须有他们自己的大学，至少每州一所。新型大学将讲授农业、生产加工和簿记知识"[1]。他主张重视实用技能的培养，降低入学门槛，采用有别于现有常规大学的教学内容与考试形式。虽然这一提案未能获得通过，但为日后的《莫雷尔法案》提供了启发。

国会议员莫雷尔（Justin S.Morrill）特别关注工农业及相关教育的发展问题，希望可以通过开展实用的技术教育提高从业者的技能。他认为公共土地应该得到更有效的利用，现有的农业耕种方法效率低下，教育设施不能满足机械技术的需求。他主张政府应为农民子弟和无法进入现有大学的年轻人提供接受高等教育的机会。[2]1857年，莫雷尔向众议院提交《赠地法案》提案，希望联邦

---

① ［美］丹尼尔·J. 布尔斯廷：《美国人：南北战争以来的经历》，谢延光译，上海译文出版社 1988 年版，第 704 页。

② Lee S. Duemer, Agricultural Education Origins of the Morrill Land Grant Act of 1862, *American Educational History Journal*, 2007(34).

政府根据各州国会议员人数，以每人 2 万英亩的比例向各州划拨教育用地，建立州立农工学院。提案得到参议院和众议院的支持，但却遭到南方各州的强烈反对。1859 年，时任总统詹姆斯·布坎南（James Buchanan）以政府经费困难、新建农工学院可能会妨碍现有大学的正常运转等理由否决了该法案。莫雷尔的设想被暂时搁浅。

1861 年，南北战争爆发，南方各州退出联邦政府，为法案带来了转机。新上任的总统林肯是共和党人，和特纳是好友，并与布坎南政见相左。政治经验丰富且眼光敏锐的莫雷尔选准时机，对提案内容加以调整，提出该提案不包括脱离联邦的南方各州，并增加了军事教育作为赠地学院的教学内容。1862 年 6 月，再次提交的提案在国会获得通过，7 月 2 日，由林肯总统正式签署颁布实施。

1862 年《莫雷尔法案》规定：（1）联邦政府在每州资助一所至少一所开展农业和机械技术教育的学院，这类学院并不排斥科学与古典课程，还必须开设军事课程；（2）根据 1860 年各州国会议员的数量，各州每有 1 位议员可以获得 3 万英亩公共土地或等值土地期票（下拨公共土地面积总计 1743 万英亩）；（3）各州出售公共土地获得的资金，有 10% 可以用于购买校址用地，其余赠地基金用于资助农业和机械技术学院的教育活动；（4）如果 5 年之内未能用完赠地资金，由联邦政府全部收回。[1]

《莫雷尔法案》是美国历史上联邦政府最早利用国家政策干预高等教育的法案。克拉克·科尔（Clark Kerr）在著作《大学的功用》（*The Use of the University*）中指出："《莫雷尔法案》为以后百年美国大学包括公立和私立大学的发展奠定了基调。这是曾付诸实施的最具生命力的法规之一"。[2]

法案颁布并实施后，各州迅速利用经营赠地所得资金来支持本地的农工教育。有些州将资金用于支持原有高等教育机构并加设农工专业，开展农业及机械工业教育；有些州资助原有规模较小的农业学院升级成为农工学院或大学；有些直接建立全新的农工学院或开设农工专业的州立大学，兴起了轰轰烈烈的赠地学院运动。"自 1862 年《莫雷尔法案》实施到 1922 年阿拉斯加大学建立为止，美国兴建了 69 所赠地学院。"[3] 借助法案的实施，农民和劳工阶级获

---

① Paul Westmeyer, *A History of American Higher Education*, Springfield: Charles C. Thomas Publisher, 1985, p.61.

② ［美］克拉克·科尔：《大学的功用》，陈学飞等译，江西教育出版社 1993 年版，第 58 页。

③ Arthru Levine, *Handbook on Undergraduate Curriculum*, San Francisco: Jossey Bass Publishers, 1978, pp.38-43.

得了更多的教育机会，实用科学得到重视与发展，黑人与女性也获得了入学权利。美国高等教育开始面向更多的民众。

受 1862 年《莫雷尔法案》的影响，联邦政府又通过了其他法案来进一步推进农工高等教育。1887 年，《哈奇法案》（*The Hatch Act of 1887*）颁布实施，规定联邦政府向每一个州与赠地学院密切相关的实验站拨款 15000 美元，旨在为开展农业实验，以及推广种植技术、牲畜防疫等农业技术提供经费。

1890 年，联邦政府通过了第二部《莫雷尔法案》，规定联邦政府每年补助各州赠地学院 15000 美元，以后逐年增加 5000 美元，直到每年补助达到 25000 美元为止。更重要的是，法案规定各州必须为黑人提供平等的农工教育机会，在招生时平等对待白人与黑人，或者专门建立新的水平相当的农工学院，否则不得享受赠地资助。第二部《莫雷尔法案》实施后，美国又陆续新建了 18 所赠地学院。

此后，联邦政府陆续出台了 1906 年《亚当斯法案》（*Adams Act*）、1907 年《纳尔逊修订案》（*Narson Act*）、1914 年《史密斯－莱沃法》（*Smith- level Act*）等，对高等技术教育的干预与资助不断加强。

《莫雷尔法案》的意义在于推动了美国高等教育，特别是公立高等教育的民主化进程。原本发展相对缓慢的南部、中西部及西部地区州立大学因为获得赠地而迅速发展。到了 20 世纪，很多赠地大学通过兼并当地医药或法律职业院校，以及开设新的商科教育发展成为优秀的综合性大学，规模与影响力迅速扩大。法案为美国高等教育的社会服务职能提供了法律依据与保障。特别是在 1890 年《莫雷尔法案》颁布后，大学开始服务于更多公民，劳工阶层、女性及黑人获得了更多的接受高等教育的机会，并最终助益于美国工业及经济的发展。

（二）康奈尔计划的实施

在众多赠地学院中，建立于 1868 年的康奈尔大学具有鲜明的特点和典型意义。其首任校长怀特 1832 年出生于纽约州的霍默镇（Homer），从耶鲁毕业后，与后来成为霍普金斯大学首任校长的吉尔曼一起在柏林大学学习。回到美国后任教于密歇根大学，深受塔潘的影响。1862 年，怀特被提名为纽约州共和党参议员候选人，1864 年 1 月正式当选，并成为参议院教育委员会主席。当时的农业委员会主席是伊兹拉·康奈尔（Ezra Cornell），两人从此与康奈尔大学产生了微妙的联系。

1863 年，纽约州获得 989920 万英亩赠地，纽约州人民学院（New York People's College）和奥维德农学院（Ovid Agricultural College）为此展开了多轮激烈的竞争。1864 年 2 月，康奈尔作为董事，向议会教育委员会提议，由两所学院分享赠地所得款项。但怀特的教育理想是建立一所全新的综合大学，认为这笔款项必须集中使用才能最好地发挥效用，所以拒绝了这一提议。1864 年 9 月，康奈尔说服董事会同意将奥维德农学院迁至伊萨卡镇，并承诺捐赠 300 万英亩土地和 30 万美元资金，条件是纽约州政府每年从赠地基金中划拨 3 万美元用于支持学院发展。[1] 怀特被康奈尔的热情与慷慨打动，认为自己的教育理想有望实现，立即表示："如果康奈尔先生和他的朋友们愿意把整个赠予土地的收益集中使用，并另捐 30 万美元的话，我必然会全力以赴提供支持。"[2]1865 年，康奈尔更进一步，提出单独买下所有赠地期票，作为新大学的筹建基金，最终成功地获得所有赠地份额。怀特期望新建的大学"将所有可筹措的经费集中使用；新大学由州管理，不能受制于任何教派；学校应与整个州的教育制度紧密地联系起来，并通过奖学金吸引其他州立学校的学生前来求学"。[3]

1865 年，康奈尔大学获得特许状，开始筹建。1868 年，康奈尔声明："这所大学将面向工业与生产阶级并为其提供最好的设施，使他们能够学习到实用的知识技能和精神文化"，"学校将令科学知识直接服务于农业及其他生产行业"，"这所学校是任何人都能找到想学的任何学科的地方。"以上声明不久即成为康奈尔大学的校训[4]，1869 年，康奈尔大学正式开学。

1868 年，怀特在校长就职演说中阐述了自己的办学思想。第一，大学应将自由教育与实用教育紧密结合；去除宗派化。第二，所有课程同样重要；要适合不同的学习任务与目标，学生有权自由选择课程；科学研究具有重要意义。第三，保持大学董事会以及校友委员会不陷入僵化；不同种族与性别都有机会接受教育。第四，劳动与奉献是人的本质与能力，应将其发挥到社会中去。第五，戒除迂腐学风，培养严谨求实的治学精神。[5]

康奈尔和怀特是康奈尔大学的创立者，因此，以怀特向大学董事会提

[1] Philip Dorf, *The Builder: A Biography of Ezra Cornell*, New York: Macmillan Publishers, 1952, p.46.
[2] William W. Brickman, *A Century of Higher Education*, Westport, Connecticut: Green Wood Press, 1962, p.56.
[3] 贺国庆：《从莫雷尔法案到威斯康星观念——美国大学服务职能的确立》，《河北大学学报》（哲学社会科学版）1993 年第 3 期。
[4] Morris Bishop, *A History of Cornell*, Ithaca: Cornell University Press, 1962, p.177.
[5] Morris Bishop, *A History of Cornell*, Ithaca: Cornell University Press, 1962, pp.88-89.

交《大学组织规划》为基础，二人的教育思想综合起来构成了"康奈尔计划"（Cornell Plan）的核心内容。"康奈尔计划"是康奈尔大学创建初期制订的"大学组织计划"（Plan of Organization），要点如下：

1. 设置"通用目标课程"（all-purpose curriculum），实施选修制；2. 所有学科、课程一律平等；3. 主动开展科学研究，为社会提供服务；4. 通过对商业、管理以及人际关系的研究服务于社会；5. 学校对所有学生开放，具体为：高中毕业生可进入大学；成绩优秀的高中毕业生可获得大学奖学金；杰出的大学毕业生，无论是在康奈尔大学还是其他任何学校继续研习，均可获得 3 年以上的学术奖学金；顶尖的研究者可获得特殊津贴，以帮助其继续研究整个国家和世界所共同面临的最难攻克的问题。[1]

"康奈尔计划"不仅仅是具体的办学计划，还确立了康奈尔大学的办学理念与目标，体现了自由与实用精神的结合。该计划强调，赠地学院必须服务于社会。在校园内，应培养实用人才和开展应用研究；在校园外，要把研究成果推广至相关产业，为农民和技术工人等从业人员提供短期培训，提高其专业技能及生产能力。该计划除了明确大学教学与科研都应为社会服务的理念并率先加以实践，还倡导平等自由的高等教育，突破了古典教育的等级观念；同时该计划还强调重视科学研究，开展研究生教育，确保了高深教育的质量，从而使康奈尔大学成为美国大学的榜样。1869 年，明尼苏达大学仿照康奈尔的模式建立起来，之后越来越多的大学吸收了康奈尔计划中的理念，大学的社会服务思想得到进一步推广与发展。

（三）"威斯康星观念"的形成

威斯康星大学是成立于 1848 年的州立大学。1862 年《莫雷尔法案》颁布之后，威斯康星大学得到了赠地资助，获得了新的发展机遇。1904 年，查里斯·范海斯（Charles R.Van Hise）担任威斯康星大学校长，使原本默默无闻、发展缓慢的威斯康星大学成为美国高等教育史上的重要符号。1912 年，威斯康星州公共图书馆管理员查尔斯·麦卡锡对范海斯"大学为社会服务"的办学思想加以归纳，将其称为"威斯康星观念"。

事实上，所谓"威斯康星观念"并非凭空产生。美国州立大学从出现之日起，就包含了为社会服务的理想。美国建国初期，公共教育就承担了改良社会

---

[1]　Paul Westermyer, *A History of American Higher Education*, Springfield: Charles C. Thomas Publisher, 1985, p.70.

的责任。韦兰（Francis Wayland）认为州立大学应是"保护共和国社会价值的有希望的措施"①。包括塔潘、怀特、亚当斯(Charles K.Adms ）在内的许多州立大学校长和教育家都持有类似的理念，并尝试将之付诸实践。"怀特与其他东部地区的人主要关注组织机构的改革，福尔韦和西部地区的人则更多地聚焦于实现农民的梦想方面。"②"威斯康星观念"就是在继承了这种思想之后，根据时代与地域环境的特点做出调整与提炼而形成的。

1904 年，范海斯校长在就职演说中阐述了自己的治校思想："在州立大学，教育是为全州人民利益服务的，不限阶层与性别，它的门向所有性别的人打开，只要他们有足够的智力，学费低廉使勤奋的贫穷者可在此找到出路，所有学生感到根本上的平等，这就是州立大学的理念。"③他特别指出大学与州之间的关系，认为"州立大学的生命力在于她和州的紧密联系中。州需要大学来服务，大学对于州负有特殊的责任。教育全州男女公民是州立大学的任务，州立大学还应促进与本州发展有密切关系的知识的迅速成长。州立大学教师应用其学识专长为州做出贡献，并把知识普及全州人民"④。他还提出"大学的主要职能包括教学、科研和服务。而对于一所州立大学更为重要的是，它需要考虑到每种教育职能的实际价值。也就是说，大学的教学、科研和服务都应当满足州的实际需要。大学为社会服务、州立大学为州的经济发展服务"⑤。

范海斯"为本州服务"的理念比之前任何一位教育家都更为具体。其原因有二，一是威斯康星州民众对教育有明确的要求；二是州政府为大学提供了有力的支持。威斯康星大学教授伊利（Richard T.Ely）曾解释，"威斯康星观念"的形成取决于"该州人民的态度"。威斯康星州人民"决不允许他们的大学在学术空想中迷失方向。他们懂得要求不同的和新的东西，要求得到满足他们需求的东西，要求他们称之为实践的东西"⑥。因此，州立大学应该直接帮助地方改善农业、工业并建设良好的政府。

---

①　John S. Brubacher & Willis Rudy, *Higher Education in Transition, A History of American Colleges and Universities, 1636—1976*, New York: Harper& Row Publishers, 1976, p.164.

②　John S. Brubacher & Willis Rudy, *Higher Education in Transition, A History of American Colleges and Universities, 1636—1976*, New York: Harper & Row Publishers, 1976, p.164.

③　黄宇红:《知识演化进程中的美国大学》，北京师范大学出版社 2008 年版，第 137 页。

④　陈学飞:《当代美国高等教育思想研究》，辽宁师范大学出版社 1996 年版，第 31 页。

⑤　C. W. Butterfield, *The University of Wisconsin: A History, 1848—1925*, Madison: University of Wisconsin Press, 1949, p.70.

⑥　John S. Brubacher & Willis Rudy, *Higher Education in Transition, A History of American Colleges and Universities, 1636—1976*, New York: Harper & Row Publishers, 1976, p.165.

　　1900 年，威斯康星大学的毕业生拉福莱特（Robert M.La Follette）当选为州长，为"威斯康星观念"的形成提供了强大的支持。南北战争结束后，掌握政权的共和党领导者日益滋生出严重的腐败问题，引发了威斯康星民众强烈的不满。为了扭转局面，拉福莱特上任后立即实施了激进的进步主义改革政纲，推出了包括提名候选人时由选民直接投票进行预选，成立行政管理机构，对铁路进行公平税收等措施。

　　拉福莱特在推行新政的过程中，希望内阁与大学结成密切的伙伴关系。范海斯的一生都与威斯康星紧紧联系在一起。他出生于威斯康星，成长和求学也都在威斯康星，是威斯康星大学培养的第一位哲学博士。1879 年毕业后，留校担任冶金学和地质学教授。1904 年，威斯康星大学选择新校长时，拉福莱特极力支持同为进步主义者的范海斯。范海斯担任了 15 年校长，直到 1918 年去世。

　　范海斯是拉福莱特进步主义改革纲领的坚定支持者，赞同拉福莱特所有的构想，并与其紧密合作。他认为州立大学不同于私人捐赠的大学，是全州所有人的机构，应该把英国传统与德国模式最好的特征结合起来。同时兼顾文科、应用科学和创造性的研究。在知识快速发展的时代，大学应当像瞭望塔一样，承担公共服务的职责，为社会改革与发展贡献力量。威斯康星大学为达到上述目标做出了各种大胆的尝试，取得了富有示范意义的成果。

　　范海斯做出的最有创造性的尝试就是在大学与社会之间建立双向专家服务关系，这也是"威斯康星观念"的基础内容。首先，州政府可以在所需领域得到相关专家的帮助。范海斯担任校长后，派出专家与地方政府合作，改善了农业及工业发展技术，解决了实际的社会与经济问题。几十名教授担任了威斯康星州规章制定与调查研究委员会的委员，帮助起草和制定相关法规。在这种独特的合作模式下，大学一方面保留了学术自由，另一方面为政府工作，让公民享受到政府资助大学研究的好处。到 1910 年，有 35 位大学教授利用业余时间参加了威斯康星州非政府机构分支的工作。范海斯校长则以身作则，服务于许多公共委员会。在他的带动下，越来越多的教授热心于支持州的发展。经济学家参加州铁路和税收委员会的工作，政治学家参与起草法案，工程学家帮助设计铁路铺设方案，农学家帮助推动牛奶业的发展。同时，威斯康星州与大学的"专家服务"还是双向的，大学派专家教授服务于社会，也从社会上邀请专业人士帮助加强大学的教学与科研。大学与社会的联系越密切，越有利于培养实用性人才。

在"威斯康星观念"中，州立大学的职责是利用科学全面改善本州公民的生活，因此要通过研究发现和推广更多实用的知识与成果。范海斯任校长期间，威斯康星大学的教师数量增加了 4 倍，学生入学人数翻了一番，州拨款增长了近 5 倍，土地增加了 1 倍。在大学迅速发展的同时，威斯康星州的民众也获益良多。范海斯特别聘请助理重新设计了一些实用课程，使其变得更加通俗易懂，并通过推行补习课程来培训农民和技术工人，将大学的成果惠及更多普通民众。至 1910 年，超过 5000 人参加了威斯康星大学的函授课程学习，为全美建立了榜样，吸引了来自世界的教育家前来参观、学习与借鉴。教育史家说："曾为艾略特把哈佛转变为私立大学榜样而欢呼的教育家，如今为范海斯将威斯康星转变为公立大学的榜样而欢呼。"[1]1907 年，《展望》杂志上的一篇文章把威斯康星大学称作"威斯康星州公众生活中的'咨询工程师'"。斯蒂芬斯（Lincoln Steffens）说："威斯康星大学是一个高度体现威斯康星州人民共同的社会意识的核心。"[2]

威斯康星大学将社会服务的范围与方式具体化，以全州作为大学的边界，将其作为教育与研究的场所，并向全州传播知识和提供服务，成绩斐然，得到了广泛而持续的赞誉，被称为"美国最重要的州立大学"，甚至是"世界最好的大学"。作家斯蒂芬斯（Lincoln Steffens）则称范海斯是"大学校长中独具一格的人"[3]。威斯康星大学为其所在州的发展做出了巨大的贡献。"威斯康星观念"的提出与实施最终确立了美国大学服务于社会的思想，将教学、科研与社会服务确立为美国大学的三项基本职能。至此，美国现代大学体系得以正式建立。

从南北战争到 20 世纪初，伴随着贯通南北的国内大市场的形成，美国社会进入了全面迅速发展的时期。与国家各方面的变化相适应，美国教育的发展也非常迅速。一方面，在欧洲教育思想广泛而持续的影响下，美国教育大厦的根基已经牢固地建立了起来；另一方面，一部分具有美国特点的教育思想在这个时期已经萌芽，而部分也已经展现出其独特的风采。

首先，从美国教育大厦根基奠定的角度来看，在这一时期，卢梭、裴斯泰洛齐、福禄贝尔、赫尔巴特、蒙台梭利、斯宾塞等欧洲教育思想家及其各学派，通过各种各样的途径在美国教育思想领域广泛传播，同时还有许多被直接

---

[1]   Harlow G.Unger, *Encyclopedia of American Education*, New York: Facts on File, Inc., 1996, p.1037.

[2]   ［美］劳伦斯·阿瑟·克雷明：《学校的变革》，单中惠等译，上海教育出版社 1994 年版，第 186-187 页。

[3]   Harlow G.Unger, *Encyclopedia of American Education*, New York: Facts on File, Inc., 1996, p.1037.

应用至实践领域，成为指导教育活动的指南。比如，卢梭提出的尊重和热爱儿童天性的原则就在帕克师范学校和约翰逊有机学校的教育改革中；裴斯泰洛齐提倡的直观教学法在 1865 年成为美国全国教师协会认可和推广的教学原则；福禄贝尔式的幼儿园也在美国各地建立起来……

其次，在基础教育领域，伴随着公共教育运动的持续深入发展，具有美国特色的进步主义教育思想也已经萌芽。南北战争后，移民迅速涌入、新的工业体系得以创建，大量儿童无人照看。这些现象成为社会常态。哈里斯认为这种状况正是公立学校发展的契机。他认为公立学校在塑造合乎社会发展的个体，培养公民知识、智力、能力和道德品质等方面能发挥积极的作用，哈里斯进一步发展了巴纳德等人的公共教育思想。

帕克是进步主义理论形成期的代表人物，他在中初等学校和师范学校中进行的改革具有非常重要和独特的价值。他提倡以儿童为中心的教育理念、推崇学校在建设民主社会中的作用，鼓励开设与儿童日常生活中的兴趣及经验相联系的课程，他的思想与实践为美国进步主义教育理论的出现提供了基础。

最后，在高等教育领域，该时期美国社会的变化直接推动了高等教育向更为纯粹和更为实用这两个方向进行改革。其一是：在德国大学的影响下，美国建立起综合大学并开展研究生教育，代表了高等教育发展的一极，即高等教育正努力向更高学术水平、培养更高层次的人才的方向迈进。吉尔曼、艾略特、霍尔等人的研究型大学理念丰富和发展了美国高等教育思想；1862 年《莫雷尔法案》的颁布与赠地学院运动的深入开展代表了实用方向高等教育的蓬勃发展。其中特纳、莫雷尔等人为赠地学院的创建提供了思想源泉，而怀特等人的"康奈尔计划"，以及范海斯等人提出的"威斯康星观念"，则是实用高等教育思想的自然延续。

第四章　20世纪上半期的教育思想

　　南北战争消除了美国工业发展的羁绊，在其后半个世纪左右的时间里，美国实力潮涌似的增长，不仅一跃成为名副其实的工业国家，更在悄无声息中取代了老牌欧洲强国的位置，成为工业世界的新宠。一时间，"城市""工厂""移民""公司""股票"等迅速取代了"农村""农业""手工业生产"等，成为一个时代的标志。与此同时，面对美国社会政治生活腐败、物质主义弥漫、城市人口膨胀、交通拥挤、犯罪率增高、贫富差距拉大等现实问题，以罗斯福、拉福莱特、威尔逊、卡明斯、克罗利、亚当斯、琼斯等为代表的各界有识之士迅速掀起了声势浩大的进步主义改革运动。该运动旨在改善美国社会的精神文化状态，重建遭到工业文明摧毁和破坏的社会价值体系，使美国人真正成为其所创造的物质文明的主人。作为进步主义运动的分支之一，进步主义教育运动是针对此时期教育的落后面貌而在初中等教育领域掀起的一场深刻的改革运动。尽管在近半个世纪左右的时间内，进步主义教育运动经历了由盛转衰的发展历程，但是，作为一场伟大的教育改革运动，它不仅深刻地改变了20世纪上半期美国初中等教育的面貌，而且，以约翰·杜威为代表的一大批美国本土教育理论，还充分发挥了广泛的世界影响，对世界其他国家的初中等教育改革起到了巨大的推动作用。

　　与此同时，面对迅疾变化的社会，美国职业教育和高等教育何去何从的问题也日益凸显了出来，在创建何种职业教育和高等教育机构的问题上，在职业教育和高等教育未来如何健康发展的问题上，一批批教育思想家也仁者见仁智者见智，他们的思考、论争乃至冲突共同构筑了该时期美国教育思想恢宏的大厦，同时也为美国职业教育和高等教育实践的改革奠定了深厚的理论基础。

第一节　进步主义教育思想

　　进步主义教育思想是美国进步时代（Progressive Era）的人们针对教育痼疾提出的良方。其之所以会在19世纪末20世纪初出现，除了受到特定时期美国政治、经济、文化背景等的影响外，还与中小学校所面临的迫切问题有关，这些问题综括起来大致有如下一些：

首先，以城市公立学校为主体的美国初中等教育面临着巨大的入学人口压力。我们从以下数据就可一窥全豹，比如，马萨诸塞州中小学校注册人数在1870—1871学年是273661人，1890—1891学年是307953人，1910—1911学年一下子攀升到538411人。[1] 俄亥俄州克利夫兰市的注册学生人数在1900—1930年从45000人增至145000人，同一时期底特律的数字则从30000人增长到了250000人[2]，在一些城市公立学校，教室容纳超过其建筑设计能力50%学生的现象比比皆是，更有许多学生不得不长期在学校租赁的大厅、走廊、地下室等地方上课。与教室数量严重不足相对应的是环境的脏乱差。比如当时马萨诸塞州洛厄尔市（Lowell）的一所学校教师就曾抱怨说，该市的学校在容纳不足一半的学生的情况下，各方面的卫生情况已经令人无法忍受。[3] 如何筹集更多的资金，如何建造更多更好的校舍，或者如何更为高效、合理地使用原有校舍以及各类学校设施，在相当长时间内成为美国城市教育必须首先考虑的问题。

其次，以城市公立学校为主体的美国初中等教育还面临着如何改造旧秩序的巨大难题。自内战结束以后的半个世纪，由于浓重的保守主义传统一时难以突破，学校课程服务于智力训练和升学的特征基本没有改变；此外，由于沿袭已久的成人权威，训练学生绝对服从教师并养成自我控制的习惯，还是那个时期许多教育家认同的观点。因此，正像当时一位教育家所说的：我们在原则上接受民主，而在实践中却拒绝民主，学校因之成为最不民主的地方。整体来看，当时的学校还不是孩子们喜欢去的地方，更甚至可以认为是孩子们急于离开的地方。据当时的资料统计，"一半以上的孩子会在6年级，也即14岁的时候离开学校，这些孩子充其量仅仅掌握了进一步学习的工具——简单的读写算（3R）知识，他们还没有接受过任何真正意义的教育"[4]。

① Marvin Lazerson, *Origins of the Urban School Public Education in the Massachusetts 1870—1915*, Cambridge: Harvard University Press, 1971, p.12.

② ［美］韦恩·厄本，杰宁斯·瓦格纳：《美国教育，一部历史档案》，周晟、谢爱磊译，中国人民大学出版社2007年版，第275页。

③ Marvin Lazerson, *Origins of the Urban School Public Education in the Massachusetts 1870—1915*, Cambridge: Harvard University Press, 1971, p.11.

④ National Association of Manufacturers, "*Reports of the Committee on Industrial Education*"in *American Education and Vocationalism—A Documentary History 1870—1970*, Marvin Lazerson & Norton Grubb, New York: Teachers College Press, 1974, p.93.

　　再次，以城市公立学校为主体的美国初中等教育还必须担负起实现新使命、创建新秩序的责任。对于进步时代的改革家来说，如何诊治已经患上工业文明综合征的社会的弊端，除了加大政治、经济、文化等领域的改革力度，教育作为匡正时弊、传播知识、启迪民智的工具，它一方面能够降低人们在巨大的社会变动面前可能出现的紧张和不安情绪，另一方面其在鼓励民众积极参与民主政治方面还有着积极的作用。① 特别是在当时的情况下，尽管新移民为美国工业发展提供了充沛的劳动力，但是由于此时期大多数移民来自奥匈帝国、意大利、俄国等非英语、非新教运动影响的国家，他们大多出身贫困、文化程度低且文盲多，同时他们对于美国民主制度、社会价值观的认可度普遍较低。如何更好地同化移民及其子女，使其在思想和行为举止方面逐渐变成真正的美国人，公立中小学校还必须承担起责无旁贷的责任。除此之外，在如何创建更为完美的教育制度方面，自捷克教育家夸美纽斯提出"效法自然"以及法国教育家卢梭提出"遵照天性自然"等自然主义教育原则以来，欧洲教育思想家们已经在这条道路上进行了诸多的探索，但是来自欧洲的影响还远远不足以改变美国初中等教育落后的全貌，加之 19 世纪末 20 世纪初儿童研究运动和心理学科的持续发展，人们对于儿童期的独特性以及其在人的一生中的关键作用有了进一步深刻的认识，因此，如何在变迁的社会背景中，继续借鉴欧洲经验，同时吸收最新的心理学和儿童研究等的成果，更好地满足社会对于教育思想和实践的新要求，这是时代对于美国教育及其教育家提出的新命题。

　　从美国进步主义教育运动自身发展的轨迹来看，自 19 世纪末进步主义教育思想萌芽并在少许教育机构中开始实践以来，在不长的时间内，进步主义教育思想在美国就有了快速的发展。不仅出现了一批颇有影响的实验学校，如库克（Flora J. Cooke）的"弗朗西斯·W. 帕克学校"（Francis W. Parker School, 1901）、梅里亚姆（Junius L. Meriam）的"密苏里大学初等学校"（Missouri University Elementary School, 1904）、约翰逊（Marietta Johnson）的"有机教育学校"（Organic School, 1907）、沃特（Willian Albert Wirt）的"葛雷学校实验"（Gary Schools, 1908）、普拉特（Caroline Pratt）的"城乡学校"（City and Country School）（1913）、诺姆伯格（Magaret Naumberg）的"华尔登学校"（Walden School, 1915）、弗莱克斯纳（Abraham Flexner）的"师范学院林肯学校"（Lincoin School of Teachers College of Columbia University, 1917）等等，同时，以约翰·杜

---

① 李剑鸣：《大转折的年代，美国进步主义运动研究》，天津教育出版社 1992 年版，第 102 页。

威体现进步主义教育精神的系列作品问世为标志，进步主义教育理论还由零散走向了系统化，约翰·杜威因之成为进步主义教育运动当之无愧的精神领袖。此外，1919 年，持进步主义教育思想的教育家们还组建了专门的团体——进步教育协会（Progressive Education Association），创办了专门的会刊——《进步教育》（*Progressive Education*），提出了进步主义教育发展的七大原则，所有这些都标志着进步主义教育由零星的实践转变成了一场伟大的改革运动。当然，由于在运动初期，进步主义教育改革更集中在初等教育阶段，且在理论上更加具备"儿童中心"的倾向，它也与 20 世纪 30 年代美国经济大萧条之后进步主义教育家们更加关注中等教育改革，更多围绕"社会中心"来谋划改革的倾向有着很大的不同，因此，我们也可以以此为界，将 20 世纪上半期进步主义教育运动的发展划分成"儿童中心"和"社会中心"两个不同的时期。当然，由于这种划分仅仅具有相对的意义，因此对其的理解也不能过于绝对化。二战前后，在美国社会发展主题不断变化的背景中，进步主义教育思想日益走向衰落，进步教育协会于 1955 年解散，所有这些都标志着进步主义教育时代的落幕。不可否认的是，在短短几十年的时间内，进步主义教育思想家们的主张、建议和实践已经深刻地改变了美国中小学教育的面貌，现当代美国中小学教育的底色正是由进步主义教育运动铺就的。

一、"儿童中心"倾向的进步主义教育思想

如果将弗朗西斯·帕克在昆西学校实验（1875—1880）中的观点作为美国进步主义教育思想正式开端的话，那么，帕克之后，以约翰·杜威系统化教育理论的形成为核心，以杜威的芝加哥大学实验学校、约翰逊（Marietta Johnson, 1864—1938）的"有机学校"（Organic School）、沃特（Willard A. Wirt, 1874—1938）的"葛雷计划"（Gary Plan，又称为 Work–Study–Play 或 Platoon School Plan）、克伯屈（William Heard Kilpatrick, 1871—1965）的"设计教学法"（The Project Method）、帕克赫斯特（Helen Huss Parkhurst, 1887—1973）的"道尔顿制"（Dahon plan）、华虚朋（Carleton Wolsey Washburne, 1889—1968）的"文纳特卡制"（Winnetka Plan）等为代表，进步主义教育理论和实践日益深入。当然，由于此时期的教育思想和实践体现出了鲜明的"儿童中心"的倾向，也即将儿童多方面的发展、儿童的自由和兴趣、儿童主动性的培养等作为教育实验所要达到的主要目标，同时，在课程设置上，重视儿童喜欢的游戏、园艺、手工、体操、旅行等非理性课程的开设；此外，在教学方法的选取上，此时期更

为关注儿童的兴趣、活动、自由、个人经验在教学中的作用，强调以儿童的兴趣和经验来组织教学。进步主义教育理论和实践的以上特征与以教师、教材和教学为中心的传统教育表现出了巨大的差异，体现出了不同以往的特色。这一特色对于扭转当时美国中小学沿袭已久的成人权威、机械训练等弊端起到了良好的示范效应。由于我们对约翰·杜威的教育思想将有专门的章节来介绍，因此，此处仅仅对约翰逊、沃特、克伯屈、帕克赫斯特等人的教育思想进行剖析。

（一）约翰逊的"有机学校"

约翰逊是进步主义运动的先行者之一。由于深受卢梭儿童天性自由思想的影响，早在明尼苏达州任教期间，她就对当时中小学教育缺乏与社会、与生活的联系，过于看重教材以及系统知识的传授，同时很少考虑儿童思想和感情需求的做法深感失望。她认为当时的学校教育是在"直接违背儿童天性需要的轨道上阔步前进"[1]。但如何改变以上状况呢？约翰逊苦苦地寻找着答案。

此时期阅读的两本书使她对教育教学改革有了更为明确和成熟的看法。这两本书分别是儿科医生奥本海姆（Nanathan Oppenheim）的《孩子的成长》（The Development of the Child），以及长期在手工艺培训学校工作的亨德森（Charles H. Henderson）的《教育与更广大的生活》（Education and the Larger Life）。在亨德森这本划时代的书中，他不仅对生活和教育的关系问题提出了独特的看法，而且他还首次使用了"有机教育"的概念并对其进行了完整的阐述。在亨德森看来，作为有机体的人类，其所有的器官都在相互配合，一起运作，这才是人类成功生活的基础。将此理论运用于教育，当设计任何教育项目时，必须同时满足儿童身体、智力和道德的需要，努力让这三者相互配合、共同提高才是最为理想的状态。与此同时，亨德森也注意到儿童好奇的天性，他指出："儿童想要从事自己感兴趣的活动，而不是父母或老师为他们设定的活动。"[2]约翰逊深深地折服于亨德森的思想，非常急迫地想去创办这样的一所学校。

1907年，在经济极为拮据的情况下，她克服各种困难，最终在亚拉巴马州费尔霍普（Fairhope）创办了一所私立学校——"有机学校"（Organic School）。约翰逊曾经在自己的书中明确表示："开办此学校的目的是满足正在成长的有机体的需要。我们在设计该学校的每一个项目的时候，都致力于保存

---

① Marietta Johnson, *Thirty Year with an Idea: The Story of Organic Education*, Tuscaloosa: The University of Alabama Press, 1974, xi-xii.

② C. Hanford Henderson, The Aim of Modern Education, *Popular Science Monthly,* 1896, 46(8), p. 496.

儿童情感生活的真诚和忘我精神，致力于为孩子们提供最好的、最敏锐的智力活动，以促进其神经系统的全面发展。促进生长、满足有机体的需要是教育过程的唯一功能，这就是我们选取'有机'概念的原因。"[1] 为儿童的成长创建适宜的环境，同时借助于实用的且具备生活激励功能的项目创设，促进儿童身体、思想和精神的共同成长，"有机学校"不仅鲜明地体现了亨德森有机教育理念的精髓，同时，"有机学校"还与卢梭的自然主义教育思想一脉相承。比如，约翰逊继承了卢梭关于消极教育的理念，她提出孩子应该过自然的生活，至少在 10 岁前（后迫于父母们的压力，有机学校改为让孩子们在 8 岁前）不接触任何正式的学习内容。约翰逊认为此时期的孩子应该多研究户外的一切，应该有充足的玩耍甚至做梦的时间，如果一个人在童年时期就没有做过梦，那还有什么时间更适宜做梦呢？此外，卢梭对于儿童本性的看法、对于童年经历将影响成年后的生活的看法、对于儿童有权力享受其童年生活的想法都在深层次影响了约翰逊的有机学校。[2]

整体来看，为了让孩子有更加良好的学校生活体验，约翰逊倡导如下的做法：

首先，教育即生活，生活也是教育，任何割裂两者关系的做法都是错误的。约翰逊认为：当前的学校过于强调正式的功课和指导性的工作，它们与家庭和学校外的经验有太多的不同。事实上，家庭和校外的经验往往有着非凡的教育价值，高明的学校应该使三者协调一致。她提出，孩子们在家的时间一般用于家中的休闲活动、家务劳动以及家庭、社区和社会三者关系的调整活动，理想的学校活动应该与孩子的家庭活动是一致的，不应该有单独的家庭作业的要求，只有这样才能全面促进学生身体、智力与社会能力的增长。

其次，约翰逊认为所有的学校活动，其中包括学习和玩耍活动，从入学第一天直至进入大学都应该同时进行，不应该割裂它们之间的关系。在她的有机学校，课程主要是围绕孩子们感兴趣的且与玩耍密切相关的身体锻炼、自然研究、音乐、手工、讲故事、戏剧表演和游戏活动等来设置，孩子们在"玩"的过程中，根据其求知欲的自然增长，一步步地从故事中推导出文学、历史和地理知识，从自然研究拓展到自然科学知识并进一步分化为专门化的学科知识，自然而然地引导孩子们进行阅读、写作、算术、地理等知识的学习。"有

---

①　Marietta Johnson, *Thirty Year with an Idea: The Story of Organic Education*, Tuscaloosa: The University of Alabama Press, 1974, p.52.

②　C. H. Rochedieu, The Fairhope Idea in Education, *Peabody Journal of Education,* 1958, 36(1), pp.37-38.

机学校"教师的任务就是去创设具有导向性的环境,并让这样的环境引导孩子们掌握阅读和运用数字等技能。由于玩耍与学习被有机地结合在了一起,其中绝没有强制,因此,"有机学校"的孩子真正成为学习的主人。

再次,努力创设无压力的学校环境。约翰逊对传统教育的弊端深有体悟,在建校初期她就要求教师们在头脑中不断地强化一个观念,即掌握课程知识的重要性绝对要低于帮助学生获得思想的激励、快乐和满意情感的重要性[1],创建无压力的环境正是确保孩子们获得以上满意情感的最主要抓手。在她的"有机学校",不分年级,没有考试,直到高中才有家庭作业;此外,为了培养孩子们的团结协作的精神,"有机学校"的许多工作需要孩子们合作来进行,为了更容易、更公正且更无压力地分组,"有机学校"绝不会采取智力测验或已有的任何种类的正式测试来区分孩子们的智力程度,其主要依据他们的实际年龄来分组,而分组的原则是让每一个人都能够在群组里感觉舒适。约翰逊相信只要教室中没有考试和家庭作业,就没有失败,无压力的环境不仅会为孩子们探索自己的兴趣提供适宜的环境,而且他们在愉快的环境中完成的科目作业一定远比在有压力的环境下好得多。

最后,淡化外在激励,强化内在激励。在如何评价孩子们的努力方面,约翰逊认为分数、奖章、徽章、级别等均不应该作为奖励措施,因为这些措施可能唤醒孩子们的成功或失败感,并相应使他们产生原本没有的优越感或自卑感。相反地,她认为如果激励来自内部,也就是说当孩子们对于自己所完成的工作产生比较满意的感觉时,这种激励才是持久且最好的。

约翰逊的做法很快就得到了一批家境富裕的移民父母的认可,她的学校在短时间内就发展壮大了,而且,她的学校还引起了进步主义运动精神领袖杜威的注意。1913 年,杜威参观了这所学校,此后不久,杜威还在自己的《明日的学校》一书中对"有机学校"的做法给予了高度的赞扬,约翰逊也因之获得了"进步主义教育运动领导人之一"的巨大声誉。

（二）沃特的"葛雷计划"

沃特 1874 年出生于印第安纳东部的一个农场,曾在附近的一所高中读书,1899 年从迪堡大学（DePauw University）政治科学专业毕业后,返回高中就读的学校做管理工作。他曾在该校课程的多样化、弹性课表以及学校设施改善

---

[1]　Marietta Johnson, *Thirty Year with an Idea: The Story of Organic Education,* Tuscaloosa: The University of Alabama Press, 1974, p.109.

等方面做过许多的工作，所有这些都为其后"葛雷计划"的出台奠定了厚实的基础。

1907年，沃特成为印第安纳州一个因为钢铁业而迅速崛起的城市——葛雷市的学监。钢铁工业丰富的就业机会为该市带来了数量巨大且异质的人口，正是在该市，沃特设计了新的学校教师雇佣标准，重新细分了学校建筑的功能，延长了学校日的长度，创设了享誉国内且被欧洲和日本同行效法的学校运行计划——"葛雷计划"。"葛雷计划"的核心是科学地安排不同群组的儿童在一套学校设施和一个管理背景下同时进行学术和其他类别课程的学习，使学校有限的空间得以最高效地利用；此外，由于该计划是将儿童的工作、学习、玩耍集中到一个校园之内来完成，孩子们在学校不仅可以同时获得学术知识、工作技能、社会化的经历，身体技能也会得到多方面的锻炼。沃特因之将他的这种设计称作：群组学校计划或工作—学习—玩耍计划。[1] 作为进步主义教育改革的一面旗帜，该计划对美国乃至欧洲和日本等地区基础教育改革均起到了较大的引领作用。

整体来看，葛雷计划拥有两大基本的组成要素：

首先，丰富的课程设置。沃特生于农村，基于自身的成长经历，他很早就认识到自给自足的家庭农场包含了有益于个体发展的所有教育要素，对儿童职业技能掌握、身体活动力和性格养成均有着巨大的功效。有鉴于迅速的城市化对农村生活的侵蚀，沃特认为城市公立学校应该责无旁贷地肩负起原先家庭农场的责任。他明确地提出：公立学校应该像绿洲一样浇灌、培育城市学生，让他们拥有与先前时代类似的关于家庭、工作和生产的价值观，以便为高效、有秩序的社会培养基础扎实且有生产技能的公民。[2] 为了达到这一目的，他坚信普通公立学校也应该拥有类似于农场一样的工作间，应该允许学生"在一个类似于旧时代的手工艺家庭和社区环境中从事真正的手工工作"[3]。除了沃特自身对于教育的看法，此时期广为传播的杜威哲学也深深地影响了他。作为美国当时最伟大的哲学家，杜威关于只有将学校变成雏形的社会，让其具备雏形社会所拥有的各种要素，才能够克服儿童学校教育与其生活和经验相互脱节的弊端，且儿童只有在相互学习的适宜环境中成长，才最终有利于民主社会创建等

① Robert H. Thiede, *Gary Plan*, 2018-07-21, https://www.britannica.com/topic/Gary-Plan.

② William Wirt（educator）, 2018-07-22, https://en.wikipedia.org/wiki/William_Wirt_（educator）.

③ Kenneth S. Volk, The Gary Plan and Technology Education: What Might Have Been?, *Journal of Technology Studies,* 2005, 31(1), pp.39-48.

的思想也奠定了"葛雷计划"课程设置的理论基础。

接手葛雷市学校的管理之后，沃特首先做的就是课程拓展。为同时培养学生精神的、社会的、文化的和身体的能力，有别于传统学校仅仅重视学术性知识教学的做法，沃特除了开设传统的学术课程，还为男孩创设了学习金工、家具、木工、绘画、印刷、制鞋和管道维修等的工作间，为女孩设置了学习烹饪、缝纫和簿记的场所，同时学校课程中还包括各种娱乐活动、自然研究和每日的礼堂活动（其中包括公共演讲、音乐课和电影）等。丰富的、符合儿童兴趣和身心发展的各类课程的开设，使动手"做"、在"玩"中学成为葛雷学校的理念。"葛雷计划"在当时就赢得了广泛的好评。比如社会改革家道尔（Rheta C. Dorr）在参观完葛雷学校后，用愉快的口吻描述了其所看到的一切："（传统学校）可怕的沉默规则在葛雷体系中没有出现的机会。小男孩会问一千个老工人的问题……在这个过程中帮助自己学习。"[1] 时任马萨诸塞州教育委员、力倡社会效率职业教育观的斯尼登（David Snedden）认为葛雷市这个手脑并用的工作计划能够丰富孩子们的经验[2]，杜威也在其《明日的学校》一书中盛赞了"葛雷计划"。

其次，群组学习与高效使用学校设施的组织与管理方式。19世纪末20世纪初是美国著名的管理学家泰罗（Frederick W. Taylor）科学管理原则形成的关键时期。泰罗第一次系统地把科学方法引入管理实践，成为名副其实的科学管理之父。[3] 泰罗的科学管理理念不仅对美国工商企业界的管理实践，而且对教育领域的管理改革都有着重大的影响，而"葛雷计划"就是泰罗科学管理原则在教育领域运用的典型案例。

在科学管理原则的启发下，沃特希望最大效率地使用学校的各项设施。通过周密分析，他认为应该将学校的空间分为专门用于学术类课程教学的教室和专门服务于各类活动的其他空间，然后将学生分为两组，在上午，让A组学生在学术教室进行数学、科学、英语、历史等科目的学习，B组学生在会堂、工作间、花园、游泳池、体育馆或运动场等活动，下午，A、B组交换活动内容和场所。不同群组的学生在一天的时间内，分别进行学术与活动课程的学习，学生不仅不会厌烦，且还会在繁忙的状态中获得各方面的长进，此外，学

---

①　Kenneth S. Volk, The Gary Plan and Technology Education: What Might Have Been?, *Journal of Technology Studies,* 2005, 31(1), pp.39-48.

②　Kenneth S. Volk, The Gary Plan and Technology Education: What Might Have Been?, *Journal of Technology Studies,* 2005, 31(1), pp.39-48.

③　[美]F. W. 泰罗：《科学管理原理》，中国社会科学出版社1981年版，第240页。

校管理人员也能在同一个时间和空间里安排两倍于先前的学生学习。为了不间断地使用学校设施，最大化地提升学校所有设施的使用效率，沃特还提出，只要有严密的规划，学校除了白天开放，还可以在夜晚、周末和暑期开放（如可以为成人开设夜校、为儿童开设暑期学校等）。"葛雷计划"打破了那个时代僵化且低效的学校管理模式，较好地降低了学校过度拥挤的状态，实现了学校设施更具成本效益的使用。尽管当时也有不少反对的意见，但许多对效率问题感兴趣的商业和政治领袖均赞赏该计划的实施。

"葛雷计划"首先是在葛雷市的一些大的学校推开，到20世纪20年代末期，该市共有22000名学生在"葛雷计划"学校里就读。与此同时，在联邦教育局（The Federal Bureau of Education）的极力倡导下，同期全国41个州202个城市共诞生了1068所葛雷学校。[1] 当然，由于对于"葛雷计划"不同的理解，该计划在实施的过程中，也遭遇到了一些家长、劳工组织领导人等的抵制，尤其是在纽约市还发生了被誉为"20世纪最富戏剧性的学校事件"[2]。但不可否认的是，正是"葛雷计划"的推广，目前美国许多中小学的组织结构和无数运行着的学校项目均受益于此。

（三）克伯屈的设计教学法

克伯屈，美国教育哲学家，生于佐治亚州。他不仅是杜威在哥伦比亚大学教师学院任教时最喜欢的学生及后来的同事，而且还是杜威教育理念的积极支持者、倡导者和拓展者。他在吸收了帕克、杜威、裴斯泰洛齐、桑代克、查尔斯·德加莫等人教育思想的基础上，提出了被誉为20世纪最有影响的教育成果之一的设计教学法，[3] 美国教育史家克雷明曾对此做过高度的评价，他说正因为设计教学法的出现，克伯屈被带到了美国教育改革的前沿。[4] 克伯屈的主要研究成果有：《设计教学法》（*The Project Method*, 1921）、《教学方法原理》（*Foundations of Method*, 1925）、《变革文化的教育》（*Education for a Changing Civilization*, 1926）、《教育和社会危机》（*Education and the Social Crisis*, 1932）、《重塑课程》（*Remaking the Curriculum*, 1936）、《教育哲学》（*Philosophy of*

① Alar Lipping, The Platoon School Curriculum and the Diffusion of School Physical Education Programs, 1900—1930, *Research Quarterly for Exercise and Sport,* 2003, 74(1).

② Robert H, Thiede, *Gary Plan,* 2018-08-15, https://www.britannica.com/topic/Gary-Plan.

③ Herbert M. Kliebard, *The Struggle for the American Curriculum, 1893—1958* (*Third Edition*), New York, London: RoutledgeFalmer, 2004, pp.136-138.

④ Lawrence A. Cremin, *The Transformation of the School: Progressivism in American Education, 1876—1957,* New York: Alfred Abraham Knopf Sr, 1961, p.216.

Education, 1951）等。

克伯屈秉持儿童中心的教育理念。针对传统教育以书本为中心，且以成人的标准来决定儿童学习的内容、方法并进而检验其学习效果的做法，克伯屈批评其必然会使学习活动成为一种仅仅依靠记忆的行动，或成为一种不断实施学习、背诵和测验的问答制度，最终不可避免地导致儿童对学校和学习的厌恶。受约翰·杜威教育即生活、教育即生长理念的影响，克伯屈认为教育绝不是为了遥远、模糊的未来所做的种种准备，而是对实际生活情境中不断出现的要求和责任的积极反应。这种反应能力的增强有赖于儿童在不断地改造现有行动和态度中的生长和进步。基于以上对于教育问题的理解，克伯屈认为最好的为儿童未来做的准备就是让他们借着做事学习做事，通过不断解决现实问题获得经验和知识。"project"（即项目或课题）是他认为的在社会情境中不断实践的最好途径，为此，他提出了以"project method"为核心的设计教学法。

"project method"概念最早是在 16 世纪意大利建筑和工程培训领域中出现的，18 世纪早期，法国巴黎皇家建筑学院（Académie Royale d'Architecture）赋予了该概念更为清晰的形式，即每隔一段时间，该校学生将其所学习的构图和建造原理等应用于设计建造现实世界中的纪念碑、教堂、马场、宫殿等项目。19 世纪末 20 世纪初美国手工训练运动兴起后，该方法曾被广泛运用于普通公立学校的手工训练实践。克伯屈之所以借用"project method"概念，主要是因为他认为大多数的项目活动往往是与生活密切相关的，同时孩子们往往是"带着饱满的目的在行动"（hearty purposeful act）的。克伯屈非常看重有目的的行动的价值，他一方面将有目的的行动看成是有价值生活的组成单位，他说，"拿有目的的行动作为教育的根基就是将教育程序和有价值的生活并为一体了"[1]。另一方面，他认为：目的是内心的一种渴望，它是调动孩子们的内心资源以便克服障碍和困难的力量。在一个连续的解决问题的过程中，每一个子目标的实现都是整体目标实现的有机组成部分，不断实现的子目标将为孩子们带来源源不断的满意的感觉，而这种感觉正是指导他们朝向自己所期望的最终目标前进的动力源。[2] 克伯屈的以上理解同时也是其受到桑代克学习律影响的表现。在桑代克看来，一种有准备的、不断得以练习的乃至能够带来满意结果的行为，其再次发生的可能性将比在被迫情境下所发生的"令人恼怒"的行为大得多。而正是从桑代克对于学习行为的解释中，克伯屈得出了一种结论：

---

① 夏之莲：《外国教育发展史料选粹》（下）（第 2 版），北京师范大学出版社 1999 年版，第 441 页。

② William Heard Kilpatrick, The Project Method, *Teachers College Record*, 1918(19), p.325.

儿童心理是制约其学习过程发生的最重要的因素。如果儿童能够自由地决定他们想去做什么，那么他们的信念将成为他们的学习动机，而学习的成功将会增加其追求目标的力度。[1]正是从这个角度出发，克伯屈将学生的学习动机作为设计教学法最重要的起点。他说，无论学生是在为学校写新闻稿、写信、听人诉说故事，还是在制作风筝，只要是出于自己的目的去做，就可以称为是一个 project，在这个过程中儿童将收获有价值的生活。反之，如果失去了目的，而教师仍旧要求儿童完成开始时的任务，那么 project 就变成了一项工作或苦工。

根据杜威思维五步法，他将一个项目从设计到完成分成了以下 4 个阶段。第一个阶段：确立目的。克伯屈认为问题情境能激发起学生的学习动机，而动机将引申出明确的学习目的。第二个阶段：设计活动方案。学生在确定的学习目的的指引下，提出解决疑难问题的方案或计划。第三个阶段：实施活动方案。将具体的活动方案或计划付诸实施。第四个阶段：评估活动效果。制定一定的标准对方案或计划的完成情况进行评估和判断。尽管克伯屈认可教师在儿童有目的活动中的作用，"遇必要时候教员亦须指导：必须对于儿童所做的事情，作明了选择的判断，赞成好的，抉去不好的，那么儿童就可以有适宜的进步了"[2]。但是，考虑到儿童主动的、自己确立的"目的"会让儿童全心全意地投入精力，同时也必将带给儿童更多满意的感觉和更多的学习行为，因此，他更愿意以上四个阶段均由学生发起和完成，"如果想让孩子们学会自己去想和做计划，你们就应该让他们自己产生自己的计划"[3]。

与杜威类似，克伯屈同时也看到了以上教育教学原则所蕴含的道德价值。在他看来，习惯、技能、知识、态度、趣味、忠诚以及其他基本的情感和理智倾向均可以从儿童同样的经验过程中产生，因为"从往昔以至现在，强迫的方法实在使我们学校耗光阴，使我们学生成了自私的为己的人"[4]。与之相反，尊重儿童，把儿童作为一个有选择的、有目的的人来看待，同时给予儿童必要的"行动自由"，也即依儿童发展的程度，让他们感到自己受尊重的地位，同时让他们学习不断地运用自己的头脑，并承担自我指导的责任，儿童不仅很快收获独立性、判断力、行动力，而且由于"品格不简单地意味着道德的性格，而是无所不包的性格——所有人的思想方法、情绪、动作，推及个人自己和他人以

① Michael Knoll, The Project Method: Its Vocational Education Origin and International Development, *Journal of Industrial Teacher Education*, 1997, 34(3), pp.59-62.
② 夏之莲：《外国教育发展史料选粹》（下）（第 2 版），北京师范大学出版社 1999 年版，第 442 页。
③ Marlow Ediger, Subject Centered versus an Activity Centered Curriculum, *Education*, 1995, 116(2).
④ 夏之莲：《外国教育发展史料选粹》（下）（第 2 版），北京师范大学出版社 1999 年版，第 452 页。

及世界"①，因此，这一过程对学生品格提升也非常有好处。

与杜威思想一致，克伯屈同样也深刻地觉察到了教育、道德养成与民主社会创建之间的内在联系。他认为任何的教育计划，如果想要儿童获得道德品质，却不让他尝试去做自己的道德选择和决定，那绝对是达不到目标的，因为民主主义的根本原则就是对人格的尊重，正是在这个意义上，他指出尊重儿童、以人相待，将儿童本身作为目的来看待和教育，就能够使我们的教育手段同民主目的的实现真正和谐一致。②

除了在教育理论方面的建树，克伯屈还以自己的天分和努力推动了杜威教育哲学的普及工作。在哥伦比亚大学教师学院任教期间，克伯屈声望非常之大，乃至他所教的班级容纳近千人成为常事，其退休时，克伯屈的学生达到了35000名之多，纽约的一家媒体为此还送给他一个绰号："哥伦比亚大学的百万美元教授"。其意为：他的学生的学费为哥伦比亚大学带来了可观的收入。对于其在推动美国进步主义教育运动发展中的作用，克伯屈自己也曾间接说过：截至1921年，哥大培训了国内四分之三的教育管理者。③当然，对于克伯屈非凡的工作，约翰·杜威也给予了非常高的评价：克伯屈对于学校社会的形成做出了显著的、实际上非常独特的贡献，而这正是一个生活的、成长的民主社会的有机构成成分。④

（四）帕克赫斯特的"道尔顿制"

海伦·帕克赫斯特，"道尔顿制"（又称为"道尔顿实验计划"）的创立者。她生于美国威斯康星州杜兰德，1907年毕业于威斯康星州立教师学院，1914年曾到罗马蒙台梭利国际师范学院学习，1943年获得耶鲁大学硕士学位。先后担任过中小学、师范学校和师范学院教师，还曾作为蒙台梭利的明星学生之一，负责蒙台梭利思想在美国的推广和管理工作，也曾担任美国ABC电视网"海伦·帕克赫斯特的儿童世界"（Child's world with Helen Parkhurst）节目的主持人。受美国公共教育思想家贺拉斯·曼、教育哲学家约翰·杜威和意大利儿童

---

① 却尔兹、陈科美：《克伯屈——通过志愿活动的品格教育》，《现代外国哲学社会科学文摘》1962年第3期。

② 却尔兹、陈科美：《克伯屈——通过志愿活动的品格教育》，《现代外国哲学社会科学文摘》1962年第3期。

③ William H. Kilpatrick (1871—1965), 2018-08-03, http://education.stateuniversity.com/pages/2147/Kilpatrick-William-H-1871-1965.html.

④ William H. Kilpatrick (1871—1965), 2018-08-03, http://education.stateuniversity.com/pages/2147/Kilpatrick-William-H-1871-1965.html.

教育家蒙台梭利、瑞士心理学家皮亚杰等人的影响，帕克赫斯特形成了自己注
重儿童全面发展的进步主义教育思想。

在帕克赫斯特长期的教学实践中，她对传统教育各方面的弊端有着深刻
的体会。首先，她认为传统教育的目的是落后于时代的要求的。帕克赫斯特认
为在工业化和城市化的时代，人们受教育的要求不仅比过去要大得多，而且受
教育的目的也出现了多样的变化，她说以前或许上学仅仅是为了得到学校提供
的东西，但是，目前学生上学更多是为了满足自我发展的需要。其次，传统教
育强迫儿童学习他们不感兴趣的东西，它与儿童本人的社会生活经验都是割裂
的。她非常同意美国作家爱默生的看法，即传统教育仅仅把儿童作为词句的学
生，他们被封闭在各类学校、学院长达 10~15 年，最后带着一脑袋空气、一
脑袋词句走出来，对事物一无所知。与杜威持相同的看法，帕克赫斯特也认为
经验对于儿童的价值，就如同对成人的价值一样，无论怎样估计，也是不为过
的，为此，她希望改变学校生活，让学生在真实的经验中进行训练，使他们在
面对成年和青年的问题之前，学会解决童年时代的真实问题。再次，她批评传
统教育崇尚教师权威，儿童处于被动接受知识的地位。帕克赫斯特认为传统教
育将教师的头脑和人格都包裹了起来，使他们根本无力去重新点燃真理的火
炬；此外，由于学生一直处于被动的地位，自由和责任感的缺失不仅使他们不
能掌握分析和解决问题的办法，而且由于规则和条例的层层束缚，他们在学校
经常被弄得灰心丧气。

如何恢复教育的活力？如何使教育成为唤起、保持学生持久学习兴趣的
一件生动活泼的事情？自帕克赫斯特从教以来，这个念头就一直萦绕在她的
心头。1920 年，她在马萨诸塞州道尔顿市的一所中学正式开始了自己的教育
实验，后该校搬迁至纽约，改名为道尔顿学校，帕克赫斯特在该校度过了大部
分的职业生涯。帕克赫斯特所设计的道尔顿计划的核心是在继续保持学校班级
和课程设置的同时，采用不同以往的个别化的、靠学生来驱动目标实现的管理
方法，其立足于每个学生与教师所订立的作业协议的基础上。这种用协议工作
（contract job）的方式来协调教与学的双边活动，当使用恰当时，将不仅有利
于教和学，而且也将有助于儿童自由、合作和负责任精神的养成。[①]

整体来看，"道尔顿制"恪守两大原则。其中的首要原则是自由，即让儿
童成为自己学习的主人，教师要在充分信任且尊重儿童的基础上，将无干扰

---

① ［美］帕克赫斯特：《道尔顿制教育》，陈金芳、赵钰琳译，北京大学出版社 2005 年版，第 24 页。

地做自己所喜爱的任何学科功课的权利还给儿童，由儿童按照自己喜欢的方法、时间和速度来决定如何学习。帕克赫斯特相信儿童不仅拥有相当的思维能力，而且还拥有相当的行动能力，当给予他们自己处理自己学习问题的自由的时候，他们不仅在智力上更加敏锐、机智，更有驾驭力，而且原来对于学习的抵触情绪还能够变为默许，然后变为兴趣和勤奋，自由和责任心的结合将创造奇迹。① 而教师只要成为儿童思想的伴侣、友善的朋友和美德的拥护者，在旁边给予儿童必要的支持即可。第二大原则：合作。受杜威民主主义社会建构思想的影响，帕克赫斯特认为真正的社会生活不仅仅是接触，更是合作与相互作用。她希望学校工作程序的设置能够反映社会生活的经验，使所有的学生或教师都不会离群索居，更不能逃避在学校生活或者在帮助别人解决困难时应尽的责任。只有真正让师生与生生在不自觉中成为社会性群体成员，儿童才可能拥有真正地在民主社会生活的经验。

与以上原则配套，"道尔顿制"还有三大组成成分：

第一，学习任务与契约。帕克赫斯特认为教学是师生合作的事业，在学期开始，为方便学生在统观全局的基础上，自己决定每月、每周必须完成的工作量和必须采取的步骤，教师要将每门学科的学习任务以及完成任务的最高和最低标准告诉学生，然后，教师以月为单位将每门学科的学习内容划分成若干单元（units），单元学习内容将构成学生学习的基本任务。当学生就自己所能够完成的单元任务和教师订立契约（又称为协议或承诺）后，学生将承担在约定的时间内履行承诺的责任。基于学习自由的原则，道尔顿学校没有统一的课表和上下课的钟声，但道尔顿学校绝不会放任学生，每个学生在教师的帮助下都有自己的课表，他们可以在任何时间进入自己最感兴趣的学科教室进行学习，根本不用担心违反纪律的问题。当然，由于个体学习的差异性，难免会出现学习快慢不均的现象，因此，帕克赫斯特还规定：不受入学时间的限制，学得快的学生可以提前更新学习契约，学得慢的学生可以延长旧的契约，什么时候学完全部课程，就什么时候毕业，同时也没有固定的入学时间和升留级的问题。

第二，学科实验室（Lab）和学生活动室（House）。学科实验室是"道尔顿制"的亮点之一，它取代了传统意义上的教室，成为儿童自由地完成其契约规定的学习任务的地方。实验室配备有某一学科的专家型教师或顾问，他们不

---

① ［美］帕克赫斯特：《道尔顿制教育》，陈金芳、赵钰琳译，北京大学出版社2005年版，第21页。

仅会在儿童开始学习前、学习中给予他们适当的帮助和鼓励，而且还会在儿童完成合同任务后记录每个儿童的成长。当然，实验室还拥有每一学科少量的标准教科书以及尽量多的学科参考书和教辅工具，帕克赫斯特认为写得好的参考书从来不缺少读者，而确保每位儿童总能够拿到他们所需要的书籍，以便及时比较不同作者在其研究的主题方面的不同观点正是确保儿童自学效果的最好保障。当然，在学科实验室，学生究竟是采取自学还是小组学习都是由他们自己来决定的。由于帕克赫斯特认为小组学习不仅可以激发讨论以及产生思想交锋，也可以为学生提供社会调适和体验的机会，是一举几得的好事情，因此，道尔顿学校无疑会提倡小组学习，学校会把是否采用小组学习作为考核学生社会性活动方面的一个指标。此外，与实验室并行的还有学生活动室，其主要的功能就在于弥补"道尔顿计划"过于关注学生个体学习的不足，让不同年级、不同水平的学生可以在此讨论学校或社会发生的一些事情，促进其社会经验的形成。

第三，对契约完成情况的记录和反馈。如何及时地检查学生的学习情况并避免其偏离学习目标？帕克赫斯特专门设计了三种不同的图表。第一种：由学科专家管理的实验室图表。该表主要记录每个学生在特定的学科上取得的进步。对于教师来说，阅读该图表可以及时了解学生的学习情况，有利于教师选择适当的时机给予学生有针对性的辅导；对于学生来说，该图表一方面能够起到提醒他们作业任务的完成情况，另一方面，也有利于他们在横向对比后了解自己和他人的差距。第二种：学生手中的合同图表。该图表与实验室图表一起填写，由学生自己保存。帕克赫斯特要求每天早晨在工作之前，学生都要认真研读手中的这张表格，其作用主要是指出学生在学科学习方面的薄弱环节，提醒其充分珍视时间，培养其在时间使用中的责任感。第三种：年级图表。它主要用来记录每个年级每个学生所有学科课程的学习情况，该图表每周填写一次，其意在于及时了解每个班级或整个学校学习任务完成的总体情况，该表格最后要保存在学校档案馆中。

作为一种重组课堂和学习方式的教学管理制度，道尔顿学校的实验取得了巨大的成功，由于其毕业生在创造力、想象力和意志力方面的优秀品质，该校创造了连续 30 多年其毕业生全部被哈佛、耶鲁等名校录取的奇迹。[①]而道尔顿计划也被传播到了世界许多国家，帕特赫斯特本人曾获得了中国、荷兰、

---

① 　[美]帕克赫斯特：《道尔顿制教育》，陈金芳、赵钰琳译，北京大学出版社 2005 年版，第 1 页。

日本、丹麦等多个国家的奖项，意大利女王、日本皇后和荷兰女王还曾亲自为其颁奖。对于帕克赫斯特的贡献，蒙台梭利也曾给予了非常高的评价：帕克赫斯特的智力活动真是难得且珍贵。[1]

（五）华虚朋的"文纳特卡计划"

华虚朋，教育改革家。他生于美国伊利诺伊州芝加哥市的一个新教家庭，就读于斯坦福大学心理学专业。大学毕业后他先后在加利福尼亚州低收入的拉蓬特（La Puente）地区以及旧金山州立教师学院附属小学任教。1919—1943年，他担任伊利诺伊州文纳特卡学区的学监。作为美国进步教育协会的领导人之一，他受杜威、帕克等进步主义教育思想家以及旧金山州立教师学院校长伯克（Frederick Burk）个别化教学思想的影响，提出了具有鲜明进步主义教育色彩的"文纳特卡计划"。

与"道尔顿计划"类似，"文纳特卡计划"实质上也是一个服务于个体化教与学的系统设计。华虚朋之所以对个体化教学设计感兴趣，与他对儿童个体间的巨大差异的深刻认知有关。他认为在同一个教室，儿童在各个学科知识方面的差距非常之大，如果忽略这种差距，不仅对儿童是残忍的，而且在提倡学术昌明的时代，也是荒谬绝伦的。在华虚朋看来，以儿童的天性为基础，个别化教学将能够促进儿童的全面发展，真正实现儿童身体的、情绪的、社会的和智力的进步。因为只有在真正适应儿童个别差异的学校里，"不仅是在一方面使每个儿童对于各种学科，依照他自己的自然步态而进步；还要在另一方面，发展儿童原本的能量——他们的创造行动、他们的主动性，也就是说，帮助儿童内在的情绪的适应，训练其成为社会的个体"[2]。

为了实现上述目标，使学校的功课真正适应儿童的个别差异，使教学程式个别化，融个体与社会工作的目标为一体[3]，华虚朋首先将学校的课程分成了"普通必需的部分"（common essentials）和"创造性的群组活动部分"（creative group activities）。他主张两部分内容可以交叉进行。第一部分内容包括算术、阅读、写作、语法、历史和地理等科目，尽管这是儿童必须无差别地掌握的基本知识和技能，但是，为了让每个儿童都能够充分地理解各学科的原理，华虚朋认为这部分的科目务必采用个别化的学习方式，即依据学生的个别

---

[1]   *Helen Parkhurst*, 2018-09-15, http://www.littledalton.com/helen-parkhurst/.

[2]   ［美］华虚朋：《使学校适合儿童》，见任钟印主编：《世界教育名著通览》，湖北教育出版社1994年版，第1471页。

[3]   盖青：《美国20世纪教育实验研究》，广东教育出版社2010年版，第47页。

差异，允许学生最终决定对于某些学科内容的学习时间与学习总量；第二部分作为课程中最为活跃且有生命力的部分，包括手工劳动、音乐、艺术、游戏、运动、集会、经商、出版、参观、辩论等内容，允许学生根据自己的兴趣和能力进行选科，华虚朋建议这部分内容可以采用兴趣小组等合作学习方式，让学生在教师的指导下自己设计、自行组织各类自治会、办小商店、编辑墙报、演奏音乐、表演自己编写的剧本、展览自己的工艺作品和美术作品等等，以激发儿童的创造力，促进儿童个性才能的特殊发展和社会意识的培养。当然，对于这一部分的内容，学校不会安排考试，也不会给学生记分，意在使学生在轻松的氛围中自由地发展。

借鉴"道尔顿制"的操作方法，对于"普通必需部分"的个别化学习，华虚朋提出其应该遵循的三个步骤：

1. 明确学生必须掌握的学科内容的详细标准。对于如何确定究竟哪些学科内容才是学生必须掌握的，他提议教师采用调查或讨论等方法，依据社会需要并参照儿童身心发展的顺序，选定儿童在社会中生存必须懂得的学科知识并详细规定其应该掌握的程度。同时，基于自己的心理学知识，华虚朋认为对儿童提出相对详细的、具体的要求，儿童会完成得更好一些，比如仅仅要求"每个儿童都应该懂得发现新大陆的故事"就是一种含糊的标准，应该细化到要求每个儿童知道："1492 年发现美洲的是哥伦布，伊莎·贝拉女皇曾予以经济上的帮助，而哥伦布启程时，其目的是寻求航行印度的捷径。"[1] 也就是说，只有将儿童最需掌握以及如何才能最好掌握的有关内容，作出明确且细致的表述，才能让学生的学习目的和行为更加明确，避免无的放矢。

2. 对学生的学习情况进行全面的诊断性测验。测验不是为了评定学生的成绩，而主要是为教师帮助学生学习找到依据。华虚朋认为要求学生必须掌握的各个知识点，务必包括在诊断性测验之内。由于学习行为是个别化的，毋须同时对全班学生进行诊断，每个学生可以参加对其所学内容的诊断，教师最好能够编制出涵盖每一个知识点的同等难度的数种诊断性测验材料来满足学生个别化诊断要求；此外，由于学生的学习是循序渐进的，测试也应该分成几个小部分，在某一时间内，仅仅测试儿童对某部分内容的掌握情况即可。对于那些在测验中成绩良好的学生，其可以继续学习下一个单元的内容，反之，则由教师为那些测试效果不好的学生提供更多针对性的练习材料，等该学生学完并通过

---

① ［美］华虚朋：《使学校适合儿童》，见任钟印主编：《世界教育名著通览》，湖北教育出版社 1994 年版，第 464 页。

检测后，才能进行新的单元内容的学习。

3. 编写适宜于学生自学与自我订正（self-instructive and self-corrective）的材料。华虚朋认为在力求适应个别差异的学校里，如果允许儿童按照自己的速率前进，教师必须为儿童准备许多材料，并存放在他们手里，以便他们能够在相当的限度内进行自学和自我订正。具体教师如何准备呢？他提议："把选定的材料按学科划分为教材单元，并为每个单元记定一串由有顺序和系统的细小单位构成的作业指定，以便于儿童自学。"[①] 华虚朋认为这种适宜于学生自学与自我订正的材料最好同时还能够告诉学生：在哪里能够获得这些知识？需要研读教科书的哪一页？需要阅读什么样的参考书？需要准备何种地图？怎样预习？为了能够对每个儿童的学习进行针对性的指导，他认为每个儿童最好都有一份自己的专门指导材料。此外，为便于学生自我订正，教师还需要为学生提供答案。尽管教师开始做的时候会非常困难，但是华虚朋认为这也是节省教师时间和精力的非常关键的步骤。

与道尔顿学校类似，文纳特卡学校不看重年级和班级，学校尽管设有年级，但也仅仅服务于转学的需要。每一个学生将尽可能地与自己有着共同社会年龄（social age，主要指某年龄的个体所能够达到的社会化发展水平）的学生待在一起。或许在 4 年级的一个教室里，有留级继续学习一部分 3 年级功课的学生，也有一部分在明春可以学习 5 年级功课的学生。如果学生的各门功课学习程度不一，教师可以帮助他们将进步较快功课的学习时间缩短一些，以便把余下的时间用在进步较慢的功课上。由于没有班级的集中授课，教师的工作转变为参与到儿童的学习过程中去，帮助这个或激励那个，促成学生之间的合作、探讨、竞争或比赛，共同进步。此外，与以上变化相适应，文纳特卡学校没有成绩报告单，取而代之的是每个儿童每两个学期都有一张学业进步度表，上面会详细记录该生各门功课的作业和测验结果，教师和家长将对学生的学业进程一目了然。

文纳特卡实验成功后，华虚朋还为文纳特卡计划的推广做了许多实际的工作。每年暑期，文纳特卡学区都要开办为期 6 周的教师暑期学校，专门培训来自本学区或来自国内其他地方的教师，此外，附设于文纳特卡学校的师范研究院，还对少数精选的研究生和有经验的教师提供更为全面和深入的研讨机会。文纳特卡计划不仅在美国国内传播迅速，也很快拓展到英国、日本和中国

---

① 夏之莲：《外国教育发展史料选粹》（下）（第 2 版），北京师范大学出版社 1999 年版，第 464 页。

等国家，对这些国家的教育改革产生了一定的影响。

二、"社会中心"倾向的进步主义教育思想

1929 年 10 月，股票市场的崩溃一下子将美国拉进了其有史以来最大的经济萧条之中，并很快影响到了其他工业国家。伴随着疯狂挤兑的是银行倒闭、工厂关闭、工人失业，大量民众一下子陷入了可怕的贫困之中。经济大萧条不仅对美国经济和社会生活造成了巨大的冲击，也促使人们重新思考进步主义教育改革所倡导的"儿童中心"理论的正当性和合理性问题。伴随着社会上强调稳定与合作、恢复传统价值观念思潮的兴起，进步主义教育协会成员的思想也分裂成了两个派别。其中的一派以《进步主义教育》杂志为阵地、继续坚持"儿童中心"论的主张；另一派以克伯屈主编的《社会边疆》（ *The Social Frontier* ）杂志为阵地，更加强调"社会中心"，杜威、克伯屈和康茨（George S. Counts）、拉格（Harold Rugg）以及后来的布拉梅尔德（Theodore Brameld）等都是其中（社会中心派）的重要人物。[①]

康茨 1911 年毕业于伯克大学（Baker University），大学毕业后在中学当过 2 年的科学、数学教师以及运动教练和校长，1913 年进入芝加哥大学研究生院，1916 年获得该校哲学博士学位，其后一直在不同的高校任教。康茨在芝加哥大学学习期间，受到了杜威、帕克等进步主义教育思想家的影响，同时，由于对社会科学的喜爱，他也非常关注社会问题。1932 年初，在进步主义教育协会的年会上，他的 3 场著名的主题演讲，引爆了人们关于教育究竟应该以"儿童"还是"社会"为中心的热烈讨论，而康茨于同年将该演讲以"学校敢于建立新的社会秩序吗？"（ *Dare the School Build a New Social Order* ？）为书名结集出版后，该书也因之成为"社会中心"和改造主义教育思想的一面旗帜。伴随着进步主义教育向"社会中心"的转型以及以康茨为代表的社会改造思潮的盛行，进步主义教育运动的主导思想以及其后美国教育的系列实验，都不可避免地染上了社会改造的色彩。

康茨之所以于 1932 年开始强调教育的"社会中心"，并提出了很有影响的改造主义教育思想，除了与当时美国经济大萧条、社会矛盾激化有关，也与其 1927—1929 年作为专门的教育观察员对苏联的访问有关。当他看到苏联以巨大的决心想在尽可能短的时间内超越最先进的资本主义国家，尤其是美国[②]，

---

① 张斌贤：《进步主义教育运动：概念及历史发展》，《教育研究》1995 年第 7 期。

② George S. Counts, *The Soviet Challenge to America,* New York: The John Day Company, 1931, p.2.

康茨认为红色苏联的挑战并不像美国大多数公民天真地认为的那样是通过共产国际、红军、政治警察来实施，而是借助于它的国家计划委员会和公共教育系统来实现的。他看到在这个完全依照计划来管理的国家，教育正成为实现国家政治、经济、社会目标的有力载体。对比美国正在提倡的促进儿童个性发展、个人目标实现的进步教育，在震惊之余他也感受到了巨大的威胁。[①]《新苏联入门读本》(*The New Russian Primer*, 1931)和《苏联对美国的挑战》(*The Soviet Challenge to America*, 1931)两本书即是他这一心路历程的体现。对苏联的访问经历不仅使康茨认识到西方文化所尊崇的个人主义向民主的集体主义方向转变的必要性，而且也使他感觉到教育在塑造人们的价值观、改造社会旧秩序和创建新的社会秩序方面的重大责任。

从整体来看，康茨并没有抹杀进步主义教育的功绩。他认为进步主义教育已经深刻地改变了美国教育的面貌，使人们更加关注儿童在教育活动中的地位和个性成长，关注儿童的经验、兴趣在学习活动中的基础作用，但是他也指出由于进步主义缺乏明确的定位和方向，其很容易沦为无政府主义或极端的个人主义。他评价进步主义仅仅"产生了狭窄的教育概念，给予了人们一幅只有半边风景的画"[②]。康茨认为进步教育仅仅反映了社会中上层人们的意愿，这批人经济条件较好，孩子也较少，他们乐于去强调儿童及儿童的兴趣，他们不希望儿童与工业社会的某些残酷方面有太过密切的接触，这批人本身在面对任何一种时代危机，比如战争、繁荣、萧条等时都将无能为力。为此康茨提议真正的进步教育务必跳出原有的阶级窠臼，要从乱世，而不是治世的前提假设提出教育主张[③]，要鼓励儿童"真正地、勇敢地面对每一个社会问题，着手应对赤裸裸的现实，并与社会建立有机的联系，在构建现实的、广泛的福利理论的基础上，形成一种关于人类命运的富于挑战的、咄咄逼人的观点……"[④]

康茨的以上观点同时还立足于其对于儿童、学校、教育三大关键因素关系清醒的认识之上。他认为诸如儿童生来自由、儿童的天性是善良的、儿童活在自己的孤立世界中、学校应该教授中立的观点、学校教育是解决所有问题

---

① George S. Counts, *The Soviet Challenge to America*, New York: The John Day Company, 1931, pp.304-310.

② George S. Counts, *Dare the School Build a New Social Order?*, New York: The John Day Company, 1932, p.6.

③ ［美］康茨:《教育的合理信念》，金冬日译，《现代外国哲学社会科学文摘》1959年第9期。

④ George S. Counts, *Dare the School Build a New Social Order?*, New York: The John Day Company, 1932, p.9.

的永久方案等谬误是不攻自破的，因为在康茨看来，儿童并非生来自由，所有的人都诞生于一定的文化背景中，文化传统的传承并不是对儿童自由的侵犯；而人的本性也无所谓好与坏，它只是多种潜能的集合体，其可能朝向不同的方向发展，好的社会更可能出现本性善良的个体，反之亦然；另外，儿童和成人原本生活在同一个世界，成人介入儿童生活或者将自己的价值介绍给儿童绝不是一种外在势力的入侵，而是一种互惠互利和互相尊重；再者，由于教育不可能独立于文化环境而存在，因此，完全中立的学校教育是根本不可能存在的，学校必须在形成学生的价值观、品位、甚至将观念强加给学生等方面有所作为……①

根据以上认识，康茨提出了自己独具特色的改造主义的课程观、教学观、教师观。比如在课程建设方面，他认为应该群策群力，让那些在教育方面受过专门训练的人，如心理学家、社会学家、哲学家、教材选择和组织方面的专家、课程评价方面的专家、学校教师以及学校管理人员等共同协作，根据民主集体主义的理想对原有课程进行批判性的研究与改造，使民主的社会目标渗透进整个课程的组织与建设当中。他尤其重视对社会科学课程的改造，他认为该类课程是儿童认识真实世界和形成正确价值观的基础，而关于人的本质、工业社会的特征、美国的社会阶层结构、美国民主的历史与目标乃至当今社会重要的冲突、矛盾等都应该是该课程涵盖的内容。② 为了捍卫美国民主的理想，康茨非常重视学生批判精神和批判能力的培养，他认为批判思想是一个自由社会的重要资源，是捍卫自由和民主的保障。他说学校不仅要批判性地使学生接触到各种社会观点、哲学或计划，让学生在比较中提升甄别能力，此外，他还非常推崇自由讨论、批判、集体决策等方式方法的作用，他认为这些方式方法能够给予学生一双慧眼，让他们在面对大众媒体的宣传时保持警惕。与课程、教学的改造配套，康茨还提出了崭新的教师观。他认为首先应该将教师从繁重的教学负担中解放出来，在保证教师有足够的空闲时间和金钱去旅游、买书、看戏，培养个人爱好的同时，鼓励他们将自己对于社会的解读展示给公众，在引导公众思考、做决定和采取行动的同时，自己也能够跳出学校的藩篱，自由地参与公民事务、加入政治派别、发表政治演说、参加政治竞选，为年轻人树立

① George S. Counts, *Dare the School Build a New Social Order?*, New York: The John Day Company, 1932, pp.13-27.

② George S. Counts, *The Schools Can Teach Democracy*, New York: The John Day Company, 1939, pp.27-29.

榜样，促进最广大、最持久的社会利益，真正实现其作为儿童的监护者、文化的承担者、人民大众忠实的仆人和精神导师的角色要求。①

康茨改造主义教育思想提出后也招致了许多质疑的声音，人们就学校向学生灌输意识形态是否符合教育的本质，学校承担过多的社会责任是否合理，学校直接投身改造社会的实践是否会有效力，教师同时作为政治家是否可行，提出了诸多的疑问，这些问题的提出进一步推动了人们对于教育和学校本质的纵深思考。尽管一些问题到现在都很难回答，但是不可否认的是，正是因为康茨等人的努力，人们开始将目光从聚焦儿童发展更多地转向了对社会问题的关注，这在一定程度上是对前期"儿童中心"进步主义教育运动的矫枉过正，是对进步主义教育运动思想的进一步完善和补充，两种教育思想是一场运动两个连续发展阶段的不可分割的部分，尽管其有着不同的中心，但是其重视个人发展，以个人发展来带动整个社会进步的趋势是一致的。而康茨等人的努力也为20世纪30年代之后进步主义教育运动的发展指明了前进的方向。

进步主义教育运动似燎原之火，它不仅推动了美国初中等教育整体面貌的改变，也在与世界多国的教育交流过程中，将其火种传播到了许多国家和地区，对世界初中等教育整体面貌的改变产生了巨大的推动作用，经历过欧洲新教育和美国进步主义教育运动的洗礼，人类教育事业才变得更加人性、更加符合儿童的天性，进步主义教育运动不仅是美国的财富，也是人类的财富。

第二节　杜威的教育思想

约翰·杜威（John Dewey, 1859—1952），美国最有创见、最渊博的哲学家以及最有影响的教育思想家之一。作为进步主义教育运动的精神领袖，他把教育问题放置在广阔的社会大背景中进行研究，从而发现了教育新的内涵。杜威的教育理论，不仅"在二十世纪的前半个世纪的整个时期里统治了教育舞台"②，而且在当代也有着广泛的世界影响。

一、生平与著作

杜威生于美国佛蒙特州的伯灵顿（Burlington），他的父亲是当地的零售商，

---

① Lawrence J. Dennis & William Edward Eaton, *George S. Counts: Educator for a New Age,* Carbondale: Southern Illinois University Press, 1980, p.127.

② ［美］简·杜威：《杜威传》，单中惠译，安徽教育出版社 1987 年版，第 200 页。

家乡优美的自然环境陶冶了他的性情。杜威从小就非常反感死记硬背的课堂教学方式，除了学校课本，他几乎对阅读任何书籍都感兴趣，因此，"一直到杜威上大学，在他本人所受到的教育中，最重要的部分是在课堂外面获得的"①。1875 年 9 月，杜威进入了佛蒙特大学，在这所规模很小、办学时间不长的农工学院里，杜威初步接触到进化论思想，同时对哲学研究产生了浓厚的兴趣。大学毕业后，杜威曾在宾夕法尼亚州石油城和家乡的中学任教，但是，由于对于哲学的向往，1882 年，他重返校园，进入霍普金斯大学攻读哲学专业研究生学位。黑格尔派哲学家乔治·S.莫里斯（George S. Morris）和实验心理学家斯坦利·霍尔（G. Stanley Hall）对此时期杜威哲学思想的形成产生过巨大影响。也正是在霍普金斯大学鼓励学术创新的氛围中，杜威广泛涉猎历史学、政治学、生物学、逻辑学、伦理学、心理学、教育学、德国哲学等领域的知识，为其将来成为卓越的学者奠定了坚实的基础。1884 年，杜威获得了霍普金斯大学的博士学位。

　　毕业后的杜威，经莫里斯教授推荐获得了密执安大学的哲学讲师职位。从 1884 年到 1894 年，除了一年短暂的时间在明尼苏达大学工作，杜威一直在密执安大学任教。密执安大学民主和自由的学术环境，强化了杜威内心对于民主的信念，促进了杜威"工具"实用主义思想的萌芽。特别是当伦理学研究需要有一个心理学基础的时候，詹姆士建构在进化论基础上的机能心理学，社会心理学家米德（G. H. Maed）提出的人体神经器官在调节有机体与客观环境中所具有的作用与反作用的观点，都给予了杜威许多的思想滋养。也正是在密执安大学执教时期，作为"密执安教师俱乐部"的成员，杜威在与一些中小学校的交往中发现："现在的教育方法，特别是在小学里所运用的教育方法与心理学所阐述的儿童正常发展的原理是不相协调的。"② 所有这些都促使他开始关注中小学教育。

　　1894 年，杜威接受了新成立的芝加哥大学的聘请，担任该校哲学、心理学和教育学系主任，并从事研究生的教学工作。进入芝加哥大学，标志着杜威学术走向了成熟期。正是在这一时期，他不仅形成了独具特色的哲学、心理学思想，而且还主持、领导了影响深远的"芝加哥大学实验学校"（Chicago University Laboratory School）的实验。在这所仅存 7 年半时间的实验学校里，杜威有着深厚哲学和心理学基础的教育思想在实践中得到了检验。从某种意义

---

① ［美］简·杜威:《杜威传》，单中惠译，安徽教育出版社 1987 年版，第 9 页。
② ［美］简·杜威:《杜威传》，单中惠译，安徽教育出版社 1987 年版，第 32 页。

上讲，实验学校的实践活动，不仅进一步完善了杜威系统的实用主义教育思想，而且确立了其作为世界知名教育家的学术地位。1904 年，由于与芝加哥大学校长哈珀（W.R. Harper）的一些分歧与摩擦，杜威辞去了芝加哥大学的所有工作，前往哥伦比亚大学哲学系和师范学院任教。在哥伦比亚大学期间，杜威发表了被西方学者誉为可以与《理想国》《爱弥儿》相媲美的教育著作《民主主义与教育》。同时，在这一时期，杜威除了在国内作一系列的演讲外，他的足迹还遍布日本、中国、土耳其、墨西哥和苏联等国家和地区，获得了广泛的世界声誉。1930 年杜威从哥伦比亚大学退休后，依然笔耕不辍。1952 年杜威逝世，享年 94 岁。

作为一位有着社会良知的勤奋的学者，杜威一生大约出版了 40 本著作、700 多篇文章[1]，在哲学、教育、心理学、文化、宗教和政治等方面均取得了辉煌的成就。其思想被全球六大洲的民众所认识，其著作至少被翻译成 35 种语言。[2] 且从 20 世纪 20 年代起，杜威的名字一直是最具影响力的教育期刊引用率最高的教育家之一。[3] 作为一位具有世界声誉的伟大教育家，杜威的教育理论更多地建构在他的哲学和心理学研究的基础上。杜威认为哲学就是教育最一般的理论，"教育乃是哲学上的分歧具体化并受到检验的实验室"[4]；心理学是教育理论和实践的基础，"教育必须从心理学上探索儿童的能量、兴趣和习惯。它的每一方面，都必须参照这些加以考虑"[5]，哲学与心理学的研究基础赋予了杜威教育理论丰富的内涵。另外，杜威的教育理论也是其力求解决社会现实问题的产物。他的教育理论形成于 19 世纪 90 年代美国工业化即将完成的时期，当工业化为美国社会带来了更为巨大的财富的时候，也不可避免地导致了美国原有社会结构、经济制度和价值体系的断裂，杜威与各界有识之士一样，对社会矛盾有着清醒的认识，他主要是从民主主义精神的缺乏及其培养的角度来诊断和疗救美国社会的疾患的。正是将教育作为实现民主主义首要的工具，杜威的教育理论体现出厚重深沉的特征，具有强大的生命力。

根据杜威教育思想形成的历史脉络，可以将其一生的创作分为四个时期。

---

[1]　滕大春：《外国教育通史》第 5 卷，山东教育出版社 1993 年版，第 288 页。

[2]　Harry Passow, John Dewey's Influence on Education around the World, *Teachers College Record*, 1982, 83(3), p. 402.

[3]　Rosa BrunoJofré & Jürgen Schriewer, *The Global Reception of John Dewey' Thought: Multiple Refractions through Time and Space*, London: Routledge, 2012, p.2.

[4]　邹铁军：《实用主义大师杜威》，吉林教育出版社 1990 年版，第 93 页。

[5]　[美] 约翰·杜威：《我的教育信条》，见赵祥麟等主编：《杜威教育论著选》，华东师范大学出版社 1981 年版，第 3 页。

第一个时期是从 1885 年杜威发表第一篇教育论文到 1894 年杜威进入芝加哥大学为止，这是杜威关注教育问题的开始，该时期杜威主要的作品有《教育与妇女健康》(*Education and the Health of Women*，1894)、《高等教育中的健康和性别问题》(1886) 等。第二个时期是芝加哥大学的十年时期，这是杜威在教育上崭露头角、形成系统化教育理论的时期。这一时期杜威的代表作品有《我的教育信条》(*My Pedagogic Creed*，1897)、《学校与社会》(*The School and Society*, 1899)、《儿童与课程》(*The Child and the Curriculum*, 1902)。其中，《我的教育信条》是杜威教育理论的纲领性论述，是独具特色的杜威教育理论形成的标志。第三个时期是杜威进入哥伦比亚大学直至退休，该时期是杜威教育思想的成熟阶段。在该阶段，美国进步主义教育运动蓬勃开展，杜威的教育创作得到了进一步的丰富。该时期他的重要著作有《教育上的道德原理》(*Moral Principles in Education*，1909)、《教育上的兴趣与努力》(*Interest and Effort in Education*，1913)、《明日之学校》(*Schools of Tomorrow*，1915)、《民主主义与教育》(*Democracy and Education*，1916)、《进步教育与教育科学》(*Progressive Education and the Science of Education*，1928) 等。第四个时期是杜威从哥伦比亚大学退休直至逝世。这一时期杜威的教育作品主要表现出为实用主义教育思想辩解的特征。主要的著作有《我们怎样思维》(*How We Think*，1933)、《芝加哥实验的理论》(*The Theory of the Chicago Experiment*，1936)、《教育与社会变动》(*Education and Social Change*，1937)、《经验与教育》(*Experience and Education*，1938)、《教育与社会秩序》(*Education and the Social Order*，1939)、《自由与文化》(*Freedom and Culture*，1939)、《人的问题》(*Problems of men*，1946)、《教育资源的利用》(1952) 等。

二、教育是构建民主主义乌托邦社会的基石

作为美国最有创见、最渊博的哲学家以及最有影响的教育思想家之一，杜威的眼界和胸怀要远远高于他的同代人。同样是面对 19 世纪末 20 世纪初美国社会转型期林林总总的问题，杜威与他同时代的那些头疼医头、脚疼医脚的人不同，他是从一个哲学家、社会改革家和教育家的视角来看待并提出他的看法的。在杜威的眼中，贪污、腐败、贫富差距等仅仅是社会问题的表象，美国社会最亟须解决的问题应该是民主制度的进一步完善和改造的问题。杜威认为，只有民主制度以及建立在该制度基础上的民主主义社会的出现，才有可能真正消弭社会政治、经济、文化等诸多领域的问题。而自从杜威发现疗救美国

社会乃至人类社会弊端的秘方——"创建民主主义社会"之后，"民主"一词即成为杜威一生中最为核心的概念，无论是他的形而上学、知识论、教育学、美学，还是政治学、社会哲学，都充满着为民主呐喊的声音。正像一位杜威研究专家曾经说过的："在杜威漫长的学术生涯中，虽然其关注的问题非常之多，但是，其总是不知疲倦地返回到民主这个论题上，杜威其实是把民主的意义和后果的探讨作为终生不渝的人生追求。"[①] 正是因为杜威拥有这样的人生追求，其对于教育的看法，才真正跳出了狭小的教育的范畴，而主要是从教育所能够推动的更为宏大的社会愿景——民主主义社会目标的实现的角度来重新审视教育的，作为杜威集大成之作的《民主主义与教育》，因之与古希腊哲学家柏拉图的《理想国》具有同样重要的历史地位。

杜威的以上看法，来自他对于古往今来一切的共同体、社团、国家以及教育本质等问题的深刻洞察。

杜威认为，目前在一个个或大或小的共同体（无论这个共同体是国家、社会还是家庭、学校、有学问的或无学问的人群等）中生活的人类，其远未达到理想的生活状态。其原因是多方面的。首先，虽然绝大多数共同体均有着"各自的"利益，但各共同体之间处于相互孤立和排他的状态，这种状态就把通过更广阔的社会关系求得人类改造和进步的机会给堵塞了。在杜威看来，原始部落之所以把外来的人和仇敌看作同义词，是因为他们惧怕外人的经验会毁灭其固有的习惯和传统，而人类历史上每一个开拓时代的到来，都与各民族和阶级打破封闭、消除隔阂的努力有关。其次，在许多共同体的内部，尽管人们各自的活动会发生密切的相互影响，但是由于缺乏自由和平等的交往，也缺乏目标的共享和兴趣的沟通，人们根本无法分享到其他人所能想到和感受的东西，致使扩大和改造个体经验的机会被剥夺了。那么，如何改变这种相互封闭和隔离的状况呢？杜威提出：只有有意识地创建一种社会，该社会全体成员的自身能力不仅能够得到解放，且每个人还能够突破国家、阶级、种族、地理区域等的限制，以同等条件，更充分、更自由、更有效地联合和交往，且共同参与一种有共同利益的事业的时候，人类共同体不仅能够达到理想的生存状态，而且也必将获得最好的发展。杜威将该共同体称为民主主义社会。在杜威看来，在目标、兴趣和利益等方面，人们之间参与和共享的程度越深、数量越多，社会中的阶级对抗和等级壁垒就会消除得越彻底，社会就越民主。我国学者梁漱溟曾

---

① ［美］拉里·希克曼：《永远年轻的杜威——希克曼教授讲杜威》，林建武、陈磊、林航等译，中国政法大学出版社 2015 年版，第Ⅵ页。

经用简洁的话总结过杜威眼中的民主，"就是去一切隔膜，使人类更相通，更容易改造，更能自新，更有进步"①。

由于相较于法律和惩罚对于社会的调整，教育是一种拥有更为明确的目的、方法和手段的社会调整方式，它能够使社会更加明确和有效地朝着自己所希望的目标塑造自身。因此，杜威心目中的民主主义社会的实现也必将更加依赖于审慎的和有系统的教育。在杜威来看，首先，教育是民主主义社会建立的基石。因为除非选举人和被统治者都接受过教育，否则任何的民主政府都是不能够真正出现的。其次，由于民主主义社会的控制是内在的、间接的、情感的或理智的，绝不是外在的、直接的、个人的、强迫的，其社会的发展主要依靠人们自愿的倾向和兴趣来推进，而人们的自愿倾向和兴趣的出现只有通过教育才能形成。最后，民主主义社会不仅是一种政府的形式，更是人们联合生活和共同交流经验的方式，面对来自共同体内外数量更大、种类更多的刺激，只有教育才能够真正激发个体内在的活力，使人们能够对更加多样的刺激做出恰切的反应，同时解放自己的能力，增加行动的多样性，并使各方面能力得以自由发展。

在论述教育对于民主主义社会形成和发展所起到的推动作用的基础上，杜威还从三方面进一步论证了民主主义社会的教育自身无与伦比的优越性。首先，杜威认为民主主义社会的教育能够弥补柏拉图所设计的教育蓝图的不足。杜威发现，尽管柏拉图以超人的远见卓识提出了教育的任务在于发现个人的禀赋，并循序渐进地加以训练，然后应用于社会实践，但是，他从来没有意识到个人和社会群体活动的无限多元性，他将个人的发展局限在很少的几种天赋能力和很单调的社会安排方面，从而导致阶层的固化和国家的僵化，用一句话来概括这种情况就是：尽管"他（柏拉图）想根本改变当时的社会状况，他的目的却是建立一个不容变革的国家"②。杜威对《理想国》的分析可谓入木三分！其次，杜威认为民主主义社会的教育还优越于18世纪个人主义的理想。杜威指出，自18世纪自然主义教育思想提出之后，人们对于个人天性和禀赋就极为推崇，由于自然主义教育对于外力强加在教育发展方面的各种规则和限制持否定的态度，因此也必将使整个社会的教育缺乏理想机构的指引。除了以上原因，杜威最后还认为：自近代民族国家出现以来，民族国家及其社会为了自身

---

① 梁漱溟：《杜威教育哲学之根本观念》，见梁漱溟：《梁漱溟全集》第7卷，山东人民出版社1993年版，第699页。

② ［美］约翰·杜威：《民主主义与教育》，王承绪译，人民教育出版社2001年版，第101页。

的利益常常会挤压个人利益和个人价值，从而使教育仅成为训练温顺臣民的工具，而远离其促进个人能力发展的本质。对比以上各方面的情况，杜威明确提出：以上问题在民主主义社会是绝对不会出现的。杜威的理由主要是：第一，由于人人平等是民主主义社会立足的基础，且该社会最大的活力就在于最大限度地发挥和利用个人特殊的和不断变化的才能来促进社会整体的发展，因此，民主主义社会的开放、多元性首先与柏拉图社会的封闭与单调性是明显不同的；第二，由于民主主义社会是一种促进个人才能的充分发展且促进个人最大限度地参与社会事业的社会，"个人参与某种联合的活动，就（会）把激励活动的目的作为自己的目的"①，当个人与共同体的命运休戚与共，个人控制与来自共同体的控制将会呈现出目标、方向、手段一致的特征，个人天赋的发展将不会缺乏合适的引导；第三，由于民主主义社会是超越国家、阶层而存在的，当全体人类团结起来从事协作性的事业的时候，国家主权必然会属于次要的和暂时的，而民族国家和社会的发展与个人发展之间的矛盾肯定是会被冲淡的。

　　整体来看，杜威所提出的民主主义社会理论超越了国家、阶层、种族等的限制，主要从人类大同的角度思考人类共同体的命运，其理论在终极愿景方面与共产主义理论有着异曲同工之妙，只是由于杜威更为看重教育在推动这样的社会形成中的作用，其理论又与马克思主义的暴力解放理论有着鲜明的差异。当然，无论是马克思还是杜威，由于其对于人类解放问题天才的思考，他们均在思想史和教育史上留下了厚重的一笔，其思想历久弥新，散发着恒久的光辉。

三、民主主义乌托邦社会的教育及其设计

（一）教育的本质

　　作为哲学家、教育家和心理学家的杜威，主要是从宏伟的民主主义社会构建的角度来看待教育这一事物的。在杜威的眼中，真正有利于去除社会一切隔膜的、有利于人类沟通和经验增长的教育才是真正的教育，无疑，这样的教育本身就是与生活、生长和经验的改造三者是有着密切的联系的。

1. 教育即生活

　　杜威首先肯定了学校教育在传递人类经验方面的作用，他说，除非把已经创造出来的群体生活经验真正和彻底地在新生代和成人之间传递，否则，最

---

① ［美］约翰·杜威：《民主主义与教育》，王承绪译，人民教育出版社 2001 年版，第 28 页。

文明的群体将会进化到野蛮状态，然后回复到原始时代，从这个意义上说，学校无疑是传递人类社会经验的重要机构。但是，杜威也清醒地认识到了学校教育的局限性。他说，伴随着社会的文明进步，尽管学校在保存人类一切复杂社会的资源和成就方面有着非凡的价值和意义，但是与生活中直接经验的传递不同，学校教育往往传递的是符号化、抽象化的遥远事物的知识，这些知识不仅不利于人们生活经验的增加和社会倾向的形成，而且还使学校教育与文字传递的学问等同起来，使学校教育仅仅成为自私自利专家的养成所，这本身就是对教育本质的一种异化。在杜威看来，伴随着人类累积的知识与技能的迅猛增加，教育本质的异化现象将会越来越严重。那么，如何才能改变这种状况呢？

正是基于对昔日贴近生活、深入生活、在生活中接受教育方式的美好回忆，杜威认为改变以上矛盾最好的办法就是：尽量把最好的家庭教育模式搬到学校来，使学校与儿童真实的和生气勃勃的生活联系起来，使学校成为儿童现在生活的地方。这样的学校，在杜威看来，无非"就是以一种更系统、更扩大、更加明智和更适当的方式去做大多数家庭由于各种原因只能以一种比较简单和偶然的形式完成的工作罢了"①。这样的学校教育，由于是从家庭生活中发展起来，并继续儿童在家庭中已经熟悉的活动，因此它一方面具备传统家庭教育方式内在的优点，即鲜明地体现了教育与生活融合的特征；另一方面它又优于传统的家庭教育方式，比如单从规模上来看，儿童在学校里能够接触到更多的成人和同伴，而通过对学校环境的改善，"创造一个比青少年任其自然时能接触到的更广阔、更美好的平衡的环境"②，学校在一定的意义上就变成了一个理想的雏形社会，由于该社会重复了人们联合生活和共同交流经验的方式，雏形社会不仅可以丰富儿童的经验，而且也可以在无形之中培养他们民主主义的观念；另外，从内容上看，儿童在家庭里学到的东西更多的是偶然碰到的东西，但是学校可以克服这种偶然性和随意性，以儿童的生活为中心，并把儿童的生活组织起来，通过提供适应儿童能力和经验发展程度的设备和教材，引导儿童内心兴趣和冲动的主动发挥和发展。

基于传统的理想的家庭教育方式，杜威响亮地提出了"教育即生活"的口号，同时，基于工业社会的现实，杜威在此基础上又提出了"学校即社会"的

---

① ［美］约翰·杜威：《学校与社会》，见任钟印主编：《世界教育名著通览》，湖北教育出版社1994年版，第1084页。

② ［美］约翰·杜威：《民主主义与教育》，见赵祥麟、王承绪等主编：《杜威教育论著选》，华东师范大学出版社1981年版，第154页。

命题，可以说，这两句宣言代表了杜威教育理论中最根本的东西，它们不仅构筑了杜威教育理论大厦的基石，同时也奠定了杜威民主社会最坚实的基础。

2. 教育即生长

杜威教育生长观的形成明显受到了卢梭和达尔文的影响。卢梭的自然主义教育原则使杜威认识到了儿童生长发展的顺序以及尊重儿童生长发展阶段的重要性，杜威所谓的"教育就是人类天性能力的正常生长"的观点即是在自然主义教育原则的引导下提出的[①]；同时，达尔文的生物进化论也使杜威放弃了曾经认为的各种生物都有其固定的和绝对的形式，更应该将生物看作发生着和消逝着的东西。正是在进化论相互作用、不断发展、不断变化等概念的激发下，杜威突破了将成人期看作儿童期发展的最终结果，并进而对该结果做僵化处理的固定思维，最终，他从"生活就是发展，不断发展，不断生长，就是生活"[②]的角度，明确提出了"教育即生长"的命题。

杜威的生长观，打破了原有概念的单向性和阶段性，更多地把生长看作一种多向的、永无止境的过程。比如，杜威提出：生长并不是儿童的专利，常态的儿童与成人都在不断生长。"成人利用他的能力改造他的环境，因此引起许多新的刺激，这些新的刺激再引导他的各种能力，使他们不断发展。"[③]儿童与成人之间不是生长和不生长的区别，而是适合于不同情况的生长方式的差异。由于生长和发展在它本身之外没有别的目的，因此生长并不是朝着一个固定目标的运动，简单地说，生长和发展并不仅限于从儿童生长为成人的过程，生长和发展同样包含着儿童与成人相互朝向对方生长的可能性，比如，在处理特殊的科学和经济的问题上，儿童应该向成人方向生长；在同情心、不偏不倚的敏感性和坦率的胸怀方面，成人应该向儿童方向生长。

同时，杜威的生长观还给予了儿童期与成人期同等的地位，扭转了将成人期作为固定的标准来衡量儿童期的偏狭，这些改变对儿童未来的发展有着多方面的意义，比如，这种生长观给予了儿童的本能或天性更多的重视，它改变了过多的压制所导致的儿童创新精神的丧失、害怕不确定和未知的事物的倾向，同时，由于给予儿童的天性更多的尊重，它还扭转了原有教育过分依赖外在训练的做法，唤醒了儿童更为主动的学习精神。当然，杜威在充分肯定儿童

---

① ［美］约翰·杜威：《明日之学校》，见赵祥麟、王承绪等主编：《杜威教育论著选》，华东师范大学出版社 1981 年版，第 134 页。

② ［美］约翰·杜威：《民主主义与教育》，王承绪译，人民教育出版社 2001 年版，第 58 页。

③ ［美］约翰·杜威：《民主主义与教育》，王承绪译，人民教育出版社 2001 年版，第 58 页。

的本能和天性在生长中的作用的同时，并不认为可以放任它们。他提醒家长和教师，要分清儿童表面的行动和真正的兴趣的差别，在保存儿童天性的同时，阻止他们捣乱、干蠢事和胡闹。杜威认为，要达到这个目标，对所有教育者来说都不是一件容易的事情。

当然，杜威以上对于教育本质的看法，也是从民主主义社会的构建的角度出发的。在杜威看来，"教育就是不问年龄大小，提供保证生长或充分生活的条件的事业"①。而"政府、实业、艺术、宗教和一切社会制度都有一个意义、一个目的。那个目的就是解放和发展个人的能力（不问其种族、性别、阶级或经济状况如何）"②。使个人能力全面发展和充分生长不仅是民主主义社会到来的基础，同时也是该社会所致力的目标。

3. 教育即经验的改造

"经验"是杜威教育哲学中最重要的名词之一。杜威之所以非常看重"经验"，不仅是因为经验是一切有价值的知识获得的源泉，更是因为经验的获得、增长、相互交流和传递对民主主义社会的构建将起到决定性的作用。而作为有意识地促进经验获得、增长、交流和传递的事业，教育在其本质上是跟经验的改造与改组密切相关的。

杜威认为，经验是人的主动尝试行为与环境的反作用之间连续不断相互作用的结果，任何经验的形成，都包含着一个主动的"尝试"和被动的"承受结果"的过程，只有将两者结合起来，才能获得真正的经验。这恰如只有儿童主动在火焰与灼伤之间建立起有效的连接，儿童的经验才能够增加。同时，杜威还认为，一个人在一种情境中所获得的事物之间的某种联系——经验，可以变成有效地理解和处理后来情境的工具，而现在和未来的经验都立足于不断改造或改组原有经验。此外，杜威还提出：经验的改造和改组，既增加了原有经验的意义，又提高了指导后来经验进程的能力，这也正是经验的生长、经验的连续性和经验改造的含义。杜威将经验的以上本质，作为衡量经验的教育意义和教育价值的标准。他说："所有这种继续不断的经验或活动是有教育作用的，一切教育存在于这种经验之中。"③

正是基于以上对经验本质的看法，杜威提出了"一盎司的经验胜过一吨理

---

①　［美］约翰·杜威：《民主主义与教育》，王承绪译，人民教育出版社 2001 年版，第 60 页。

②　［美］约翰·杜威：《哲学的改造》，许崇清译，商务印书馆 1989 年版，第 100 页。

③　［美］约翰·杜威：《民主主义与教育》，王承绪译，人民教育出版社 2001 年版，第 89 页。

论"①的观点。在杜威看来，经验是鲜活的，只有在经验中，任何理论才都是充满活力且可以被证伪的。但是，他也敏锐地注意到了一种现象，即由于长期以来，学校教育将掌握知识（更多的是理论知识）仅仅看成是心智活动的结果，将获得经验仅仅看成是身体器官活动的结果，经验与知识的获得存在严重的二元分裂现象。杜威指出：身心分裂的恶果之一就是学校对学生心智的关心和对学生身体歪曲现象的产生，学校纪律问题的根源正在于教师将大部分的时间用来抑制学生的身体活动；即便是学校里的一些借助于感官或肌肉的训练而进行的心智训练，由于学生很少能够认识到该类训练的目的和意义，由此导致学生受到的训练成为孤立的和机械的；由于学校过于强调让学生认识单个的事物而忽视对于事物之间联系的认识，从而使学生获得的经验经常是碎片化的，很难把握事物的本质。杜威以上从经验缺失角度对于学校教育的看法，真正指出了学校教育问题的根本。

除了以上对于学校在经验和知识传递过程中的二元现象的批评，杜威还从社会不断进步的角度指出了学校教育在促进学生经验改造和改组方面的意义。他认为在故步自封的社会，人们把维护已有的风俗习惯作为价值标准，因此向青少年灌输已有社会的经验就可以了。但是在进步的社会，为了不再重演流行的习惯并养成更好的习惯，人们应该有意识地利用学校教育，培养儿童和青年的反思能力，以便推动旧经验的不断改造和改组，使教育真正发挥好改造社会的建设性媒介的潜在功效，并最终促成民主主义社会的形成。

（二）教育的目的

尽管杜威曾经说过："我们要提醒自己，教育本身并无目的。只是人，即家长和教师等才有目的；教育这个抽象概念并无目的。"②在本意上，杜威绝不认为教育是一种无目的的、随意的行为，他只是反对来自外力为教育所附加上的固定的、僵化的、一般的、终极的目的，他认为以上的目的都不是真正的教育目的。从民主主义社会创建的角度出发，杜威眼中的教育目的具备如下独特的个性：

首先，教育目的的内在性。杜威反对家长或教师将他们"自己的"目的作为儿童生长的目的，他认为这和农民不顾环境提出一个农事理想，同样是荒

---

① ［美］约翰·杜威：《民主主义与教育》，王承绪译，人民教育出版社2001年版，第158页。
② ［美］约翰·杜威：《民主主义与教育》，王承绪译，人民教育出版社2001年版，第118页。

谬可笑的。[①] 杜威认为从外部建立的目的对行动过程来说，总是僵硬的。他尖锐地批评了当时教育界的流弊：教师从上级机关接受这些目的，上级机关又从社会上流行的目的中接受这些目的，教师把这些目的强加于儿童，其直接的后果就是使教师和学生的工作变成机械的、奴隶性的工作。在杜威心目中，只有受教育者自己审时度势确立的目的，它既不表现为一系列任性的、不连贯的活动，也不缺乏对终点或结局的预见性，只有这样的教育目的才是理想的教育目的。

其次，教育目的的过程性。与主张教育目的的内在性相适应，杜威同时也认为真正的教育目的还具有不断变化的特点。在杜威看来，如果某一教育目的来自活动者的内心，那么它一定具备目的和手段相互统一的特征，该教育目的与来自他人的、强加于人的"静止"的教育目的比起来，作为指导活动的计划，由于它始终既是目的，又是手段，在每一个手段没有做到以前，都是暂时的目的，每一个目的一旦达到，就变成进一步活动的手段，而前一个阶段与后一个阶段目的和手段的紧密衔接，就促成了不断的生长，真正的教育就孕育在这种不断生长的过程中。

再次，教育目的的现时性。杜威反复强调的一个论点就是：教育是生活的过程，而不是将来生活的预备。他批评教育的预备说，认为替将来预备而忽略现在可能性的制度使教育活动丧失了前进的动力，助长了犹豫不决和拖延的习气，这种教育自以为替将来做了准备，实际上正是它最失败的地方。同时，杜威也反对教育的展开说，他认为向着终极不变的目标展开的教育是先验论的，它的目标是空洞的，它代表一种模糊的情感上的渴望，而不是代表可用理智领会和说明的东西。杜威认为教育必须立足于现时的可能性来确立自己的目标，教育目标是现有情况的产物。"如果教育是生长，这种教育必须循序渐进地实现现在的可能性，从而使个人更适合于应付后来的要求。"[②]

最后，教育目的的多元性。杜威肯定了以卢梭为代表的自然主义教育观对儿童先天差异的重视。杜威认为，教育目的本身应该有无穷的变异，应该随着儿童个体的差异，以及儿童的生长和教育者经验的增加而变化，为此，他还援引了一位近代作家的话："引导这个男孩读斯各特写的小说，不读旧的斯留斯写的故事；教这个女孩缝纫；使约翰根除横行霸道的习惯；准备这一班学生求医——这些都是我们在具体的教育工作中实际所有的无数目的的几个例

---

① ［美］约翰·杜威：《民主主义与教育》，王承绪译，人民教育出版社 2001 年版，第 118 页。
② ［美］约翰·杜威：《民主主义与教育》，王承绪译，人民教育出版社 2001 年版，第 64-65 页。

子。"①教育目的的多元性，体现了杜威对儿童本性的尊重。

当然，在杜威的以上的立论中还有一个非常矛盾的地方，即一方面，杜威反对为任何教育活动设立一个外在的、固定的和终极的目的；另一方面，杜威又认为民主主义社会的实现才是教育的外在的和终极的目的，杜威是如何消解两者之间的矛盾的呢？其秘密就隐藏在杜威对儿童发展的起点与终点的认识以及对民主主义社会特征的论述中。

在杜威看来，任何儿童的发展都必须同时考虑心理学的起点和社会学的终点问题。杜威认为：从心理学来看，儿童自己的本能和能力为一切教育提供了素材，教育必须以深入观察儿童个人的心理结构和活动为起点，否则教育过程将会成为偶然的、独断的。同时，教育过程又必须以社会的标准来衡量自身，只有将儿童的本能和倾向转化为与社会相当的事物，儿童的本能和倾向才有现实的价值和意义。因此，杜威说，心理的和社会的两个方面是有机地联系着的，"如果从儿童身上舍去社会的因素，我们便只剩下一个抽象的东西；如果我们从社会方面舍去个人的因素，我们便剩下一个死板的，没有生命力的集体"②。从杜威以上对于儿童发展的起点和终点的论述来看，只有当教育目的同时具有内在性、阶段性、现时性与多元性的时候，它才能更好地服务于儿童各种能力的充分生长和发展，即最大限度地实现个性化，同时这样的个性化也才会拥有社会的价值和意义。儿童的以上状态，与杜威所描述的民主主义社会所想要达到的目的又是相互吻合的。在杜威看来，民主主义消融了个人与社会的对立，个人各种能力的充分生长和发展既是民主主义的要求与体现，也是民主主义得以维持和发展的保证，也正是在这个意义上，杜威的教育目的观同时实现了既服务于儿童个性最大化发展的目的，也实现了民主主义社会所追求的目标。

（三）课程与教学论

课程与教学论思想是杜威教育思想的核心组成部分。在杜威的理论结构中，他是将学校作为可以贯彻、实施民主主义原则的雏形的社会来看待的，他认为只有在民主主义氛围中成长且接受民主主义原则的儿童，长大之后才能避免民主政治的滥用和失败并真正推动民主主义社会的构建。为此，他强调要在学校环境中着力培养孩子们自由、平等、主动、独立性、足智多谋等的精神和能力。作为学校教育中心环节的课程与教学，无疑正是这种精神和能力培养的

---

① ［美］约翰·杜威：《民主主义与教育》，王承绪译，人民教育出版社2001年版，第119页。

② ［美］约翰·杜威：《我的教育信条》，见任钟印主编：《世界教育名著通览》，湖北教育出版社1994年版，第1074页。

主要抓手。

1.课程观

杜威是在批判传统课程观不足的基础上提出自己独特的课程与教材观的。在杜威看来，传统课程与教材旨在将人类的全部知识列入其中以期"包括一切"的狂热愿望本身就是有害无益的，在这种愿望的指导下，学校课程演变成了大量杂乱科目的汇聚场。而为了在有限的时间让学生掌握这些知识，教育不幸地就与知识教学或者尽量多地教事实画上了等号，以上前提的错误还带来了一系列的不良影响，比如，为了提高知识传递效率，传统课程与教材的设计仅仅关注人们"静听"的需要，而忽略人们制造、做、创造、生产的冲动和倾向，因此，学校普遍缺乏用来提高儿童建造、创造以及调查研究能力的工场、实验室和材料等设施；此外，由于学校课程和教材涵盖了广泛的时空方面的内容，这些内容绝大多数是脱离儿童狭隘的经验的，由此导致"儿童的小小的记忆力和知识领域被全人类的长期的多少世纪的历史压得窒息了"[1]。加之学校课程的编排原则往往依据逻辑顺序，很少顾及儿童的心理，因此杜威不无遗憾地说："儿童被送去受训练的地方，正是世界上最难得到经验的场所。"[2] 与此同时，传统课程与教材的知识条块分割现象非常严重。当整个知识领域被划分为若干学科，一门学科被划分为若干版块，再指定哪一块归课程里的哪一阶段，这种方法，不仅与儿童生活的整体性、统一性和连贯性相矛盾，同时也肢解了教育的统一性，所有这些有违生活常识和儿童天性的做法，绝对不利于民主主义社会精神的培养。

如何改变以上不利的局面？有感于卢梭《爱弥儿》中主人公掌握天文、地理、物理学等知识的原则和方法，杜威明确提出，学校中求知识的真正目的，不在知识本身，而在学得制造知识以应需求的方法[3]，因此，很有必要抛弃学校教育必须教授人类全部知识的错误观念，只需把少量典型性的经验加以充分运用，使学生掌握学习的工具，同时提供种种环境，培养学生对于知识的欲求将更为高明。至于究竟什么样的材料才能给予学生典型性的经验，如何充分运用这些经验，如何为孩子们提供有益于学习欲求出现的环境，杜威明确提出

① ［美］约翰·杜威：《儿童与课程》，见赵祥麟、王承绪等主编：《杜威教育论著选》，华东师范大学出版社1981年版，第76页。

② ［美］约翰·杜威：《学校与社会》，见任钟印主编：《世界教育名著通览》，湖北教育出版社1994年版，第1080页。

③ ［美］约翰·杜威：《明日之学校》，见赵祥麟、王承绪等主编：《杜威教育论著选》，华东师范大学出版社1981年版，第136页。

了"从做中学""主动作业""以儿童的活动为中心"的三大课程确立与编排的原则。

（1）"从做中学"（Learning by doing）。杜威之所以提出"从做中学"的原则，是希望先给学校课程和教材的选择确立一个合乎逻辑的前提。杜威认为在儿童本性的发展上，自动的方面先于被动的方面，动作优于有意识的感觉。正是儿童本性的驱使，儿童生来就有一个自然愿望，要贡献，要做事，要服务。如果学校课程违背了儿童在行动中表现自己的愿望，将儿童置身于被动的、接受的或吸收的状态中，将造成学校工作大部分时间和精力不可避免的浪费。杜威批评中世纪沿袭下来的学究式的知识概念，指责其除了用科学方法系统地提出的事实和真理以外，其他概不过问。在这种观念的影响下，教育上不承认原始的或最初的教材总是一种包括身体的运用和材料的处理的主动行动，由此导致课程与教材内容无非就是一些早已准备好了的东西，这些东西仅仅是供人记忆，以便在需要时能够熟练地背出来。在批判传统课程与教材压制儿童天性、机械训练等一系列弊端的基础上，杜威进一步明确指出："人们最初的认识，最根深蒂固地保持的知识，是关于怎样做的知识，例如怎样走路、怎样谈话、怎样读书、怎样写字、怎样溜冰、怎样骑自行车……如果承认教材的自然的发展进程，就总是从包含着做中学的那些情境开始。"[1] 由于"从做中学"的原则与儿童在家庭和社会生活中普遍采用的学习方式具有内在的一致性，因此，该原则的提出，有可能从根本上使儿童的学习由被动、消极变为主动和积极，这无疑将是学校生活最大的革命。当然，杜威也认为，"从做中学"原则的贯彻，需要学校课程与教材积极的配合，为此，他又提出了"主动作业"的概念。

（2）"主动作业"。在杜威看来，"主动作业"与人们通常理解的教师为了防止儿童淘气，为儿童布置作业或练习的概念是不同的。它更多的是儿童的一种活动方式，这种方式重演了某种社会生活中进行的工作，或者同这种工作相平行，它主要通过引导儿童不断地观察、筹划和思考，使儿童选择适宜的材料和工具，做出自己的工作计划和模型，引导他们发现自己的错误并寻求改正错误的方法，它的重点在于促进儿童智力和道德的发展，而不是以功利性的谋生糊口为目的，因此作业不同于传统意义上所理解的狭隘的职业教育。

杜威进一步指出，人类基本的共同事务集中于衣、食、住、家具以及与生产、交换和消费有联系的工具方面，儿童的作业如果围绕着以上的事务，就

---

[1]　［美］约翰·杜威:《民主主义与教育》，王承绪译，人民教育出版社 2001 年版，第 201 页。

会包含丰富多彩的内容，比如有无数种的游戏和竞技、户外短途旅行、园艺、烹饪、缝纫、印刷、书籍装订、纺织、油漆、绘画、唱歌……由于这些内容重演了社会生活的各种情境，它能够有效地消除校内外生活之间的隔阂，对儿童有着强烈且持久的吸引力，儿童一般都会主动地从事这些活动；此外，作业还是一种可以向儿童提供典型性经验的有效载体，借助作业，儿童进一步探索的动机可以被有效激发，儿童不仅能够更深刻地理解自己周围的环境，而且还能够突破自身经验狭小的范围，将当前的环境、经验和人类社会整体环境与经验相互沟通和连接。比如，通过研究原始人吃、穿、住、行中使用的材料和工具，儿童能够逐步掌握多种多样物品的性质和特征；通过对哥伦布探险的研究，儿童就能够掌握与探险有关的历史、地理、天文、物理等方面的知识……此外，作业还能够培养儿童互助合作的社会精神，照顾到儿童发展的多种可能性，为儿童未来真正的职业选择奠定基础……

鉴于主动作业的教育功效，杜威认为，必须重新认识大部分学校已经开设的木工、金工、纺织、缝纫、烹调等课程的价值，不再把它们作为各种特殊的科目，而应该作为儿童生活和学习的方法，通过这些主动作业，学校自身将成为一种生动的社会生活的真正形式，而不仅仅是学习功课的场所。芝加哥大学实验学校成为杜威实践以上教育思想的理想场所。杜威为该校设计了以主动作业为核心的一套课程与教材。该课程与教材由各种作业和与之相平行的理智活动所组成，其中包括历史或社会研究、自然科学、思想交流等内容。

（3）"以儿童的活动为中心"。面对传统的分科教学造成的知识的条块分割，杜威又明确提出了以儿童的活动为中心的课程与教材编排原则。杜威认为，儿童参与实际生活中的各种活动，不仅可以训练儿童的观察力、创造力、建设性的想象力、逻辑思维能力，还可以养成守秩序和勤奋的习惯，获得对于世界的责任感以及应当做这些事和生产某些东西的义务感，社会活动对于儿童具有多方面的教育价值。正是看到了社会活动能够同时培养儿童多方面能力的特征，杜威说，如果教育是生活，我们并没有一系列分层的大地，一层是数学的，另一层是物理的，又一层是历史的……我们生活在所有各方面都结合在一起的一个世界里，由于一切生活一开始就具有科学的一面、艺术和文化的一面以及相互交往的一面，社会生活给予了儿童一切努力和一切成就的不自觉的统一性和背景。儿童生活在雏形的社会——学校，通过"主动作业"和"从做中学"，在获得各种经验的同时，也将同时获得地理、艺术、文学、科学和历史等方面的知识，因此，"学校科目相互联系的真正中心，不是科学，不是文学，不是历史，不是地理，而是儿童本身的社会活动"①。而促进学校科目不断丰富、深化和扩展的力量也正来源于儿童在活动中不断产生的新经验和新兴趣。

当然，杜威所提出的"从做中学""主动作业""以儿童的活动为中心"等教育思想，是以儿童现在的生活和儿童的直接经验作为教育的起点的，杜威在重视这个起点的同时，也没有忽视系统的知识和间接的经验，在《儿童与课程》一文中，他特别地强调了进入儿童现在经验里的事实和真理，及包含在各门课程与教材里的事实和真理，构成了教学的起点和终点，两者之间没有必然的鸿沟，把一方和另一方对立起来就如把儿童的幼年期和成熟期对立起来一样。杜威认为，为了使更多的学科知识在传授中顾及儿童的经验，必须尽可能地把各门学科知识还原成其最初的状况，恢复到它被抽象以前的水平，逻辑的并不是注定反对心理的。在这方面，杜威不仅要求教师要承担起"教材心理化"的责任，而且他还号召一切教育机构要克服困难为学校多提供其所需要的设备，使儿童能够通过学校所营造的社会情境获得观念和知识；另外，杜威还指出，儿童从"主动作业"和"从做中学"获得了许多支离破碎、混乱不堪的直接经验，它们是儿童未来比较详尽、专门而有组织的知识的根基，教师必须承担起组织、抽象和概括这些直接经验的责任。鉴于切身的体会，杜威指出："要解决这个问题是非常困难的，我们并没有解决好；这个问题到现在还没有解决，而且永远不可能彻底解决。"②

2.思维与教学

杜威是将思维与教学联系起来讨论教学论的问题的。杜威提倡的思维被称为反省思维，也就是"有意识地努力去发现我们所做的事和所造成的结果之间的特定的联结，使两者连接起来"③。杜威认为，思维的功能"在于将经验到的模糊、疑难、矛盾和某种纷乱的情境，转化为清晰、连贯、确定和和谐的情境"④。因此，没有某种思维的因素便不可能产生有意义的经验，思维就是有教育意义的经验的方法。就学生的心智而论，学校为学生所能做或需要做的一切，就是培养他们思维的能力，而教学的各个过程，它们在培养学生优良的思

---

① ［美］约翰·杜威：《我的教育信条》，见任钟印主编：《世界教育名著通览》，湖北教育出版社1994年版，第1075页。

② ［美］约翰·杜威：《芝加哥实验的理论》，见赵祥麟、王承绪等主编：《杜威教育论著选》，华东师范大学出版社1981年版，第323页。

③ ［美］约翰·杜威：《民主主义与教育》，王承绪译，人民教育出版社2001年版，第159页。

④ ［美］约翰·杜威：《我们怎样思维》，见赵祥麟、王承绪等主编：《杜威教育论著选》，华东师范大学出版社1981年版，第298页。

维习惯方面做到什么程度，就统一到什么程度。

杜威认为，反省的思维不会凭空而起，当一个含有困惑或疑难的情境产生时，才会引起思维。杜威将反省的思维从产生到终结划分为五个阶段：第一，困惑、迷乱和怀疑的情境，这是反省思维产生的必要条件；第二，推测预料、确定疑难的所在，从疑难中发现问题；第三，审慎调查一切可以考虑的事情，提出解决问题的多种假设；第四，完善假设，使假设更加精确，更加一致，力争与范围较广的事实相符；第五，将假设应用于行动，检验假设。杜威认为，一般来说，思维的五个阶段并不依照固定的次序出现，它们可以结合起来，也可以单个出现，另外，在思维的每一个阶段，都可以引发新的问题，促进新的假设的形成。杜威指出，教学法的要素和思维的要素是相同的。从思维的五个步骤或阶段，可以推演出教学法的五个步骤或阶段："第一，学生要有一个真实的经验的情境，即要有一个对活动本身感兴趣的连续的活动；第二，在这个情境内部产生一个真实的问题，作为思维的刺激物；第三，他要占有知识资料，从事必要的观察，对付这个问题；第四，他必须负责有条不紊地展开他所想出的解决问题的方法；第五，他要有机会和需要通过应用检验他的观念，使这些观念意义明确，并且让他自己发现它们是否有效。"①

杜威的五步教学法又可以称为探究式、发现式教学法。这种教学方法与杜威的课程与教材理论相配套，它不仅是打破传统的僵化的知识授受关系的利器，也是激发学生创新精神的有效载体。但是，这种方法在一定程度上，对于教育设施配备、教师和教育管理者水平等都提出了更高的要求，在应用中也需要更多的智慧。

尽管推崇五步教学法，杜威也没有因此否定其他教学方法的功效。他曾经说过："教学方法是一种艺术的方法，是受目的明智地指导的行动的方法。"②因此，简单地认为教学法就是把教学上可以遵循的配方和模式交给教师的想法，本身就是愚蠢的，此外，由于教学方法必须与具体的教学情境相结合，它也肯定会因人而异，过于强求统一无异于扼杀教学法的生命力。

（四）道德教育

作为实现民主主义理想的有力工具之一，道德教育在杜威的教育思想中占据着重要的位置。杜威是从广阔的社会生活的角度来看待道德概念的。他

---

① ［美］约翰·杜威：《民主主义与教育》，王承绪译，人民教育出版社 2001 年版，第 179 页。
② ［美］约翰·杜威：《民主主义与教育》，王承绪译，人民教育出版社 2001 年版，第 186 页。

说，所谓道德，潜在地包括我们的一切行为。而"所谓的德行，就是说一个人能够通过在人生一切职务中和别人的交往，使自己充分地、适当地成为他所能形成的人"[1]。正因为杜威将个人的一切行为放置在社会合作和交往的大背景中进行检验，杜威认为当时学校道德教育的原则、标准、内容、理念和形式等存在诸多的问题：

首先，学校道德教育的原则与社会精神的矛盾。杜威举例说，教室中的学习单纯地为了掌握事实和真理，完全变成了个人的事情。由于缺乏鲜明的社会动机，即使有了成绩，也不能明显地有益于社会；同时，学校的评价体系又使竞赛几乎成了衡量学习成绩的唯一手段，这种倾向强化了个人之间的竞争，非常不利于以合作互助为特征的社会精神的培养。其次，学校的道德教育标准与社会的分离。杜威认为，学校这一机构，特别是它的具体工作，其中也包括道德教育，都需要时时从学校的社会地位和功能来加以考虑，世界上根本没有独立的学校道德教育标准。再次，学校的道德教育内容被局限在狭窄的范围内。杜威指出当时美国学校的道德教育常被局限于公民权的训练，而公民权又被狭义地解释为学会明智地投票、服从法律，等等。杜威认为这样限制和束缚学校的伦理责任是百害无一利的。第四，学校道德教育的理念是病理式的。杜威认为当时学校道德教育的重点被集中于矫正错误的行为，却没有注意到儿童积极服务习惯的养成，这是明显失之偏颇的。第五，学校道德教育的形式化倾向。杜威认为，学校虽然也着力培养学生的一些永久的和必需的道德习惯，但是这些做法往往是从学校制度本身出发，而不是从学生感情和兴趣出发，因此是形式化的。

正是基于对传统学校道德教育的批判，从民主主义的信念出发，杜威提出了学校道德教育的一些很有启发性的原则。

首先，学校道德教育不是单纯的道德教育的问题，而是学校制度本身的问题，必须从雏形社会的构建来考虑道德教育。杜威说，必须改变学校是专门服务于功课学习的场所的观念，使学校成为雏形的社会生活，具有社会生活的全部含义，并且与校外的社会生活协调一致。因为，只有在社会情境中，通过儿童主动的建造、生产和创造活动，伦理的重心才能从自私的吸收转到社会性的服务上，儿童的社会观念和兴趣才能发展，同时，也只有在社会的情境里，儿童才能学会平等相处、交流和合作。"教育不只是这种生活的手段，教育就

① ［美］约翰·杜威：《民主主义与教育》，王承绪译，人民教育出版社 2001 年版，第 376 页。

是这种生活，维持这种教育的能力，就是道德的精髓。"①

其次，学校道德教育不是直接的道德教育的问题，而必须从学校生活的所有机构、手段和资料等道德成长的整个情境来考虑道德教育。杜威说，直接道德教育的影响，即或是最好的，总是相对地在数量上比较少、在影响上比较轻微。但是，如果从学校整个道德成长的情境来考虑道德教育，就有可能产生持久且强大的教育合力。他主张发挥学校生活、教材、教法"三位一体"的道德教育主渠道的功能，处理好知识授受与儿童行为的关系问题，努力在知识授受的方法、题材与道德之间建立起有机的联系，力促获取知识和寻常的行为动机以及人生观改造三者之间的融合，以有效避免直接的道德教育的狭隘性，同时使道德教育远离说教。

最后，学校的道德教育不是外在的行为，而必须从儿童的心理和感情出发。杜威认为，道德教育必须立足于儿童的天赋和本能的冲动，如果忽略这一点，儿童的道德行为就有可能演变成机械的模仿或者难以控制，当儿童的力量没有用于适当的活动，学校道德教育就只能成为防范和纠正儿童犯规的行为。另外，杜威还指出，儿童的道德行为同样是一个需要注入自我感情的行为。杜威认为，仅有最好的判断力还不足以产生预期的行为，因为除了需要力量去克服实行上的困难，同样还需要个人敏感的反应——感情的反应。在这方面，杜威仍然主张儿童在雏形的社会生活中，从事自己感兴趣的活动，"对于从生活的一切接触中学习感到兴趣，就是根本的道德兴趣"②。也只有这样，才能有效克服学校道德教育形式化的倾向。

杜威的道德教育概念，从民主主义的信念出发，在促进社会交往和合作的基础上，力求个性全面和充分的发展，它有力地扩展了传统道德教育概念的内涵与外延，达到了个性与社会性的统一；同时，杜威还为道德教育指出了一条在学校雏形的生活中，利用多种途径，通过儿童积极主动地参与来实施的更为宽广、灵活和高效的道路。可以说，杜威的道德教育思想是同时代的一个高峰。

（五）职业教育

职业教育思想是杜威教育思想的有机组成部分。基于他独特的教育本质观和教育功能观，他的职业教育思想也体现了与众不同的特征。

---

① ［美］约翰·杜威：《民主主义与教育》，王承绪译，人民教育出版社2001年版，第378页。
② ［美］约翰·杜威：《民主主义与教育》，王承绪译，人民教育出版社2001年版，第379页。

　　杜威认为，长期以来，由于哲学领域二元对立现象的存在，由此导致劳动与闲暇、理论与实践、身体与精神、心理状态与物质世界等的长期割裂，最终表现在教育上，就是人们往往不肯承认教育的职业方面，将职业教育剔除出了自由教育领域，简单地等同于学徒教育。即便在当前，为了适应现有工业制度的需要，职业学校已经成为学制的重要组成部分，但是职业教育与自由教育之间泾渭分明的分水岭仍然存在，它们不仅没有通过课程与教材的编排、教学方法的相互借鉴而融合起来，相反，由于旧时社会阶级的区分，人们往往会继续把传统的自由教育或文化修养，给予少数在经济上能够享用的人；而把为各种特殊职业准备的狭隘的工艺教育授予广大的群众，由此强化了已有的阶级区分。

　　有鉴于此，杜威认为只有从广义的角度来理解"职业"的概念，才有可能纠正人们对于职业教育错误的认识和做法。在杜威看来，所有有形的物质资料和无形的精神产品的生产都属于职业的范畴。"职业是一个表示有连续性的具体名词。它既包括专业性的和事务性的职业，也包括任何一种艺术能力、特殊的科学能力以及有效的公民品德的发展，更不必说机械劳动或从事有收益的工作了。"[1]杜威指出，那些已经习惯上把自己的职业看作具备文化修养性质的人，恰恰是因为他们忽视了其他职业同样具有的文化修养性质的可能性；同时，杜威还提醒人们力戒不同职业是相互排斥的、人的一生只能拥有一种职业的旧观念。他举例说，世界上没有人只是一个艺术家，其余一无所能，如果真到了那种地步，他就不是一个发展中的人，而是一个怪物。而我们之所以把艺术称为这个人的职业，仅仅是因为艺术是他的多种多样的职业活动中特别专门化的一个方面，而这个方面能够使他在自身的特异才能与他的社会服务之间取得平衡。因此，所谓适当的职业，不过是说一个人的能力倾向得到适当的运用，工作时能最少摩擦，得到最大的满足。对社会其他成员来说，这种适当的行动意味着他们能够得到这个人提供的最好的服务。基于以上的认识，杜威严厉地批评了社会上存在的一些预先决定一个人将来的职业，使教育严格地为这个职业做准备的做法，他认为这种做法不仅是对儿童是不公平的，同时也很可能成为实现社会宿命论和封建教条的工具。

　　在广义"职业"概念的基础上，杜威又从多方面论述了职业教育和自由教育必然走向联合的趋势。杜威认为，工业革命之后世界发生了翻天覆地的变

---

① ［美］约翰·杜威：《民主主义与教育》，王承绪译，人民教育出版社2001年版，第326页。

化，在新的社会情境中，劳动受人尊崇的理念已经逐步建立了起来，从前被斥之为功利主义的或者被认为是卑微的农工商等职业，也已得到人们更多的尊重，且吸引着越来越多有识之士的加盟；此外，近代以来知识的生产并非仅仅与书本、推理等辩证方法相连，实验、操作方法也早已经成为获得科学知识的主要途径，而农工商等职业目前已经具备更多的复杂性和精确性，拥有了比以前多得多的理智内容和无限大的文化修养的可能性；另外，学习心理学的发展，特别是儿童心理学的发展，使探索、实验和尝试等人类原始本能的重要性日益凸现，而儿童心智能力的本身主要是由探索、实验和尝试等原始能力所构成的，仅仅注重理智内容的学习是毫无道理的。以上这些都为职业与自由知识以及职业与自由教育的融合奠定了坚实的基础。

作为一个坚定的民主主义者，利用教育的改造来改造社会是杜威矢志不渝的追求。在杜威眼里，简单地设置双重的教育系统，在一个系统里继续自由教育的传统，在另一个系统里模仿现有工业的状况，使学校成为工商业的附属机关，教育的改造是断然不可能成功的。因此，推进职业与自由知识以及职业与自由教育的融合，使学问和社会应用、理论和实际、工作和对于工作意义的认识，从头到尾都融为一体，无疑对民主主义社会的构建至关重要。结合自己对于"主动作业"的论述，他提议在学校教育中引进"主动作业"的概念，使"主动作业"成为儿童生活和学习的方法，成为学校生活联结的中心，这样做，一方面将会使学校生活更有生机，另一方面借助于作业活动对于儿童不断发展能力的挖掘，作业也将为未来社会人人都有职业，人人的职业都与自己的能力倾向志趣相投，人人都有自己感兴趣的职业奠定坚实的基础。而只有这样，社会的改造才可能成功。

作为一个有着广泛而深远世界影响的教育家，杜威的教育思想是其哲学、政治和社会等思想的自然延续。可以说，正是看到了教育在促进儿童的个性与能力发展、培育社会合作互助精神等方面所具有的无与伦比的作用，杜威将改造旧的传统的教育作为社会改造的基础，将新的教育精神、教育内容和教育形式作为实现民主主义的有效途径和得力的工具，从而极大地拓展了教育的领域和视野，提升了教育的社会价值，赋予了教育更强的社会功能。当然，由于多种原因，依靠教育实现社会的改造未必是一条完全行得通的道路，但是，依靠教育实现社会改造是一条非常有价值的道路，值得所有的有识之士认真思考、大胆尝试。

杜威的教育思想曾经为美国初中等教育改革留下深刻的烙印，它在指引美国教育发展的同时，自身也在经受着最无情的检验。由于杜威教育思想体系自身的乌托邦色彩以及其他人对杜威教育思想的误解，杜威在生前就已经成为备受争议的人物之一，特别是在 20 世纪 50 年代末苏联卫星上天后引起的恐慌中，杜威的教育理论在美国更成为最受攻击的对象。但是，作为教育理论界最伟大的人物之一，杜威教育思想的价值在历经时代的考验后依然熠熠生辉，他对许多教育问题的深刻认识对于当代教育实践依然有着重要的指导价值。

第三节　工业和城市化进程中的职业教育思想

19 世纪末至 20 世纪上半期，美国从农业国家一跃成为首屈一指的工业化城市化国家，巨大的社会变迁不仅使美国政治、经济、城市、移民等问题频出，也使美国学校，特别是城市的公立学校经历了长期的人满为患、各种软硬件设施难以满足需求的混乱时期。面对学校教育中原有的陈旧的教育理念、内容、方法、管理手段等的积弊，一场声势浩大、持续时间较长的进步主义教育运动随即出现，该运动对扭转美国基础教育领域的落后面貌起到了非常巨大的作用，但是，由于进步主义教育运动的覆盖面、关注点以及运动自身存在的理论的或现实的缺陷，该运动并不能解决教育领域的所有问题，特别是在工业化城市化对于实用型人才的需求日益增大，公立学校已经成为中小学教育的主要形态，公立学校中那些无法升学或中途辍学的学生在没有获得任何实际技能的情况下进入社会，公立学校要不要开展职业教育？需要开展何种形式的职业教育？联邦政府如何资助和管理国内的职业教育？当以上重大的时代命题同时摆在人们面前的时候，它也亟待人们提出解决问题的办法。尽管以上三大问题出现的顺序或有先后或时有交叉，但不可否认的是 20 世纪上半叶美国的职业教育思想和实践就是围绕着以上的三大主题展开的。

一、对公立学校是否需要职业教育的不同看法

准确地说，在新旧社会转型的重要节点，教育改革家们首先看到的是手工教育而非职业教育在疗救教育和社会疾患中的作用。而手工教育之所以会在 19 世纪 80 年代进入公立学校，主要与人们对于公立学校所应该承担的社会责任的期待有关。当时，急剧的社会转型，不仅使成年人的生活发生了巨大的变化，由于传统社会曾经高度重合的工作和生活环境发生了断裂，许多青少年被父母留在贫民窟中，无法亲眼见到真正的生产活动，家庭和社区就失去了原有

的谋生技能训练和道德教育的功能。如何在经济方式转变的同时，限制它的消极影响？究竟用什么方法保存先前社会珍惜的价值，同时给予孩子们所需要的各种能力呢？此时期已经成为基础教育主体的公立学校被人们重新发现并作为解决以上问题的万能钥匙。

但是，此时的学校，特别是城市公立学校还不是一个学生喜欢去的地方。除了前文所述的学校人满为患现象，由于此时期义务教育法案和妇女、童工权利保护法案等的逐步完善，学生的成分也发生了巨大的变化。据统计，"1890年以前的中学生一般来自中等阶层，而1890年以后，挤满高中的学生更多的是普通劳动者的子女"[1]。面对以上变化，学校教育目标、内容和方法的改革却明显滞后，加之其他原因，致使中小学生学业完成率偏低，辍学率持续偏高，工厂的吸引力在一定程度上竟远远高于学校。资料显示：1892年马萨诸塞州几大城市3年级结束时的辍学率是60%，升入6年级前辍学率是80%。[2]20世纪初的许多调查均显示学生宁愿待在工厂也不愿返回学校。[3]

面对以上情况，人们采取了设置标准化考试、设立升留级程序、统一教学要求、强化对学校的监管等方法来提高学校教学与管理的效率[4]，此外为了增加学校的吸引力，让学生在学校从事一些他们喜欢的活动以形成良好的性格，重建传统社会丢失的文化道德价值，同时为美国工业生产储备合格的劳动力，一些工商人士、教学改革家、技术教育的倡议者、慈善主义者以及社会改革者等提出了让手工教育进入公共教育机构的动议。所谓的手工教育就是指通过在学校引入木工或其他实用性手艺教学，以训练学生手指灵活性的教育活动。[5]它最初在裴斯泰洛齐的几何制图教学中已经有所尝试，在1803年法国考姆派国家工艺技术学院、1847年英国工艺学校缝纫技能培训中也有相关的实践。俄国莫斯科帝国技术学院维克多·戴拉·保斯（Victor Della Vos）校长在1868年后大胆改革，将手工生产的过程划分为几个部分，并按照由易到难的顺序将其排列成一定的教学程序，在一个连续的时间段内给予学生系统的操

① Marvin Lazerson & Norton Grubb, *American Education and Vocationalism—A Documentary Histiory 1870—1970*, New York: Teachers College Press, 1974, p.22.

② Marvin Lazerson, *Origins of the Urban School Public Education in the Massachusetts 1870—1915*, Cambridge: Harvard University Press, 1971, p.140.

③ Harvey Kantor & David B. Tyack, *Work, Youth, and Schooling, Historical Perspectives on Vocationalism in American Education*, Redwood: Stanford University Press,1982, pp.30-31.

④ Marvin Lazerson, *Origins of the Urban School Public Education in the Massachusetts 1870—1915*, Cambridge: Harvard University Press, 1971, pp.141-142.

⑤ *Manual Training*, 2007-06-04, http://www.yourdictionary.com/ahd/m/m0092200.html.

作理论与实践知识培训，从而使手工劳动适应了学校教学的需要。保斯校长手工艺教育的经验通过当时召开的一些工业博览会传播到了世界各地，并直接助推了其在世界各国学校领域内的传播。朗克尔（John D. Runkle, 1822—1902）、伍德沃德（Calvin M. Woodward, 1837—1914）、华盛顿（Booker T. Washington, 1856—1915）等人就是在美国倡导手工教育进入公立学校的典型代表。

伴随着社会有识之士对于公立学校手工教育的呼吁，在很短的时间内，美国中小学校的手工教育就已形成了一定的规模。资料显示：19 世纪 80 年代，仅有马萨诸塞、纽约、宾夕法尼亚、康涅狄格、内布拉斯加、伊利诺伊、哥伦比亚特区等州在公立初等学校开展了手工教育。[1] 而 1893 年，美国已经有 50 个城市的公立高中开设了手工教育课程，1900 年，在公立高中开设手工教育的城市数量翻了一番。[2] 到了 20 世纪早期，美国几乎所有高中生在毕业时都接受了手工训练。[3] 在手工教育日益被公立学校接受的同时，美国的工业化和城市化也日趋实现，由于手工教育内在逻辑的局限性，加之实践操作中的一些问题，比如，为了手工教育能够进入公立学校的课堂，许多手工教育提倡者往往片面强调它的普通教育价值，而忽略其本身所固有的专业教育价值和经济功能，此外，由于当时手工教育的内容主要是一些木工、金工、绘图、家政、缝纫、烹调等传统项目，而忽视了当时社会更需要的是各种农、工、商业等人才，加之此时期手工教育的推行并没有专门的教师、设施、教学时间和教学制度的保证，因此其实施效果大多并不理想。以马萨诸塞州工业技术委员会（Massachusetts Commission on Industrial and Technical Education，又称为道格拉斯委员会）、国家教育协会（National Education Association）、国家制造商协会（National Association of Manufacturers）、美国劳工联盟（American Federation of Labor）等机构、团体为代表，它们在各种报告、文件中对公立学校手工教育的不足之处进行了深刻的反思和批判，同时呼吁创建各类专门服务于特定学生未来特定工作目标的职业教育，比如，有的报告提出建立一个与目前的公立学校系统完全分离的独立的工业学校来解决上述问题，也有提议增加原有学校手工教育的实践性，以便更好地满足工业生产的用人需求；还有的建议模仿德

① Charles Alpheus Bennett, *History of Manual and Industrial Education 1870 to 1917*, Peoria: Chas. A. Bennett Co., Inc., 1937, pp.402-454.

② Charles Alpheus Bennett, *History of Manual and Industrial Education 1870 to 1917*, Peoria: Chas. A. Bennett Co., Inc., 1937, p.397.

③ Marvin Lazerson & Norton Grubb, *American Education and Vocationalism—A Documentary History 1870—1970*, New York: Teachers College Press, 1974, p.14.

国等的经验，创建"继续教育学校"……正是他们的期盼与努力，直接推动了学校职业教育的出现，手工教育逐步让位于职业教育。

（一）公立学校更需要手工教育的提议

1. 朗克尔的手工教育思想

朗克尔生于纽约州的如德镇（Root）。由于他小时候在农场生活，正式学习的机会不多，快到25岁的时候，他才有机会进入刚刚创建的哈佛大学劳伦斯科学学院学习数学。1851年他从该学院毕业，获得了科学学士学位和工艺学荣誉硕士学位。朗克尔一生在科学研究方面取得了巨大的成就。除此之外，作为麻省理工学院的创建者和曾经的院长，从1860年直到其去世，他为该学院付出了许多的心血，在许多方面做出了开拓性的贡献。当然，朗克尔的贡献还不止于这些。受费城国际博览会上莫斯科帝国技术学院的工艺教学方法的启发，加之自身为期两年对欧洲学校的考察，他敏锐地察觉到该教学法不仅能增加美国现有高等工程专业教学的效率，而且对普通中学教育也有着巨大的价值。因此，他将注意力转向美国基础教育，力主手工教育尽快进入美国的中学课程。

朗克尔主要是从手工教育能够弥合身与心、学校与工场教育分裂的角度谈及其对于美国基础教育的重要价值的。朗克尔认为，美国建国初期，学校和工场、精神和身体的教育不像当前如此这般处于分裂的状态，其主要原因是工业尚处在低级阶段，社会上只有工艺要求不高的农业和一些必要的机械行业的存在，雇主有时间和精力负责学徒生产技能的培训以及精神和道德的完善。一般来说，每年总有3~4个月的时间，雇主会允许徒弟进入地方学校学习基本的文化知识。但是目前，学校和工厂教育被完全割裂了，它们不再像过去一样助益于彼此。朗克尔认为：尽管当前学校拥有了更好的教学方法、更多的教学科目、更高的测试标准，但是它也要求学生付出更多的时间来学习文化知识；而从工厂的角度来看，不断强化的经济竞争使降低成本的新产品不断涌现，加之工业生产线使生产劳动被进一步细分，个体的生产技能被日趋集中到越来越狭窄的范围，曾经要求人们掌握某一行业完整技能的学徒系统已经远去且再也不会回来了，朗克尔尖锐地批评当前的学徒系统是几乎牺牲了整个教育的益处，而仅仅给予工人养家糊口的一份津贴而已！此外，朗克尔还进一步指出，目前学生大约在15岁就辍学进入工厂，经过3~4年的学徒期，之后几乎很少有人会返回学校学习文化知识，因此，他们的教育本身就是不完整的。此外，那些在 18 岁左右完成其高中学业的学生也极少有人愿意进入工厂当学徒，或者未来打算成为一名技工或手工劳动者，主要是由于他们人生中的 12~14 年专注于精神文化方面的学习，无论其学业成功与否，即便学校没有教给他们鄙视劳动的思想，他们也早已经疏远了体力劳动。

面对两者的分裂，怎么办？朗克尔乐观地提出：那些对广大民众的最高利益感兴趣的教育家、政治家、慈善家，或者是其企业正处于最好的发展阶段且在不断成长的企业家们，没有人不希望通过学校教育来解决以上的分裂。朗克尔所提及的这个学校教育概念，更多的是指"将手工教育引入公立学校，在公立学校教育中将头脑和手的训练结合起来，让教育既服务于精神文化和自制能力的培养，同时还可以借助图表或机械工艺的教育来发展个人的能力（他认为学生的这个能力未来还可以在工业领域中运用）"[①]，只有这样，美国的公共教育系统才能弥合身与心、学校与工场教育的分裂，也才能够不仅为那些将来致力于文字或专业研究领域发展的人，而且也为更大比例的将来从事劳动生产的学生的发展做好准备。

作为推动美国手工教育发展的先驱人物之一，朗克尔对于手工教育性质和功能的看法是非常乐观的，尽管身与心、学校与工场教育的分裂远非手工教育可以弥合，其背后有着非常复杂的社会、文化、历史的原因，但是在新旧社会转换的时候，朗克尔的思考和尝试是非常有价值和意义的，其对手工教育最终进入美国基础教育领域做出了直接的贡献。

2. 伍德沃德的手工教育思想

伍德沃德生于马萨诸塞州菲茨伯格（Fitchburg），1860 年从哈佛大学毕业。大学毕业后伍德沃德当过麻州纽伯里波特市（Newburyport）布朗高中的校长，内战时应征入伍，退役后接受密苏里州圣路易斯学院（华盛顿大学的一部分）副院长的职位。1870 年，他在该大学担任数学和应用机械学教授，同年成为该校多科技术学院院长。受费城博览会上展出的俄罗斯手工训练方法的启发，伍德沃德也希望将此方法拿到美国实践。1879 年，在没有辞去原来工作的同时，他创办了华盛顿大学附属圣路易斯手工训练学校（St. Louis Manual Training School）并担任领导职务。该学校是美国手工教育学校的先驱和典范，在该学校，孩子们学习如何对木头和金属进行切削，其目的主要是将手脑的活

---

① John D. Runkle, "The Manual Element in Education", in *American Education and Vocationalism—A Documentary History 1870—1970*, Marvin Lazerson & Norton Grubb, New York: Teachers College Press, 1974, pp.59-60.

动进行连接，而不是出于商业的目的。在整个 19 世纪 80 年代，该学校一直是圣路易斯市最大的且入学人数最多的公立高中。与此同时，作为推动手工训练运动出现的最有影响力的人物之一，伍德沃德对手工训练的一些看法也在深层次促进了此时期美国手工教育运动的开展。

伍德沃德是从真正的自由教育的角度来理解手工训练的概念的。他的基本观点是：任何在职业活动中要求智力和技能运用的职业都可以归为神圣的职业，而任何不给孩子选择的权利或任何使人们对神圣的职业产生偏见的教育都不配被称为自由教育。在伍德沃德看来，真正的自由教育应该平等地对待所有有用的知识，而在自由教育的基础上，幸福、有用和成功的生命是同时可以得到的。因此，他倡议将手工训练作为所有儿童教育的一个有益的成分，他认为这样做并不是号召人们轻视或敌视文字或科学文化知识，而是提倡人们按照一定的比例将手工教育的成分纳入初中等教育，他曾不无乐观地指出："当手工教育被认为是自由教育的必要成分的观念被普遍接受并付诸实施的时候，也是'手工的'概念被人们遗忘的最为合适的时候。"①

与朗克尔相比，伍德沃德还看到了蕴藏在手工教育中的智育、德育、经济、文化等方面的功能。伍德沃德认为，伴随着年级的升高，高中学生的辍学率会越来越高，如果在文法中学或高中的最后一年，引进手工训练课程，由于该课程能满足学生更为多样的需求，加之手工教育本身所具有的鲜活性和多样性，它会让学生更愿意待在学校，这将彻底使此时期严重的辍学现象好转；此外，由于智力进步与每日背诵的时间或数量并不成正比，因此，如果能够缩短一些书面知识学习的时间，而替换为手工教育内容，无疑不仅可以一扫大多数学校存在的千篇一律的单调面貌，使智力疲劳和随之发生的智力迟钝减少发生，同时也有益于智力的发展；伍德沃德还认为，教育内容越完整和对称，教育结果就越平衡，手工教育不仅能促进书本理论和实践问题的有机结合，有益于人们获得更明智的判断能力，与此同时，由于手工教育的内容能够吸引和激励每个学生投入其中，将学生内心里想要触摸、加固以及系统地做点什么的冲动引导到有教育意义和有用处的轨道上来，这必将有益于学生道德的养成。除了以上的观点，伍德沃德还从手工教育更有利于学生未来职业选择以及尘世物质成功的角度论述了手工教育的经济功能。他说，将手工教育引入学校课程，

---

① Calvin M. Woodward, "The Fruits of Manual Training", in *American Education and Vocationalism—A Documentary History 1870—1970*, Marvin Lazerson & Norton Grubb, New York: Teachers College Press, 1974, pp.60-61.

就给予了学生认识自身是否具有动手操作能力的一个机会，这非常有利于学生未来的职业选择，而明智的职业选择无疑将奠定其事业成功的基础，他还举例说，事实上已经有许多毕业生的经历可以证明这一点。当然，除了以上的功能，伍德沃德还指出手工教育能够将粗鄙的、不需要精神力量参与的许多职业提升到要求智力参与的、文化的水平。伍德沃德说，工具的发明和使用，提高了人类征服自然的能力，由于使用工具本身要求人们同时学会运用自己的思想和技能，而手工教育正是一种借助工具进行的教育，因此手工教育肯定能提升未来职业的层次性。此外，由于手工教育有益于学生各种能力的发展，使他们更多才多艺且更有信心地面对各种环境的挑战，因此，它也能够有效地应对新工具对于劳动力所提出的更高要求……总而言之，作为学校手工教育的积极倡导者，伍德沃德对手工教育的功能抱有极为乐观的看法，同时他也以自己的实际行动推动了美国手工教育运动的开展。

3. 华盛顿的手工教育思想

华盛顿，美国著名的黑人教育家、作家、演说家和总统顾问，在1890—1915年间，他是最有影响力的非裔美国人的发言人。华盛顿生于弗吉尼亚州的一个奴隶家庭，极度的贫困使他在9岁的时候就不得不自谋生计。1872年，他靠做门卫的收入支撑自己在汉普顿师范和农业学院（即现在的汉普顿大学）的学习，之后他用两年时间在一所学校同时教日校和成人夜校。1878年，他进入华盛顿韦兰神学院（Wayland Seminary）学习，毕业后先在汉普顿大学任教，1881年被任命为亚拉巴马州专门为黑人开办的塔斯科吉学院（Tuskegee Institute）第一任院长，之后长期在此工作。作为一名专门为黑人公民权和人权发声的黑人领袖，尽管他的许多观点较杜波依斯（W. E. B. Du Bois）等其他黑人领袖更为保守一些，但是他呼吁借助教育和创办工商企业两条途径使黑人获得进步的观点得到了许多人的认同。由于华盛顿将手工和工业教育作为使黑人获得教育经历并同时形成艰苦劳动的价值观的有力抓手，他成为国内推动黑人手工和工业教育运动的重要力量之一。

华盛顿反对大多数人将工业教育与自由教育对立起来的观点。他认为建造科里斯发动机（Corliss engine，发动机的一种）的头脑与学习希腊文法的头脑是一样聪明和强健的，两者不仅没有高下之分，而且，两者还能够相互助益彼此。他举例说，那些在精神方面获得越多知识的学院毕业生，其在工业方面才越有可能获得令人满意的成果。①

华盛顿生活于黑人被剥夺了公民权，同时吉姆 – 克劳歧视性法案（Jim Crow laws）的颁布又进一步恶化了黑人不平等待遇的时代，当时社会上的许多人对黑人教育持悲观的看法，认为黑人会在受教育初始受到许多的限制，即便接受教育后也很少有机会去运用它。华盛顿坚决反对以上的看法。他批评以上的看法与人们惯常的错误和狭隘观念有关。他说许多人认为受过教育的黑人必须从事教书、讲道、当办事员或相关的某种职业，这种想法实在太迂腐了。"事实上，受过教育的黑人应该越来越多地去建造砖厂、锯木厂、开煤矿，简而言之，用他们获得的知识去征服大自然，这同样是大有作为的。" ②

为了鼓励南部黑人走上自立自强的道路，他宽慰人们道：尽管南部白人对黑人做了许多可怕的事情，但是不可否认的是在商业领域，南部比北部有更多的机会。他举例说，在南部，黑人认为自己不被允许乘坐头等车是一件很不公平的事情，但是在北部，黑人不被给予建造头等车的机会，因此，克服南部人心理上的一些偏见，应该比北部黑人在就业机会方面与白人竞争要容易得多。他不无乐观地指出，在工商业面前，南部黑人与白人站在同样的起跑线，而这正是南部黑人拥有的机会。为了鼓励自己的南部同胞更多地抓住工商领域的这个机会，华盛顿还从物质基础、经验等角度进一步论证了黑人掌握手工和工业知识、技能的有利条件。他说，普通的黑人一般会处于饥饿的状态，让处于饥饿状态的人沿着教育、道德和宗教的道路前进，将其打造成一个基督徒是非常困难的事情，但是，由于黑人已经知道了许多关于工作的事情，手工和工业教育对他们来说无疑是最为适合的教育。而正是在此思想的指引下，华盛顿成为手工教育最坚定的支持者之一。

（二）公立学校更需要职业教育的提议

1. 工业技术教育委员会的职业教育思想

马萨诸塞州是美国东北部工业发展较早较快的州，进入20世纪，面对麻州工业经济对大量技术工人的需求，麻州立法机关于1905年批准成立了工业技术教育委员会，专门对麻州拓展工业技术教育的必要性和可行性展开调查。

---

① Booker T. Washongton,"Extracts from Address Delieved at Fisk University", in *American Education and Vocationalism—A Documentary Histiory 1870—1970*, Marvin Lazerson & Norton Grubb, New York: Teachers College Press, 1974, pp.67-68.

② Booker T. Washongton,"Extracts from Address Delieved at Fisk University", in *American Education and Vocationalism—A Documentary Histiory 1870—1970*, Marvin Lazerson & Norton Grubb, New York: Teachers College Press, 1974, pp.68-69.

在其随后递交的报告中，委员会专门批判了传统教育对绘图以及其他手工教育课程压倒性的影响，从而使美国公立学校的精神、范围和方法都过于书本化，与此同时，委员会认为即便许多学校已经开设了手工教育课程，但是，它更多像是芥末调味料或开胃菜，仅仅被作为一种促进其他智力活动开展的文化科目，由于被切断了与真正生活的联系，而从不考虑其工业的目的，因此，手工教育难以满足现代工业特定的需要。

委员会认为，工业经济最需要的不是工人双手的灵活性，而是一种可以称为"工业智能"（industrial intelligence）的东西，这是一种精神的力量，它能够使人们在从事某项劳动之前或之后把握住全部的生产过程、了解生产原料方面的知识、深谙生产成本、知道生产组织的理论、了解售卖方面的知识以及意识到个人对于整个生产所承担的义务和责任。[1] 目前，所有的制造商都相信这种能力只有在工业教育系统明智且有计划地培养学生掌握技术能力的过程中才能获得，麻州应该广泛地传播这种工业智能思想，将其作为衡量学校技术教育成功的一个指标。当然，委员会也指出工业智能的获得离不开普通教育系统的配合，只有从一开始就将其作为学校教育的一部分引进过来，学生才能够更容易地获得该智能。对于以上的这一看法，委员进一步论证说：当前的教育哲学也证明，学生作为生产者的能力应该是多样的，它应该涵盖学生身体、智力和道德等多方面的最高的发展。

有鉴于工业智能的特征，委员会提出了在当时引起广泛争议的提议，即发展工业教育不能仅仅依靠公立学校的手工教育，而应该创建独立的工业学校来开展独立的职业教育。委员会认为在公立学校业已定型的情况下，不应干扰现有公立学校的运作模式，最理想的办法是建立一个与目前的公共教学系统完全分离的独特的工业学校，它拥有独立的授权，能够与现有的教育管理机构相互协调合作、进行管理，人们可以在这种专门的学校中设置体现工业教育元素的内容，如农业、家政和机械科学等，以便为工业经济的发展培养更多的合格劳动力。

2. 工业技术教育委员会分委会的职业教育思想

除了道格拉斯报告对于职业教育的呼吁，由科盈斯博瑞（Susan M. Kingsbury）撰写的工业技术教育委员会分委会报告《孩子与工业的联系》

---

[1] "Report Massachusetts Commission on Industrial and Technical Education", *in American Education and Vocationalism—A Documentary History 1870—1970*, Marvin Lazerson & Norton Grubb, New York: Teachers College Press, 1974, p.69.

（Report of the Sub-Committee on the Relation of Children to the Industries）中也呼吁开展职业教育。该报告认为美国工业经济对于有技术和有经验的工人的需求是再怎么夸大都不为过的，但是现实的情况并不令人乐观。当时，美国有大量的无任何技术的帮工、装卸工和刚从学校出来的人，以及缺乏娴熟技术的熟练工、中间人和工头。报告重点分析了那些刚从学校出来的 14~16 岁的辍学青少年的问题。报告认为该年龄段孩子的辍学问题非常严重，仅马萨诸塞州就有 2.5 万名儿童，占同龄人总数的 68%。[1] 报告认为由于缺乏适宜的技术，他们注定只能得到没有出路的工作。

报告同时批评美国学校在培养社会急需人才方面做得还远远不够。报告举例说，美国古典的或英语中学中很少有人关心未来国家工业发展的问题，他们的优秀学生或毕业生也很少对工业世界的问题感兴趣。报告统计，由于专业的或商业企业方面的原因，该类学校 2437 名接受过手工训练的毕业生中仅仅有 52% 从事技术行业的工作，这就从一个侧面说明了该类学校引入的手工教育主要是服务于文化的目的，而远没有满足工商企业的需要。[2] 报告同时指出，除了该类型的中学，尽管美国也有一些技术类的中学，但是通过调查，此类学校的手工训练的实践性也远远不够。报告进一步分析道：尽管此类学校会教给孩子们一些基本的工业原理以及与确定的工具和材料完美配合的大部分的工序方面的知识，但是孩子们对于某行业的责任感几乎没有得到任何的培养，而雇主们也从自身的惨痛经历中发现，从这些学校毕业的 14~16 岁的孩子不仅对于工作缺乏责任心，而且几乎没有任何的技术和实践能力。为改变以上的不利情况，委员会建议：对于 14 岁之前的孩子，在学校仅仅进行较简单的实践锻炼即可；对于 14~16 岁之间的孩子，不仅应该给予他们特定行业的实践培训，同时还要教给这些孩子一些学术性的知识，以便其将来能应用这些知识解决某一行业的实际问题，当然，孩子们的技术能力和责任心也是需要重点培养的地方。

3. 国家制造商协会的职业教育思想

1895 年成立的国家制造商协会主要以在国内外扩大商业贸易为目标。协

---

[1] "Report of the Sub-Committee on the Relation of Children to the Industries", *in American Education and Vocationalism—A Documentary Histiory 1870—1970*, Marvin Lazerson & Norton Grubb, New York: Teachers College Press, 1974, p.79.

[2] "Report of the Sub-Committee on the Relation of Children to the Industries", *in American Education and Vocationalism—A Documentary Histiory 1870—1970*, Marvin Lazerson & Norton Grubb, New York: Teachers College Press, 1974, pp.76-78.

会基于自己对于当时全球经济的领军者——德国，尤其是德国商贸学校和学徒项目的了解，很早就主张通过开办私立的商业、贸易学校来培养技术人才，并将诸如此类的学校作为提高人们技艺并进而提升国家竞争能力的有效手段。当然，除了以上的想法，协会还对国内初中等教育方面严重的人力资本浪费现象进行了严厉的批判。在其发表的一篇对国内工业教育的报告中，协会指出：美国高中生的辍学率是80%，如果从小学开始算起，更有高达97%的学生会因各种原因得不到高中毕业证书，而有幸获得高层次的技术培训的学生更是不超过1%，基于以上调查，报告指出国内大多数工人贫困的主要原因就是他们在很小的年纪，在什么都没有学到的时候就被迫加入了谋生的战斗中。[①]

报告认为根据儿童的天性和能力，可以将其分为三种类型，一种是擅长抽象思维并拥有较高想象能力的，一种是擅长具象思维或手的操作的，还有一种是居间的类型。报告认为目前学校实践性的或者拓展性的职前培训或手工教育非常适合于第三类居间的孩子，这些课程较为容易引起此类学生的兴趣或帮助一些后进生向好的方向转变，但是，报告认为目前的学校课程对于第二种孩子，即那些学习书本知识非常困难且学习效果也不够理想的学生来说，则显得漫不经心、不理不睬和非常不体贴，但是第二种孩子的数量又最多，他们至少占据了同年龄孩子总数的一半，他们通常会在6年级结束的时候，也就是14岁左右离开学校，而仅仅学到了一些3R的基础知识，因此只能在就业市场获得低端的且没有发展前景的职业。有鉴于目前的学校教育不适应这批学生的需要，借鉴德国和其他欧洲大陆国家的经验，协会提议在每一个工业区创建主要服务于14岁左右孩子的综合性质的"继续教育学校"（continuation schools），以方便这类孩子继续其学业。协会建议为这类学校配备专门的具有实践经验的人来协助学校管理，以确保学校的运行既符合职业的目标，同时又使学生能够获得一般的教育经历。在报告的最后，协会还举例说，已有的经验表明，在接受继续教育之后，一些孩子一周后即能掌握新机器的操作技能，并能完成成年工人四分之三的工作量。[②]

从反思和批判传统教育和手工教育的不足出发，马萨诸塞州工业技术委

---

①　National Association of Manufacturers, "Reports of the Committee on Industrial Education", in *American Education and Vocationalism—A Documentary Histiory 1870—1970*, Marvin Lazerson & Norton Grubb, New York: Teachers College Press, 1974, pp.88-90.

②　National Association of Manufacturers, "Reports of the Committee on Industrial Education", in *American Education and Vocationalism—A Documentary Histiory 1870—1970,* Marvin Lazerson & Norton Grubb, New York: Teachers College Press, 1974, pp.99-100.

员会、国家教育协会、国家制造商协会、美国劳工联盟等机构、团体提议在美国公立学校或独立的职业学校引入职业教育。尽管各个机构所倡议创建的职业教育的形式是不同的，但其开展职业教育的目标是相近的，即务必进一步增强目前所推行的手工教育的针对性和实践性，使该类教育转变为职业教育，从而专门服务于特定学生未来特定的工作需要。这些机构、团体的倡议和呼吁为人们进一步厘清职业教育的概念奠定了一定的基础，为美国职业教育的发展扫清了部分的障碍。

二、对公立学校到底需要创建哪一种职业教育的论争

20世纪初，在一些机构、团体呼吁美国中小学校应该开展职业教育而非手工教育的同时，人们对学校到底需要开展哪一种职业教育纷纷提出了自己的看法。其中，以马萨诸塞州工业技术委员会戴维德·S. 斯尼登（David S. Snedden, 1868—1951）、查尔斯·A. 普罗瑟（Charles A. Prosser, 1871—1952）、芝加哥市学监埃德温·G. 库利（Edwin G. Cooley）等为代表的一方，他们在社会效率职业教育观的指导下，力主在独立的工业学校或者在公立学校里设置独立的部门，为特定阶层的孩子未来能够拥有特定的职位提供特定的训练；与此同时，以约翰·杜威为代表的另一方，在民主主义教育观的影响下，力主普教与职教相互融合的大职业教育观。两派的论争在所难免。在社会效率、科学管理原则盛行的环境中，1917年《史密斯－休斯法案》的颁布，标志着斯尼登一方的观点最终上升为国家意志，而其思想也直接主导了其后半个多世纪的美国职业教育实践。

（一）斯尼登等人的社会效率职业教育观

1. 斯尼登的社会效率职业教育观

斯尼登，美国进步时代的著名教育家之一。他出生于美国加利福尼亚州卡维拉（Kavilah）的一个农场，从小在母亲处接受教育。1886年，他进入洛杉矶一所罗马天主教本笃会创办的圣文森特学院（Saint Vincent College）学习，后在该校获得文学学士和硕士学位。由于心中涌动着继续求学的愿望，他于1897年和1901年再次获得斯坦福大学文学学士学位和哥伦比亚大学师范学院文学硕士学位，1907年，他在哥伦比亚大学获得博士学位。斯尼登的博士论文《美国青少年教养院的管理和教育工作》（Administration and Educational Work of American Juvenile Reform Schools），提出教养院的教育体现出了鲜明的实践

性和实用性，可以作为美国公立学校系统改革榜样的观点。该论文不仅体现了他的学术兴趣，也奠定了他一生为之努力的方向。在斯尼登长期的学术与实践工作中，他主要吸纳了 20 世纪早期三种社会思潮的养分，这三种社会思潮分别是：赫伯特·斯宾塞（Herbert Spencer）的社会达尔文主义假说、爱德华·A.罗斯（Edward A.Ross）等人的社会控制理论以及弗雷德里克·W. 泰罗（Frederick W. Taylor）的科学管理理论，在此基础上，他形成了自己具有广泛影响力的社会效率论职业教育观。他于 1909—1916 年担任马萨诸塞州教育委员会总督学，遂将此思想运用于职业教育改革的实践之中。

斯尼登认为由于社会的变迁，儿童在家庭、社区、农场等活动中直接获得生产技能的传统已经远去，尽管学校已经责无旁贷地承担起了教育青少年的责任，但是学校做得远远不够。他将美国学校与德国的学校相比，更加严厉地批判了美国学校的低效率和不民主。斯尼登认为美国学校传统上是为那些从较优经济背景中出来的且习惯于抽象思维的孩子设置的，而那些来自较差经济背景且具有实践倾向的大多数学生，他们的兴趣和需要在公立学校往往得不到真正的满足，他们常常在没有机会获得工业、商业、农业等方面的知识并为自己未来的工作和生活做好准备时就已经辍学，最终不得不成为社会额外的负担。

鉴于以上情况，他认为在义务教育已经实施的背景中，美国也应该向其他欧洲国家学习，资助公立学校职业教育的开展。与此同时，有感于泰罗建构在精细分析基础上的科学管理理论的高效率，为了提升职业教育的管理效率，斯尼登在认真地分析了职业教育与自由教育的差异以及职业教育自身特质的基础上，力主根据不同职业教育的特殊需求设立独立的职业教育机构。比如斯尼登认为职业教育的方法和管理原则与自由教育是截然不同的。职业教育主要是为了谋生的需要，自由教育绝对不是为了谋生，尽管职业教育与自由教育可能助益于彼此，但是整体来看，两者有着各自独特的目的、激励措施和未来职业的兴趣。从职业教育内部来看，斯尼登认为各个职业也是各不相同的。他说目前的职业教育可以分为专业教育、商业、农业、工业和家政教育五类（斯尼登认为除了专业教育要求更为充分和更长时间的准备，其他的四种职业教育均可以在初中等教育中实施）。尽管每一种职业教育都是由实践性的知识、理论性的知识以及背景性或一般性的知识三大部分组成，比如，如果想培训一名园艺家，必须让学生有各种各样的土壤、植物和市场营销等方面的实践经历，同时，还应该让其掌握植物、物理、化学、细菌学、昆虫学、气象学、经济学等相关技术和原理方面的知识，此外，园艺的历史、世界其他国家园艺的工艺实践、物种进化方面的普通的、一般的知识也是必须掌握的。[①] 但是，斯尼登认为，即便是为了达到不同的职业目的需要学习同样的课程，对于不同职业的学生来说，其课程要求也是各不相同的。他拿数学知识举例，他说培养机械师所需要的数学知识与培养懂技术的农民和管家的要求是有差别的，因此，不同种类的职业教育对于学校教学法和管理的需求是各不相同的，为此，他建议在普通中学设立独立的部门或另设专门的职业学校为未来的工人提供新形式的教育（他同时也非常赞成德国凯兴斯泰纳所提出的创建全国范围的部分时间制或全日制的工业教育机构的设想[②]），与此同时，为了避免传统教育管理机构对职业教育的不公正对待，应该为该类学校配备完全理解职业教育哲学的管理者进行管理。

当然，斯尼登也认识到职业教育效率的提升离不开理论和实践知识的配合，他认为数学、绘图、物理科学、生物科学、工艺以及其他的课程知识，只有与真正的生产过程相互融合的时候，其服务职业教育的价值才能够体现。为此，一方面，他严厉地批判了当前的一些职业类和手工训练学校（或班级）在这方面做得远远不够；另一方面，斯尼登也认为，尽可能地让学生用大量的时间参与到真正的实践生产中，了解生产的功能、市场的价值、生产效率等问题，对培养学生全方位的职业素质是必不可少的。他举例说，为社会培养真正的农业学家，应该允许学生每天、每周、每月、每年都至少有一半的时间参与到真正的家庭或学校农场的生产工作，而学生的学术研究也应该立足于真正实际应用的基础上。为了达到以上的融合，斯尼登建议不同机构之间进行密切的合作。当然，考虑到美国雇主们多持有的个人主义观点以及美国政府缺乏家长式的态度，斯尼登认为目前还不可能促成这种完美的合作，因此，他一方面期待学校校长或管理者放弃先前的各种传统观念，为学校各种职业教育设备和教学的完善贡献力量；另一方面他也认为，私人企业应该积极与学校开展合作，促进学生实践与理论知识的融合。

虽然斯尼登的社会效率职业教育观还存在各种各样的理论缺陷，但是由于斯尼登的观点密切结合当时的实际，符合人们对于职业教育的期待，它在一定程度上指引了20世纪大半个时期美国职业发展的方向，发挥了重大的现实影响。

---

① David Snedden, *The Problem of Vocational Education*, Boston, New York, Chicago: Houghton Mifflin Company, 1910, pp.26-31.

② David Snedden (1868—1951), 2013-08-14, http://education.stateuniversity.com/pages/2426/Snedden-David-1868-1951.html.

2.普罗瑟的社会效率职业教育观

普罗瑟是《史密斯－休斯法案》的设计师，他被美国人尊称为美国职业教育之父。普罗瑟生于印第安纳州新奥尔巴尼（New Albany）一个钢铁工人的家庭，他在杜波大学（DePauw University）获得学士和硕士学位，在哥伦比亚大学获得博士学位，同时还被授予美国多所大学的名誉学位。普罗瑟在从事推动职业教育发展的工作之前曾做过教师、担任过地方学监，他在改进教学体系、教师资格认定、筹建新的高中、协助城市图书馆创建、承担少年法庭法官责任等方面做过许多有益的工作。这段经历也使他认识到青少年兴趣与能力之间的巨大差异，由于学校很少能够满足那些仅仅想学习一门手艺以便将来从事某一行业的孩子的需要，这也使他立志要帮助这批孩子实现心中的愿望。从 1910年起，他先后担任过马萨诸塞州工业教育副专员、全国工业教育促进协会秘书等职务，在任职期间，普罗瑟和他的导师斯尼登不仅四处游说，为联邦政府资助国内职业教育寻求更多的支持，而且他还亲自起草了后来成为《史密斯－休斯法案》蓝本的国家资助职业教育委员会报告（Report of Commission on National Aid to Vocational Education），此外，在《史密斯－休斯法案》出台后，他又亲自担任联邦职业教育委员会的第一任执行董事，为美国职业教育的发展做出过许多重大的贡献。

普罗瑟的社会效率职业教育观深受斯尼登的影响，他极力主张将职业教育作为"社会效率的工具"。普罗瑟认为，社会的稳定和进步依赖于社会财富的不断增长，社会财富生产的方式越有效，国家和民族的目标就越容易实现。[1] 总的来说，最有效的手段之一就是组织相关的职业培训，开展相关的职业教育，这样才能更有效地确保社会财富的不断增长。普罗瑟提到的职业培训并不是新奇的东西，过去早已有之，但他认为先前的培训大多都是无纪律、无组织的培训。现在，需要设立专门的职业教育学校，充分发挥职业教育的功能，这样社会才能产生更多的财富并取得源源不断的进步。有鉴于完善相关教育法律法规，使学校更容易适应多变的环境，最终满足社会效率的需求已经成为时代的要求[2]，普罗瑟切实推动美国学校职业教育的开展方面。

在他参与起草的著名的《国家资助职业教育委员会报告》中，他首先指出

---

① 张斌贤、高玲：《英雄与时势：普罗泽和美国职业教育制度的奠基》，《西北师范大学学报》（社会科学版）2014 年第 6 期。

② Roberta Silver, *An analysis of Charles Allen Prosser's Conception of Secondary Education in the United States*, University of Chicago, 1991, p.22.

了德国、法国、英国，甚至遥远的日本正在从各自所创建的职业教育系统中受益的现实，他说，不远的将来，或许德国的街头将不会再出现没有经过培训的工人，与之相对照，美国制造业和机械加工业1100万~1200万工人里仅有不足2.5万名工人受过职业教育或培训。[①] 在指出了以上差距的基础上，报告还进一步比较了美国与以上国家在职业学校数量方面的差距。报告称：美国拥有的各类工艺学校少于德国的一个巴伐利亚州，而巴伐利亚州的人口基本上与纽约持平，仅慕尼黑一地，能够享受公费资助培训的工人数量就高于美国所有大城市此类人数之和。因此普罗瑟总结说：从国际经济竞争的角度来看，美国并没有多少优势，而克服以上弊端，仅靠地方财力远远不够，国家插手职业教育是必须的。

在批判美国学校职业教育发展的落后局面的基础上，普罗瑟又从经济、社会、教育等多方面进一步论证了国家资助职业教育对美国未来发展的意义，这是普罗瑟一贯思想的体现。[②] 他首先从保存并提高自然资源利用率、降低人力资源浪费、提高工人的工资收入、满足工业经济的人才需求以及抵消生活成本上升等多方面论证职业教育属于国家的一种明智的投资，具有深远的战略意义；另外，从社会和教育的角度来说，通过承认学生不同的爱好和能力并给予相应的教育，职业教育将成为教育民主化的手段，同时职业教育不仅能够增益普通教育，还可以解决失业、工作变动不居的弊端，提高工人的收入，并通过向其灌输工业价值，使工人更好地适应新的工业系统；另外，从广泛的民意调查来看，包括教育者、制造商、贸易联盟、工商业者、社会工作者、慈善机构等在内的各行各业者对职业教育普遍持支持的态度，同时来自各州、各地区的一些职业教育调查和促进工作，也为国家资助职业教育提供了良好的现实基础。因此，普罗瑟重点提出：职业教育早已经不单单是区域的问题，其更多地上升到国家的层次，没有联邦的支持，职业教育的发展速度将大大受限。建国后，联邦政府已经资助了国防、运河、海港、邮政等诸多领域，没有理由对职业教育视而不见，另外，普罗瑟认为，从建国起，国会已经颁布了不下42个法案，以各种形式，对加入联邦的所有州或个别的州的教育实施资助，而据1910—1911年统计，联邦每花在各州教育上1美元，各州平均花费4美元，

---

① Marvin Lazerson & Norton Grubb, *American Education and Vocationalism—A Documentary Histiory 1870—1970*, New York, London: Teachers College Press, 1974, p.123.

② Roberta Silver, *An analysis of Charles Allen Prosser's Conception of Secondary Education in the United States,* University of Chicago, 1991, p.76.

而州与地方政府加起来将共计花费 26 美元！ ① 此处普罗瑟的潜台词是国家资助职业教育绝对是一种能够吸引更多投资的有益行为。

国家如何立法资助学校职业教育的开展？如何决定接受资助学校的类型？接受资助的额度、条件、拨款的机构、管理等各方面的问题如何解决？普罗瑟在报告的后半部分也进行了逐条的分析。报告的后半部分内容不仅可以说是斯尼登思想的强化和细化版，而且其也与普罗瑟一贯提倡的要密切结合工业实际来开展职业培训，要让从事某行业的工人都能接受适合其工作需要的培训，从而尽可能地提升其生产效率的思想是一致的。② 比如，普罗瑟在这部分报告中明确指出：尽管目前各行各业都需要职业人才，但是最迫切的领域当属农业、商业和工业领域，要优先开展这些领域的培训。同时，为了更为精准地对这些行业的职业教育进行资助，普罗瑟建议要借鉴已有的经验，联邦政府对于各州职业教育最有效的资助方式应该是面向各州的职业类教师培训以及直接对各州的职业类教师的工资给予一定的补助；在究竟资助哪种类型的学校问题上，普罗瑟明确指出应该借鉴德国补习学校的经验，为那些必须工作的 14~16 岁的孩子创建部分时间制的或夜校形式的职业教育，同时在全日制学校创设独立的职业教育，只有全日制、部分时间制和夜间开设的工业和贸易学校才能够获得国家资助；此外，为了尽量利用联邦原有职能机构的专业知识和经验，普罗瑟建议在具体立法过程中，其所有的研究、调查和报告应该分主题地与国家农业部、劳动部和商业部及教育部等协商合作，同时还要求联邦和各州创办专门的联邦拨款管理机构，以提高职业教育拨款的管理效率。

普罗瑟的职业教育观不仅是斯尼登职业教育观的进一步深化和细化，而且，普罗瑟还以自己的实际行动切实推动了鲜明体现其职业教育哲学的《史密斯－休斯法案》的出台，他和斯尼登一样，成为影响 20 世纪大半个时期美国职业教育发展方向的重要人物。

（二）杜威与斯尼登等人的论争

由于以斯尼登、普罗瑟为代表的社会效率职业教育观与以约翰·杜威为代表的民主主义职业教育观在许多方面存在巨大的差异，且持两种观点的人都不

---

① Layton S. Hawkins, Charles A.Prosser & John C.Wright, *Development of Vocational Education*, Chicago: American Technical Society, 1951, p.110.

② Charles A. Prosser, "Practical Arts and Vocational Guidance", in *American Education and Vocationalism—A Documentary History 1870—1970,* Marvin Lazerson & Norton Grubb, New York, London:Teachers College Press, 1974, pp.134-136.

少，两种观点产生碰撞就在所难免。两种观点的论争代表了两派对于职业教育本质和发展的不同理解，是双方所持有的不同职业教育哲学观的体现。两派的论争丰富了 20 世纪初美国职业教育思想的宝库，也预示了美国职业教育未来发展的多种可能性。

杜威与斯尼登的论争源于斯尼登与伊利诺伊州立大学教育学教授巴格莱（William C. Bagley）在 1914 年弗吉尼亚州里士满（Richmond）第 52 届国家教育协会（National Education Association）年会上的论争。在年会上，斯尼登从世界形势谈起，明确指出了当前普通教育和自由教育立足的传统社会基础已经改变，在公众要求学校教育更有目的性、更为科学和高效的情况下，必须对自由教育和职业教育的概念进行重新的界定。他认为职业教育无非就是教育的一种形式，其存在的目的是使年轻人能够对社会确定无疑的人才需求做出回应。他坚信理想的自由教育的概念应该根据教育的实用性来界定。他分析道：任何人与世界的关系都是双重的。首先，任何人都是一个有用的生产者，职业教育就是把人训练成为一个有用的生产者的教育；其次，对于任何人自身的成长和发展来说，那些能够把他训练成为资源的良好使用者（Utilizer）的教育就是自由教育。斯尼登认为：尽管对于低年级学生以及一小部分稍微年长且自身有时间和意愿进行自由教育科目学习的学生来说，自由教育是必须的，但是对于大部分注定会成为生产者的 14~20 岁的学生来说，他们的关注点应该是职业教育。为了提高职业教育的成效，应该创设独立的职业学校，职业学校应该尽可能地重现某种真实的工作场景，并尽可能地使职业学校与传统的学术环境相隔离。此外，必须在实践环节中每天都为学生安排一些实践时间，并注意使实践环节的工作与理论教学建立起紧密的联系，总之，这一切都是为了能够使学生获得某些技能，以最终精准地契合现实生活中每一种特定职业的技术要求。对于斯尼登的观点，为传统自由教育辩护的巴格莱几乎全部给予了否定。因为巴格莱历来反对将自由教育看作是闲暇时的消遣，他更强调自由教育是每一个人立足的根本。巴格莱明确表示：所谓的职业教育是为特定的职位所准备的，但是所谓的普通教育是每个人都需要的，特别是普通教育中的基本知识、技能、习惯和思想应该是所有人都拥有的财富。巴格莱不仅尖锐地批评了斯尼登对于自由教育和职业教育概念含混的理解，他指出："所谓一概而论的现象，就目前我所知道的，从没有出现过。"① 同时，他还断言斯尼登对于生产者和资源使

---

① 　David F. Labaree, 2014-01-27, *How Dewey Lost, The Victory of David Snedden and Social Efficiency in the Reform of American Education*, www.files.wordpress.com/2011/03/how_dewey_lost.pdf .

用者两者的划分毫无新意，斯尼登只不过是复制了过去的方法，即一种教育是为悠闲的绅士准备的，而另一种教育是为工人而准备的；与此同时，他还警告斯尼登，创建分离的职业教育和普通教育体系是非常危险的，因为这将有可能导致社会分层的加剧。

斯尼登和巴格莱的论辩很快就引起了时任哥伦比亚大学教授约翰·杜威的注意。在德美两国经济相互比拼的背景中，此时期杜威刚刚出版《德国哲学和政治》（*German Philosophy and Politics*），同时也正在筹划巨著《民主主义与教育》的写作。基于他对教育与经济、政治发展关系的理解，他为《新共和》杂志写了两篇关于工业教育的文章，其中虽然没有直接提及斯尼登的名字，但是直率和有力地表达了他对斯尼登观点的反对。杜威首先提出自己对于职业教育并不反感，甚至还愿意比斯尼登等人在这个问题上走得更远。他说，在真正的职业教育的名义下，他认为教育应该全部都是职业的，也就是可以将所有有形的物质资料的生产和无形的精神产品的生产都划归到职业的范畴里。立足于广义的职业教育概念，杜威提出民主主义社会的教育，应该借助于学生"作业"的途径将学问与社会应用、理论与实际、工作以及对于工作意义的认识从头到尾地融为一体。正是基于自己对于职业教育概念的广义理解，杜威指出在现时代特殊的社会背景下，基于某些工业经济所带来的机器管理方式，将职业教育仅仅定义为学生应该获得的某些特定技术，这种理解本身就是不可行的，他以真正导致学徒系统崩溃的原因来加以说明："特别地，当劳动力从一种机器工作模式向其他模式流动的时候，将使特定工作技能的职业训练变得不可行。"[1]除此之外，他还深刻剖析了这一做法内在的错误。他首先谴责了双重职业教育体系在建筑、环境、师资、管理者方面的浪费现象，同时"使泾渭分明的为有闲者和为工作阶层服务的教育哲学继续盛行，也必将导致学术教学远离当代生活的迫切需要，对于职业类学校来说，将严重地狭窄化职业教育的视野"[2]。此外，杜威还从这一现象可能对民主社会造成严重伤害的角度指出："双重的教育系统违反了民主概念的核心理念，并正式放弃了对未来工业系统进行改革的责任。"[3]也就是说，杜威认为这一做法在事实上忽略了学生智力的发展、独创

---

①   David F.Labaree, 2014-01-27, *How Dewey Lost, The Victory of David Snedden and Social Efficiency in the Reform of American Education*, www.files.wordpress.com/2011/03/how_dewey_lost.pdf .

②   Marvin Lazerson & Norton Grubb, *American Education and Vocationalism—A Documentary Histiory 1870—1970*, New York, London: Teachers College Press, 1974, p.37.

③   Marvin Lazerson & Norton Grubb, *American Education and Vocationalism—A Documentary Histiory 1870—1970*, New York, London: Teachers College Press, 1974, p.37.

性和实践能力的提高可能会改变其未来的职业，该做法在实质上扼杀了学生成
为工业命运主人的可能性，它为阶级的固定化奠定了基础，而固定阶级的形成
是民主社会的致命伤。因此，杜威尖锐地指出无论其最初的想法多么完美，实
施狭窄的工艺训练本身，就是社会预定论的表现。在杜威看来，最理想的办法
应该是在普通教育与职业教育相互融合的教育机构里开展广义的职业教育。在
杜威的想象中，两种教育的融合，不仅能够在建筑、环境、师资等方面体现经
济和节约的原则，同时由于普通教育管理者已经拥有了丰富的管理经验，因
此，他们只要稍作改进即可更为高效地管理职业教育；此外，更为重要的是，
普教和职教机构融合本身就是一种社会民主的形式，不仅有利于避免普教与职
教在教学内容、方法、管理等方面的人为分化所形成的敌对气氛，还能更好地
服务于社会民主目标的创建。

　　对于杜威的反对意见，斯尼登在一封长信中给予了回击。斯尼登认为杜
威明显地误解了自己的意图。他认为自己正是为了施行更宽泛、更丰富和更有
效的教育并实现这种教育目标，才主张将职业教育延伸至普通学校的。斯尼登
显然没有理解杜威对于广义的职业教育概念以及职业教育所具有的社会及政治
功能的陈述，他仅仅再次重申自己的观点：职业教育是简单地为了追求一种职
业的教育，没有必要神秘化。他继续写道："目前，很多人已经被迫或不情愿
地同意了以下观点：如果我们必须为培养普通劳动者或受尊重阶层提供职业教
育，我们应该创建特定的职业学校……"[1]针对斯尼登的回击，杜威不仅再次
重申了自己的观点：不应该给予年轻人分离的工艺教育和普通教育，而应该在
学校里重组传统的教育素材，同时利用其工业方面的主题，使学生在当前环境
下组建积极的、科学的和社会的联合体，否则将不可避免地导致工艺教育和普
通教育的狭窄化、意义缺失和低效率，此外，他还进一步向斯尼登表示："我
非常抱歉地认为我们之间的差异并不局限于如此狭窄的教育方面，它是意义深
远的政治和社会方面的差异。我感兴趣的所谓的职业教育，并不是让工人适应
现存的工业秩序，我对现存的工业秩序并不十分喜爱。……我们应该去寻找一
种职业教育，这种职业教育将首先改革现存的工业系统，最终改变它。"[2]杜威
的评述直至今天仍然是最有洞见和最有力量的对于社会效率论职业教育观点的

————————

　　① David F.Labaree, 2014-01-27, *How Dewey Lost, The Victory of David Snedden and Social Efficiency in the Reform of American Education*, www.files.wordpress.com/2011/03/how_dewey_lost.pdf .

　　② David F.Labaree, 2014-01-27, *How Dewey Lost, The Victory of David Snedden and Social Efficiency in the Reform of American Education*, www.files.wordpress.com/2011/03/how_dewey_lost.pdf .

批判。但是，尽管有来自杜威、巴格莱、扬（Ella Flagg Young，教育革新家，时任伊利诺伊州学监）以及国家教育协会（National Education Association）等个人和社会团体的极力反对，在第一次世界大战前国际竞争加剧，特别是在社会效率、科学管理原则盛行的环境中，在普通教育内部增设职业教育功能或在普通教育之外创建独立的职业教育机构无可置疑地成为当时许多社会人士的首选。很快，社会效率职业教育观不仅在许多州的职业教育立法中有所体现，而且1917年美国联邦《史密斯－休斯法案》及其后续的诸多拓展法案还将其作为国家意志确定了下来。

三、对联邦政府如何资助与管理职业教育的不同观点

20世纪初，在美国工业化和城市化飞速发展的同时，面对新旧社会转型所导致的技术人员短缺以及严峻的公立中学14岁以上孩子辍学问题，美国社会各界围绕着公立学校到底需不需要开展职业教育，到底需要开展哪种职业教育提出了许多不同的看法，但是，以上的不同看法还不是那个时代职业教育思想的全部，为了使各方观点能够真正变成现实，围绕国会立法舞台的较量也是必不可少的。当然，聚焦国会的斗争主要解决的是具体如何资助和管理国内的职业教育的问题，其斗争的主要参与者是国会议员和各利益集团。

（一）来自国会议员的不同意见

1.帕勒德、利文斯顿、多利弗等人的提案

为了敦促国会早日立法，以加快中等层次职业技术人才培养的步伐，自1906年起，大约有30多个提案被分别递交给了国会两院。在这些立法提案里，议员们对联邦政府如何资助与管理国内中等层次的职业教育分别提出了各自不同的看法。当然，由于各种原因，这些提案均以失败告终，但是，他们的思想不仅丰富了此时期职业教育思想的宝库，而且在一定程度上，也为1917年《史密斯－休斯法案》所确定的联邦资助与管理原则奠定了基础。

1906年，由内布拉斯加州议员欧内斯特·M.帕勒德（Ernest M.Pollard）提交众议院、由该州议员埃尔默·J.伯克特（Elmer J.Burkett）提交到参议院的"伯克特－帕勒德提案"（Burkett-Pollard Bill of 1906）就是其中较早的一个。该提案建议联邦政府每年拨款100万美元用以资助各州的师范学校，以培训中等学校所需的农业、机械工艺、家政经济和其他领域的教师，该提案很快就遭到了来自美国农业学院和实验站协会（National Association of Agricultural Colleges and Experiment Stations）等的强烈反对，因为它们认为应该是由赠地学院而不是由州师范学校来承担这一责任。就在该提案流产的同一年，国家农业学院和实验站协会亲自草拟了一个提案，要求将培养职业类教师的责任划归给赠地学院，敦促国会立法资助赠地学院开展此项活动，由于多种原因，这一提案也夭折了，但其精神后来体现在 1907 年颁布的"尼尔森修正案"（Nelson Amendment）中；此外，1906 年提交国会的"利文斯顿提案"（The Livingston Bill）和"阿达姆松提案"（The Adamson Bill）是两个关系密切的提案。其中"利文斯顿提案"呼吁在每一个国会农村选区创办农业高中，联邦政府为每一所这类高中每年拨款 1 万美元；"阿达姆松提案"则建议为"利文斯顿提案"中所提及的高中所拥有的农业实验站每年拨款 2500 美元。这两个主要代表南部各州利益的提案，由于响应者不多很快就被抛弃了。

除了以上几个提案，此时期由美国劳工联盟（American Federation of Labor）起草，由劳联立法委员会主席委托来自艾奥瓦州的参议员、国会参议院教育和劳工委员多利弗（Jonathan P. Dolliver）提交国会审议的"多利弗提案"也是比较重要的一个。劳工联盟在 19 世纪末曾经是美国义务教育的积极倡导者，但是进入 20 世纪，它对发展职业教育有很多的顾忌，比如劳联曾经担心由国家制造商协会支持的私立贸易学校（Trade School）在雇主糟糕的管理和控制下会产生许多蹩脚的工人，而工人数量过多，将不可避免地导致当前从业工人利益的受损；此外，由于担心劳工组织无法获得足够的力量来对抗工商业组织对未来工人的控制，劳联坚决地反对任何没有劳联代表参加的法律法规的制定，同时对已经制定出来但没有满足劳联标准的法律法规持反对的态度；再者，劳联对一些州出现的普通教育和职业教育分离的双重管理机构也非常反感，它担心这种做法将导致一个分层的学校系统，最终妨碍工人阶层向上的社会流动……所有这些都使劳联在 20 世纪初对于国内职业教育的发展抱着谨慎的态度。但是，考虑到国内劳工显在或潜在地接受职业教育的迫切呼声，1908 年，在第 27 届劳工联盟年会上，劳联一改昔日反对的态度，明确提出："我们将支持任何政策法案的起草以及支持任何协会或学会的工作，只要它的目的是提升工业教育的标准，传授各种工业门类所需的高技术。"[1]同时，为了摸清国内劳工对于工业教育的确切需要，在该届会议上，劳联决定组建调查委员会开展国内外工业教育的调查。在劳联调查委员会次年提交的研究报告中，其不仅表达了商业团

---

[1]　Shu Wei-Non, *A Comparison of Factors that Influnce Vocational Education Law-Making in the U.S. and TaiWan, Republic of China*, University of Minnesota, 1996, p.88.

体、贸易机构、劳工组织和教育家对工业教育确切的期望，同时还从反面列举了许多工人不能适应工业界需要的例子。此外，该报告还明确提议：如果我们想保持工业上的霸主地位或者维持当前美国在工业世界所达到的标准，我们必须在教育系统内部创建一个与传统的学徒系统类似的教育系统。[①]

为了推动这一愿望的实现，在综合各方面信息的基础上，劳联起草了一份立法提案并委托来自艾奥瓦州的参议员、教育和劳工委员多利弗向国会递交。1910 年 1 月，该提案被提交到了参议院，同时，来自明尼苏达州的众议员查尔斯·R.戴维斯（Charles R.Davis）也将此提案递交到了众议院。参众两院的提案被统称为"戴维斯 – 多利弗提案"（Davis–Dolliver Bill），其全称是"为了与各州合作促进中学层次农业、工商业和家政业教学以及为了和州师范学校合作培养以上职业门类的教师进行拨款和管理其花费的提案"。提案建议为农村高中农业和家政教学、为城市高中机械工艺和家政教学提供资助，同时还提出应该由联邦农业秘书来管理该项法案的实施。尽管该提案获得了国家农场组织（Natioanl Grange）、农民国会（Farmer' National Congress）、佐治亚州和南部教育协会（Southern Educational Association）等组织的支持，但是由于美国教育委员（U.S.Commissioner of Education）、国家教育协会、国家促进工业教育发展协会等个人和组织的强烈反对而流产。当然，导致提案失败的主要原因还不是以上组织和人员反对联邦资助各州开展职业教育，深层次的原因还在于该提案起草时没有征求以上协会的意见，同时还将管理此类事务的权力交给了农业秘书，同时多利弗委员的离世也对此事造成了致命的影响。

2.佩奇的提案

国会参议员佩奇（Carroll S. Page，1843—1925）生于佛蒙特州韦斯特菲尔德（Westfield），其父亲曾做过农民、银行家、商人、公职人员和众议员，佩奇也曾涉猎过多种生意并担任过某地信托公司主席和国民银行行长、佛州众议员、州长等职务。1908—1923 年，他当选为多届美国参议员。作为一个有着丰富从商、从政经历的人，佩奇对于美国在国际经济舞台中的地位有着清醒的认识，同时也对开展国内职业教育的紧要和迫切性有着较深的体会。由于其在参议院一贯出色的工作，他还获得了一个"不可征服的参议员佩奇"的称号。

吸纳以上多个提案的精神，1912 年佩奇和众议员威廉姆·B. 威尔森（William B. Wilson）分别以各自的名义向两院递交了职业教育的提案，该提案被合称

---

①　Melvin L. Barlow, The Vocational Age Emerges, 1876—1926, *American Vocational Journal*, 1976, 51(5), p.54.

为"佩奇－威尔逊提案"（the Page-Wilson bill），也可简称为"佩奇提案"。佩奇提案全称为"为和各州合作促进中学农业、工商业和家政业教学，为在州农学院、州师范学校机械工艺学院以及其他由公共税收支持和管理的师资培训学校为中学职业教育科目的开展培养师资，为维持州农学和机械工艺学院功能拓展；为维持州实验站的运转提供拨款和管理其支出的提案"。在随后的国会演讲中，佩奇从职业教育对于国家经济发展的重要性、联邦高等教育资助法案覆盖区域的不足、资助各州中等职业教育开展的迫切性和联邦资金资助的分配与管理方式等多个角度极力劝说国会议员支持该提案。

佩奇以"职业教育的发展问题是一个非常重要的问题，它已经引起并必将继续引起各国最杰出的政治家和教育家的广为关注"为题开篇。在极力阐述该问题重要性的基础上，佩奇也极力说明该问题的严重性，他说："越来越多的美国人相信职业教育能够在一定程度上直接影响国家的经济发展，目前职业教育中存在问题的严重程度已经不逊于国内较大的经济问题。"[1] 为了具体阐明该问题是什么，佩奇从《莫雷尔法案》带给美国人民的新面貌说起，具体说明《莫雷尔法案》在事实上仅仅是一个开始——在某方面为真正向民众实施职业教育做了准备。但是《莫雷尔法案》及其相关立法还没有彻底实现其立法者所期望的目标，因为普通男孩在农场上还没有办法找到这样的一所学校，既能获得农场生活所需要的知识，又能回到农场热情地从事农业生产；此外，在城市化的浪潮中，城市也没有能为孩子们提供其未来所需要的非农业的职业知识，而关于如何运用现代科学知识支撑家庭以及抚养孩子的知识，人们也知之甚少。有鉴于此，佩奇明确提出：目前扩展或补充《莫雷尔法案》的需要是迫切的，而这一提案正是为了解决这一问题。[2]

鉴于目标任务的巨大性，佩奇提出联邦和州应该合作来完成这一任务。[3] 佩奇认为：《莫雷尔法案》及其之后的系列修正案已经证明，联邦资金仅仅起到了种子资金的作用，它能够带动州和地方对于职业教育巨大的投入。佩奇以在此之前举行的农业和林业委员会听证会上所得到的数据为例，他说，罗德岛州立大学（Rhode Island State College）校长、参议员爱德华兹（Howard Edwards）认为：全美多个州平均向赠地学院提供的资助 14 倍于国会向《莫雷尔法案》及其修正案所提供的资助；国家农业学院和实验站协会主席、俄亥俄州立大学校

---

① Carroll S. Page, *Vocational Education*, Washington: Washington Government Printing Office, 1912, p.3.

② Carroll S. Page, *Vocational Education*, Washington: Washington Government Printing Office, 1912, p.6.

③ Carroll S. Page, *Vocational Education*, Washington: Washington Government Printing Office, 1912, p.6.

长汤普逊（W. O. Thompson）先生也曾说过：俄亥俄州向赠地学院提供的资助是《莫雷尔法案》联邦资助金额的 40 倍[1]。佩奇相信自己提交的提案通过后也必将起到这一效果。此外，佩奇还具体规划了联邦资助的分配方案。佩奇估计：每年为各州和哥伦比亚特区中学内部设立的或为其现有的农业、工业、商业和家政业教育部门或机构提供 300 万美元的拨款，在基于其人口比例的基础上进行分配，将使大城市之外的 1.5 万个农村社区，或每州平均 300 个或稍多一点的社区能够得到这些拨款。这意味着每所学校将能够获得联邦政府 200 美元的拨款，加上来自州和地方的匹配资金，每个农村社区的高中每年至少有 800 美元的职业教师培养补助。[2]基于人口普查数据为工业中心或大城市中学层次独立的工业或家政类学校补助 300 万元，也必将起到相同的效果。[3]

　　佩奇的提案不仅获得了当时的教育委员克拉克斯顿（P. P. Claxton）、国家促进职业教育协会执行秘书普罗瑟、农业部助理秘书威利特·M. 海斯（Willet M. Hays）等人的积极支持，而且还得到了包括美国劳工联盟、国家制造商协会、美国商业联盟等利益集团的全力支持。比如劳联明确表示支持佩奇并在国会辩论中为佩奇提案辩护："佩奇创建了一个联邦授权资助中等层次公立学校的规划，通过这个教育规划，国内所有的孩子将受到公正和平等的待遇。"[4]与此同时，国家制造商协会也公开表达对于佩奇提案的支持："目前，国内工人和雇主迫切地需要一个完全的工业教育系统，以便我们的工厂能够高效率地运转、技术和产品标准能够不断提高、国内外的市场能够得以保持和扩大"[5]，"整个国家已经认识到了工业教育的必要性，如果仅仅有个别的州或社区拥有此类教育，国家经济将不能繁荣，社会也不会昌盛"。[6]之后，国家制造商协会在提交给佩奇参议员的两封信中不仅重新表达了这种态度，同时还认为，所有种类的职业教育都应该收到联邦拨款，联邦政府应该组织专门机构对拨款事宜进行管理，同时还应该对妇女职业教育给予更多的关注。美国商业联盟（The United States Chamber of Commerce）1913 年的年会决议中不仅明确表示支持联邦政府对于职

　　① Carroll S. Page, *Vocational Education*, Washington: Washington Government Printing Office, 1912, p.7.

　　② Carroll S. Page, *Vocational Education*, Washington: Washington Government Printing Office, 1912, p.8.

　　③ Carroll S. Page, *Vocational Education*, Washington: Washington Government Printing Office, 1912, p.9.

　　④ Layton S. Hawkins, Charles A. Prosser & John C. Wright, *Development of Vocational Education*, Chicago: American Technical Society, 1951, p.53.

　　⑤ Shu Wei-Non, *A Comparison of Factors that Influnce Vocational Education Law-Making in the U.S. and TaiWan, Republic of China*, University of Minnesota, 1996, p.91.

　　⑥ John Hillison, *The Collition That Supported the Smith-Hughes Act or a Case for Strange Bedfellows*, 2014-03-15, http://eric.ed.gov/?id=EJ504569, p.6.

业教育的资助以及支持制造、商业、农业和家政业等学校的创建，同时也明确
表示支持佩奇提案的资助原则并敦促国会批准其通过；与此同时，佩奇提案还
得到了代表农民利益的国家农场组织的支持。当时，国家农场组织鼓励每一个
州的分支机构务必采取各种"有力的和持续的方法"①帮助佩奇法案的通过。

　　尽管由于非常复杂的原因，佩奇递交给国会的这一提案最终流产，但是
佩奇在国会推动联邦资助职业教育立法的信念一刻也没有动摇过，他很快就将
自己的立法期望托付给了来自佐治亚州的民主党议员，也就是职业教育的坚定
支持者史密斯（Hoke M. Smith，1855—1931），并竭力支持史密斯的工作。佩
奇相信，凭借史密斯民主党员的身份，加上其出色的论辩和协调能力，该提案
在参议院获得大多数赞同就有了现实的基础。而《史密斯－休斯法案》之所以
能最终获得通过，与佩奇的努力和大度也是分不开的。

　　（二）来自利益集团的不同意见

　　为了能够在力所能及的范围内影响国会立法，使之朝向有利于自己的
方向发展，在《史密斯－休斯法案》出台之前，来自美国多个行业的机构团
体，如国家制造商协会、美国劳工联盟、国家教育协会、美国家政经济协会
（American Home Economics Association）、美国妇女俱乐部统一联盟（General
Federation of Women's Clubs）、国家金属贸易协会（National Metal Trades
Association）、国家童工委员会（National Child Labor Committee）、国家监狱劳
工委员会（National Committee on Prison Labor）、美国劳工立法委员会（American
Association for Labor Legislation）等也对提交到国会两院的立法提案积极发表看
法，并力争使自己的要求也能写进提案，他们的观点不仅是《史密斯－休斯法
案》进一步完善的基础，同时也在一定程度上丰富了此时期的职业教育思想。

　　国家制造商协会是美国工业领域内最重要的利益集团之一，它不仅始
终对国内职业教育的开展持相当积极的态度，同时也对国家如何资助与管
理职业教育更有效率非常感兴趣。在1914年5月20日国家制造商协会年会
上，协会建议："联邦政府资助职业教育首先应该确立各州可以遵从的国家标
准。……联邦拨款应该能够鼓励各州职业学校的创建，同时鼓励各州遵循联邦
标准……"国家制造商协会同时认为，只有当各州完全领会了联邦的精神，拨
款才应拨付给各州；此外，协会还提出，联邦拨款应该"在华盛顿能力卓著并

　　① John Hillison, *The Collition That Supported the Smith-Hughes Act or a Case for Strange Bedfellows*, 2014-03-15, http://eric.ed.gov/?id=EJ504569, p.9.

能充分代表公民和利益集团利益的委员们同意拨付的条件下进行……"① 除了对联邦政府如何拨款更为高效表达意见，由于国家制造商协会历来非常反感仅仅由专业教育工作者来管理职业教育的做法，因此，其在各种场合也力主职业教育的管理应由专业教师、雇主和雇员代表组成，且各占三分之一的观点。其后出台的《史密斯－休斯法案》就部分地采纳了国家制造商协会的以上建议。

美国劳工联盟对于职业教育的态度经历了从反对到支持的转变，在其态度转变后，劳工联盟不仅利用各种场合呼吁人们关注 14 岁以上孩子的职业教育问题，同时，劳联还在其随后的多个报告中为国内职业教育的开展提出了许多建设性的意见。如劳联呼吁人们要创办各类职业教育学校，其中，可以在公立学校中为 14~16 岁的孩子提供工业教育；作为工人继续教育的一种，可以为在职工人创办技术补习学校；此外，还可以创办一些由贸易机构管理的学校，此类学校可以向贸易补习类学校发展。当然，作为对学徒教育非常了解的一个组织，劳联也告诫以上各类学校在开展职业教育时，其实践的时间最起码要等同于在特定商贸活动中对徒工进行的直接训练的时间。② 在职业教育的管理问题上，出于对私人控制的工商业教育机构的警惕以及对 14 岁及其以上劳工教育的关心，1914 年，在国家资助职业教育委员会的听证会上，劳工联盟还积极提出如下立法建议：首先，工业教育应该由州直接管理，由公众，而不是私人利益集团来控制；其次，职业教育应该在低于高等教育的层次开展；最后，职业教育主要为 14 岁以上的人设计。劳联的许多建议也最终体现在 1917 年的《史密斯－休斯法案》中。

美国国家教育协会（National Education Association）是 20 世纪初最有声望的教育组织。由于国家教育协会最初的关注点主要是在普通教育方面，出于对职业教育挤占普通教育地位的担心，在开始时该协会对职业教育持比较敌视的态度，加之此时期提交到国会的多个联邦资助职业教育的提案在起草时并没有征求协会的意见，更激起了协会对这些提案的反对。伴随着国家教育协会对职业教育重要性认识的不断提高，同时也为了主动改变自己在国内职业教育发展中的边缘地位，在 1900 年、1901 年国家教育协会两届年会上，协会就组织了针对职业教育的团体讨论活动来表达其对于职业教育的关注，而且，协会还

---

①　Shu Wei-Non, *A Comparison of Factors that Influnce Vocational Education Law-Making in the U.S. and TaiWan, Republic of China*, University of Minnesota, 1996, p.92.

②　Shu Wei-Non, *A Comparison of Factors that Influnce Vocational Education Law-Making in the U.S. and TaiWan, Republic of China*, University of Minnesota, 1996, p.89.

专门发表了 1905 年、1907 年和 1908 年针对工业教育的三年研究报告。另外，出于对青年职业指导的关心，1912 年 7 月 10 日，国家教育协会还呼吁国内所有受过教育的和致力于社会工作的人重视年轻人的职业指导。不仅如此，为了提升国内职业教育发展的规模和速度，在 1914 年国家资助职业教育委员会会议上，美国教育协会主席执行秘书斯普英格（D. W. Springer）不仅对国家资助职业教育立法活动表示支持，还建议联邦职业教育立法尽量采用宽松的管理方式，激励各州推进此方面的工作。

美国家政经济协会最初是为了提升人们对于学校与家庭经济相关的科目、课程的认可度而创建的。在 1912 年，该协会组建了一个立法委员会，其目的就是敦促联邦法律关注家政教育方面的事务。乌尔曼（Mary Schenck Woolman）是该协会立法委员会的成员，在 1916 年《史密斯 – 休斯法案》出台前的国会辩论期间，她明确地表达对该法案的支持。她说："美国是一个重要性日益增加的工业国家，美国的成功主要依靠产业工人。目前无论公立学校还是学徒系统都不能完全满足工人多样化的教育需求。由于大多数中学毕业生仅仅得到了无任何技术要求的工作，因此，必须采取一些手段来满足工业发展对于专门人才的需求。"[①] 除了表达对于立法的支持，美国家政经济协会对家政经济类专家的同工同酬问题也比较关心。《史密斯 – 休斯法案》的一个早期版本规定：联邦农业和工业专家每人每年将得到 7000 美元工资而家政经济方面的专家仅仅获得 6000 美元工资。美国家政经济协会对此条款极为不满，强烈要求修订此条款。对于美国家政经济协会的请求，参议员史密斯（Hoke Smith）深表理解，他也为此条款的修订据理力争。由于家政经济的发展与妇女关系更为密切，家政经济协会的很多工作还得到了美国妇女俱乐部统一联盟的支持。该统一联盟是一个关注妇女职业教育权益的机构，国家资助职业教育委员会成立时，该联盟就曾经提醒普罗瑟在职业教育报告中要表达妇女对于职业教育的诉求。此外，该联盟同样也非常关注家政经济能否获得联邦资助的问题。1915 年，该联盟主席江森（Helen Louise Johnson）更是亲赴华盛顿教育部与起草《史密斯 – 休斯法案》的相关人员见面，她在强调该组织机构重要性的同时，力促法案中加入对于家政经济给予资助的条款，而随后江森还在其写给国家促进工业教育协会主席的一封信中也强调了这一诉求。

反童工联盟（Anti-child Labor）也是一个较为重要的组织，他们认为部分

---

① John Hillison, *The Collition That Supported the Smith-Hughes Act or a Case for Strange Bedfellows,* 2014-03-15, http://eric.ed.gov/?id=EJ504569, p.7.

时间制学校或补习学校是一个降低 16 岁及以下年龄的童工在工厂工作时间的有效手段，因此，他们也对职业教育的立法活动表示支持，积极加入了赴华盛顿的游说集团，希望普通的、工业的或职业的教育能够为那些长期无人关怀的孩子未来的幸福生活奠定基础。

体现各议员和利益集团意志的《史密斯－休斯法案》将 14 岁以上、学院层次以下且已经投身或准备投身到农业、工业、商业、家政四项职业的人群作为职业教育的目标人群，其主要借助于对这四大领域教师、督学和主任的工资进行资助来间接推进国内职业教育的发展。同时，为了确保法案的顺利执行，法案要求建立与之匹配的联邦、州与地方三级合作管理机制。沿着《史密斯－休斯法案》所确定的方向，尽管系列联邦职业教育法案和修正案资助的行业范围、地域、人群、额度等在不断增加，管理手段也在不断完善，但是至少在其后半个多世纪左右的时间内，《史密斯－休斯法案》所确立的联邦资助和管理模式一直没有改变。

第四节　20 世纪上半期美国高等教育思想的演变

20 世纪上半期，美国高等教育基本实现了从学院向大学转型，其角色和职能开始逐渐多元化，在转型过程中美国高等教育面临着大量新的问题与挑战，诸如如何处理大学的传统与现代使命之间的关系，如何协调大学与民主社会之间的关系；大学是否应该着眼于内部并致力于符合自身利益的教学和科研，应该只是间接地通过拓展基础知识和培养人才来使社会受益，还是应该对社会新的需求做出积极的响应等问题不断冲击着美国高等教育系统。事实上，20 世纪初以来，美国高等教育承担了许多与其发展和传递知识的传统职能没有直接联系的功能，如初级学院理念的兴起使得高等教育被认为是实现社会均等的积极力量，是提供职业训练的培训机构；初级学院作为介于中等教育与高等教育之间的过渡性机构，通过多元化的办学模式增进了美国民众接受高等教育的机会，初级学院也成为美国高等教育民主化进程的重要机构。但学界并不普遍赞同高等教育的新功能，当这些新功能成为特定的政策目标时就立刻受到质疑，并引起公开争论，如以弗莱克斯纳和赫钦斯为代表的保守派就将大学视为自由博雅教育和纯科学研究的中心，积极倡导自由博雅教育和纯科学研究，等等。

一、初级学院理念的兴起

从历史渊源看，初级学院的理念起源于大学，在办学实践中初级学院摇摆于中等教育和高等教育之间。初级学院的源头可以追溯到 19 世纪，但对于第一所初级学院的创办时间，学术界争议颇多。第一所初级学院的确立时间目前难以确定，其课程、教师、组织管理等早期的历史大部分都无法考证。① 但大部分学者认为现代意义上的初级学院起源于 19 世纪末，大学、师范学校、高中和小型学院四种类型的教育机构共同塑造了初级学院的早期历史。从类型上看，初级学院大致上可以分为四类：第一类是四年制学院和大学下设两年制初级学院或附属分校，芝加哥大学、加利福尼亚大学及华盛顿大学均通过此种方式创办了初级学院。第二类是师范学校获得州教育董事会批准提供两年制的学院教育工作而成为初级学院，这类学院主要分布在中西部地区，如亚利桑那、印第安纳、密歇根、明尼苏达、北达科他、内布拉斯加、俄克拉荷马、犹他、西弗吉尼亚及威斯康星等州，均对师范学校升格而为初级学院的做法予以认可。第三类是公立高中在学制上向上延伸涵盖学院前两年的教育工作而成为公立初级学院。第四类是小型四年制学院转型而成为私立初级学院，这类学院主要集中在得克萨斯、密苏里、弗吉尼亚州等南部地区以及东部地区。

从初级学院创立的历史看，私立初级学院的产生早于公立初级学院，弗雷德里克·惠特尼（Frederick L. Whitney）认为 1835 年伊利诺伊州戈弗雷的蒙蒂塞洛中等学校（Monticello Seminary at Godfrey）是美国历史上第一所私立初级学院，同时惠特尼也指出第一所现代意义上的私立初级学院产生于 19 世纪末。② 芝加哥大学教授莱纳德·库斯（Leonard V. Koos）对此表示质疑，他认为与初级学院运动相关的第一所学院应是 1896 年在芝加哥创建的圣路易斯学院（Lewis Institute）。③ 库斯认为圣路易斯学院是美国历史上第一所私立初级学院，这所学院之后转型为四年制学院并入伊利诺伊技术学院（Illinois Institute of Technology）。④ 也有许多学者将 1898 年在得克萨斯州创办的迪凯特浸礼会学

① Thomas Diener, *Growth of an American Invention: A Documentary History of the Junior and Community College Movement*, Westport: Greenwood Press, 1986, p.6.

② Frederick L. Whitney, *The Junior College in America*, Greeley: Colorado State Teachers College, 1928, p.12.

③ Leonard V. Koos, A Quarter-Century with the Junior College, *The Journal of Higher Education,* 1938, 9(1), pp.1-6.

④ Leonard V. Koos, Rise of the People's College, *The School Review*, 1947, 55(3), pp.138-149.

院（Decatur Baptist College）视为美国第一所初级学院。[①] 目前美国学界对第一所公立初级学院争议较少，普遍认为第一所公立初级学院是 1901 年由伊利诺伊州乔利埃特城镇高中（Joliet Township High School）扩建而成的乔利埃特初级学院（Joliet Junior College）。

（一）初级学院理念的起源

初级学院的理念最早产生于大学内部，初级学院是美国学院向大学转型过程中的副产品。19 世纪中期开始，一批接受德国大学训练的大学领导者借鉴欧洲教育模式，普遍认为美国学院的前两年教育在性质上属于中等教育层次。密歇根大学校长亨利·塔潘（Henry P. Tappan）、明尼苏达大学校长威廉·福韦尔（William Watts Folwell）、芝加哥大学校长威廉·哈珀（William R. Harper）、斯坦福大学校长大卫·乔丹（David Starr Jordan）、加州大学伯克利分校教育学院院长阿历克斯·朗齐（Alexis F. Lange）等都是推动初级学院发展的先驱人物。密歇根大学校长亨利·塔潘早在 1852 年就职演说中就曾建议将大学中学部的工作向高中转移。1869 年，明尼苏达大学校长威廉·福韦尔在就职演说中也曾建议中学应承担大学一年级和二年级的教育工作。19 世纪 80 年代初期，宾夕法尼亚大学教授爱德蒙德·詹姆斯(Edmund J. James）也曾提出过类似的建议。[②]19 世纪 80 年代早期，爱德蒙德·詹姆斯（1904—1920 年间担任伊利诺伊大学校长）尝试劝说宾夕法尼亚大学推行类似的方案，但未获成功。1905 年，伊利诺伊大学校长爱德蒙德·詹姆斯在就职演说中再次提道："虽然中等教育为大学进行专业教育做准备，但我认为大学不应该参与中等学校的工作。中等学校、高中和学院应承担更多预备性教育职能，为大学培养适合的人才。"[③]1896 年，密苏里大学校长理查德·杰西（Richard Henry Jesse）在中北部学院与中等学校协会一次会议中直言不讳地指出，美国学院的前两年教育本质上属于中等教育范畴，并积极呼吁重组高等教育。[④]

1892 年，芝加哥大学校长哈珀将初级学院的理念变为实践，他将芝加哥大学的低年级部分正式从大学中分离出来，哈珀也因此被称为"初级学院之父"。哈珀认为大学一年级和二年级的学习仅仅是私立中等学校（academy）或

① Roger Yarrington, *Junior Colleges: 50 States/50 Years*, 2017-09-17, https://files.eric.ed.gov/fulltext/ED034514. pdf, p. 139.

② Floyd M. McDowell, *The Junior College*,Washington: Government Printing Office, 1919, p.10.

③ Coleman R. Griffith, *The Junior College in Illinois*, Urbana: University of Illinois Press, 1945, p.157.

④ Ray L. Wilbur, The Junior College in California, *Bulletin of the American Association of University Professors (1915—1955)*, 1928, 14(5), pp.362-365.

高中的延伸，是对中等教育教学内容和方法的拓展，大学的教学方法到了大学二年级末才正式开始。1892 年，哈珀首次明确提出把四年制学院分为基础学院（Academic College）[1] 和大学学院（University College）两部分，前者包含大学的一、二年级，后者包括大学的三、四年级。1896 年，哈珀又将大学分为初级学院（Junior College）和高级学院（Senior College），这是美国教育史上首次出现"初级学院"这一术语。[2] 芝加哥大学将刚入学的新生视为高中生，为他们专门开设中学课程，直到大学二年级结束后才开始真正的大学学习。1903年，哈珀在校长年度报告中分析了初级学院的哲学基础及其办学优势，指出初级学院有助于学生方便快捷地在大学二年级结束学业；许多没有机会接受高等教育的学生可以获得至少两年的大学学习机会；专业学院可以提高入学标准，将基础性的学业预备训练委托给初级学院；许多高中得以延伸课程内容，提高教育水平；许多小型四年制学院转型集中从事大学前两年的教育工作。[3] 哈珀将大学初级学院和高级学院区分开来并将其制度化的做法，为初级学院在大学中得以迅速发展打下了制度基础。哈珀的做法也得到继任校长哈里·贾德森（Harry P. Judson）的支持，他在 1911—1912 年年度报告中指出，大学教育中20%~30% 的内容在本质上属于高中教育范畴。换句话说，一名合格的大学生应该至少接受 5 年的高中教育。[4] 芝加哥大学初级学院的模式很快向其他大学推广，但当时大多数大学依然采用大学低年级部（lower division）和高年级部（upper division）这一术语。

是否授予初级学院毕业生学位曾在芝加哥大学引起巨大的争议，哈珀认为授予初级学院毕业生学位可能会造成学位贬值。哈珀借鉴英国的做法，在初级学院这一层次设立副学士学位制度，以解决初级学院毕业生学位争议问题。副学士学位最早出现于英国，1865 年，英格兰的达勒姆大学授权向在该校新建立的物理学院学习两年结业的学生授予"物理科学副学士学位"。但该校事实上迟至 1873 年才首次颁发副学士学位，学位名称被更改为更广义的"副理科学士"。此后这一学位逐渐被推广到其他院校。到 1927 年，英国高等学校共颁发了 13

---

① 毛澹然将其翻译为"学术学院"。参见毛澹然：《美国社区学院的起源》，《外国教育资料》1984 年第 1 期。王英杰、王保星将其翻译为"基础学院"，参见王英杰：《美国发展社区学院的历史经验及发展中国专科教育之我见》，《外国教育研究》1992 年第 1 期；王保星：《美国初级学院运动的兴起及其教育民主化意义》，《河北大学学报》（哲学社会科学版）1999 年第 4 期。本书统一采用"基础学院"这一译法。

② Walter C. Eells, *The Junior College*, Boston: Houghton Mifflin, 1931, p.47.

③ William R. Happer, "President's Annual Report", in *Decennial Publications of the University of Chicago*, University of Chicago, Chicago: University of Chicago Press, 1903, l2, xciv.

④ Floyd M. McDowell, *The Junior College*, Washington: Government Printing Office, 1919, p.18.

种副学士学位，但由于英国高等学校的保守倾向，这一新产生的学位未能延续下去。[①] 经过激烈争论，芝加哥大学最终达成妥协方案，1900 年，芝加哥大学向初级学院毕业生授予文科副学士学位（Associate in Arts），这一举措迅速被其他初级学院仿效。芝加哥大学授予初级学院毕业生"副学士学位"（Associate Degree）这一做法，从学位体制上将初级学院正式纳入高等教育范畴。[②]

芝加哥大学校长哈珀在美国东部倡导发展初级学院的同时，加利福尼亚州大学伯克利分校教育学院院长阿历克西斯·朗齐在西部地区也积极推动着初级学院运动的发展。初级学院的思想和早期实践都不在加利福尼亚，一些杰出的教育界精英对加州初级学院的发展做出了杰出贡献，加州大学教育学院院长阿历克斯·朗齐是其中最具代表性的人物，他因此也被视为"加州初级学院理念之父"（Father of the California Junior College Idea）。[③] 朗齐在密歇根大学攻读本科时，密歇根大学曾尝试将大学的高年级部和低年级部分离，虽然没有成功，但朗齐将这种理念带到加州大学。1892 年，加州大学创立普通文化学院（College of General Culture），将大学的前两年作为高中延伸阶段。[④] 1903年，朗齐在加州大学确立高年级入学初级证书制度，将大学的初级部和高级部区分开来，并向大二学生授予毕业证书（Certificate），授予其他毕业生结业"文凭"（Diplomas）。[⑤] 此外，朗齐积极促成加州地区重组中等教育和高等教育，推动开设高中后两年的延伸拓展教育，将其纳入加州公共教育系统之中。[⑥] 在朗齐的努力下，加州大学的改革理念使六年制高中制度在加州伯克利地区变成现实。

1917 年，朗齐在芝加哥大学演讲中针对初级学院的发展前景提出了几个经典的问题：美国的大学是否应该砍掉部分阶段的教育？如果是，应该从哪里入手？美国的四年制高中和私立中等学校是否应该扩张延伸学制？如果可以，延伸几年？美国的一些学院是否应该从四年制变为两年制？如果可以，由谁来决定？（Alexis F. Lange，1917）针对这些问题，朗齐不无自豪地谈道："自

① 王英杰：《美国发展社区学院的历史经验及发展中国专科教育之我见》，《外国教育研究》1992 年第 1 期。

② 王保星：《美国初级学院运动的兴起及其教育民主化意义》，《河北大学学报》（哲学社会科学版）1999 年第 4 期。

③ William John Cooper, The Junior-College Movement in California, *The School Review*, 1928, 36(6) pp.409-422.

④ Arthur A. Gray, The Junior College in California, *The School Review*, 1915(23), pp.465-473.

⑤ Walter C. Eells, *The Junior College*, Boston: Houghton Mifflin, 1931, p.362.

⑥ Arthur A. Gray, The Junior College in California, *The School Review*, 1915, 23(7), pp.465-473.

1892年根据两种组织理念加州大学逐渐实现重组，一种理念是从理论和实践方面，真正的大学教育始于学院教育的第三年；第二种理念是从历史和事实角度看，学院教育的前两年属于中等教育的一部分。在这一趋势影响下，加州大学通过施行初级证书制度将大学和中等教育正式区别开来。"①

大卫·乔丹在斯坦福大学也积极推动初级学院的发展，并将"初级学院"这一术语普及于加州地区。早在1907年乔丹就曾提议董事会将初级学院从大学中分离出去，初级学院教育作为升入大学的前提和基础，直到1927年董事会才最终采纳实施这一提议。②1928年后斯坦福大学逐年限制低年级部学生人数，逐步将其转向初级学院。③

（二）初级学院办学属性之争

初级学院在美国高等教育系统中的地位和属性一直备受争议。长期从事初级学院研究的学者沃尔特·伊尔斯（Walter C. Eells）认为初级学院是美国教育中的实验性机构，是一种过渡性机构。④ 科尔曼·格里菲斯（Coleman R. Griffith）也认为初级学院是连接中等学校与大学和学院的桥梁，是高中毕业生步入社会生活、进入专业学院或大学的过渡性机构。⑤ 初级学院的学生则倾向于将初级学院视为一种混合型机构，一半是中等教育机构，另一半是高等教育机构。⑥ 在1960年"多纳霍高等教育法"（Donahoe Higher Education Act）中，初级学院被视为既是中等教育的一部分，也是公立高等教育的组成部分。芝加哥大学教育学院院长查尔斯·贾德（Charles H. Judd）认为初级学院具有双重功能，它一方面对学生进行最后一个阶段的普通教育（general education），同时也有职责培养学生批判、独立思考问题的能力，使其具备进一步深造的潜力。⑦ 博比特（John F. Bobbitt）认为初级学院处于普通教育系统的顶端，它应该在学校教育系统中成为普通教育的典范，引导小学、初中和高中进行合理有

---

①　Alexis F. Lange, The Junior College as an Integral Part of the Public-School System, *The School Review*, 1917, 25(7), pp.465-479.

②　E. E. Lewis, The Junior College and the Reorganization of Secondary Education, *Educational Research Bulletin*, 1928, 7(4), pp.72-75, 83.

③　Ray L. Wilbur, The Junior College in California, *Bulletin of the American Association of University Professors (1915—1955)*, 1928, 14(5), pp.362-365.

④　Walter C. Eells, *The Junior College*, Boston: Houghton Mifflin, 1931, pp.185-209.

⑤　Coleman R. Griffith, *The Junior College in Illinois*, Urbana: University of Illinois Press, 1945. p.159.

⑥　Henry G. Badger, Junior College Salary Schedules, *Bulletin of the American Association of University Professors (1915—1955)*, 1948, 34(4), pp.770-777.

⑦　Walter C. Eells, *The Junior College*, Boston: Houghton Mifflin, 1931, p.475.

效的普通教育。[①]

初级学院的理念虽有欧洲渊源，但在组织形式上却是地道的美国式教育机构。从组织形式上看，初级学院尤其是公立初级学院在组织类型上比较多元复杂。高等教育学界有不同的划分方式，库斯认为公立初级学院组织类型主要有六种：学院与大学的初级部（junior divisions）或低年级部（lower divisions）；学院与大学的分支；独立的州立初级学院；独立于中等学校的地方初级学院；附设于高中、但管理上不同程度独立于学院和高中的地方初级学院；作为高中一部分的初级学院。大学与学院的初级部或低年级部这类初级学院发展较早，芝加哥大学和加州大学是最早设置初级部或低年级部的院校，随后明尼苏达大学、华盛顿大学、内布拉斯加大学和斯坦福大学纷纷组建初级部，截至1922年，近百所美国大学与学院以及州立大学都设有初级部或低年级部。学院与大学的分支和独立的州立初级学院这两类初级学院发展较为缓慢。独立于中等学校的地方初级学院相较于附设于高中的初级学院数量较少，全美中等教育调查显示，只有五分之一至四分之一的初级学院校舍独立于高中。[②]地方初级学院大部分附设于高中，并在不同程度上与高中合在一起管理。

私立初级学院在组织管理模式上更为复杂，其名称也更为多元，如中等学校（Seminary）、学院（Institute）、学校（School）、专科学校（Academy）、大学（University）等都是私立初级学院使用的名称。[③]各州法律授权创办初级学院所使用的名称也异常繁杂，如：初级学院（Junior College）、初级学院课程（Junior College Course）、地区初级学院（District Junior College）[④]、公立初级学院（Public Junior College）、高中延伸部（High School Extension）、初级学院部（Junior Collegiate Department, Department of Junior College Work）、高中两年制学院课程（Two-year College Courses in High School）等。[⑤]从初级学院复杂的名称可以发现，全美各州对初级学院属性的界定差别较大，初级学院在中等教育和高等教育之间摇摆不定。

从组织管理方式上看，公立初级学院的管理机构主要以州、学区、地方董事会为主，地方和学区初级学院董事会由地方选举，州立初级学院董事会

① Walter C. Eells, *The Junior College*, Boston: Houghton Mifflin, 1931, pp.475-476.

② Leonard V. Koos, Desirable Types of Junior-College Organization, *The School Review*, 1936, 44(5), pp.372-382.

③ Walter C. Eells, *The Junior College*, Boston: Houghton Mifflin, 1931, p.160.

④ 加利福尼亚州初级学院名称。

⑤ Walter C. Eells, *The Junior College*, Boston: Houghton Mifflin, 1931, pp.550-551.

则由州长或州教育董事会（State Board of Education）任命。私立初级学院主要由私人董事会或教会管理控制。私立初级学院董事会直接问责初级学院校长（president），公立初级学院则不同，董事会并不直接问责初级学院院长（dean），而是要问责城市督学或高中校长。在一些小城市，城市督学实际上同时也是初级学院的管理者，这些公立初级学院的院长权力有限，基本上是城市督学的助手。[1]

　　库斯通过对167所初级学院的调查显示，有60%的地方公立初级学院与高中进行协作式（associate）管理。[2] 惠特尼对25个州145所初级学院统计显示，近一半的公立初级学院是由城市学区管理，独立管理的初级学院只占10%；从管理模式上，公立初级学院基本被纳入中等教育范畴。而私立初级学院在组织管理上大部分受教派势力控制，据统计，将近70%的私立初级学院是由教会[3] 管理控制。[4]

　　但在一些专业性组织中，初级学院倾向于被视为高等教育的组成部分。如美国教育理事会标准委员会（Committee on Standards of the American Council of Education）发布的初级学院认证原则与标准中指出初级学院是高等教育机构，它提供的两年制教育在前提、范围、内容等方面等同于大学前两年的教育。[5] 大卫·麦肯兹（David MacKenzie）在初级学院协会筹建会议中说道："我认为限制初级学院是错误的，捍卫美国民主理想，需借助于教育，但唯有惠及大众的教育才有可能在真正意义上捍卫民主。在一些社区中很多有才智之人因传统的招生政策无法获得接受高等教育的机会，初级学院应该提供大量的课程来满足这些人的需求。"[6] 祖克也认为学院前两年的教育在性质上等同于高中阶段的教育水平，初级学院的产生不仅深刻影响着中等教育，同时也对四年制文理学院的未来发展发挥关键作用。[7]

　　美国初级学院协会成立后将初级学院界定为提供一种严格的学院水平教

---

① 　Walter C. Eells, *The Junior College*, Boston: Houghton Mifflin, 1931, pp.355-356.

② 　Leonard V. Koos, The Junior College and District Organization, *The School Review*, 1946, 54(7), pp.389-400.

③ 　包括19种不同的教派。

④ 　Frederick L. Whitney, *The Junior College in America*, Greeley: Colorado State Teachers College, 1928, p.17.

⑤ 　Leonard V. Koos, *The Junior College*（2vols.）, Minneapolis: University of Minnesota Press, 1924, pp.660-661.

⑥ 　David MacKenzie, *In the United States Bureau of Education*, Bulletin No. 19, Washington: Government Printing Office, 1922, pp.20-21.

⑦ 　George F. Zook, The Junior College, *The School Review*, 1922, 30(8), pp.574-583.

学的两年制学院。学院的课程涵盖大学的前两年教育，在课程结构和范围上与四年制大学充分衔接和对应。初级学院亦可以基于社区的社会、宗教和职业需要开设不同的课程。①1929 年，初级学院第十次年会对初级学院做出了修订，认为初级学院具有多种不同的组织形式。首先，初级学院是两年制的学院教育，是对中等学校教育的补充和完善。其次，初级学院是一种标准的两年制学院教育，它作为一个独立的单元，将高中教育与学院教育融合衔接在一起。初级学院课程的目的是满足不断增长的学生需求，最大限度地挖掘其潜能，发展其社会适应能力。②

　　1931 年春，加州立法机关授权州长对加州高等教育系统进行调查研究，卡内基教学促进基金会（Carnegie Foundation for the Advancement of Teaching）具体开展了这项调查，基金会成立由塞缪尔·卡彭（Samuel P. Capen）、查尔斯·贾德（Charles H. Judd）、乔治·祖克（George F. Zook）、科夫曼（L.D. Coffman）等 7 人组成的委员会对加州高等教育系统展开深入调查，并于 1932 年 6 月向州长提交了一份总结报告。报告内容主要包含 3 个方面，其中两个方面都涉及加州初级学院的发展与规划。委员会报告建议在法律上将初级学院继续视为中等教育的组成部分，向初级学院毕业生授予文科副学士学位意味着中等教育正式结束；同时建议加州教育董事会（Board of Education）重组中等学校系统，将初级学院纳入中等教育范畴。③1947 年，玛特拉那（Sebastian V. Martorana）在全美范围内做的一项调查结果显示，将近 80% 的地区和城市督学都赞同创办公立初级学院，并将其纳入公共教育系统之中。布拉泽通过对 88 所初级学院④问卷调查发现，大部分公立学校系统通过施行 6-3-3-2 学制将初级学院纳入公共教育系统之中。⑤

　　尽管初级学院逐渐被各州视为中等教育的一部分⑥，但教育理论界普遍认为初级学院是一种不同于高中的独特单元，从逻辑上看，其属于高等教育范

① Walter C. Eells, *The Junior College*, Boston: Houghton Mifflin, 1931, pp.161-162.

② Walter C. Eells, *The Junior College*, Boston: Houghton Mifflin, 1931, pp.167-168.

③ Carl E. Seashore, *The Junior College Movement*, New York: H. Holt and Company, 1940, pp.20-22.

④ 88 所初级学院分布在 15 个州，其中加利福尼亚州有 25 所，得克萨斯州有 12 所，艾奥瓦州有 10 所，堪萨斯州有 9 所，明尼苏达州有 7 所，密歇根州有 6 所，密苏里州有 5 所，伊利诺伊州有 4 所，俄克拉荷马州有 3 所，华盛顿州有 2 所，亚利桑那州、佐治亚州、路易斯安那州、马萨诸塞州、内布拉斯加州各 1 所。

⑤ E.Q. Brothers, Present-Day Practices and Tendencies in the Administration and Organization of Public Junior Colleges, *The School Review*, 1928, 36(9), pp.665-674.

⑥ 在高中学区创办的初级学院在管理、设施、教师、课程等方面已逐渐与高中融合在一起。

畴。基于这种理念，加州建立了独立的初级学院学区，1943 年，独立的初级学院学区达到 23 个。一般而言，这类初级学院在办学规模上大于高中学区初级学院，逐渐成为加州成人教育中心。①初级学院作为介于中等教育与高等教育的过渡性机构，通过多元化的办学模式提升了美国民众接受高等教育的机会，极大地推动了美国高等教育民主化进程。②伴随初级学院的发展，那些低社会经济地位的适龄青年接受高等教育的机会明显增加，库斯 1941 年对中西部、西部、南部地区 12 个州 61 所高中 1 万多名毕业生的调查研究结果显示，高中所在地区若开办初级学院，毕业生接受高等教育的机会明显提高，尤其是对低社会经济地位的毕业生而言，初级学院大大增加了他们接受学院教育的机会。另外，与其他类型的高等教育机构比较而言，地方公立初级学院成为招收大量低社会经济地位学生的主要机构。③

综上所述，美国最早出现的初级学院并不是独立的机构，而是四年制大学的一个组成部分。南北战争后，经过反复的辩论和实践，最终在 19 世纪末形成了现代意义上的两年制初级学院，大学、师范学校、公立高中和小型四年制学院等共同塑造了初级学院的早期历史，并在此基础上形成了大学初级学院、私立初级学院、师范类初级学院和公立初级学院这四种类型的初级学院。初级学院的理念和实践起源于东部地区，在中西部、西部、南部地区得以繁荣发展。由于初级学院组织类型种类繁多，在组织与管理方式上呈现出比较多元复杂的形态。那些早期在大学内部产生的初级学院，主要由大学或学院董事会负责管理，州立师范学院型的初级学院主要由州教育董事会和州立大学合作管理，公立高中基础上延伸而成的公立初级学院在组织与管理上最为复杂。20 世纪初，各州纷纷通过初级学院法，明确初级学院在美国教育系统中的法律地位和资助方式，并将初级学院的组织与管理形式逐渐规范化。因初级学院复杂的起源背景，各州法律中对初级学院名称的界定差别较大，大部分地区将公立初级学院视为公共教育系统的组成部分，初级学院因此被纳入中等教育范畴。在专业组织中初级学院被视为高等教育的组成单元。在组织管理模式上，初级

① Coleman R. Griffith, *The Junior College in Illinois,* Urbana: University of Illinois Press, 1945, p.184.

② 1875 年全美教育协会（The National Education Association）在明尼阿波利斯（Minneapolis）的会议中首次将初级学院称为人民的学院。可参见：Leonard V. Koos, Rise of the People's College, *The School Review*, 1947, 55(3), pp.138-149; Leland L. Medsker, *The Junior College: Progress and Prospect,* New York: McGraw-Hill Book Company, 1960, pp.20-21.

③ Leonard V. Koos, How to Democratize the Junior-College Level, *The School Review,* 1944, 52(5), pp.271-284.

学院因其办学主体、管理方式的复杂性也很难界定其属性。但从公私立初级学院的发展趋势看，初级学院已逐渐成为美国公共教育系统的组成部分。尽管初级学院在各州被视为中等教育系统的一部分，但教育理论界普遍认为初级学院是一种不同于高中的独特单元，从逻辑上看，其属于高等教育范畴。初级学院作为介于中等教育与高等教育之间的过渡性机构，通过多元化的办学模式增进了美国民众接受高等教育的机会，初级学院也成为美国高等教育民主化进程的重要机构。

二、弗莱克斯纳的教育思想

亚伯拉罕·弗莱克斯纳（Abraham Flexner, 1866—1959），美国著名教育思想家和改革家，20 世纪美国医学教育领域极富影响力的学者。克拉克·科尔将弗莱克斯纳、劳伦斯·洛厄尔（Lawrence Lowell）和赫钦斯（Robert M. Hutchins）视为同时期最杰出的教育家。[①] 在教育思想史上，弗莱克斯纳以其现代大学观闻名于世。弗莱克斯纳在其代表作《现代大学论——英美德大学研究》（*Universities：American, English, German*）中提出了他的"现代大学的理念"，他所提出的大学理念，对研究型大学的发展产生了重要影响，是大学思想发展史上的里程碑。

（一）弗莱克斯纳大学理念的渊源

弗莱克斯纳的现代大学观深受他所生活时代的影响，一定程度上，他的大学思想是对他所生活时代的批判和反思。19 世纪末 20 世纪初是美国社会结构调整和大转折的时期，是具有转折意义的重要时期，美国基本实现了工业化和城市化，经济快速发展的同时，美国社会也面临着前所未有的社会危机和文化失调。对这些问题的回应，在各界引起了千差万别的反应，其中有企业家的盲目乐观主义，有马克思学说和弗洛伊德学说评论家尖锐的悲观主义，也有实用主义哲学家的积极回应，等等。其中实用主义和功利主义观念对美国大学产生了极大的影响，20 世纪初应用科学和职业教育的普遍盛行，面对过分功利化的思维方式和生活态度，弗莱克斯纳认为在美国社会中，不能只靠经验和需要采取行动，更要依赖理智去思考和处理社会问题，因此他在教育理念中非常强调系统运用理性追求真理的意义。在弗莱克斯纳看来，高等教育中出现的功利主义和职业主义倾向令人担忧，他认为大学变得越来越喧闹并不是好事，解

---

① Clark Kerr, Abraham Flexner's Universities, *Society*, 1994, 31(4), pp.40-47.

决问题的关键是提高大学的学术水准，加强纯科学研究。

　　事实上，弗莱克斯纳并没有完全否定实用主义及其进步主义教育的理念，纵观弗莱克斯纳的一生会发现，他早年的教育思想与杜威、帕克、裴斯泰洛齐、赫尔巴特、洛克等教育家有很多相似之处，如1897年弗莱克斯纳在一篇关于儿童宗教教育的文章中就指出教育即为生活做准备。[①] 从这一点看，弗莱克斯纳强调教育是帮助学生更好地适应社会环境，早在1903年他就曾提出设计不同水平层次的教育机构以实现这一教育目标。[②] 在此，弗莱克斯纳并没有进一步阐述不同层次之间教育的关系。总的来说，1890—1905年间，弗莱克斯纳主要关注中等教育，在思想立场上偏于进步主义。[③]

　　此后，弗莱克斯纳在《美国学院》(The American College)、《现代学院与现代学校》(Modern College and Modern School) 等一系列著作中开始系统阐述他的大学理念，在他看来，大学之前的教育应该服务于学生适应社会生活，大学教育应致力于增进知识、推动人类文明。[④] 在此，弗莱克斯纳的教育思想逐渐趋于保守，而这种变化与他的大学教育经历密切相关。弗莱克斯纳受教育于约翰·霍普金斯大学，并深受吉尔曼校长办学思想的影响。可以说，霍普金斯大学对弗莱克斯纳的现代大学思想产生了决定性影响。[⑤] 霍普金斯大学的学习经历从多方面塑造了弗莱克斯纳的现代大学理念。虽然因为资金原因，弗莱克斯纳只在霍普金斯大学学习了两年，但这段短暂的经历却为其现代大学理念打下了根基。弗莱克斯纳坦承他在卡内基基金会、普通教育委员会（General Education Board）、普林斯顿高等教育研究院（Institute for Advanced Study at Princeton）等部门所从事的工作都深受吉尔曼及霍普金斯大学的影响。[⑥] 在他看来，19世纪80年代霍普金斯大学是当时唯一的一所旗帜鲜明地致力于从事高深学问研究的大学。[⑦] 在自传中弗莱克斯纳直言不讳地提出霍普金斯大学是

---

　　① Abraham Flexner, The Religious Training of Children, *International Journal of Ethnics*, 1897, 7(3), pp.314-328.

　　② Abraham Flexner, College Entrance Examinations, *Popular Science Monthly*, 1903, 63(5), pp.54-60.

　　③ Bernard Flicker, *Abraham Flexner's Educational Thought and Its Critical Appraisal*, New York University, 1963, p.218.

　　④ Bernard Flicker, *Abraham Flexner's Educational Thought and Its Critical Appraisal*, New York University, 1963, pp.221-222.

　　⑤ 郝艳萍：《弗莱克斯纳的现代大学观探析》，《高等教育研究》2003年第1期。

　　⑥ Abraham Flexner, *Abraham Flexner: An Autobiography,* New York: Simon and Schuster, 1960, pp.28-29.

　　⑦ Abraham Flexner, Symposium on the Outlook for Higher Education in the United States, *Proceedings of the American Philosophical Society*, 1930, 69(1), pp.257-269.

现代意义上美国高等教育的起点。①

（二）弗莱克斯纳的现代大学观

到底什么是大学？在弗莱克斯纳看来，一所真正的大学是一个有机体，其特点是有高尚而明确的目标，能做到精神与目的的统一。②弗莱克斯纳批评美国大学已经不再是有机体，而是一种兼具各种复杂功能的行政集合体。弗莱克斯纳终其一生都坚信大学的扩张会导致大学趋于商业化，最终会摧毁大学这个有机体。弗莱克斯纳认为，美国大学在急速扩大规模的同时，并没有对大学开展的各项服务活动做出审慎的调查。相比而言，美国大学学生的学业水准远远低于德国大学，美国大学为了满足民主的需求大量设置非学术课程和扩大招生规模，尤其是在现代课程体系中引入自由选修制破坏了大学知识结构的整体性。③甚至像哈佛大学、耶鲁大学、普林斯顿大学以及一些传统精英大学和学院虽未屈从于愚蠢之举，但也难以令人满意。这些大学和学院被迫接受了很多学业水准不够格的学生。他批评道："美国大学热衷于规模数量、热衷于校舍建筑、热衷于捐赠、热衷于创建新的系所……从这个意义上说，大学已经失去了它最初的含义，当今美国大学已经很难被定义了。"④他进而指出，"大学"一词能否得以保留，或甚至是否值得保留，已经成为一个问题。如果大学意味着一种"公共服务机构"，那么大学已经变成一种不同的事物，一种虽然不乏功用，却肯定不是大学的事物。⑤

自南北战争后，美国大学的社会服务职能凸显，对此弗莱克斯纳持批判态度，他认为大学与现实世界保持接触的同时也要保持距离，大学不是风向标，不能流行什么就迎合什么；大学应不断满足社会的需求，而不是它的欲望。⑥在弗莱克斯纳看来，"过去"并不等于"陈旧"，所谓的"大学滞后"与"大

---

① Abraham Flexner, *I Remember: The Autobiography of Abraham Flexner*, New York: Simon and Schuster, 1940, p.345.

② ［美］亚伯拉罕·弗莱克斯纳：《现代大学论——英美德大学研究》，徐辉、陈晓菲译，浙江教育出版社 2001 年版，第 157-158 页。

③ Abraham Flexner, *A Modern College and a Modern School,* Garden City, New York: Doubleday, Page and Company, 1923, p.44.

④ Abraham Flexner, Symposium on the Outlook for Higher Education in the United States, *Proceedings of the American Philosophical Society*, 1930, 69(1), pp.257-269.

⑤ ［美］亚伯拉罕·弗莱克斯纳：《现代大学论——英美德大学研究》，徐辉、陈晓菲译，浙江教育出版社 2001 年版，第 188 页。

⑥ ［美］亚伯拉罕·弗莱克斯纳：《现代大学论——英美德大学研究》，徐辉、陈晓菲译，浙江教育出版社 2001 年版，第 3 页。

学超前"这两个特点并不是互相排斥的，大学是复杂的有机体，它即使表面看起来能满足时尚，骨子里却是滞后的；它骨子里滞后的同时，也能像报纸和政客那样对时髦话题侃侃而谈。因此，基于价值判断，适度的惰性和阻力也有其特定的用处，它可使大学免于灾难和错误。[①] 大学不是孤立的事物，不是老古董，不会将各种新事物拒之门外；相反，它是时代的表现，是对未来和现在都会产生影响的一种力量。[②]

弗莱克斯纳认为大学是指有意识地致力于追求知识、解决问题、审慎评价成果和培养真正高层次人才的机构。而这个意义上的大学直到1876年霍普金斯大学创办才出现。[③] 弗莱克斯纳认为，迄今为止研究生院是美国大学里最值得称赞的部分，即使从最严格意义上说，相当数量的研究生院所做的相当一部分工作也是真正具有大学质量的工作。无论创建之初，还是随后的20年时间里，霍普金斯大学都最接近于一所真正意义上的大学，并且实际上除此之外美国可以说一无所有。[④]

在此基础上，弗莱克斯纳提出现代大学在最高层次上应致力于增进知识、研究问题、训练学生，现代大学的最重要职能是在尽可能有利的条件下，深入研究各种现象。过分地强调社会服务不仅不利于大学发展，对社会也是没有益处的。大学的任务不是去培养实际的工作者，追求科学和学术的工作属于大学，大学的学术研究应该是纯科学研究。大学的基础是人才，大学应该是学者的乐园，应该是他们自由地进行理智探究的场所。弗莱克斯纳认为仅将知识堆积如山，大学并未充分履行它的职能，现代大学最重要的职能是在尽可能有利的条件下深入研究各种现象：物质世界的现象、社会世界的现象、美学世界的现象，并坚持不懈地努力去发现相关事物的关系。[⑤]

在增进知识和培养人才中，弗莱克斯纳更看重科学研究。弗莱克斯纳援引索比（Sorby）的格言：让一台机器高质量地做自己特定的工作，不要试图让

[①] ［美］亚伯拉罕·弗莱克斯纳：《现代大学论——英美德大学研究》，徐辉、陈晓菲译，浙江教育出版社2001年版，第4页。
[②] ［美］亚伯拉罕·弗莱克斯纳：《现代大学论——英美德大学研究》，徐辉、陈晓菲译，浙江教育出版社2001年版，第1页。
[③] ［美］亚伯拉罕·弗莱克斯纳：《现代大学论——英美德大学研究》，徐辉、陈晓菲译，浙江教育出版社2001年版，第33页。
[④] ［美］亚伯拉罕·弗莱克斯纳：《现代大学论——英美德大学研究》，徐辉、陈晓菲译，浙江教育出版社2001年版，第60-61页。
[⑤] ［美］亚伯拉罕·弗莱克斯纳：《现代大学论——英美德大学研究》，徐辉、陈晓菲译，浙江教育出版社2001年版，第18-19页。

它低质量地做几项不同的事情。^①因此，他认为大学应专注于纯知识研究。到底什么是研究？弗莱克斯纳认为虽然学术合作也是一种旨在获得真理的努力，但研究不是通过雇佣他人而是个人独自做出的静悄悄的、艰苦的努力。这种旨在获得真理的努力是目前人的思想在一切可利用的设备和资源的帮助下能够做的最艰难的事情。课题必须是严肃的或具有严肃的含义，目的必须是没有私利的，不管研究结果对财富、收入或物欲的影响有多大，研究者必须保持客观的态度。^②纯知识的研究看似都是无用的知识，却有极大的价值，任何带有功利实用目的的动机都有可能会限制对知识的好奇心。实用虽然是知识探究的结果，但不应该作为增进知识的标准。^③

大学是不是科研最好的家园，特别是在要求非常昂贵的设备和庞大的官僚机构的那些领域？是不是最好有大部分教授讲授既定的知识，把研究让给大学内外的独立的科学人员？在《现代大学论》中，弗莱克斯纳指出，在这动荡的世界里，除了大学，在哪里能够产生理论，在哪里能够分析社会问题和经济问题，在哪里能够理论联系实际，在哪里能够传授真理而不管是否受到欢迎，在哪里能够培养探究和讲授真理的人，在哪里根据我们的意愿改造世界的任务可以尽可能地赋予有意识、有目的和不考虑自身后果的思想者呢？人类的智慧至今尚未设计出任何可与大学媲美的机构。^④不管天才的作用有多大，世界上大部分研究和教学的工作仍得由大学来做。弗莱克斯纳认为成功的研究所绝不能取代大学，除非大学为之提供训练有素的人才，否则它们就不可能取得成功。在他看来，更可行的不是现在去迅速发展研究所，而是使现有大学摆脱束缚，发展成为有能力充分履行其合适职能的机构。^⑤

与此同时，弗莱克斯纳认为大学不是垃圾场，追求科学和学术的工作属于大学，毫无疑问，中等教育、技术教育、职业教育不属于大学，普及教育也不属于大学。^⑥与此同时，弗莱克斯纳对专业教育与职业教育做出了区分，他

---

① ［美］亚伯拉罕·弗莱克斯纳：《现代大学论——英美德大学研究》，徐辉、陈晓菲译，浙江教育出版社 2001 年版，第 68—69 页。
② ［美］亚伯拉罕·弗莱克斯纳：《现代大学论——英美德大学研究》，徐辉、陈晓菲译，浙江教育出版社 2001 年版，第 108 页。
③ Abraham Flexner. The Importance of "Useless" Knowledge. *Hispania*, 1944, 27(1), pp.77-78.
④ ［美］亚伯拉罕·弗莱克斯纳：《现代大学论——英美德大学研究》，徐辉、陈晓菲译，浙江教育出版社 2001 年版，第 10 页。
⑤ ［美］亚伯拉罕·弗莱克斯纳：《现代大学论——英美德大学研究》，徐辉、陈晓菲译，浙江教育出版社 2001 年版，第 28 页。
⑥ ［美］亚伯拉罕·弗莱克斯纳：《现代大学论——英美德大学研究》，徐辉、陈晓菲译，浙江教育出版社 2001 年版，第 22 页。

提出专业是指"高深学问的专业"，没有学问的专业是不存在的。专业扎根于文化和理想主义基础上，是理智的、学术的。在理想上它致力于普遍的、崇高的目标。[①] 他认为大学应追求卓越，在他的自传中，弗莱克斯纳回忆道："我一生都在追求卓越。"[②] 卓越不仅仅意味着心智训练，更意味着理智和荣誉。在弗莱克斯纳看来，贵族式的卓越才是真正意义上的民主。[③]

在弗莱克斯纳看来，不含学问的专业只能是各种职业，他不赞同在大学进行职业培训，认为职业培训不涉及深刻的理智分析过程，不应纳入大学。[④] 弗莱克斯纳批评美国大学（尤其是哥伦比亚大学和芝加哥大学）在扩大规模的过程中混乱不堪，把职业训练、家政训练、科学教育、文化教育、中学教育、学院教育等各种各样的教育和训练都混杂在一起，不仅各种各样的训练和教育都会受到损害，而且最高层次的教育受损害最大。[⑤] 在美国大学从事的"服务性"活动中，弗莱克斯纳将某些学院或系科划入职业类，如家政科学、新闻学院、商学院、图书馆学、验光配镜学院、旅游管理学院等，这些都不属于大学的范畴。

弗莱克斯纳认为理想的现代大学，应该是小规模的研究型大学，规模越小，质量会越高，从而可以吸引最优秀的学者、科学家和学生云集于此，组成自由的学术团体，共同研讨高深学问，增进知识。因扩张而出现的巨型大学烦琐臃肿的管理制度导致大学失去灵活性。[⑥] 总的来说，现代大学应该是小规模的有机体，在目标上应保持一种单纯的同质性，灵活与通融应重于机械效率。[⑦] 1930 年，年届 64 岁的弗莱克斯纳在一笔巨额捐赠资助下终于在普林斯顿大学成功创办高等教育研究院，他希望优秀的学者和学生可以自由地研究知识，共同推进知识增长。在弗莱克斯纳看来，受商业领域追逐财富驱动所做的科学研究对高等教育目标危害甚大，因此，研究院应成为杰出学者的乐园和避难所，他们远离外部世界的干扰，免于承担科学研究的社会和政治责任。

---

① ［美］亚伯拉罕·弗莱克斯纳：《现代大学论——英美德大学研究》，徐辉、陈晓菲译，浙江教育出版社 2001 年版，第 23-24 页。

② Abraham Flexner, *Abraham Flexner: An Autobiography*, New York: Simon and Schuster, 1960, p.45.

③ Abraham Flexner, *Abraham Flexner: An Autobiography*, New York: Simon and Schuster, 1960, p.67.

④ Abraham Flexner, The University in American Life, *Atlantic Monthly*, 1932, 149(5), p.621.

⑤ ［美］亚伯拉罕·弗莱克斯纳：《现代大学论——英美德大学研究》，徐辉、陈晓菲译，浙江教育出版社 2001 年版，第 45 页。

⑥ Abraham Flexner, *Abraham Flexner: An Autobiography*, New York: Simon and Schuster, 1960, p.237.

⑦ Abraham Flexner, Symposium on the Outlook for Higher Education in the United States, *Proceedings of the American Philosophical Society*, 1930, 69(1), pp.257-269.

在此，弗莱克斯纳并没有否认大学需要承担的职责和责任，他认为一所真正的现代大学无疑应有对思想负责的使命感，就像中世纪教会觉得自己对灵魂负有责任一样。[①] 弗莱克斯纳指出，诚然大学也许太遥远、太封闭、太学术化，但美国大学仍需要理解：只有服从于教育的职能，只有在一个高度的、无私利的理智水平上，参与"服务性"活动才是有益的。[②]

（三）大学的传统与现代大学的危机

弗莱克斯纳的大学理念形成于美国高等教育从学院向大学转型的时期，其大学思想深受德国古典大学观的影响。弗里曼·巴茨（Freeman R. Butts）将弗莱克斯纳视为推崇传统的"理智主义者"，巴茨认为理智主义者在多方面与"人文主义者"达成了共识，但与"人文主义者"不同的是他们并不推崇文学和语言学。"理智主义者"将传统哲学和博雅知识作为教育的标准，认为教育旨在发展学生心智，教育中的理智训练应与世俗世界保持距离。[③] 从这个角度看，弗莱克斯纳所提出的大学理念是对西方大学理念的继承和发展，他将现代大学视为"纯粹研究学问的中心"，这一理念与红衣主教纽曼的"大学是为绅士提供自由教育的训练场所"、奥尔特加·加塞特（Ortega y Gasset）的"大学是发展和讨论时代的伟大思想和议题的地方"、赫钦斯的"大学是传承自古希腊以来哲学会话之所"等一脉相承。[④]

弗莱克斯纳的现代大学观被视为贵族式的，他认为大学的目的是基于知识本身去探究学问，无关世俗应用，而这一目的的达成只能是少数人才能完成的工作。弗莱克斯纳对大批学生涌入大学求取学历持批判态度，当然这不意味着弗莱克斯纳在社会观上反民主，他并不反对大众对文化和知识的渴求，他只是提出大学并不是满足大众这一需求最好的选择和场所。弗莱克斯纳认为规模并不意味着民主，质量才是保证民主的基石。[⑤]

从精英主义的语境来看，弗莱克斯纳的大学理念并不是贵族式的，在反犹太主义最盛行时期弗莱克斯纳也不曾放弃他的信念，他坚信应摒弃年龄、宗

---

① ［美］亚伯拉罕·弗莱克斯纳：《现代大学论——英美德大学研究》，徐辉、陈晓菲译，浙江教育出版社 2001 年版，第 120 页。

② ［美］亚伯拉罕·弗莱克斯纳：《现代大学论——英美德大学研究》，徐辉、陈晓菲译，浙江教育出版社 2001 年版，第 133 页。

③ Freeman R. Butts, *A Cultural History of Education*, New York: McGraw-Hill Book Company, Inc., 1947, p.602.

④ Clark Kerr, Abraham Flexner's Universities, *Society*, 1994, 31(4), pp.40-47.

⑤ Abraham Flexner, The University in American Life, *Atlantic Monthly*, 1932, 149(5), p.622.

教和种族等方面的歧视，面向所有杰出的人才公开招聘大学教师。[①] 如果将贵族式的教育界定为阻碍有才能的人有效地实现社会流动和晋升，从这种意义上说，弗莱克斯纳从未赞同或支持过这种教育制度。[②]

一方面，弗莱克斯纳被视为保守主义者或传统主义者；另一方面，也有学者认为他在某种意义上自始至终都是一位"进步主义者"，因为"进步主义"本身就推崇学者自由地从事研究工作。[③] 尽管如此，不同于杜威的观点，弗莱克斯纳虽然也意识到美国高等教育民主化的诉求，但他坚持认为探究知识才是美国高等教育更为本质的目标。弗莱克斯纳创办高等教育研究院的努力折射出他对高等教育过度商业化的担忧，从美国高等教育发展的趋势看，这种担忧不无道理。

第二次世界大战后，高等教育从社会的边缘走向中心，高等教育所承担的职能日益增多，与政府、社会、市场之间的关系变得更为重要。正是在与外部环境的不断相互作用的过程中，高等教育的功能、特性和结构都发生了显著的变化。哈佛大学前校长德里克·博克（Derek Curtis Bok）指出，第二次世界大战后，大学是象牙塔的说法过时了。相反，一张庞大而复杂的关系网把大学和社会其他主要机构连接起来。[④] 克拉克·科尔也认为，二战后，现代的美国大学既不是纽曼式的牛津大学，也不是弗莱克斯纳式的柏林大学，它是世界上一种新型的机构，即多元化巨型大学。[⑤] 正如弗莱克斯纳所说，"美国教授头衔"再也不是"无产者"了，工资和地位已经显著提高，教学人员愈来愈成为社会的完全参与者，而不是置身于社会之外的人了，有些人正置身于国家和世界事件的中心。[⑥]

在商业文化的影响下，大卫·里斯曼（David Riesman）和大卫·韦伯斯特（David Webster）认为美国高等教育陷入了满足学生需求与欲望之间的矛盾中，为了提高竞争力，高校纷纷趋向于迎合学生欲望，而学生将自己视为其教育的

---

① John Higham, *Send These To Me: Jews and Other Immigrants In Urban America*, New York: Atheneum, 1975, pp.159-162.

② 可参阅：Abraham Flexner, Aristocratic and Democratic Education, *Atlantic Monthly*, 1911, 108(1), pp.386-395.

③ Bernard Flicker, *Abraham Flexner's Educational Thought and Its Critical Appraisal*, New York University, 1963, pp.224-225.

④ ［美］德里克·博克：《走出象牙塔——现代大学的社会责任》，徐小洲、陈军译，浙江教育出版社2001年版，第7页。

⑤ ［美］克拉克·科尔：《大学的功用》，陈学飞等译，江西教育出版社1993年版，第1页。

⑥ ［美］克拉克·科尔：《大学的功用》，陈学飞等译，江西教育出版社1993年版，第28页。

消极生产者，这无形中会为高等教育的发展埋下隐患。①学生消费者的欲望大多建立在个人需要和偏好的基础上，大学不断迎合其欲望，这种转变直接挑战着高等教育本身的历史属性和目的。②克拉克·科尔不无担忧地指出："今天，在很多国家高等教育的教师中间，失去的乐园是一个共同的主题。有人说，大学从来没有经历过这么大的变革，它曾经是一个自由和独立的知识分子团体，而且经过很多世纪的变迁，保持下来。现在它面临着一个它的自由将被严重削减的未来。"③

三、赫钦斯的教育思想

赫钦斯（Robert Maynard Hutchins, 1899—1977）是美国著名教育家、思想家，永恒主义教育流派、名著阅读运动的代表人物。1899年1月17日，赫钦斯出生于美国纽约布鲁克林区的一个清教徒家庭。1915—1917年，赫钦斯就读于奥伯尔林学院，后因入伍中断学业。第一次世界大战后，他转入耶鲁大学继续本科学习，并于1921年顺利毕业。赫钦斯自1925年起在耶鲁大学任教，1927年担任耶鲁大学法学院院长。1929年，年仅30岁的赫钦斯应聘担任芝加哥大学校长，开始推行著名的"芝加哥计划"，对这所大学进行改革。与此同时，他又推行"名著阅读运动"，并专门设立了"西方名著编纂咨询委员会"，推行其自由教育课程改革计划。作为批判工具主义高等教育思想的重要代表人物之一，赫钦斯先后发表了《美国高等教育》（*The Higher Learning in America*，1936）、《为了自由的教育》（*Education For Freedom*，1944）、《民主社会中教育的冲突》（*The Conflict in Education in a Democratic Society*，1953）、《乌托邦大学》（*The University of Utopia*，1953）、《学习社会》（*The Learning Society*，1968）等著作。

在大学思想方面，赫钦斯被视为激进和保守并存的教育家。④因此，有学者认为赫钦斯是一位激进的保守主义者⑤，也有学者认为赫钦斯是一位古典人

① David Riesman & David Webster, *On Higher Education: The Academic Enterprise in an Era of Rising Student Consumerism,* New Jersey: Transaction Publishers, 1998, xviii.
② Michael S. Harris, "The Escalation of Consumerism in Higher Education", in *The Business of Higher Education*, Knapp, John C.& Siegel David J, Santa Barbara: Praeger Publishers, 2009, p.94.
③ ［美］克拉克·科尔：《高等教育不能回避历史——21世纪的问题》，王承绪译，浙江教育出版社2001年版，第72页。
④ Richard B. Jones, *Higher Learning for America: A Comparison of Abraham Flexner and Robert Maynard Hutchins and Their Views on Higher Education*, Saint Louis University, 1978, p.229.
⑤ Amy A. Kass, *Radical Conservatives for Liberal Education*, John Hopkins University, 1973.

文主义者，是进步主义与大众教育运动对立面的永恒主义者。赫钦斯的思想被视为保守落后，是贵族式的教育。① 赫钦斯的思想与古希腊柏拉图和亚里士多德、托马斯·阿奎那和纽曼的教育思想一脉相承，在观点上虽有差异，但其复古主义倾向是十分明显的，其思想具有典型的复古式浪漫色彩。

赫钦斯通常被视为精英主义者，但著名社会学家爱德华·希尔斯（Edward Shils）对此提出异议，在希尔斯看来，赫钦斯是最伟大的美国校长之一，他是一位坦率、正直、执着的爱国者。② 赫钦斯认为自己并不是一名学者，而是一名教育管理者。赫钦斯特别强调对大学的管理和领导问题，他认为大学需要一个目的，"一个最终远景"。如果它有一个"远景"，校长就必须认出这个远景，如果没有远景，将导致"美国大学的极端混乱"③。鉴于此，赫钦斯最感兴趣的是通过自由教育重建大学的古典人文教育功能，虽然名著阅读运动并没有得到广泛支持，但自由博雅课程的核心理念得以保留，成为大学通识教育课程改革的基本精神。

（一）赫钦斯自由教育思想

赫钦斯是二战前后高等教育领域最富有争议的人物之一，作为芝加哥大学校长，他是全美极具争议性的人物。克拉克·科尔称赫钦斯是真正力图从根本上变革他的学校和高等教育的最后一位校长。在这个意义上，他是最后一位巨人。④ 在他体系庞大、内容丰富的思想体系中，自由教育是其核心思想，赫钦斯自由教育思想具有鲜明的人文主义色彩，是高等教育理论的一个重要组成部分，并对美国高等教育产生了广泛而深刻的影响。

赫钦斯在高等教育领域的改革理念深受他的成长和教育经历的影响，在耶鲁大学期间，当时美国大学和学院过分专业主义的倾向给赫钦斯留下了极深的印象。⑤1925 年任教于耶鲁大学后，他就曾尝试将自由人文主义精神引入法学教学中，并塑造了耶鲁大学法学院此后的教学风格。⑥

赫钦斯成长于宗教氛围浓厚的家庭，他对基督教和古典人文学科有很深

①　Brian A. Cole, *Hutchins and His Critics, 1936—1953*, University of Maryland, 1976, p.1.

②　Harry S. Ashmore, Robert Maynard Hutchins, *The American Scholar*, 1990, 59(4), pp.633-634.

③　［美］克拉克·科尔：《大学的功用》，陈学飞等译，江西教育出版社 1993 年版，第 20 页。

④　［美］克拉克·科尔：《大学的功用》，陈学飞等译，江西教育出版社 1993 年版，第 21 页。

⑤　James R. Connor, *The Social and Educational Philosophy of Robert Maynard Hutchins*, University of Wisconsin, 1954, pp.9-10.

⑥　Herbert Brownell, Robert Maynard Hutchins, 1899—1977, *The Yale Law Journal*, 1977, 86（8），pp.1547-1551.

的情结，他坚信人在本质上是道德、精神、理性的统一体。① 另外，赫钦斯的思想同时也受到以雅克·马利坦②（Jacques Maritain）为代表的基督教人文主义的影响，理性主义哲学家莫蒂默·阿德勒（Mortimer J. Adler）则通过名著阅读运动极大地塑造了赫钦斯的思想和观念。基于上述思想，赫钦斯的教育思想主要建立在三个前提条件下：（1）人是理性的、社会的、道德的存在，其目标在于成为完人；（2）人类福祉有赖于政府，最好的政府应该是民主的；（3）民主的实现有赖于教育。③

在赫钦斯时代，美国反智主义潮流盛行，实用和功利主义的教育价值取向主导着美国高等教育的发展和走向，对此赫钦斯深感痛心。两次世界大战对赫钦斯产生了深刻影响，他批评科学主义和功利主义给人类带来的巨大灾难。赫钦斯对美国当代文化持悲观态度，认为 20 世纪美国社会陷入混乱无序状态，已近崩溃的边缘，必须进行道德和精神革命，学校必须教养人的理性。④ 理性是赫钦斯大学思想中重要的概念，也是学习知识、追求智慧的前提条件。赫钦斯深信人具有天赋的潜在的理性的力量，这种力量是其他美德的源泉。教育的目的在于发展人潜在的理性，他深信大学教育的目标应是培养人的理性美德，最终培养具备智慧和善的完人。

赫钦斯认为美国高等教育最引人注目的事实，是它深受混乱的困扰，这种混乱始于中学，并一直延续至大学的最高层次。⑤ 造成高等教育混乱的首要原因是追逐金钱，其次是混乱的民主概念。赫钦斯提出民主并不是要求高等教育向那些具备独立的智力工作所需的兴趣和能力之外的人开放。确保一所大学唯一的希望是注意到大学是从事独立的智力工作的场所。⑥ 除了追逐金钱和误解民主外，造成高等教育混乱的原因还有对"进步"概念的错误认识。在此，赫钦斯对以杜威为代表的经验主义和实用主义教育提出了异议，赫钦斯强调教育发展学生的理性，杜威则更推崇发展经验。换句话说，赫钦斯试图让学生

---

① 　James R. Connor, *The Social and Educational Philosophy of Robert Maynard Hutchins*, University of Wisconsin, 1954, p.10.

② 　马利坦认为不管一个人的职业是什么，他的职业训练应该以基础性的自由教育为根基。

③ 　Cleburne L. Farr, *A Rhetorical Analysis of Selected Addresses by Robert Maynard Hutchins*, The State University of Iowa, 1959, p.298.

④ 　Delbert D. Weber, *A Comparison of the Educational Ideas of James Bryant Conant and Robert Maynard Hutchins*, The University of Nebraska Teachers College, 1962, pp.174-175.

⑤ 　［美］罗伯特·赫钦斯：《美国高等教育》，汪利兵译，浙江教育出版社 2001 年版，第 1 页。

⑥ 　［美］罗伯特·赫钦斯：《美国高等教育》，汪利兵译，浙江教育出版社 2001 年版，第 12 页。

适应课程体系，杜威则希望根据学生个体需要灵活设计课程。[①] 在教育目标方面，赫钦斯认为教育目的是体现永恒的智慧和善。相比而言，杜威则从实用主义角度否定了教育目标的永恒性，强调经验的个体性和现实性。[②] 赫钦斯将民主视为一种政府组织形式，杜威则将民主视为一种生活方式。[③] 赫钦斯基于对经验主义思想的批评指出，由于社会的进步，在知识上人们毫不犹豫地与过去决裂，经验主义占据主导，取代思辨成为教育和研究的基础，大学的整个结构崩溃。

　　鉴于此，赫钦斯对美国高等教育的混乱现象进行了激烈的抨击，认为美国高等教育的混乱表现在追逐金钱、混乱的民主概念以及对"进步"概念的误解方面。如何才能打破这种恶性循环？赫钦斯坚信作为教育，首先要真诚地追求知识，作为学术，则要真诚地献身于知识的进步。高等院校只有献身于这些目标，美国高等教育的未来才能充满希望。[④] 在赫钦斯看来，知识在本质上具有普遍性、永恒性、绝对性，知识是统一且成体系的存在，古今一致而历久弥新。教育应传递永恒的知识，在知识观方面，赫钦斯强调知识本身内在的目的和价值，认为知识的目的，不在于知识的功用或工具性价值，而在于知识的内在价值。

　　在其知识观的基础上，赫钦斯认为高等教育的目标是智慧，智慧意味着了解事物的原则和起因。形而上学探究的是事物的最高原则和起因。[⑤] 他进而提出："大学所要解决的是思辨的问题，那种信息的收集，不论历史的还是当代的，都不应在大学占有一席之地，除非那些数据资料说明或证实一些原则，或有助于这些原则的发展。"[⑥] 赫钦斯无意于提倡任何具体的神学或形而上学，他只是在现代社会努力寻求一种体系。他谈道："实际上，我们今天正生活在一种神学和形而上学不断变化的残余之中，我们坚守着它们，因为我们必须坚守一些东西。如果我们能够使形而上学重新焕发生机，并恢复它在高等教育中

---

　　① Joseph W. Crosby, *A Comparative Analysis of the Educational Philosophies of John Dewey and Robert Hutchins,* The University of Southern California, 1949, p.70.

　　② Joseph W. Crosby, *A Comparative Analysis of the Educational Philosophies of John Dewey and Robert Hutchins*, The University of Southern California, 1949, pp.72-73.

　　③ Joseph W. Crosby, *A Comparative Analysis of the Educational Philosophies of John Dewey and Robert Hutchins*, The University of Southern California, 1949, p.73.

　　④ ［美］罗伯特·赫钦斯：《美国高等教育》，汪利兵译，浙江教育出版社 2001 年版，第 19 页。

　　⑤ ［美］罗伯特·赫钦斯：《美国高等教育》，汪利兵译，浙江教育出版社 2001 年版，第 57 页。

　　⑥ ［美］罗伯特·赫钦斯：《美国高等教育》，汪利兵译，浙江教育出版社 2001 年版，第 63 页。

应有的地位，我们就能够在大学及当今世界建立起合理的秩序。"①

　　为了实现这一目标，赫钦斯积极倡导自由教育。赫钦斯指出："我们的国家必须将真正进步的希望寄托在教育身上，其中包括科学和技术的进步。不过，这应以理性为指导，以实现真正的繁荣为指导，以真正的自由为指导，这种自由只存在于社会，一种具有合理秩序的社会中。"②赫钦斯认为在现代社会，学科制度化、知识专门化的背景下，注重专业教育必然导致社会的分裂、人与人之间的疏离。自由教育意在通过共同的知识内容和课程结构，促成社会沟通和理解，形成社会的整体意向，实现民主政治理想。

　　赫钦斯指出："自由教育的目的是心灵的陶冶，旨在培养有智慧的公民。"③要正确理解教育，就应将它理解为智力的培养。任何普通教育必须是教育学生进行理智的活动。因此，必须启发学生走上智慧之路。④赫钦斯希望通过自由教育，学生能智慧地运用理性逻辑进行思考，做出明智的判断和抉择，并能够理性地付诸行动。所谓的自由教育的特征，与其说在于它所包含的内容，不如说在于它所追求的东西，它的目的在于扩大理解力，发展对事实尊重的态度，增强合乎情理的思考和行为的能力。赫钦斯认为自由教育不是为了特定具体的目的，不是为了特定的职业或专业，而是为了训练智力和理性。在赫钦斯看来，中等教育、职业技术教育等都不属于大学范畴，大学应该成为独立思考与批判的中心，公立教育机构应提供职业技术类课程以适应时代需要。自由教育是大学专业教育或高深研究的教育基础，在现代社会中，自由教育有助于维护西方文化传统。将大学职业教育化这种做法不仅对大学有害，而且对于引导学生理解学科也是灾难性的，同时也贬低了课程和教职人员的价值，导致浅薄和孤立。赫钦斯认为自由教育有助于消除一直困扰大学的经验主义和职业主义教育倾向，使大学可以自由地开展他们的理智性的工作。

　　鉴于芝加哥大学当时过于重视专业教育的倾向，赫钦斯极力推崇古典人文主义传统，倡导名著研读。他认为经典著作在任何时代都有现实意义，是永恒学习的一部分。因为没有它们，就不能了解任何学科，也不可能理解当今世界。⑤赫钦斯强调普通教育在于挖掘共同的人性要素，在于种族的品质，而不

① ［美］罗伯特·赫钦斯：《美国高等教育》，汪利兵译，浙江教育出版社 2001 年版，第 61 页。
② ［美］罗伯特·赫钦斯：《美国高等教育》，汪利兵译，浙江教育出版社 2001 年版，第 68 页。
③ Robert M. Hutchins, *No Friendly Voice,* New York: Greenwood Press, 1936, p.130.
④ ［美］罗伯特·赫钦斯：《美国高等教育》，汪利兵译，浙江教育出版社 2001 年版，第 40 页。
⑤ ［美］罗伯特·赫钦斯：《美国高等教育》，汪利兵译，浙江教育出版社 2001 年版，第 47 页。

是个体的偶然性。① 人性在本质上是理性的，在赫钦斯看来，教育意味着教学，教学意味着知识，知识就是真理，真理在任何地方都是相同的。自由教育的目的是抽绎出共同的人性，实现这种目的最佳的途径即是名著，名著之所以伟大是因为它们对任何时代都有意义和价值。

赫钦斯认为，名著是古今人类的智慧精髓及文化宝藏，是自由教育取之不尽的教材来源，经过去粗存精的筛选，即可作为自由教育的最佳内容。他指出，西方名著涵盖了知识的所有领域。柏拉图的《理想国》是理解法学的基础，在教育方面对于了解公民的权利和义务同样重要。亚里士多德的《物理学》探讨的是自然的变化和运动，它是自然科学和医学的基础，对于每一个人而言也是同样重要的。因此，在四年里花一部分时间用于阅读、讨论和消化这类名著，同样有利于为专业学习做准备，有利于各种终结性的普通教育。②

自1929年赫钦斯担任芝加哥大学校长后，面对芝加哥大学当时侧重职业技术教育的情形，赫钦斯对大学的发展方向和课程设置进行了大刀阔斧的改革，推行了震惊美国教育界的"芝加哥计划"。该计划对芝加哥大学原有课程进行重组，将整个课程合并为四个部：人文科学部、社会科学部、自然科学部、生物科学部；以四个部为中心设置系科，再施以相应的课程。在课程实施上，要求学生必修三年共同的人文科学、社会科学和自然科学课程。自由课程采取经典名著和统整性研修两种方式，经典名著部分要求学生精读熟记原文著作，认识名著的写作背景、著作内容、当代意义等；统整性课程则是在学生阅读多本经典名著后，由几位教授合作上一门以讨论为主的课程，每门课一般为四个小时，其中一个小时由教授讲课，另外三个小时为讨论。

为了配合实施"芝加哥计划"，赫钦斯选聘当时美国各领域著名学者专家组成"西方名著编撰咨询委员会"，整理遴选并编辑古今著名著作以解决大学课程问题。赫斯特认为，高等教育的首要目的是发展理智能力，其他的任何目的都是次要的。他把所选出的经典名著作为全体学生必修课程，并称之为共同的核心课程。赫钦斯编纂名著的主旨是将古今名著中所提出的最重要问题及基本观念抽绎出来，供全体学生研讨。赫钦斯所编排的名著，并不是对古今名著盲目罗列拼凑，而是基于逻辑线索将观念内涵以及问题进行归类，编辑成系统的丛书。1945—1952年，历时七年，花费近100万美元，该委员会共编辑出版54卷《西方名著》丛书（*Great Books of the Western World*: 54 Volumes），名

① ［美］罗伯特·赫钦斯：《美国高等教育》，汪利兵译，浙江教育出版社2001年版，第43页。
② ［美］罗伯特·赫钦斯：《美国高等教育》，汪利兵译，浙江教育出版社2001年版，第48页。

著涵盖从古希腊到现代的 74 位作者的 443 部（篇）著作，列出了 102 个伟大观念，并以这些观念为纲编制主题和引文段落以及术语注解。① 这些著作不仅包括文学作品，还有历史、哲学、经济、政治、数学、物理、音乐等方面的作品。

赫钦斯认为，只有加强名著式的通识教育，才能培养"通才"，他企图将大学建设成为追求真理、进行研究及实施自由教育的机构，以达到训练人的心智的目的。芝加哥大学的改革，进一步明确了高等学校本科通识教育课程应该关注的知识领域和内容，为其他大学通识教育课程设计奠定了一定的基础。但赫钦斯的教育理念真正实施则是在圣约翰学院的教育实践中，该学院要求整个大学充分实施按编年史顺序研读西方名著：大一学生集中学习古希腊名著，包括 15 位（篇）大思想家的传世之作；大二学生以学习古罗马、中世纪和文艺复兴前后的经典名著为主，共计 24 本（篇）；大三学生学习 16、17 世纪名著，多达 27 种；四年级侧重于 18 世纪到当代著作，计 24 种。

名著阅读运动中，以赫钦斯为代表的永恒主义者对进步主义传统进行了修正，强调在古典传统文化与社会变革之间重新理解经典著作在当代的价值和意义。② 西方经典教育是与西方近现代社会、文化和教育的变迁和反思密切联系在一起的，展现了历史、价值观念、生活方式的断裂和延续之间的张力。③通过"芝加哥计划"和名著阅读运动，赫钦斯把西方正统的自由教育与美国民主政治理想相结合，以此来揭示自由教育的真正价值。自由教育有助于消除一直困扰大学的经验主义和职业主义教育倾向，使大学可以自由地开展他们的理智性的工作。在自由教育的熏陶下，培养年轻一代自由和宽容的品质，自觉主动抵制反智主义潮流。

（二）自由教育与通识教育之争

20 世纪初到 30 年代，关于自由教育角色和课程设置问题的辩论弥漫于美国高等教育。选修制的引入以及对研究生教育和专业教育的侧重，严重削弱了古典语言课程，自由教育也随之逐渐式微。赫钦斯反对高等教育的职业主义和实用主义倾向，强调大学的学术追求。同一时期的哈佛大学校长科南特就高等教育性质问题与赫钦斯产生了大量分歧，两人对自由教育的课程设置、组织管理等问题展开了一系列激烈辩论。

---

① 王晨：《美国名著教育方式之争及其问题》，《教育学报》2009 年第 5 期。

② Mortimer J. Adler, The Crisis in Contemporary Education, *The Social Frontier*, 1939, 5(42), pp. 140-145.

③ 王晨：《西方经典教育的历史、模式与经验——以美国为中心的考察》，《教育学报》2012 年第 1 期。

科南特赞同赫钦斯关于自由博雅教育在大学中的稳固传统，他也赞同赫钦斯对大学职业主义趋向的批评，但科南特希望赫钦斯将这种普遍哲学思想只保留在芝加哥大学。赫钦斯永恒主义信念即在于消除科南特的相对怀疑主义信念，他就本科生课程在《耶鲁评论》（*Yale Review*）中发表了自己的看法，科南特做出了回应：

我刚刚怀着极为愤怒的心情拜读了您的大作。……我不得不向您表达对您所持观点的强烈不满。……对您意图强化大学的人文艺术传统的想法，我很赞同，同样您对那些实用主义者和那些试图将大学庸俗化的人的批评，我也毫无异议；但我迫切希望您将所谓"普遍的"哲学的观点抛到密歇根湖里去！①

观点的分歧也造成双方人际关系的紧张，赫钦斯曾给科南特寄来一个从哈佛大学昆虫学学报上剪下来的标题，上面写着"哈佛拥有6000万年历史的昆虫"，他还在报纸上做了这样的注："芝加哥的昆虫在6500万年以前都退休了。"②

1938年，赫钦斯曾邀请科南特出任芝加哥大学化学系主任，平时并不幽默的科南特做了这样的答复："我把您24号的电报装订成我的一份推荐材料，很遗憾，我才疏学浅，恐怕不能胜任这个阿谀奉承的差使。我现在的员工们似乎对我继续在相当长的时间内留任表示出了强烈的愿望。如果我决定放弃商业工作而转向纯科学研究，我将优先考虑在您颇具煽动性和鼓动性的领导下工作。"③

二战期间，赫钦斯主张孤立主义，而科南特积极主张美国干预二战，双方政治立场上又出现矛盾。赫钦斯在1946年宣称原子弹已经没有必要，美国已经失去了在国际社会中的道德领导地位，而科南特却公开反对他的看法。1948年赫钦斯主张公开美国的核机密，科南特与赫钦斯之间的矛盾愈加尖锐。

事实上，哈佛大学推行通识教育课程改革，直接诱因是对赫钦斯执掌芝加哥大学通识教育改革所做出的回应。围绕通识教育（General education）与自由教育（Liberal education），科南特与赫钦斯展开了一系列辩论。

赫钦斯与科南特对通识教育的目的持相同观点，但是就通识教育的组织管理和内容安排，科南特与赫钦斯展开了争论。美国医学协会35周年庆，会议邀

① Morton Keller & Phyllis Keller, *Making Harvard Modern: The Rise of America's University*, New York: Oxford University Press, 2001, p.27.

② Morton Keller & Phyllis Keller, *Making Harvard Modern: The Rise of America's University*, New York: Oxford University Press, 2001, p.27.

③ Morton Keller & Phyllis Keller, *Making Harvard Modern: The Rise of America's University*, New York: Oxford University Press, 2001, p.27.

请了赫钦斯和科南特，赫钦斯在演讲中就通识教育问题与科南特进行了辩论。①

在教育组织形式方面，赫钦斯推崇双轨制，积极倡导普通教育，他认为学校不可能同时承载双重目标。②科南特推崇综合高中，倡导建立为所有美国人服务的教育机构。在组织管理方面，赫钦斯主张通识教育尽早开展，认为应该在高中一年级就实施通识教育。赫钦斯通过研究发现，学生修完通识教育课程平均时间为 4 年，赫钦斯对大学本科教育过度专业化的倾向甚为担忧，当时哥伦比亚大学、霍普金斯大学、芝加哥大学以及其他一些大学主张将大学四年分成两个阶段（two year unit），大学前两年作为通识教育阶段，结束后，对其通识教育课程进行考试和评估，后两年作为高级专业教育阶段。但是这种做法遇到了很多问题，即通识教育不通、专业教育不专的现象。赫钦斯的补救的办法即是将通识教育的时间提早到高中一年级。

课程内容方面，赫钦斯认为通识教育并不是只学习希腊语和拉丁语，赫钦斯坚持文化传统在教育中的重要性，教育的目的是帮助学生理解知识和思想传统。如何才能理解知识文化传统？赫钦斯的方案是实施名著阅读，系统解读从古至今的名著文本。③赫钦斯坚信人类文明的保存需要道德、思想、精神领域的革命，以适应科学技术和经济革命给人类带来的影响。他并无返古之意，但是中世纪时期的一些著作对人类文明和智慧具有普遍价值，中世纪学者对如何读书也有其洞见，他们发展了语法、修辞、逻辑等作为阅读、理解、讨论的有效方法。

不同于赫钦斯的复古思想，科南特将通识教育的概念置于现代知识体系中，科南特之所以采用通识教育而不是自由或博雅教育，原因在于通识教育内容既包括古典人文学科，也包括自然科学知识，是对当前人文知识、社会科学知识、自然科学知识最核心内容的整合，是为学生学习专业知识和适应现代社会打基础。④自由教育课程的使命是必须找到能代替过时的古典学科的自由教育课程，还目前混乱的教育一种秩序。科南特认为，"我们生活在一个专业化的时代，学生成功与否往往取决于他对某个专门职业的选择，无论是化学家、

①　Rudolph Kass. *Conant, Hutchins Debate Education; President Talks on "Technical War": Chicago, Harvard Heads Argue on Functions of a Modern University at NY Symposium*, The Harvard Crimson, 1950, p.1.

②　Delbert D &Weber, *A Comparison of the Educational Ideas of James Bryant Conant and Robert Maynard Hutchins*, The University of Nebraska Teachers College, 1962, pp.177-178.

③　Robert M. Hutchins, *The Great Conversation the Substance of a Liberal Education*, Chicago: Encyclopedia Britannica, Inc., 1952, xi.

④　James B. Conant, *Report of the President of Harvard University to the Board of Overseers (1951—1952)*, Cambridge: Harvard University Press, 1952, p.25.

医生、工程师，还是某个手工或技术性行业的专家……我们无法拒绝专业化"，但又不能一味地强调专业化，因为一个完全由专家统治的社会并不是一个有条不紊的社会。因此，大学应该把"个人培养成既是某一特殊职业的专家，又是通晓各类知识的自由人"①。在科南特看来，大学应该培养负责任的人和公民，培养情感和智力全面发展的人，培养集自由人与专家于一身的人。通识教育不是指一般知识的教育这种空泛的含义，也不是指给所有人的普及教育。它被用以指学生在整个教育中首先要关注他作为一个负责任的人和公民的生活的教育。

　　赫钦斯推崇古典博雅教育，主张学习古典名著，而科南特也赞同人文传统，但他更注重古今知识中所蕴藏的基本要素，科南特的视野不在于古今知识的优劣，而在于古今知识连贯的内核，人文、社会、自然科学知识共同在培养现代公民中的作用，这些基本知识是公民适应现代社会的必备条件。

　　赫钦斯的自由教育思想是其理智训练理论的逻辑产物。在他看来，自由教育的基本内容只能是"永恒学科"（permanent studies）和"理智遗产"（intellectual inheritance）。赫钦斯极力推崇理性思辨，这种脱离教育实际的自由教育具有形而上学的致命弱点。他将自由教育与职业训练分离开来，具有精英教育倾向；而过分推崇古典的自由教育和古典名著，沉浸在永恒的理念中，使其容易固守传统而显得保守，与社会的发展格格不入。②与赫钦斯的通识教育课程比起来，科南特在设置上重视传统要素与现代科学知识的结合，重视通识教育与专业教育的联系，在处理大学基础教育课程和专业课程、传统文化和现代科学知识、理智训练和经验积累的关系上，比赫钦斯更注重社会现实。科南特坚持科学也应该是通识教育必要的组成部分。作为一种无涉价值的思维方法，科学给予人们思考的武器。不同于赫钦斯的名著阅读运动一味强调继承文化遗产，科南特试图调和继承与变迁之间的关系，并将科学作为推动社会变迁的重要力量。

　　通识教育与自由教育分歧根植于科南特与赫钦斯对高等教育性质的基本认识。赫钦斯信奉亚里士多德主义和托马斯主义，而科南特则信仰相对主义和怀疑主义。③科南特既肯定大学是进行纯粹智力活动的场所，又拥护大学对各

---

① 郭健：《哈佛大学发展史》，河北教育出版社 2000 年版，第 173-175 页。
② 王晨：《赫钦斯自由教育思想研究》，《比较教育研究》2005 年第 4 期。
③ Morton Keller & Phyllis Keller, *Making Harvard Modern: The Rise of America's University*, New York: Oxford University Press, 2001, p.27.

种职业的训练。赫钦斯认为，职业主义与物质的商业主义相连，与高等教育追求纯正真理的智力目标相背离。

科南特认为，他的思想是来自美国理想主义的本流，他一方面推崇自然科学，另一方面笃信人文主义，推崇宽容和个人主义，他肯定理想主义自身在美国传统中的价值，但是他也批评伪装的保守派和教育学者不切实际的乌托邦式空想，所谓"伪装的保守派"，科南特所指实际上正是芝加哥大学校长赫钦斯，"乌托邦式空想"则是指杜威等人的进步主义教育理想。

事实上，关于什么是自由教育的前提，理论家们争论不休。欧美流行的学派认为，高等教育应该充实学生的思想，而不是仅仅形成他们的道德实践。今天的自由教育应该使人从无知、偏执、迷信和非理性的枷锁中解放出来，它应该促进人一定程度的自治。为了确保对自由教育进行重新思考所需的灵活性，一些人把"自由教育"这一古老的称呼还给传统主义者，同时打出了"普通教育"的旗号。① 这种称呼有其合理性，首先从学生群体来说，接受普通教育的学生越来越多元化；从课程内容来说，自然科学知识也逐渐包括在其中，共同作为知识的统一基础；从课程目标上说，理智训练并不只是自由教育所推崇的目标，而是作为一种学习的手段和基础。

尽管保守派和进步主义在自由教育和通识教育的问题上分歧巨大，但美国高等教育界在协调这两种教育方面依然做了一些努力，哈佛红皮书② 即是典范。哈佛红皮书所探讨的问题不仅仅是学院教育的问题，它的范围和视野要大得多，它要解决中小学和大学通识教育问题，红皮书所反映的是美国教育的全貌。哈佛红皮书可以称得上对美国教育的一项研究。它是针对战后美国教育所做的一项整体反思，红皮书涉及中小学和大学，是一项系统的教育工程，因此，报告的名称也可以称之为"美国教育的一项研究"③。红皮书呼吁为中等教育和高等教育学生提供共同的知识基础和价值观念。通识教育的核心问题是延续自由和人文的传统，而自由和人文是人类一切文明的基础，通识教育所培养的人是自由国家中的公民。

红皮书力陈通识教育在个人发展和国家社会中的重要功能，报告宣称通识教育的目的在于培养完整的人，适应现代社会生活的合格公民，教育应培

① ［美］约翰·S. 布鲁贝克：《高等教育哲学》，王承绪等译，浙江教育出版社 2001 年版，第 94 页。
② 红皮书全称《自由社会的通识教育：哈佛委员会报告》（*General Education in a Free Society: Report of the Harvard Committee*）。
③ *General Education in a Free Society: Report of the Harvard Committee, with an Introduction by James Bryant Conant*, Cambridge: Harvard University Press, 1950(1945c), vi.

养负有责任感和自由的美国人。此种人应具备四种能力：（1）有效思考的能力（think effectively）；（2）能清晰地沟通思想的能力（communicate thought）；（3）具有明确判断力（make relevant judgments）；（4）具有辨别不同价值的认知能力（discriminate among values）。① 红皮书出版后引起了巨大的轰动，迅速被誉为美国通识教育的"圣经"，通识教育迅速变成一种国家现象，不仅精英大学推崇通识教育，全美各类院校都非常重视通识教育。

根本上说，通识教育的核心问题是延续自由和人文的传统，单纯信息的获得和专门技能的习得并不能给予学生开阔的视野和知识基础，而这一点对于维持社会文明发挥着根本的作用。在自由社会，拥有良好的数学、物理、生物知识，乃至多种语言能力，依然不能称之为合格的公民，仅有这些教育背景依然是不够的。教育仍然需要向下一代提供"时代的智慧""文化的传统"的知识，学生必须具备价值判断的能力，无论是中小学还是大学研究生院的学生，必须能在数学和道德领域同时具备判断能力。鉴于此，赫钦斯在芝加哥大学的改革经历也说明即使在克拉克·科尔所说的巨型大学时代，开展自由博雅教育也不是不可能的。

20世纪上半期是美国从传统农业社会向工业化城市化社会急剧转型的时期，巨大的社会变迁相应引发了社会政治、经济、文化等各领域的不适，如何改造旧秩序？如何创造新秩序？这也是包括美国各级各类教育无法逃避、必须思考的问题。

进步主义教育运动是针对美国教育的落后面貌而在初中等教育领域掀起的一场深刻的改革运动，它分为前后两个时期，前期的教育家和教育思想家们更为关心初等教育领域的改革，且在理论上具备明显的"儿童中心"的倾向，而以20世纪20年代末期美国经济大萧条的爆发为界，此后的进步主义教育思想更多地体现出了"社会中心"的倾向，更为强调教育在塑造儿童的价值观、改造社会旧秩序和创建社会新秩序方面的重大责任。两个阶段的进步主义教育思想在坚持儿童中心的教育理念方面拥有共同的原则，其差异仅是在具体的教育目标和内容等方面各有侧重。约翰·杜威是进步主义当之无愧的精神领袖，由于其思想有着远较于其他进步主义教育家的深度和广度，其思想因之成为进步主义教育当之无愧的思想标杆。作为一个坚定的民主主义者，利用对教育的改造来改造社会是杜威矢志不渝的追求。杜威从传统的家庭教育方式中挖掘出

---

① *General Education in a Free Society: Report of the Harvard Committee, with an Introduction by James Bryant Conant*, Cambridge: Harvard University Press, 1950（1945c），p.249.

合理的因素，着力打破传统学校教育与社会生活、与儿童心理脱节的弊端，提出了教育即生活、教育即生长、教育即经验的改造等一系列崭新的命题，同时，杜威还为新的学校教育设计了不同以往的课程与教材体系，提出了独具特色的教学理论，而杜威的职业教育思想和道德教育思想也体现出了崭新的精神风貌。可以这样认为，杜威不仅推动了以卢梭为代表的自然主义教育思想的进一步深化和系统化，而且，由于杜威对以赫尔巴特教育理论为代表的传统教育思想进行了猛烈的抨击，其思想还成为现代教育的代表。

与进步主义教育运动改革同步，此时期关于职业教育的论争和改革主要围绕以下三大主题：（1）公立学校需不需要开展职业教育？（2）公立学校需要开展何种形式的职业教育？（3）联邦政府如何资助和管理国内的职业教育？很明显，对于第一个问题，尽管以朗克尔、伍德沃德、华盛顿等为代表的美国社会各界竭力推荐的是手工教育，但是，由于手工教育内在逻辑的局限性，加之实践操作中的一些问题，在手工教育进入美国中小学校约 10 年后，创建专门服务于学生未来特定工作的职业教育成为公立学校普遍的追求。对于第二个问题，斯尼登和普罗瑟等人所持有的社会效率职业教育观与约翰·杜威所持有的民主主义职业教育观形成了鲜明的对比，但是在社会效率观念大行其道的时代，社会效率职业教育观在实践领域取得了全面的胜利。对于如何资助和管理国内职业教育的问题，国会参众两院代表及其背后的利益集团也分别提出了不同的看法，他们为《史密斯－休斯法案》的最终出台贡献了各自的智慧和力量，从而使《史密斯－休斯法案》成为广大民意的最终代表。

20 世纪上半期美国的高等教育也面临巨大的问题和挑战。在不断攀升的入学人数的压力下，是继续精英主义教育传统还是成为推动高等教育民主的利器？是在学科专业方面直接应对社会新需求还是借助拓展基础知识和培养人才使社会间接受益？尽管争议很多，但是初级学院理念的出现及其实践的不断完善，使借助多元化的办学方式增加民众接受高等教育的机会成为现实，与此同时，以弗莱克斯纳和赫钦斯为代表的保守派，极力反对高等教育领域的功利主义和职业主义倾向，他们坚守高等教育传统，认为运用理性追求真理才是大学的真正任务，他们所倡导的自由博雅教育和纯科学研究思想成为那个纷乱的时代中最为理智的声音，其思想对于美国乃至世界各国精英高等教育的健康发展都有着重要的价值和意义。

第五章　二战至20世纪70年代的教育思想

19世纪中期以后，美国教育开始加快制度化进程，到20世纪上半叶，在进步主义运动推动下，各级各类教育得到进一步充实扩展。二战之前，美国基本普及了义务教育，中等教育与高等教育入学率分别达到适龄青年的81.6%和29.88%。[①] 在二战后的30多年间，为应对科技革命与美苏冷战的新挑战，美国教育思想领域发生了深刻变革，使得教育理论与教育政策的总体走向，开始由之前的制度完善与体量扩张，转向兼顾提升质量、促进公平与优化结构。

二战后美国教育思想变革的驱动力量主要来自三个方面：科技革命、冷战与政治民主化浪潮的兴起。首先，当科学成为学术领域与社会生活的主角，它必然对教育目标、内容与方式，甚至制度要素提出新的要求，同时新兴边缘学科、新技术发明，及管理科学与认知科学的新进展，也为教育思想变革提供了新的动能与方法论支撑。其次，战后美苏两大阵营对峙的冷战格局，促使双方将发展科技与开发人力资本作为各领域竞争的筹码，与之紧密相关的教育不可避免地被推至冷战前沿，并得到空前重视，上升为国家战略之一。在科技革命与冷战的双重驱动下，教育理念开始由个人本位转向社会本位，并最终促成了科学主义与国家主义的联姻。最后，由于全球民主化浪潮的推动，美国在教育公平与民主化改革方面也取得了显著进步。科技革命、冷战及民主化浪潮的影响，导致不同时期各教育流派及其主张此消彼长，围绕提高质量与促进公平的目标主线，展现出以下几个方面的特征：第一，为培养现代科技人才，在《国防教育法》直接推动下，科南特、布鲁纳等要素主义教育家掀起了战后课程改革高潮，结构主义课程理论成为课程现代化的主导思想，直至20世纪70年代前后，以马斯洛、罗杰斯为代表的人本主义思潮兴起；第二，为应对大工业生产导致的经济危机，避免危机带来的新失业潮，在终身教育思想影响下，职业教育开始谋求与普通教育的深度融合，朝着生涯教育方向发展；第三，在民主化浪潮推动下，美国兴起民权运动，联邦政府进一步扩大教育机会，在科尔

---

① Martin Trow, The Expansion and Transformation of Higher Education, *International Review of Education*, 1972, XVIII（1）, p.61.

曼、罗尔斯等人的努力下，教育公平思想得以拓展深化；第四，在促进机会均等与开发人力资源的双重驱动下，中等教育很快得到普及，高等教育迎来大众化与学术化发展的黄金期，思想领域出现繁荣发展的新局面，高等教育功利性凸显，以科尔为代表的工具主义思潮成为思想领域的主流，在从传统精英教育向大众教育转型的过程中，特罗开创性地提出了高等教育大众化理论，为描述和分析高等教育发展提供了参照。

第一节　美苏竞争格局下课程改革思潮的兴起与变迁

20 世纪以前，美国学校占统治地位的是古典人文主义课程。20 世纪 20 年代以后，注重儿童发展的进步主义课程逐渐取得主导权，虽因过分强调儿童的中心地位，与古典人文主义课程、社会改造课程之间冲突不断，但直到二战结束后的几年时间里，占据学校主阵地的仍是进步主义课程。在战后短暂的教育恢复期，进步主义教育继续扩大影响，关注所有青年生活适应和职业训练的课程很快得到推广。到 20 世纪 50 年代前后，生活适应课程因无法满足国防与科技竞赛对新型人才的需求，开始遭到社会各界尤其是科技界人士的猛烈抨击。那些科技精英与思想界的领袖深信：教育必须将重点从个人目标移至国家目标，国家生存才是教育的终极目的。[①] 随着生活适应课程的逐步失势，以要素主义为代表的新传统主义理论最终赢得联邦立法的支持与公众认可。到 20 世纪 50 年代末与整个 60 年代，科南特、布鲁纳等要素主义者纷纷提出自己的教育主张，他们借助《国防教育法》的推动，掀起了以学术训练为核心的课程改革思潮，强调认知结构的学术性课程渐成主流。60 年代末，随着民主化需求的扩大，结构主义课程的弊端愈加凸显，以马斯洛、罗杰斯为代表的人本主义课程开始兴起，直到 70 年代后期，课程改革的重心才又重新向基础回归。

一、生活适应课程的衰落与要素主义课程思潮的兴起

二战期间，美国的学校开始不断增加与战争相关的职业训练课程，加上大批师生离校与教育资金被削减，学校和学生数量急剧下降，教学质量下滑。1944 年，全国教育政策委员会发表《为所有美国青年的教育》（*Education for All American Youth*）报告，主张全体美国青年都应接受广泛而均衡的教育，并

---

① Edward J. Power, *The Transit of Learning: A Social and Cultural Introduction of American Educational History* , Sherman Oaks: Alfred Publishers Co., Inc., 1979, p.306.

提出满足职业和升学需求的多样化课程政策。二战结束后，学校开始恢复正常秩序，并在政府资助下安置大量退役军人。1945 年，查尔斯·普罗瑟（Charles Prosser）宣称，60% 的高中生未得到足够的生活适应训练，建议将生活适应教育作为公立学校的基本目标之一。1946 年，联邦教育总署成立青年生活适应教育委员会（The Commission of Life Adjustment Education for Youth），建议为多数青年制订生活适应训练计划。1951 年和 1954 年，该委员会在报告中多次强调，学校应重点开设实用性课程，为多数青年提供引导个人成功的生活适应训练，使其免于边缘化境地。在该委员会影响下，生活适应课程得到广泛关注和大面积推广，几乎主导了美国中小学的实用课程走向。

从本质上讲，生活适应课程是战前进步主义教育在战后的新变种，是进步主义教育理念从初等教育向中等教育的延伸，虽然一定程度上扩大了中学课程领域，满足了战后大量学生的多样化需要，对增强学生社会适应能力有积极意义，但其严重的实用化倾向极易导致分权体制下的学校良莠不齐、学术标准缺失。当时，美国各州中小学课程并没有统一要求，学校自行设置教学科目与内容。据 1951 年联邦教育总署调查，全国中学共设教学科目 247 种。条件优越的学校开设的科目范围广泛，一些学生为获取高分选修时避重就轻，条件较差的学校甚至连基本的数理化学科都难以保证。据 1955 年统计，中学未设外国语课者约占全国中学校数的 46%，未设几何课者约占 24%，未设物理学和化学课者占 24%。[①] 另外，"婴儿潮"的冲击和退伍军人安置问题使得就学人数激增，进一步激化了学生规模扩张与学校资金、师资、设备不足的矛盾，导致教学质量严重下滑。1944 年，高中毕业率每千人有 393 人不能毕业，到 1958 年涨到 582 人。[②] 五花八门的课程、低下的教育质量无法满足冷战对科技精英、工程师及高素质劳动者的紧迫需求，加上利益相关选民的数量和范围不断扩大，为探讨教育问题添加了新的能量源，到 20 世纪 50 年代前后，人们对生活适应课程的不满日益强烈，改革呼声不断高涨。除教育杂志外，《生活》（Life）周刊、《大西洋》（The Atlantic）月刊、《周六文学评论》（Saturday Review of Literature）等期刊大幅刊载批评文章，有的期刊开设专号登载这些评论文章。1951 年仅《读者期刊文献指南》（Readers' Guide to Periodical Literature）和《公共事务信息服务索引》（Public Affairs Information

---

① 滕大春：《今日美国教育》，人民教育出版社 1980 年版，第 94 页。

② *U. S. Department of Commerce Historical Statistics of the United States, Colonial Times to 1970, Part 1,* Washington, D.C.: Census Bureau, 1975, p.379.

Service Bulletin）收录的批评文章就高达 100 余篇。此间大量批评公立教育的书籍也陆续出版，如史密斯（M. B. Smith）的《疯狂地教》（*And Madly Teach*，1949），贝尔（B. I. Bell）的《教育的危机》（*Crisis in Education*，1949），贝斯托（A. Bestor）的《教育的荒原》（*Educational Wastelands*，1953），赫钦斯的《民主社会的教育冲突》（*The Conflict in Education in a Democratic Society*，1953）等。在对生活适应课程的批评中，有些措辞严厉、论点尖刻，影响广泛，如弗莱希（R. Flesch）的《约翰尼为何不会阅读》（*Why Johnny Can't Read*，1955），指责美国学校造成大量新生代文盲，这种观点一度轰动全美。1955 年，进步教育协会在一片抨击声中宣告解散。

自 1949 年开始，人们对公立学校生活适应教育的批评持续 10 年之久，50 年代中期后逐渐达到顶峰，社会各界普遍将人才危机归结为教育危机，几乎听不到任何辩护的声音。从批评来源看，多数来自有影响力的大学学科专家，或科学界、思想界、政界权威人士。从批评论点看，基本属于要素主义、永恒主义等新传统主义阵营，主要认为当前庞大昂贵的公立教育肤浅无力，缺乏目的性与学术性，忽视学校学术训练的基本功能，也有批评指出教育当权派在教师教育方面存在弊端。在批评的同时，批评者也提出了加强学术训练的基本建议，在如何加强学术训练方面，大致可以分为侧重人文和侧重科学的两大阵营。侧重人文的以贝斯托和史密斯等人为代表，他们要求无论智力与能力高下，应为所有学生提供学术课程，并强调人文学科的优越性，如传递人类永恒价值和文明遗产的历史、哲学甚至宗教等课程，主张"教育有两大重要目标，即训练有素的价值感与思维力，科学仅能训练思维力，而人文学科则能实现双重目标"[①]。在二人推动下，1956 年美国成立了基础教育协会（Council on Basic Education）。侧重科学教育的阵营以化学家科南特与核潜艇之父里科弗（H. G. Rickover）等人为代表，他们来自有影响力的科学家和技术专家群体。里科弗主张教育的首要目标是训练技术专家和科学家，期望"教育筑起美国第一道防线"[②]，强调学术教育的真正兴趣在于将前 15%~20% 的学术天才分离出来进行特殊教育，"少数智力超常的孩子在日益降格的课程中不能体验挑战，这是不公正的，我们要在更早的年龄将其遴选出来进行单独教育"[③]。科南特曾在 1950

---

①　Brand Blanshard, *Education in the Age of Science*, New York: Basic Books, 1959, xii.

②　Stephen L. Preskill, *Ranking from the Rubbish: Charles W. Eliot, James B. Conant and the Public School*, Champaign: University of Illinois at Urbana-Champaign,1984, p.267.

③　Hyman G. Rickover, *Education and Freedom*, NewYork: E.P.Dutton and Co. Inc., 1959, pp.127-128.

年参与组建国家科学基金会，与里科弗一样，他认为美国教育应重新定向，在兼顾艺术和文学教育的同时，将重点放在鉴定和开发天才上，以培养科学家、高级技术人才及未来的政治领袖与文化领袖。但与里科弗单独教育天才的喜好不同，科南特主张在具有广泛综合性的同一机构实施教育。无论强调人文还是科学，双方都主张加强学术训练。最终，强调科学的观点得到多方支持，一些大学和学术团体加大科学教育调查，积极尝试在物理、化学、生物学、数学和外语等学科教材教法方面的革新，如 1953 年美国科学院和美国科学研究会联合主持生物学课程改革，1956 年麻省理工查卡里亚斯（J. Zacharias）教授与其他院校联合制订高中物理教学大纲等。科南特在卡内基基金会资助下，对公立教育开展广泛调研，与激进改革家相比，因其建议温和有效，成为战后公立教育改革的中流砥柱。"科南特态度中庸而明达事理，他从极端分子手中取得了改革运动的领导权。"[1]

　　通过学术训练开发人力资源成为共识，体现了美国教育思想从进步主义向要素主义的重大转向。在这次转向中，永恒主义者赫钦斯、艾德勒等人虽强调复古，但因注重学术科目的心智训练及精英教育，猛烈批评进步主义教育的弊端，一定程度上有助于要素主义教育理论的战后崛起。要素主义教育理论是 20 世纪 30 年代应对世界经济危机与进步主义弊端的产物，主张传授人类文化精髓与民主的社会理想，重视对公民道德的培养，具有鲜明的政治倾向，试图将教育从偏重发展个体转向服务社会，从传授生活技能转向基础知识与基本技能的训练，但因二战前多为学者们的理论探讨，加上进步主义力量过于强大，其对教育实践的影响并不大。随着 50 年代进步主义教育的失势，要素主义教育理论开始摆脱早期排斥科学的主张，其强调权威、传统及基础学科训练的要义契合了新时期国家政治、经济发展的需要，赢得了政界、科技界人士的支持及民众的认可。随着战后国际竞争的加剧，教育逐渐成为国防战略的一部分。1955 年，时任总统白宫委员会主席即后来的国防部部长麦克罗伊（N. McElroy）认为，在高技术时代，教育与陆海空军一样是国防的组成部分。1956 年，美国《父母杂志》（*Parents Magazine*）出版商乔治·海奇（George J. Hecht）也在《国际脑力竞赛的来临》（The Coming International Brains Race）一文中直言："教育问题实质就是国防问题。"[2]

　　① ［美］弗雷德·赫钦格、格雷丝·赫钦格：《美国教育的演进》，汤新楣译，美国驻华大使馆文化处 1984 年版，第 65 页。
　　② George J. Hecht, The Coming International Brains Race, *The Education Digest*, 1956, XXII(5), p.1.

要素主义教育理论全面复兴的重要契机是 1957 年苏联卫星事件。政府与社会上层利用该事件引发的普遍的社会焦虑，很快达成改革现行教育制度的共识，吸收要素主义教育的基本主张，于 1958 年通过《国防教育法》，大力发展与国防相关的数学、科学、工程及外语学科。《国防教育法》开联邦干预基础教育的先例，赋予要素主义教育理论主导课程改革的合法地位。在该法推动下，学校纷纷采纳科南特等人的主张，并根据布鲁纳等人的课程理论加强中小学教材教法的革新，掀起了结构主义课程改革高潮，直到 20 世纪 60 年代后期，在人本主义课程理论的冲击下，要素主义课程理论逐渐失去社会影响力。

二、科南特的课程思想与改革主张

科南特是美国著名的教育家、科学家和政治家，战后要素主义教育流派主要代表，曾在《分裂世界的教育》（*Education in a Divided World*）、《教育与自由》（*Education and Liberty*）、《知识的堡垒》（*The Citadel of Learning*）等著作中阐述教育与民主制度的关系，以及教育对维护美国世界领袖地位的重要性。在坚持要素主义基本主张，如智力训练、公民教育与英才开发等方面，科南特与贝斯托、里科弗等人的观点一致，都指向维护美国民主制度与国家利益，通过智力训练培养民主社会的合格公民与社会精英。不同的是，贝斯托以古典人文学科为基础，里科弗和科南特建议依靠现代科学培养"通晓数学、物理学、化学、天文学"的科学家和工程师。由于贝斯托与里科弗主要通过文章和著作评论教育，影响力不及科南特。科南特接受卡内基基金会资助开展大规模的公立教育调查，先后出版《今日美国中学》（*The American High School Today*）、《初中年代的教育》（*Recommendations for Education in the Junior High School Years*）、《贫民窟与市郊》（*Slums and Suburbs*）、《美国教师教育》（*The Education of American Teachers*）等报告，成为战后公认的公立教育改革领袖，对学校改革产生了广泛而深远的影响。

科南特肯定教材和教学方法改革是影响公立学校政策的首要问题，但因其并非中小学教学与课程专家，其课程思想主要体现在对人才目标的规制及课程设置、学校组织等方面的建议上。在人才培养目标上，科南特主张培养民主社会的合格公民与科技界、社会界的精英。如何实现这一目标呢？他提出了加强普通教育课程与学术天才培养计划的建议，并指出实现其课程计划的理想模式就是服务社区所有青年的综合中学。他承认支持综合中学模式更多考虑其社会统一功能，正如哈利·帕索评价其对中等教育的影响时所说："公立教育模式提供了'服务国家多种信仰的强大的民主动力'，没有公立学校，科南特怀疑，这样一个文化多元的国家能否建立'共同理解的基础'。①除根据当时课程革新进展，主张吸引学术专家、公民团体或协会组织介入课程改革外，在课程形式上，科南特要求分科设置学科课程，重点开设数学、自然科学和现代外语，为所有学生提供普通教育课程，为少数尖子生开设高深文理课程，同时为社区多数青年提供多元化的职业训练课程。

社会功能和政治考量是科南特解决教育问题的出发点与归宿。1945 年，他主持撰写《自由社会的普通教育》(*General Education in a Free Society*) 报告，明确普通教育课程在美国大学和中等学校的地位，力求为中学和大学提供连贯、统合而平衡的教育计划。在普通教育课程内容上，相比赫钦斯排斥经验事实与现代科技知识的理性训练，科南特更重视传统要素与现代科学知识的结合。在大学之外，很多中学开始根据科南特的建议开设普通教育课程。到 20 世纪 50 年代，冷战加剧了推广普通教育的紧迫性，科南特呼吁通过普通教育将现存秩序社会化，达到统一意识形态的目的，建议加强中学普通教育课程。此外，为最大限度利用人类才能的丰富资源，他持续研究天才教育，呼吁美国教育协会召开天才儿童教育大会，希望在现存教育体制中寻找培养天才的有效方案。1951 年夏，科南特赴澳大利亚和新西兰考察中学，在比较中进一步强化了对综合中学和开发天才的兴趣。1958 年，他担任华盛顿特区关注英才教育大会的主席，重申天才教育的重要性。除了强化普通教育与天才开发，科南特考虑到美国的民主特色与课程传统，尤其希望通过促进就业稳定社会秩序，他主张为相当数量的学生提供广泛的职业训练课程。

为兼顾公民培养、天才开发和职业训练，科南特选择最能体现美国特色的综合中学模式。1953 年在《教育与自由》一书中他提出："扩展初中和高中教育以满足更多入学人数，重新制定课程；坚持在综合中学开设公共核心课程和分科课程，努力鉴定有天赋的学生并在数学和语言方面施以严格的学术训练；为高中毕业生提供更多奖学金等。"② 对该书关于综合中学的论述，他在自传中坦言："的确，本书最后几页可代之以这样的题目：为美国综合中学辩护。"③ 在

①　Passow A. Harry, *American Secondary Education: The Conant Influence, a Look at Conant's Recommendations for Senior and Junior High School*, Reston: National Association of Secondary School Principals, 1977, p.8.

②　James Bryant Conant, *Education and Liberty: The Role of the Schools in a Modern Democracy*, Cambridge: Harvard University Press, 1953, p.57.

③　James Bryant Conant, *My Several Lives: Memoirs of a Social Inventor,* New York: Harper & Row Publishers, 1970, p.614.

1959 年发表的《今日美国中学》中，他明确提出不必以激进改革撼动美国教育制度的根基，只需根据综合中学的标准和要求完善公立高中办学模式。他认为综合中学兼顾了公民教育、职业训练与升学准备三重功能：第一，为所有的未来公民提供普通教育；第二，为准备就业的学生开设良好的选修课程，使他们学到谋生技能；第三，为准备升学的学生开设专门的高级文理课程。[①] 他指出广泛的综合性是综合中学课程模式的最大特色，可以满足国家和民众对中等教育的全部期待，主张以普通教育是否完备、非文理科目选修课是否完备、对擅长文理科目的天才学生是否有特殊安排作为判定标准，大力推广综合中学模式。

在课程安排上，科南特建议综合中学约一半以上的课时安排针对全体学生的必修课程，也就是普通教育课程，包括"四年英语、三年或四年社会研究，社会研究要包括美国史在内的两年历史及 12 年级的社会研究课程，普通教育还包括 9 年级一年的数学，9 年级或 10 年级一年的自然科学，最好开设生物和普通物理"[②]。他要求每学年每周安排 5 节课，用四年时间学完 9 门或 10 门带有家庭作业的课程，这些课程约占学生整个高中学段一半以上的学习时间。在每日课时安排上要尽可能灵活，安排 7 节或 8 节。普通教育课程旨在培养合格公民，强调针对全体学生的共性教育，不仅重视社会学科，还要求所有学生修习数学和自然科学，并在选修的文理学科中再次得到强化。综合中学提供的多样化选修课程包括广泛的职业课程与学术性文理课程，要求学生选修不包括体育在内的 7 门以上课程，鼓励全部选修艺术和音乐。他建议选修计划要有核心，要么以发展谋生技能为核心，要么以文理学科为核心，且课程间要有知识关联和序列性。对可获得谋生技能的职业类课程，科南特认为应照顾女生特点设置课程，并提高职业类课程与社区需求的相关度。对于擅长数学、自然科学及外语课程的优秀学生，他要求在必修四年英语、三年社会研究和一年数学与自然科学的基础上，延长数学到三年、自然科学三年，并增设四年外语课程，综合性强的中学可增设第二外语和音乐序列课程。"总之，关于中学课程问题，科南特的主导思想就是为所有学生提供尽量广泛的课程。"[③]

为保障课程的顺利实施，科南特提出实行能力分组、强化教师辅导、开

---

① ［美］科南特：《科南特教育论著选》，陈友松等译，人民教育出版社 1984 年版，第 10 页。

② James Bryant Conant, *The American High School Today*, New York: McGraw-Hill Book Company Inc.,1959, p.47.

③ 王桂：《当代外国教育——教育改革的浪潮与趋势》，人民教育出版社 1995 年版，第 339 页。

设暑期学校、分类评价等建议。首先，他要求普通教育外的必修和选修课程都应按学生各学科能力最少分高、中、低三组，以便因材施教，提高学习效率，使有天赋的学生得到充分开发，学习迟钝的学生得到适合能力水平的学习任务与教师辅导。其次，科南特在《今日美国中学》里提出的第一条建议是建立和完善学生辅导制度，要求专任辅导教师熟练使用各种能力倾向与学业成绩测验工具，为个性化课程和额外辅导计划提供甄别与评估的依据。再次，在培养优秀学生方面，科南特要求开设暑期学校，并对天赋极高的学生启动大学先修课程（advanced placement program）。最后，他主张采用智力测验和职业兴趣测验的最新方法，科学鉴别学术天才与兴趣倾向，并建议不同课程计划应采用不同评价标准，以最大限度地激发学生的学习动机。普通教育课程可放宽评定标准，不管成绩结果均给予及格分数，让不同能力的学生充分发挥潜力，不因受挫而放弃；高级文理选修课程至少包括普通教育的内容，尤其英语、外语、数学及科学科目，学习文理课程要求有足够的能力，成绩考核坚持高标准、严要求，在保证不影响学习兴趣的前提下严把质量关，"评定文理选修课程学习成绩，要坚持高标准，没有能力学习这些科目的学生，还是不要轻易选修，要阻止那些成绩考核不及格的学生继续参与学习本序列的课程"[1]，针对那些最优秀的前15%的擅长文理科目的学生来说，可为其开设大学先修课程，并建立文理学生学习报表与优等生光荣榜，用以考评教师工作和鞭策学生学习。科南特还建议协调初中与小学、初中与高中的课程衔接问题。"年级间的衔接是一个严重问题，科南特督促K–12年级各学科领域的联系。"[2]

科南特的课程思想集中体现在《今日美国中学》里给出的建议中，加德纳认为"这是一篇十分切合实际的报告，报告中谈论的事实和提出的建议都很具体"[3]。在科南特影响下，1961年，美国教育政策委员会将智力训练作为中学基本职能的新重点，公立中等教育加快课程调整步伐，组织编写数学、物理、化学、生物等学科教材，更新内容并推进教育技术革新，广泛采用现代化教学手段，甚至将科南特的建议作为"科南特学校模式"进行推广。1967年，科南特发表建议采纳情况的反馈调查，结果显示，10年间美国中学在课程综合程

[1] James Bryant Conant, *The American High School Today*, New York: McGraw-Hill Book Company Inc., 1959, p. 48.

[2] Passow A. Harry, *American Secondary Education: The Conant Influence, a Look at Conant's Recommendations for Senior and Junior High School*, Reston: National Association of Secondary School Principals, 1977, p.29.

[3] James Bryant Conant, *The American High School Today,* New York: McGraw-Hill Book Company Inc., 1959, Ⅵ.

度上取得明显进步，除数学、科学和外语教学的进步，新技术的采用也激动人心，"学校管理人员和学校委员会按照科南特建议标准对中学进行调整，增加课程和设备满足广度要求，允许和鼓励跨学科选修满足灵活性标准，在趋于综合方面许多学区的中学取得喜人成绩"①。总的来看，科南特的建议扭转了课程过分实用化的倾向，较为稳妥地处理了当时亟待解决的许多问题，成为很多中学改革的依据，综合中学在校生数量猛增，从 1960 年的近 960 万人增至 1964 年的 1570.7 万余人。② 同时，由于恰当回应了 20 世纪 50 年代以来各国提高学术水平、培养优秀人才的强烈渴望，科南特的许多观点对西方其他主要国家及苏联等国的教育改革产生了一定影响。当然必须承认，科南特的课程主张旨在服务美国经济与国防战略，过分强调培养学术天才和强化数学、科学和外语学科的学习，对学生全面发展关注不够，"作为对进步教育的矫枉过正，他（科南特）倡导综合中学和加强学术性课程，忽视所有学生全面发展，如情感、社会责任感和职业准备等，同时，由于过分关注少数学术天才，文学、绘画、音乐和其他艺术课程被排除在必修课之外"③。另外，他所主张的综合中学在现实中推广难度很大，而且能力分组抵消了综合中学的民主功能，因此统合不同课程计划的主张大多停留在规划与组织层面，并未触及教材教法的具体问题。在当时，真正影响课程与教师教学的是布鲁纳、施瓦布（J. Schwab）等人提出的结构主义课程理论。20 世纪 50 年代末和 60 年代，美国教育的一系列改革集中在全国范围内重塑课程内容，同时采用一套新的方法论。④ 可以说，科南特造成了要素主义为主导的课程改革大势，明确了教育的目的与人才培养目标，而布鲁纳等人则将学科课程改革进一步推向纵深，致力于设计课程内容和教学程序，重在解决教什么与如何教的核心问题，促成了学科结构运动的勃兴。

三、布鲁纳的结构主义课程理论

布鲁纳（Jerome S. Bruner）是美国著名教育心理学家，结构主义课程理论的创始人，他在 1959 年发表的《教育过程》成为 20 世纪 50 年代末和 60 年代

---

① Joseph F. Callahan & Leonard H. Clark, *Innovations and Issues in Education,* New York: Macmillan Publishing Co., 1977, p.226.

② 滕大春：《外国教育通史》第 6 卷，山东教育出版社 1994 年版，第 91 页。

③ Dan A. Schafer, *Study of the Extent that James B. Conant's Recommendations for The American High School have been Implemented in Selected Indiana High schools*, Indiana University, 1963, pp.29-30.

④ Rippa S. Alexander, *Education in A Free Society: An American History*, New York: Longman, 1984, p.366.

课程革新的指导性文献。布鲁纳与科南特均倡导科技教育和天才培养，与《国防教育法》目标一致，不同的是科南特更多来自社会学、政治学考量，布鲁纳等人的贡献则是将结构主义哲学和认知发展心理学引入课程理论的建构，通过对教育内容、过程及方法的改革，解决课程由"博"到"约"的操作难题，弥补新行为主义教育理论忽视儿童内部因素的弊端。

为实现课程内容的再造与教学方法的革新，布鲁纳以结构主义哲学为指导，吸收了结构主义者列维·斯特劳斯（Levi Strauss）、皮亚杰（Jean Piaget）、乔姆斯基（N.A. Chomsky）等的思想营养①，同时借鉴了皮亚杰的结构认知心理学理论，吸纳语言学、信息加工等学科理论的精华，构建自己的课程理论，实现了课程从重视结果到重视过程，教学内容由具体经验到结构化的转向。结构主义哲学认为，世界由各种关系构成，关系组合即为结构，学习结构就是将认识对象纳入某种关系中，掌握事物间的相互关联。同时，布鲁纳还借鉴和发展了皮亚杰的观点，将儿童智慧发展过程分为行为把握、图像把握、符号把握三个螺旋上升的阶段，认为儿童认知发展并非刺激与反应渐次复杂化的连续过程，而是由结构迥异的三个阶段组成的质变过程，智慧生长需遵循思维程序和策略。他还借助语言学、信息加工理论等邻近学科的成果，将认知看成主体积极加工信息的过程，视概念为认知元素与思维核心，无限分类的概念构成结构系统，人类知觉、思维、记忆运算等皆以结构为基础。布鲁纳以结构主义哲学为统领，融合智力发展、认识论和教学论的最新理论，对课程目的、内容组织、教学实施以及教学方法等要素进行规约。

在课程目的上，布鲁纳认为教学就是通过让学生掌握学科的基本结构促进智慧的增长，并以此为依据设计编排课程。为解决有限学习时间与无限知识增长间的矛盾，布鲁纳将促进学生成长与发展作为首要问题，指出"教学，说到底是一种帮助或促进人的成长的努力……一个教学理论实际上就是关于怎样利用各种手段帮助人成长和发展的理论"②。如何促进智慧增长，布鲁纳认为必须掌握学科基本结构。所谓基本结构，就是指各门学科的基本概念、公式、原则等理论知识，也就是学科内在规律性，其价值在于简化、产生新命题和增强运用能力。任何学科都有基本结构，学习基本结构有助于理解整个学科，便于记忆保存和重新构思，提高迁移能力等，因此知识概括性越高，对学习者越有用，学到的观念越基本，对新问题的适用性就越广。为反映学科基本结构，在

① ［美］布鲁纳：《布鲁纳教育论著选》，邵瑞珍、张渭城等译，人民教育出版社1989年版，第4页。
② ［美］布鲁纳：《布鲁纳教育论著选》，邵瑞珍、张渭城等译，人民教育出版社1989年版，第94页。

课程设计上，布鲁纳主张由各科专家和学者负责重新制定课程体系和编定新教材，准确把握各学术领域的基本原理与最新成果，以学科基本概念为核心统整基本结构。在内容编排上，布鲁纳要求遵循适切的逻辑顺序，注重知识关联、迁移与转换。根据智力发展阶段理论，布鲁纳主张按学生接受能力将教材分解成不同水平，最好采用螺旋式课程编排形式，从低年级到高年级将同一基本概念多次反复，构成螺旋上升的系列，从具体直观的方法开始，随课程展开与反复到达动作操作和图像构成阶段，进而达到较抽象复杂的符号与形式维度。螺旋式课程的顺序性、承接性与统整性兼顾了直线式与圆周式课程的优势，符合认知发展特点，有利于促进智慧成长。

在课程实施即教学环节，布鲁纳提出了教学的原则与方法问题。他主张教学过程是学生主动求知的过程，包括新知识获得、旧知识改造与转换、知识检查评价等。在这个过程中，必须遵循反映教学本质的基本原则，即学习准备和动机原则、结构和程序原则、反馈与强化原则等。学习准备指学生年龄特征和智力发展水平达到适应某些学科学习的程度，布鲁纳认为，任何科目都能够按照某种诚实的方式，教给任何发展阶段的任何儿童。[1] 根据学习准备原则，他提倡儿童早期学习，教学要有适度挑战性，同时还要注意激发学习的内在动机，以不确定的学习课题激发、引导、维持学生的探索热情。结构原则就是按便于掌握的方式将大量知识组织起来，呈现方式要具有适应性、经济性与有效性。程序原则来自斯金纳的程序教学主张，要求教学程序设计应充分考虑学生原有知识背景、智力发展阶段、教材性质及个人智力差异等因素，以经济有效的方式做出安排。布鲁纳并未指出最佳的教学程序标准，但要求考虑"学习速度，同遗忘作斗争，把已经学得的知识用于新事例的迁移的可能性，把所学的内容加以表达的表现形式，根据所学的内容给予学习者的认知负担的经济原则，根据所学的内容产生的新假设及其组合的有效力原则"[2]。反馈与强化原则要求教师随时捕捉学生信息，根据奖惩给予学生矫正性反馈与有效评定，他坚持学习效果取决于适时反馈与纠错，必须考量学生利用矫正性信息的能力与其内部状态，采取适当措施引导其自行矫正。根据上述原则，在教学中，布鲁纳主张采用发现法（Method of Discovery），即教师引导学生像科学家一样思考，亲自发现并掌握学科内容结构，教师要营造有利于学生独立探究的情境，使其积极主动地参与知识获得过程。一般来说，发现法教学包括如下环节：确定目

---

①　Jerorne S. Bruner, *The Process of Education*, Cambridge: Harvard University Press, 1960, p.33.

②　［美］布鲁纳：《布鲁纳教育论著选》，邵瑞珍、张渭城等译，人民教育出版社 1989 年版，第 141 页。

标，建立问题情境，通过假设组织学生寻找达到目标的线索或因素，引导学生形成概念、原理，将一般概念或原理付诸应用等。他认为，运用发现法的关键是激发学生的内在动机，寻找新旧知识的联系，鼓励学生积极探究并大胆运用假设解决问题，同时强调直觉思维的重要性。

布鲁纳等人主张，课程专家、教师和心理学家应共同参与课程设计、教科书编写和教学大纲拟订，并重视课程评价对课程建设的价值。由于兼顾了知识基本结构与儿童智力发展等因素，结构主义课程改革提升了中小学数学、自然科学和现代外语等学科内容的系统化与科学化水平。在改革后期，施瓦布不断反思结构课程改革中出现的新问题，建议以学校为基础成立由校长、社区代表、教师、学生、教材专家、课程专家、心理学家和社会学家等组成的课程集体，依靠集体审议解决课程脱离实际的问题。布鲁纳等倡导学生主动学习与发现学习，一定程度上有助于培养学生独立思考的能力，发展直觉思维和创造力，促进教学方法、手段、组织形式的变革，尤其发现法和电化教育的推广，掀起席卷美国全国的教材、教法改革。然而，在结构课程改革中，由于忽视了教师和学生的力量，过于强调学科专家的作用与学科结构的掌握，片面强调课程现代化与理论化，不仅混淆了学科与科学的界限，导致各科知识相互割裂，内容过于抽象、精深，超出学生接受能力，而且弱化了知识应用与基本技能的训练，导致教材与生活的脱节，实践效果大打折扣。同时，广泛使用和过分夸大发现法，强调学生主观能动性，忽视间接知识的学习，及学生非智力因素对智力发展的影响，是一种片面狭隘的学术主义倾向，仅有利于培养少数尖子生，无益于整体质量的提升。虽然存在上述弊端，但必须承认，布鲁纳等人的理论超越了要素主义的唯心主义范畴，一定程度上具有了科学的心理学依据，打破了自杜威进步教育运动以来教学理论长期徘徊的局面，是要素主义学科课程主张发展的顶峰，在推动美国科学教育繁荣与天才教育制度化的同时，也影响了欧洲、日本及其他地区和国家的课程改革运动。

四、人本主义课程思潮的兴起与向基础的回归

20世纪60年代中期，在"反越战"浪潮与民权运动的冲击下，美国社会动荡不安，许多城市出现示威或暴乱事件。在反思各种社会问题的过程中，越来越多的人开始指责学校，认为学术至上的课程压抑了个性发展，一些学者甚至认为中小学课程改革的关键不应该只应对知识膨胀，而应解决集中出现的社会问题。人们对教育问题的思考淹没在种族矛盾与反战情绪中，消除贫穷与打

破种族隔离的目标促进教育改革的转向，要素主义教育理论渐入低谷。到 70 年代初，世界性石油危机进一步推高了通货膨胀与失业率，学生对社会现实的不满消解了人们对科学的崇拜。随着布鲁纳、施瓦布等人在自我批评中纷纷转向，学科主义课程思潮开始衰退。为消除结构主义课程的弊端，解决集中出现的社会问题，以马斯洛、罗杰斯为代表的人本主义课程理论迅速兴起，掀起了战后第二次改革基础教育课程的热潮，这一浪潮到 20 世纪 70 年代中期达到顶峰。

人本主义课程以存在主义为哲学基础并规定教育目的，以人本主义心理学为方法论支撑阐释课程与教学，将"人的能力的全域发展"作为终极目标，来对抗结构主义课程的非人性潮流。存在主义哲学坚持以人为中心、尊重人的个性与自由，认为人生活于无意义的宇宙，虽然存在本身无意义，但可在存在中造就自我、成就自我。在教育目的上，存在主义表现出极端的个人主义与主观性，认为教育纯粹是个人的事情，教育就是使人认识个人的存在，养成真诚和负责的生活态度，形成自己独特的生活方式。因此，在教育上，人本主义主张学校课程决定于学生需要，应以人文学科为主，注重对学生进行态度、情感的培养与人格塑造。为实现人的全面发展，马斯洛等人竭力避免陷入行为主义的机械性与片面化，同时克服弗洛伊德过分强调人类病态无意识情绪的弊端，将心理学的"自我实现"与"人类潜能"等观念引入课程，强调情感、信念及人格塑造与智力开发具有同等重要的地位，学校课程应允许学习者犯错、试验与表达自己，直至发现自我。正如麦克尼尔（J.D. McNeil）所言："人本主义认为，课程的功能是为每一个学习者提供有助于个人自由发展的，有内在奖励的经验。……自我实现的人这一理想，是人本主义课程的核心。"[1]

基于"自我实现"的教育目的，人本主义者反对学科中心课程，在选择内容上遵循适切性或相关性原则，即课程应符合学习者的兴趣、能力及需要，与其生活经验和社会状况密切联系，也就是说，构成教材的知识不只基于逻辑或系统性，而应考虑学习者的愿望和要求，并以此判断其是否有助于现实问题的探讨与解决。在课程组织上，人本主义者注重内容的"统合"，即学习者心理发展与教材结构的逻辑吻合、情感和认知领域的整合、相关学科在经验指导下的综合。统合意味着打破固定学科教材界限，强调知识广度而非深度，关心知识内容而非形式，从而弥补了传统课程的不足，促进了知识经验的相互渗透

---

① ［美］麦克尼尔：《课程导论》，施良方等译，辽宁教育出版社 1990 年版，第 4 页。

与相互作用。在教学方法上，人本主义课程强调个性化教学、独立学习、学习方法的学习等，具体方法包括合成教育、价值澄清、创造活动法、人际交往训练法等，这些方法倡导良好的师生关系，有利于学习者在生理、心理、认知及情感、道德、审美诸方面获得全域发展。在教学评价上，为避免传统外部评价过分重视客观知识测验和获取分数的弊端，人本主义课程论者设计出多种评价方法，如个性分析法、档案记录法、契约评分法和自我评价法等，注重对学生成长过程的观察及个体差异，并最大限度提高学生自我评价的能力与学习责任感，避免分数竞争造成的心理压力和厌倦情绪，真正使评价由效果检查性评价变为促进学生成长的评价。

毋庸置疑，人本主义课程要求学科内容同现实社会问题相联系，强化知识的生活化、实用化以适合学习者的需要，将学生作为整体人看待，倡导思维、情感和行为的统合，强调学生的个性发展与自我实现，有助于每个学习者的个性解放和成长，一定程度上扭转了结构主义课程唯理智、唯学术倾向。人本主义注重学生个体价值实现的主张深深影响了以后的课程改革，尤其是多样化评价方法的探索促使教学评价由检查性评价转变为促进性评价，弥补了传统评价方法的不足，是对现代课程理论的重大贡献之一。但也要看到，人本主义者过分夸大人的自然潜能，忽视系统知识的传授，一定程度上助长了改革中的反智主义倾向，在现实改革中难免受挫。

在人本主义课程理论及民主化思潮影响下，20世纪60年代末70年代初，美国出现反对公立学校片面追求学术至上和不公平的开放教育思潮，出现自由学校（free school）、任拣学校（alternative school）、开放学校（open school）等新的学校形式。然而，人本主义课程改革并未提高教育质量，反而造成学生学业水准的低落和纪律松弛。1975年，大学委员会公布的SAT成绩表明，该成绩已连续11年下降，企业界抱怨毕业生能力不足，媒体对学生基本素质表示担忧，人们开始重新反思结构主义课程的价值。随着人本主义课程弊端的凸显，在基础教育委员会推动下，美国中小学开始回归基础学科，加强纪律教育和恢复传统教法，要求小学以读、写、算为重点，中学强调英语、自然科学、数学、历史教学等，使学生掌握读、写、算等基础知识和基本技能，掀起"回归基础"（back to the basics）的教育运动。在一些州如佛罗里达、加利福尼亚、弗吉尼亚、新泽西州，回归基础的教育改革产生了重要影响，然而因缺乏有效组织及相关标准，并未从根本上解决公立学校教育质量下降的问题。某种程度上，对传统的回归再次证明，流派丛生的课程思想并未从根本上动摇学科中心课程，其对实践的影响依然占据主导地位，在一定意义上是思想观念层面对改革方向的预制，为 80 年代的教育改革做了铺垫。

第二节　从"生活适应"到"生涯教育"：职业教育思想的新进展

整体来看，从第二次世界大战到 20 世纪 70 年代，有几大因素共同影响和决定了此时期美国职业教育思想发展的方向和进程。

首先就是美国社会丰裕和贫困共存的情况。作为第二次世界大战最大的受益国，战后美国不仅在短时间内确立了自己在世界舞台上的绝对领先地位，同时，由于战争期间的科学、技术、人才和制度储备，从 1955 年至 1968 年，美国的国民生产总值以每年 4% 的速度增长[1]，截至 1970 年，其国民生产总值已经从 1946 年的 2000 亿元攀升到近 10000 亿美元，且家庭平均收入由 1947 年的约 3000 美元增至 1965 年的 6000 美元，实际购买力自 1946 年至 1960 年间也增长了 22%。[2] 对于这一状况，美国经济学家、公共官员和外交家约翰·肯尼斯·加耳布雷思（John Kenneth Galbraith）在他《丰裕社会》（*The Affluent Society*）中曾经给予了恰当的评价：人类整个历史都是非常贫困的，只有在欧洲人居住的小角落的最近少数几代人是例外。但是，在这里，特别是在美国，人们有了巨大而空前的丰裕。[3] 丰裕社会的出现为人们关注更多人的职业教育提供了物质的可能性，但是，丰裕并不能代表这个时期美国社会的全部，由于根深蒂固的种族歧视、权利和机会不均等，另一个美国是贫困和失业频发的美国，在社会弱势群体寻求权利和机会平等的努力下，20 世纪 60 年代美国爆发了规模宏大的民权运动，民权运动直接促成了各领域弱势群体权利的好转，同时也决定了此时期职业教育思想家或政策制定者对弱势群体利益的重视；此外，随着舒尔茨系统化人力资本理论的出现，人的知识和技能被看作资本、社会进步的决定因素而成为一个时代的共识，与之相对应，此时期还出现了多国政府对各级各类教育大规模投入的现象，包括美国职业教育在内的各级各类教育也属于人力投资的范畴。除了以上影响因素，战后美苏两大集团的对峙，使美国国内的军事、政治、经济、文化，其中也包括教育会因为对方集团的任何

---

[1]　王宗军：《当代世界经济与政治》，西北工业大学出版社 2009 年版，第 55 页。

[2]　杨生茂、陆镜生：《美国史新编》，中国人民大学出版社 1990 年版，第 466 页。

[3]　［美］加耳布雷思：《丰裕社会》，徐世平译，上海人民出版社 1965 年版，第 1 页。

一种举动发生重大的变化，美国初中等教育的钟摆现象主要是受到冷战影响的产物，同样，冷战也是此时期职业教育思想发展绕不开的制约因素。

在以上几大因素的合力影响下，此时期美国职业教育思想的共同特征就是逐步有更多的人接受职业教育，其中包括社会弱势群体的职业教育被纳入思想家和政策制定者的考虑范围。当然，这个特征并不是一下子形成的，从战后至20世纪50年代，"生活适应教育运动"主要关注公立学校被遗忘的大多数人的职业教育，到60年代教育政策力求将弱势群体的职业教育囊括其中，70年代的"生涯教育运动"则形成了纵横交错的对所有人的职业教育全方位覆盖的趋势。与以上现象相伴随，人们对于如何资助与管理职业教育的看法也逐步走向灵活多样，所有这些不仅是上一个时代职业教育思想自然发展的结果，也预示着一个新的时代即将来临。

一、为学校中受忽视群体的职业教育寻求保障的观点

（一）为满足大多数学生需要的生活适应教育运动的理念

生活适应教育运动始于普罗瑟的一份议案（Prosser Resolution）。1945年6月，在美国职业协会（American Vocational Association）纽约会议上，曾经在1917年《史密斯－休斯法案》制定过程中发挥过重要作用的查尔斯·A.普罗瑟向会议递交了一份议案，在议案中，普罗瑟谴责美国中学没有为大多数学生毕业后适应社会和职业环境、承担各方面的责任做好准备。他指出："目前的职业学校仅仅为20%中学层次的年轻人进入技术工种提供培训服务，而普通高中也主要关注20%即将升学的年轻人。……除非公立教育系统的管理者在职业教育领导的协助下，能为剩余的60%的青年提供生活适应教育，否则我不相信这些人将来能够成为合格的公民。"[①] 在普罗瑟议案的指导下，美国教育委员斯达德贝克（John W. Studebaker）在1946年组织了一系列的地区"生活适应教育"会议，并于1947年在芝加哥召开了国家会议，此次会议同时成立了"中学层次青年生活适应教育国家委员会"（National Commission on Life-Adjustment Education for Secondary School Youth）。据统计，自普罗瑟倡议之时起至1951年，生活适应教育不仅得到了美国健康、教育和福利部的直接支持，且不同层次的生活适应教育委员会还发布了与此相关的40个公告，另外，国内25种不

---

① Gerald L. Gutek, *Education in the United States, An Historical Perspective*, New Jersey: Prentice-Hall, Englewood Cliffs, 1986, p.272.

同的教育类期刊共计发表了 116 篇此类主题的文章，而 1951—1953 年，共有 20 万名的地方学校教师和管理者参加了各种各样的生活适应教育讲习班或会议，29 个州或者委任了与此相关的教育委员，或者设计了与此相关的各类项目①，在短短的几年间，生活适应教育迅速从个人提议层面上升为国家层面的一场运动。

1. 来自生活适应教育倡导者的观点

与普罗瑟的提议一致，许多主张生活适应教育的人也意识到美国中学普遍存在这么一大批学生，他们似乎并不打算读大学，对学校功课抱着冷淡的态度，同时他们对学门手艺也不感兴趣，此外，他们似乎对来自生活的任何挑战都缺乏应有的激情，如果将其称为"随波逐流者"似乎更为恰当。这些人不仅数量巨多，而且还是辍学的主要来源。据相关数据显示，尽管战后四分之三的 14~17 岁的美国年轻人会进入中学学习，但中学的辍学率相当高，仅 1950 年，每 5 个中学生中就有 2 个从高中辍学。② 中学生辍学的原因很复杂，有人推测它可能与当时社会上的送货员、超市店员、加油站服务员、电话接线员等不再需要最基本的培训，所以很多学生缺乏继续求学的动力，这当然仅仅是其中的一种解释。对于支持生活适应教育的人来说，如果想成为未来世界更好的公民，学校里的这批年轻人不是不需要学习，而是需要学习更多的东西！比如，他们需要学习如何改变自己以满足工作的要求、学习如何为自己带来足够的收入以维持生计、学习如何明智且节俭地为自己做预算、学习如何与同事相处、学习关于工会的一些知识、学习如何协调雇主与雇员的关系、学习如何安全地操纵汽车、学习如何与邻居相处、学习如何阅读报纸、杂志和观看漫画影视评论、学习如何缴纳个人税收、学习如何在选举中投票……很明显，要学习这么多的内容，依照战后美国中学的实际，还远远达不到这些目标。

关于生活适应教育的概念问题，中学层次青年生活适应教育国家委员会在其公告中曾开诚布公地说道：生活适应教育的基本概念并不是新的。③ 对于这种说法，曾任职于纽约布鲁克林区格罗弗·克利夫兰高中的汤森校长（Charles A. Tonsor）就曾指出，生活适应教育与教育咨询或指导一样，作为教育目标是

---

① Thomas D. Fallace, The Effects of Life Adjustment Education on the U.S. History Curriculum, 1948—1957, *The History Teacher*, 2011, 44(4), p.576.

② Walter H. Gaumnitz & Ellsworth Tompkins, *Holding Power and Size of High Schools,* Washington: Federal Security Agency, Office of Education, 1950, Circular Number 322, p.19.

③ Federal Security Agency & Office of Education, *Vitalizing Secondary Education*, Washington, D.C.: Federal Security Agency, Office of Education, 1951, Bulletin（3）, p.30.

自古以来就有的事物。他认为在古希腊和古罗马的人文教育中，哲学家们的教育目的就是调整个人以便适应精神生活的状态。博雅教育的目标就是放飞头脑，同时最好地利用头脑的智慧来适应和管理自由人的生命，"如果说苏格拉底没有在进行生活适应的教育，很难说他又真正地在教什么"①。在汤森看来，与先前的生活适应教育相比，当前的生活适应教育不过是将注意力集中于物质方面的实际问题罢了。按照中学层次青年生活适应教育国家委员会的说法，专注于生活中的实际问题解决就暗示着生活适应教育的目标是非常实际的："生活适应教育旨在使所有美国青年都能够作为家庭成员、工人、公民，在民主的氛围中生活，在使自己满意的同时造福社会。"②

为了达到以上的目标，整体来看，生活适应教育运动的倡导者主要倡导如下的一些行为：③

首先，通过小组学习、学生顾问等的设置为所有学生提供个体化指导和差异化服务。生活适应教育运动试图推动每个学生的能力发展，以便使其适应家庭、学校、工作和社区的要求，同时解决生活中的实际问题，但是，由于个体间的差异，如何才能满足每个人的兴趣、口味和规划呢？考虑到小组学习不仅能使每个学生最大限度地参与学习过程，同时还能使班级追求不同的学习目标，另外教师也能够更敏锐地察觉学生的兴趣水平并根据一定的变化进行适时的调整，一些有能力的教师强调在教学中务必运用小组学习策略，当然与小组学习配套，有教师也认为，应该让那些有着特殊能力的学生承担或多或少的独立学习或研究任务。当教室中的每个学生或者都能收到符合自己要求的小组作业或单独作业任务，同时使用记录卡、文件夹或作业表等方式来记录自己的进步，学生多样需要和兴趣的满足将不再困难。

对于如何为学生的学业、职业和生活提供个性化的咨询和指导服务的问题，一些州、地方学校系统鼓励各学校利用州资助，同时使用最低限度的学校项目资金来雇佣一些学生顾问，让学生顾问通过收集学生信息和潜能方面的知识，帮助学生分析各自的问题、管理其考试活动、协助教师更好地设计帮助学生的方式。当学生离校时，学生顾问还能够帮助他们做一些安置工作，或者为

---

①　Charles A. Tonsor, Some Higher Phases of Life Adjustment, *The Clearing House*, 1952, 27(2), pp.92-94.

②　Commission on Life Adjustment Education for Youth, *Report of the Commission on Life Adjustment Education for Youth to the National Conference*, Washington, D.C.: Federal Security Agency, U.S. Office of Education, 1950, pp.47-48.

③　John W. McFarland, What about Life Adjustment Education?, *The High School Journal*, 1954, 37(8), pp.243-250.

以前的学生提供跟踪服务，帮助离校生适应他们的第一份工作等。由于学生顾问的数量毕竟有限，一些人还提议让所有的教师都能够向学生提供咨询服务。此外，他们建议学校可根据需要建立一些家房（homeroom），让一群学生和他们的指导老师能周期性地在家房里讨论常见的问题，通过观察和指导学生讨论，教师可以为这些学生提供实用的个性化帮助和指导，以促进他们各方面能力的发展。[①]

其次，生活适应教育运动的支持者主张学校所有的学习内容都要强调它的实际应用。对于大多数学生来说，清晰的推理和反思性思维的价值体现在其能够解决日常生活中的实际问题方面。为了能够让学生认识到他们在学校所学习的东西与其未来的生活并不脱节，生活适应教育运动的支持者们建议教师帮助每一个学生将学校学习内容与日常生活中的问题相互连接。他们推荐的做法有：通过写信方式开展作文教学以服务于学生的实用目的，将数学作为测量、建造及规划的基础；通过制造可以立即使用的化学产品（如化妆品、墨水、肥皂等）让学生对化学产生感觉；通过测算反应时间距离（即计算从司机看到危险到其踩下刹车时汽车所行驶的距离）来提升学生安全驾驶的意识……[②]另一方面，在提倡关注学校知识的实际用处的同时，生活适应教育运动的倡导者还建议教师要注意那些从学生的个人经历中引发的问题，因为这些从生活实践中来的问题，无疑将为学生组织自己的经验提供有利的机会，而且通过实际问题的解决能有效降低学生的紧张焦虑情绪，扩大学生对于自己在生活中所应承担角色的认知，同时，结合有意义的项目和问题解决，还能培养学生高效的思维习惯，让学生在问题解决的过程中增强自信心，体验满足感。

再次，生活适应教育的倡导者强调在学生时间和精力允许的范围内多为学生提供一些拓展性的课外活动项目，尤其是那些能够提升学生学习主动性的活动。在倡导者看来，学生通过参与一些活动能够更容易地习得或掌握一些在未来的学校和社会生活中用得着的技能，而在活动中，学生之间的相互陪伴和互动对他们的成长有着巨大的价值，此外，借助于责任心的培养和良好的人际关系的养成，一些活动还有助于学生良好性格的形成。当然，在生活适应教育的倡导者看来，课外活动的价值还不止这些，他们认为学校的一些俱乐部、团体或机构的活动还能够增加与之相关的课程的活力和意义，比如低年级科学园

[①]   Van G. M. Pool, The Home Room, *The Bulletin of the National Association of Secondary School Principals*, 1952, 36(184), pp.150-156.

[②]   Laura Blank, Mathematics for Life Adjustment, *The Mathematics Teacher*, 1954, 47(5), pp.308-310.

（The Junior Academy of Science）活动就与科学课的内容非常相关，社会研究课程与关心学生理事会的活动有一定的联系，英语课和商业教育课知识联合起来，对于学生制作校报或年刊非常有帮助，因此，他们建议增加课程和课外活动之间的互动来推动学生的发展。当然，所有的课外活动项目，都必须以不过度增加学生的负担为标准，否则会适得其反。

最后，生活适应教育的倡导者强调为了培养民主社会的公民，还应该鼓励学生民主地参与学校课程的规划和学校事务的管理。在生活适应教育的倡导者看来，由于目前学校的课程已经非常拥挤，过多地引入新的项目并不合适，但是他们认为努力去发现学校已经开设课程的新的含义，以使其更好地满足未来公民培养的需求则是较为可行的办法。在这个过程中，他们认为应该尽量多地让学生、教师、家长和社会人士共同参与课程改革和规划的设计，尽量让课程中的新材料和新的活动设计具有内在的意义并契合学生的兴趣要求。他们认为该做法不仅能为学生提供参与民主决策的机会，而且还会赋予学生的学习一定的意义和目的，此外，此参与过程还将有助于学生和其他人员共建良好的人际关系，培养学生对学校的忠诚等。因此，从自我控制、自我导向、主动性、责任心、创造性和合作精神等的养成的角度，学生参与课程改革和规划是有百利而无一害的。另外，生活适应教育倡导者还强调让学生直接参与学校和课堂管理以及社区和邻近企业的活动来增强民主体验。他们认为民主的环境比独裁或放任的环境更有利于学生学习民主，他们建议借助学生会和家房组织，让学生明确其必须承担的课堂活动的责任，从而获得作为一个负责任的公民的角色体验。

2.来自生活适应教育反对方的意见

由于生活适应教育概念内涵和外延的宽泛性，各地的实施情况千差万别，比如在课程目标方面，有的学校旨在培养有效率的公民，有的学校强调社会适应，还有的学校关注有价值的休闲、生理和心理的健康、成功的家庭生活以及个人发展等；在课程开设方式方面，一些学校规定了少量的以生活适应为目标的核心课程，而另一些学校创设了一些非学术功能的选修课程，还有的学校引入了在生活、工作现场培训的方式，更多的学校则采取课堂讲授的形式；在课程内容方面，有的学校开设了什么是适当的社会行为的指导课程，有的开设了如何养成快乐和受人欢迎的个性的咨询课程，还有的学校开设了家庭装饰课程，更有甚者还开设了如何照料孩子的课程，总之，根据学生的实际需求，生活适应课程的范围，从严肃地探讨青少年发展过程中存在的问题到如何使用口红和指甲抛光等琐碎的生活常识，五花八门、包罗万象……生活适应教育以上主张和做法，很快为其招来了持保守主义观点的学者们的猛烈抨击和谴责。

伊利诺伊州大学历史学教授巴斯德（Arthur E. Bestor, Jr.）就是其中最有代表性的一位。他在自己的《教育的荒地》（*Educational Wastelands*）和《学习的回归》（*Restoration of Learning*）两本书以及一些文章中强烈谴责了生活适应教育的反智主义倾向。巴斯德是从学校学术训练必要性的角度来论及这一事情的。他认为公共教育对国家安全、人民福祉以及保存社会的文化价值至关重要，公立学校的责任就是让人们在理性的、批判性的思考过程中获得高度的文化知识、精确的信息和严格的训练，如果学校做不到这些，其未来的选民就可能在公共决策中因无法理解复杂的科学、经济、政治和国际关系等问题而出错，最终的结果是导致民主社会的崩塌和挫败。由于只有借助于智力训练，人们才能成为最有效率的公民、生活实践中的职业和专业人员，同时使休闲时间更为有价值，更有能力拓展知识和文明的边界，并最终意识到自己最高的使命正是理性的存在，而这正与传统的自由教育的概念相互吻合，因此，巴斯德认为：判断教育系统好与坏的标准，主要是看其所能够提供的智力训练的效率如何。①

基于以上的认识，巴斯德着重批判了统治美国公立学校的教育哲学的荒谬性。他认为，让学校来满足每一个青年的一般的和特殊的个人需要的建议本身就是错误的。学校也像其他机构一样，有其明确能做和不能做的事情。他举例说，所有的家庭、教堂、医疗行业、政府、社会福利机构、工厂、私人商业机构都能在某方面满足年轻或年老市民的需要，在事实上，以上机构不可能不按自己的方式做其分内的事，而学校也没有理由不理自己分内的事，反而尝试着去疗救社会弊端。让学校必须承担起其他机构无法提供的满足每一个学生需要的责任，而不顾学校是否合格或有能力地去承担这件任务，本身就是荒谬的妄想，其结局只能是既扭曲了学校系统也不可能对社会的救赎贡献力量。因此，巴斯德提出：学校的首要责任——即便学校有其他的有价值的目标也不能做出任何牺牲的责任就是智力训练。他严厉地指责支持生活适应教育的许多专家的观点，他说如果教育专家相信大多数的人是没有智力训练的需要的，那么他们就应该老实地承认，义务教育的法律或许早就应该取消了。巴斯德指出这些教育专家的这种说法是极端不诚实的，即他们一边号召学校为所有学生的需

① Arthur E. Bestor, Jr. Life-Adjustment Education: A Critique, *Bulletin of the American Association of University Professors (1915—1955)*, 1952, 38(3), p.414.

要服务，另一边又转过头来辩论说，有一大部分学生没有智力训练的必要，这真是笑话。

巴斯德还指出隐藏在生活适应教育项目背后的信条就是传统的智力学科无法满足现代学生的真正需要，这种说法正是对智力训练功能的诋毁。他认为对每一个有能力掌握该能力的民众来说，每一个领域的智力训练都是其重要的组成成分。而如果能将智力训练成果运用到现实生活中的话，它也意味着现实问题的真正解决，因为一般来说，解决任何一个现实问题最有力的手段是去运用其所掌握的精确的知识做系统的思考。他批判生活适应教育有意识地使教育与科学学科和学术相分离，不仅使其目标非常琐碎，而且其做法也非常浅薄。[①] 他举例说，生活适应教育要求所有的年轻人都要理解作为一个民主社会的公民所拥有的权利和义务，但是他们忽略了所有的年轻人只有在历史、政治科学、经济和其他多种学科领域经过良好的训练，才能真正理解其作为一个民主社会的公民所拥有的义务和责任，否则，这样的理解只能是浅薄的。巴斯德不仅倡议"回到基础"，同时致力于恢复为美国教育，特别是中学教育奠定坚实学术基础的传统课程，另外巴斯德还和一些同事组织了基础教育理事会（Council on Basic Education），为传统人文学科进入课堂而努力。

除了巴斯德，美国海军军官、核潜艇专家瑞克欧文（Admiral Hyman Rickover）在对比了美国的学校与欧洲学校之后，谴责美国教育的学术懒惰，他说："（生活适应教育）正像马和马车一样都是没有希望的过时之物，除非在教育目的彻底扭转之前就重组美国的教育，否则在与苏联教育的竞争中，美国是没有希望的。"[②] 加利福尼亚学校管理者瑞福提（Max Rafferty）则谴责生活适应教育不仅弱化了爱国情感，同时也降低了学术标准。由于生活适应教育的许多观点与进步主义教育思想所提倡的部分观点相似，20世纪50年代伊利诺伊州立大学的历史学教授安德森（Archibald W. Anderson）以及其他进步主义教育的代表人物曾试图在进步主义教育与生活适应教育之间找到区别，但其结果又往往表现出促成两者相互融合的倾向。因此，50年代人们对生活适应教育运动的批评，还扩大化为对约翰·杜威、进步主义、经验主义、设计教学等一系列相关教育家、教育理论以及教育方法的指责。

① L. Dean Web, *The History of American Education, A Great American Experiment*, New Jersey: Upper Saddle River, 2006, p.263.

② L. Dean Web, *The History of American Education, A Great American Experiment*, New Jersey: Upper Saddle River, 2006, p.264.

　　1954 年后，曾有过辉煌岁月的生活适应教育运动逐渐步入低谷，尽管如此，其核心精神却没有消失。在苏联卫星上天所掀起的重学术、重科技的热潮之后，生活适应教育所竭力营造的努力调整学生的人生观、价值观，使其更好地适应业已变化的社会生活，并同时具备能够在市场上获得雇佣机会的职业技能的思想重又回归学校，并在生涯教育的行动中得以延续。

　　（二）对来自贫民窟的中学生职业教育的看法

　　20 世纪 50—60 年代是美国民权运动高涨的时期。作为哈佛大学前任校长和著名外交家，同时又是实用主义教育的批判者和新传统教育的倡导者，1957 年科南特从外交官职位卸任后，转而开始研究美国中等和师范教育。其中，科南特对于来自贫民窟的中学生的学业，其中也包括职业教育的考察，就是他本人对时代要求的一种回应。

　　基于自身广泛的人生阅历，科南特习惯将美国教育放置在更为宏观的背景中进行思考。他认为，从国际方面来看，教育无疑服务于美苏争霸的战略需要，而从国内来看，教育无疑也是促进政治民主、经济发展和科技进步的力量。正是基于以上对于教育功能的清醒认识，在卡内基促进教育基金会的资助下，从 1957 年开始，他带领的调查小组首先对 26 个州的 103 所基本属于美国最好的中学进行了历时两年多的调查，其中仅科南特个人就"访问了 18 个州的 55 所中学，与成千上万的学生、教师以及学校行政人员交谈过"[1]。1959 年，科南特的《今日美国中学》（ *The American High School Today* ）出版。在《今日美国中学》的报告中，科南特回顾了美国公共教育的历程，对美国公立综合中学的特征及其所承担的促进机会均等和民主社会理想实现的责任进行了深刻阐释。同时，他还在报告中提出了改革综合中学的 21 条建议。这些建议主要包括建立学生辅导教师、制订个别化课程计划、设置必修与选修课程、按能力分组、重视阅读、作文和外国语教学、兼顾智力水平不同学生的课程需求等。特别是科南特提出应将高等教育采用的选修课与必修课的方法下放到中学，拿出约一半以上的课时为全体学生开设必修课程，用其余的时间提供丰富多彩的选修课程，其中不仅包括多样化的可谋生的职业课程，同时还包括专门为擅长数学、自然科学以及外语课程的学生提供的学术性文理课程。在职业类课程开设方面，他提出，"要因地制宜，开设多样化课程。为有志于掌握各种谋生技能的女生开设诸如打字、速记、会计和办公机器的使用及家政等课程。还可根据

---

　　① 刘向荣：《科南特教育思想研究》，博士学位论文，河北大学，2006 年，第 81 页。

学校所在社区的特点，开设农业、手工业或工业课程。这些课程可随着社区经济的变化而改变"①。同时，要尽量多地为学生提供带薪实践的机会，提升其积极性，丰富其职业经验。科南特所建议的分别设置必修课与选修课的方法，以及所提议的兼顾学生个性与共性的其他教学保障措施，较好地协调了普通文化课程、学术性课程与职业课程之间的关系，切实保障了中学生在达到基本文化水平的基础上，能有更多的机会在获得益于谋生的职业技能还是在获得进一步求学深造的学术能力之间做出更好的选择。

由于《今日美国中学》主要关注的是相对平静的中等规模的白人社区的综合中学，而对位于大城市的贫民窟学校和富裕的郊区学校几乎没有提及，在20世纪50年代末期逐步升温的民权运动和关注社会弱势群体利益的氛围中，加之科南特很早就对人口地理因素侵蚀综合中学的民主使命非常担忧，因此他认为非常有必要对上次调查中所忽略的两个地区进行对比研究。因此在卡内基基金的再次资助下，科南特把第二次调查的重点放在纽约、费城、底特律、芝加哥和圣路易斯五个大城市地区及其郊区的中学，科南特用比较的方法勾勒了两种完全不同的社区及其学校的画面，讨论了城市贫民窟和富裕郊区中学教育上的极端差异，科南特认为："对贫民窟和富裕市郊进行考察和比较，获得的经验教训，对理解美国公立教育至关重要。在相当程度上，学校应该做什么和能够做什么，决定于其所服务的家庭的地位和理想。"②1961年9月，《贫民窟与市郊》调查报告出版。

在调查中，科南特发现，郊区80%以上的毕业生能够升入高等教育机构，在郊区孩子父母的眼中，最重要的是保证孩子们能够进入有名气的学院，因此他们最关心学校学术科目的教学质量。然而，在国内一个最大城市的黑人贫民窟，"59%的16~21岁的男孩子离开学校即处于失业的状况，整日游荡在街头。其高中毕业生与肄业生的失业率分别是48%和63%，也就是说，肄业的孩子中三分之二的人没有工作，但即使是高中毕业，也仍然有近50%的孩子找不到工作"。在这种情况下，孩子们不禁要问："即使读完高中，依然有50%的人绝望地徘徊在街头，我们为什么还要苦恼地待在学校呢？"③面对贫民窟

① 〔美〕科南特：《今日美国中学》，见单中惠、杨汉麟主编：《西方教育学名著提要》，江西人民出版社 2000 年版，第 549 页。

② James B. Conant, *Slums and Suburbs: A Commentary on Schools in Metropolitan Areas*, New York: McGraw-Hill Book Company, Inc., 1961, p.1.

③ James B. Conant, "Slums and Suburbs", in *American Education and Vocationalism—A Documentary History 1870—1970*, Marvin Lazerson & Norton Grubb, New York: Teachers College Press, 1974, p.161.

学校的这种情况，科南特提出除了要加大贫民窟中学的资金投入、改善办学条件、引进更多更好的师资、提高教学质量、强化家长对于学校事业的支持，学校还应该致力于让来自贫民窟的学生一毕业就能找到工作。他认为贫民窟学校的职业教育能够有效地促进社会的稳定并增加其所期待的行为。为了达到这一目标，科南特认为：首先，学校教育的内容应该与工作世界的需求充分衔接。科南特说："在已经城市化和工业化的自由社会里，年轻人的教育经历应该时刻与其未来的就业相适应。如果这种情况能够实现，那么年轻人无论是 10 年级毕业，还是读完高中、学院或是大学再就业，在其全日制的学校生活和全日制的工作之间都能够实现顺利过渡。"① 其次，充分发挥职业指导的功能，强化学校与工作世界的衔接。科南特在调查中发现，一半以上的毕业生会在高中毕业后立即开始寻找工作，但是职业指导类机构的数量还远远不能满足需求。科南特认为，义务教育法案虽然要求年轻人至少 16 岁以后才能离开学校，但是对于 16~21 岁的毕业生或是肄业生，无论其就业还是失业，并不意味着学校责任和义务的结束。"在我看来，特别是那些在大城市的职业指导官员，应该承担起为中学后年轻人的职业生涯咨询指导的责任，从这些孩子离开学校直至 21 岁，职业咨询指导都是非常必要的。……为其花费成本也是非常值得的。"② 科南特认为目前两者之间断然的分离状态无论对谁都是不幸的，为此，他呼吁在学校、雇主、劳工组织、社会机构以及人事部门等之间建立更加紧密的联系。再次，从社会支持的角度，倡导大城市的就业机会无歧视地向所有种族开放也是解决毕业生或肄业生就业问题的一个办法。另外，为了让学校的办学尽量与地方需要和实际相契合，应创建或强化地方分权的管理体制，同时组建由高素质公民参加的学校董事会，以激发公众的办学热情。

由于科南特报告"十分切合实际，报告中谈论的事实和提出的建议又都很具体"③，报告出版后，在美国教育管理者、政府官员、学校理事会成员、普通大众之间得到了广泛传播，尤其是《今日美国中学》一文，实际上已成为美国 20 世纪 60 年代公共教育改革的指导性文献之一，对不同地区中学普通教育、学术教育和职业教育的协调发展具有极强的指导意义，同时科南特在《贫民窟

---

① James B. Conant, "Slums and Suburbs", in *American Education and Vocationalism—A Documentary History 1870—1970*, Marvin Lazerson & Norton Grubb, New York: Teachers College Press, 1974, pp.161-162.

② James B. Conant, "Slums and Suburbs", in *American Education and Vocationalism—A Documentary History 1870—1970*, Marvin Lazerson & Norton Grubb, New York: Teachers College Press, 1974, p.162.

③ James B. Conant, *The American High School Today*, New York: McGraw-Hill Book Company Inc., 1959, Ⅵ.

与市郊》中对贫民窟学校教育应该时刻与工作世界相互衔接的观点也在一定程度上推动了该类学校职业教育的开展，其观点对美国生涯教育运动及其立法行动也有一定的启迪作用。

二、为社会弱势群体职业教育奋争的观念

20 世纪五六十年代，由于多种原因，更多美国人在充分享受丰裕、和平生活的同时，还有另一部分的美国人隐匿在贫困和不平等的阴影中难以自拔。最早唤醒人们对于贫困问题关注的是一批学者，比如历史学家加布里埃尔·科尔科（Gabriel Kolko）、社会经济学家詹姆斯·N.摩根（James N. Morgan）、社会学家及政治活动家迈克·哈林顿（Michael Harrington）等，加耳布雷思也是其中的一位。在他的《丰裕社会》中，他承认尽管美国已经进入了物质空前丰裕的社会，但是仍然存在两类典型的贫困现象：第一类是个人的贫困，这类贫困主要与个体某方面的缺陷，如智力缺陷、健康不佳、无法适应现代经济生活的规则、过度生育、酗酒、教育不足等因素有关。加耳布雷思认为，与其他已经掌控自己环境的人相比，这一类人显然还没有掌控自己的环境。第二类可称之为"岛国"的贫困，在这些"岛国"上生活的每个人或几乎每个人都是穷困的，如那些生活在美国南部乡村贫困地区的人。[①] 据统计，美国"1962 年约有 4250万穷人，约占总人口的四分之一处于贫困境地。他们多是老年人、黑人、印第安人、墨西哥人、波多黎各人和其他拉美移民"[②]。同时，从区域分布来看，密西西比、波多黎各和肯塔基州属于贫困人口较多的州。[③] 除了以上的贫困问题，由于根深蒂固的种族歧视，始于 20 世纪 50 年代的黑人民权运动在 10 年后以更猛烈的姿态掀起了更大的波澜。为取得宪法赋予黑人的立法、政治、经济等平等地位，黑人族裔主要借助于法院的诉讼，通过对公众情绪的鼓动和对国会议员的施压，迫使民权立法的颁布，从而保障黑人在升学、就业、生活等各方面的平等。1964 年、1965 年、1968 年，美国国会分别制定和修订了民权法案，保障了黑人在选举、使用公共设施、住房等诸方面的民主权利，民权法案可以看作少数族裔在保障自己平等权利方面取得的突破性胜利。

面对以上的时代境况，以肯尼迪、约翰逊总统，部分国会议员和美国职

① ［美］加耳布雷思：《丰裕社会》，徐世平译，上海人民出版社 1965 年版，第 273-274 页。

② 杨生茂、陆镜生：《美国史新编》，中国人民大学出版社 1990 年版，第 471 页。

③ James T. Patterson, *Ameirica's Struggle Against Poverty 1900—1994*, Cambridge: Havard University Press, 1994, p.80.

业教育协会等社团领导人为代表的一批人呼吁在《史密斯－休斯法案》及其修正案资助的基础上继续扩大联邦政府资助职业教育的规模，让更多的弱势群体从社会的负担转变为有用的人力资源。

（一）美国总统对于弱势群体职业教育重要性的认识

1. 肯尼迪总统的冷战思维与推动职业教育发展的观点

肯尼迪（John F. Kennedy，1917—1963）是美国历史上最年轻的总统之一。他生于马萨诸塞州布鲁克林（Brookline）的一个政治家、商人和慈善家家庭。从小在私立精英学校上学的肯尼迪，对于包括职业教育在内的所有教育的重要性和功能有着深刻的认识。

由于肯尼迪担任总统之时，美国正处在第三次科技革命的巅峰时期，同时又面临着苏联在空间技术上的挑战以及西欧和日本在世界市场上的争夺，另外，此时期美国经济也遭遇了短期的衰退和停滞，面对以上的境况，肯尼迪认为美国还有足够的可能和机会来改变自身。首先，他提出美利坚作为一个自由而又坚定的民族，通过自己选举出来的公职人员，坦率地正视一切问题，并且毫不惊慌或恐惧地应付一切危险，这就是美国拥有的改变自身问题的最大一宗财产。其次，美国还可以通过积极推行一系列的主动干预政策走出以上困境。比如可以在自助的基础上通过临时延长失业救济金期限的办法来改善失业补助，向失业者的家庭提供更多的食品并救济他们的贫困子女，重新开发劳动力长期过剩的地区，等等。总之，肯尼迪以巨大的信心和勇气主动应对挑战，他说："我们千万不能白白浪费时间和工厂设备，等待衰退结束。我们必须向全世界表明，自由经济在减少失业、利用闲置、促进生产率，并且在健全的财政政策和相对的物价稳定的范围内加速经济增长的能力。"[①]他从开发国家的人力资源、保持冷战优势地位以及维持自由世界长治久安的角度推出了包括教育、医疗、住房、反贫困和环境保护等多领域的"新边疆改革计划"。作为"新边疆改革计划"的基石，肯尼迪总统是将联邦政府资助教育，其中也包括职业教育作为优先推动的政策来考虑的。当然，由于肯尼迪担任总统的时间非常短暂，他对教育实践的发展鲜有作为，但是在他任职后不久，他就向国会提交了三份关于联邦资助教育的特别咨文，充分表明其对教育的重视程度。而正是肯尼迪总统对于教育的重视和热切期望，使91%的美国民众认为肯尼迪政府优先考虑的国内问题是

---

① ［美］肯尼迪：《扭转颓势》，沙地译，生活·读书·新知三联书店 1976 年版，第 16 页。

联邦政府如何资助教育的问题，其次才是医疗、失业和民权等问题。①

整体来看，肯尼迪总统对于包括职业教育在内的美国教育在人力资源开发、国家领先地位保持等方面的重大功效有着极为乐观的看法。比如在 1961 年 2 月 20 日的教育咨文的开篇，他明确提出："我们整个国家的发展速度不可能超过我们在教育方面的发展速度。我们为取得世界领导权所必须具备的条件，我们对于经济增长的希望，以及在当前时代作为一个公民的自我要求，都需要每一个青年尽量发挥他们的才能。"② 在《恢复美国经济发展势头的项目》（Program to Restore Momentum to the American Economy）咨文中，他承认美国的国际竞争力日益落后于世界许多国家，他认为推动经济长期稳定发展的最基本的因素是提高美国人力资源的质量。为此他提出："我将强调这些项目，因为这些教育、健康、研究和培训活动对提升我国日益增多的人口的生产能力具有重要的作用。"③ 肯尼迪的积极支持态度不仅直接促成了此时期人力资源开发法案的出台，而且也为此时期联邦资助职业教育法案的出台营造了支持性的环境。

其次，肯尼迪对于借助联邦政府资助，推动包括职业教育在内的美国教育走出困境的主张是非常坚定的。由于美国宪法的限制，联邦政府并不拥有直接的教育管辖权，在 20 世纪 60 年代社会关注弱势群体各方面利益的大环境中，如何改善贫困地区以及贫困人口的教育困境也日益成为总统关注的焦点。在肯尼迪的教育咨文中，他呼吁国会在未来三年内"为公立初中等学校建筑维修和教师工资提供 23 亿美元资助，为学院或大学的基础设施建设提供 28 亿美元贷款"④ 等，在教育咨文的结尾他提及了职业教育。他说："职业教育基本的目标是理性和多元地为未来社会的需要服务，目前发生在所有领域的技术变革，都呼唤着国家对先前的职业教育法案重新进行回顾和评估，以最终实现职业教育的现代化。"⑤ 肯尼迪的意思是非常明确的，即 1917 年《史密斯－休斯法案》创制之前组建了"国家资助职业教育委员会"，其开展需求调查的方法

① Maurice R. Berube, *American Presidents and Education*, New York, Westport, Connecticut, London: Greenwood Press, 1991, p.45.

② ［美］肯尼迪：《扭转颓势》，沙地译，生活·读书·新知三联书店 1976 年版，第 127 页。

③ Shu Wei-Non, *A Comparison of Factors that Influnce Vocational Education Law-Making in the U.S. and TaiWan, Republic of China*, University of Minnesota, 1996, p.112.

④ Douglas E. Kliever, *Vocational Education Act of 1963, A Case Study in Legislation*, Washington D.C.: American Vocational Association, 1965, p.9.

⑤ *Panel of Consultants on Vocational Education, Education for a Changing World of Work*, Washington: U.S. Government Printing Office, 1964, Ⅴ.

直接推动了法案的出台。而在当前的机遇和挑战面前，让国家健康、教育和福利部召集各界专家，承担重新审议和评估国家当前的职业教育法案的责任，同时为扭转和重新确定职业教育的发展方向提出建设性意见，将不失为一条真正推动职业教育发展的好办法。① 尽管由于第 87 届议会是第 83 届议会以来最为保守的一届议会，大部分握有实权的国会委员会，都控制在老资格的南方议员手中，他们对肯尼迪总统关于教育、医疗、民权、国外援助等一系列的新边疆改革建议大多持否定的态度，加之肯尼迪总统本人也没有足够的耐心去劝说国会议员，因此，在众议院第一次会议期间，肯尼迪主要的教育立法提案均被推翻，总统与国会之间的第一轮较量以肯尼迪一方的挫败告终。但是，肯尼迪总统关于组建职业教育调查小组、开展国内职业教育需求调查的提议并没有受到影响，主要由职业教育领域专家组成的总统职业教育咨询小组随即成立。可以这样认为，为更多有职业教育需求的人（其中包括弱势群体）提供资助的 1963 年《职业教育法》正是由肯尼迪总统奠基的。

2. "教育总统"约翰逊的职业教育主张

约翰逊（Lyndon Johnson）是美国历史上当之无愧的教育总统。深受 20 世纪 60 年代民权运动以及人们再度觉醒的对于贫困的兴趣的影响，他提出了"伟大社会"的施政纲领，致力于保障民权、向贫困宣战两大历史任务。在一定程度上来说，"伟大社会"是肯尼迪"新边疆改革计划"的继续和发展。与肯尼迪总统一样，约翰逊把包括职业教育在内的各级各类教育作为其施政的基石，同时也对联邦政府资助各类教育寄予厚望，但是与肯尼迪总统不同的是，他积极利用自己的影响力，真正助推了联邦政府对于包括职业教育在内的各类教育资助的实现。

首先，教育，其中包括职业教育，作为保障民权和对抗贫困最好的武器，一直都是约翰逊最为倚重的工具。比如，在他成为美国总统后的第一次国情咨文演讲中，他在宣布无条件地开展"反贫困斗争"的同时指出，教育正是决定这一场战斗输赢的关键："我们更为精确地实施攻击的主要武器将是创建更好的学校。没有工作、没有钱通常不是贫穷的原因，而是其症状。在我看来，贫困的深层次原因可能是由于我们没有给予同胞公平的机会来发展他们自己的能

① Shu Wei-Non, *A Comparison of Factors that Influnce Vocational Education Law-Making in the U.S. and TaiWan, Republic of China*, University of Minnesota, 1996, p.114.

力，致使他们缺乏必要的教育和培训。"① 因此，对于约翰逊来说，反贫困斗争在实质上不过是一个教育计划而已，他说："我们将通过教育来消除贫困，我不希望任何人提到收入再分配。……相反，人们将学习如何摆脱贫困。"② 也正是在这一信念的支撑下，他不仅决定在 1964 年的总统竞选中，将教育作为其竞选的基本纲领，并把它放在国家议程的首位，而且在其总统生涯的前 4 年，他还利用白宫讲坛、就职演说和国情咨文发布等多种场合，表达其对于教育问题的关切，传达教育是保障民权、消除贫困、促进社会福利和刺激经济增长等的利器的观点。约翰逊相信教育是一个国家所能够做出的最可靠和最有利可图的投资，而只有当所有美国人都有机会接受教育且有机会利用其知识为个人和国家创造有价值的东西时，个人才有充分的自由，国家才有真正的富强。而在一定意义上，促使每个人都有机会成为他或她所能成为的一切，正是民主国家矢志奋斗的目标。

其次，约翰逊对借助联邦资助各类教育来推动社会改革有着更为强烈的愿望。从约翰逊个人的经历来看，他曾经在得克萨斯州做过一年的小学校长和教师，对教育在疗救社会经济问题中的作用有着较深的认识；此外，20 世纪 30 年代美国经济大萧条时期，他曾被任命为得克萨斯州国家青年管理局（National Youth Administration, NYA）主席，该机构旨在帮助青年在大萧条时期获得工作，其中的新生学院中心（Freshman College Center）和学院资助项目（The College Aid Program）也让约翰逊深刻地体会到了联邦政府在促进社会福利方面的作用。因此，他一方面与同时代的其他美国人一样对于政府的作用深信不疑，认为在解决贫穷、种族主义、战争等重大社会问题方面来自国家的意志和财政资源是必不可少的，而这也正是政府分内和力所能及的事情。另一方面由于约翰逊将贫困人口的出现主要归因于教育的失败，因此，由政府出面资助教育就成为扭转教育失败并进而解决社会问题最好的手段之一。他曾经在自己的回忆录里明确地表达了这一想法。他说美国公立学校体系由于受到多种国家需求的挤压，财政并不充裕，也很难发挥其应有的重要作用，教育危机不仅需要国家的指导，更需要联邦的财政援助才能解决，他明确表示："除非联邦政府能够介入教育并提供必要的援助，否则许多儿童将注定只能接受低等的教

① *The American Presidency Project, Lyndon B. Johnson, XXXVI President of the United States: 1963—1969, Annual Message to the Congress on the State of the Union*, 2009-03-27. http://www.presidency.ucsb.edu/ws/index.php?pid=26787#axzzlOmhhYYT9.

② Nelson F. Ashline, et al, *Education, Inequality and National Policy*, Lexington: Lexington Books, 1976, xvii.

育，而这无疑预示着一个可怕的未来。"① 在约翰逊的直接干预下，1964 年《经济机会法案》就是一个借助联邦教育资助推动全方位社会改革的范例。该法案包括了系列资助计划，如联邦资助贫困儿童教育的开端计划（Head Start），该计划旨在利用联邦资助的早期教育斩断贫困的链条；资助社区青年和寄宿学校学生职业培训的社区青年团工作计划（Neighborhood Youth Corps Job Program）和工作团队（Job Corps）项目，意在帮助青年直接走出贫困；资助社区穷人参与决策的社区行动计划，以便帮助贫困社区的居民走出自我隔离状态，最大可能地参与反贫困计划的开发和实施工作，确保其实施的成效。

最后，约翰逊深谙国会立法诀窍，他为包括职业教育法案在内的诸多教育法案文本的撰写和出台做出了巨大贡献。1937—1961 年，约翰逊 20 多年的宝贵时间都在参众两院度过，作为资深的前参议院多数党领袖，他被国会议员看作国会"内部圈子"的人或"国会俱乐部"成员，而约翰逊不仅喜欢国会议员的陪伴，同时也对议会的立法方式了如指掌。他比肯尼迪高明的地方在于：为了能够突破宪法对于联邦政府直接资助各州公立教育的限制，约翰逊和他的助手们提议绕开国家、教会、州等的争议，将教育援助直接给予被贫困困扰的孩子而不是给予学校。比如 1965 年《初等和中等教育法》（Elementary and Secondary Education Act）、《高等教育法》（Higher Education Act）就采用了如此的援助方式，学生可以通过三种方式，如低息贷款、工作学习计划和奖学金计划直接获得资助；另外，为了避免综合教育援助条款无法通过的情况，约翰逊等人提议采取分类援助的战略，比如 1963 年《职业教育法案》（The Vocational Education Act）最初在参议院讨论时是以综合教育法案的面目出现的，由于其所需要协调的利益非常多，因此很难通过，约翰逊总统执政后强烈呼吁："采取有远见的行动，有力地促进一些悬而未决的教育法案的审议通过。"② 他的呼吁直接推动了该议案的拆分；与此同时，为了能够使教育法案配合更为宏大的社会目标的达成，约翰逊还亲自为教育法案的制定设计了一些原则，比如应在比学校教育更宏大的背景下考虑教育，教育应该是广泛的社会经济变化的一部分；由联邦援助支持的教育项目并不是州和地方项目的补充，也不应该仅仅起到加强和补贴现状的作用，它应该能够带领教育走向新的、创新的方向；此

① Maurice R. Berube, *American Presidents and Education*, New York, Westport, Connecticut, London: Greenwood Press, 1991, p.79.

② Douglas E. Kliever, *Vocational Education Act of 1963, A Case Study in Legislation*, Washington D.C.: American Vocational Association, 1965, p.60.

外，积极取消种族隔离是学区能够获得联邦援助的先决条件……以上思想在1963年《职业教育法案》中有鲜明的体现。除了为各类教育法案文本的撰写献计献策，为了推动各个教育法案的出台，约翰逊总统还充分发挥自己"国会知情人"的作用，利用各种渠道强调教育立法的迫切性，亲自接触持有不同意见的国会议员。在约翰逊总统的努力下，他最终促成了包括职业教育法案在内的60多项教育立法的出台，这也是其他美国总统难以企及的。因此，有评论家认为：约翰逊几乎重写了美国宪法，因为之前联邦政府很少想到教育，现在，教育永久性地成为未来总统和国会考虑的问题。

（二）领域专家对于推动弱势群体职业教育发展的看法

1. 巴楼的职业教育思想

马尔文·L.巴楼（Melvin L. Barlow），美国加利福尼亚大学职业教育系主任，其代表作是《美国工业教育史》（*History of Industrial Education in the United States*）。他曾任美国国家教育研究会第64期年报第一部分"职业教育"主编以及美国职业期刊"工商业教育"部分的编辑。与此同时，作为一个精力充沛的人，巴楼还曾做过加州教育厅和加利福尼亚大学贸易和技术教师培训协会主管、国家职业教育咨询委员会研究员、美国职业协会土耳其项目评估团队成员等。作为职业教育史方面的研究专家，巴楼亲历了20世纪60年代几部重要的联邦职业教育法案的出台过程，他对百年来联邦职业教育立法确保包括弱势群体在内的美国公民各方面利益的一致性有着清醒的认识，同时，作为一名职业教育研究专家，他对职业教育的性质以及如何更好地发展也有着自己独特的看法。

首先，巴楼认为职业教育对良好社会的运转以及国家竞争力的提升有着巨大的作用，职业教育是必须的。巴楼说，对当前和未来的工人进行教育是国家最有价值的投资，而一个国家拥有受过教育的工人必将成为成功的国际竞争者，此外，职业教育对于社会稳定的贡献也几乎是无限的，而职业教育大规模的扩张无疑将为病态社会解决自身棘手问题提供更多的帮助。在充分肯定职业教育作用的基础上，巴楼认为职业教育，特别是学校的职业教育是必不可少的。他从历史的角度分析了职业教育之所以能够变为公共教育的一部分，是经过了一个多世纪不懈的努力才实现的。他指出，最初职业教育是由一些农业团体、机械工组织、特殊学校等提供的，19世纪60年代的赠地法案在一定程度上改变了这一情况，而只有到了1917年国会第一个职业教育法案《史密斯－

休斯法案》出台后，在公立学校开展职业教育才不成为问题。目前普遍的观念是：一个人想进入劳动力市场，必须首先获得合适的教育。这句话中的教育更多指的是学校教育。考虑到每年都会有许多的学生（一些人可能还在某方面接受了很好的教育）辍学，或者高中毕业后不打算立刻继续正式的学业，还有人由于各种原因，如因为自动化和技术的进步而其能力过时，或者因为岗位对于更高级别的教育背景的要求而失业，如果要足够关注这批人，学校职业教育就是必须的。在此基础上，巴楼更进一步指出：为职业生活做好准备是学生学习的主要意义，学校教育必须认真对待这件事情。如果学校允许学生辍学或在没有获得实际的、有益于职业目标实现的技能的时候就离校，就意味着学校没有完成社会所赋予的责任；此外，如果一个学生打算毕业后立刻就业，此刻学校的责任就是去检视自己是否为学生提供了可以售卖的、且在工作岗位可以用得上的必要的技术，完成以上任务是学校义不容辞的职责。

其次，巴楼认为，尽管 100 多年来，职业教育项目发生了许多的变化，但是其内在的原则一直未变。而所谓职业教育一以贯之的原则就是：从摇篮到坟墓，职业教育都不能无视其必不可少的组成成分——为工作服务。[①] 他认为尽管一个时代的职业教育项目会根据人们的职业需求、工商业的要求、劳动力市场对于受教育者的要求以及一个国家的社会和经济目标的变化而改变，或者仅仅是为了降低项目管理的复杂度，以便使常规的任务更为容易一些而发生各种变化，比如，1917 年联邦职业教育项目被看作中学民主化的利器，它像竖在人们"面前的胡萝卜"一样，旨在将八年级的一些在传统的学术项目中很少获益且打算辍学的学生吸引到学校里，并教给其必要的农、工、商、家政等工作技能；1963 年，《职业教育法》打破了以往以农、工、商等行业分类为基础的资助模式，而采用人员分类的资助模式，将需要资助的人群划分为高中在校生、有特殊需求的高中生、非高中在校生、在劳动岗位工作或已经失业的年轻人或成年人等，该法案不仅将联邦资助拓展到了所有的行业，且法案对于失业者、贫困人口和特定人口人力资源培训项目也给予了特别的关注，这对于职业教育来说，无疑是开启了一个真正的新时代。巴楼认为，即便职业教育项目从最初仅为培训雇佣工人而服务，目前更多地考虑失业者、被雇佣到不适当位置的人、处在不完美岗位以及为应对技术变迁而学习的人的需求，此外，职业教育项目还从中学阶段拓展到了各种中学后机构，职业教育的概念外延被极大地

---

① Melvin L. Barlow, "Foundations for Vocational Education", in *The Bridge between Man and His Work*, Milton E. Larson & Duane L. Blake, 2018-12-05, https://eric.ed.gov/?id=ED021999, p.13.

拓展，但是，职业教育依然建构在一个国家社会和经济情况交互作用的基础上，即便人们需要在职业教育项目上进行某些新的创新、创造、示范等，职业教育为所有人的工作需求而准备的原则和性质一直没有发生改变，那些认为职业教育项目是"老一套的"或者其结构早就"过时了"的人，往往是一些不了解职业教育的背景和目的的人，他们经常都不知道自己在谈论什么。

再次，他提议从多角度加强职业教育，更好地满足包括弱势群体在内的各类人员的需要。巴楼首先批判了人们将职业分为三六九等、认为白领职业一定比蓝领更高贵的观念。他说职业是一个最简单的词，只要是社会需要的、用于谋生的手段都可以称为职业，而无论你是在从事狩猎、飞行、售卖、外科医生、木匠、布道、汽车修理……职业教育是由正式规划的教育过程组成，它为人们进入所选择的行业以及变成该行业合格的劳动者提供一定的技术、知识、同情、理解和态度的储备。有鉴于98%的人最终都会进入各种各样的劳动力市场，而只有很少部分人一辈子不需要工作[1]，因此，职业教育应该涵盖所有人和所有的职业。此外，从另一个角度来看，尽管不同职业的差别是真实存在的，比如一些职业会要求很长的准备期，但是认为一种职业比另一种更好的观点是错误的。他认为不当的社会舆论赋予了一些职业虚假的品质，应该去伪存真，鼓励所有的学生从行业内在的品质出发进行职业选择并努力实现职业目标。同时，教育者和公众还应该对劳动的高贵性有更进一步的尊重和考虑。

最后，对于学生如何在有限的时间内选择合适的学习科目的问题，巴楼批判了当前常见的做法，即人为地规定了某些课程属于普通课程或通识课程，另一些属于选择性的课程。他举例说，对于如何才能成为一个好市民的问题，可以说几乎所有的课程，比如教焊接的课程和教历史的课程都在服务于这一目标的实现。面对未来社会对于更高教育背景和对某行业更全面知识能力的要求，在课程选择方面仅仅进行一般基础课程和某行业的基本原理课程的区分是不明智的，或许以最小能力发展，而不是以完成某科目最少的学习时间作为课程选择和评价的依据，才是解决以上问题的最好方法。

对于如何才能更好地满足各类人群的职业教育需求问题，巴楼提出了要重视社区合作的想法。他说自职业教育出现始，人们就认为来自其他领域，如商业、劳工、管理以及其他社会群体的意见和帮助对职业教育的健康发展非常有益。社区作为各行各业人群的聚集之地，同时也最清楚自己的职业教育需

---

[1]　Melvin L. Barlow,"A New Rationale for Vocational Education", in *A Report: On the Administrator's Conference on Vocational Education*, 2018-12-07, https://eric.ed.gov/?id=ED021959, p.18.

求，如果社区能够为学校职业教育项目的发展提供合适的帮助，无疑对双方都是利好的。他建议人们要进一步认识社区在职业教育方面所应承担的责任和具备的价值，在鼓励社区参与的基础上，通过及时区分社区哪些是迫切的就业问题，哪些是严重的失业问题，然后给予合适的训练就可以真正好转以上局面。

作为职业教育领域的专家，巴楼对于职业教育的历史发展、性质、功能、必要性等的认识都是非常深刻的，其关于如何加强包括弱势群体职业教育在内的民众的职业教育的许多建议也是非常有建设性的，其思想对指导当前美国职业教育的实践仍然有着现实意义。

2.埃文斯的职业教育思想

埃文斯（Rupert N. Evans），美国著名的职业教育家和职业教育研究者，曾任伊利诺伊大学教育系主任和国家职业教育咨询委员会成员，代表作是《职业教育的基础》（*Foundations of Vocational Education*）。埃文斯是从最广义的角度理解职业教育概念的。他认为职业教育是个体教育的有机组成部分，它能够使个体在某一职业群而不是在某一种职业中更容易地就业。很清楚，在埃文斯的概念中，只要有益于个体就业，数学、外语、英语语法——甚至专业教育，也可以被认为是具有某种职业定位的教育。[1] 从广义的职业教育概念出发，结合20世纪六七十年代美国社会的实际，埃文斯提出为更好地满足包括弱势群体在内的个体的职业教育发展需求，有必要进一步改造人们的职业教育哲学观。同时，在进一步拓展学校职业教育规模的基础上，必须在思想和策略上做出真正的改进，才能在更好地满足人们职业发展需求的同时促进就业。

首先，深受20世纪60年代人力资源思想的影响，埃文斯认为美国许多的国家、州、地方学区领导人错误地认为满足雇主需求应该优先于满足个体职业教育发展的需要，这种哲学观是非常错误的。只有对这种哲学观进行改造，才能真正推动美国职业教育的发展。他批判当时社会普遍存在的一种心口不一的做法，即人们往往在口头上赞成职业教育应该首先满足个体发展的需求，但是在实践中，每每遇到经济状况不佳，就会以时局艰难、工作难找为借口，首先关闭职业教育。埃文斯指出以上做法恰恰证明：人们主要的兴趣点、主要强调的东西以及主要的哲学观是满足雇主的需要才是首要的，而服务个体的需要

---

① David L. Passmore, Book Reviews: Foundations of Vocational Education by Rupert N. Evans, *American Journal of Education*, 1973, 82(1), p.143.

几乎还没有真正进入头脑。[①] 他举例说，如果有人说今年他们的高中拥有与 10 年前同样数量的学生，但他们需要设置比 10 年前多两倍的职业教育，因为学生需要从这里接受教育。那么他就可以判断，这些人首先考虑的就是学生的需要。埃文斯极力提倡这种做法。他指出巴楼博士（Dr. Barlow）曾在 60 年前的许多资料中发现，职业教育设计的初衷首先是满足个人的发展而不是满足雇主的需要，埃文斯希望这一传统能够继续下去。

其次，埃文斯认为应该进一步拓展美国青年和成年人，尤其是社会弱势群体的职业技术教育机会。他举例说：目前美国高中大约平均有 20% 的学生注册学习职业类课程，而成年人注册学习职业类课程的比例还要小一些，应该提高这一比例。埃文斯认为至少 50% 的青年和成人都应该选择职业轨道的课程，他尤其强调每一个高中毕业生，甚至包括那些在学院准备课程轨道的高中生都应该接受一定程度的职业教育并拥有可就业的技术。为了使自己的想法变成现实，他提议人们可以分几步走来改变这一落后状况。他说第一步可以努力让一半的高中毕业生在毕业前具备可以就业的技术，第二步要求高中每一位即将辍学的学生在离校前拥有这一技术，埃文斯提醒那些没有就业技能且没有高中毕业证书的辍学生找工作会非常困难，而这种情况对于黑人青年尤甚。他举例说黑人男青年的失业率大概为 25%，女性为 30%，并且这还是一个低估的数据[②]，因为有许多的情况影响统计的准确性，比如目前就有一个比较奇怪的逻辑，即如果你没有寻找工作，就不算失业。如果一些人在努力寻找工作几年后最终放弃，他（或她）或许就被统计局划归到在家照顾孩子的家庭主夫（主妇）行列，因为统计局最终也不清楚如何找到他们并计算清楚。

埃文斯对美国国会在 20 世纪 60 年代末借助立法大规模地增加职业教育投资的做法感到高兴，他说，由于国家政策的变化，目前高中高、低年级以及社区学院，部分时间制的职业教育项目和其他一些工作——教育合作项目都处在大量扩张的阶段，这不仅意味着联邦政府将会对雇主超出固定成本的培训活动提供补助，同时也意味着雇主必须接收一些原本按照正常标准不会接收的年轻人，并为其提供必要的培训，这是非常好的现象。当然，埃文斯并不满足于此。他呼吁人们应该尽量地为那些有需要的人，不管其年龄的大小提供免费的

---

①　Rupert N. Evans, "Educational Programs to Cope with Manpower Problems", in *The Bridge between Man and His Work*, Milton E. Larson & Duane L. Blake, 2018-12-05, https://eric.ed.gov/?id=ED021999, p.15.

②　Rupert N. Evans, "Educational Programs to Cope with Manpower Problems", in *The Bridge between Man and His Work,* Milton E. Larson & Duane L. Blake, 2018-12-05, https://eric.ed.gov/?id=ED021999, p.22.

职业和技术教育。他说这种做法会在国内的一些地方实现，但是在国内的大多数地方，人们还没有来得及这样做。他非常清楚以上的想法很难一步实现，为此他说，我并不打算让人们的职业教育最终全部免费，但是让它们相对免费、相对容易获得，无疑将极大地提高职业教育的参与率。此外，对如何拓展人口稀少地方职业教育的参与率，埃文斯也有自己的看法，他说不妨借鉴一下其他国家建立大型住宅区、建立综合高中或者合并学校的做法，将那些来自人口稀少的地方的青年和成人聚集在一起，当有了规模效益的时候，职业教育的开展就非常顺利了，为此他进一步明确指出：如果你想要提供广泛的机会，你必须这样做——不仅是在职业教育中，而且在大多数其他类型的专业教育中。①

最后，为了更好地满足学生的职业教育需求，让学生学以致用，并真正实现职业教育与就业的无缝对接，埃文斯提议在教育教学策略方法上务必勇于创新。比如，埃文斯认为那些真正满足青年需要的好的职业教育项目，一定是与学生工作能力的提升密切相关的。由于美国国内的许多培训项目预估每一个人只要花费同样的时间就能够掌握某些技能，且一般都会在每年的 6 月份将职业类毕业生集中投放到就业市场上，这种情况会带来许多不利的影响。他特别指出，6 月份市场上许多企业的招聘大门还没有打开，且 6 月份许多大学生将会返家寻找暑期工作，因此，职业类毕业生此时期在就业市场上找到的工作一方面可能是他们不感兴趣的，另一方面可能是他们几乎没有任何前期准备的。与此同时，更坏的情况可能是：或许这些受过一定领域职业培训的人在此期间还可能结婚或怀孕，他们中的许多将不打算从这种临时的既不要求正规教育但工资尚且合理的工作中脱身，由此导致学非所用、资源浪费的现象。如何解决这一问题呢？埃文斯认为首先要改变人们头脑中所认为的花费同样多的时间就能掌握某种职业技能的观念。事实上，在职业技能的掌握方面，确实是有人学得快、有人学得慢，因此，可以尝试首先将那些在工作—教育合作项目中表现较为聪慧的、学得较快的学生在前一年的 10 月份就投放到劳动力市场，让他们在市场上寻找契合自己培训领域的工作。此时，学校可以为这些学生提供适当的监护，且如果工作中出现问题的话还可以将他们带回学校重新学习；然后，在 12 月份或第二年的 1 月份将那些并不太聪慧但仍然不错的学生投放到劳动力市场；到学年结束的时候，或许指导教师仅仅需要指导 3~4 名接受能力非常慢的学生即可，此时教师可以给予这些学生真正的一对一的帮助。埃文斯

① Rupert N. Evans, "Educational Programs to Cope with Manpower Problems", in *The Bridge between Man and His Work,* Milton E. Larson & Duane L. Blake, 2018-12-05, https://eric.ed.gov/?id=ED021999, p.19.

认为只要思想和策略做一些适当的改变，一方面就能够使学生获得自己真正需要的帮助，另一方面也可以解决目前存在的学非所用、资源浪费的现象，这才是一举多得的事情。

与巴楼一样，为了更好地满足包括弱势群体在内的各类人群的职业教育需求，埃文斯也提出了许多有创意的想法，比如个体的职业教育需求重于雇主的需求、增加职业教育规模、提升职业教育办学效益、分期向市场投放职业人才，提高其就业能力等，他的许多看法与其长期对于职业教育的深入思考和观察有关，同时也体现了鲜明的时代精神，许多思想至今仍有重要的指导价值。

三、与人们的生涯发展相关联的职业教育理念

进入 20 世纪 70 年代，伴随着经济持续高速发展时期的逐步结束，美国社会的就业和失业问题都比较严重，在这种情况下，作为未来劳动力的培养机构，在 50 年代末期苏联卫星上天事件的影响下，60 年代美国中小学校的课程改革却表现出了强烈的主智主义倾向。因此，从 60 年代末期开始，教科书的艰深问题、学生对于理科课程的冷淡问题、辍学率升高问题、学校纪律问题以及毕业或肄业生就业能力不足等问题逐步浮出水面，一时间社会对学校课程偏重学术水平和认知能力培养，忽略青少年情感、道德和职业能力发展的批判声此起彼伏。1969 年 12 月，美国教育协会召集各领域教育专家开展了以 "70 年代以后的学校" 为主题的讨论。与会人员一致同意："今后 10 年，教育改革的主要目标是把学校办成更有人情味的机构。"[①] 也就是要求学校教育以儿童为主体，尊重儿童的个性，在课程方面增加人文学科的比重，将人性教育、价值观教育渗透进所有学科的教学中，并高度重视心理咨询、生活指导与社会体验等活动。与此同时，美国一些地区还出现了不分年级学校、无升学障碍学校、弹性课表、系统定位课程、计算机辅助教学等多种多样的教育、教学改革尝试，此外，借鉴大卫·斯尼登、查尔斯·普罗瑟、约翰·杜威等的理论和实践经验，并吸收新出现的终身教育、回归教育的理念。1970 年，美国教育委员艾伦第一次明确地提出了生涯教育（Career Education，也译为生计教育）的概念，其继任者西德尼·马兰（Sidney P. Marland，1914—1992）在详细阐释这一概念之后又将其推而广之。马兰之后，在教育委员贝尔（T. H. Bell）和欧内斯特（Ernest Boyer）任期内，生涯教育还成为新成立不久的美国教育部重点推行

---

① 汪霞：《课程改革与发展的比较研究》，江苏教育出版社 2000 年版，第 67 页。

的教育项目，其理念也被广泛应用到各种类型以及多种层次的教育实践中，成为全国教育工作者的行动指南。整体来看，围绕如何为学生未来的生活和就业做好准备，生涯教育构建了纵横交错的教育网络。

比如，从纵向上来看，生涯教育提倡要帮助幼儿园和初等教育层次的学生形成工作世界的意识和价值观、认识自己作为社会成员的角色等；初中层次的生涯教育主要的目标是让学生接触到各种各样的职业群，了解各种职业群对未来从业人员的要求以及学生可以利用的教育培训机会；高中层次的学生在探索特定职业群的基础上明确选择某一职业，并为离校后直接进入这一职业领域或者在高一级学校继续学习此项职业知识而准备；高等教育阶段的生涯教育应该更加强调所学习的内容与工作世界的联系，学生应该对所选择职业的就业要求有更加现实的理解，同时又能够利用各种机会强化生涯使命感，另外由于成年人工作变换的频繁性，生涯教育还应该考虑学生所获得的技能在生涯变换中的可迁移性。总之，各阶段的教育要努力与工作世界紧密衔接，力促普通教育、学术教育与职业教育的密切联合，使学生不论何时走出校门，都可以获得生活和工作的技能。

从横向上来看，通过不同模式的生涯教育活动，将学校、社会和工厂等机构有机联系在一起，从而为不同年龄段、不同区域的成员获得满意的社会和职业生活提供帮助。1971 年，美国教育部为生涯教育的四种试验性模式投资了 1500 万美元。[①] 这四种生涯教育模式分别是：基于学校的模式（又称为综合生涯教育模式）、基于雇主的模式（后来又称为基于经验的模式）、基于农村居民的模式和基于家庭的模式。这些模式立足于不同区域和不同情境，能够最大程度增加教育与工作世界的相关性，拓展生涯教育的目标人群，拓宽学校、企业、社区、地区的参与面，共同营造促进社会成员完美生活和完美就业的基础。

此外，作为联邦政府和教育部推动的项目，生涯教育还得到了 1974 年教育修正案（Education Amendments of 1974）和 1977 年的《生涯教育激励法案》（Career Education Incentive Act of 1977）等联邦法案的推动和资助。在很短的时间内，生涯教育就在美国国内许多地方铺开，比如 1974 年，全国 1.7 万个学区中有 30% 的学区实施了生涯教育，而接受生涯教育的中学生人数，1972 年

---

① Calfrey C. Calhoun & Alton V. Finch, *Vocational Education: Concepts and Operations,* Belmont: Wadsworth Publishing Company of Califonia, 1976, p.97.

是 24%，1977 年已经攀升到 50% 以上。[①]生涯教育强化了教育为生活和就业做准备的目标，同时，它也在时间和空间上拓展了职业教育的范围，是 1963年《职业教育法》出台以来美国职业教育逻辑的自然延伸。当然，在生涯教育实施的过程中，对其理论和实践的批评也不绝于耳。其中佛蒙特州大学的罗伯特·J. 纳什（Robert J. Nash）和拉塞尔·M. 安（Russell M. Agne）教授的批评较有代表性，其批评主要集中在以下三个方面：首先是生涯教育仅仅围绕着有市场需求的职业群进行，而忽视了学生艺术、人文、宗教等直觉和精神方面的培养和熏陶；其次是理论家们所设计的生涯教育顺序、序列与学生个体差异之间的矛盾问题；最后是过分强调生涯教育内容的经济含义，而忽视了教育内容本身以及社会政治的含义，不利于对事物全面的理解。[②]同时还有许多人指责生涯教育过分强调职业、劳动和实践经验，而忽视了科学知识的系统学习，以及生涯教育过分的功利主义倾向不利于学生多方面的均衡发展等问题。由于生涯教育自身理论和实践方面存在的问题，使其最终没有成为一种教育制度在美国长期延续，在 20 世纪 70 年代后期掀起的返回基础运动以及 80 年代美国教育对高质量的追求中，生涯教育逐步走向低谷。

整体来看，马兰和霍伊特（Kenneth B. Hoyt）的生涯教育理念最有代表性，下面，我们将对两位人物的生涯教育思想做一介绍。

（一）马兰的生涯教育思想

马兰是康涅狄格州人，他在康涅狄格大学获得学士和硕士学位，1955 年在纽约大学获得博士学位。大学毕业后他曾在康涅狄格州的一所高中教授英语；第二次世界大战期间，他报名参军，升至步兵上校，同时被授予了多个荣誉勋章。战后他重返教育界，在康涅狄格、伊利诺伊和宾夕法尼亚等州做过多年的学监。1970—1972 年，马兰成为教育委员。作为国内首位健康、教育和福利部助理秘书，马兰在华盛顿亲自领导了 1972 年高等教育法的订立和实施工作，同时在创设国家教育协会（National Institute of Education），推动中学后教育的好转，关注少数族裔、残障和天才儿童教育，动议联邦更多地资助教育以及简化联邦资助程序等方面做了许多卓有成效的工作。当然，马兰做过的影响最为深远的事情就是在他的努力下，联邦政府将生涯教育提升为其优先考虑的事务，直接推动了生涯教育运动的发展。

---

① 王桂：《当代外国教育——教育改革的浪潮与趋势》，人民教育出版社 1995 年版，第 339 页。

② Calfrey C. Calhoun & Alton V. Finch, *Vocational Education: Concepts and Operations,* Belmont: Wadsworth Publishing Company, 1976, pp.131-133.

　　在马兰看来，生涯教育并不是一个刚刚发明的新词，举凡为未来的生涯发展做准备的教育都可以称作生涯教育，在一定程度上所有的教育都应该是生涯教育。他举例说，哈佛大学在成立后的首个百年里，致力于培养神职人员，其生涯教育模式是：努力将人文、当时的社会和神学与一个年轻国家培养牧师的实际需要相融合和协调；本杰明·富兰克林创建费城学园时，不仅将道德作为教育的基础，而且还让青年在学习历史、戏剧的同时学习如何工作；上一世纪的农工赠地学院法案则清楚地表明其志在使正式的学术研究与农业和工程学习相互协调，以上种种情况说明：生涯教育是把人们为了工作做准备与为人的发展做准备的教育融合起来的教育。[1] 也就是说，生涯教育不仅仅包括借助立法来推动的为了特定工作进行的准备，它有着更为宽泛的内涵，它会给予工作准备以及传统的智力发展同样的价值和尊贵性，它是将职业的或专业的发展与人的发展协调与融合的教育。与此同时，马兰还具体指出：首先，生涯教育是所有学生，而不是部分学生课程的一部分；其次，生涯教育将持续青少年整个的学校时期，从入学第一年到高中高年级及其之后（如果他愿意这么选择的话）；最后，生涯教育将致力于使每一个离开学校的学生（即便在完成高中之前他已经离开了学校）获得自我谋生和养家糊口的必要技能。[2]

　　正是从生涯教育内涵远大于职业教育的角度出发，马兰指出，目前教育最大的失败就是其自我诱导的、自愿的碎片化，从而使教育的各个组成部分以及部分与整体之间均处于互相分裂的状态，而其中最为严重的分裂是学术和职业教育之间的分裂。他尤其批判了《史密斯－休斯法案》的出台对美国教育的恶劣影响。他说，虽然《史密斯－休斯法案》肯定了人们职业教育的需要，但是它像诅咒一样，为美国创建了一个学术与职业教育相互分离的系统。在这个系统中，学术与职业类的教师、项目、资助、协议、管理规则、证书等都是各个分离的。由于传统上人们过分强调四年制大学学位的重要性，因此，人们将过多的资源都给予了具有大学倾向的学生，而将职业项目中的学生和教师贬为二等公民。尽管 1917 年之后的联邦职业教育立法在课程设置、资助方向等方面有了更多的选择，但是直到 1968 年，这种基本的分裂模式一直没有改变。当经济环境变差，没有足够的工作机会可以提供的时候，以上教育的分裂状态

---

[1]　Mollie W.Shook & Sue J. King, *Occupational Education, Vocational Education, Career Education, the Issue and Alternatives for Chief State School Officers: Dialogues with Chief State School Officers*, 2019-01-09, https://eric.ed.gov/?id=ED122102, p.9.

[2]　Kenneth B. Hoyt, *Career Education: Contributions to an Evolving Concept*, Salt Lake City: Olympus Publishing Co, 1976, p.51.

就容易引发相当严重的年轻人失业、犯罪、辍学以及其他类似的行为问题。

　　结合教育现实，马兰继而批评了当时社会上存在的大量的不符合逻辑的偏见，他说，人们经常责备职业教育工作者，每年让成百上千可怜的无任何技能的学生离开高中，但是事实是：这些孩子中的绝大多数从没有进入过职业教育的教室！他们在学校接受的所谓的"普通教育"，一方面与鱼或家禽无关，另一方面也与真实的职业或学术无关，这才是真正的问题所在。马兰进一步指出了这一问题的严重程度，他引用数据说："当前的高中生，仅有十分之三进入学院层次学习，而在这些进入学院的学生当中，又有三分之一在得到任何学位之前辍学，这意味着十分之八的高中生在就业前需要得到各种形式的职业训练，但是从目前的情况来看，8个高中生仅有2人能获得这种训练。从全国来看，每年大约有一半的高中生，人数在150万人左右，正在高中接受与就业毫不相关的普通教育。"① 除了以上问题之外，马兰还批评了综合中学的学术课程。他说综合中学传统的为进入大学准备的人文科学课程对于那些想学习的学生来说是有用处的，但是对数以百万计的学生来说，学习这些知识既无用也不愉快，且在市场上也兜售不出去，这就导致了严重辍学现象的发生。马兰指责这种现象为：不是因为这些学生失败了，而是我们让他们失败了！②

　　如何改变以上的状况呢？马兰认为只有清除导致教育系统割裂的一切障碍，将学校的课程和学生融合进单一的、有力的教育系统才是问题解决的根本。他指出，这个教育系统就是生涯教育系统，这是一个新的教育的联合，每一个在校的年轻人无论将来准备进入医学行业、制砖业或将来准备做母亲或秘书，其在校的学习都可以划归到生涯教育的某一点。马兰指出这一教育系统最大的特征就是在学术准备课程与职业或生涯项目之间取得平衡，也即在普通教育中注入职业教育发展策略，将职业定位、咨询、指导和安置活动，或者为中学后专业教育的准备活动全部引入初中等学校，同时让它们拥有与传统的学术教育同等的地位，以便使每一个即将离开中学的孩子都能为进入生产性的职业或者进入中学后机构接受更多的教育，同时也不必过早地对特定的教育或职业选择做出承诺。当然，考虑到了社会变迁职业类别的迅疾变化问题，马兰建议将美国盛行的2.3万个不同的工种浓缩成15个工作群。比如一个健康工作群就可以包括从医院的勤杂工到医师整个的工种，选择某个工作群，学生不仅可以学到与工种相关的职业知识，而且还可以学习与工种相关的普通文化或学术

① Sidney P. Marland, JR. Career Education Now, *The Career Development Quarterly*, 1972, 20(3), pp.21-25.
② Sidney P. Marland, JR. Career Education Now, *The Career Development Quarterly*, 1972, 20(3), pp.21-25.

知识。当年轻人察觉到学习世界和工作世界之间的联系，且开始相信其学习的一些东西是有重要的价值的时候，他们不仅会产生做自己命运主人的感觉，而且学习的自觉性也会提升。当然要实现这样的目标，由于大约要涉及 3000 万的学生和数十亿美元的公共资金，马兰认为这个工程太过于巨大，不可能在一夜之间实现，他建议政府制订临时战略，主要在以下四个方面分步推动。

首先，推动美国教育办公室（The Office of Education）领导的职业教育项目内容和管理方面的改革，以便使这些项目与青年的就业和市场需求更为贴近。马兰指出，目前美国教育办公室每年耗资 5 亿美元推动的一些项目，大约仅能满足市场一半的用人需求；当然由于农业市场用人相对稳定，农场 70% 的用人需求可以得到满足，但是，该培训仅能满足卫生行业和各类技术领域 38% 和 35% 的用人需求。[①] 因此，面对近些年市场对于计算机程序和技术人员、激光技术人员和喷气机械师、有资质的卫生从业人员、经过认证的实验室技术人员、牙科助理、职业治疗师、环保产业服务人员等的迫切需求，必须在管理和技术方面给予各州以强力的支持，以便使他们能够帮助那些在市场低需求职业领域内注册学习的学生转换到目前短缺且未来需求会更高的职业领域。

其次，无论是教育领域或政府领域的所有的合作机构，应努力为高中生提供更为宽泛和灵活的生涯选择机会，以方便他们继续求学或进入工作世界。马兰认为目前学校要求年轻人在 14 岁左右必须做出生涯选择，且仅向学生提供有限的、特定的技术培训的做法非常不合适。他举例说，职业类学生如果想继续中学后的教育，无论将来他们进入社区学院或四年制的大学，他们需要的远不止有限的、特定的技术培训。他倡议人们努力推动相对狭窄的职业教育项目向人们最终希望实现的真正的生涯教育过渡，敦促那些目前还漂流在普通教育荒地上的年轻人尽快接触真实的工作世界或尽早在中学后普通教育之间做出选择。

再次，力促工商业、劳联组织以及熟悉生涯机会、工作世界实际情况的机构、组织与学校更为密切地合作，以便在当前收支范围内推动职业教育取得实质性的进步。马兰认为最理想的状态应该是为每一个青年提供 8~12 种的职业探索机会，以便他们能够选择其中的某个与个人的抱负、技能和兴趣深深一致的职业。为了实现这一目标，他认为教育机构应该设计一些职业课程，鼓励附近的工商团体为课程的培训提供帮助，而教育管理部门可以借助进一步的补

---

① Sidney P. Marland, JR. Career Education Now, *The Career Development Quarterly*, 1972, 20(3), p.8.

贴或其他的激励措施，激发工商团体为学校提供更多的合作教育或工作—学习
合作项目的机会。马兰认为这种机会将是真正的教育机会，而不是一个简单的
学校为企业提供廉价的帮助，或者企业为学生提供零花钱之类的机会。他认为
该做法将不仅能帮助学生，而且也能为雇主提供现成的技术工人，以更好地满
足特定领域的用人需求。

最后，推动联邦、州与地方所有层面新的领导机制的创建以及对于生涯
教育的新承诺。马兰认为所有的生涯教育领导人都应该有意愿让学校的教育与
社会问题、机遇以及不断变化的需求有着更为直接和密切的联系；与此同时，
由于生涯教育概念的包容性，不仅当前职业技术教育领域的领导人，而且普通
教育管理者也应该成为生涯项目的新的领军人物。与此同时，马兰也认识到生
涯教育实施过程中的师资准备和管理者的培训工作也是需要认真考虑的。

作为生涯教育的总设计师，马兰是从更为宽泛和灵活的角度来看待学校
的职业教育的。由于他所提出的生涯教育理念是将职业教育、普通教育与学术
教育置于平等地位，且从三者相互协调的角度服务于人的生涯发展目标的，在
一定程度上，该理念超越了 1917 年以来《史密斯 – 休斯法案》所强化的孤立
的、割裂的职业教育观念，是美国职业教育思想在新时代的发展。当然，拘囿
于其所生活的时代，马兰的许多想法还具有理想化的色彩，他的许多设计在现
实教育环境中还难以实现。

（二）霍伊特的生涯教育思想

霍伊特曾任艾奥瓦大学、马里兰大学教授，曾做过美国人事与指导协会
主席和生涯教育办公室主任。作为生涯教育运动的直接推动者和管理者之一，
在马兰之后，霍伊特不仅更加完善了生涯教育的概念，而且从各方面继续推动
了生涯教育的实施。

霍伊特认为生涯教育是一个人经历的总和，无论是学习知识或为未来的
工作做准备，这都是人们生活方式的一部分，都可以称为生涯教育。[①] 霍伊特
特别指出生涯教育概念的出现与复杂的社会环境对于教育的新需求有关。他曾
大概总结了美国教育亟待改革的一些领域，比如目前有太多的毕业生（或辍学
生）既缺乏应对不断变化社会的学术能力，也无法理解他们在学校所学习的功
课与其将来从事的工作之间的联系；此外，当前美国教育不仅没能很好地满足

---

① Kenneth B. Hoyt, *Career Education: Contributions to an Evolving Concept*, 2019-03-25, https://eric.
ed.gov/?id=ED123459, p.21.

将来不打算进入大学的大多数学生的需要，也未能很好地满足少数族裔、低收入群体、妇女等的需要；再者，继续教育、回炉教育（recurrent education）以及中学后低于学士学位的教育远没有得到足够重视……在一定意义上，霍伊特认为作为教育改革载体的生涯教育能够很好地回应以上的改革需求，其原因就在于生涯教育概念的包容性以及它立足于如下的一些假设之上：

首先，由于一个人的"生涯"和"教育"可以涵盖从学前一直到退休及其之后，因此，生涯教育的时间跨度可以覆盖一个人完整的生命历程；其次，获得"工作能力"是生涯教育概念的核心，由于"工作"包括有报酬的和没有报酬的，因此，生涯教育不仅包括为了有报酬的工作而进行的准备活动，也包括为了那些没有报酬的志愿者活动、家务劳动和利用休闲及消遣时间提升工作能力而进行的准备活动；再次，生涯教育能够很好地应对当代社会工作变动不居的现实；最后，生涯教育更注重一个人的终身发展能力，而不是某阶段的发展。此外，生涯教育概念可以很好地将青年、老年人、残疾人、天才等的发展囊括其中，因为无论什么人都需要为了生涯发展而接受教育……

与其前任马兰一样，霍伊特也认识到了人们错误的社会态度是导致当前教育问题出现的关键。他指出目前仅有很少的领导人愿意将职业教育看作教育的有机组成部分且愿意将其融合进整个教育系统，与此同时，那些在职业教育领域注册学习的人仍然被看作二等公民，他们被认为仅仅做出了次好的选择。以上的种种态度一方面导致了国内有超过80%的中学生注册学习学院准备课程或普通课程，但是事实上仅有不超过17%的学生能获得各类高等教育学位证书；另一方面，在不同层次职业教育课程或项目中注册学习的人数要远远低于社会所需要的各类技能人才的总数，且具有讽刺意味的是步入社会的青年由于缺乏必要的技能，其失业率居高不下。霍伊特特别指出："目前的失业率是美国近35年来的最高，其中，青年的失业率是成年人的3倍，而非白人青年的失业率是成人的6倍，更可怕的是，还有许多青年和成年失业者根本没有去找工作，因此其并没有被纳入失业数据的统计行列。"[1] 如何改变以上的矛盾现象呢？霍伊特认为美国正式的教育系统有其基本的结构、哲学和方法论，同时它也是社会态度的主要形成者之一，如果美国教育能够或者有意愿做出一些改变，那么它就能够成为消除错误社会态度的主要贡献者。霍伊特推荐的改变美国教育的办法主要是在所有层次和背景的教育中引入生涯发展的理念，并将其

---

[1]　Kenneth B. Hoyt, *Career Education: Contributions to an Evolving Concept*, 2019-03-25, https://eric.ed.gov/?id=ED123459, pp.35-36.

作为公共教育的主要目标。在这里，霍伊特着重指出：将生涯发展的目标作为教育目标意味着对于教育作为谋生准备的一种强调，虽然该理念不是新的，但是强调将该目标作为美国教育的基本目标是一种新的理念。他认为，有史以来，美国教育有两个基本的目标：1. 为生活而准备；2. 为谋生而准备。实际上，第一个目标常常遮盖第二个，因此，应当强调第二个目标，将两者置于同等重要的位置上才是解决问题的关键。

当然霍伊特也看到了将以上想法付诸实施的巨大障碍所在。首先，他认为美国公共教育的组织、管理架构以及财政政策是以接受以上错误的态度为基础的。他以美国专业人员的地位、收入以及专业发展的可能性，均受到人们手中的学位和各类证书的巨大影响为例来说明此问题的严重性。他认为可以取消将学位和学院证书作为教育者谋求进步的必备条件，或者将美国公共教育的控制权转移到真正的大多数公民的手中，或者借助意识和道义的努力，帮助教育者消除只有学位证书才能代表每个人所渴望的终极目标的错误态度，来实现这一转变。

其次，霍伊特认为美国公共教育对于学时的过度强调、对于将学生实际能力作为衡量学业成就标准的忽视，是生涯教育实施的第二大障碍。他举例说任何学生只要在三年级呆够9个月就可以升入四年级，只要获得16个卡耐基学分就可以得到高中毕业证书的做法是很荒谬的，对教育完成情况的评价要远远重要于对其学时的评价。他主张构建不同的教育目标，同时对不同的个体有不同的技能和学时标准的要求，霍伊特特别强调已经在美国初等教育中出现的不分年级的学校（ungraded school）的做法就很契合他的想法。效仿该类学校的做法，他建议创建一种开门—入学／开门—离校的教育系统，在该系统中，随时开放学校的大门，让不同年龄的学生自由进出。霍伊特认为该系统能够创造多种的机会并进一步强化教育、工作经历、部分时间制工作、全日制雇佣之间的联系。同时，通过创造和实施更短的教学单元，这对于当代的学生将更有意义且还能为学生带来立即的回报，也更容易被他们接受。此外，以上做法不仅将使辍学率的概念变得过时，而且它还能使职业教育有意义地融进全部的学校课程中，而这种做法无疑将会有效地解决那些希望在高中阶段选修职业类课程，但是为了进入学院或大学，而不得不在特定的学院准备课程方面花费大量时间的学生的难题。

再次，霍伊特指出人们的如下假设，即初中等教育必须在特定的学年里，每学年向学生提供9个月的学习机会，且只有在学校建筑中为大多数学生提供才是正常的，该假设无疑是导致生涯教育难以实施的第三大障碍。霍伊特大胆地设想：如果美国初中等教育变成全年 12 个月都开放，同时不仅在学校也在职业世界中开设，当然以上变化并不要求所有学生全年都要上学，而是说在这种开门—入学／开门—离校的系统里，在任何给定的学年中的任何时间点，所有的学生都可以进入正式的教育系统进行学习。该系统的创建无疑将扩大教育作为工作的准备与工作本身的连接机会，同时它也使学校教师和工业部门的人员有机会熟悉对方的工作，与此同时，该系统也有利于学校管理者和来自工商业的管理者把握所有的有利机会促进彼此关切问题的解决。

第四种障碍是人们错误地认为公共教育仅仅服务于年轻人的利益。霍伊特特别指出在技术迅猛发展且职业迅疾变化的时代，美国公共教育，其中包括普通教育、休闲教育和专业教育——必须成为融合的整体且变成公共教育的主要内容，这才是理想的状态。如果该理想状态能够实现，那么初中等教育以及中学后教育的大门必须一星期 6 天、至少一天 18 个小时面对公众开放；与此同时，如果前文提及的不分年级学校的概念能够实施，不同年龄的人在一起学习将成为常态；如果能够消除对只有拥有学位才能拥有教师资格观念的错误崇拜，那么学校就没有理由不配备一些来自教育领域以外的专门人才；如果学校致力于让年轻人做好应对今天职业世界的准备，就没有理由不同时为成年人提供职业再培训服务。

除了以上的四大障碍，霍伊特还看到了由于公共教育系统、福利系统和人力资源培训系统的割裂所导致的浪费现象。他说，目前公共教育系统主要负责为进入工作系统的人做准备，国家福利系统主要关注那些失去工作人员的培训，人力资源再培训系统主要服务于那些寻找工作的人。只有将这三个系统合并进单一的生涯发展系统，同时满足继续、终身教育的需求，才能彻底改变三者为了财政资助而相互竞争的局面，从而更好地服务于公众利益。

作为生涯教育运动的直接推动者和管理者之一，霍伊特在马兰之后对生涯教育概念进行了继续的拓展，其对于生涯教育实施障碍的分析非常独到，其实施生涯教育的策略和方法也非常大胆。但是由于传统教育的惯性，霍伊特关于创建开门—入学／开门—离校的教育系统、各类教育与公共教育成为融合的整体的想法还过于庞大，尽管其一时难以实施和实现，但是作为教育思想宝库的一朵奇葩，其弥足珍贵，值得珍藏。

第三节 民权运动影响下教育平等思想的拓展与深化

两次世界大战的惨痛教训，促使各国政府开始重视人权保护问题，在国际社会的努力下，1948年联合国大会通过了《世界人权宣言》（*The Universal Declaration of Human Rights*），其中明确规定了人人享有受教育的基本权利。此后召开的国际公共教育大会，进一步强调保障所有人享有平等的教育机会是各国教育改革的基本方向。英、法、德、日等国相继颁布促进教育机会均等的法案，而一向标榜民主、自由的美国因仍保留着教育上的种族隔离，遭到来自国际社会的猛烈抨击。在民主化的大背景下，美国国内的黑人、犹太人等少数民族掀起声势浩大的民权运动，同时反越战风暴和贫困问题进一步加剧了社会的动荡不安。为维护国际形象，缓解社会压力，联邦政府以废除学校种族隔离为契机，将教育与获取政治平等和经济补偿联系在一起，通过了一系列推进教育公平的政策法规。在政府推进教育公平的同时，经济学家、社会学家也纷纷提出自己的主张，其中科尔曼、詹克斯、罗尔斯等人的主张，对当时联邦教育公平政策的制定与实践创新产生了重要影响。

一、民权运动影响下联邦政府的教育公平施政

在战后的最初10年，长期遭受种族歧视的美国黑人主要通过法院争取民主权利，或在国际社会呼吁与控拆。到20世纪50年代中期，在国际有色人种民主斗争的鼓舞及联邦政府支持下，美国黑人开展了大规模的反抗种族歧视和压迫、争取政治经济和社会平等权利的斗争，史称"民权运动"（Civil Rights Movement）。民权运动以1954年最高法院判定学校种族隔离制度违法，及1955年亚拉巴马州蒙哥马利市黑人公民全面罢乘事件为起点，到60年代，民权领袖马丁·路德·金（Martin Luther King, Jr.）发表著名演说《我有一个梦》（I Have a Dream），美国民权运动达到高潮。民权运动在很长时间内主要采取抵制、静坐、游行、和平进军等非暴力方式进行。在民权运动的推动下，联邦政府实行了一系列铲除种族隔离政策的改革举措，并于1964年通过《民权法案》（The Civil Rights Act of 1964）、1965年通过《选举权法》（The Voting Rights Act of 1965），最终以立法的形式为黑人赢得了平等、自由与尊严。黑人民权运动也鼓舞了其他有色人种及弱势群体争取民主权利的斗争。

战后，联邦政府始终将教育作为赢得冷战和化解社会矛盾的重要工具，在扩大黑人教育机会的过程中起了主导作用。民权运动源于教育领域种族隔离

政策的裁决，因此，争取教育平等权利是运动的重要目标。虽然布朗裁决在法律意义上终结了基础教育的种族隔离，但因维护种族隔离制度的力量异常强大，联邦政府不得不采取特殊政策推进与执行该法律。各地法院具体督促执行废除种族隔离的判决，联邦政府主要对各州推行种族融合的行动给予政策支持，如1957年阿肯色州小石城爆发暴力阻挠黑人合校闹剧后，艾森豪威尔总统不得不动用联邦军队缓解危机。到1960年，亚拉巴马、密西西比、南卡罗来纳等州的公立高校仍保存着种族隔离制度。1964年，联邦颁布《民权法案》，赋予教育总署拨款消除中小学种族隔离的权力，联邦法院也采取积极行动，甚至支持地方用校车接送黑人学生。1965年4月，联邦政府出台《取消学校种族隔离指南》，公布取消种族隔离的最后期限。但直到1965年秋，南方黑人学生中，进入种族融合学校的仅占6%。[1]1966年，联邦福利部再次颁布《取消种族隔离指南》，至1966年9月，南方黑人学生进入种族融合学校的达到16%。[2]1969年，最高法院出台规定，强制黑人学生与白人学生合校，要求到1972年秋全部实现种族融合。不难看出，20世纪50年代以来，在黑人争取平等人权及社会、政治权利的过程中，联邦政府起了主导作用，一定程度上改变了黑人教育的面貌，也鼓励了其他少数民族为争取均等教育机会的斗争，促进了中小学教育的发展。

除了种族隔离制度的困扰，日益扩大的贫富差距成为社会冲突的焦点之一。贫富差距与种族问题不可分割。以黑人为例，大部分黑人生活在美国最贫穷的地方，经济收入低于白人，就学的隔离学校在经费和教师水平上无法与白人学校相比。冈纳·麦尔登（Gunnar Myrdal）认为，种族问题会造成贫困的循环，而打破循环的出路就是消除白人歧视或改善黑人状况，这一主张为种族融合与解决贫困问题提供了理论支持。美国社会普遍认为，贫困是严重的社会问题，将会限制教育服务国家经济与国防的功能，而消除贫困相当艰巨，必须依赖联邦政府的改革。依靠教育摆脱贫困的主张，约翰逊总统极其认同，他认为通过普及教育，可以有效避免贫困文化的入侵，提高劳动力的生产能力，并进一步提出"教育是我们消灭贫穷之战最主要的武器，是建设伟大社会的最主

---

① Gary Orfield, *The 1964 Civil Rights Act and American Education*, Charlottesville, London: University Press of Virginia, 2000, p.101.

② Gary Orfield, *The 1964 Civil Rights Act and American Education*, Charlottesville, London: University Press of Virginia, 2000, p.102.

要工具"[1]。20 世纪 60 年代，美国社会思想日益多元化，在人力资本理论影响下，更多的人认同教育促进经济效率与个人社会升迁，并最终推进社会公平的功效，希望依靠学校来平息种族矛盾与缓解社会冲突。这一时期，教育机会均等成为解决种族矛盾与贫困问题的重要杠杆，政府开始加大教育投资与政策支持，出台一系列扩大教育机会的举措，重点加速中等教育的普及，并开展补偿教育运动，密集的立法与多元化举措推动着教育机会均等运动达到高潮。

1962 年，美国学者迈克尔·哈林顿（Michael Harrington）明确指出："能真正行动起来消除贫困的，只有联邦政府。"[2] 从 20 世纪 60 年代中期到 70 年代，联邦政府着手解决国内种族、少数民族歧视与贫困问题，利用经济杠杆加强对教育的干预，密集出台促进机会均等的立法。1964 年颁布的《民权法案》要求废除公共教育中的种族隔离，凡接受联邦资助项目的机构或部门一律废除基于种族、肤色或民族血统的歧视。同年《经济机会法》（The Economic Opportunities Act of 1964）颁布，进一步加大对弱势群体的经济补偿，通过青年计划、社区行动计划、农村贫困地区的特殊计划、就业和投资激励计划、工作经验计划，以及行政管理和协调工作等消除贫困，扩大青年接受教育的机会，增加穷人和失业者的保障，为老年人提供医疗和资助服务。《民权法案》《经济机会法》的颁布，确立了联邦政府在促进教育机会均等上的主导权，此后相继通过了一系列法案，包括 1965 的《初等和中等教育法》（The Elementary and Secondary Education Act）和《高等教育法》、1966 年的《成人教育法》、1968 年的《职业教育法》和《双语教育法》、1974 年的《教育机会均等法》（Equal Education Opportunities Act）和《特殊教育项目法》《残疾人教育法修正案》《家庭教育权利和隐私法》、1975 年的《残疾儿童教育法》等 50 多部法案，仅在约翰逊总统任期内，就有超过 60 项教育议案签署生效。1974 年的《教育机会均等法》宣告了公立学校种族隔离制度的终结，也标志着以联邦权利为中心的教育公平观的确立。

约翰逊总统及众多改革家肯定教育与经济收入的关联，将教育视为促进社会流动、斩断贫困链条及维护社会稳定的灵丹妙药。在众多联邦促进机会均等的法案中，1965 年的《初等和中等教育法》及其修订案最具里程碑意

---

[1]　Harvey Kautor, Education, Social Reform, and the State: ESEA and Federal Education Policy in the 1960s, *American Journal of Education*, 1991, 100(1), p.52.

[2]　Michael Harrington, *The Other American: Poverty in the United States*, New York: Macmillan Publishing Co., 1962, p.180.

义，是联邦政府大规模援助中小学教育的开端，也是对弱势群体进行补偿教育
（Compensatory Education）和政府向贫困宣战的开始。与《经济机会法》的理论
前提一致，该法将教育视为解决贫困、消除种族歧视的有效武器。该法规定为
被剥夺教育机会的贫困儿童提供资助与教育机会，通过各种方法扩大和改善教
育质量，对象主要针对城市贫民儿童和农村贫困地区的儿童。此后，该法不断
修订以扩大资助对象，延长有效年限，如 1966 年修正案强调改进中小学援助
方案，对象扩展到印第安儿童、农业移民子女、被忽视儿童和行为不良儿童的
免费公共教育，以及残疾儿童项目拨款。1967 年的修正案则继续增加对印第
安儿童、农业移民子女和残疾儿童的资助，并提出为农村地区提供教育技术支
持、资助灾区教育、扩展成人教育法，以及开展校车安全性研究和双语教育计
划。1970 年的修订决定延长相关法案有效期限，并对资金分配问题进行规定，
主要针对处境不利儿童，包括为被忽视的儿童、行为不良儿童、残疾儿童及移
民儿童提供特殊的教育资助。1972 年的修正案延伸至对高中后教育进行援助，
如对州发放等额补助和助学金、在社区学院建立州咨询委员会、成立职业教育
和成人教育机构等。1974 年修订案继续延长有效期限，为弱势儿童和联邦授
权的特殊教育项目提供资助，整合教育项目并建立国家教育统计中心（NCES）。
通过对 1965 年《初等和中等教育法》历次修订梳理发现，弱势群体指称范围不
断扩大，多部补偿教育相关法案均指向教育机会均等，始终贯彻弱势补偿的原
则。联邦政府通过颁布一系列法律法规，将补偿教育和反种族隔离作为改善学
校的具体途径，旨在弥补那些文化不利处境中的儿童，改善他们的学习条件。
在教育法案与联邦资金的支持下，公立学校制订并实施了诸多补偿教育计划，
以弥补儿童经验及经济方面的差距，社区学院也承担大量补偿教育，创办补偿
教育项目，为学生提供关于读、写、算的基础教育。随着弱势群体教育机会
逐步改善，美国普通教育得到较快发展，到 1970 年小学适龄儿童入学率已达
99.1%，中等教育基本得到普及。

联邦政府资助开展的补偿教育计划，始终围绕教育公平观念的演变及对
弱势群体理解的扩展。20 世纪 60 年代的美国，教育公平经历了从关注教育机
会均等到结果均等的变化。鉴于打破贫困代际传递与儿童早期学习的研究成
果，在确保中产阶级利益，不触及政府经济、政治体系的前提下进行补偿教
育。学校不再仅仅关注人力、经费投入及公共设施的平等，而是力图提供不均
等的投入，以保证均等的产出，也就是结果的平等，研究者对教育机会均等的
观念进行重新认识，开始对保证教育结果的平等途径的研究，补偿教育就是试

图通过人为途径解决教育领域不平等问题的尝试。最初，补偿教育只为解决贫困儿童与少数民族儿童的教育问题，后随着弱势群体指称范围不断扩大，联邦政府陆续制定其他补偿教育相关法律，如 1975 年签署的《全体残障儿童教育法》(The Education for All Handicapped Children Act)，旨在确保所有残疾儿童获得有效的服务。随着弱势群体范围的扩展，补偿政策逐渐从基础教育阶段延伸至高等教育阶段，从学校教育扩展到成人教育领域。1978 年国家"补偿性教育研究报告"将补偿教育作为促进美国教育机会平等的最重要措施之一。作为不同项目、实践与服务的综合体，补偿教育成功为处境不利的孩子提供了额外服务，使其能更加公平地接受教育。补偿教育的推进与科尔曼、詹克斯、罗尔斯等人对教育机会均等观念的研究密不可分，作为探讨教育机会均等理论的主要代表，他们指出了 20 世纪 60 年代美国教育走向公平的基本方向，提供了美国教育民主化改革的主要理论依据。

二、《科尔曼报告》对教育机会均等思想的突破

20 世纪上半叶，美国基本普及义务教育，基础教育阶段初步实现了入学机会的均等，在公立学校领域，促进入学机会均等的理念深入人心。二战后，希望接受中等教育的人数激增，借助民权运动与反贫困改革措施，机会均等理念开始发生变化，注重结果均等的补偿教育逐渐成为实现教育机会均等的主要举措。越来越多的学者意识到，仅关注机会均等只是教育公平最初步的内涵，真正意义的教育公平应在入学机会均等的基础上，使每个儿童均能拥有获得良好学业成绩的机会。从注重入学机会到学习结果公平的思想转折以美国社会学家詹姆斯·科尔曼（James Coleman）1966 年发表的关于机会均等的研究报告为标志。为了解联邦出台的各项促进公平的法案及补偿政策在教育中的落实情况，根据 1964 年《民权法案》第 402 条的要求，霍普金斯大学教授科尔曼受命主持为期两年的大规模实证调查，研究不同肤色、种族、性别及宗教信仰的各类人群的受教育机会情况，目的是考察不同学生群体间教育机会不均等的表现程度，以及导致不平等的影响因素。调查样本约覆盖美国 4000 所中小学的 64000 名学童，学生的种族来源主要有黑人、美洲印第安人、波多黎各人、亚裔、墨西哥人、白人等，涉及了一、三、六、九和十二年级共五个年级，调查内容包括学生成绩、学校环境及教师等各方面的情况。1966 年 7 月 2 日，科尔曼向国会提交了总结性调研报告，即《科尔曼报告》(Coleman Report)，又称《教育机会均等报告》(Equality of Educational Opportunity)。

在报告中，科尔曼提出了关于不均等的五种界说，包括学校投入差异、学校种族构成、学校无形特点、学校对相同背景和能力的个体产生的教育结果，以及对不同背景和能力的个体产生的教育结果。他认为，教育公平是历史发展的必然要求，产出均等不完全由资源投入均等来决定，还取决于其对学生成就产生的效力。从关注学校资源投入均等演变为学校教学效果均等，正是科尔曼研究的最大贡献。科尔曼报告的内容与结论主要包括以下三个方面：首先，根据对黑人和白人学生教育差异的调查，包括班级规模、师生比、教学资源和设施、课外活动或课程计划、教师素质、学生家庭背景及父母出身等内容，他发现黑人学生均处于劣势。在公立学校，存在着严重的种族隔离，绝大多数进入同一学校的学生社会背景类似，白人学生为主的学校隔离程度最高，黑人学生为主的学校次之。"80% 的白人学生就读于白人比例为 90%~100% 的学校；而 65% 的黑人小学生就读于黑人比例为 90%~100% 的学校。"[1] 在种族隔离严重的南方，白人学生和黑人学生几乎完全被隔离。同样，白人教师和黑人教师之间也存在隔离，"黑人所在的小学，65% 的教师为黑人，而白人所在的学校白人教师占到了 97%"[2]。其次，科尔曼通过调查学生教育结果的差异，发现除东方裔美国人外，少数民族学生的平均成绩大大低于白人学生，且随着年级的增高，差异会逐渐加剧。最后，在差异描述的基础上，科尔曼提出了自己的核心观点，重点对影响学生教育结果不均等的因素进行剖析，剖析的结论成为其教育公平思想的基本内核。

为了找到教育结果差异的原因，科尔曼将学生学业成就引入教育公平研究领域，在对学校投入、师资水平、设备设施作调查的同时，结合校内因素和家庭因素，在教育投入与产出间进行综合分析。他强调，学校应为那些具有相同背景与能力的学生提供平等的教育结果，实现由入学机会平等向结果平等、由形式平等向实质平等的转变。他从学校变化、学生总体特征、学校设备与课程、教师特征及学生态度五个方面，与学生学业成绩的相关性进行说明，详细阐述影响教育产出即学生学业成就的因素。科尔曼发现，学校间学生学业成绩的差异受学校因素影响很小，而应对学生背景进行细致考察，他将与学业成绩相关的背景因素分成都市背景、家长教育水平、家庭结构完整性、家庭规模大

①　J.S.Coleman, et al., *Equality of Educational Opportunity,* Washington, D. C., U.S. Government Pringting Office, 1966, p.3.

②　J.S.Coleman, et al., *Equality of Educational Opportunity*, Washington, D. C., U.S. Government Pringting Office, 1966, p.3.

小、家庭用具、家庭阅读资料、父母兴趣及教育期望等八个方面。结果显示，
家庭因素对孩子的早期影响最大，在入学前期会有所递减，但之后会随着孩子
接受学校教育时间的增加而增加，即导致校际及校内学生学业成绩差异的主要
原因就是学生家庭背景的差异性。科尔曼将学生总体特征界定为"学生同伴的
教育抱负与教育背景特征"，他发现学生同伴教育背景和抱负对该生学业成绩
影响很大，尤其有较好教育背景与较高教育抱负的白种人，他们在学校中的比
例决定着其他种族学生群体学业成绩的高低。因此，他认为种族隔离会导致严
重的教育不平等，虽然较高的生均教学经费、更具挑战的课程内容、较多实验
室及课外活动，或多或少都对提高学生学业成绩有利，但与学校同伴这一因素
相比，上述影响微乎其微。在教师特征的影响方面，科尔曼认为，好的教师对
提高教育背景较差的少数民族学生的学业成绩非常重要。在学生态度方面，学
习兴趣、自我观念、控制环境意识在六年级、九年级和十二年级与学生学业成
绩相关度很高，尤其是学生控制环境的意识对贫穷孩子的影响巨大。而在学生
环境控制意识的形成上，科尔曼认为主要依赖学生的家庭因素，包括家庭结构
的完整性、兄弟姐妹的数量、城市居住时间、父母所受教育、经济水平、阅读
资料数量、家长对孩子接受学校教育的兴趣，以及家长对孩子进行继续教育的
期望等，这些都会引起学生的态度差异，一定程度上导致不同学生在教育中的
不平等。通过对影响学生学业的因素进行研究，科尔曼得出结论：首先，家庭
背景对学生学业成绩影响非常大，且不会随学习年限增加而减弱，学校设备、
课程的独立影响较小，不会引起学生学业成绩的较大变化；其次，教师更趋向
于在社会地位和种族上与所教学生保持一致，且好的教师对处境不利学生的影
响更大；最后，学生总体社会构成与学生学业成绩有很大关系，其影响远大于
学校因素，学生态度尤其是学生环境控制意识与学生学业成绩有着高度的相
关性。

　　科尔曼对教育公平研究的最大贡献是指出了学校设施、课程甚至教师并
不是影响学生成绩的关键，最重要的因素是教育背景和同学校其他学生的学习
愿望。科尔曼的结论标志着教育公平理念研究重点开始逐渐转向家庭背景与学
校因素对学生教育机会的影响机制。在他看来，美国基础教育的不公平受两种
因素影响，即一致性校内因素和差别性校外因素，校内因素和校外因素影响相
对强度决定机会均等的有效性，只有当全部差别性的校外影响因素消失，才能
实现完全的教育机会均等。但是，校外因素影响不可能完全消失，因此教育机
会均等只能是一种接近，永远不可能完全实现。通过重新界定教育机会均等的

内涵，科尔曼指出，促进教育公平不能局限于衡量均等的投入，还应关注教育结果的平等。《科尔曼报告》指出了教育机会不均等的根源，强调了家庭本身及其家庭周围文化对学生学业成绩的影响，虽然并未解决不均等的根本问题，但强有力地影响了约翰逊总统向贫困宣战的教育策略，尤其突出了白人儿童和黑人儿童学术表现中种族因素的重要性。在 20 世纪 60 年代，科尔曼对学业成绩影响因素的分析激起了其他学者对教育公平问题的探讨，如詹克斯和罗尔斯等人，他们在如何实现结果均等的问题上进一步追问，提出了各自的主张，推动着教育公平理论的深化与拓展。

三、詹克斯、罗尔斯等人的教育机会均等理论

二战之后的美国，无论在思想理论方面，还是在社会政策与经济发展方面，都取得了令人瞩目的成就，从而为教育机会均等运动的兴起营造了富足的社会条件。《科尔曼报告》的发布引起了社会学家及教育家之间的理论争鸣，辅以联邦的实践策略，成为美国教育机会均等运动的重要内容。在社会批判思想流派兴起的大背景下，许多社会学家及教育家纷纷投身对教育机会均等的研究与实践，发表观点或看法，形成关于教育机会均等理论的争鸣局面，其中克里斯多夫·詹克斯（Christopher S. Jencks）与约翰·罗尔斯（John Ravels）的观点最具代表性。詹克斯进一步发展科尔曼的观点，从教育机会不均等的表现形式出发分析影响因素，罗尔斯则从公平三原则出发阐述教育机会均等理论，分别根据各自的理论提出解决教育不平等问题的方案与实践策略。

詹克斯是美国著名的经济学家和社会学家，他认为人与人之间不平等的形式多种多样，从来就不存在能消除所有不平等的单一策略，所谓的有效策略必须解决特定的问题，并将其置于优先地位。依据社会财富再分配与补偿教育的公平策略，詹克斯推进和发展了科尔曼的教育机会均等理论，对科尔曼报告提供的调查数据进行重新分析与解读，形成《不平等：对美国家庭与学校影响的重新评价》的研究报告。他以标准化测验成绩为媒介，考查学生学习潜能与教育成就的关系，认为很大程度上学习潜能影响学生的教育成就，对其获得教育文凭机会的影响远大于经济背景，同时他指出，影响学生教育成就的因素以社会因素而非生理因素为主。詹克斯认为，高中教学资源不会影响学生升入大学的机会，也不会影响学生的教育成绩。校际之间的质量差异对学生测验成绩尤其是高中水平上的学生测验成绩的影响相对较小，对学生最终教育成就的影

响同样相对较小。① 总之，詹克斯得出结论，学生学习成绩差异的影响因素主要取决于他们带到学校来的差异，而不是学校本身的差异。

通过对美国教育不公平的关系的实证研究，詹克斯承认，在教育机会上，美国学校远没有实现真正的平等，教育不公平突出表现在教育资源不平等、学生就学机会不平等，以及学生选择课程的机会的不平等方面。从倡导教育多样性与选择并重的公平理念出发，基于保障处境不利群体利益和多样化学校创设的前提，詹克斯提出了有限制的"教育凭证制度"（Education Voucher System）。该制度通过给予家长选择学校的权利与自由，在教育内部引入竞争机制，可以在整体上提升教育质量，实现在"多样的平等"意义上的教育公平。具体来讲，就是通过制定名额分配与补差制度，增进教育效率与公平，当教育凭证不足以支付全额学费时，家庭可支付剩余部分或对低收入家庭给予二次补偿，以实现教育资源的转移与均衡化。教育凭证制度实质是一种特殊的补偿教育策略，最早由美国经济学家米尔顿·弗里德曼（Milton Friedman）提出，詹克斯进一步将其作为"自由选择"的教育公平理念的实践策略，以弥补联邦"向贫穷开战"运动中实施的教育补偿措施，希望从根本上解决教育机会不均等的问题。詹克斯领导了以加利福尼亚州四个学区为主要对象的第一批教育券实验，为以后教育券的实施提供了宝贵经验，带动了择校运动的兴起。詹克斯从理论上解释了个人学习机会不平等如何引起学业成就的重大差异，及教育结果不平等产生的过程，其"自由选择"的公平理念对学校及教室内部的公平给予很大关注。但在实践上，依靠教育凭证制度实施补偿措施并未实现教育结果的平等，反而使学生学业成绩差距增大。与科尔曼一样，他的理论依然专注于对教育结果平等的追求，这种以不平等为前提追求结果平等的主张与罗尔斯的正义理论有着一定程度的相似，曾一度遭到其他社会学家的质疑。

罗尔斯是美国政治哲学家和伦理学家，强调"公平的正义"，认为正义原则是解决社会不公平的基本原则。在他看来，所谓正义原则即平等自由的原则、机会的公正平等原则与差别原则。在正义原则基础上，他提出教育公平的实现，首先要保证教育机会均等，即每个人都平等地享有受教育的权利，其次要遵循差异原则与补偿原则，即在尊重个体差异的基础上，以不平等为前提实现事实上的平等，对最少受惠者进行适当补偿。罗尔斯的正义原则包括了平等和自由两个维度，即在尊重和保护个人差异的基础上向多样化的公平迈进，丰

---

① Christopher Jencks, *Inequality a Reassessment of the Effect of Family and Schooling in America,* New York: Basic Books,1972, p.151.

富了教育公平理念的内涵，他因此成为美国 20 世纪六七十年代教育机会均等运动的代表人物之一。与科尔曼、詹克斯一样，在罗尔斯看来，影响教育机会均等的因素包括学生家庭出身、自然禀赋及历史环境等，而且每个人的自然禀赋存在较大差别，即人生而不同，这是无法否认的既定事实。由于遗传因素的影响，无论在智力因素上，还是在非智力因素上，甚或在身体与健康状况上，人与人之间都有着显著差异，这种差异一定程度上导致了人与人之间的能力差异，进一步导致不同个体在机会享有与把握上的不同结果。因此，需要对这种差异进行一定的补偿，使之均衡化，最大限度地消除学业成绩及教育成就上的不平等。罗尔斯认为，家庭是社会的最基本单元，直接影响人们对机会的享有情况，因此教育不平等属于家庭不平等的范畴。无论是家庭的规模大小，还是结构完整程度，或成员间的和睦程度、资源占有量，很大程度上都会影响孩子的学习与认知能力，尤其是家庭经济状况与社会经济地位，与孩子受教育机会、学业成绩或教育成就密切相关。

20 世纪六七十年代，除了科尔曼、詹克斯和罗尔斯对教育公平的理论阐发与实践建议，社会批判思想流派也从自身理论出发，阐释了美国教育不公平的根源与解决途径。他们认为，仅仅依靠改变教育制度无法实现教育公平，因为美国教育不公平的根源在于生产关系的等级制及与此相关的阶级文化差异。学校教育的不平等是不平等的社会生产关系与阶级结构的局部反映，而教育本身正是不断地加强和复制社会不平等的重要机构。如新马克思主义教育理论代表人物塞纽尔·鲍尔斯（Sanuel Bowles）和赫尔伯特·金蒂斯（Herbert Gintis）基于大量的调查研究，指出家庭背景对学生受教育年限和结果影响很大，在资本主义社会条件下，教育作为公平竞争阶梯的平等化职能根本无法实现。新激进派代表保罗·古德曼（Paul Goodman）不仅批判美国公立学校制度的种种弊病，甚至否认其存在的必要，强调"公立学校的拥挤状况及政府干预，使其无暇顾及学生的个性发展与开展真正的教学"[①]。为克服上述弊端，古德曼强烈主张提供多样化和小型化的学校教育，明确指出"教育机会应全面多样，必须减少而非扩大一成不变的单一学校教育"[②]。在自由选择思想影响下，70 年代以后，美国兴起追求教育条件与结果均等的择校运动，该理论一方面承认尊重个体差异，一方面认为天赋差异必然导致结果不平等的公平观并非正义，主张根据个人需要对社会财富和价值进行重新分配，以补偿个人因偶然的不可控因素造成

---

① Paul Goodman, *Growing up Absurd*, New York: Random House, Inc., 1960, p.224.

② Paul Goodman, *Growing up Absurd,* New York: Random House, Inc., 1960, p.61.

的损失。自由选择思想以多样化和多元化为前提提出选择的平等，从策略方面对教育公平提出了更高的要求，在理念上更趋于实质的教育公平。到 70 年代初，美国基本普及中等教育，直接反映了社会对教育结果平等的追求成效，以及对补偿教育政策的肯定。科尔曼、詹克斯、罗尔斯等人对教育机会均等理论的探讨，尽管在理论上没有达到彻底的统一，却推动教育机会均等的内涵实现了由起点平等、过程平等向结果平等的转变，成功引发了美国教育机会均等策略与具体实践的转向，美国教育开始由追求学校平等到追求学生平等，由封闭学校向开放学校的转变，为公车接送、补偿教育、学校标准化等具体实践策略指明了方向。

第四节　大众化进程中高等教育思想的繁荣

　　二战结束到 20 世纪 70 年代是美国高等教育发展的黄金期。在科技革命与冷战的多重刺激与联邦政府支持下，借助人口增长高峰与民主化浪潮的推动，美国高等教育进入繁荣发展的大众化阶段，逐渐成为社会生活的中心。在服务国家安全与全球战略的基调下，工具主义成为高等教育领域的主导哲学。无论通过教育发展军事科技以服务国家安全，还是开放教育机会促进社会民主，抑或开发人力资本以促进经济的持续繁荣，美国高等教育始终围绕服务国家与社会的根本任务，其政策制定与理念创新大都出于功利考量，尤其在 60 年代前后，随着人力资本理论的兴起与知识产业化趋势加剧，工具主义哲学在高等教育领域得到进一步张扬，在价值观上更加强调功利和实效。在新旧价值观的冲突交融中，联邦政策及其专门委员会报告成为引导改革的风向标和动力源，克拉克·科尔以"多元化巨型大学"为核心尝试构建现代大学的理念体系，成为现代大学改革的领军人物，马丁·特罗（Martin Throw）从广域的系统论视角提出了高等教育大众化理论，为人们描述高等教育整体发展进程提供了重要依据。

一、联邦政策及其专门委员会报告的实践推动与价值引领

　　二战结束以来，美国各界习惯将高等教育作为解决各种社会问题的重要途径，联邦政府通过立法及委员会报告加强对高等教育的干预力度。从二战结束到 20 世纪 70 年代，体现高等教育思想变革的联邦政策与委员会报告主要有 1944 年《退伍军人权利法案》（Servicemen's Readjustment Act of 1944，或 G.I. Bill）、1945 年万尼瓦尔·布什（Vannevar Bush）发表的《科学：没有止境的边疆》

（Science：The Endless Frontier），1947 年杜鲁门总统高等教育委员发表的《为美国民主服务的高等教育》（Higher Education for American Democracy），以及其他重要的联邦教育立法，如 1958 年的《国防教育法》、1963 年的《高等教育设施法案》、1965 年的《高等教育法》、1968 年的《高等教育法修正案》等。这些法案与报告提高了联邦在高等教育发展中的地位，在推动高等教育大众化、系统化、民主化发展的同时，强化了高等教育服务国家与社会的外部责任，突出了高等教育的工具价值。

从美国高等教育大众化进程看，1944 年颁布的《退伍军人权利法案》是开启大众化的起点，也是联邦政府通过教育投资干预教育的重要标志。该法案旨在帮助退伍军人适应战后的平民生活，基本内容除对退伍军人提供医疗、卫生、住房等优惠外，还为其提供接受适当教育或训练的机会，并设专章规定教育问题，规定为战时所有在军队至少服役 90 天的军事人员提供 1 年、最多不超过 4 年的教育和训练，由政府支付其每学年不超过 500 美元的学杂费和每月 50 美元的生活津贴。[1] 在该法案激励下，大批退伍军人开始进入高等院校学习，从 1945 年开始，约 200 多万复员军人陆续涌入大学校园，到 1947 年各高等院校退伍军人的注册数量占到当年高等院校在校生总数的近半数；1946 年、1947 年，这些大学生分别占高校在校生总数的 48.7% 和 49.2%。[2] 该法案的实施，不仅为战后美国培养了成千上万的各种专门人才，也为后续出台退伍军人教育保障政策提供参照，强化了教育机会均等，促进了高等教育观念的变革，成为美国高等教育迈向大众化的起点。此后，联邦政府开始通过各种途径帮助更多不同背景的人获得接受高等教育的机会，让普通民众通过增长知识实现个人发展，成为自由社会的合格公民。

《科学：没有止境的边疆》对美国战后高等教育新型科研模式的形成奠定了基础。1940 年，为筹备美国与轴心国的战争，罗斯福总统聘请布什博士组织国防委员会，就科研服务国防及支援盟国问题提供决策咨询。1945 年，报告《科学：没有止境的边疆》发表，布什强调，科学是实现国家发展目标的重要保障，基础研究作为一切知识的源泉，需保持相对自主与自由，政府应提供稳定的资金支持大学的基础研究。他主张政府应组织科研机构及大学内的科学家开展科研，联邦以科研合同的形式提供资助。布什的主张成为联邦决策的指

---

[1]   Keith W. Olson, *The G I Bill,the Veterans,and the Colleges*, Lexington:University Press of Kentucky, 1974, p.17.

[2]   陈学飞：《美国高等教育发展史》，四川大学出版社 1989 年版，第 150 页。

南，1950 年美国成立了科学基金会（NSF）。联邦政府对科技投资的重点是资助研究型大学，大学以竞争合同的形式获取联邦补助金，建立重点实验室，在"军事—工业联合体"中发挥重要作用。布什倡导的科研模式改变了联邦政府与大学的关系，引起了大学科研发展的革命性变革，变革的核心正如参与报告讨论的科南特所说，除了从扩大政府实验室科研转向扩大私立机构的科研，更重要的是"通过合同的形式利用联邦的钱来支持大学和科研机构的科研"①。报告作为科技政策的权威，是国家支持科学与教育发展的重要基础，其所倡导的科研资助模式不仅强化了联邦政府对科学投资应承担的责任，加大其对高等教育的资助与干预力度，支持研究型大学成为美国科技发展的中坚力量，而且也便于政府根据国家需要，重点资助计算机、电子、材料科学，以及与军事相关高技术领域，强化了高等教育的国家主义与功利主义倾向。美国研究型大学借此实现了跨越式发展，基础科学研究和研究生教育不断扩大，"处在学术金字塔顶点的研究型大学重心转变，并快速向第二、第三层级高校传导，战后科学研究开始确定为一些大学的重要目标"②。

在《退伍军人权利法案》扩大高等教育规模和布什报告资助研究型大学的基础上，高等教育价值观也在联邦政府引导下发生转向。1946 年杜鲁门总统组建高等教育委员会，撰写关于美国高等教育状况的报告，曾任美国教育理事会主席的乔治·祖克（George F. Zook）担任该委员会主席。总统高等教育委员会 1947 年发布报告《为美国民主社会服务的高等教育》，进一步为高等教育民主化提供了理论支撑与实践基础。报告指出："我们的目标是使所有的青年都有平等接受高等教育的机会。"③ 报告强调高等教育必须对学生进行普通教育，为其社会成员提供共同的知识体系，并提出了高等院校课程改革的建议。在这一思想指引下，美国联邦政府积极参与高等教育改革，强化高等学校在国家生活中的重大意义，不再将其仅仅作为造就英才的机构，而是全体社会成员皆能接受教育的场所，皆能"为全国人民各按其才能和兴趣去充分享受，而不被无法克服的经济困难所阻碍"④。报告强调，如果经济资源允许，实现教育机会平等的目标不会太远，并明确界定了社区学院的性质和使命。该报告的发表，使"造就良好的公民、造就无显著差别的人"成为美国高等教育的重要使命，与

---

① ［美］V. 布什等：《科学——没有止境的前沿》，范岱年、解道华等译，商务印书馆 2004 年版，第 23 页。

② Richard M.Freeland, *Academia's Golden Age: Universities in Massachusetts,1945—1970*, New York and Oxford: Oxford University Press, 1992, p.6.

③ 陈学飞：《美国、德国、法国、日本当代高等教育思想研究》，上海教育出版社 1998 年版，第 5 页。

④ 滕大春：《今日美国教育》，人民教育出版社 1980 年版，第 109 页。

科南特强调普通教育的《自由社会的普通教育》(*General Education in a Free Society*)一道，掀起了大学课程改革的风潮。在美国历史上，由总统组建高等教育委员会尚属首次，不仅强化了政府在教育制度建构中的角色，也为高等教育扩张尤其是社区学院的大发展创造了机会。之后，美国各州大力发展社区学院，逐步确立其在高等教育体系的合法地位。

在联邦政策引导下，战后美国高等教育逐步完善了初级学院、四年制本科及研究生教育的三级结构模式。1956年，艾森豪威尔任命成立了总统中学后教育委员会，1957年该委员会向总统提交咨询报告，建议政府资助重点应为"增加教师工资以为即将来临的学院适龄人口的激增奠定足够的基础；扩大研究生教育以改善和增加高等学校教师的供给；扩大教育机会和学生财政资助的来源"[1]。1958年，国会通过了《国防教育法》，规定设立国防学习贷款和专门奖学金，保证一切有能力的学生不因经济困难而失去高等教育机会，此后该法不断扩展资助范围，提高学习贷款与资助数额。《国防教育法》的颁布，推动美国重点大学更多研究机构的设立，促使其在基础理论与尖端科研领域成果斐然。大学与工业界密切联系，也为大学科学研究与教学改革带来巨大活力。与1940年相比，1958年可授予硕士学位的学校数量由300所增至569所；可授予博士学位的学校数量由100所增至175所。[2]1963年，国会通过《高等教育设施法案》(The Higher Education Facilities Act)，规定联邦政府向公立社区学院、技术学校及其他提供大学本科和研究生教育的高等学校提供补助金和贷款。1965年，首部《高等教育法》通过，明确规定联邦政府向公立和私立高等学校提供长期资助，设立教育机会补助计划(The Program of Educational Opportunity Grants)，帮助低收入家庭的大学本科生在校学习。1968年，通过《高等教育法修正案》(The Higher Education Amendment Act)，继续扩大对高等学校的资助范围与规模，强化高级科技人才的培养，增加财政拨款，改善高等学校设施，提高学生助学贷款和奖学金的数额等。

在一系列法案的保障下，联邦政府通过直接拨款、学生资助及科研合同等形式，不断加大资助力度，到1972年开始弱化或取消联邦资助在使用方面的附加条件限制，成为美国高等教育的最大投资者，经费支出从1945年的

① 陈学飞：《美国高等教育发展史》，四川大学出版社1989年版，第154页。

② Wilson Simth & Thomas Bender, *Amerian Higher Education Transformed,1940—2005*, Baltimore: Johns Hopkins University Press, 2008, p.205.

5.22 亿美元到 1970 年的 160 亿美元。[①] 加之 60 年代民权运动的推进与 70 年代肯定性行动计划的实施，越来越多的群体拥有了接受高等教育的机会，更多妇女、少数民族、部分时间制人员和间断性学习者以及超过传统年龄的人进入大学院校学习。1948 年到 1968 年美国高等教育快速发展的 20 年间，美国学院和大学的入学人数从 260 万增至 700 万 [②]，占到同龄人口的近三分之一，史无前例的发展速度和规模推动美国高等教育进入大众化阶段，不仅实现了数量与规模的扩张，而且院校种类不断增多，教育结构日趋合理，教学及科研水平显著提高，为战后美国经济腾飞提供了科技与智力支撑。

显然，联邦政府是战后美国高等教育大发展的重要驱动力，其所颁布的一系列法案对实践走向及理论创新具有重要的价值导向作用。如总统委员会报告强化了高等教育促进民主的信仰，高等教育民主论者将教育作为提高生产、发展经济、训练合格公民的途径或手段，力图通过普及高等教育，提高全体公民的智力水平，服务战后社会经济发展，巩固战后国际地位，其所追求或关注的重心是教育的外部价值，即高等教育作为工具的属性或价值，属于工具主义（instrumentalism）价值论范畴。工具主义在哲学上继承了杜威的实用主义哲学传统，与功利主义一脉相承，强调科学知识、理论的工具价值，认为工具、手段与目的、效果同等重要。工具主义强调立足现实，虽不排斥追求真理，承认知识和理性的重要性，但更关注其在解决商业、工业、政治和社会等实际问题上的功效。就高等教育而言，工具主义者希望大学走出象牙塔，加强社会服务功能，全面参与社会活动，成为培养"有用"人才的中心和社会发展的推动力。值得一提的是，在高等教育工具论崛起的过程中，除了政府引导，美国经济学家舒尔茨功不可没，他于 1959 年提出"人力资本"理论，论证教育投资对个人和社会的回报率，指出大学是人力投资的工具，进一步强化了工具主义高等教育思想的理论基础。工具主义论者追求高等教育的功利与实效性，在如何更好地实现大学的社会服务功能上，克拉克·科尔的大学理论最具代表性。

二、克拉克·科尔的多元化巨型大学理念

无论在实践领域还是思想领域，科尔都称得上美国 20 世纪高等教育界

---

①　Nathan.M.Pusey, *American Higher Education, 1945—1970: A Personal Report,* Cambridge: Harvard University Press,1978, p.40.

②　Christopher Jencks & David Riesman, *The Academic Revolution*, Chicago:The University of Chicago Press, 1977, viii.

的灯塔级人物。1967年之前，科尔先后担任加州大学伯克利分校校长、加州大学总校校长，领导和制定了《1960年加利福尼亚高等教育总体规划》（The California Master Plan of 1960）。1967年，科尔辞任校长，直到1980年退休，他一直供职卡内基教育基金会，先后任卡内基高等教育委员会主席、卡内基高等教育政策研究理事会主席等职。其间，他主持了美国高等教育史上规模最大、内容广泛、最为重要的教育调查与评估，出版了大量专题研究报告与论著，为美国高等教育规划决策提供政策性建议，被誉为"美国大学改革的设计师"。美国哥伦比亚大学教育学院院长阿瑟·莱文（Arthur Irvine）评价科尔："如果有谁可以被称为当代美国高等教育变革的设计师的话，那么这个人就是克拉克·科尔。"[1]

　　作为一名经济学家，科尔是高等教育工具论的忠实信奉者，他的思想既是其早期管理实践的理论升华，也是对传统大学无法适应现代社会发展新挑战的积极应对。他试图以一套全新的大学观念解答当时的现实问题，弥合现代国家与城市生活的全方位需要与传统大学理念的冲突，从而找到一种能应对规模扩展与功能多元化的新型组织类型。20世纪50年代，科尔任职加州大学校长。针对国家提高教学与科研质量维护国家安全的需求，及加州高等教育系统内部的种种不适应，如人数激增造成的财政紧张、结构混乱与竞争无序等，科尔对加州高等教育进行了大刀阔斧的改革，1959年倡议并主持制定了《加利福尼亚州高等教育总体规划》，规划获加州参众两院议会通过后于1960年实施。在总体规划指导下，加州大力资助贫困优秀学生，很快普及高等教育，并通过州内协调建立起公立高等教育系统的三级模式，即最高级的研究型大学、中间一级的研究教学型大学与最低级的社区学院。根据学生优秀程度，三级教育机构分别进行科学研究和博士培养、本科生和硕士研究生培养，及供所有高中毕业生选择的职业类教学或普通教育教学。"公众眼中的加州大学再也不是少数人进行专业研修的象牙之塔，而是一所为公众服务、为所有人提供教育机会的大课堂。"[2]科尔首次将初级学院界定为高等教育系统的一部分，成立拥有顾问建议权的高等教育协调委员会（Coordinating Council for Higher Education）统筹全州的高等教育，扩大规模的同时，提高了科研实力与人才培养质量，为加州经济发展提供了强大的人力支撑，不仅抵御了20世纪60年代大规模高等教育入学

---

[1]　Arthur Levine, *Higher Learning in American 1980—2000*, Baltimore: The John Hopkins University Press, 1992, xii.

[2]　德万：《加利福尼亚大学》，湖南教育出版社1986年版，第42页。

潮的冲击，也为其他州甚至世界各国高等教育提供了成功的系统发展范式。

　　1963 年 4 月，科尔在哈佛发表关于"大学功用"的系列演讲，并在当年汇集成《大学的功用》一书，系统阐述他的工具主义大学思想，提出了"多元化巨型大学"（multiversity）概念，对大学理念的新阐释很快使其在教育理论界声名鹊起。科尔的多元化巨型大学理念是长期实践的理论升华，也是其高等教育思想体系的奠基与统领。他将看似矛盾的多目的、多利益、多活动的现代大学称为"多元化巨型大学"，试图从理论上回应现代社会的多元化需求，明确高等教育从传统到现代的转型。1967 年，科尔开始在卡内基高等教育委员会任职，1973 年担任新成立的卡内基高等教育政策研究委员会主席，直至 1980 年退休。其间，科尔主持对各种形式的高等教育机构进行广泛调查、讨论与评估，包括综合研究型大学、巨型州立大学、地方社区学院、私立文理学院等，提出了一系列改革建议，涉及经费、课程、管理、教育公平等问题，陆续发表一系列著作与报告，进一步深化与修正自己的大学理念。尤其在 1973 年，为定位高等教育机构在发展目标、职能定位、资源渠道、管理体制方面的差异，科尔主持对美国高等教育机构进行科学、精细的分类研究，确定了大学主要职能、授予学位层次、毕业生数量和接受政府资助经费等指标分类标准，得到高等教育界的广泛认同。退休后的科尔继续活跃在思想领域，完成多部高等教育著作，如《大学校长多侧面的生活：时间、地点、特征》（*The Many Lives of Academic Presidents: Time, Place & Character*，1986）、《监护人：美国学院和大学的董事会》（*The Guardians: Boards of Trustees of American Colleges and Universities*，1989）、《高等教育不能回避历史》（*Higher Education Cannot Escape History*，1993）、《美国高等教育的麻烦时代》（*Troubled Times for American Higher Education*，1994）等，这些著作的发表进一步提升了科尔在美国高等教育界的声望。

　　众所周知，在高等教育理论界，科尔的《大学的功用》反响最大。在该著中，围绕"大学之用"，科尔首次阐明了"多元化巨型大学"的概念，并基于这一概念构建起统领其大学思想的理念体系，通过对多元化巨型大学内涵的解释描绘出适应新型社会的现代大学图景，从根本上引导了传统大学观念的转向。科尔多元巨型大学理念的现实依据来自对现代社会发展特性的分析，理论依据则主要是其倡导的工具主义与多元化理论。20 世纪五六十年代的美国，社会结构日益开放多元，社会活动高度复杂且变化日新月异，互动也更加频繁，尤其是社会发展与知识之间的关系更加紧密，知识经济初见端倪。科尔认为，现代社会与过去相比，如同城市与乡村或市镇之间的差异，规模庞大、结构复杂，且不同于相对静止偏僻的乡镇，变化极速、开放多元。面对这样的现实，他提出了自己的多元化巨型大学理念，正如他所说的"植根于历史逻辑中的真实性，它在最佳选择中，是一种强制性的选择，而非理性的选择"[①]。从这个方面来说，科尔是典型的现实主义者，他明白大学是社会的一部分，应随社会发展而发展。多元化巨型大学是社会发展的必然产物，现代社会的多元化使传统大学在性质、结构与功能上产生诸多不适应，必然要求一种新型的综合组织模式来应对。从理论依据上，科尔的多元化巨型大学观主要来自工具主义与多元论的支撑。在本质上，工具主义和多元论均属实用主义范畴，继承了美国大学注重实效的传统，强化了服务社会的实用主义色彩，他要求高等教育充分展现对个人发展、学术繁荣与社会进步的驱动作用，履行多种复杂功能，充当知识产业的中心与社会发展的动力站，并根据大学利益相关者的需求加强与外界的联系与开放化程度。科尔是一位多元论的信奉者，1969 年，他出版《马歇尔、马克思与现代：多维社会》（*Marshall, Marx and Modern Times: The Multi-Dimensional Society*）一书，分析了大量竞争性多元化利益驱使下多元化社会的演进，认为"现代社会的弹性和灵活性足以提供可接受的实用方案，解决社会问题如大萧条、市场垄断以及经济风险等"[②]。他还借用詹姆斯对"多元"和"一元"世界的对比，描绘多元化巨型大学，在多元论体系下寻找存在的合理性。

多元化巨型大学理念的精髓在于"多元化"，科尔不仅明确了多元化基础上的现代大学的组织特性，突出了大学目的、职能、服务对象、内部要素的动态多元，而且关注到了基于多元化的规模与体量扩张，以及由此带来的管理变革。因此，多元化巨型大学主张是科尔高等教育思想的出发点或原点，其中多元化是理解其大学理念的钥匙，虽然随着时代发展，多元化巨型大学弊端显现，科尔不时调整或修正其态度与观点，但其关注大学功用与多元化发展的基本理念并未动摇。科尔认为，多元化主要指大学在目的、职能与构成要素上的多元，大学就是具有多重教育目的与职能且由多个社群构成的新型社会机构。"当今美国规模较大的大学更是拥有以共同的名称、共同的管理委员会以及由与之相关的目的维系在一起的一整套群体和机构。"[③] 既然多元化巨型大学不固

①　［美］克拉克•科尔：《大学的功用》，陈学飞等译，江西教育出版社 1993 年版，第 4 页。

②　Melville J. Ulmen, Prospect for Pluralism, *Monthly Labor Review*, 1970, 113(6), p.85.

③　［美］克拉克•科尔：《大学的功用》，陈学飞等译，江西教育出版社 1993 年版，第 1 页。

定、不统一，且由若干社群构成，必然导致大学边界的模糊与向外延伸，牵涉
校友、议员、农场主、实业家等相关利益群体。作为经济学家，科尔倾向于
将现代大学与现代社会的企业管理及城市生活进行异质同构的解读，1972年，
他进一步解释："关于多元化巨型大学这一术语，我指的是，现代大学是一种
'多元的'机构——在若干种意义上的多元：它有若干个目标，不是一个；它有
若干个权力中心，不是一个；它为若干种顾客服务，不是一种。它不崇拜一个
上帝；它不是单一的、统一的社群；它没有明显固定的顾客。它标志着许多真、
善、美的幻想以及许多通向这些幻想的道路；它标志着权力的冲突，标志着为
多种市场服务和关心大众。应当称它为多元大学；或者叫联合大学——与企业
类似；或者如同一些德国人正在经办的，叫综合大学；或叫其他一些名称。"[1]
显然，在科尔看来，传统大学是拥有共同利益的一个社群，是有机联系的整
体，可专注于一种职能，拥有一个灵魂、一种目的，遵循一种运行原则，而多
元化巨型大学有若干利益各不相同甚至相互矛盾的社群，具有若干灵魂与目
的，不必专注任何单一职能，且很多部分与整体间联系并不紧密。他将传统大
学比作单一群体如僧侣、知识分子所在的村庄或城镇，多元化巨型大学则是多
种社群组成的变化莫测的城市，"它在维护、传播和考察永恒真理方面是无与
伦比的；在探索新知识方面是无与伦比的；在整个历史上的所有高等学校中间，
在服务于先进文明的如此众多的部分方面也是无与伦比的"[2]。

　　如同对多元社会的理解，科尔指出多元化巨型大学的职能是动态发展与
时俱进的，并非静止地固守单一职能，不能像理想主义者那样追求唯一答案而
排斥其他，也非只有教学、科研、服务三种职能，而应像实用主义者那样选择
很多有效的职能，这样一来，职能模式较之以前更加复杂。他在1991年出版
的《高等教育的伟大转型》（*The Great Transformation in Higher Education*）中，
详细阐释了大学职能的复杂性，包括生产性职能（Production Functions）、消费
性职能（Consumption Functions）与公民职能（Citizenship Functions）三类。每
一类又细分为不同的具体职能，如生产性职能分为筛选人才、职业培训、研究
与服务四种具体职能，消费性职能具体分为普通教育、校园团体生活、学生管
理、维持性平台，公民职能则包括社会化、评价与补偿教育等。[3] 正是为匹配

① 　［美］克拉克·科尔：《大学的功用》，陈学飞等译，江西教育出版社1993年版，第96页。

② 　［美］克拉克·科尔：《大学的功用》，陈学飞等译，江西教育出版社1993年版，第29页。

③ 　Clark Kerr, *The Great Transformation in Higher Education*, New York: State University of New York
Press, 1991, pp.58-60.

社会向大学提出的多维服务需求，导致多元化巨型大学内部结构多元松散，且体量或规模上远超传统大学，这就是基于多元化加剧造成的巨型。因此，巨型的前提必须是多元化，他认为如果仅仅是规模庞大，如为应对入学潮出现的多校区大学，若不具有多元的职能、使命与结构体系，也不能称为真正意义上的多元化巨型大学。

科尔描绘了分散中不失统一、矛盾中不失平衡的多元化巨型大学，大学的社群、灵魂、目标、职能、权力中心等都由传统的一元走向多元，且充满了矛盾。由于大学与外界的联系更加频繁与广泛，多元化巨型大学的边界变得模糊，除学生、教师和政府部门参与管理外，代表不同利益的公众团体，如私立大学中的校友、捐款人、基金会等，或公立大学的农会、工会和公立学校等也以不同形式参与大学管理，这些力量与校内行政机构共同组成多元化管理模式，保证多群体利益在矛盾竞争中保持谨慎的平衡。这样的多元管理模式有利于防止专权，但对校长角色提出了更高的要求与挑战。科尔认为，大学校长最重要的角色除了领导者、教育家、创新者，就是充当调解者，不仅要保持信息畅通，能够教导说服游说，保证大学内部各个社群、各种利益及各种观念间的兼容平衡，同时还要在外部力量不断介入、大学权力不断减弱的情况下，维护大学的学术自由。

科尔的多元化巨型大学理念回应了战后美国现代大学系统的形成与规模扩张的需求，促进了综合性研究型大学的发展。1949—1950 学年，美国有各类高等学校 1851 所，学生数为 229 万人；到 1959—1960 学年，高等教育机构数增加为 2004 所，学生数增为 358 万人，增加 64%。[1] 美国学者罗斯（Murray G. Ross）评价了科尔的巨型大学思想是"成功描绘了一个符合众多标准、能够适应大学质量要求的大学体系"[2]。麦克尔·艾伦（Michael Allen）充分肯定科尔的影响，甚至将其与纽曼相提并论。总之，"科尔在高等教育界是一位具有国际影响的人物……他的声誉响彻大西洋和太平洋的两岸"[3]。然而，科尔很清楚，多元化巨型大学是应对现实的产物，极易导致大学社会服务职能的盲目发展，"多元化巨型大学也有种种弱点：难以轻易地获得忠诚，各种论争难以依

---

① 滕大春：《外国教育通史》第 6 卷，山东教育出版社 2005 年版，第 87 页。

② Murray G. Ross, *The University: The Anatomy of Academe*, New York: McGraw-Hill Book Company, 1976, p.152.

③ Arthur Levine, *Higher Learning in America 1980—2000*, Baltimore: The John Hopkins University Press, 1992, xvii.

照绝对的原则解决，要扩大工作的范围难以限定"①。多元化巨型大学充满矛盾与诱惑，如同庞大的公司，到1972年科尔承认1963年对多元化巨型大学的界定已部分失效，多元化巨型大学成为引发歧义的表达，"多元化巨型大学包容一切，它越来越像工业部门"②。虽然在人才培养上，科尔强调普通教育的重要性，特别重视培养学生的跨学科能力与国际化视野，认为在民主社会学校最重要的责任是为民主社会培养"有效的公民"（Effective Citizenship）③，但因其过分追逐外在价值，将人作为实现国家利益、社会经济增长的工具培养，加之多样化职能冲淡教学，一定程度上忽视了纯粹理性的学术与人文精神的培育，难免遭到理性主义和人文主义者的批判。20世纪中期前后，赫钦斯以"理性"为武器，重新审视大学与社会的关系，认为理想的大学应有强烈严肃的使命，首先应是学术共同体，保有独立思想的价值与尊严，是独立思考与批评的中心。"何为大学？我能得出的最好定义就是大学是一个独立思想的中心。大学也可能有其他意义，但若不能成为独立思想的中心，则将归于失败。"④在大学组织属性方面，他明确指出大学不能有多个中心与目的，而应整合各部分指向共同目的，充当"真正的学术中心"（a true center of learning）与"创造性思想的家园"（the home of creative thought）。⑤在与社会互动方面，赫钦斯倡导教育的非工具价值，认为迎合浅近需求导致的专业主义、职业主义与物质主义倾向，日益偏离大学的根本目的与优秀传统。大学应以独特的方式关照社会，充当社会的灯塔，而非专门解决当前实际问题的一面镜子或服务站，以免沦为附庸或工具。与盛极一时的工具主义思潮相比，赫钦斯的大学理想难免被人贴上保守、复古的标签，但同时对当时高等教育领域盛行的功利主义、职业主义、商业主义倾向起到了一定的防范与匡正作用。

需要指出的是，二战后，在美国高等教育领域，工具主义虽遭到理性主义及人文主义者的批判，但在国家主义统摄下始终处于主导地位。与赫钦斯对工具主义的批判不同，罗伯特·P.沃尔夫（Robert Paul Wolff）力图以存在主义哲学阐释高等教育及理想的大学模式，肯定客观上大学存在多样性及不同的价值观，认为不应将其作为单一的学术殿堂、职业训练所、社会服务站及劳动力

① ［美］克拉克·科尔：《大学的功用》，陈学飞等译，江西教育出版社1993年版，第97页。
② ［美］克拉克·科尔：《大学的功用》，陈学飞等译，江西教育出版社1993年版，第65页。
③ Clark Kerr, *Higher Education Cannot Escape History*, New York: State University of New York Press, 1994, p.31.
④ Robert M. Hutchins, *The Conflict in Education*, New York：Harper and Brothers, 1953, p.10.
⑤ Robert M. Hutchins, *The Higher Learning in America*, New Jersey: Transaction Publishers, 1995, p.117.

生产线，但同时指出科尔将其作为实现国家目的的工具，显然会弱化大学以教育标准评判国家目标正确与否的能力。与沃尔夫一样，高等教育理论家约翰·S. 布鲁贝克（John S. Brubacher）认为大学发展的基础是多元的，不是非此即彼，而是此起彼伏，"尽管此种观点貌似自相矛盾，但事实上可以确定，某些时候高等教育的合法地位基于某一方面，其他时候则得益于另一方面"[1]。他力图从哲学上弥合多种价值观的冲突，寻求支持高等教育多样性的基础，提出了高等教育的认识论与政治论主张，将追求知识和理性为目的的赫钦斯、保罗·古德曼等划为认识论哲学阵营，将考虑价值、解决人类现实问题为目的的科尔、考利（W. H. Cowley）等划归政治论。对此，伯顿·克拉克（Burton R. Clark）则进一步提出大学是适应环境不断演化的有机体，应根据不同时空的具体环境考察大学的根本任务。从本质上看，沃尔夫、布鲁贝克和克拉克与科尔的价值观是一致的，都肯定大学发展的多元化特性。

无论是坚持传统价值观的赫钦斯，还是激进的工具主义者科尔，抑或沃尔夫、布鲁贝克、克拉克等人追求的多元价值观的平衡，其探讨的重点基本围绕大学规模扩张和民主化进程中组织自身的功能定位与发展问题。当强调高深学问的精英教育难以适应规模扩张对入学和质量标准、课程、教学及内部管理等方面带来的挑战，不仅高等教育的性质、功能和组织结构受到质疑，整体规模、质量及效益之间的矛盾也日益凸显，急需建构一种兼容性更强的理论，为高等教育的转型与发展提供指导，马丁·特罗的高等教育大众化理论有力地回应了这一诉求。

三、马丁·特罗的高等教育大众化理论

马丁·特罗是美国著名的教育社会学家、享誉世界的高等教育学者，1957至 1988 年任职于加利福尼亚大学伯克利分校，与科尔共事多年。他肯定其塑造加州大学系统的贡献，认为"科尔作为 20 世纪最著名、最成功的美国大学校长这一事实无可辩驳"[2]。1972 年，特罗与克拉克合著《学生和学院》（*Students and Colleges*）。两人观点一致，在大学组织特性与功能方面，特罗肯定高等教育的工具价值，重视大学服务社会多元化需求的功能，主张建立功能多样的大学及结构多样化的院校系统。

20 世纪 50 年代，特罗开始关注美国社会与联邦政策走向，研究社会、政

①　John S. Brubacher, *On the Philosophy of Higher Education,* San Francisco: Jossey-Bass Inc., 1982, p.15.

②　Martin Trow, Clark Kerr and a University in Turmoil, *Society*, 2006(5), p.85.

府权力对高等教育多样性的影响，力图从社会学视角探讨多样化高等教育的组织问题，1956年，他与科尔曼等人合著《联邦民主》(*Union Democracy*)。随着60年代美国高等教育驶入规模扩张的快车道，特罗开始关注美国有别于英国精英高等教育发展的显著差异，于1962年发表《美国高等教育民主化》(The Democratization of Higher Education in America)一文，首次提出"大众高等教育"(Mass Higher Education)概念。[1]1969年，在文章《扩张的态度》(Attitudes to Expansion)[2]及《美国高等教育中精英教育的作用：需求与反应》(*Elite and Popular Functions in American Higher Education: Demand and Response*)[3]一书中，特罗分别探讨了高等教育规模扩张及其与精英高等教育(Elite Higher Education)的关系问题。1970年与1972年，他分别发表《大众高等教育向普及的转变》[4](The Transition from Mass to Universial Higher Education)和《高等教育的扩张和转变》[5](The Expansion and Transformation of Higher Education)两篇文章，正式提出"普及高等教育"(Universal Higher Education)概念，并在精英、大众、普及等核心概念基础上，提出了扩张的模式构想。在1973年6月巴黎经合组织研讨会上，特罗发表《从精英向大众高等教育转变中的问题》(Problems in the Transition from Elite to Mass Higher Education)一文，标志着特罗高等教育大众化理论的基本确立。该文整合之前的观点，基于对联邦政策的长期跟踪及对欧美国家高等教育比较研究的成果，力图从社会学视角系统阐释从精英、大众到普及高等教育的阶段转变与模式选择，构建起高等教育大众化理论基本框架，后经不断完善修订，成为世界范围内研究和评定高等教育发展的重要参照。

特罗高等教育大众化发展阶段与模式理论最具影响力，其中"三阶段"划分是其整个理论体系的支点。他以美国高等教育发展进程中量的扩张与质的飞跃为相关变量，开创性引入15%和50%这两个毛入学率数值，将高等教育发展分为精英、大众和普及三个阶段。"现代国家发展的精英教育体制在入学率15%

[1]　Martin Trow, The Democratization of Higher Education in America, *The European Journal of Sociology*, 1962(3), pp.231-262.

[2]　Martin Trow & A. H. Halsey, Attitudes to Expansion, *Higher Education Review*, 1969(2), pp.91-101.

[3]　Martin Trow, *Elite and Popular Functions in American Higher Education: Demand and Response,* London: Tavistock Publications, 1969, pp.181-201.

[4]　Martin Trow, Reflections on the Transition from Mass to Universal Higher Education, *Daedalus*, 1970(99), pp.1-42.

[5]　Martin Trow, The Expansion and Transformation of Higher Education, *International Review of Education*, 1972(2), pp.61-84.

以内可以实现规模增长，而不改变其基本方式的特性，临界 15% 开始改变特性；如果转型成功，其高等教育机构继续增长，实现规模扩张，直至入学率达到50%；超过 50%，目前为止仅在美国会出现，大部分家长将送其子女进入某种高等教育机构，这样必定会产生一种新型高等教育系统，并迅速向普及性入学迈进。"① 特罗认为高等教育发展与经济社会发展同步，不同发展阶段必然会改变人们对高等教育本质及功能的理解。他系统考察各阶段关键发展变量的特征，指出不同阶段高等教育规模扩大导致的形式与功能改变，包括学生、家长、教师及管理者对接受高等教育的观念、高等教育的功能、课程及教学形式、学生学术经历、机构多样化及与社会的边界、管理决策及学术标准等。② 他指出，在精英教育阶段，接受高等教育被普遍认为是贵族和精英的特权，旨在培养官吏和学术精英，进入大众化阶段就成为具有一定资格者的权利，任务扩展到培养技术人才和经济专家。而当入学率达到 50% 以上，接受高等教育会被视为一种义务，主要任务是培养现代社会的合格公民。从精英到普及的发展过程中，课程会逐渐降低结构化程度，通过模块化、学分制及现代信息技术等达到结构泛化，入学要求和质量标准也随之多元化，决策和管理上更加强调民主参与，与社会的边界日渐模糊直至消失等。他特别强调，"高等教育从精英到大众阶段，或从大众到普及阶段的进化过程中，并非意味着前一阶段的形式和模式必然消失或转变，相反各阶段某些机构的特性会作为系统的一部分同时并存，整体随学生量的扩容与功能多样化程度的提升逐渐过渡到下一阶段"③。

在分析高等教育发展阶段的同时，特罗发现高等教育大众化的阻力主要来自大学人士对高等教育形式与功能的认知，他以欧美大学教师和管理群体为样本，通过考察其对形式功能和规模增长两个维度的倾向性，概括出高等教育大众化发展的四种模式，即传统精英型、传统扩张型、精英改革型与扩张改革型。④ 他认为，传统精英主义者坚决捍卫高深学问与精英特权，虽与民主精神不符，但有助于抵制过于功利的倾向，依据多样性并存发展的原则，在高等教育系统具有一定保留价值。传统扩张主义者期望不改变精英高等教育根本方向

①　Martin Trow, *Problems in the Transition from Elite to Mass Higher Education*, Berkerly: Carnegie Commission on Higher Education, 1973, p.7.

②　Martin Trow, *Problems in the Transition from Elite to Mass Higher Education,* Berkerly: Carnegie Commission on Higher Education, 1973, pp.7-16.

③　Martin Trow, *Problems in the Transition from Elite to Mass Higher Education*, Berkerly: Carnegie Commission on Higher Education, 1973, p.19.

④　Martin Trow, *Problems in the Transition from Elite to Mass Higher Education*, Berkerly: Carnegie Commission on Higher Education, 1973, p.28.

或不增加其他高校类型，只追求规模扩张，特罗对此予以否定，他深知英国精英高等教育扩张的实际困境，认为一味强调统一高标准的扩张会陷入规模与质量的两难境地。精英主义改革者考虑到了规模和质量的矛盾，为保证质量，不主张大规模扩张，只在精英型高校内部进行改革。特罗认为，该模式是对规模增长事实的无视与误解，通过多样化质量观的引导，扩大规模并不意味着必然降低质量。特罗坚持采用扩张改革模式，主张扩大规模，通过改革传统高等教育形式和功能，推动精英高等教育系统向大众高等教育系统转变，这样既化解了民主化危机，满足了传统扩张主义者的要求，又捍卫了传统精英主义者对高质量的追求。

无论特罗对高等教育发展阶段的划分，还是大众化发展模式分析，贯彻始终的原则是多样化，并将多样化作为大众化的前提。特罗所指的多样化是全方位的，包括多样化的培养目标、学生群体、学校类型、课程设置与教学形式、质量追求及由此带来的新型管理模式与就业理念等，这些要素的系统变化足以颠覆传统精英主义的理论大厦。此外，特罗对高等教育大众化的分析是对多样化发展趋势的超前预判和最有效的规划，具有一定的前瞻性，因为1973年特罗提出大众化理论时，美国高等教育系统的结构变化并不明显。路易斯·梅纳德（Louis Menand）认为1945—1975年是战后美国高等教育扩张黄金期，规模显著增大，但系统结构基本保持一致，真正多样化时代的来临是1975年之后。[1] 1974年，联合国教科文组织采纳特罗的观点，在《统计年鉴》中增添了高等教育毛入学率这一统计项目，此后高等教育发展有了国际比较的统一指标。特罗大众化理论不仅为各国制定高等教育改革与规模发展政策提供了重要参考，且在理论层面为深化高等教育研究提供了新的视角，此后其基本主张与核心概念成为高等教育界的高频词，学界在探讨高等教育发展规模和阶段时无不以此为原点。如中国顾明远先生主编的《教育大词典》对高等教育大众化的界定，与特罗的主张基本一致。[2]

当然，特罗划分高等教育发展阶段所依据的数据主要从经验归纳得来，并以美欧为参照，因此在科学严谨性和理论适用性上存在一定局限，而他坚持的扩张改革模式正是他偏爱的美国高等教育大众化模式，事实证明，他强调的量变带动质变发展路径未必适合其他国家。1978年，特罗对原有观点做了修

---

① Louis Menand, *The Marketplace of Idea:Reform and Resistance in the American University*, New York and London:W.W.Norton & Company, 2010, pp.63-72.

② 顾明远主编:《教育大词典》第 3 卷，上海教育出版社 1991 年版，第 11 页。

正补充，承认高等教育大众化发展模式存在国别差异。[①] 此后他不断反思早期提出的概念和数据，晚年曾坦言：依据 15%、50% 两个数字划分高等教育发展阶段"没有任何数学工具的支持"，"是我的一种想象和推断，是一种根据事实而进行的逻辑判断"。[②] 瑕不掩瑜，特罗大众化理论框架是开创性的，1973 年之后的几十年里，他不断完善修订其理论框架，并结合美国及国际高等教育发展的新问题拓展研究视域，在高等教育分层、校长领导力、质量评估与问责等方面，提出了很多真知灼见。

用几个关键词来形容自二战结束至 20 世纪 70 年代为止的 20 余年间美国国内的情况就是：冷战局面形成、经济实力迅速增长、民权问题频发。在这样的社会背景下，美国教育表现出了明显的钟摆现象，即在追求卓越和平等的两极之间来回摆动，而教育思想的主题也与这一现象密切相关。整体来看，这一矛盾也渗透进了这一时期美国各层次类型的教育思想中。

首先在普通教育领域。战后秩序恢复初期，旨在为不打算升学、也没有接受职业教育的大多数青年提供实用性课程，以增强其适应能力的生活适应教育得到社会大众的广泛关注。但是，面对该运动所导致的五花八门的课程和低下的教育质量，人们对其的不满日益强烈，特别是来自要素主义和永恒主义新传统主义阵营的专家学者强烈要求改变这一状况。提倡永恒主义的贝斯托和史密斯等人认为应为所有学生提供学术课程，特别是那些能够传递人类永恒价值和文明遗产的历史、哲学甚至宗教等课程；而提倡要素主义的科南特、里科弗等人则强调加强学术训练，重视能够训练技术专家和科学家的各类科学课程。苏联卫星的上天事件直接促使要素主义的课程观占据统治地位，科南特、布鲁纳等人的课程改革思想成为一个阶段的主导。当然，进入 20 世纪 60 年代中期后，在"反越战"浪潮、民权运动以及世界性石油危机的冲击下，人们对于社会现实的不满消解了对于科学课程的崇拜。以马斯洛、罗杰斯为代表的人本主义课程理论迅速兴起，这一浪潮到 20 世纪 70 年代中期达到顶峰。

与以上人们对于卓越教育的追求相对应，在轰轰烈烈的民权运动的影响下，美国教育公平的理念和政策也获得了较大程度的发展。美国社会学家科尔曼 1966 年发表了机会均等的研究报告，强调家庭本身及周围文化对学生学业

① Martin Trow, *Elite and Mass Higher Education: American Models and European Realities*, Dalaro, Sweden: Conference on Research into Higher Education: Processes and Structures, 1978, pp.4-5.

② 邬大光：《高等教育大众化理论的内涵与价值——与马丁·特罗教授的对话》，《高等教育研究》2003 年第 6 期。

成绩的影响，虽然该报告并未提出解决教育不均等的根本对策，却强有力地影响了约翰逊总统向贫困宣战的教育政策。科尔曼对学业成绩影响因素的分析还激发起了詹克斯和罗尔斯等人对教育公平问题的探讨，他们在如何实现结果均等的问题上的进一步追问，推动了教育公平理论的深化与拓展。

其次在职业教育领域。与普通教育领域课程目标的不断摆动不同，职业教育的变化表现为：大凡当美国教育的钟摆向平等方向摆动时，职业教育的重要性就会被提高，而当教育的钟摆向卓越一方摆动时，职业教育就是最受忽视的地方。此外，尽管此期间人们对于职业教育的重视程度会时有变化，但是由于美国经济的发展以及轰轰烈烈的民权运动等的影响，更多人的职业教育需求也逐步进入了政策制定者的视野。比如，战后生活适应教育运动的提倡者主张为学校中被忽视群体提供包括职业教育在内的实用性课程；60年代美国国家领导人更为看重社会弱势群体的职业教育需求；70年代的职业教育直接演变为生涯教育，即不仅为个体终身职业服务，而且还旨在通过不同模式的生涯教育活动，将学校、社会和工厂等机构有机联系在一起，从而为不同年龄段、不同区域的成员获得满意的社会和职业生活提供帮助。

最后在高等教育领域。美国高等教育在科技革命与冷战的多重刺激与联邦政府的支持下，二战后进入繁荣发展的大众化阶段，传统精英主义价值观受到挑战。在传统与现代的思想冲突与交融中，由于联邦政策的引导与国家主义的统合，工具主义哲学成为主流思潮，科尔与特罗分别从大学组织变革与高等教育整体发展的视角提出自己的主张，多样化成为两人的共同追求。科尔继承美国大学注重实效的传统，提出了"多元化巨型大学"理念，主张高等教育充分展现对个人发展、学术繁荣与社会进步的驱动作用，履行多种复杂功能，充当知识产业的中心与社会发展的驱动站，并根据大学利益相关者的需求加强与外界的联系。特罗依据其社会学与比较教育研究基础，从宏观系统的层面审视高等教育的现状与未来，构建了高等教育大众化理论体系，为科学描述高等教育发展提供了理论参照与话语体系。

第六章　20世纪80年代以来的教育思想

　　20世纪70年代中期美国出现的滞胀危机，对新政式国家垄断资本主义政策提出了严峻的挑战。随着国内经济问题日趋严重，"美国中等阶级日益对经济不稳定、自己生活水平下降感到不满，更加迁怒于高税收、高物价、社会福利计划以及与之关系密切的'大政府''大规模赤字开支'等政策"[①]。在这样的社会氛围下，新保守势力登上历史舞台。在经济上，新保守派主张部分放弃新政式国家垄断资本主义，部分恢复自由放任主义，将二者加以调和。保守主义色彩浓重的罗纳德·威尔逊·里根（Ronald Wilson Reagan，1911—2004）于1981年入主白宫，成为第49、50届美国总统。在长达8年的总统任期内，里根政府大规模减税、削减社会福利开支，减少联邦政府对经济活动的干预。在教育上，里根政府实施"新联邦主义"教育计划，降低联邦政府在教育经费中负担的比例。此外，为了回应民众对基础教育质量低下的焦虑，应对世界范围内科技、人才等领域的竞争，里根政府发起了教育优异改革运动。在80年代，美国的基础教育思想紧紧围绕着新联邦主义教育计划和教育优异运动这两大主题；在职业教育领域，与当时的社会要求相契合，突破先前狭窄、割裂、终结性特征的新职业主义教育思想被众人日益接纳；在高等教育思想领域，博耶、德里克·博克等人关注的焦点是如何在高等教育大众化的背景下提升研究型大学本科教育的质量，发表了多篇颇具影响力的报告，对研究型大学本科教育改革的深化提供了理论指导，产生了巨大的社会影响。

第一节　"学校大辩论"时期的教育优异思想及其衍化

　　为了回应社会各界对学校教育质量的质疑，应对来自其他国家在经济、科技等领域的挑战，时任里根政府教育部部长的贝尔（Terrel Bell）于1981年主持成立了国家优异教育委员会（National Commission on Excellence in

---

① 刘绪贻、韩铁、李存训：《美国通史》第6卷，人民出版社2008年版，第495页。

Education）。1983 年，该委员会在历时两年多全面调查的基础上，向美国教育质量委员会提交了题为"国家处于危险之中：教育改革势在必行"（*A Nation at Risk: the Imperative for Education Reform*）的报告。该报告的发表是美国教育领域的爆炸性事件，具有划时代的意义。该报告不仅成为指导美国各州和各地方教育改革的蓝图，掀起了优异教育改革运动，而且引发了美国教育思想界的"学校大辩论"（the Great School Debates）。

"学校大辩论"泛指围绕优异教育运动而展开的关于公共教育改革的论战。哥伦比亚大学的格罗斯夫妇（Beatrice Gross & Ronald Gross）在 1985 年编辑出版的《学校大辩论：美国教育该如何抉择》（*The Great School Debate: Which Way for American Education?*）一书中，最早使用了"学校大辩论"这个短语。这个概念一经提出，就很快为杰佛瑞·亨尼格（Jeffrey R. Henig）、迈克尔·科斯特（Michael W. Kirst）、斯普林（Joe Spring）等学者广泛使用，成为一个惯用短语。"学校大辩论"时间跨度长，参与人数多，覆盖的范围广，为美国优异教育运动创造了浓厚的舆论氛围和有力的理论支撑。

一、关于学校教育存在的危机

《国家处于危险之中：教育改革势在必行》以振聋发聩的语言大声疾呼："虽然我们有理由为我们的学校和学院在历史上已取得的成就和对美国以及美国人民的福利做出的贡献而骄傲，我们社会的教育基础目前正在被一股日益增长的平庸潮流所侵蚀，这股潮流威胁着我们国家和人民的未来。上一代人难于想象的情况已开始出现。""我们的社会及其教育机构似乎已经忘了学校教育的基本目的，忘了为达到这种目的所需要的高度期望和兢兢业业的努力。"① 该报告继而明确指出美国教育存在危机的证据：（1）在近 10 年 19 种国际性学业测验中，美国学生从未得过第一或第二名，并且在工业化国家中 7 次是最后一名。（2）根据最简单的日常阅读、书写和理解测验，约 2300 万美国成人是半文盲，美国所有 17 岁的人中，约有 13% 可被看作半文盲，少数民族青年中的半文盲者可能高达 40%。（3）中学生在大多数标准化测验中的平均成绩，现在低于 26 年前苏联发射人造地球卫星时的水平。（4）大学入学考试委员会的学术性向测验（SAT）测验表明，从 1963 年到 1980 年的成绩实际上年年下降，语文平均分数下降 50 多分，数学平均分数下降近 40 分。在参加学术性向考试

---

① 夏之莲：《外国教育发展史料选粹》（下），北京师范大学出版社 1999 年版，第 203 页。

的学生中，成绩优秀的学生的人数和比例也都明显下降。报告引用赫德（Hurd P.）的话强调指出，在现代科学革命的情景下，"我们正在培养的新一代美国人是科学盲和技术盲"[①]。报告认为，教育领域中存在的诸多问题，已经引起了学生、家长、学校管理者和教师、企业、政府的忧虑，国家正处于深刻的危机之中。

然而，尽管没有人能够质疑20世纪80年代改革美国学校的必要性，但是否真如《国家处于危险之中：教育改革势在必行》的报告所言美国教育存在深刻的危机并使国家因此处于危险之中，许多学者是持怀疑态度的。伯利纳（D. C. Berliner）和比德尔（B. J. Biddle）在《虚构的危机：谎言、欺诈和对美国公立学校教育的攻击》（*The Manufactured Crisis: Myths, Fraud and the Attacks on American's Public Schools*）中认为："改革报告引用了一些值得质疑的技术来分析数据，歪曲结论，并掩盖了与他们的主要结论自相矛盾的、能够否定他们的主要结论的证据。"[②] 两位学者指出："那些美国学校的批评家们认为，在美国学校中存在着学生成绩急剧下降、美国学生远远落后于西方其他国家的学生的事实，并且还得到了多方证据的证实。美国的教师和学校辜负了整个国家，他们认为，美国岌岌可危地处于历史的垃圾箱之中。但是我们认为这些看法都是荒诞无极的……"[③] 在对学术能力评估考试内容的范围、计分方法、参加考试的学生的地域、家庭收入状况、族裔等状况综合考量后，两位学者发现了以下事实：学术能力评估考试仅是高中毕业生选择参加的、一次性的、多项选择性的考试，只有那些希望升入大学的学生才参加，因此该项考试不能用于评价学校、学区、州乃至整个国家的学校教育绩效；考试仅仅评价学生在数学和英语学科里掌握知识的情况，且考试标准是1941年为社会上层，特别是东北部地区的、希望升入高水平优秀大学的男生而设定的；考试分数是没有意义的，学生答题正确率出现微小的变化，考试分数就会出现大幅度的变化；在过去的18年中，整个国家学生成绩基本保持稳定或有小幅攀升。因此，尽管批评家们总是大声疾呼，"警示"人们全国学术能力评估考试总分从20世纪60年代开始到70年代初出现了下降的趋势，但是这种下降并不能说明美国学校实践中的

[①] 夏之莲：《外国教育发展史料选粹》（下），北京师范大学出版社1999年版，第205-208页。

[②] ［美］L. 迪安·韦布：《美国教育史：一场伟大的美国实验》，陈露茜、李朝阳译，安徽教育出版社2010年版，第385页。

[③] ［美］L. 迪安·韦布：《美国教育史：一场伟大的美国实验》，陈露茜、李朝阳译，安徽教育出版社2010年版，第413页。

任何问题。①

　　虽然质疑美国学校是否存在深刻危机的声音时有耳闻，但大多数学者并不否认学校中的确存在一些刻不容缓的问题。曾任联邦教育署署长、纽约州立大学校长、卡内基教学促进会会长等的欧内斯特·L.博耶（Ernest L.Boyer）在《高中：关于美国中等教育的报告》（*High School：A Report on Secondary Education in America*）中认为，高中对于提高美国教育的质量是最重要的，但在高中的教学、教师队伍等领域却存在着突出的问题。报告指出："在大多数学校，我们发现不同班级的教师之间对学生的期望值存在很大的不同。有的教师期望很高，有的教师却期望很低。课堂教学中学生脑力活动的强度、需要完成的作业量、采用的评价程序等方面都存在着巨大的差异。"博耶反问道："相对被动、顺从的学生，怎么能成为博学的、主动的、善于提问题的公民并参加社会生活？碎片化的教学计划和千篇一律的课堂教学怎么能培养出未来公民的独立性？更为重要的是，当我们在学生整个求学期间在课堂教学中阻止其个性化发展时，怎么能培养出学生的批判性和创造性思维？"② 在对美国高中进行了三年深入观察研究的基础上，博耶认为，教师、家长和学生应该有明确的、一致的目标，高中与大学之间应建立起伙伴关系，课程内容要帮助学生为进入未来生活做好准备，学校应采取"学生成绩与进步测试"（Student Achievement and Advancement Test, SAAT）手段来评价学生。

　　为了准确掌握美国学校的现状和存在的问题，加州大学洛杉矶分校教授约翰·古德莱德（John I. Goodlad）走访了1000多名教师、8000多名家长、17000多名学生，收集了大量的数据。在名为"一个称作学校的地方"（*A Place Called School*）一书中，约翰·古得莱德精确且详细地提出美国中小学中存在严重的问题。他认为教育与学生的兴趣和生活相脱节非常普遍，"教师虽然有良好的初衷，但他们的工作不能与学生的'其他生活'联系起来。学生们认为是他们日常生活中主要关心的事情，却被教师看成是与学校教育和课堂教学不和谐的因素。……年轻人只被看作是学生，被评估的也只是他们的学术能力和勤奋的态度，而不看作是有个性的人，并在这一生命阶段有身心、社会和个人

---

　　① ［美］L.迪安·韦布：《美国教育史：一场伟大的美国实验》，陈露茜、李朝阳译，安徽教育出版社2010年版，第416—417页。

　　② Charles S. Benson, *The Great School Debate: Which Way for American Education?*, New York: Simon & Schuster, Inc., 1985, pp.131-132.

发展的特殊需要"①。教师处于战略性的核心地位，学生扮演着服从、被动的角色，课堂气氛沉闷、枯燥。"初中和高中的教师报告说他们完全控制了对学生的评估，小学的教师也认为他们在这方面有很大程度的控制力。各级学校的教师都认为他们基本上控制了教育目标的制定、教室空间的使用、时间和教材的安排、教学内容、课题和技能的选择，以及学生的分组教学。我们样本中的教师似乎在与教学有关的所有关键领域都有相当大的自主权，因而可以在学校计划和教学空间的限制之下创造出学习的环境。"② 在教师面前，"学生所能参与决定的都是一些无关紧要的事情，如决定他们坐在哪里"，"正像一名高中生简洁地表述道：'我们是笼中鸟，门开着，但外面有只猫。'"③

二、关于实现教育优异的策略

为回应社会各界的关切，解决普通教育领域存在的突出问题，实现教育优异的目标，很多学者从不同的视角出发提出了改革建议。

（一）加强对学校办学质量的评估

《国家处于危险之中：教育改革势在必行》颁布之后，各州把企业管理中的成功做法引入学校，实行自上而下的问责制，推行标准化课程，增大对教师和学生考核的力度。在很多人看来，"调整经营方式，让直接参与生产的经理和员工决定如何进行卓有成效的劳作。为员工确定明确的目标和严格的标准，并且通过奖惩制度，让经理和员工直接为产品的质量负责"的企业管理原则在很大程度上也适用于学校管理，企业管理与学校管理之间存在很多共性。

令人遗憾的是，缺乏对学校实施有效评估的问题并没有随着《国家处于危险之中：教育改革势在必行》等报告的发表迅速得到解决。博耶在 1989 年 6 月 5 日的企业圆桌会议上的演讲中指出："对于如何评估学校办学质量，我们仍未达成一致意见。没有可靠的标准，看起来没有人确切地知道每年对公共教育的 1800 亿美元的投资是否达到了预期目的。教育部部长卡瓦佐斯（Cavazos）最近提交有关学校办学质量的报告时采用了退学率、SAT 成绩和其他类似的指标，他解释说这些指标可能不足以评估学校，但我们的手里只有这些。这

---

① ［美］约翰·I. 古得莱德：《一个称作学校的地方》，苏智欣、胡玲、陈建华译，华东师范大学出版社 2006 年版，第 86-87 页。

② ［美］约翰·I. 古得莱德：《一个称作学校的地方》，苏智欣、胡玲、陈建华译，华东师范大学出版社 2006 年版，第 118-119 页

③ ［美］约翰·I. 古得莱德：《一个称作学校的地方》，苏智欣、胡玲、陈建华译，华东师范大学出版社 2006 年版，第 117 页。

就好像一个企业对于其产品都不清楚，自然也就无法指望它对质量控制有清晰的认识。"①博耶进一步指出，总统通过经济顾问委员会（Council of Economic Advisors）掌握国家的财政运行状况，却没有权威机构了解国家的教育现状。为此，博耶建议成立非政府的、由社会各界著名人士组成的国家教育趋势委员会（National Council on Education Trends），建立对各州的学校进行准确评估的机制。在对各州的学校进行评估的过程中，要重点关注以下问题：

每个州是否清晰地界定了教育目标？学校是否对结果负责？

学校是否有足够的资金？各州是否正在减少学区之间的不平衡？

教师是否对自己的工作感觉良好？工资是否足够？工作条件是否正在得到改善？

所有学生是否能够在理解的基础上阅读，清晰地写作，准确地计算？

所有学生是否对周围的世界有一定的了解？对自己的传统和其他文化是否具有一定的认识？是否已经看到世界具有相互交融的特性？

包括审美在内的学生非语言能力是否在学校得到了培养？

教育是否在提升学生自尊的水平和包容他人方面提供了帮助？

学生是否通过社区服务项目学会更有责任心并参与社区活动？

学生中学毕业后在高等学校和就业单位的表现如何？②

博耶把全面、可行的评估制度提升到国家战略的高度，以期尽快实现对学校和学生准确的、全面的评估。

（二）建立权责平衡的学校治理体系

政府、学区、学校、教师、家长之间权利与责任的界限不清晰，相互之间缺乏协调合作是造成教育质量低下的重要因素，许多学者提出了将学校的管理事务在重要股东（stakeholder）之间进行权力分配的方案。"他们要求进行自下而上，而不是自上而下的变革。他们的主张包括分权化、地方管理、教师授权、家长参与和择校。"③约翰·I.古得莱德认为："州政府在寻求保证教育质量的时候，不应该把注意力集中在校长、教师及个别学校身上。"④州政府的主要职责是为学校制定一套综合性的、一致性的教育目标，并对这些目标中的重点

---

① Ernest L. Boyer, School Reform, *Vital Speeches of the Day*, 1989(10).

② Ernest L. Boyer, School Reform, *Vital Speeches of the Day*, 1989(10).

③ ［美］L. 迪安·韦布：《美国教育史：一场伟大的美国实验》，陈露茜、李朝阳译，安徽教育出版社2010年版，第388页。

④ ［美］约翰·I. 古得莱德：《一个称作学校的地方》，苏智欣、胡玲、陈建华译，华东师范大学出版社2006年版，第274页。

进行定期更新，监督与评估学区在开发课程、聘用教师、资源配置等方面的工作，指导学校进行资产和债务评估。学区的主要职责是确保学校之间的平等和责任制的落实，"学区的督学和董事会应当主要关注学校呈报的课程计划的平衡性，而不是学校与学校之间的统一性，还应关心计划的实施过程以及最终资金分配的平等。他们应当避免干涉地方学校计划中的具体细节，最多只提供比较广泛的指导方针和咨询帮助"。当然，资金分配是学区享有的重要权力。此外，学区督学还负责选拔有培养前途的校长，培养他们的领导及管理能力。学校在很大程度上享有自己制定改革方向的权力。"与学校有关的人员必须发展一种促进更新的能力并为此创造条件和机制。这样一来，如果吸毒的问题出现了，就可以用更新的机制将其克服。如果孩子们的阅读成绩看起来下降了，提高阅读水平就会成为学校更新议程上的首要任务。这种改革的路径与那种从校外引进更新的模式来推动学校改革的做法明显不同。"由此我们可以看出，约翰·I.古得莱德把学校看成是改革的主体，对自身的改革与发展的方向和策略享有很大的权力。在学校内部，"除校长之外，必须有其他的人参与为学校的福利做出的决定。比如说，应当成立一个由校长领导的政策和计划小组，包括教师、学生、家长，也许再加上一个不是家长的社区代表，并且如果有可能的话，有一个来自学区办公室的代表"[1]。

（三）建立专业化教师队伍

1986年，卡内基教育与经济论坛（Carnegie Forum on Education and the Economy）教学专业化小组的14名成员完成了题为"准备就绪的国家：21世纪的教师"（*A Nation Prepared: Teachers for the 21st Century*）的报告。这篇长达134页的报告建议设立专业化教学标准全国委员会，建立一支能够勇于承担责任并充分发挥作用的专业化教师队伍。为此，该报告提出了具体建议：（1）专业化教学标准全国委员会由来自区域（Regional）和州的委员组成，该委员会负责制定教师教学能力的标准。（2）学校为专业化教学创造适宜的环境。（3）建设一支包括"精英教师"（Lead Teachers）在内的教师队伍。（4）文科和理科教师需具备学士学位。（5）在教育学院开发新的研究生阶段的专业课程，为修完相应课程的学生授予教学硕士（Masters in Teaching）学位。（6）动员全国的资源，为少数族裔的青年从事教学工作做好准备。（7）学生的成绩与对教师的激励挂钩，为教

---

① ［美］约翰·I.古得莱德：《一个称作学校的地方》，苏智欣、胡玲、陈建华译，华东师范大学出版社2006年版，第296-297页。

师提供技术、服务和人员上的支持，鼓励教师参与决策和确定目标等学校管理事务，尊重教师自治权。（8）大幅提高教师工资，提供专业提升的机会，确保教师职业与其他职业相比具有竞争性。新入职教师工资提高至 18000 美元，"精英教师"的工资提高至 72000 美元。

博耶认为美国教师队伍存在着士气低落，在选择教材、制定在职培训方案等方面没有发言权。他认为应该给予教师更多的尊重和更高的社会地位，改善教师的形象。为此博耶提出具体建议：（1）在全国范围内把优秀的大学毕业生，尤其是非洲裔和西班牙裔的优秀大学毕业生，吸收到教师队伍中来。（2）为毕业后同意到薄弱学校（disadvantaged schools）至少工作三年的学生提供相当于全额学费的奖学金，鼓励这些聪明而优秀的学生到城市中心区和乡村地区任教。（3）在每个州乃至全国推行教师资格证制度。

由全美主要研究型大学教育学院院长组成的霍尔姆斯小组（Holmes Group）历经 15 个月的调查研究，发表了名为"明日之教师"（*Tomorrow's Teachers*）的报告。为了完善美国教师教育体系，该报告建议实施严格的教师认证制度，改变教师职前培养模式。专业教师（Professional Teacher）资格证的申请者需取得硕士学位，通过任教学科的考试。此外，申请者还需通过阅读与写作方面的测试。为培养优秀的专业教师，该报告建议在本科阶段不再设置教育专业，中小学的教师改为研究生阶段培养。按照该报告的设计，本科阶段的主要任务是在任教学科领域打下坚实的学术基础，研究生阶段进行教育专业训练。这种模式培养出来的教师，不仅对任教学科的结构、方法有深入的理解，还能更好地从理论和实践的角度掌握教育方法。该报告发表后，超过 100 所研究型大学参加了为期 5 年的教师项目，"但是由于聘用那些获得硕士学位的新教师将提高学生和学区的成本，所以该建议并没有得到广泛采纳"[①]。

（四）设置完备的课程体系

要实现既定的教育目标，设置完备的课程无疑是非常重要的。许多学者从不同的理论视角出发，在 20 世纪 80 年代的教育大变革中发出了自己的声音，其中的代表人物包括新要素主义者赫希（E. D. Hirsch, Jr.）、戴安娜·拉维奇（Diane Ravitch）、威廉·贝内特（William Bennett）、新永恒主义者莫蒂梅尔·J. 阿德勒等。

---

① ［美］L. 迪安·韦布：《美国教育史：一场伟大的美国实验》，陈露茜、李朝阳译，安徽教育出版社 2010 年版，第 389 页。

新要素主义理论主张"回归基础"（Back to Basics），重视学术性学科，强调核心价值。赫希是新要素主义者中最著名的人物。"1987年，赫希出版了他的畅销书《文化素养：每一个美国人都应该知道的》（*Cultural Literacy, What Every American Needs to Know*）。该书成为'回归基础'运动的宣言书。在该书中，赫希列举了5000个艺术、宗教、科学和文化领域内的称谓、日期、事件、概念。他认为这是每一个受过教育的人都应该知晓的。文化素养，他说道，已经成为'民主社会中社会与经济交流的通行证'，因此它是'通往公民权大门的唯一有效的门票'，是'处境不利儿童的唯一机会'。该书在出版界获得了巨大的成功，随后赫希又出版了一本关于文化素养与书籍的词典，上面罗列了各年级儿童必须了解的知识与书籍。赫希还开发了一种核心知识课程，它在国内1000多所核心知识学校中为学生提供同等的学分。"[1]

戴安娜·拉维奇和切斯特·费恩（Chester Finn）认为，不论学生的家庭、社会地位、文化传统和职业预期如何，所有学生都应该有同等的学习机会、拥有"最重要的学科"（Central Disciplines）知识，能够思考重大的问题，充分地掌握必要的知识和持续发展的能力。国家教育优异委员会为高中学生设计了包括四年英语、三年数学、三年科学、三年社会科学、一年半计算机科学在内的被称为"五个新基础"（Five New Basics）课程体系，对学生提出了更高的要求。戴安娜·拉维奇和切斯特·费恩在国家教育优异委员会方案的基础上，提出了修改意见。第一，高中英语要解决要求不严、内容琐碎杂乱、结构机械等问题，把散文、诗歌、论文、传记、沉思录、戏剧、小说、社论、新闻报道、幻想作品等引入课堂，培养学生理解和表达思想、情感、价值观、信仰的高级语言能力。第二，以历史取代社会科学。历史课程应该包括美国历史、西方文明史、非西方文明史。历史课程教学的内容不仅包括年代、事件、军事及政治领袖等史实的记忆，还应包括思想、文化、社会、政治、经济等领域的发展等内容。此外，不同国家、不同种族和宗教之间关系演变的历史也是学生应该了解的内容。学习历史的目的不仅在于了解过去，认识现在，更有助于学生把握社会的发展方向，为自己确立努力实现的目标。第三，每个美国人至少要熟练掌握一门外语。在学生已经掌握结构和方法的基础上，高中的外语教学要侧重文学作品，使学生了解通过口头和书面语的形式表达思想的方法。熟练掌握外语绝不仅仅是看懂街区的标识，更意味着真正地看懂文学作品，准确地表达自己的思想。

---

[1]　［美］L. 迪安·韦布：《美国教育史：一场伟大的美国实验》，陈露茜、李朝阳译，安徽教育出版社2010年版，第392-393页。

新永恒主义者莫蒂梅尔·J.阿德勒曾任不列颠百科全书编委会主席、芝加哥大学哲学研究所主任。在《教育宣言：派迪亚建议》（*Educational Manifesto*：*the Paideia Proposal*）中，莫蒂梅尔·J.阿德勒认为学习可以划分为三种模式：第一，通过三类课程的学习，获得系统的知识。这些课程包括语言、文学、美术、数学、自然科学、历史、地理和社会科学。第二，开发思维、学习等脑力方面的技能。第三，提高对基本观点和价值观的理解水平。简言之，即知识、技能和理解。为此，莫蒂梅尔·J.阿德勒反对差别化课程（Differential Curriculum），主张设计一套统一的必修课程，所有的学生都沿着一条路径学习，当然每个人前进的速度不尽相同，达到的高度也存在着差异。因此，教学过程中教师可按学生的知识、技能和理解的水平编组，而不是仅仅考虑学生的年龄。

被誉为"当代美国进步主义的先声"的西奥多·R.赛泽（Theodore R. Sizer）曾担任布朗大学教育系主任。在全国中学校长协会（National Association of Secondary School Principals）的资助下，他对美国高中学校进行了深入的研究，于1984年出版了《贺拉斯的妥协：美国高中的困境》（*Horace's Compromise*：*the Dilemma of the American High School*）。在这本著作中，西奥多·R.赛泽通过资深教师贺拉斯的视角，准确翔实地揭示了美国高中存在的办学目标相互矛盾，管理方法流于官僚主义，教师的作用得不到充分发挥因而士气低落等问题。他认为高中应该通过苏格拉底式的讨论教学法，使学生掌握系统化的知识，掌握基本的技能，提高对观点和价值观理解的水平。为此，高中应该主要关注学生智力训练，把学生智力的开发和运用作为教学工作的核心，只有对学生智力的培养和完善有帮助的学科才能进入课程体系。他一方面认为课程体系就像是一个"学术超市"（Academic Supermarket），学生有选课的权利，另一方面又指出实践中大多数学校是让学生在英语、社会科学、数学、科学和体育等五门课程中选择三门课程。他认为个性化原则不仅应该体现在选课上，也应体现在学习过程之中。

（五）实现教学过程的优化

教学是学校一切工作的核心，对学生的发展具有非常重要的意义。为了解决学习过程中存在的突出问题，许多学者提出了自己的建议。约翰·I.古得莱德主张在对学生进行通才教育的同时，要采取明智的措施对待学生的个体差异，"如果学校教育要卓有成效的话，就必须因材施教。这包括教学法上的策略——给予有需要的学生更多的时间学习，设计动手活动以克服抽象性学习的困难，总结和复习通过不同教学手段教授的功课。教学内容的具体细节也能够而且应当有所不同"。在教学组织形式上，约翰·I.古得莱德反对一些学校所采纳的按学生能力分组或分班的做法。他认为："中学和小学将学生按成绩和能力分组或分班的做法是基于同样的原因：它被认为是一个符合逻辑的和适宜的方式，可以解决学生在学术学习成就上存在重大差异的问题。然而，在实际上它所起的作用是作为一种组织形式掩盖了人们对问题的注意，而不是作为一种教育的手段来纠正问题。决定采用按能力和成绩分班的方法实际上就是放弃解决学生在学习中有差异的问题。与其说它是一种策略，不如说它是一种倒退。"为此，他提出两项纠正措施。第一项纠正措施就是发展一套共同的核心课程，这样学生就不会因上选修课而忽视它。第二个纠正措施是杜绝在同一门课上任何根据学生以前的表现将他们分在不同班级的做法，应当随机地将学生分在不同的班级以保证班上有不同水平和背景的学生。只有这样，我们才能保证学校的分组实践本身不会导致不同的课程安排、不同的期望值以及教师对学生的不同对待。他进一步明确指出："这些方法以及其他类似方法的一个特点是，他们强调相互帮助和合作工作本身就是一种人们所期望的隐性学习，是合情合理的。"①

第二节　新职业主义教育思想

20世纪80年代之后，美国内外环境的变化在深层次激发了职业教育思想的变革。概括起来，其内外环境的变化主要表现在两方面：

首先，知识与信息时代的到来深刻地改变了美国经济的增长方式，并继而对美国的人才培养目标、模式等提出了新的要求。20世纪80年代之后，以计算机技术为载体的知识和信息产业在美国经济生活中发挥着日益重大的作用，此外，在产业内部，电子、电气产业发展迅速，特别是其中的数据处理技术、电脑系统分析、电脑操作、电脑程序设计、办公机具和收银服务等更是在短期内成为增长最快的行业。②面对经济领域的系列变化，美国一些机

---

① ［美］约翰·I.古得莱德：《一个称作学校的地方》，苏智欣、胡玲、陈建华译，华东师范大学出版社2006年版，第316-317页。

② Max L. Carey, Occupational Employment Growth through 1990, *Monthly Labor Review*, 1981, 104(8), p.48.

构很早就开始对未来市场究竟需要什么样的人才进行了深入的思考。此时期美国劳工部"获得基本技能委员会"（The Secretary's Commission on Achieving Necessary Skills, SCANS）在其报告《工作世界对于学校教育的新要求》（*What Work Requires of Schools*）中明确地提出了未来世界的工人应该具备的 3 种基本能力，即扎实的读写和计算能力、能够将知识转换为工作技能的思维能力以及能够激励员工努力工作并使其保持对公司忠诚的能力[①]；国家教育和经济中心在其报告《美国的选择：高技能或者低收入》（*America's Choice: High Skill or Low Wages*）中明确提出目前占美国劳动力总比高达 70% 的没有接受过高等教育的工人以及不打算上大学的青年，将难以适应迫近的以高技术和服务为主导的岗位要求，因为新岗位更注重人们的规划、判断、协作以及分析复杂问题的能力……[②] 以上观点的提出，为美国社会未来劳动力的教育培训定下了新的目标和基调，也在深层次促成了人们对于一直以来指导职业教育发展的目标、原则和做法的思索。

其次，此时期人们对于美国国际竞争地位相对下降的担忧，还引发了如苏联卫星上天时期一样对教育的全方位反思，其中也包括对职业教育的全方位反思。从整体来看，进入 80 年代，尽管美国经济总量仍高居世界首位，且其社会主义阵营的主要对手苏联在冷战中也采取了守势，但是，美国昔日的盟友——日本和西欧在经历了几十年较快的发展后，在此时已经成为美国强劲的竞争对手。正是在意识到美国霸主地位面临相对危机的严峻形势下，对比日本、德国等国家或经济联合体快速发展的经验，以 1983 年美国高质量教育委员会《国家处在危险之中，教育改革势在必行》报告为龙头，美国社会采取了与 20 世纪 50 年代苏联卫星上天时期同样的做法，即从更深、更广层面审视美国教育，其中也包括职业教育对于其经济和科技发展的支撑作用。正是在这样反省的氛围中，人们很快就注意到了职业教育质量与人们期望值之间的巨大差异。比如，此时期许多学者尖锐地指出：美国中学的职业教育往往被认为是能力低下学生的收容所，是为那些注定上不了大学的学生设计的；职业教育的生源更多是女性、少数族裔或从较低的社会阶层出来的人口……[③] 除了以上发现，1980 年，第一次国家职业教育评估（National Assessment of Vocational

①　Secretary's Commission on Achieving Necessary Skills. *What Work Requires of Schools,* 2014-03-25, http://tech.worlded.org/docs/maththing/ny1p9.htm.

②　National Center on Education and the Economy. *America's Choice: High Skill or Low Wage!,* 2014-04-05, https://eric.ed.gov/?id=ED323297, p.36.

③　Jeffrey L. Dow, *The New Vocationalism: A Deweyan Analysis*, University of Florida, 2002, p.90.

Education, NAVE）报告也发现：联邦政府总是试图用太少的资源做太多的事情，弱势群体在能够获得生涯就业机会的项目中的比例仍然过低。[1] 此外，在 20 世纪 80 年代放松经济管制的氛围中，较大规模的公司合并造成了自 20 世纪 30 年代经济危机以来最为严重的一线工人和中层管理者的失业现象，而最令人担忧的是面对强劲的竞争对手，许多美国工人缺乏在新的高技术环境中竞争的意愿、技术以及学术知识……

正是在这一潮流中，自 19 世纪末期出现，并在 1917 年《史密斯－休斯法案》及其后续的职业教育立法中被不断强化的社会效率职业教育观逐渐走向了衰微。社会效率职业教育观所强调的"在独立的工业学校或者在公立学校里设置独立的部门，为特定阶层的孩子未来能够拥有特定的职位提供特定训练的思想"[2] 日益被更为关注各类学生的学术基础、继续学习能力和综合素质提升的新职业主义观念取而代之。当新职业主义教育观所提倡的生涯职业教育理念，学术、职业与生涯教育相互融合的理念，学校与工作场所职业教育相互协作的理念彻底颠覆了社会效率职业教育观所倡导的终结性的、孤立的和隔离的职业教育理念，所有这些都标志着美国职业教育已经迈入了一个新的时代。

一、新职业主义教育思想的确立与发展

（一）《未完成的使命》——美国新职业主义的第一份宣言

1984 年，美国国家职业教育研究中心（National Center for Research in Vocational Education）国家中学职业教育委员会（National Commission on Secondary Vocational Education, NCSVE）开展了一项在社会变迁和国家呼唤教育改革的背景下中学职业教育应该承担何种角色的研究。经过 7 个月的调查走访，一份被誉为"美国新职业主义第一份宣言"的报告《未完成的使命》（ *The Unfinished Agenda，The Role of Vocational Education in the High School* ）出版，美国新职业主义思想正式登上了历史的舞台。该报告不仅对阻碍职业教育高质量发展的障碍进行了批判性的反思，而且还在创造性地继承 20 世纪 70 年代生涯教育的部分理念的基础上，明确提出了学术、职业与生涯教育相互融合，学校与工作场所职业教育相互协作等的理念。与前一个 10 年不同的是，在新的社会环境中，以上观点的提出满足了职业教育改革的新需求，直接推动了 20

---

① Jeffrey L. Dow, *The New Vocationalism: A Deweyan Analysis,* University of Florida, 2002, p.24.
② 荣艳红、刘向荣、李步冲：《美国社会效率职业教育观的兴衰》，《河北大学学报》（哲学社会科学版）2014 年第 6 期。

世纪 80 年代职业教育观念大转型。下面，我们将简要介绍该报告的主要内容。

《未完成的使命》在开头即描述了一幅与 20 世纪初美国中学教育类似的严峻情况，即有超过四分之一的高中生辍学以及许多高中毕业生缺乏继续学习和就业的能力。面对这份未完成的使命，报告认为当务之急是提高现有中学职业教育项目的质量。由于在新的社会环境中，中学生仅仅具备某方面的工作技能是远远不够的，因此报告明确提出：职业教育的关键不在于仅仅为学生的工作进行准备，或者是否教给他们普通的或专业的知识，而是两者都需要的问题。报告认为：要想在一些高技术或高技能的职业领域获得就业机会，学生首先要有一个坚实的普通教育基础，之后才是一个专门化的问题，尤其是对于一些特殊行业来说，专业化还应建立在中学后教育的层次。在充分考量当前社会对于中学职业教育的要求之后，报告进一步明确了中学职业教育应该致力于培养学生五大方面的能力：（1）个体技能和工作态度；（2）通信和计算机技能以及技术素养；（3）就业技能；（4）广泛的和特定的职业技能和知识；（5）为生涯规划和终身学习奠定基础。[①] 报告以上对于职业教育的目标定位已经远远超越了先前狭隘的职业教育思想，体现出了新的时代风貌。

报告同时指出了阻碍以上目标实现的多方面原因，如职业教育观念、职业教育的可接近性、平等、课程、教师教育和入职、评估标准和责任系统、职业教育机构之间的联系、管理等多方面的因素，之后报告对这些因素进行了逐一的分析。

比如从观念层面来看，报告指出由于自古以来的身心二元分裂论使人们错误认为，与心相关的职业（一般要求有 4 年的学院经历或相关的专业学位）有着更高的社会地位，父母和学生也更为看重能使人获得这些职业或地位的课程；与之相反，由于职业教育经常被认为只能引导学生获得低层次的、蓝领之类的工作，因此家长、学校管理者经常视职业教育为能力低下学生的收容站。报告认为，以上情况之所以会发生，主要是人们对于职业教育性质和功能的误解所导致的。报告指出，职业教育不仅能改变中学教学方法单调的弊端，使更多学生留在学校，而且职业教育还能帮助学生获得分析和解决问题的能力，一些小组学习活动还能增强学生的沟通和人际交往技能。此外，职业教育还能够起到将学生各方面的知识融会贯通的作用，它是实现整个学校教育理想的途径和支撑。报告认为，目前民众对于为所有类别的学生均开设职业课程的认可度

---

① National Commission on Secondary Vocational Education. *The Unfinished Agenda,* 2014-05-23, http://files.eric.ed.gov/fulltext/ED251622.pdf, p.11.

已经有所增加，因此，学术与职业类教师应携手为学生打造平衡的课程，教育管理者也要致力于学术与职业类课程的融合与平等。

委员会还发现了导致职业教育难以接近方面的问题。比如由于受国家提升中学毕业标准的影响，许多州对毕业生学术类课程的学分增加了要求，学生选学职业课程的时间相应减少了；此外，由于长期以来各州的职业课程一般都会集中设在地区职业学校或技术中心等远离学生学习普通文化知识的地方，在学生整体选修课时减少的情况下，职业课程选修的数量无疑将会受到影响；另外，由于学生的课外活动或社会活动时间的相应减少，无疑将不利于学生各类课程和能力之间的融会贯通。针对以上问题，报告建议除了继续扭转学生及家长对于职业教育的认识，还应该进一步优化各科的学时设置，应该使学时适应课程的要求，同时还要考虑学生的兴趣、倾向以及发展特征等。另外，增加学校咨询指导老师的数量也是更好地满足学生选课需要的必要手段。

报告认为，尽管 20 世纪 60 年代以来的中学职业教育一直致力于追求教育平等的目标，但是很少成功。目前来看，残疾的或英语水平受限的学生在职业教育项目中的比例仍然偏低，且不同性别在不同职业领域的偏好依然存在，另外，郊区高中与贫困市区或农村高中的职业培训质量也差别较大。此外，报告还发现，能力较高的学生选修职业课程是提升职业教育质量和声誉的关键因素，但目前往往是一些能力较低的学生在选修职业课程，因此，报告认为阻碍学术性向的学生选修职业课程也是不公平的，应该通过丰富职业课程进一步增加所有学生的选择机会，使人人都能拥有学术与职业课程相对平衡的求学经历。

从课程方面来看，报告发现随着教育钟摆轨迹的改变，目前出现的学生偏重选修学术性课程的做法很可能无论对于学术性向的学生还是对于职业性向的学生来说都不是完美的。报告举例说：说和写的教学一般被认为是学术课程，但其在本质上也是律师或教师职业技能的一部分；同理，植物生理学和细胞生物学也可以划归到职业范畴，因为从温室大棚和农民的视野来看，其也是非常有用的。报告认为在高质量的学术和职业类课程之间取得某种平衡，而不是仅仅局促于一隅或者以数量取胜，这种做法对于学生未来的发展有着重要的意义。以上观点明显与先前社会效率职业教育观所主张的为满足未来特定的职业需要而专门教授学生特定课程的做法已经有了天壤之别。

除了主张学术和职业课程之间的融合，该报告还提出了与社会效率职业教育观所提出的创设独立的职业教育机构相反的建议，即主张中学职业教育机构与垂直层次和水平层次的各类机构之间加强联系的问题。报告认为：中学职业教育并没有从中学开始并在此终结，而是在之前、之中和之后仍在进行，因此高质量的职业教育必须将垂直层次的小学、初中、中学后教育机构紧密连接。此外，从水平层次来看，学校与工商业机构之间的相互合作对于学生实际操作能力的提高和就业技能的培养都至关重要，为此，报告还推荐了一种基于实际场景的学习（Field-based Learning）的方法，报告认为发挥教育机构和工商企业积极作用的"合作教育"是最能体现这一精神的做法。此外，针对中学职业教师收入过低和准备不足的问题，报告提出了完善教师入职与职前教育、规范职业教师证书颁发标准以及强化职中教育等措施。从管理的角度，报告认为先前的职业教育质量标准和责任系统是含糊的，并没有对职业教育教学质量和学生成就进行有效的评价，因此进一步细化评价和责任系统也是非常必要的。

尽管《未完成的使命》仅仅是针对美国中学职业教育下一步如何健康发展提出的诊断书，但是，由于其出台于美国上下都在反思教育质量的关键时刻，因此其对于美国其他各级各类职业教育的发展也起到了很好的警示与指引作用。可以这样认为，20世纪80年代及其之后系列职业技术教育法案和人力资源立法的颁布以及职业技术教育的发展，都没有超越《未完成的使命》所指引的道路。

（二）新职业主义教育思想的发展

教育立法是一个时代教育思想的集中体现。受时代精神的影响，自1984年《卡尔·D.帕金斯职业教育法案》（Carl D. Perkins Vocational Education Act）体现出鲜明的新职业主义教育思想以来，系列职业教育立法中的新职业主义思想还随着时代的变化日益深化，而且，作为职业教育有益补充的系列人力资源立法，也表现出了相同的倾向。与此同时，立法领域的发展变化还带来了相应实践领域的重大变化。

1984年《卡尔·D.帕金斯职业教育法案》诞生于美国社会对于高质量教育追求的氛围中，该法案第一次明确地把"高质量的劳动力培养"作为其立法目标。法案规定：联邦拨款主要是为了协助各州扩展、提升、更新原有的职业技术教育项目，通过高质量职业技术教育的开展最终满足国家当前和未来对劳动力的需求。① 围绕着高质量职业技术教育的开展，法案支持公共部门与私立部门之间的密切合作，强调通过职业教育与劳动力市场的密切衔接，提升职业技术教育的质量，最终促进个体就业目标的实现；同时，为了满足市场的要求，使新技术（包括计算机）能够更加快速地应用于生产过程，法案专门提及了职业技术教育类学生的学术基础问题。

如果说 1984 年法案开启了鼓励机构之间开展合作的先河，同时对职业类学生的学术基础问题也有所关注的话，那么，1990 年《卡尔·D. 帕金斯职业与应用技术教育法案》（Carl D. Perkins Vocational and Applied Technology Education Act of 1990）则在更大范围和更高程度上扭转了职业技术教育与普通教育（其中包括学术教育）相互分离的状态，使职业技术教育与学术教育、中学与中学后职业技术教育、学校与工商企业、劳工组织职业技术教育逐步走上了相互融合、密切合作的新时期。比如，法案明确提出："本法案的目标是通过促进所有公民学术和职业技能的充分发展，最终提升美国在国际市场上的竞争能力。"② 在联邦职业技术教育立法的历史上，职业技术类学生的学术和职业技能不仅首次赢得了同等重要的位置，而且正是职业教育与学术教育的融合，美国职业技术教育立法彻底推翻了《史密斯－休斯法案》颁布以来一直的做法。同时根据 20 世纪 80 年代中后期出台的诸多报告的精神，1990 年法案关于学生"学术能力"的概念同时还具备了更多的内涵，即"学术能力"应该从较为狭窄的范畴扩展为涵盖学术和一般能力、普通技术和特定的工作技能、人际交往能力、行为品质（其中包括动机）等多种技能；此外，为了强化中学和中学后职业技术教育的连接，法案第一次提出了创办"技术准备"（Tech-Prep）项目的建议，而法案推荐的连接学校和工作场所职业教育的项目也有许多，比如青年学徒项目、体系化的工作经历、合作教育、基于学校学习和基于企业学习之间的联合活动等。

与 1990 年 Parkins Ⅱ 相比，1998 年《卡尔·D. 帕金斯职业技术教育法案》（Carl D. Perkins Vocational and Technical Education Act of 1998）不仅将 1990 年法案的关键词"职业与应用技术教育"概念转变为"职业技术教育"，标志着中等层次的职业教育和高等层次的技术教育被联结成一个更为完整的系列，同

---

① Public Law 98-524—OCT.19,1984, in *United States Statutes at Large (Part 3)*, Washington: United States Government Printing Office, 1986, Sec.521.

② U.S. Department of Education Office of Vocational and Adult Education. *Vocational-Technical Education: Major Reforms and Debates 1917-Present,* 2018-02-08, https://files.eric.ed.gov/fulltext/ED369959.pdf, p.24; *The Carl D. Perkins Vocational and Technical Education Act of 1998*, 2007-02-08, http://eric.ed.gov/?id=ED369959, p.24.

时，法案还进一步明确了职业技术教育服务于就业与继续深造的双重目标："职业技术教育是为受教育者提供学术、技术知识以及技能的教育，其目的是为受教育者当前和未来的继续学习，或者从事不要求受教育者拥有学士学位（或学士学位以上）的职业生涯提供服务。"[①] 法案概念本身的变化，使学士学位以下的职业技术教育与普通教育表现出了更多的一致性，同时法案致力于服务就业和继续深造的双重目标，也使职业技术教育与学士学位或以上的专业教育，或者与终身教育之间有了更为密切的联系。

2006年《卡尔·D. 帕金斯生涯技术教育好转法案》（Carl D. Perkins Career and Technical Education Improvement Act of 2006）再次将1998年法案的核心概念"职业技术教育"转变成"生涯技术教育"，另外还将1998年法案提出的创建挑战性的学术标准转变为学术和技术标准都要具备挑战性："一个课程系列，能够为个体提供连续的、严格的且具有挑战性的学术标准和相关的技术知识和技能，为个体当前或未来的继续教育和生涯发展做好准备。"[②] 生涯技术教育概念的提出，整体上使美国的职业教育表现出了融合面更广、要求更高、灵活性更强、达到的目标更大的特征。同时，法案因地制宜，通过联邦、州、地方层层签订的项目指标协议，在增加州和地方灵活性的同时，集中体现了联邦政府对职业教育的弹性管理原则；另外，法案同样致力于强化更多机构之间的合作，这也体现出了新职业主义教育思想鲜明的特征。

自20世纪60年代舒尔茨系统化人力资本理论形成之后，美国就出现了以人力资源开发为目的的系列、专门的法案。尽管人力资源开发法案并不是专门的职业技术教育立法，但是，由于该类法案主要借助于教育培训的手段来满足参训对象的就业需求，因此，在一定意义上可以认为人力资源立法就是职业教育立法的补充形式。受时代精神的影响，80年代后的系列人力资源法案的许多提法也体现出了新职业主义的精神。比如1994年《从学校到工作机会法案》（Shool-to-Work Opportunities Act of 1994）就是一个力促学校教育与真实的工作场景的教育相互结合的法案。法案不仅鼓励人们为所有在校学生提供参与实践项目培训的机会，而且也要求人们为那些主要在实际工作场景中学习的青年配备现场指导教师并帮助其制定促进未来发展的项目规划，以有利于他们进

---

① The Carl D. *Perkins Vocational and Technical Education Act of 1998,* 2007-10-15, http://frwebgate.access.gpo.gov/cgi-bin/getdoc.cgi?dbname=105_cong_public_laws&docid=f:publ332.105.pdf, p. 8.

② Carl D. *Perkins Career and Technical Education Improvement Act of 2006,* 2007-11-26, http://www.acte-online.org/policy/legislative_issues/upload/Perkins_Changes_Summary.doc.

入高技术和高工资的职业生涯或者进入四年制学院和大学继续深造。此外，法案还呼吁加强各类机构之间的合作，同时推动有广泛就业前景的教育培训活动来实现这一目标。1998 年《劳动力投资法案》（The Workforce Investment Act of 1998）除了关注综合性的劳动力投资系统的创建，特别在地方青年培训项目中呼吁各州要多创建一些能够与雇主密切联系的且能够提高青年教育水平和职业技能的活动，法案同时明确要求在为每一个参与者提供服务的时候，应该综合权衡不同的就业目标、成就目标等因素，同时鼓励青年项目的参与者积极接受中学后教育、鼓励在学术和职业学习之间建立密切联系、促进项目参与者与劳动力市场和地方（区域）雇主之间的密切联系，为参与者最终进入非补助性的职业领域而服务。

二、本森、格鲁伯的新职业主义教育思想

（一）查尔斯·本森的新职业主义教育思想

本森（Charles S. Benson）曾任国家职业教育研究中心主任。作为一位曾经接受过系统经济学训练的教育专家，他擅长教育财政和拨款问题的研究。与此同时，本森还是一位兴趣广泛、充满爱心和正义感的人，他非常关注儿童和青少年福利事业，无论是在教育政策还是在实践领域，他不仅会利用自己丰富的教育理论知识、政策知识和实践经验来分析问题，而且还会借助自己较强的政治影响力来推动该类问题的解决。他的这种性格在职业教育领域也有着非常明显的体现。

本森早年更多的是从财政和拨款的角度切入职业教育问题研究的，比如在他 1965 年出版的《令人兴奋的前景——关于美国教育未来的述说》（*The Cheerful Prospect, a Statement on the Future of American Education*）一书中，提出教育拨款的公平分配直接制约着教育机会平等目标的实现。他尖锐地批评了美国综合中学常见的一些做法，比如它们总是优先考虑学术轨道上学生的利益，这些轨道上的学生的生均花费一般都要远远超过职业轨道上的生均花费。不仅如此，在许多学区，其"对于如何解决职业或技术类教师的不足问题也很少关注，所有这些都成为教育公平实现的障碍"[①]。在执掌国家职业教育研究中心之后，从如何推动机构使命完成的角度出发，他重新思考了职业教育应该是什么以及他所领导的机构应该做些什么的问题。从力求让所有的市民、所有年

---

①　Jeffrey Laurance Dow, *The New Vocationalism: A Deweyan Analysis,* University of Florida, 2002, p.124.

龄的人群都能获得坚实的且能被长久雇佣的技术能力的角度出发，他提出了新职业主义的概念且致力于该理念的推广和实践活动。

在本森看来，如同其他盎格鲁－撒克逊国家一样，美国人也强烈地歪曲了教育和工作之间的联系。他指出美国社会普遍存在着对于一线工人及其所拥有的技术的歧视，与此同时，在美国高中，唯一让学生、教师和父母尊敬的课程就是为四年制的学院和学位申请做准备的课程，职业教育始终处于被人嘲弄的地位，由此导致美国中产阶层子女的高中生活普遍缺乏为真正的职业生涯所做的准备。本森认为以上情况的出现源于人们对于"职业教育"概念的误解。他指出根本没有任何一种职业仅仅与智力活动相联系而不需要双手操作技能的配合，反过来也是如此。他举例说，世上没有其他事物比哈佛大学法学院和神学院的培养目标体现出更强的职业性了，同理，对于脑外科医生来说，其职业对于从业者操作技能的要求与对于电子装配人员的要求一样多或者更多，而成为一个模具工人甚至比从州立大学获得一个会计学位还要有更多的精神要求和约束。从广义的职业教育概念出发，本森提出普通中学在实质上应该成为职业性质机构的观点。①

本森认为自己心目中的这种新的职业教育应该能够实现以下三大目标：第一，使所有的学生，不仅仅包括少数族裔的学生都能够达到更高的学术熟练标准，特别是在数学、科学和语言领域；第二，帮助更多的学生获得职业方面的熟练技能，以便其能够容易且迅捷地获得生产性的、有报酬的且真正感兴趣的生涯机会；第三，也被称为最有远见的目标，即让学生有能力应对工作的变换，也就是促使工作和终身学习相互连接，使工作成为一个人安身立命的安全的港湾。

但是，如何才能实现以上的宏伟目标呢？作为约翰·杜威理念的忠实信徒，本森与杜威一样，也一针见血地指出了教育上所有的浪费都是由孤立和隔离引起的。他说，我们居住在一个所有的方面都相互联系在一起的世界里，所有的研究成果都是从伟大世界的某些联系中产生的。目前，学校与学生生活的隔离使得许多学生觉得学校生活无趣且辛劳，在这种状态下，任何教育目标的实现都是空话。他特别强调学校领导应想方设法使学生的学习越过围墙，将学校的学习内容与社区生活相互联系起来，使学校的教育目标与或多或少非联系的、相互重叠的生活的一部分尽量一致起来，让学生的学习活动类似于其在家

① Charles S. Benson, New Vocationalism in the United States: Potential, Problems and Outlook, *Economics of Education Review*, 1997, 16(3), pp.201-212.

庭或社区自然而然情境下获得经验的过程；只有这样，学校工作才会变得更为容易、弹性和充实。为了能够借助课程整合、真实场景的教学以及项目之间的连接具体化"联系"的思想，他提出职业教育应该建构在以下三大方面融合或联系的基础之上。首先，学术和职业教育的融合，也即将理论的、抽象的知识学习与实践性的、应用技术的习得合二为一。其次，中学和中学后教育的融合。本森指出，长期以来此种融合仅仅有益于很少的直接从高中进入学士学位轨道的学生，应该重视大多数学生对于这种融合和联合的要求。最后，学校教育和工作教育的融合，也即在教育和工作之间建立起更为紧密的连接，使人类最主要的两种活动助益彼此。

作为一个实干家，本森并没有让心目中的融合或联合仅仅停留在口头上。1992年，他同时为新职业主义如何实现设计了可以依靠的路径。首先，利用生涯磁石学校（career magnet schools）和生涯学园（career academies）这一水平层面的机构设置，促使学术类和职业类教师组成合作团队，一起为学生设计研究主题，一起创建问题集和收集其他教学材料，共同设计学生团队评价标准等，使学校课程、真实世界的教学和课题形式的学习成为有机的整体，力争实现学术和职业教育的相互融合。其次，通过技术准备（Tech-Prep）这一垂直、融合的项目设计，将中学和中学后职业教育相互连接，把不同层次的学生组合进一个工作场所，使所有成功地完成该项目的学生同时获得高中和中学后教育机构的毕业证书或学位证书。最后，借助青年徒工项目（youth apprenticeship）和工业所有层面知识项目（all aspects of the industry，简称 AAI），将教育和工作场所的教育相互连接，使进入某项目的学生对该项目领域所有层面的知识和技能，如行业规划、管理、财政、技能、生产技术、沟通方面的知识以及健康、安全和环境等方面的知识等均有一定的经验和了解。当然，考虑到以上的融合需要多领域的合作才能实现，本森也呼吁与学校利益相关的机构和人员应作为一个整体行动，只有不惜花费时间会面并一起工作，才能共同促进新职业主义教育的成功。

当然本森也以自己的实际影响力推动着以上思想的实现。他被誉为联邦系列职业教育法案的主要缔造者，是一位对美国职业教育发展有着实际价值和巨大贡献的专家。1994年《从学校到工作机会法案》全面借用了本森新职业主义概念的整体框架；他的"技术准备项目"的设计直接体现在1989年《技术准备教育法案》（The Tech Prep Education Act）和1990年《帕金斯职业和应用技术教育法案》中；他提出的"所有工业层面项目"的思想也在1990年帕金斯法案的"一般职业技术"（general occupational skills）的界定中有着完美的体现。①

（二）格鲁伯的新职业主义教育思想

格鲁伯（W. Norton Grubb）是一位拥有经济学背景的教育专家，长期担任加州大学高等教育系戴维德·加德纳讲座主任。他的研究领域非常宽泛，其中包括社区学院、学校财政、机会均等、城市学校改革等，职业教育也是其长期关注的一个领域。与时人不同的是，格鲁伯对主导美国教育领域的职业主义（其中也包括新职业主义）有着更为清醒和客观的认识，他的许多看法有助于人们形成对于职业主义的辩证态度。

格鲁伯认为在拥有不同职业结构和意识形态的国家，目前普遍弥漫着一种浓厚的职业主义氛围。该氛围不仅使几乎所有的高中、社区学院和大学等机构同样拥有职业的目标，且还会沿着职业的路线进行区分，以职业的标准进行评判，而且，职业主义还影响了这些机构的规模和资金运作模式。格鲁伯特别指出：在职业主义的影响下，几乎所有的学校都已经演变成为职业性质的机构，它们不仅认为自己对学生未来的就业负有重要的责任，而且如何使学生拥有雇主所希望的技能也成为这些机构最为看重的目标。但是，从另一个角度讲，教育如何培养未来良好的公民、如何保存民主社会的价值观、如何促进教育机会平等的功能被推后，此外，学校学术教育在促进知识进步、给予个体内心关于美、兴奋、惊异、觉醒、完善等的体验以及丰富个体古典自由思想方面的功能，几乎很少有人考虑。

为了更好地理解职业主义，格鲁伯对这一现象的来龙去脉进行了分析。他尖锐地指出，由于包括美国在内的许多国家的民众都抱有这样的看法，即如果正式的学校教育能够为个人未来的就业和职业角色做好准备，那么该做法无疑将解决所有公众和私人领域的困境，因此，每每在国家出现重大事件或有重大需要的时候，学校教育就首当其冲成为力挽狂澜的重器。他举例说，南北战争后，当美国工农业生产客观上要求有更多懂得生产奥秘的技能型人才出现的时候，1862年《莫里尔法案》以国家立法的形式确认了专业教育（即更高层次的职业教育）在服务公众、满足人们就业需求方面的责任，此后，伴随着高等教育层次类型的不断扩张，尽管那些强调研究与研究生教育的精英大学在招生时仍然保持着相当的选择性，但包括这些大学在内，拥有明确的专业或职业目标的机构越来越多。在21世纪开始的几年内，美国已经有三分之二甚至四分

① Jeffrey Laurance Dow, *The New Vocationalism: A Deweyan Analysis,* University of Florida, 2002, p.115.

之三的本科教育机构拥有这一目标，而这一比例在区域性大学、社区学院内部甚至更高。格鲁伯举例说，社区学院刚刚出现时强调的是学术和转学教育，但是，为了积极回应 20 世纪后半期国家对于更多技术工人和半专业人员的需求，社区学院早已经演变成了专注于职业准备的机构，其致力于为在职员工、打算变换工作的员工、社会福利接受者和长期失业者等提供各种提升性的或补偿性的职业培训服务。[①] 当然，社区学院在服务就业目标的同时也并不排斥学术教育和各种形式的社区服务。以上趋势在高等学校教育之外的成人教育、各种长短期工作培训领域也有鲜明的体现。

具体到基础教育，格鲁伯认为 19 世纪末 20 世纪初是职业主义在该领域出现的时间点。当时，由于生产技术的变化，学徒体制已经不可避免地走向了衰落，学校形式的职业准备由于较好地回避了学徒制的不足而日益成为职业教育的主导形式，正是在这样的背景中，人们对学校职业教育在降低辍学、促进就业、满足国家经济发展以及推动社会稳定、教育民主等各方面的作用寄予厚望。当然，由于特定的时代环境，当时的职业教育仅仅关注对学生进行特定的技能培训，为其入门的工作而准备，这亦可称为旧职业主义最明显的特征。进入 20 世纪 80 年代，《国家处在危机中，教育改革势在必行》《高等教育和美国的复兴》(*Higher Education and the American Resurgence*) 等一系列报告成功地唤醒了人们对于美国教育平庸化的担忧，更多的人开始担心在国际竞争加剧的环境中，以往的教育方式有可能会对美国综合国力的提升带来不良影响，使日、韩、德等国家迅速超越美国；此外，考虑到生产工艺和管理方式的不断改进会对一线员工的生产技能提出更高的要求并加快职业变换的可能性，除少数想进入高度选择性大学的学生之外，为了使剩余的所有中学生都能够应对以上变化，美国高质量教育委员会提出必须加强毕业生"新基础知识"，如英语、数学、科学、社会研究和半年计算机科学等的学习，提升毕业考试标准、增强教师职业吸引力等的处方；美国劳工部获得基本技能委员会报告也要求人们具备做决定、解决问题、知道如何学习等能力，此外，个人的一些素质，如反应力、交际能力、自我管理能力、正直和诚实等品质也是必须的。[②] 由于获得以上知识技能一般要求有中学后正规教育（能否获得学士学位均可）的经历，因

---

①　W. Norton Grubb & Marvin Lazerson, *The Education Gospel and the Role of Vocationalism in American Education*, American Journal of Education,Vol.111, No.3, 2005, p.305.

②　Secretary's Commission on Achieving Necessary Skills. *What Work Requires of Schools*, 2014-03-25, http://tech.worlded.org/docs/maththing/ny1p9.htm.

此这也在客观上促成了"每一个人都应享有高等教育"（College for All）思想以及终身教育思想的盛行。

格鲁伯还指出：与以上的变化相互配合，1990年《卡尔·D. 帕金斯职业与应用技术教育法》和1994年《从学校到工作机会法案》还以国家立法的形式极大地推动了新职业主义的应用与推广。这些法案旨在借助技术准备教育（Tech-prep Education）、生涯学园、学校与学徒合作项目、合作教育、青年徒工项目、工商业教育联合体等项目的实施，进一步推动学校学术与职业教育之间、以工作为基础的学习与以学校为基础的学习之间、中学和中学后职业教育之间的融合，促进学生掌握某一行业各个层面的知识，以真正促进学生高层次的就业能力的获得。

尽管格鲁伯对新职业主义的许多做法持有积极的看法，但是，他也不无担忧地指出：新职业主义在实施中还存在许多的问题，其效果并非如人们期望的那么美好。比如目前许多的学术和工作融合项目往往是一些被认为在学习方面存在风险的学生的无奈选择，由于其覆盖的范围很小，基本上难以改变高中传统的课程结构、内容和方法；尽管已经有了体现新职业主义立场的立法，但是除非联邦政府能够设计一个清晰的且能促进该计划发展的愿景，否则很难激励各州和地方人士采取切实的行动。此外，虽然人们对于新职业主义的愿景普遍抱有极为乐观的看法，但其经济学方面的测算效果往往大打折扣。比如根据估算，中等层次的职业教育对于学生收入的影响几乎都是负面的，接受中学后职业教育对学生的收入可能有积极的影响，但是它仍然比获得4年大学学位毕业生的收入低很多；尽管目前连接学校学术与工作场所特定技能训练的项目是非常吸引眼球的，但是由于这些项目往往持续的时间很短，或者像许多中学所做的，其实施的该类项目往往只囊括了一些较低层次的工作，比如在快餐店、加油站当传递生等，这些工作既没有为学生提供新的教育形式，也没有给予他们新的经验。另外，从对多个美国学术与工作联合项目在降低年轻人的失业率方面的成效研究显示：这些项目仅有短期的效果，其长期效果是微不足道的；此外，尽管这些项目或许能够缩短青年的失业时间，但是它并没有降低青年从一个工作跳到另一个工作的倾向。

当然，格鲁伯也不无清醒地指出，新职业主义之所以在很多方面出现问题，是由多种原因导致的，其中有人们的认识问题，也有体制和机制问题。比如，人们往往把青年的失业问题归因于人力资源供需之间暂时的不匹配，因此往往从学校的教育项目不适应劳动力市场需求的角度出发解决问题，但是实质上，青年的失业问题往往与社会上普遍存在着的对于青年工作能力和工作稳定性的质疑有关，而劳动力市场某一领域工作机会总量的减少也可能导致该现象的发生。针对人们常常一方面责备学校职业指导、信息提供方面的师资满足不了需求，另一方面又谴责他们所提供的信息毫无价值，格鲁伯认为之所以会如此，主要是由于职业主义的盛行，学校被人为地赋予了其不可能完成的角色，即学校在没有任何能力对劳动力市场实施控制或拥有任何关于市场将如何发展的知识的情况下必须为学生进入劳动力市场做好准备，这本身就是不公平的。此外，格鲁伯也指出新职业主义者倡议人们享有更长时间的、学术与职业内容更为均衡的教育，由于从经济学的角度来看，一方面，教育和个人成长和发展之间的因果关系很难确定；另一方面，更多的教育未必与更好的个人成长、发展正相关，特别是当教育层次越高，其教育的回报率还可能越低（即便这种回报可能仍旧高于其他的投资）。[1] 以上矛盾出现的深层次原因与人们一直以来对于教育经济功能极为乐观的估计密切相关。此外，格鲁伯更是一针见血地批评了人们通常认为的职业教育是促进社会平等的利器的看法，他说，职业教育可能仅仅提升了低阶层学生的教育层次，但同时降低了其继续接受高等教育的倾向，而只有高等教育才更有可能促进阶层身份的改变。以上格鲁伯对于职业主义的泛滥以及职业主义本身的局限性和相关影响因素的分析，为我们正确认识职业主义的性质与功能奠定了坚实的基础。

第三节　研究型大学本科教育改革启动时期的教育思想

美国高等教育在第二次世界大战后迅速发展，进入大众化发展阶段，这一时期因此被称为美国高等教育的黄金时期。至 20 世纪 70 年代，高等教育的质量并没有伴随招生规模的扩大、学费的上涨而提高，高等学校开始受到社会各界的广泛质疑。80 年代美国的高等学校，尤其是研究型大学在提高本科教育的质量方面进行了全新的探索，研究型大学因此进入了"再度归来的黄金时期"。[2] 伴随着研究型大学本科教育改革的深入，许多研究机构和学者发表了

① 　W. Norton Grubb, The Convergence of Educational Systems and the Role of Vocationalism, *Comparative Education Review*, 1985, 29(4), pp.526-548.

② 　Hugh Davis Graham & Nancy Diamond, *The Rise of American Research Universities—Elites and Challenges in the Postwar Era*, Baltimore: John Hopkins Universities Press, 1997, p.117.

一系列以提高本科教育质量为主题的报告，为研究型大学本科教育改革提供了理论指导，发挥了重要的推动作用。其中，时任卡内基教学促进基金会主席的博耶（Ernest L. Boyer）的报告集《学院——美国本科生教育的经验》（*College：The Undergraduate Experience in America*）和报告《学术水平的反思——教授工作的重点领域》（*Scholarship Reconsidered：Priorities of the Professoriate*）、德里克·博克（Derek C. Bok）的《走出象牙塔——现代大学的社会责任》（*Beyond the Ivory Tower: Social Responsibilities of the Modern University*）等都颇具代表性。

一、博耶的高等教育思想

博耶先后在加州的洛尤拉大学（Loyola University）、阿普兰学院（Upland College）、加州大学圣巴巴拉分校（University of California at Santa Barbara）任教，曾担任纽约州立大学校长、联邦教育署署长、卡内基教学促进基金会主席等职。博耶一生著述颇丰，其中最有影响的当属与莱文合著的《追求共同知识：通识教育的目标》（*A Quest for Common Learning*: *the Aims of General Education*，1981）、《学院：美国大学本科生的就读经历》（*College: The Undergraduate Experience in America*，1986）[1]、《校园生活：寻找共同体》（*Campus Life: in Search of Community*，1990）、《学术反思：教授工作的重点》（*Scholarship Reconsidered*: *Priorities of the Professoriate*，1990）。博耶的著述获得了广泛的赞誉。加德纳（Howard Gardner）认为《学院：美国大学本科生的就读经历》是"近几年美国高等教育中有关本科生教育的一个概括最全面、敏于洞察、富于建设性的报告"。克拉克·科尔认为《学院：美国大学本科生的就读经历》"值得教育世界所有的人，包括教师、学生、家长和决策者给予最密切的关注和思考"[2]。

（一）高等教育目的观：培养个性与社会责任的统一

关于大学的培养目标，西方教育史上素有"个人本位论"和"社会本位论"之争。"个人本位论"以个人价值为中心，把培养"有教养的人"（Cultivated Man）作为教育的目标。"社会本位论"要求教育首先应为社会培养合格的成员和公民，教育应该满足社会的需求。博耶在对高等教育具有丰富的实践经验和

---

① 复旦大学高等教育研究所将本书名译为"美国大学教育：现状、经验、问题及对策"，复旦大学出版社1988年版。

② ［美］欧内斯特·博耶：《美国大学教育——现状、经验、问题及对策》，复旦大学高等教育研究所译，复旦大学出版社1988年版，译者前言。

深入理论研究的基础上，认为美国高等学校应该把"个人本位论"和"社会本位论"结合起来，实现培养学生个性与社会责任的统一。

博耶认为很多学校普遍存在着教育目的不明确的问题。"用杰拉尔德·格兰特和大卫·里斯曼的生动描述来说，本科大学毕竟不是一所'配置得十分精巧的百货商店'。而我们在调查的大多数学校里发现，要确定学校的基本目的和目标相当困难，有时候甚至到了无能为力的地步。那些正在物色学生的学校正在增设他们认为会有销路的计划项目。课程的安排是由各个系掌握的。教学工作则是围绕着单门课程组织的，如果说课程之间有什么联系的话，那也仅仅是很松散的，而共同的目标却被弄得模糊不清。"①

在一所公立大学调查时博耶发现，"这所学校的一位教师认为大学的目标对于师生来说是没有意义的。他说：'我愿以一千美元来打赌，如果你们问学生你是否知道这所大学对你们的培养目标是什么，他们准会茫然以对。'我们真的这样去问了，而学生也果真这样对待我们提出的问题，甚至连学生会主席也这样说：'如果说这里有什么目标的话，那么学校也没有向我们表达过。'"②

在博耶看来，"美国的高等教育在集中关注发展个性、个人利益和教育的实际效用方面是有丰富传统的。多少年来，学生来到大学，寻求他们自己的目标，发展他们自己的才能，成为富于创造性、自信自立的人。在大学毕业之后，继续学习，取得新的知识。为个人志趣和利益服务一直是高等教育中最为优先考虑的事"③。从发展学生个性的目的出发，大学可以帮助学生掌握未来幸福生活所需的职业能力。

在重视个性发展的同时，博耶认为如果过于重视学生的个性和价值，就会出现个人至上的倾向。正如法国历史学家托克维尔（Alexis De Tocqueville）访问美国时所说的那样："由于个性的发展，人们忘记了自己的先辈和前驱，形成孤立地考虑他们自己的习惯，并且想象他们可以掌握自己的全部命运。"④ 因此，博耶非常重视社会责任感的培养。"我们这样说意味着本科生教育要帮助学生超越自己的个人利益，了解他们周围的世界，发展公民责任感和

---

① ［美］欧内斯特·博耶：《美国大学教育——现状、经验、问题及对策》，复旦大学高等教育研究所译，复旦大学出版社 1988 年版，第 73-74 页。

② ［美］欧内斯特·博耶：《美国大学教育——现状、经验、问题及对策》，复旦大学高等教育研究所译，复旦大学出版社 1988 年版，第 74 页。

③ ［美］欧内斯特·博耶：《美国大学教育——现状、经验、问题及对策》，复旦大学高等教育研究所译，复旦大学出版社 1988 年版，第 82-83 页。

④ ［美］欧内斯特·博耶：《美国大学教育——现状、经验、问题及对策》，复旦大学高等教育研究所译，复旦大学出版社 1988 年版，第 84 页。

社会责任感，并发现他们作为个人如何才能对他们是其中一分子的社会做出贡献。""据此我们认为，大学本科的教育目的和社会目的可以在发展个性和强调共性的传统范围内加以确定。每个学生的个人偏爱应该得到支持并给予方便。但学校在多样性之外，还有责任使学生具有这样的观念，要使自己的生活走向更加完整，使自己的知识有更加连贯一致的看法。"①

由此可见，博耶主张大学教育要实现个性与共性。他明确指出："正如我们在文化上进行探索，以保持个人义务和公共责任之间必要的平衡一样，在教育上我们也要求得同样的平衡。……通过有效的大学教育，学生应该成为有才干有能力的人，而且也应该献身于社会的公共利益。"②

（二）高等教育内容观：加强通识课程

通识教育（General Education，也译为"普通教育"）源于欧洲大学的"自由教育"（Liberal Education，也译为"文雅教育"）。通识教育是高等教育的热点话题，美国高等教育史上曾出现过多次通识教育改革运动。博耶担任卡内基教学促进基金会主席不久，就发表了题为"追求共同知识：通识教育目标"的报告。此后，他在《学院：美国大学本科生的就读经历》《核心课程：寻找共性》（*The Core Curriculum: A Search for Commonness*）中论述了美国大学通识教育的目标，剖析了通识教育实践中存在的问题，提出了加强通识教育的对策。

博耶把大学本科课程比作一处三居室的房子，第一个居室是专业课程，第二个居室是选修课程，第三个居室是通识课程。第一个专业课居室有着明确的用途，即在此学生深入研究某一专业领域，掌握从事本领域研究与实践所需要的方法。占据这个居室的是学术课程，教师是这个居室的所有人。第二个居室是选修课居室。这个居室的用途和所有人也非常明确，所有人都认可选修课不是必修课，学生通过选修课可以追求个人的喜好，没有人会反对选修课居室的所有人是学生。第三个居室是通识课居室。与前两个居室不同，这个居室的所有人既不是老师，也不是学生，更不是管理人员。此外，这个居室的用途看起来也有些模糊。尽管可以把通识教育当成大学教育广度的标志，但人们对除此之外的通识教育的属性的定义很难达成一致。

————————

①　［美］欧内斯特·博耶：《美国大学教育——现状、经验、问题及对策》，复旦大学高等教育研究所译，复旦大学出版社1988年版，第83-84页。

②　［美］欧内斯特·博耶：《美国大学教育——现状、经验、问题及对策》，复旦大学高等教育研究所译，复旦大学出版社1988年版，第85页。

博耶进而指出，通识教育对不同的人来说具有不同的含义。鲍登学院的帕克（A. S. Packard）教授认为通识课程是"专业学习的前提条件"，而被称为"概论课程（Survey Courses）之父"的威斯康星大学实验学院创始人亚历山大·梅克尔乔恩（Alexander Meiklejohn）则把通识课程看作"消除专业化的灵丹妙药"。1947 年，总统高等教育委员会把通识教育界定为"为了公众参与的教育"，约翰·斯图亚特·米勒（John Stuart Mill）则认为通识教育是"为了满足个人生活的需要"。1945 年发表的名为"自由社会的通识教育"的哈佛报告把通识教育简单而明了地称为"文雅教育"，但丹尼尔·贝尔（Daniel Bell）在有关通识教育的著作中认为文雅教育与通识教育绝不是同义词。[1]

对于通识教育不尽相同甚至相互矛盾的认识表明，没有人负责任地照看通识课程居室，每个人都可以按照自己的意愿使用这个居室。正是因为如此，不同地方、不同时间的不同人赋予通识教育不同的目标。因此，这个居室只是学术殿堂中的一个储物间，用来堆放零碎的杂物。由于对通识教育的认识存在偏差，实践中必然会出现各种各样的问题。"我们发现有那么多的大学被狭隘的系科利益所分割，造成了扩大学习领域的障碍。学生和教师就像一架飞机上的乘客，只是一个临时团体的成员。他们依照一个程序性的日程，而不是各自的独立日程踏上旅程。教师们仅在授予学士学位的学分方面，而不是在大学教育的根本目标方面达成一致意见。学生则根据职业训练的要求来调整并学完全部课程，普通教育则被'排除在外'，学生也失去一个扩大视野的机会。"[2]

关于如何加强通识教育，博耶提出了自己的见解。他认为应该将人文学科与人类关注的问题联系在一起，设立综合核心课程。综合核心课程包括语言、艺术、传统、制度、自然、工作、认同共七个不同的领域。在谈到核心课程的目标时，博耶明确指出："这七个领域如果得到适当的发展，将会帮助学生理解，他们不仅是独立存在的个人，而且是人类社会的一个成员。我们相信，把这些领域的课程精心结合在一起，以丰富充实学生的生活，开阔他们的视野，并把学习与更广泛的利益联系起来。"[3]

博耶认为通识课程的内容应该有助于学生跨学科能力的培养。他明确指

---

① Ernest L. Boyer & Arthur Levine, *A Quest for Common Learning. The Aims of General Education. A Carnegie Foundation Essay*, Washington, D.C.: The Carnegie Foundation for the Advancement of Teaching, 1981, pp.1-3.

② ［美］欧内斯特·博耶：《美国大学教育——现状、经验、问题及对策》，复旦大学高等教育研究所译，复旦大学出版社 1988 年版，第 98 页。

③ ［美］欧内斯特·博耶：《美国大学教育——现状、经验、问题及对策》，复旦大学高等教育研究所译，复旦大学出版社 1988 年版，第 115 页。

出："一门课程的名称也许和普通教育完全适切，课程的目录也可能描绘得很吸引人，但是课程的讲授实际上是促进了专门教育而不是普通教育。主要的问题不在于所选择的课程是旧的还是新的，是学科的还是主题的，而在于是否有助于学生进行跨学科的综合，是否有助于学生发现人类的共同经验。在这样一种课程计划中，学术科目应该被看作实现更广大目标的一种手段。"①

（三）高等教育学术观：多元学术

在名为"学术反思：教授工作的重点"的报告中，博耶从大学的职能和学术使命出发，认为"研究"并不是大学学术的唯一形式，大学的学术包括探究的学术（Scholarship of Discovery）、整合的学术（Scholarship of Integration）、应用的学术（Scholarship of Application）和教学的学术（Scholarship of Teaching）四种形式。这四种学术形式彼此各不相同，但又相互联系，共同构成大学学术的整体。

在美国高校，尤其是研究型大学，对于教学与研究之间关系的争论由来已久，教学不被认为是学术，因而被忽视的现象普遍存在。克拉克·科尔认为："在本科生教育一级，对'教学过程难以捉摸的轻视'却受到支持和鼓励。……教授们的教学工作量以及与学生接触的时间已经削减。教授们更经常地休假或临时离开学校，有些教授从来没有在学校正常工作过。更多的教学任务落到了那些非正式教员的肩上。最优秀的研究生们希望得到研究员基金、乐于担任科研助手而不是教学助手。应当填补这种缺口的博士后人员通常不从事教学工作。"② 在《学院：美国大学本科生的就读经历》中，博耶也明确指出："教授们被期望发挥学者的作用，从事研究工作，与同行交流学术成果。晋级提升的确定和终身职位的获得维系于研究工作和发表的文章。而本科生教育却又要求对学生负责并有效地进行教学。在这些对抗性的职责之间，教师经常被搞得无所适从，烦恼不堪。"③

为了纠正"教学是平庸和低级的"的错误认识，提高大学重视教学的程度，博耶认为最重要的是给予学术这个概念更广阔和更有内涵的理解。19世纪70年代英国的改革人士最早应用"研究"这个术语，他们希望牛津大学和剑

① ［美］欧内斯特·博耶：《美国大学教育——现状、经验、问题及对策》，复旦大学高等教育研究所译，复旦大学出版社1988年版，第116页。
② ［美］克拉克·科尔：《大学的功用》，陈学飞等译，江西教育出版社1993年版，第44-45页。
③ ［美］欧内斯特·博耶：《美国大学教育——现状、经验、问题及对策》，复旦大学高等教育研究所译，复旦大学出版社1988年版，第18页。

桥大学不仅是教学的场所，更是做学问的所在。1906 年，吉尔曼（Daniel Coit Gilman）把这一术语引入美国高等教育领域。时至今日，人们对"学术"这一术语理解的视野仍然是狭隘的。"学者就是学术人员，他们从事研究，出版成果，也许之后把自己的知识传授给学生，或者把研究的成果用于实践。传授和应用知识源于学术，但不被当成学术的组成部分。不过，知识的进步并不一定以这种线性的方式实现。……从理论当然可以到实践，但从实践也能到理论。况且，教学对研究和实践都有影响。"① 在对学术的内涵重新审视的基础上，博耶把学术分为探究、整合、应用和教学四种形式。

1. 探究的学术

在这四种学术中，他认为人们谈论最多的是探究的学术，对学术的探究是学术生命的心脏，是研究工作的中心。"探究的学术不仅有助于人类知识的积累，也有利于学院或大学智力氛围的营造。在此过程中，发挥作用的不仅仅是探究的成果，探究的过程及对探究的热情也都具有重要的意义。正如曾担任普林斯顿大学校长的威廉·鲍文（William Bowen）所说，学术研究'反映了人类面对未知、努力理解未知时急切的、难以抑制的需要。它与自由地进行创新性思维、以不断变化的眼光审视各种各样的观点巧妙地融为一体'。"②

2. 整合的学术

在很多情况下，人们倾向从各自的角度出发，孤立地看待事物。"整合指的是在不同的学科之间建立起联系，把专业知识放在更大的背景，以更具启发性的方式解读数据，通常情况下非专业人员也能受到教育。"③ 整合的学术与探究的学术之间有着紧密的联系。首先，整合的学术包括在不同学科领域相互交叉的边缘地带进行研究。当传统的学科分类被证明具有局限性，急需对知识进行重新划分时更是如此。其次，整合的学术意味着把自己和他人研究的成果置于更大的理论框架中去解释。从事探究学术研究的学者关心的问题是"哪些是已知的？哪些是未知的？"从事整合学术的学者关心的问题则是"这些发现意味着什么？"博耶认为，对于超越传统的、学科的界限的必要性，学者们的感受日益强烈。为了解决新的理论问题和人类生活中的迫切问题，跨学科的、整

① Ernest L. Boyer, *Scholarship Reconsidered: Priorities of the Professoriate*, New Jersey: Princeton University Press, 1990, pp.15-16.

② Ernest L. Boyer, *Scholarship Reconsidered: Priorities of the Professoriate*, New Jersey: Princeton University Press, 1990, p.17.

③ Ernest L. Boyer, *Scholarship Reconsidered: Priorities of the Professoriate*, New Jersey: Princeton University Press, 1990, p.18.

合的研究正从学术生活的边缘迈向学术生活的中心，人类知识的版图正在快速地重组，学术界必须给予整合的学术以更多的关注。

3. 应用的学术

应用的学术回答的是"知识如何更有效地用于解决重要的问题？知识能否对个人或团体有所帮助，社会问题本身能否成为学者们研究的课堂？"在论述应用的学术时，博耶强调了以下两点。首先，应用的学术与社会服务之间存在区别。高等学校有许多社会服务职能，教师因提供社会服务也能够获得良好的赞誉，但通常情况下社会服务的本质是行善而不是做学术。只有提供的服务与某个专业领域有着直接的联系，或者源于专业的研究活动时，服务才有可能被视为学术。这种服务应该是严肃的，有挑战性的，不仅需要热情，而且也需要责任心。其次，应用的学术不是单向的，并不是总是遵循先发现、后应用的模式。在医学诊断、心理治疗、公共政策、建筑设计等应用活动中，都会产生新的认识成果。理论与实践是相互联系、相互促进的关系。博耶认为，当今世界面临着大量的、相互交织的问题，迫切需要学术界提供应对问题的技巧与策略。正如奥斯卡·汉德林（Oscar Handlin）所指出的那样，我们这个星球面临的许多问题，"使得我们不能再把学术研究局限在象牙塔内。……学术不能为学术而学术，只能在服务国家乃至世界的过程中证明自身的价值"①。

4. 教学的学术

亚里士多德曾经说过，教学是最高形式的认识。博耶把教学看作学术的组成部分，是因为教学可以教导和启发下一代。博耶认为，教师要想在教学这种形式的学术活动中取得成绩，首先，要知识渊博，要潜心于自己的学科领域。教师不仅要广泛涉猎，而且要深入研究，只有如此，其教学工作才能获得好的评价。其次，要掌握类推、比喻、形象直观等教学艺术，能够在教师和学生之间架起理解的桥梁。教学前教师要仔细地设计教学过程，并不断地反思和修订。教师应该培养学生积极的学习态度，鼓励学生进行批判性和创造性思维，训练学生终身学习的能力。最后，教与学是相对的，在一定意义上教师也是学生。在传授知识的过程中，教师要进行知识的改造和加工。通过阅读、课堂讨论、评述和回答学生的问题等环节，教师也能朝着新的、更具创造性的方向发展。总之，博耶认为具有启发性的教学可以确保学术之火长盛不衰，科学家不仅要发现真理，还要把新知识中那些最客观、最充满智慧的部分传授给下一代。

---

① Ernest L. Boyer, *Scholarship Reconsidered: Priorities of the Professoriate*, New Jersey: Princeton University Press, 1990, pp.22-23.

（四）大学本质观：学者共同体

大学自中世纪诞生之日起就奉行"学者行会"的自我管理模式，"学者共同体"始终是许多教育理论家梦寐以求的精神家园。博耶认为，仅仅明白大学的使命是学术是不够的，还必须树立共同的价值观。在学生中出现酗酒、性骚扰、种族歧视、粗鲁无礼等道德问题的背景下，大学更应回归学者共同体的本质。"我们需要的是在高等教育建立一个更大的、更加一体化的共同体。这个共同体关注的不是学生在校园里花费的时间，而是学生校园生活的质量。不仅要关注学生的社会活动，还要关注他们的课堂活动。在我们看来，这个共同体的目标在于明确学术的和公民的标准，且最为重要的是准确地界定那些支撑学习共同体的价值。"[1] 在对学习共同体的本质准确把握的基础上，为了高效地处理日常事务，博耶提出了六项原则。

1. 高等学校是一个目标明确的共同体

博耶认为"高等学校是一个目标明确的共同体，教师和学生在这里拥有一致的学术目标，共同为加强学校的教与学而努力"[2]。由此可见，他把教学看成高等学校工作的核心。

从表面上看，高校本身就是学习的场所，强调教学是高校的核心职能似乎没有必要。但令人遗憾的是，教学的核心地位在许多高校得不到应有的重视。一项研究显示，大约有一半的全日制学生从事校外工作，他们平均每周工作 20 个小时，半日制学生每周工作 36 个小时。更为令人深思的是，只有 23% 的学生在课堂之外的学习时间超过每周 16 个小时。[3] 在课堂教学活动之外，许多学生把大量的时间花在社会交往或工作上，而不是学习上。与此同时，一些教师对教学缺乏应有的激励措施，很多人对教学的投入明显不足。博耶最后强调指出："高等学校办学质量一定要用所有成员对教育使命投入的程度来衡量。这个共同体从教室开始，但学习可以向系、宿舍和其他公共场所延伸。只要对课程的设计得当，整个校园就可以围绕课程融为一体。在这个目标

---

① Ernest L. Boyer, *Campus Life: In Search of Community*, New Jersey: Princeton University Press, 1990, p.7.

② Ernest L. Boyer, *Campus Life: In Search of Community*, New Jersey: Princeton University Press, 1990, p.9.

③ Ernest L. Boyer, *Campus Life: In Search of Community*, New Jersey: Princeton University Press, 1990, p.9.

明确的共同体中，学习无处不在。"①

2. 高等学校是一个开放的共同体

博耶认为高等学校是一个开放的共同体，在这里言论自由和文明的举止受到强有力的保护。在他看来，在高等学校自由地表达自己的观点至关重要，对于确保学术的繁荣和文明程度的提高具有重要的意义。因此，校园共同体内思想交流的质量也是衡量大学办学质量的一个指标。

在博耶看来，熟练地掌握语言是成功交流的前提，学生要能够理解性阅读、清晰地写作、有效地听说。与此同时，更要注意交流过程中的举止要文明、得体。正如纽约州立大学水牛城分校校长桑普所说的那样："没有任何一部法律要求一个人崇拜另一个人，但在大学这个共同体中，我们还是期望每一个人都尊重别人的权利和尊严。而且，我们必须这样做。"②

3. 高等学校是一个公正的共同体

博耶认为高等学校应该是一个公正的共同体，在这里要尊重每个人的尊严，积极地追求多元化。在博耶看来，高等学校共同体的成员是多样的，因此这个共同体应该摒弃偏见，拥抱多元化，努力为不同的成员提供高效的服务。

博耶指出，在过去近两个世纪，大多数情况下高等学校成了有特权的人的天堂。社会上层子弟的需求在高等学校得到优先满足，他们在入学机会上享有特权，毕业后进入社会地位较高的特权岗位。虽然这种状况在 20 世纪 60 年代有所改观，一些处境不利的、过去没有入学机会的青年获得了入学机会，但近年来高等学校又放弃了在创造平等机会方面的领导作用，把推进人类公平的使命抛之脑后。因此，新一代的非洲裔、西班牙裔人等少数族裔又陷入社会上被孤立、经济上被掠夺的境地。据统计，1976—1988 年，低收入的非洲裔高中毕业生进入高等学校的比例从 40% 下降至 30%，低收入的西班牙裔高中毕业生进入大学的比例从 50% 下降至 35%。③

入学机会的不平等仅是问题的一个方面。少数族裔的学生即使进入高等学校也难以获得必要的支持，种族之间的鸿沟在高等学校呈现出不断加深的迹象。在全国范围内，西班牙裔、犹太裔、波兰裔、意大利裔、穆斯林裔、越南

---

① Ernest L. Boyer. *Campus Life: In Search of Community,* New Jersey: Princeton University Press, 1990, p.16.

② Ernest L. Boyer. *Campus Life: In Search of Community*, New Jersey: Princeton University Press, 1990, p.18.

③ Ernest L. Boyer. *Campus Life: In Search of Community*, New Jersey: Princeton University Press, 1990, p.26.

裔、海地裔等少数族裔的学生组建了独立的社团，以维护自己的利益。这些社团固然是多样性的体现，但如果超过一定的限度就会引发冲突。

为了把高等学校建成公正的共同体，博耶建议首先要增加低收入的少数族裔的青年进入高等学校的机会。高等学校要信守提供平等入学机会的承诺，确保少数族裔的年轻人在入学率方面的目标，制定准确的时间表。此外，高等学校要与高中紧密合作。其次，少数族裔的学生在积极成立社团、争取必要的支持、维护自身利益的同时，也要积极地与其他族裔的学生建立联系。在这个过程中，不同族裔的学生应该相互沟通、相互理解。

4. 高等学校是一个有纪律的共同体

博耶认为高等学校是一个有纪律的共同体，在这里每一个人都积极地承担对共同体的责任，并在良好的治理模式的引导下养成有利于共同体的举止。高等学校共同体内应该有关于学生行为举止的规范，学生的学术生活和非学术生活应在规范的指导下融为一体。不过在博耶看来，学生生活在两个截然不同的世界。在学术事务上，对学生的研究非常详尽。关于毕业所需的学分数量、上课的时间、学期论文的期限等都有着明确的要求。但在非学术事务上，对学生的要求却是含糊不清的，学校的管理者对于其在学生行为方面的责任也缺乏清晰的认识。美国的高等学校对学生学习的时间，甚至熄灯的时间都有着强制性规定。然而在过去的 30 年间，所有的这一切都发生了翻天覆地的变化，大学已经从父母的角色转变成临床医生的角色。

正是因为如此，美国大学生中存在着较为严重的物品滥用的问题。物品滥用首先是酗酒，三分之二的大学校长承认酗酒已成为大学校园的严重问题。此外，非法使用药品近年虽有下降的趋势，但仍然是困扰许多高等学校的严重问题。除了物品滥用，暴力犯罪也是令许多校长们忧虑的问题。调查显示，大多数校园犯罪并非由校外人实施，而是由学生实施的。根据近期的一项调查，78% 的性骚扰、52% 的身体攻击、三分之二的暴力抢劫、90% 的纵火、85% 的故意毁坏财物犯罪都是由学生实施的。[①]

为此，博耶建议每个州都应制定有关酗酒和药物滥用的相关法律。学校应密切配合州政府的措施，对学生进行相关法律的宣传教育。这不仅是法律对学校的要求，也是为了学生的利益着想。在减少犯罪方面，博耶认为学校应该制定综合性的安全计划，开设有关安全和防护知识的讲座，组织师生讨

---

① 　Ernest L. Boyer, *Campus Life: In Search of Community*, New Jersey: Princeton University Press, 1990, p.42.

论安全问题。

5. 高等学校是一个充满关爱的共同体

博耶认为高等学校应该是一个充满关爱的共同体，在这里每个人的幸福都能获得全力支持，为他人提供服务的善行都能受到鼓励。在博耶看来，高等学校固然是有目标的、公正的、有纪律的、公开的，但把这些方面融合在一起并使之发挥作用的是高等学校充满关爱这一显著特征。

乍一看，"关爱"一词看起来比较柔软，甚至充满感性色彩，但作为人类的一员，我们整个一生都绝对渴求社会联系。正如圣地亚哥州立大学教授玛丽·克拉克（Mary Clark）所言："社会联系，并不是个体为了便利临时建立起来的联系，而是人类生存绝对需要的前提条件。根植于社会是我们固有的本质。"[1]

在高等学校，学生一方面非常重视独立性，另一方面也需要一种归属感。一个学生在描述这种似非而是的悖论时指出："我们不想让大学卷入我们的生活，但我们也期望有人偶尔关心我们的生活。"[2] 不过在实践中，学生认为他们与高等学校之间的关系非常薄弱。调查发现，大约50%的学生感觉他们就像一本书里的一个数字，大约40%的学生没有团体归属感，大约三分之二的学生说没有教师对他们的个人生活感兴趣。

为了培养学生的归属感，一些高校采取了延长办公时间、提供咨询服务的措施。不过与这些课外措施相比，课堂更为重要一些，因为学生的社会关系和情感联系主要是在课堂活动中建立起来的，课堂可以成为学生社会生活及情感支持的乐土。在一定程度上，衡量学生对高校这个共同体的归属感的不是他们在学校花费了多少时间，而是他们受到了怎样的关爱。

博耶建议，教师应该帮助学生认识到他们不仅是自主的个体，更是对共同体负有责任的共同体成员。为了养成学生对共同体的责任意识，一定要鼓励学生完成一定的社区项目，并使之成为本科学生经验不可缺少的组成部分。此外，博耶强调指出学生一定要积极主动地接触他人，包括真正需要帮助的人、孩子和老人。学生应该通过现场体验的方法，建起跨代际的、跨文化的、国际的联系。学生应该在学习和生活之间建立起紧密的联系。"高等学校不应仅仅

---

[1]　Ernest L. Boyer, *Campus Life: In Search of Community*, New Jersey: Princeton University Press, 1990, p.47.

[2]　Ernest L. Boyer, *Campus Life: In Search of Community*, New Jersey: Princeton University Press, 1990, p.47.

被看作自省的场所，它更是一个行动的舞台。"①

6.高等学校是一个欢庆的共同体

博耶认为高等学校是一个欢庆的共同体，在这里遗产会受到珍视，传统和变革都会受到普遍的欢迎。在博耶看来，高等学校这个共同体不仅需要创新（creation），而且也需要休闲（recreation）。礼仪、仪式、庆典等活动是使整个校园联系在一起的纽带，可以让学生对有价值的、持久的事物产生归属感。因此，高等学校应该敏锐地珍视自己的遗产和传统，赋予仪式和庆典以真正的意义。

博耶指出，高等学校每年都要招收四分之一到一半的新生，新生入学教育是介绍与传承大学传统的良机。令人遗憾的是，新生入学教育在很多学校被当成无足轻重的事务，校长或其他重要的管理人员不参加新生入学教育，帮助学生适应新的环境成了负责学生事务的老师的工作。值得庆幸的是，这种局面在一些学校正在逐步改观。

除新生入学教育之外，还有其他一些活动有助于创设凝聚人心的校园氛围。毕业典礼的意义非同寻常，它可以把优秀的校友、年轻的毕业生、学生的父母联系在一起，在给学生带来欢乐的同时也能给他们以启迪。体育活动无疑更为激动人心。在体育场上，学生可以学会规则、公平、进取、贡献等价值观，对于形成学生、教师、校友之间的团队精神具有积极的意义。不过，在商业化向体育渗透的背景下，博耶提醒大学体育应该始终铭记为学生服务、为学术服务的宗旨。随着大学生群体日益多样化，博耶认为应该创新庆典方式，不应总是停留在传统的庆典方式上。为增进国际交流，促进不同文化背景的学生间的相互理解，应该定期举行有外国学生参加的聚餐会、音乐会等活动，开设专题讲座或研讨会等。总之，要通过多种形式的活动，把高等学校建成一个充满善意、尊重、活力、包容、多样性的共同体。

二、德里克·博克的高等教育思想

德里克·博克（Derek C. Bok，1930—   ）是一位杰出的教育实践家和教育理论家。他曾在1971—1991年间担任哈佛大学第25任校长，2006年7月1日至2007年7月1日出任哈佛大学的代理校长。在长期担任哈佛大学校长期间，德里克·博克改革哈佛大学的管理体系，培育和发展肯尼迪政府学院，建

---

① Ernest L. Boyer, *Campus Life: In Search of Community*, New Jersey: Princeton University Press, 1990, p.54.

立高水平的教授队伍，增加女生和黑人学生数量，改善专业学院课程，倡导道德教育，创建通识教育的核心课程体系。德里克·博克在哈佛大学取得了辉煌成就，因此被称为哈佛大学历史上最伟大的校长之一。在丰富实践经验的基础上，德里克·博克对高等教育理论进行了深入系统的研究，涉及大学的社会责任、道德教育、学术原则等广泛的领域。其主要著作有《走出象牙塔——现代大学的社会责任》(*Beyond the Ivory Tower：Social Responsibilities of the Modern University*)、《美国高等教育》(*Higher Education*)、《大学与美国的未来》(*Universities and the Future of America*)，《走出象牙塔——现代大学的社会责任》被誉为与克拉克·科尔的《大学的功用》并列的二战之后最重要的高等教育理论著作。①

（一）大学的社会责任

二战结束以后，研究型大学迅速崛起，发展迅猛。在联邦政府和基金会的资助下，研究型大学满足政府和社会的重大关切，开展了形式多样的为社会服务的活动。"对公益事业的广泛支持最终导致了多元化大学的出现，这是美国特色的发明创造。"② 随着加州大学等多元化大学的出现，社会上普遍期望大学，特别是研究型大学承担更多的社会责任，大学也因此在社会发展中发挥着重要的作用。加州大学校长克拉克·科尔对多元化大学赞赏有加，他指出："它在维护、传播和研究永恒真理方面的作用简直是无与伦比的；在探索新知识方面的能力是无与伦比的；纵观整个高等学校史，它在服务先进文明社会的众多领域方面所做的贡献也是无与伦比的。"③

不过，从20世纪60年代末开始，随着美国经济的萧条、民权运动的兴起，社会上对研究型大学的多元化办学模式提出了批评，很多人开始思考研究型大学的根本目的和使命是什么；大学的根本功能是什么；大学是否应该走出象牙塔，服务社会；大学应该以何种方式服务社会。大学的责任感问题成为那个时代高等教育的重大问题。在这种背景下，时任哈佛大学校长的德里克·博克对大学的社会责任进行了深入的理论探索。

德里克·博克对研究型大学的多元化功能持肯定的态度。他明确指出："大

---

① ［美］约翰·S. 布鲁贝克：《高等教育哲学》，王承绪、郑继伟、张维平等译，浙江教育出版社2001年版，第148页。

② ［美］德里克·博克：《走出象牙塔——现代大学的责任》，徐小洲、陈军译，浙江教育出版社2001年版，第72页。

③ ［美］德里克·博克：《走出象牙塔——现代大学的责任》，徐小洲、陈军译，浙江教育出版社2001年版，第1页。

学凭借常规的学术功能，通过教学项目、科学研究和技术援助等手段承担着满足社会需求的重要职责。大学应该对种族不平等现象做出反应，不遗余力地多招收少数民族学生；应该致力于经济的进步，将研究发现成果转化成有实际效用的产品；应该利用专业知识帮助贫穷落后的国家发展经济。然而，相比之下，如果采用诸如转移股权、联合抵制产品供应商和学校就政治问题发表正式声明等非学术性手段，那就很难说有正当理由。"①

教学和科研是高等教育的传统职能，德里克·博克把多元化职能作为具有美国特色的发明大加赞赏。然而，一些人认为社会服务这一大学新功能会给大学带来巨大的风险。传统主义者反对外界对大学内部事务的介入，以维持大学的基本学术功能的质量。正如德里克·博克所言："持传统派观点的评论者们对多元化大学的急速增加及其对多元化目标的无序性追求表达了最强烈的不满。随着新的服务和活动的不断增加，大学已滋生了像许多庞大机构一样的麻木不仁的官僚主义作风。多元化大学模式的贬低者们经常谴责它们是在诸多互不相干的专科学校、中心和社会项目的一片混杂中迷失了目的性和团结性。在众多错综复杂的活动中，大批的学生显得漫无目的，被教授们所忽视。因为教授们对提供经费的政府机构的忠诚要胜过其暂时栖身的大学。在传统主义者看来，大学的方向迫切需要做出极大的改变。大学必须从其自身利益出发，减少对社会问题的关注，把更多的时间和精力放在教学和学术研究上。"②

除传统派之外，社会激进主义者同样对多元化大学持抨击的立场。"根据社会激进主义者的观点，高等教育只是被动地接受政府机构、公司和其他强有力的组织确定的议程来为社会服务。在遵循此项政策的过程中，大学官员们在宣布自己学校的中立态度时，他们的行为虚伪到了极点。事实上，正如激进主义者所说的，大学的表现就像'枪手'，愿意按吩咐办事，去帮助任何拥有足够权力和金钱的群体实现其抱负或野心。大学的院系为了帮助军界，批准了预备役军官训练团培训项目；为了使公司受益，组织了与工业挂钩的培训项目；为了帮助强大的农业团体，提供了推广性服务。大学通过做出此类'贡献'，放弃了自己的中立立场，而支持控制着美国社会的既得利益集团。"③ 不仅如

---

① ［美］德里克·博克：《走出象牙塔——现代大学的责任》，徐小洲、陈军译，浙江教育出版社 2001 年版，第 342 页。

② ［美］德里克·博克：《走出象牙塔——现代大学的责任》，徐小洲、陈军译，浙江教育出版社 2001 年版，第 74 页。

③ ［美］德里克·博克：《走出象牙塔——现代大学的责任》，徐小洲、陈军译，浙江教育出版社 2001 年版，第 74-75 页。

此，措辞更为严厉的批评者则进一步声称："现代多元化大学已变成了社会权力机构的服务工具，传播统治集团的价值观，贯彻统治集团的意图，而且还协助它们长期保持其最不合理的地位。"①

　　针对传统主义者的批评，德里克·博克认为多元化大学并没有因为提供社会服务而降低办学质量。"传统主义者归根结底似乎是夸大了现代大学的缺点。在过去30年里，这类大学已从事了许多非常优秀的工作，不仅学者们与实际世界保持着一定的距离，而且社会科学家们也设法结合基础研究，努力解决当务之急的问题。虽然有些教授撰文著述时无疑不够严肃，有些丧失了某些客观性，但是与欧洲更为传统的大学工作质量相比，我们一流大学的学术水平几乎并未下降。"②他进一步明确指出："传统主义者的观点无疑指出了在当代大学中存在的许多危险和弊端。但是，他们更多的是竭力去说明缺点，而不是提出解决问题的建议。由于受逻辑推理的影响，他们的观点似乎是要求建立一种与世隔绝的大学。"传统主义者主张把大学办成脱离社会的象牙塔，专业培训与咨询建议之类的服务由诸如职业学校、咨询公司等机构提供。对此，德里克·博克坚定地指出："当然，这种极端化的解决问题的办法几乎是不切实际的。大学在这个发展阶段为自身改革所付出的代价会十分巨大，立法者和捐赠者几乎不会愿意为大学付出的代价承担损失；甚至有多少名教授自愿决心与脱离社会问题的大学共命运也还不清楚。"③脱离实际办大学的主张不仅会遭到政府、教师等各方的反对，在实践中也是有害的。"总之，与世隔绝的大学的生存或许只能是以牺牲专业教育质量、应用性研究、社会性批评和专家建议为代价，然而上述活动对我们的社会来说是至关重要的。"④

　　德里克·博克在一定程度上肯定了激进主义者对多元化大学关切的正当性。他认为："多元化大学的热心者经常只是满足于赞美多元化大学所取得的各种各样的成就，满足于探讨多元化大学行政管理方面所面临的挑战和紧张状况。激进派评论者试图从每一位花钱上学的学生的利益出发，揭示管理多元化

---

①　［美］德里克·博克：《走出象牙塔——现代大学的责任》，徐小洲、陈军译，浙江教育出版社2001年版，第90页。

②　［美］德里克·博克：《走出象牙塔——现代大学的责任》，徐小洲、陈军译，浙江教育出版社2001年版，第84-85页。

③　［美］德里克·博克：《走出象牙塔——现代大学的责任》，徐小洲、陈军译，浙江教育出版社2001年版，第81页。

④　［美］德里克·博克：《走出象牙塔——现代大学的责任》，徐小洲、陈军译，浙江教育出版社2001年版，第83页。

大学学术资源的道德危害。"① 为了回应激进主义者的关切，德里克·博克在分析大学内部权力的分配、运行、规范后指出："不同于军队、公司和其他等级森严的组织，大学是一种社会团体，大学的权力是大家广泛共享的，而不是集中在少数领导者手中。根据学术自由原则，每个教授的教学和科研很大程度上不受行政管理的控制。大学的学院和系科一般采取集体行动的方式，有权力设置课程内容、制定学术要求、聘请新教师、确定招生标准。"此外学生、校友等都对大学的发展有一定的影响力。当然，在大学的权利共享模式下，校长或院长一般来说有办法阻止那些不明智的、不合适的项目或倡议的实施。因此，德里克·博克指出："激进派评论者经常夸大现存权力结构的垄断性特点，过高地估计了其对大学活动的影响。……由此，大学没有必要受某种单一的观点支配，而且在实践中也是如此。"②

为了帮助多元化研究型大学摆脱一些质量有问题的社会服务计划和项目的干扰，德里克·博克提出了下列指导性原则。"第一，研究型大学不应承担其他组织或机构同样能够出色完成的任务。通过认真地观察，人们可以发现由州立大学和社区学院承担教育和知识传播的功能更恰当，或者它应由那些意欲承担为周围地区提供一系列广泛的服务项目使命的城市大学来完成。其他一些计划和项目可由咨询公司、股份公司或政府部门来完成。……在考虑新的计划时，我们可遵循的第二条指导原则是：新增的每一个项目都应该使大学的教学和科研活动得到加强。能够明确经得起这条原则检验的一个例子就是教学医院的建立，因为大学可借助教学医院吸引有才干的医生，还可为医院提供实习医师和高等专科住院实习医师；而实习医师们也可因此获得教学和临床研究必不可少的实践机会。某些在职岗位教育培训项目的增设则是另一个例证。……第三条密切相关的指导原则是：新项目如果一开始就无法激发现有教师们的热情，无法博得他们的积极支持，那么通常就不应该得到批准实施。根据我个人的经验，大学的许多项目之所以遭到了惨重的失败，是因为事先没有弄清学校里那些能干的教授是否真正愿意把大量的时间和精力放在开展新的活动上，尽管大学的校长和院长们发现了极为重要的机遇，获得了足够的经费。"③

① ［美］德里克·博克：《走出象牙塔——现代大学的责任》，徐小洲、陈军译，浙江教育出版社2001年版，第96页。

② ［美］德里克·博克：《走出象牙塔——现代大学的责任》，徐小洲、陈军译，浙江教育出版社2001年版，第99页。

③ ［美］德里克·博克：《走出象牙塔——现代大学的责任》，徐小洲、陈军译，浙江教育出版社2001年版，第87-88页。

最后，德里克·博克强调指出："大学通过做出唯其所能的贡献，有责任和义务服务于社会。在履行此项责任时，任何相关人士都必须设法考虑到诸多不同的价值观念——学术自由权利的维护，高学术水平的维持，学术事业免受外界的干涉，受大学影响的个人权利、合法利益不遭损害，以及满足从充满活力的大学所提供的知识服务中获益的那些人的需求等。因此，所有大学领导者们所面临的一项艰巨任务是，决定他们的大学应该怎样才能以一种尊重上述各方重大利益的方式对重要的社会问题做出反应。"①

（二）大学的学术原则

在多元化办学模式下，如何调和公众的迫切实际需求与大学长远利益之间的关系，解决随之产生的各种问题、矛盾和冲突，是困扰许多研究高等教育的学者的突出问题。德里克·博克提出了三项基本的学术原则，指导研究型大学在满足社会需求的同时进行学术活动。"第一条原则是有关学术自由的，其中涉及大学干预其学者自由发表言论的权力范围等问题；第二条原则讲的内容是大学学术自治和国家越来越多的要求限制大学独立性的问题；第三条原则有关大学的学术中立及大学有必要承担某种社会责任以避免无谓的政治冒险，不能因为过多的义务和精力分散而危害教学和研究质量。"② 简言之，德里克·博克提出的大学的学术原则包括学术自由原则、学术自治原则和学术中立原则。

1.学术自由

德里克·博克认为，言论自由对于个人和社会来说都非常重要。"就个人而言，他所选择的言论和写作权利作为一种自由形式在许多重要方面都有助于丰富和激励其生活。这种自由一旦被剥夺，他就失去了充分参与智力交流活动的机会，而智力交流活动是有助于培养人的价值观，有助于认识世界，有助于发挥那些最具人性特点的思维和想象力的。言论自由，除了对个人具有重要意义，传统上在美国已被看作与社会福利同等重要的一个问题。"③

大学中学者的观点、思维方式各不相同，对于大学来说言论自由更具特别的意义。"一方面，对教师和学者来说，能否继续享有言论和写作自由的权利对教师和学者来说具有极大的利害关系，因为他们的一生都在致力于发展

① ［美］德里克·博克：《走出象牙塔——现代大学的责任》，徐小洲、陈军译，浙江教育出版社2001年版，第101页。

② ［美］德里克·博克：《走出象牙塔——现代大学的责任》，徐小洲、陈军译，浙江教育出版社2001年版，第12页。

③ ［美］德里克·博克：《走出象牙塔——现代大学的责任》，徐小洲、陈军译，浙江教育出版社2001年版，第17页。

新的思想，阐述新的观点。另一方面，大学也极其注重言论自由，因为没有言论自由，大学顺利开展聘任最具创造力的科学家和学者的工作就会受阻；同时，大学因受到这样那样的审查的影响，会危及其对社会做出的最具特色的贡献——知识的探索和新的发现。"①

正因为如此，德里克·博克坚定地捍卫学术自由原则。他指出："大学应该毫无保留地支持这些原则，因为言论自由对大学的中心使命来说至关重要。既然大学已越来越深入社会，对社会的发展日显重要，而且大学也拥有不同的支持者，他们考虑目标的方式也有所不同，那么上述这一观点就值得详细阐述。"② 在他看来，大学教授不能因为观点的不同在聘用、晋升等环节受到不当的对待，社会科学的教授尤其如此。"不应该因为不赞同一名教授的政治、经济或道德观点而对其进行处罚，阻挠其晋升职务，或阻止对他的聘任。但是，这条原则并非总是那么容易遵循的，尤其是当教授职位候选人的研究领域是属于社会科学的时候。"③

2.学术自治

美国最高法院首席法官费利克斯·弗兰克福特（Felix Frankfurter, 1882—1965）支持大学享有自治权。他曾经指出："为了社会的利益，除了出于紧急的原因和有明确的令人信服的理由，政治力量必须避免介入此类自由活动。"从学术自由出发，他论述了学术自治的内涵。"大学的四项基本自由是——根据学术理由来自我决定：谁可以当教师；教什么；应该怎样教和谁可以被准许入学。"④ 简言之，学术自治指的是大学教师在任教资格、教学内容、教学方法和入学资格等方面具有决定权。

令人遗憾的是，"'四项基本自由'的任何一条都已成为联邦政府众多审查制度或条例的对象"⑤。政府对大学事务的干预涉及学生入学资质、教师聘用、课程编制、科学实验等许多方面。德里克·博克认为，政府的干预会对大

---

① ［美］德里克·博克：《走出象牙塔——现代大学的责任》，徐小洲、陈军译，浙江教育出版社 2001 年版，第 20 页。

② ［美］德里克·博克：《走出象牙塔——现代大学的责任》，徐小洲、陈军译，浙江教育出版社 2001 年版，第 18 页。

③ ［美］德里克·博克：《走出象牙塔——现代大学的责任》，徐小洲、陈军译，浙江教育出版社 2001 年版，第 24 页。

④ ［美］德里克·博克：《走出象牙塔——现代大学的责任》，徐小洲、陈军译，浙江教育出版社 2001 年版，第 41 页。

⑤ ［美］德里克·博克：《走出象牙塔——现代大学的责任》，徐小洲、陈军译，浙江教育出版社 2001 年版，第 42 页。

学的运行带来极大的干扰。"政府干预的局限性很大，付出的代价也很大，这是政府有关条例制定和实施过程中固有的缺点。"① 在博克看来，政府干预大学自治的局限性主要表现在以下几个方面。

首先，"那些制定和解释我们的法律的官员经常会犯错误。说他们会犯错误，是因为他们对被管理的机构认识不足。他们可能会把那些适用于各种不同的工业公司的条例和规定不相称地强加在大学身上。他们也可能受到选区全体选民的压力的驱使而采取行动，尽管他们并不十分清楚是否能够设想出一个能正确、合理地解决问题的办法。有时候，他们面对政治压力可能会做出有疑问的决定，或接受令人质疑的妥协条件，以达成立法时所必需的一致性意见"。

其次，"政府的管制对教育发展进程也会造成损害，为施行千篇一律的规定会削弱高等教育的多样性，而办学多样性对我们的高等教育体系来说却是至关重要的"。

最后，"政府干预不仅会削弱多样性，抑制改革，犯下造成重大损失的错误，而且也会迫使大学花费大量钱财来迎合政府条例的要求"②。

在对政府过多地干预大学自治存在的局限性进行深入分析的基础上，德里克·博克提出了减少政府干预、确保大学自治权的策略。他明确指出："政府官员在审核管理高等教育的新建议时，必须做更多的工作，而不只是了解干预的效果如何和由此可能付出的代价会有多大等问题。他们也应该考虑采用什么策略来实现其目标，而同时又尽可能小地损害学术事业。在考虑这个问题时，政府至少有四种选择。它可以发布命令，迫使大学停止某项工作，做出持赞成态度的举动，遵守一系列实际规定和准则。政府官员也可采取措施，要求大学对某些决定进行重新审查，仔细研究某些特殊问题。政府可选择的第三种办法是，通过提供补贴来鼓励大学做出所期望的一些举动，诸如建设新的设施或开展某项具体研究等。最后，政府官员们也可以通过加强市场力量，依靠更激烈的竞争，如愿以偿地实现目标。"③

3.学术中立

在约翰·杜威等人的领导下，1915 年，来自美国多所大学的教授在纽约成

---

① ［美］德里克·博克：《走出象牙塔——现代大学的责任》，徐小洲、陈军译，浙江教育出版社 2001 年版，第 45 页。

② ［美］德里克·博克：《走出象牙塔——现代大学的责任》，徐小洲、陈军译，浙江教育出版社 2001 年版，第 46-47 页。

③ ［美］德里克·博克：《走出象牙塔——现代大学的责任》，徐小洲、陈军译，浙江教育出版社 2001 年版，第 49-50 页。

立"美国大学教授联合会",发表著名的《1915 年宣言》。"起草《1915 宣言》的教授们把大学视为独立于钩心斗角的外部世界的一个不受任何党派控制的论坛。在他们看来,教授个人能够就有争议的问题自由发表言论,而大学则应该对所有政治、经济和社会问题遵循严格的中立立场。"①

德里克·博克认为,虽然大学教授有自由表达观点的权利,但如果一所大学放弃中立立场从而具有明显的政治倾向性,就必然会受到政府等外部力量的干预。他明确指出:"如果一位颇有争议的教师只是发表个人意见,那么董事会成员、校友和其他外部组织会容忍这种现象的存在。但是,一旦大学放弃了这种中立立场而开始追求具体的社会和思想目标,那就别指望当权者会如此宽宏大量,更别提继续得到财政支持了。"②"最终,利用大学达到某种意识形态的目的的做法,会招致外界组织和团体的干涉而损害大学的独立性,因为这些组织和团体只是在大学不想成为具体的政治改革的机构的条件下才会尊重大学的自主权。正是在此种意义上,大学行政管理层必须保持中立。"③

德里克·博克进一步指出,只有保持学术中立,才能为大学的人才培养和科学研究创造适宜的条件。为此,他提出明确建议:在尊重教授的言论自由的同时,大学一定要恪守学术中立原则。"教师应该享有充分的言论自由权利;应该对重要事务享有较大的决定权,如职务聘任、课程设置和招生工作等。如果大学坚持要强调自己作为商品购买者和股票拥有者的作用去影响社会其他机构的行为,那么大学是不可能指望其学术自由权不受外界社会压力的干涉的。既然学术事务自治权对大学的生命力、大学的教学和科研至关重要,因此除了像股票表决等政府明确邀请股东们提建议的极少数情况,大学想停止对其他机构施加压力的做法只能算是一种谨慎之举。"④

---

① ［美］德里克·博克:《走出象牙塔——现代大学的责任》,徐小洲、陈军译,浙江教育出版社 2001年版,第 5 页。

② ［美］德里克·博克:《走出象牙塔——现代大学的责任》,徐小洲、陈军译,浙江教育出版社 2001年版,第 6 页。

③ ［美］德里克·博克:《走出象牙塔——现代大学的责任》,徐小洲、陈军译,浙江教育出版社 2001年版,第 98-99 页。

④ ［美］德里克·博克:《走出象牙塔——现代大学的责任》,徐小洲、陈军译,浙江教育出版社 2001年版,第 343 页。

第四节 21世纪联邦政府的教育政策及 美国总统对教育的阐述

进入 21 世纪以来，美国先后选举产生了三位总统：乔治·沃克·布什（George Walker Bush，2001—2009 年在任）、贝拉克·侯赛因·奥巴马（Barack Hussein Obama，2009—2017 年在任）、唐纳德·特朗普（Donald Trump，2017—2021 年在任）。面对进入 21 世纪后美国国内外形势的重大变化，以及这些重大变化对美国教育提出的一系列新的挑战，三位总统在任期间均领导联邦政府启动了各有特点的教育改革。这些改革一方面表明了 21 世纪美国教育的发展走向，同时相关改革政策，特别是历任总统关于教育改革的阐述，在一定程度上也反映了这一时期美国教育的理念特征。[①]

一、"不让一个孩子掉队"——小布什政府的教育政策

（一）《不让一个孩子掉队法案》的制定

在美国的公共舆论中，2001 年就任美国总统的小布什常常被称作"教育总统"，这与他长期对教育问题的关注及其执政期间对教育改革的大力推动是密不可分的。早在担任得克萨斯州州长期间（1994—2000 年），小布什就曾开展了旨在提高学生学业成绩的教育改革，并取得了一定成效，特别是在提高少数族裔学生成绩方面进展明显。在 2000 年参与总统竞选期间，小布什反复强调这一政绩，同时多次承诺当选总统后将继续推动教育改革，提高教育质量。小布什在竞选期间对教育议题的关注成为帮助他成功当选的有利因素之一——他的竞选对手、民主党总统候选人阿尔·戈尔（Al Gore）"从未在竞选中谈论教育问题"，这使得小布什"从民主党身上赢得了教育的选票"。[②] 这样的结果也让小布什深刻体会到民众对教育改革的渴求，因此他宣誓就职仅三天后，就向国会提交了他的教育改革方案，即"不让一个孩子掉队"计划。

如前所述，小布什总统的教育改革计划是对民众期待的一种回应。在新旧世纪交替之际，美国教育长期的积弊已经日渐恶化，教育质量成为民众最为关注的焦点之一，由学校教育质量问题所引发的经济和其他社会问题也让民众

---

① 鉴于本书写作时特朗普的首个总统任期（2017—2021 年）尚未结束，因此本章所述内容仅限小布什总统和奥巴马总统时期——本书著者。

② ［美］L. 迪安·韦布. 美国教育史:《一场伟大的美国实验》，陈露茜、李朝阳译，安徽教育出版社 2010 年版，第 428 页。

产生了改善教育状况的迫切需求。人们清醒地意识到："只有为儿童提供优质教育资源，提升基础教育质量，培养责任公民，才能抢占世界发展中的高地，确保美国的国际声誉和地位。"①

在小布什总将"不让一个孩子掉队"计划提交给国会之后，参众两院的民主、共和两党议员们围绕计划的内容进行了充分而激烈的讨论。为确保计划的顺利实施，小布什总统并没有急于迫使国会两党议员在未达成充分一致的情况下勉强通过这一立法，而是为他们提供了相当充裕的时间来进行协商，力图使这项大规模改革能够得到两党的共同支持，减少教育改革的政治阻碍。最终，经过两党议员的一轮轮磋商、争论和妥协之后，2001 年 12 月，参众两院相继高票通过了这份议案，总体支持率高达 90%。2002 年 1 月 8 日，布什总统正式签署了长达 1200 页的《不让一个孩子掉队法案》(No Child Left Behind Act)。在签署法案时，小布什总统宣布："今天开启了一个新时代，一个我国公共教育的新时代。从这一时刻起，美国的学校将走上一条新的改革之路，一条富有成果的新路。"②

（二）《不让一个孩子掉队法案》内容概述

作为 1965 年以来美国最重要的中小学改革法，《不让一个孩子掉队法案》的核心目的和立法目标就在于提高基础教育教与学的质量，正如法案开宗明义所表述的："通过问责（accountability）、灵活（flexibility）和择校（choice）的方式，消除（学生）学业差距，以达到不让一个孩子掉队（的目的）。"③法案的最终目标是到 2014 年，美国所有的中小学生都能够在阅读、数学和科学课程学习方面达到所在年级的统一的学业标准。从这一目标要求来看，《不让一个孩子掉队法案》的确是一部雄心勃勃的教育改革方案。

围绕提高教育质量这一中心，《不让一个孩子掉队法案》详细阐述了教育改革的目标与举措。法案共分十章，除第九章总则和第十章补充性说明外，其余八章分别是："一、提高后进学生的学业成绩；二、培养、培训和招聘高素质的教师与校长；三、针对英语语言能力欠缺学生和移民学生的语言教学；四、21 世纪的学校；五、增强家长的知情权和选择权，推动学校创新计划；六、提

---

① 张妹芝:《促进平等，追求卓越——战后美国联邦政府基础教育改革研究》，博士学位论文，河北大学，2011 年，第 82 页。

② *U. S. Department of Education. Strategic Plan 2002—2007*, Washington D. C.: ED Pubs, Education Publications Center, U.S. Department of Education, 2002, p.1.

③ No Child Left Behind Act of 2001, Public Law 107–110,107th Congress, Washington D.C., 2012-01-08.

高灵活性，加强问责制；七、加强印第安人、夏威夷和阿拉斯加原住民的教育；八、影响性援助（Impact Aid）计划。"①这种内容安排充分体现出该法案旨在提高教育质量的立法原则和目标指向。

综合《不让一个孩子掉队法案》全文来看，该法案在提高教育质量方面所采取的最核心的改革举措可以归纳为如下几个方面：

第一，通过"阅读领先"（Reading First）、双语教育、数学和科学合作计划等项目，努力提高中小学生英语、科学和数学等科目的学习成绩。联邦政府和州政府应共同努力制定更为科学、合理和具有挑战性的学业标准，采取激励性措施督促中小学校提高教学质量，未能按要求达到相应学业标准的学校将会受到削减经费等惩治举措。

第二，通过推动包括培养、资格认证、入职和在职培训制度在内的教师制度改革，以及建立基于绩效的教师从业制度等措施，努力提高教师素质，建立一支高质量的师资队伍。法案从关注教师专业发展的角度，对联邦政府、州政府和学区所承担的政策责任做出了明确规定，要求联邦政府和州政府应拨付专项经费，用于开展相应层级的教师专业发展培训项目，以实现法案所提出的为所有公立学校配备"高质量教师"（highly qualified teachers）的目标。

第三，通过推广"择校"的方式促动各中小学校努力提高教育教学质量。《不让一个孩子掉队法案》赋予了家长更大的入学选择权，如果所在学区的公立学校未能达到规定的学业标准，家长有权将孩子转到其他公立学校或特许学校。很显然，这一举措在赋予家长更大的选择权的同时，也给各公立中小学带来了巨大的挑战，使它们时刻面临着提高教学质量的压力。

此外，法案还在加强绩效与问责、建立可量化的学业评估体系、联邦与州政府在推动教育改革进程中的责任与作用等方面提出了具体而明确的措施和方案，充分反映了小布什政府试图遏制美国基础教育质量下滑局面的总体目标，进而成为指导美国教育发展的总纲。

（三）《不让一个孩子掉队法案》的实施成效及反思

作为进入21世纪美国最重要同时也是涉及领域最广的教育改革纲领性文件，《不让一个孩子掉队法案》自颁布之后，在小布什政府的积极推动下，美国基础教育领域随即开展了一场以标准和绩效为主要手段，旨在提高教育质

①　参见：No Child Left Behind Act of 2001, Public Law 107–110, 107th Congress, Washington D.C., 2012-01-08.

量、体现教育公平的大规模改革运动。客观而言，这场影响几乎遍及美国各州、各地区甚至各学校的改革运动一方面的确取得了明显的成效，从另一方面来看，严格的问责制度的建立与大规模标准化考试的开展也给中小学带来了巨大的压力，在一定程度上影响到法案预期效果的实现。

为追踪法案的实施效果，美国教育政策中心（Center on Education Policy）自法案颁布之后，每年均围绕改革的实施情况收集信息并发布年度报告。2006 年，该中心在总结前期调研成果的基础上，发表了由杰克·杰宁斯（Jack Jennings）和迪安·斯塔克·伦特纳（Diane Stark Rentner）撰写的题为"《不让一个孩子掉队法案》对公立学校的十大影响"（*Ten Big Effects of the No Child Left Behind Act on Public Schools*）的报告，对法案实施四年以来美国中小学校出现的主要变化进行了总结，同时也对改革过程中出现的一些问题进行了梳理。具体内容如表 6-1 所示。[①]

表 6-1　法案实施四年以来（2002—2006 年）美国中小学校的主要变化

影响	具体成效	相关说明
影响一	根据各州和学区的官方报告，学生在州统考中的成绩正在提高，值得乐观。	考试成绩的提高是否能真实反映学生的学业水平，这一点尚不确定。
影响二	各学校高度重视阅读与数学（这两门课程是法案要求的统考科目）教学，增加教学时间。	非统考科目的教学受到负面影响，至少有 71% 的学区减少了非统考科目的教学时间。
影响三	各学校对课程和教学标准给予了更多的重视，并且对考试分数的分析更加深入。	
影响四	未达到法案规定标准的薄弱学校（low-performing schools）正在进行课程、师资和管理方面的深入改造。	根据法案要求，未达到标准的薄弱学校将被"重建"（即被州政府接管、解散，或转型为特许学校），但这一规定基本上未被有效执行，2005—2006 学年仅有 3% 的未达标院校进行了重建。
影响五	88% 的学区报告，到 2005—2006 学年底所有核心课程教师均已达到法案规定的"高质量教师"标准。	法案所定"高质量教师"的标准是否能够真正推动教师素质，教育界对此仍有质疑。
影响六	学生参加的考试数量明显增长。2002 年只有 19 个州对 3～8 年级的学生进行阅读和数学年度考试，高中仅有一次。2006 年所有的州都已进行此类考试。	
影响七	学校更加关注学生间的学业差距和特殊学生群体的学习需求。	州统考制度的实施与特殊学生群体的学习需求之间仍存在较大矛盾。

---

① Jack Jennings & Diane Stark Rentner, *Ten Big Effects of the No Child Left Behind Act on Public Schools, Phi Delta Kappan*, 2006(2).

续表

影响	具体成效	相关说明
影响八	"需改进"（need improvement）学校的比例较为稳定，数量未出现较大增长；学生选择学校的权利得到保障，20%的学生接受了联邦政府提供的补偿教育服务。	
影响九	联邦政府在教育领域所发挥的作用日渐加强。	大多数州认为联邦教育部的介入对提高教育质量有积极作用。
影响十	州学业标准和统考的实施使州政府和学区在教育领域扮演更加重要的角色。	大多数州认为联邦政府的经费资助不足，因而无力承担法案所赋予的全部职责。2005年全美有36个州报告缺乏足够的职员执行法案的相关规定，80%的学区感到联邦政府提供的资助无法满足其经费需要。

美国教育政策中心的这份报告较为客观地反映了《不让一个孩子掉队法案》颁布之后的实施效果，一方面肯定了法案在提高美国基础教育质量方面的积极影响，如学校更为关注教学质量、努力提高师资水平，联邦与州政府和学区在引导教育改革方面发挥了更加重要的作用，学生的入学选择权得到了保障和扩充等等，另一方面也对法案实施过程中出现的一些问题做了如实说明，特别是对法案极力倡导的绩效、问责、考试等手段能否取得实际效果表示了担忧。

事实上，美国社会各界对《不让一个孩子掉队法案》的实施成效一直存有争论，赞成者有之，质疑的声音亦不绝于耳。作为法案的倡导者，小布什总统和联邦政府充分肯定法案在改善美国基础教育方面所发挥的建设性作用。2009年1月8日，在法案签署七周年之际，即将卸任的小布什总统在宾夕法尼亚州费城的菲利普·卡尼将军公立学校（General Philip Kearny Public School）发表了主题演讲，对法案实施七年来的成就给予了高度评价。小布什谈道："《不让一个孩子掉队法案》最重要的成果在于：落后的学生减少了，越来越多的学生达到了更高的学业标准。……四年级的学生在阅读和数学考试中取得了有史以来最高的分数"，"课堂上，学生接受到高质量教师的教学……对高质量教师的关注正是改革的一部分"，"法案颁布之后，择校的大门不再仅对富家子弟开放……在这个（法案确立的）体制下，如果你所在的公立学校不合格，你可以选择转到另一所公立学校或者特许学校——我将之视为一种解放（liberation）和赋权（empowerment）"，"我深信，这部法律让更多的学生投身学习，学业成绩的差距正在缩小"。[①]

作为这场教育改革的发起者，小布什总统对改革成效持肯定态度是可以理解的，而社会公众，包括很多来自教育界的人士，也对《不让一个孩子掉队法案》颁布以来美国教育出现的积极变化给予了高度评价，但这并不意味着教育界和公共舆论没有不同的声音。

例如，在择校问题上，小布什总统认为法案的颁布让人们获得了更大的择校灵活性，但实际上在具体操作层面存在着很多问题，很多城市里提出转学申请的学生数量远远超过了接收学校的容纳规模，例如，"巴尔的摩有 3 万学生在不良学校上学，非不良学校的空余名额却只有 194 个。……芝加哥的不良学校学生数是 1.45 万人，但其中只有 2425 名学生的家长申请转学，而非不良学校的空余名额仅有 1170 个"[②]。问题的根源在于，很多州和学区由于经费的缺乏，并没有做好落实法案有关择校规定的准备，而经费短缺的责任很大程度上应由联邦政府承担，"尽管联邦政府为学生转学支付了交通以及其他与转学相关的费用，但却并没有为好学校扩大办学容量提供资金支持"[③]。

在加强州统考的问题上，小布什总统强调"关键的举措就是考试"，"考试对于确保儿童不至于落后太远是至关重要的"。[④] 但需要注意的是，"由于自 20 世纪进步主义教育运动以来，美国形成了尊重学生个性、强调全面发展的教育传统，因此人们对于过分强调考试分数的主张一直都持批判态度。虽然在美国历史上，曾有'回到基础'等各类对进步主义提出反驳的反向运动，但以学生为中心，强调学生学习的积极主动性，强调学习的乐趣，强调探究与自主学习，强调个性全面发展，反对死记硬背、分数至上等教育理念已经根深蒂固于美国的教育实践之中"[⑤]。在这样的教育文化传统背景下，《不让一个孩子掉队法案》所极力倡导的以标准化考试为手段的严苛的绩效问责制度很自然地受到了多方的质疑。

从学校和教师方面来看，频繁的标准化考试和绩效问责让学校和教师备感压力，这种巨大的压力很可能降低而不是提高教师的教学质量。在美国，很

---

① *President Bush Discusses No Child Left Behind*, http://georgewbush-whitehouse.archives.gov/news/releases/2009/01/20090108-2.html, 2009-01-08.

② ［美］乔尔·斯普林：《美国教育》，张弛、张斌贤译，安徽教育出版社 2010 年版，第 197 页。

③ ［美］乔尔·斯普林：《美国教育》，张弛、张斌贤译，安徽教育出版社 2010 年版，第 197 页。

④ *President Bush Discusses No Child Left Behind*, http://georgewbush-whitehouse.archives.gov/news/releases/2009/01/20090108-2.html, 2009-01-08.

⑤ 任长松：《如何看待对〈不让一个孩子掉队的质疑与批评〉》，《比较教育研究》2009 年第 2 期。

早就有关于所谓"高利害关系考试"（high-stakes testing）① 对学生学习和教师教学的不良影响的研究。1999 年，全美英语教师理事会在一项决议中就表达了对"高利害关系考试"所导致的负面效应的批评，认为"高利害关系考试方法常常会伤害学生的日常学习经验，取代更具理性和创造性的课程体系，影响师生的健康情绪，粗暴地破坏弱势群体成员改善生活的机会"②。《不让一个孩子掉队法案》颁布之后，由各州组织的关于核心课程的标准化考试陆续在全美推行，这种"高利害关系考试"引发的一些不良效应招致了一些学者的批评。亚利桑那大学（University of Arizona）教授肯·古德曼（Ken Goodman）在其主编的名为"拯救我们的学校"（*Saving Our Schools*）的书中指出："《不让一个孩子掉队法案》正在驱使学生与教师远离教育。高中辍学率和退学率急剧增长，究其原因，在于高利害关系考试增加，课程的日益狭隘，以及对教师应该如何教和教什么的控制。很多学生因为不能通过考试、不能从 9 年级升到 10 年级或者不能拿到毕业证书而被高中清退。……事实上，这部法律导致了如下情况：学校为占据优势而驱除学习成绩不良的学生。……研究表明，那些留级的儿童在完成高中学业前很容易被学校清退。"③ 为了在州统考中获得更好的成绩，以达到《不让一个孩子掉队法案》制定的标准而避免遭到处罚，学校竟然不惜清退成绩不良的学生，这看似不可思议，却是真切的事实：2004 年，在亚拉巴马州的伯明翰市，很多学校"在受到被州接管的威胁后，就恰好地在州统考开始之前'通过行政手段调走了'522 名学生"④。如此一来，《不让一个孩子掉队法案》招致教育界人士的抨击也就不足为奇了。

当然，类似于肯·古德曼那样对《不让一个孩子掉队法案》几乎持完全否定态度的学者以及他们的批判和质疑并不能说明小布什政府领导的这场教育改革是失败的，客观而言，正如前述美国教育政策中心在其报告中所反映的，这场改革尽管存有瑕疵（事实上，包括教育在内的任何领域的改革都不可能尽善尽美），但其毕竟体现了小布什总统所领导的联邦政府在建设更具竞争力的教育体系方面的努力，这种努力也的确在很大程度上改善了美国基础教育领域中

---

① 　一般认为，"高利害关系考试"是指考试结果与相关人员切身利益存在高度关联性的考试。根据《不让一个孩子掉队法案》的规定，如果学生在州组织的标准化考试中表现不佳，超过一定限度后，学生所在学校及其任课教师会因此而受到处罚。因此此类考试被视为"高利害关系考试"的一种。

② 　［美］乔尔·斯普林：《美国教育》，张弛、张斌贤译，安徽教育出版社 2010 年版，第 239 页。

③ 　Ken Goodman, Patrick Shannon, Yetta Goodman, et al., *Saving Our Schools,* Berkeley: DRD Books, 2004, pp.7-8.

④ 　［美］乔尔·斯普林：《美国教育》，张弛、张斌贤译，安徽教育出版社 2010 年版，第 241 页。

的薄弱环节。致力于提高教育质量的教育改革不会因改革过程中暴露出的问题而止步，相反，这些问题只会成为进一步改革的动力。

二、危机与变革：奥巴马政府的教育改革主题

2008 年 11 月，民主党人贝拉克·侯赛因·奥巴马（Barack Hussein Obama）当选为美国第 44 任总统，翌年 1 月 20 日正式就职。奥巴马是在巨大的压力下走马上任的。小布什政府时期在阿富汗和伊拉克发动的两场战争使美国陷入泥沼难以脱身，并由此背负了沉重的负担；2008 年，发源于华尔街的金融风暴席卷全球，对美国经济造成了沉重打击；巨大的财政赤字和恶劣的经济形势又引起了一系列社会问题。正如奥巴马在其就职演说中所坦言的："众所周知，我们目前正陷于危机之中。我们的国家处于战争状态，与仇恨和暴力抗争。……国家经济严重削弱，人们流离失所，公司大幅裁员，商店接连倒闭。健康保健耗资惊人，学校教育败绩频频。"①

面对困局，改革成为奥巴马政府带领美国迎接挑战的唯一选择。事实上，奥巴马的成功当选也是其在总统竞选中极力倡导"变革"的结果。早在 2008 年总统竞选期间，奥巴马就将新出版的反映其竞选纲领和施政理念的演讲集定名为"我们相信变革"（*Change We Can Believe In*）。2009 年奥巴马就任总统之后，变革理所当然地成为其所领导的新一届联邦政府的施政主轴。

在奥巴马政府的一整套改革政策体系中，教育始终被放在重要的位置，这一点从奥巴马在任期间所做的相关公开演讲中可以明显地感受到，这些演讲为人们全景式地呈现出了奥巴马政府施政期间教育改革的总体方略和具体举措。

（一）奥巴马政府教育政策的主题

1. 危　机

美国人总是对"危机"一词保持着一种异乎寻常的敏感，而 2009 年初走马上任的奥巴马比他的前任们似乎更能感受到危机带来的压力。小布什政府时期，发生在阿富汗和伊拉克的两场看似遥遥无期的战争本就给美国带来了沉重的包袱，而起源于次贷市场的经济危机所引发的金融风暴更是使美国经济近

---

① *President Barack Obama's Inaugural Address*, 2009-01-20. http://www.whitehouse.gov/blog/inaugural-ad-dress.

于停顿。奥巴马接手的是一个处于"困难重重、前途不明的时期"①的美国，他所面对的危机几乎是全方位的，既包括经济危机，也包括由经济危机所引发的其他社会危机，对此奥巴马有清醒的认识。摆在新政府面前的选择只有启动全方位改革，恢复民众信心，遏制住严峻的经济颓势，从而缓解美国所处的恶劣局面。

在奥巴马的改革方略中，教育无疑是最重要的领域之一，因为教育是赢得经济竞争的关键因素。奥巴马充分认识到了这一点。在奥巴马和新一届政府看来，美国的教育同样危机重重。小布什政府时期推动的以《不让一个孩子掉队法案》为基础的教育改革，过分推崇绩效责任制和标准化考试，导致教学实践中出现了明显的应试化倾向，使美国教育陷入了"分数陷阱"，教育质量不升反降。相关研究表明，美国教育已经在很多方面明显落后，例如，在工业化程度最高的 40 个国家中，美国学生的数学成绩排名第 35 位，科学成绩排名第 31 位。美国高中毕业率从 20 世纪 70 年代的第 1 位滑落至后来的第 20 多位，大学入学率也从原来的世界首位降至如今的第 15 位。②此外，经济危机对美国各州的教育财政造成了沉重打击，各州和学区的教育经费缺口巨大，成千上万的教师面临被解聘的危险，很多学校自身也难以为继，陷入破产的境地，如底特律市 2009 年的教育经费缺口竟高达 4.08 亿美元。③在政府拨款严重不足的情况下，很多学校被迫提高学费，而高额的学费又进一步加重了工薪家庭的经济负担，许多学生因为学费问题而不得不辍学，曾经令美国人引以为豪的教育机会均等因此而遭到破坏。美国教育进入了全面危机时代。可以说，奥巴马倡导的教育改革主张，正是基于对教育危机的清醒认识而提出的，这成为奥巴马推动教育改革的重要驱动力。

2. 质　量

教育改革的最终目的是提高教育质量，这是奥巴马政府教育政策的起点和归宿。早在竞选总统期间，奥巴马就清醒地认识到美国教育已经出现了严重的质量滑坡，"《不让一个孩子掉队法案》推崇的'绩效问责制'备受争议，广大中小学教师陷入'为考试而教'的困境，优秀教师纷纷离开学校，学生学业表现不佳，学生辍学率始终居高不下，高校毕业生比例远低于其他发达国

---

① *State of the Union Address, 2009 Barack Obama*, 2009-02-24.http://stateoftheunionaddress.org/category/barack-obama/page/4.

② 孙颖：《奥巴马政府教育改革的政策研究与启示》，《外国教育研究》2011 年第 4 期。

③ 刘学东、程晋宽：《艰难的时代，艰难的选择——奥巴马政府基础教育政策的两难抉择》，《外国中小学教育》2010 年第 2 期。

家"①。在奥巴马看来，质量下滑已经不单单是某一教育阶段的个别现象，而成为各级各类教育普遍存在的共性问题。因此，旨在提高教育质量的改革也必须贯穿于学校教育的各个阶段。

提高教育质量的起点应该从早期教育开始。2009 年，奥巴马就明确提出"对人生影响最大的教育是生命最初几年的学习"，因此他承诺政府将继续扩大早期儿童的教育，继续提高早期儿童教育的质量。② 为此，奥巴马政府在 2009 年制订了"0~5 岁教育计划"，由联邦政府拨款 100 亿美元，资助各州普及学前教育，使每个儿童都能够接受到高质量的教育，在进入小学之前就做好充分的学习准备。奥巴马坚信，对于学前教育的投入是一项有益于儿童、家庭、国家和社会的举措。

基础教育质量的提高是奥巴马政府教育改革的重心，在这一领域，最具代表性的改革举措是 2009 年启动的"冲顶赛跑"项目。在任期间奥巴马多次以不同形式对该项目进行了宣传和推介，并充分肯定了这一项目的实施效果。从政策的指向来看，"冲顶赛跑"与奥巴马的前任小布什总统的教育改革举措并无不同，但其具体实施差异甚远，如果说小布什的改革以"惩后进"为特征，那么奥巴马则是以"奖优异"为导向，这也是奥巴马深信该计划具有生命力的原因所在。当然，基础教育改革是一项浩大的工程，其成效的显露也绝非一朝一夕之功，奥巴马旨在提高基础教育质量的改革仍然任重而道远。

高等教育同样是奥巴马所关注的教育改革重点领域之一。2009 年上任之初，奥巴马就提出了"每一个美国人承诺接受至少一年以上的高等教育或职业培训"、到 2020 年使美国重新成为"全世界大学毕业生比例最高的国家"的目标。③ 当然，数量的提高并非奥巴马高等教育改革政策的唯一或最终目标，质量才是关键。大学生数量的增长只有建立在质量优异基础上才有意义。2012 年奥巴马曾表示，他已经敦促一些大学校长采取措施，提高高等教育质量，"一些学校重新设计课程，帮助学生更快完成学业。有些采用了更好的技术手

① 范国睿、何珊云：《危机时代的教育变革——奥巴马政府的教育政策述评》，《教育研究》2011 年第 2 期。

② *State of the Union Address, 2009 Barack Obama,* 2009-02-24.http://stateoftheunionaddress.org/category/barack-obama/page/4.

③ *State of the Union Address, 2009 Barack Obama,* 2009-02-24.http://stateoftheunionaddress.org/category/barack-obama/page/4.

段"①。出于发展经济、缓解就业压力的考虑，政府还积极鼓励社区学院的发展，奥巴马曾表示，"由于人们需要在今天快速变化的经济领域里接受新工作和职业的培训，我们也将重新使美国的社区学院恢复活力"②，使社区学院成为人们提高职业技能、获得就业机会的重要平台。

奥巴马的上述改革政策体现出以教育质量为本的改革指向，很显然，这种改革也抓住了美国教育的关键症结。尽管改革成效尚未充分显现，其改革举措是否恰当也有待时间的检验，但这种高度重视质量的改革理念是有其现实意义的。

3. 教　师

教育质量提高的关键在教师。"除了父母之外，对一个孩子成功的最大影响来自站在教室前的男女教师们"③，"一名好教师能够使一个班的学生一生增加 25 万美元的收入；一名好教师能够让一个梦想冲出困境的孩子获得摆脱贫困的机会"④。奥巴马以韩国将教师称为"国家建造者"为例呼吁全社会重视教师、尊重教师，呼吁优秀的年轻人加入教师行列，同时他也希望社会能为教师的成长和工作提供宽松的氛围："不要责怪他们（指教师）或是为现状辩护……为学校提供保留好教师所需要的资源，奖励优秀教师。"⑤

为了提高教师质量，奥巴马政府实施了一系列改革举措。"冲顶赛跑"项目中即设立了专项经费，用于扩大对教师的支持，改进教师教育，制定完善的教师评价、薪酬及留任政策，确保将最优秀的教师分配到关键学科及最需要的地区。⑥ 此外，奥巴马政府提出了"优秀教师计划"，从教师的培养、招聘、保持、奖励等各个层面吸引优秀人才加入教师队伍，同时以更科学的绩效工资制度鼓励教师改善教学。⑦

---

① *State of the Union Address, 2012 Barack Obama,* 2011-01-25. http://stateoftheunionaddress.org/category/barack-obama.

② *State of the Union Address, 2011 Barack Obama,* 2011-01-25. http://stateoftheunionaddress.org/category/barack-obama/page/2.

③ *State of the Union Address, 2011 Barack Obama,* 2011-01-25. http://stateoftheunionaddress.org/category/barack-obama/page/2.

④ *State of the Union Address, 2012 Barack Obama,* 2012-01-24. http://stateoftheunionaddress.org/category/barack-obama.

⑤ *State of the Union Address, 2012 Barack Obama,* 2012-01-24. http://stateoftheunionaddress.org/category/barack-obama.

⑥ 范国睿、何珊云：《危机时代的教育变革——奥巴马政府的教育政策述评》，《教育研究》2011 年第 2 期。

⑦ 乔鹤：《奥巴马教育新政解读》，《比较教育研究》2009 年第 9 期。

4. 可负担性

可负担性（affordability）是一切教育改革的前提，只有在教育机会均等、公平入学的前提下，教育改革才有实际意义。在严重的经济危机背景下，教育固然是改善困境的途径，但同时也意味着学费给个人和家庭带来的负担，这无疑将成为影响教育改革成效的重要制约因素。为此，奥巴马采取了多重举措，在提高教育的可负担性方面进行了积极的改革尝试。

在任期间，奥巴马曾反复强调政府发起的针对中产阶级的减税政策，通过这一政策，家庭可支配的实际收入将有所提高，从而减轻在教育开支方面的压力。同时，政府还大幅度提高了教育经费的投入力度，如 2010 财年的教育预算达到了 1278 亿美元，比 2009 财年的 462 亿美元增加了近两倍；在 2009 年政府提出的总额近 8000 亿美元经济刺激方案中，约七分之一经费投入教育领域，其中用于资助经济贫困、教育落后家庭的资金就高达 130 亿美元。[①]

提高高等教育的可负担性是奥巴马政府教育改革的重点，为此政府提出了一系列优惠举措，如根据《美国复苏和再投资法》（American Recovery and Reinvestment Act），"那些正在为支付学费而挣扎的家庭将得到一项供所有四年大学期间享有的 2500 美元减税优惠"[②]；"机会税收优惠计划"规定受资助的大学生只要每年从事 100 小时的无偿社区服务，其家庭就可享受 4000 美元的退税政策，而这笔钱足以支付公立大学三分之二的学费，或大多数社区学院的全部学费；同时，政府还进一步提高了助学金的额度，降低学生获取助学贷款的门槛，等等。[③] 这些措施在降低大学生的经济压力方面已经颇具成效。2012 年，奥巴马对政府在这一领域所做的努力进行了回顾，并且再次强调要"把我们开始的、为数百万中产家庭节省成千上万美元学费的减税优惠延长下去，并通过在未来 5 年加倍提供半工半读机会，让更多的年轻人有机会自己挣钱念完大学"，同时呼吁高校应竭尽所能"努力降低费用"[④]，为美国的年轻人提供更宽松的接受高等教育的机会。正如奥巴马所言："高等教育不能是奢侈品——它是

---

① 刘学东、程晋宽：《艰难的时代，艰难的选择——奥巴马政府基础教育政策的两难抉择》，《外国中小学教育》2010 年第 2 期。

② *State of the Union Address, 2009 Barack Obama*, 2009-02-24. http://stateoftheunionaddress.org/category/barack-obama/page/4.

③ 乔鹤：《奥巴马教育新政解读》，《比较教育研究》2009 年第 9 期。

④ *State of the Union Address, 2012 Barack Obama*, 2012-01-24. http://stateoftheunionaddress.org/category/barack-obama.

经济之必需，美国每一个家庭都应能支付得起。"①

（二）奥巴马政府教育政策的特征

奥巴马政府的教育政策是在严重的金融危机背景下提出的，金融危机及其所引发的一系列问题既是教育改革的动因，也为改革的启动提供了契机，正是出于缓解危机的紧迫性的考虑，奥巴马政府提出的总额高达近 8000 亿美元的经济刺激方案才得以在很短的时间内得到国会的批准，其中超过 1000 亿美元被用于教育领域。如果没有金融危机，联邦政府很难如此顺利地启动这样大规模的教育改革，因此有学者将奥巴马政府的教育改革评价为"巧借救市推教改"，"这次金融危机在某种意义上使奥巴马因祸得福，让他能够以救急的名义，将竞选期间承诺的教育拨款以一揽子的方式放在刺激经济法案中，既省去了烦琐的程序，也兑现了他的承诺，可谓一举两得"。② 不过，在这种背景下，人们对政府提出教改方案有了更高的期待，希望改革能够在短期内收到立竿见影的效果，这不能不说是奥巴马政府所面临的一个巨大挑战。

从奥巴马政府的教育改革政策可以明显地感觉到，联邦政府在教育改革中的作用日益加大，美国教育权力的重心出现了"上移"的倾向。通过提高对教育的资助力度，联邦政府加强了对教育改革主导权的控制，使各州的教育改革建立在了联邦拨款的基础之上，从而巩固了联邦政府在教育改革中的地位和作用，便于引领各州在联邦政府所倡导的基调范围内开展改革，同时有助于联邦政府统筹教育资源的配置，促进教育公平的实现。

与小布什政府不同的是，奥巴马政府的教育改革缺乏专项法律的支撑。小布什政府在 2002 年颁布实施的《不让一个孩子掉队法案》是引导同期美国教育改革的一项具有里程碑意义的法案，该法案为小布什政府的教育改革政策提供了法律保障。而奥巴马政府的教育改革更多地停留在政策理念方面，改革往往是以项目的形式开展的，并未提升到法律层面，这不能不说是奥巴马政府教育改革的一项制度性缺憾。尽管社会各界对《不让一个孩子掉队法案》的缺陷已经有了较为一致的认识，奥巴马也已经意识到教育立法对改革的巨大推动作用，他在 2011 年国情咨文中就曾提出"将用一个更为灵活、专注于用给我们的

---

① *State of the Union Address, 2012 Barack Obama*, 2012-01-24. http://stateoftheunionaddress.org/category/barack-obama.

② 高靓等：《巧借"救市"推教改——有关专家解读美国总统奥巴马的教育新政》，《中国教育报》2009年 5 月 12 日。

孩子带来最大益处的法律来取代《不让一个儿童掉队法案》"① 的设想，但由于政党竞争的利益博弈的复杂性，这一设想至今仍未实现。可以预见，加强与国会两党议员的沟通，协调各利益集团的关切，制定更为完善和更具可操作性的教育法律，还将是今后一段时期美国联邦政府教育改革所要努力的方向之一。

出于对提高教育质量的高度重视，奥巴马政府在其教育政策中提出了近乎严苛的标准。奥巴马任命的教育部部长阿恩·邓肯（Arne Duncan）被称作"铁腕部长"，邓肯在担任芝加哥教育局局长期间推动的"公司化"教育改革曾引起广泛争议。在担任部长之后，邓肯借鉴其在芝加哥的经验开展全国性改革，"冲顶赛跑"项目就是其中最具代表性的举措之一。尽管该项目的出发点是通过绩效管理的方式刺激各州提高其教育质量，但过于苛刻的标准使很多州对联邦的经费诱惑望而却步，同时也招致了美国全国教育协会的抨击，认为该计划"视野狭窄，依旧是小布什政府由上到下的改革模式，实施之后，势必促使各州大力推行绩效工资制，使公共经费转到私人运作的特许学校，加上其他性质相似的措施，美国教育体系必将毁于一旦"②。在这种情况下，如何平衡提高教育质量与教育标准的可行性之间的关系，仍是未来美国教育改革需要认真思考的重要议题。

20世纪80年代以来，美国社会比以往任何时候都更加清醒地意识到了来自国内外的各种压力。为了积极应对世界范围内科技、人才等领域的竞争，同时也为了积极回应民众对于各层次各领域教育质量的担忧，提升教育标准、提高教育质量等成为各层次各领域教育思想关注的主题。

从基础教育领域来看，以1983年国家优异教育委员会《国家处于危险之中：教育改革势在必行》报告的出台为标志，如何提升基础教育的质量直接引发了美国教育思想界的大辩论。尽管此期间也出现了不同的声音，但认可美国基础教育问题频出的观点仍然占据了上风，思想家们对如何提升美国基础教育质量、实现基础教育优异的诸多意见和建议至今对美国基础教育改革仍有着重要价值。当然，关注教育质量的主题在21世纪依然是美国教育改革的核心和焦点，美国历届总统的施政方案无一不体现了这一思想。

职业教育领域的改革与基础教育领域的改革开始于相同的时间段且有着

---

① *State of the Union Address, 2011 Barack Obama*, 2011-01-25. http://stateoftheunionaddress.org/category/barack-obama/page/2.

② 范国睿、何珊云：《危机时代的教育变革——奥巴马政府的教育政策述评》，《教育研究》2011年第2期。

相同的目标，但是，与基础教育领域的做法不同，职业教育领域的学者呼吁以生涯职业教育理念，学术、职业与生涯教育相互融合的理念，学校与工作场所职业教育相互协作的理念取代原来孤立、隔离、终结性的职业教育理念，他们所倡导的新职业主义的职业教育观念标志着一个新时代的到来。

如何在美国高等教育从大众化走向普及化的背景中提升其质量？如何在既满足不同人群对于高等教育需求的同时又不降低其质量？此时期，博耶从研究型大学的职能和学术使命出发，对大学学术的概念进行了重新的认识，他提出的探究的学术、整合的学术、应用的学术和教学的学术的观点拓展了高等教育学术的边界，消弭了由于人们对于高等教育使命的不同认知而引起的争议，是对高等教育多元化发展时代的最好注解之一；德里克·博克也从大学多元化办学的角度出发，对研究型大学所应该承担的社会责任以及坚持的学术原则提出了独到的看法，他们的观点丰富了美国高等教育思想的宝库。

第七章　　　　当代美国教育哲学

哲学（Philosophy）一词来源于古希腊词汇 philo（love, 爱）和 sophos（wisdom, 智慧），本意是对智慧的热爱和对知识的追求。哲学主要思考何为善、何为真、何为美以及什么是知识等问题。哲学正是通过对这些问题的思考影响人们的生活过程及生活中的各种决定，同时，通过对这些问题的解答，人们逐渐形成自己的世界观和价值观。

教师相信什么，即他们持有什么样的哲学或教育哲学观念，会对他们的生活以及他们的学生的生活产生极大的影响，同时，教育哲学和教育实践关系密切，有什么样的教育哲学往往会持有相应的教育信念，并影响到教育者的教育实践。影响美国教育的哲学既有西方最古老的哲学流派，也有西方现代哲学流派，还有与美国教育理论与实践相结合而生成的教育哲学流派。对美国教育影响巨大的哲学流派包括实用主义、存在主义、分析哲学和后现代主义等。产自美国本土的教育哲学流派包括进步主义、要素主义、永恒主义和社会改造主义等。其中实用主义哲学被认为是进步主义的理论基础之一，为避免重复，本节将不对实用主义哲学进行分析。

一、存在主义教育哲学

存在主义（Essentialism）可以追溯到苏格拉底的告诫"认识你自己"和智者派的说法"人是万物的尺度"。笛卡尔（René Descartes）、帕斯卡（Blaise Pascal）、陀思妥耶夫斯基（Фёдор Михайлович Достоевский）等人对个人自由和责任的重视也为存在主义的产生提供了营养。

二战以后对美国教育产生影响的存在主义的奠基者和主要代表人物包括：丹麦 19 世纪的哲学家和神学家克尔凯郭尔（S. A. Kierkeggard，1813—1855）、德国的雅斯贝尔斯（K. Jaspers，1883—1969）和海德格尔（M. Heidegger，1889—1976）、法国的萨特（J. Sartre，1908—1980）以及奥地利的布贝尔（M. Buber，1878—1965）等。

存在主义不是一种系统的哲学，它是对传统哲学惯用的数学、科学和客观性思维的一种反叛。存在主义的根本特征是把孤立的个人的非理性意识活动当作最真实的存在，并作为其全部哲学的出发点。存在主义反对任何导致社会控制或镇压的努力，自称是一种以人为中心的、尊重人的个性和自由的哲学。

（一）存在主义哲学的基本主张

存在主义在不同的文化背景中有不同的存在形式。存在主义者的基本信条是，人是受困于无意义的、荒谬的世界中的孤独的、隔绝的、无助的个体。

就本体论即形而上学而言，存在主义者认为存在先于本质。在他们看来，物质世界无任何意义和目的，我们只是偶然来到这个宇宙中，在这里没有世界的秩序，也没有事物的自然规律。除了我们的存在，我们不把任何东西归功于自然界。存在主义者认为，因为我们是无目的地生存这个世界上，所以我们必须创造我们自己的意义（meaning）。除了存在，选择在存在主义的形而上学中也是一个核心概念。确定我们是谁、是什么，就是确定什么是真。在存在主义者看来，我们按自己的选择来确定真实，我们不能逃脱选择的责任，包括选择如何看待我们的过去。

在认识论上，与他们关于实在的立场一致，存在主义者认为，我们认识真理的方式是选择。个体自己必须最终确定何为真以及如何知其真。我们是选择逻辑、直觉和科学方法还是我们的发现与事实，一点关系也没有，这都不重要，重要的是我们最终必须做出选择。我们选择的自由意味着我们也背负着逃脱不了的巨大责任。因为没有绝对，没有权威，也没有达到真理的唯一的或正确的方式，所以唯一的权威就是自我。

在价值论上，存在主义者认为，不仅确定真实和获取知识是必需的，而且确定什么东西有价值也是必需的。一言一行都是选择，而且是创造价值的行为。存在主义者指出，这种选择存在一个悖论：因为没有供我们正确选择的规范、标准和确定性，所以选择总是令人失望，甚至有时令人恼怒。指望根据一种标准或尺子来确定什么是正确的、正义的或有价值的，往往比为我们的选择承担责任要容易得多。然而，存在主义者认为，这对我们自由的意志来说，是很小的代价。

（二）存在主义教育哲学的基本主张

存在主义教育哲学的基本主张有以下几个方面。

教育目的。在存在主义者看来，学校应该发展学生对他们行为后果负责的态度，并学会如何处理他们行动的后果。相应的教育的目的就在于人的"自我发现"（self-discovery），并向学生解释自由选择和对自己的选择负责的重要意义。这就是说，教育应该让学生认识到应对自己的行为负责，应该成为一个对自己负责的人，是自己的选择及其行为后果使一个人成为一个人，成为自我。这种选择及其行为使学生自我发现、自我生成。正是在这一点上，存在主义者坚信，教育始于自我，教育应该帮助学生成为他们想成为的人，而不是别人或社会认为他们应该成为的那样的人。

课程与教学。在课程上，存在主义者强调以学生为中心，并提供各种各样的生存状况，来丰富和强化学生个人的切身体验。存在主义最重视的科目是人文学科，因为这些学科所提供的材料往往包含着人类的生存状况。存在主义者断言，通过对这些无意义和虚无的观念的集中学习，以及伴随着的焦虑和荒谬，最终我们能建立对自我的肯定并寻找到生活的意义。存在主义者认为，这样的课程能唤醒学习者的主观意识，他们称之为"存在的瞬间"。与传统哲学强调绝对真理的课程观不同，存在主义者的课程强调的是"个人真理"。

在教学方法上，存在主义强调个体和个人学习。存在主义者偏爱的教学方法是非指导性的人类价值观教育，具体的方式是对学生的选择和生活经验等进行讨论和分析。这种个体学习的方式和苏格拉底的问答法有许多相似之处，存在主义者对苏格拉底式的对话教学非常推崇。他们相信这种方法能引导学生自知和自我发现。

学生的本质。存在主义者相信，学生是能够做出真正的、负责的选择的个体。进一步，学生能够自律和自我发现，并对他们自己的学习负责。所以说，学生的任务是承担选择和行动的责任，学会树立个人的目标，并通过发展独立性、做决定和解决问题来实现个人所确定的目标。

教师的角色。与学生的任务相对应，在存在主义者看来，教师的角色是创造让学生独立行动的环境以使学生做出选择并承担行动的责任，这就要求教师成为学生的真实的榜样。此外，教师的目标是帮助所有学生在争取自我实现的过程中使他们的潜力获得充分发展。存在主义教育家鼓励个人性的和互动的师生关系。教师与学生个人的认知和情感的发展有密切的关系。因为存在主义强调寻求生活的意义和目标，所以教师应该是乐于内省和反省的个体，想象和洞察力也是存在主义者对教师的普遍要求。

（三）评　价

存在主义给美国教育工作者带来了很大困扰，因为它攻击学校赖以建立的系统化哲学的基本信念。挫折、异化、死亡和绝望等与美国学校教育的目标格格不入。选择的绝对自由对所有社会组织、文明机构，当然也包括学校教育，带来了巨大冲击。选择绝对自由的代价必然是很多人把自己的选择权让渡给其他人，并由他人决定自己的命运。一个典型例子是发生在美国琼斯镇的群体自杀事件，许多人由于完全相信他人而失去了宝贵的生命。存在主义教育哲学的影响正在逐渐上涨，美国教育政策的制定者很难消除存在主义哲学授予的选择权，提出教育理论的人无疑也相信自己有能力代替教育者做出决定，而在学校中最难的恰恰是做出合理的选择。

二、分析教育哲学

分析哲学（Analytic philosophy）又叫哲学分析或语言分析，是一种关注澄清语义的哲学。分析哲学运动早期的主要代言人是英国哲学家罗素（Bertrand Russell, 1872—1970）。罗素重视对语言和实在关系的研究，主张实在可以被分解为"不能再分的元素或关系"。其他著名的分析哲学家还有美国的谢夫勒（Israel Scheffler, 1923—2014）和索尔蒂斯（Jonas Soltis）。后两者都极为关注哲学分析对教师的重要影响。谢夫勒 1960 年出版的著作《教育的语言》（*The Language of Education*）研究的主要问题是哲学分析如何帮助教师形成他们关于教育问题的信念、主张和观点。索尔蒂斯是美国当代分析哲学家，也极为重视哲学分析对教师的重要意义。他这样说："我们必须弄清（教育语言的）意思和含义，不能像吟诗作画一样摇摆模糊。分析的品质和技术对所有教育实践者都极为有用，可以帮助他们进行仔细和精确的思考，了解他们从理论家那儿究竟买到了什么货色。更为重要的，要知道他们应该追求什么，以及怎样有效地实现这些追求。"[①]

（一）分析哲学的基本主张

分析哲学家往往不关心形而上学问题，原因在于他们将"真理""实在"等视为一种理论问题，不是实践的，或者说不是可以经验的问题。他们主要关心的问题是，如何选择那些含义明确并可以用通用的、科学的或专业的语言表述的术语。

在认识论上，哲学分析家强调，语言应是对其直接意义的表述。这是因

---

① Jonas F. Soltis, *An Introduction to the Analysis of Educational Concepts,* Reading: Addison-Wesley, 1978, p.88.

为，语言表述有其内在的逻辑，或者说，可以用经验性的术语明确其意义，而经验性的术语是可以证实和检验的。在分析哲学家看来，如果语言找不到证实的方法，就说明语言是没有意义的。我们使用的许多词语和表述都是情感化的或者说是主观的，只对使用它们的人有意义。例如，适应、包含、调整、专业技巧、改革、成长和容忍等术语都有多种含义。像哲学表述如"存在先于本质"或"自我实现是人类的最高目的"等都是无法证实的，因而其价值极为有限。

在价值论上，与传统和现代哲学家关注价值观的形成并鼓励某些特定的行为不同，分析哲学家对什么样的价值观是真的，什么样的行为是好的，或什么艺术是美的这类问题并不关心。他们只关心这些价值观或行为能否由经验来检验，并做那些对读者来说有意义的事情。

（二）分析教育哲学的基本主张

教育目的。由于分析哲学重视对教育概念、定义的澄清和分析，重视对语言意义的分析，因而，分析哲学家并不关心如何表述教育的目的。分析哲学关心的是教育者在学校里使用的语言是清晰的还是模糊的，能否被公众和学生所理解，例如，"理解""精神""自由"和"教育"的含义是什么，应该如何使用这些概念等。尽管大多数分析哲学家不认为能清晰界定这些词语的含义，但都认为可以以一种更精确的方式在不同的语境中来使用。分析哲学家还认为，必须考虑观念的情感意义，如"公正""爱国""荣誉"和"美德"等，就可能给教育目的以赞成的效应。

课程与教学。分析哲学家并不规定课程的内容，他们关心的是参与课程设计的教育者应该使用怎样的语言描述和实施课程。他们主张教师和课程编制人员应该将哲学分析当作一种工具，以避免使用那种模糊的、模棱两可的、容易混淆的术语。他们也主张应该让学生了解语言分析的价值和重要性，因为这是有效交流的基础。他们建议分析的各种工具应该早在小学各年级就介绍给学生，并在中学和高等教育阶段进一步强化。

分析哲学偏爱的教学方法是教师向学生示范分析哲学家所使用的各种哲学分析和语义分析的方法。教师必须注意他们如何与学生、同事和公众进行交流。因为他们是学生的榜样，学生从他们身上可以学到清晰地、科学地分析各种概念、思想和事物的技能。

学生的本质。分析哲学家坚信，所有年龄阶段的学生都能够理解和运用分析的程序和方法，所以学生的任务就是正确理解分析的程序和方法，并将之应用到学习和生活中去。另外，学生还应该通过实践不断强化所获得的良好的交流技巧。

教师的角色。与学生在教育中的任务和角色相对应，在分析哲学家看来，教师的角色是示范如何运用语言和逻辑。并且，由于教育领域包含了许多源于其他学科（如哲学、心理学、历史、社会学和宗教等）的观念，因此，教师就应该非常精通这些学科如何对特定的语言和观念进行解释和定义。在分析哲学家看来，最重要的是，教师无论何时都应该注意选择那些对学生清晰的和有意义的术语。也就是说，教师是这方面的典范，跟学生交流应该清晰和有意义，同时又是学生学习的榜样。

（三）评　价

分析哲学从传统哲学本身存在的语言和概念问题等出发对传统哲学造成了巨大的冲击，也对传统教育哲学造成了巨大的影响。分析教育哲学家都批评传统教育哲学所使用的语言和概念模糊不清，从而造成了思维的混乱和理论的混乱。分析教育哲学强调语言意义的明确，重视对语言形式的研究，这不仅有助于纠正人们的一些模糊概念，也有助于教师和预备教师思维能力的发展。尽管到目前为止对大多数教育的基本概念仍存在众多分歧，但分析教育哲学的努力至少使人们认识到分歧的存在。这对教育哲学的发展是有益的。

随着现代科学和新学科的不断出现，许多专家学者喜爱用专门语言来分析和解决问题。这与哲学分析的路数是一致的。美国教育哲学系部的许多教授都偏爱用哲学分析的方式研究教育理论和实践问题。这与美国教育强调证据提供和分析是一致的。中小学教师在认识和解决教育实践问题时也开始注意吸取哲学分析的营养。的确，我们可以批评分析哲学不是一种特别的哲学体系，但分析哲学也的确对厘清教育观念提供了一种有效的工具。

三、进步主义教育哲学

进步主义（Progressivism）教育哲学是影响美国教育最重要的教育哲学流派之一。进步主义的含义十分复杂，进步主义教育理论家在不同的时代强调的重点也不同，因此很难对进步主义作一个简明而确定的界说。一般来说，人们倾向于认为，进步主义的要旨在反对19世纪末20世纪初美国传统学校教育，以便使美国的教育适应日益工业化、都市化和大量移民的需要。进步主义教育是美国进步时代的一个方面。

（一）进步主义的产生与发展

进步主义产生于 19 世纪末 20 世纪初的美国。一般认为，美国教育家帕克（Francis W. Parker, 1837—1902）是进步主义的先驱，被称为进步教育之父。但是，杜威（John Dewey, 1859—1952）及其在芝加哥大学实验学校的工作为进步主义提供了实践基地。鉴于其在芝加哥大学和哥伦比亚大学师范学院的位置和立场，杜威被视为进步教育运动最主要的代言人之一。杜威在芝加哥大学的同事杨（Ella Flagg Young, 1845—1917）因为极为重视试验和民主在课堂和学校中的中心作用，也被视为进步主义最重要的代言人。克伯屈（William H. Kilpatrick, 1871—1965）则通过引入以经验为中心的课程和使用项目教学法（project method）[①] 进一步促进了进步教育运动的发展。

第二次世界大战以后，由于国际政治、经济形势的变化和进步教育自身存在的一些弱点，进步主义教育哲学逐渐成为美国教育理论和实践舞台的配角。1955 年 6 月，进步教育协会宣布解散，两年以后，《进步教育》杂志停办，这都标志着美国教育之进步主义时代的结束。但是进步主义教育哲学并没有随着进步教育协会的解散而从教育的领地消失。进步主义对传统教育的批评，对儿童兴趣、活动的重视等许多重要的主张，仍对美国的教育实践有深刻的影响。

就在进步教育协会宣布解散的那个年代末期，美国掀起了轰轰烈烈的教育改革运动，尤其在课程领域表现得尤为明显，试图消除进步主义对美国教育在学习内容上的负面影响。进步主义运动忽视了儿童的发展水平等因素，并没有取得预想的成功，美国教育界呼吁重新重视儿童兴趣和需要的声音再一次响起。许多教育史学家将其称为"新进步运动"。除此之外，在这个时期及以后相当长的一段时期内，对杜威进行研究的兴趣一直维持在较高的水平上。正如美国学者所指出的："在过去的 86 年中研究杜威及其著述的作品大约有 2200 多份，每年平均为 25 种。但是从 1973 年 2 月到 1977 年 1 月这四年内已经出现了 300 多项关于杜威的研究，即平均每年为 60 多项。……对于杜威研究的

---

① 中国学者从 20 世纪 20 年代即将"project method"译为设计教学法，显然不符合克伯屈的原意。克伯屈将"project method"定义为"whole-hearted purposeful activity proceeding in a social environment"（"在社会环境中进行的全神贯注的有目的的活动"）。"project"的确有设计的意思，而且完成"project"的确需要设计，但设计不是"project"最重要的要素，实施，即运用已经获得的知识去解决实际问题才是根本。所以，本章中将"project method"译为"项目教学法"，即用完成项目的方法进行教学或学习。

质量和深刻性也在不断增加。"①

　　在 20 世纪 80 年代和 90 年代早期的教育政策中，要素主义教育哲学成为主导性的教育理论。在这个"回到基础"的教育运动中，持有不同政治观点并处于不同党派阵营的人都加入了要素主义的队伍中，似乎每一个人都是要素主义者。但批判理论和后现代主义的出现和传播，为进步主义的适度复兴提供了温床。进步主义教育哲学以多种多样的形式在教育实践中得以体现。磁铁学校（magnet school）就是一个例子。马萨诸塞州劳维尔（Lowell）的一所磁铁学校的基本做法是将学校建成一个"微型社会"，由学生运行这个社会的政治和经济系统。密西西比州杰克逊（Jackson）一所选择性学校鼓励不同能力的学生组成一个工作团队，通过合作学习的方式进行各种教学活动。有些学校在鼓励学生利用各种感觉器官进行学习，而不只是依赖看和听。所有这些做法都反映了进步主义教育哲学的影响。

　　（二）进步主义教育哲学的基本主张

　　教育目的。进步主义认为学校应该模仿生活，尤其应该模仿民主社会的生活。要使学生在民主制度和更大的民主社会中更好地生活，学校必须鼓励合作并发展学生解决问题和做决策的技能。

　　课程与教学。进步主义的课程是以经验为中心的课程，强调课程要与经验有关，要不断对经验进行反思。这样的课程将几门学科融合起来，但并不提供普遍的真理，即一种特殊的知识体系，或者说，并不提供一套指定的核心课程。相反，这样的课程提供的是学生要获取的一系列经验，要反映学生个体在不同环境中的需要和兴趣。进步主义者将其称为以儿童为中心的、以同伴为中心的、以成长为中心的、以活动为中心的、以过程和变化为中心的以及以平等为中心的课程。与要素主义者和永恒主义者强调课程要以过去的文化和历史为主不同，进步主义者强调，学生学习的内容应该与学生今天的生活密切相关，应该对学生今天的生活有意义。

　　对进步主义者来说，由于没有严格的教学内容，也没有知识构建的绝对标准，因此最适宜的教学方法包括团队工作和项目方法（project method）。进步主义者相信，在小学的第一年级（6 岁）就可以引入项目工作（project work）完成复杂的教学工作。与项目方法相适应的教学策略是科学方法。然而，与永恒主义者和要素主义者将科学方法视为检验真理的手段不同，进步主义者将科

① 傅统先、张文郁：《教育哲学》，山东教育出版社 1986 年版，第 366 页。

学方法视为检查经验的工具。

课堂环境。进步主义者主张教师要在课堂里营造强调公民身份的民主气氛。在学校管理上，教师要劝说父母参与学校的民主决策。进步主义者鼓励学生和家长形成他们自己的委员会和组织，去解决教育问题并推动社会改革。

教师的角色。进步主义者将教师视为学生学习的促进者或指导者。这样的教师既不是知识或真理的权威，也不是知识和真理的传播者。教师是帮助学生尝试直接经验来促进学生学习的向导。进步主义就其真正的本质看是以社会为定向的，因而要求教师成为集体决策的合作伙伴，成为关心学生行为最终结果的合作伙伴。

教学评价方式。由于进步主义强调小组活动、合作学习和民主参与，因此在评价方法上异于传统的评价方法。例如，进步主义强调使用形成性评价，即主张使用以过程为定向的评价，关注的是不断进行的过程中的反馈，而不是测量结果。观察学生在做什么，对学生仍然需要发展的技能进行评价，解决正在发生的难以预料的问题，是进步主义者最常使用的评价方法。

（三）评　价

进步主义教育哲学在 20 世纪上半叶对美国教育实践产生了重要影响，在批判传统教育理论和实践方面发挥了积极的作用，给美国学校带来了许多方面的变革。可以说，进步主义开启了现代教育理论的新篇章。进入 21 世纪以后，随着《不让一个孩子掉队法案》的通过，似乎进步主义教育哲学又一次被美国教育界抛弃了。然而，正如在该法案还没有颁布之前有学者就已经警告的那样："测验驱动下的课堂使学习倍感枯燥、恐惧和无趣，使教师、学生和学校都陷入了机械行为的泥沼，淹没了学龄儿童热爱学习的天性。"[1] 的确，过分强调标准化测验和根据测验成绩评定学校教育教学质量的做法已经被认为几乎是完全失败了，进步主义教育哲学的主张又一次被美国教育家重新唤醒。

四、永恒主义教育哲学

永恒主义（Perennialism）又称为"古典主义""新经院主义"或"古典人文主义"等，是对美国教育产生重要影响的当代教育哲学流派。其代表人物有法国的哲学家夏提埃 [2]（Emile Auguste Chartier，1868—1951）和天主教哲学家马

---

[1]　Peter Sacks, *Standardized Minds*, Cambridge: Perseus Publishing, 1999, pp.256–257.

[2]　即广为人知的阿兰（Alain）。

利泰恩（Jacques Maritain，1882—1973）、美国教育家赫钦斯、哲学家和教育家艾德勒（M. J. Adler，1902—2001）及哲学家布鲁姆（Allan Bloom，1930—1992）等人。

（一）永恒主义教育哲学的产生与发展

永恒主义的思想渊源可以追溯到古希腊的苏格拉底和柏拉图的思想以及欧洲中世纪哲学。但一般认为，法国哲学家夏提埃的出现标志着永恒主义走上了历史的前台。夏提埃毕业于巴黎高等师范学校，曾在里昂、巴黎的几所中学任哲学教师，著有专门论述教育问题的《教育漫话》（*Propos sur l'éducation*），其他方面的著作如《幸福论》（*Propos sur le bonheur*）、《政治论丛》（*Politique*）等对法国社会也有广泛影响。马利泰恩是最著名的宗教永恒主义的代言人。在马利泰恩看来，仅仅有智慧尚不能充分地理解宇宙，建立与上帝的关系也是必须的。

赫钦斯毕业于耶鲁大学，曾任芝加哥大学校长，是世俗永恒主义最著名的领袖。他在任芝加哥大学校长期间，根据永恒主义教育哲学，从办学目的、课程设置，甚至教学方法等，都进行了一系列改革。赫钦斯的主要教育著作包括《美国高等教育》（*The Higher Learning in America*）、《为自由而教育》（*Education for Freedom*）、《民主社会中教育的冲突》（*The Conflict in Education in a Democratic society*）、《乌托邦大学》（*The University of Utopia*）、《美国教育之考察》（*Some Observations on American Education*）和《学习化社会》（*The Learning Society*）等。赫钦斯和马利泰恩一样，都主张理想的教育是发展心智的教育，教育的最高宗旨就是人的理性、道德和精神力量的充分实现，而课程应集中于西方文明的杰作。赫钦斯强调对全民实施发展人的本性的自由教育，正如他所说的："教育意味着教学，教学包含着知识，知识就是真理，而真理在哪儿都是一样的。所以，教育无论在哪儿也应该是相同的。"[1] 大概正是源于强调全民都应该接受相同教育的主张，赫钦斯还提出了"学习化社会"的主张，他也将其称为"学习化共和国"，即"任何时候，不只是提供定时制的成人教育，而以学习、成就、人格形成为目的而成功地实现着价值的转换，以便实现一切制度的目标的社会"。[2] 学习化社会概念的提出是赫钦斯对西方教育，甚至是世界教育的重要贡献。这个概念提出后不久就引起整个世界的广泛

---

[1]　Robert M. Hutchins, *The Higher Learning in America*, New Haven: Yale University Press, 1936, p.66.

[2]　［美］赫钦斯：《教育现势与前瞻》，姚柏春译，今日世界出版社1970年版，第136页。

关注。1972 年，联合国教科文组织国际教育发展委员会出版的《学会生存》一书将学习化社会视为未来社会的基本形态。尽管人们对教育的理解不尽相同，但关于学习化社会将成为未来社会基本特征的认识是一致的。赫钦斯于 1977 年去世后，永恒主义的另一位代表人物艾德勒（Mortimer J. Adler）接过了永恒主义教育哲学的旗帜，并在 1982 年发表了标志着永恒主义教育哲学复兴的著作《派地亚 ① 建议：一个教育宣言》（*The Paideia proposal：An Educational Manifesto*）②。

艾德勒毕业于哥伦比亚大学，曾在芝加哥大学、圣约翰学院任教，著有《当代教育危机》（*The Crisis in Contemporary Education*，1939）、《怎样读一本书——获得自由教育的艺术》（*How to Read a Book:The Art of Getting a Liberal Education*）、《教育革命》（*The Revolution in Education*）等。艾德勒与赫钦斯一样，反对将课程分门别类（如分为职业的、技术的和学术的科目）的做法，主张民主社会所有的学生都应该接受高质量的相同的教育。在这种相同的教育中，没有分组，也没有选修课，在整个 12 年的中小学教育中，所有学生都学习相同的课程。艾德勒将这种课程分为三种不同的教学模式。他将第一种模式称为"知识获取"（acquisition of knowledge）。在这种模式中，教师使用说教的方法，让学生了解三个领域的基本知识：语言、文学和艺术；数学和自然科学；历史、地理和社会科学。第二种教学模式为"技能形成"（development of skill）。在这种教学模式中，教师扮演的是教练的角色，帮助学生学会怎样去做，即帮助学生获得听、说、读、写、观察、测量、估计和计算的基本技能。在这个领域中，他们将有一种唯一的选修课程：第二语言。第三种模式为"理解拓展"（enlargement of understanding），通过强调观念和价值的获取来体现永恒主义的核心主张。在这种教学模式中，教师不再使用说教或教练的方法，而是采用苏格拉底式的提问和讨论的方法，组织研讨会。学生学习的不是教科书，而是代表人类最高成就的书和艺术形式。

为了推广永恒主义的教育哲学，并将永恒主义的教育主张应用到实践中去，艾德勒牵头成立了派地亚协会，将他们的理想在公立学校的真实世界中进行了试验。他们接管了亚特兰大、芝加哥和奥克兰等地的一些公立学校，对这些学校的教师进行了培训，让学生学习永恒主义的课程。他们出版了《派地亚公告》（*Paideia Program*），宣传学校的成功经验，并促使 100 多个学区的学校

---

①　派地亚是希腊语 paideia 的音译，本指古希腊文化中培养理想城邦成员的教育制度。

②　Mortimer J. Adler, *The Paideia Proposal: An Educational Manifesto,* New York: Macmillan, 1982.

实施了某种形式的永恒主义教育课程。

（二）永恒主义教育哲学的基本主张

教育目的。不管是宗教的永恒主义，还是世俗的永恒主义，都主张学校教育的目的是培养学生的理性和智慧，并传递关于终极真理的知识。永恒主义者相信，以理性为特征的人性是人类天性中共同的要素，教育必须关注这些"属于人之为人的东西"以及"人与人之间相通的东西"，向学生传递关于终极真理的知识，使人的理性和智慧，使人的精神力量得到充分的发展。在永恒主义者看来，这种教育目的在任何社会、任何时代、任何国家都是相同的，是永恒不变的。不过，在教育的最高目的上，宗教的永恒主义和世俗的永恒主义存在差异，宗教的永恒主义者强调教育的最高目的是与上帝保持一致，世俗的永恒主义则强调发展人的理性和智慧。

课程与教学。宗教的永恒主义和世俗的永恒主义都十分强调教学内容的系统学习，因为对教学内容的掌握会训练学生的智慧，并解释终极真理。对哲学、数学（尤其是代数和几何）、历史、语言、美术、文学（尤其是经典著作）和科学等知识的认知应该在课程中占据中心地位。此外，永恒主义者认为，品格训练和道德发展也应在课程设计中占有适当的位置。与世俗的永恒主义者相比，宗教的永恒主义者认为，基督教信条也是课程的重要部分。圣经、基督教问答集、神学和基督教教义的教学是最重要的部分。只要可能，神学著作永远优先于纯世俗著作的学习。世俗的永恒主义者则更加强调关注人类历史上一直必须面对的那些挑战。例如，艾德勒认为，通过听说读写、观察、计算、测量和估计（estimating）等课程的学习，可以发展学生的智慧技能，教育必须关注千百年来一直困扰人类的那些难题和问题。

由于教育的目的是发展儿童的理性和智慧，学习的内容是经典的艺术和科学巨著，所以，永恒主义者非常强调运用教师的讲授和演讲来组织教学活动。尤其在学习古典名著时，只有在教师的指导下，通过教师的讲授，学生的阅读和讨论才能有的放矢，才能深刻理解名著的内容。艾德勒曾经提出了三种具体的教学方法："（1）通过演讲和分配教材的说教;（2）养成赖以发展各种技能习惯的指导;（3）通过发问并对所引出的答案进行讨论的苏格拉底式教学。"[1] 这三种教学方法都强调教师的引导或指导作用。永恒主义者强调，在学习文学、哲学、历史和科学的名著之前，必须教给学生批判性思维的方法和发

---

① 　Mortimer J. Adler, *The Paideia Program*, New York: Macmillan, 1984, pp.8-9.

问的策略，以便学生与经典作家对话。而神学永恒主义者鼓励使用任何能使学习者与上帝进行交流的教学方法。

课堂环境。永恒主义者极为强调营造集中于教学任务、精确和有序的课堂环境。永恒主义者不只是关注智慧的训练，也关注意志的培养。他们相信，教师有责任训练学生的坚强意志。在永恒主义者看来，专心于教学任务、精确和有序是培养学生意志的最合适的课堂环境。神学的永恒主义者则将体现祈祷和沉思的学习环境也作为良好课堂环境的一个指标。不难看出，永恒主义者把品格的养成视为教育的一项重要内容。

教师的角色。永恒主义者认为教师应该在自由学科（liberal arts）上获得良好训练，他们应该是掌握真理的权威，也是传播真理的仪器。很显然，如果教师是传播者，那么学生就是学习的接收器。所以，人们用"精神体操的控制器"来比喻永恒主义者理想的教师。另外一个描述永恒主义教师的比喻是"智慧教练"。他们能引导学生进行苏格拉底式的对话。永恒主义的教师必须是一个拥有智慧和理性能力的模范。他们必须能进行逻辑分析，熟练使用科学方法，精通经典著作，记忆良好，并能进行最高形式的智力推理。由此不难看出，永恒主义者对教师有极高的要求。

教学评价方式。客观的、标准化的测验是永恒主义者最喜欢使用的评价工具。但由于对经典著作的学习有助于促进观念和见识的交流，所以永恒主义者也使用论文式的测验方式。

（三）评　价

永恒主义的基本特征是"复古"，艾德勒和赫钦斯于 1946 年专门建立了"经典著作计划"，试图给美国教育界在阅读选择上提供指导。这并不意味着永恒主义主张用古代的社会模式改造今天的社会，也不意味着完全用古代的教育模式取代今天的教育模式。布鲁姆 1987 年出版的《走向封闭的美国心智》[1] 很长时间内都是霸居美国图书畅销榜的著作。该书出版的当年，《读者文摘》几乎以全书转载的形式刊发了这本著作。在他去世 20 年后的 2012 年，该书加了序言和后记后又以"走向封闭的美国心智：高等教育如何腐蚀民主并淘尽今天美国学生的灵魂"[2] 的名字再次出版。不难看出，永恒主义者所提出的问题的确击中了美国社会的痛点。永恒主义是应对西方，尤其是美国社会的危机而出

---

[1]   Allan Bloom, *The Closing of American Mind,* New York: Simon Schuster Trade, 1987.

[2]   Allan Bloom, *Closing of the American Mind: How Higher Education has Failed Democracy and Impoverished the Souls of Today's Students*, New York: Simon Schuster Trade, 2012.

现的一种哲学，其目的是促进和维护西方文化和美国社会的稳定和发展。

五、要素主义教育哲学

要素主义（Essentialism）被认为是一种保守的教育哲学流派。其基本观点是，文化的价值具有永恒性和客观性，在人类历史文化中有不变的、共同的文化要素，传递这些共同的、不变的文化要素正是教育的根本任务。要素主义是对美国中小学教育影响最大的教育哲学之一。

（一）要素主义教育哲学的产生与发展

尽管要素主义可以追溯到古希腊时期的柏拉图和亚里士多德，但要素主义作为一种教育哲学，进而发展为一种运动，则是进入 20 世纪以后的事情。在 20 世纪 30 年代末期，巴格莱（William Chandler Bagley，1874—1946）在批评美国学校放弃了严格的学术和道德标准的基础上，发起并领导了要素主义运动。他撰写的论文《要素主义者促进美国教育的纲领》（*An Essentialist's Platform for The Advancement of American Education*）被视为要素主义的经典文献，也标志着要素主义教育流派的正式形成。

在 20 世纪 50 年代，一批相信要素主义的文科和科学教授，如亚瑟·E. 贝斯特（Arthur E. Bestor，1908—1994）、里卡佛（Admiral Hyman G. Rickover，1900—1986）和詹姆斯·B. 科南特（James B. Conant，1893—1978）等，成为要素主义运动的主力。50 年代的这些学院批评家表达力强、语言生动，而且大部分在攻击美国教育的时候，内心怀有深深的痛苦。仅从他们的著作题目就可以看出来：贝斯特的《教育的废墟：我们公立学校学习的倒退》（*Educational Wastelands*: *The Retreat from Learning in Our Public Schools*）和《学习的复兴》（*The Restoration of Learning*）就是对莫蒂默·史密斯（Mortimer Smith）的《也论发疯的教学》（*And Madly Teach*）和《智力的退化：公立学校平庸计划之研究》（*The Diminished Mind*: *A Study of Planned Mediocrity in Our Public Schools*）的极好补充。当然，科南特的《教育与自由：学校在现代民主中的作用》（*Education and Liberty*: *The Role of the Schools in a Modern Democracy*）和《今日美国中学》对美国教育的批评相对温和得多。不管他们的语调是尖刻还是温和，学院批评家们在关键问题上的意见却是一致的。公立学校，由于信奉进步主义教育理论，试图满足每一位学生的每一项需要，已经偏离了在基本技能和理论学科方面提供智力训练这个主要目标。这些批评家认为，这种变化对所有学生都造成了伤害，尤其对天才学生造成的伤害是最严重的。学校已经摒弃了杰斐逊所主张的不论学生的背景如何，要识别聪明学生并把他们培养成为国家的领导者这个使命。作为历史学教授的亚瑟·贝斯特和莫蒂默·史密斯在他们为改革所确定的目标中特别重视人文学科的作用。在 1956 年，他们帮助组织成立了基础教育委员会，这个组织一直是美国要素主义最高昂的声音之一。詹姆斯·科南特所修专业是化学，欣赏人文学科的作用，当然，他更看重科学和数学。在苏联于 1957 年把人类第一颗人造地球卫星送上天以后，科南特的主张为人们广泛接受。由于厌倦了进步主义教育学，美国人开始转而要求学校帮助自己的国家去赢得航天竞赛的胜利。美国国会于 1958 年通过了《国防教育法》，数学、科学和外语教师突然间发现他们成了急需的人才，整个国家的学生也认识到制订科学计划的重要意义，要素主义坐到了驾驶员的座位上。

而从 20 世纪 70 年代直到世纪末，要素主义的旗帜在美国又一次飘扬起来。从最低能力测验，到《国家处于危险中》（1983 年）所描绘的"教育创优"战役，再到小布什总统 2000 年的美国教育战略，所有的改革都从要素主义那里获得了灵感。也正是因此，这一时期的教育改革，被统称为"回到基础运动"。但这一时期的要素主义也有其不同，即教育者开始将行为主义和要素主义以强有力的新方式结合起来。这种结合所产生的新行为要素主义强调的是看得见的能够测量的结果。

随着 20 世纪 90 年代的逐渐展开，行为要素主义逐渐丧失了它的一些光彩。就其以自己的标准为标准的标准化测验分数来看，这一运动并没有获得大家都认可的成功。较高水平技能的测验分数在整个"回到基础运动"时期下降了，同时，10 多年来一直在增长的较低水平技能的测验分数开始停滞或者下降。行为要素主义陷入了困境。那些善于思考的要素主义的提倡者正努力为他们的理论设计尽可能更有吸引力的形象，这种形象不免与要素主义的既有的主要思想存在尖锐的冲突。

进入 21 世纪以后，美国《不让一个孩子掉队法案》的通过更是反映了要素主义的一贯主张。要素主义是美国中小学占主导地位的教育哲学。

（二）要素主义教育哲学的基本主张

教育目的。要素主义者坚信，存在一些独立的共同的核心文化要素需要学生掌握，这是个人在一个社会中正常生活的前提。教育的目的就是向学生提供共同的文化知识要素，促进学生文化素养的提高，同时也发展学生的智慧。而民主观念则被认为是人类共同文化要素中最重要的要素，所以教育必须为学生提供相应的知识和技能，以便学生成功地参与民主社会的生活，并保卫民主社会的持续发展。例如，巴格莱指出："民主主义理想是包含在要素主义者的纲领中的最重要的要素。"而"美国教育的首要功能是保卫和加强这些民主主义理想，尤其要强调言论自由、出版自由、集会自由和宗教自由"①。实际上，每一个时期，虽然要素主义教育家都对美国教育提出了批评，但对民主观念的重视则是相同的。

　　课程与教学。要素主义者相信，掌握人类文化的共同要素是学校教育的中心工作，也是课程的核心内容。但在共同文化要素的认识上，不同时期的要素主义者有不同的认识。例如，巴格莱认为，记录、计算和测量的技术一直是有组织教育的首选内容，它们是基本的社会艺术（social arts），所有文明社会都建立在这些艺术基础之上，并且一旦这些艺术丧失了，文明就总是不可避免地崩溃。超越个人直接经验之外的关于这个世界的知识是公认的普通教育的要素。随着社会的发展，巴格莱指出，研究、发明、艺术创作、健康教育、自然科学、美术和工艺等，都应成为普通教育的要素。当代要素主义者对哪些是学生必须掌握的共同要素也给出了他们的答案。在小学低年级，这些共同的要素就是读写算；而在小学高年级还包括历史、地理、自然科学和外语。在中学阶段，课程的核心包括4年英语、3年数学、3年科学、3年社会研究、半年的计算机以及与大学有关的外语。不难看出，要素主义者认为，人类文化的共同要素随着时代的变化而有所调整。

　　由于要素主义者将人类文化的共同要素作为课程的核心内容，在教学方法上必然重视更为传统的教学策略，像演讲、背诵、讨论和苏格拉底对话法。口头和书面的交流也在要素主义学校中占有极为重要的地位。和永恒主义者一样，要素主义者也将书籍视为合适的教学媒介。另外，要素主义者还采用了其他许多支持他们教育理论的教育技术，像详细的课程提纲和功课计划、目标明确的学习、以能力为基础的教学、计算机辅助教学和听力实验室辅导方法（audio-tutorial laboratory method），都是要素主义者能够接受的教学策略。总之，要素主义者偏爱的是教学材料程序化的教学方法，以确保学生知道他们要掌握什么内容。

---

① William C. Bagley, An Essentialist's Platform for the Advancement of American Education, *Educational Administration and Supervision*, 1938(24).

教师角色。要素主义者理想的教育者往往被要求扮演两个角色，一是文化智力遗产的传递者（观念论），二是世界模式的示范者（实在论）。作为要素主义的教师，必须精通自由艺术、人文科学和自然科学，必须是知识界受尊敬的成员，必须掌握多种交流形式的技能技巧，必须具备完成高效教学所要求的高超的教育教学技能。教师在学生学习的环境中要树立一个在各方面都杰出的典范。

课堂环境。要素主义者不仅提倡智慧训练，而且认为道德训练和品格培养在课程中也应有重要的位置。相应地，要素主义者认为，应该营造有明确行为期望和尊重他人的课堂环境。要素主义者认为，这样的环境不仅有利于训练学生的智慧，使学生在有序的环境中掌握人类文化的共同要素，而且能培养尊重他人，有良好的品格，在民主社会中发挥积极作用的公民。

教学评价方式。在所有的教育哲学流派中，要素主义是最愿意使用测验这种教学评价方式的流派。整个要素主义的课程都反映了测验运动的影响。智商测验、标准化成绩测验、诊断测验和以成绩为基础的能力测验，以及在美国目前盛行的由《不让一个孩子掉队法案》所要求的高奖励测验（high-stakes test）[①]都是测验技术广泛应用的极好例证。能力、责任、掌握学习和以成绩为基础的教学获得了越来越多的公众认可，都是要素主义对教育实践影响的结果。

（三）评 价

作为在美国（对西欧和苏联也有重要影响，实际上，在大多数国家，要素主义都有市场）中小学占支配地位的教育理论，要素主义的生命力在于，它将社会的稳定和有序发展作为教育的主要功能之一。同时，虽然要素主义者认为美国的民主主义理想和目标永恒不变，而且实现这个目标和理想的教育的要素具有稳定性，但这些要素并不是一成不变的。随着时代的发展，学生要掌握的基本技能和基础知识也会相应有所变化和丰富。

六、社会改造主义教育哲学

社会改造主义（Social Reconstructionism）是从实用主义和进步教育中逐渐分离出来的一种教育哲学，有人也称之为"新进步主义"。社会改造主义者认

---

① 这是美国目前一种对参加测验的人有重要意义的测验方式。参加测验的人通过了考试，就会获得极大的益处，比如获得中学毕业证书、奖学金或法律实习执照等。如果没有通过，则必须进补救班级接受培训，直到通过考试，等等。

为，教育的根本任务是以"理想社会"的模式去改造社会，学校作为社会机构应该成为新社会的模范。

（一）社会改造主义教育哲学的产生与发展

社会改造主义在 20 世纪 30 年代从实用主义和进步教育中逐渐分离出来，到 50 年代形成了一种新的教育哲学。社会改造主义自称是进步主义的真正继承者，代表了进步主义中强调教育的社会作用的力量。因此，早在进步主义发生和壮大的时期，社会改造主义的思想就已经有所表现。20 世纪 20 年代，哥伦比亚大学师范学院陆续聚集了进步主义教育哲学的一些著名人物。这些人经常聚会，讨论学校与工业化社会的关系，尤其是教育如何通过给予教师和学生一些必要的理智工具，使他们理解并指导社会的变化，以建立一个理想的、更加平等的社会。这些人逐渐组成了以后社会改造主义教育学派的核心，如拉格（H. O. Rugg, 1886—1960）和康茨（G. S. Counts, 1889—1974）等人。杜威在他 1920 年出版的著作《哲学的改造》中首先使用了"改造主义"这一术语。

社会改造主义成为一种渐为人们熟知的教育哲学，主要得益于布拉梅尔德（Theodore Brameld, 1904—1987）在战后出版了的一系列有关阐述社会改造主义教育思想的著作。布拉梅尔德毕业于美国芝加哥大学，先后在长岛、明尼苏达、纽约和波士顿等大学任教，曾担任进步教育协会的副主席，他的《教育哲学的模式》（*Patterns of Educational Philosophy*）、《趋向改造的教育哲学》（*Toward a Reconstructed Philosophy of Education*）和《正在出现的时代的教育》（*Education for the emerging age*）等著作奠定了社会改造主义教育的根基。

在布拉梅尔德看来，进步主义、要素主义、永恒主义都是为了应付危机时代的比较习以为常的方式，都不能妥善解决当前的文化和社会危机。要解决当前的危机，教育要关心方法，但更要关心目的；教育要关心过程，但更要关心结果。布拉梅尔德等社会改造主义者宣称，当今是"改造的时代"，应该根据现代科学知识重新解释西方文明的价值观，并对过去的教育理论进行"改造"，以便通过教育来改造社会，为创造一种新的世界文明开辟道路。

当代最著名的社会改造主义的代表是伊利奇（Ivan Illich, 1926—2002）和弗莱雷（Paulo Freire, 1921—1997）。伊利奇在他的著作《去学校的社会》（*Deschooling Society*）中指出，因为学校腐蚀了社会，所以要建立更美好的社会，只有整体上废除各种学校，并寻找新的教育方式。弗莱雷出生在拉美，在拉美接受教育，并在拉美地区从事教学工作。他认为真正的教育来自学习者的日常生活经验。他在 1973 年出版的著作《被压迫者教育学》(*Pedagogy of the Oppressed*)中指出，学生不应该受别人的控制或操纵，而应该是自己学习的主人。在弗莱雷看来，通过对经验的检查，通过与同伴、导师等交流经验，这些在社会、经济和政治上处于劣势的学生能够为他们的生活制订计划并采取行动。

现代社会改造主义者也受到了马克思主义哲学的一些影响。在马克思(Karl Marx, 1818—1883)看来，资本主义及其对竞争的强调，以及财产高度集中于少数人手中，导致了大量被社会疏远的劳动者的产生，他们几乎不能在自己工作中发现意义和目的。马克思后来的著作建议，由工人阶级发动反对统治阶级的彻底的社会革命。

（二）社会改造主义教育哲学的基本主张

教育目的。在社会改造主义者看来，人们生活在一个处处是危机的时代，人们应该对社会状况负责，并通过改变社会秩序以改善生活质量。应用到教育上，则主张教师、学生和学校在改造社会和建立新的社会秩序以获取更有效的民主生活中起关键作用。不难看出，社会改造主义者将教育视为解决重要社会问题的手段，并因此促使民主的有效性和效率。教育的目的是对所有的文化和教育制度进行批判性的检视，并提出改造社会的建议。进一步，学校的目的是教学生和公众思考"什么是应该的"而不是确定"事实是什么"。学校要把学生培养成为社会变化的代理人。

课程与教学。由于大多数社会改造主义者极为重视民主的重要性，并认为学校是现代社会中最重要的机构，相应地，学校的课程应该反映民主理想，强调培养学生批判的素养并发展批判性思考的技能。这样的课程反对任何将政治排除在外的做法，并对所有不平等的权力关系提出质疑。社会改造主义的课程论反对迫使学生学习一门一门的独立学科，而是让学生思考那些重要的社会问题，如思考生物医学伦理学在改善生活质量中的作用，保护自然资源的必要性，以及外交政策和民族主义的关系等问题。社会改造主义者还强调，除了要重视正式的和官方的课程，还应注意"控制学校的主流社会团体和阶级的知识观和价值观"[1]。

由于社会改造主义者将改造社会视为教育的目的并反映在教学内容中，

---

[1]　Gerald L. Gutek, *Philosophical and Ideological Perspectives in Education*, New York: Allyn and Bacon, 2004, p.319.

相应地，在教学方法上主张使用合作学习策略，以小组活动的形式解决问题，鼓励学生使用解决问题的技能。教学策略主要集中于问题解决并重视课外的活动，如帮助需要帮助的小同学学习，实施公共扫除计划，撰写社会评论，以及促进消费立法等。这类活动可以使学生将在学校里获得的技能运用于实践中，并帮助学生认识到这些技能的作用。改造主义者要求学生不只是阅读和研究有关的社会问题，还要投入社区中去，了解和熟悉社区的问题，并提出可能的解决方案。他们对这些重要的问题进行分析、研究，并与社区的制度和结构，甚至是更大的社会联系起来。最后，他们要在此基础上，负责制订改革的计划并采取某些行动。

课堂环境。在社会改造主义者看来，课堂环境应该是探究性的。在这样的环境中，教师和学生一起对现状提出质疑，并对各种社会问题及其未来的发展趋势进行分析研究。这种课堂环境强调的是如何建立起有效的交流，而不是对学生进行管理或控制。在社会改造主义者看来，这样的环境最有利于分析、批评和行动研究。社会改造主义者主张，应该鼓励学生在世界观上存在差异，并容忍各种各样甚至存在矛盾的解决问题的方法。

教师的角色。"新社会的塑造者""转型的领袖"和"变革的代理人"是人们描述社会改造主义教师的恰当的比喻。社会改造主义者强调，教师应该乐意不断更新他们个人的和专业的生活。他们应该乐于对他们工作的环境提出批评和评价，并把他们的教育责任延伸到课堂和学校之外的社会。他们应该高度容忍各种不确定性，习惯各种不断的变化，并对形成他们思想的文化和精神力量进行思考。作为教育改革者的教师应该憎恨现状，并将学校视为处于发展中的特别的文化场所。此外，作为教师，应该将社会视为永远没有完结并不断变化的试验。最后，社会改造主义者必须乐于和社区团体、附近的各种组织、社会运动和家长们结成联盟，对学校的民主实践和学校政策提出批评和质疑。教师的角色具体到学校中，则要帮助学生掌握确定、发现并解决这种问题，尤其是社会问题的技能。

教学评价方式。在社会改造主义学校中对教师和学生都适合的评价模式是"真实评价"。这种评价类型是一种形成性评价，强调学生与教师、学生与学生、教师与管理者以及社区与教师间的合作努力。在这种评价模式中，定期举行正式的或非正式的会议交流信息，而且，被评价的对象，即学生或教师是评价过程的积极参与者。这种评价要求参与者有能力并且愿意用批判的方式进行思考，把主要的看法和实践呈现出来。而标准化测验，包括教师能力测验，只是在相关法律要求的时候才使用。

（三）评　价

社会改造主义虽然承认自己与进步主义是密切的盟友，也的确分享着一些共同的观点，但分歧也不少。总起来看，与进步主义强调个人的经验和价值不一样，社会改造主义更重视团体的经验和价值。正是因为重视团体的经验，强调社会价值高于个人的价值，社会改造主义者主张通过教育来实现"理想社会"，达到"社会民主"和"世界民主"。姑且不论其理想社会是不是"理想"的社会，但通过教育促进社会进步的确是人类发展的一个重要选择。但是，同样需要清醒认识的是，将改造社会、建立新的社会秩序的重任交给教育的做法显然将教育与社会的关系简单化了。正如有学者指出的，社会改造主义者"幻想通过教育内部管理体系的变革、课程和教学方法的改变、教师参政等所谓民主的方法来说服人们改造社会，未免过于天真"[1]。大概也正是因为如此，社会改造主义"从未对美国教育的实践产生过真正的影响"[2]。

七、后现代主义教育哲学

后现代主义（Postmodernism）又称"后现代建构主义"（Postmodern constructivism），它是一种哲学、意识形态，是一种运动，也是一种方法。它将实用主义、存在主义和社会改造主义几种哲学融合在一起，并使用了批判理论（critical theory）的技术。[3]后现代主义也是影响美国教育的重要教育哲学。

（一）后现代主义的基本观点

后现代主义是在"现代主义"（科学主义、理性主义、工具主义、经济中心主义）的土壤中产生的，但是它强烈批判现代社会的"现代性"。例如，后现代主义者认为不存在最终的、普遍的真理和价值观。他们认为真实是主观的，不是在遥远的过去发现的，而是在观者眼中。后现代主义者相信，每个人都是通过自己的经历建构自己的意义，历史自身也是一种建构。这种主题体现在许多后现代主义作家的著作中。后现代主义对"科学实在论"（scientific

---

① 陆有铨：《现代西方教育哲学》，北京大学出版社 2012 年版，第 147 页。

② 陆有铨：《现代西方教育哲学》，北京大学出版社 2012 年版，第 147 页。

③ 批判理论是一种对政治、经济、社会和教育制度进行分析和批判的方法。批判理论家提出关于这些制度的政治本质的设想或概括。他们通常提这样的问题："谁控制学校？""谁选择课程？""谁雇佣教师？""谁选择教科书？""谁编写教科书？"等等。简言之，"谁掌握权力？"通过分析，他们揭示主流文化和边缘文化之间的不平等。

realism）也提出质疑。后现代主义者指出，科学实在论的认识论宣称科学（尤其是科学方法）是客观的和没有偏见的，这是站不住脚的。他们宣称，客观观察是不可能的，因为观察者必然对观察的对象产生影响。后现代主义者指出，我们获取知识的途径不应该只有科学一条路，我们可以检查"人类的过去和现在，看看发布的真理是如何产生、建构和表达的，看看这些真理产生了怎样的社会、政治和教育后果"①。他们对客观性、普遍解释、真理和理性的重要性也提出质疑。他们用批判性探究和政治意识、多样性、包容和多元，以及语言和词汇意义的有限性来代替这些现代社会普遍看重的知识和原理。

后现代主义教育哲学的主要代表人物是美国的批判教育学家亨利·吉诺斯（Henry A. Giroux，1943—　）。吉诺斯曾在美国罗得岛州布里斯托尔县（Bristol County）的一所城镇中学担任社会研究教师六年，之后在卡内基·梅隆大学获得博士学位；先后在波士顿大学、迈阿密大学和宾夕法尼亚州立大学任教。2004年成为加拿大迈克马斯特大学英语与文化研究全球电视网络主席。迄今为止，吉诺斯已经出版了30部著作和300多篇学术论文，对教育和文化有广泛而深入的研究。他对美国教育制度进行多方面的批判，并建立了自己的后现代主义教育理论，形成了他的批判教育学。其他著名的代表人物还有美国教育家迈克尔·艾普尔（Michael W. Apple，1942—　）、斯坦利·艾罗诺威兹（Stanley Aronowitz，1933—　）等人。

（二）后现代主义教育哲学的基本主张

教育目的。后现代主义者主张，教育的目的是帮助学生发展对真理主观性的警觉和意识。在后现代主义者看来，那些呈现在人们面前的所谓"真理"很多都是一些荒谬的说法，甚至是永远无法证明的神话，是不可靠的、不可信的。学校教育的目的是让学生认识到这些所谓的真理具有多样性，时时都可能会发生变化，必须帮助学生形成这方面的警觉和意识。在教育领域里，像"教育机会平等""非政治化课程""公平竞争"（level playing field）以及"开放入学"等都是神话，是永远的神话。作为教育，就必须帮助学生形成一种意识，要时刻对社会、教科书等所提出的所谓真理存有一种绝对质疑的警觉性。

课程与教学。由于现代主义者不相信有所谓的终极真理，材料中呈现的所谓真理很可能是一些极为荒谬的说法，所以，让学生尽量阅读不同来源的、

① Gerald L. Gutek, *Philosophical and Ideological Perspectives in Education*, New York: Allyn and Bacon, 2004, p.130.

各种各样的材料是其在课程上的必然要求。例如，后现代主义者也可能建议学生阅读经典著作（great books）。但是，他们不是像永恒主义者那样将这些经典著作视为真理的模式和来源，而是当作一种材料和模式，用以对真理的形成过程进行质疑、批判和分析。在后现代主义者看来，只有广泛阅读各种不同的材料，才能帮助学生认识到真理的多样性，认识到真理的主观性，认识到真理的荒谬性，才能帮助学生形成对真理质疑、批判和否定的警觉性和意识。

在教学方法上，后现代主义主张使用建构主义的教学方法。他们要求教师在课堂上向学生传递建构主义和解构的概念。建构主义是从认知发展研究中形成的一种学习理论。其创建者是瑞士的心理学家皮亚杰（Jean Piaget, 1896—1980）和美国的教育家、心理学家布鲁纳（Jerome Bruner, 1915—2016）。建构主义的基本主张是将学习视为学习者根据目前的和过去的知识主动建构新思想和新概念的过程。学习者选择和转换信息，提出假设，并做出有意义的决断。通过对自己经验的反省，学习者建构他们自己对这个世界的理解。

学生也进行解构或解码。这是一种深入解剖课文的方法，通过这种解码，确定课文如何呈现知识，课文的意义及其解释如何影响我们的思想和信念。解构或解码一篇课文时通常问这样的问题："课文如何反映官方意欲传递的知识？如何解释这些课文以便在不同的社会群体之间建立或维持各种权力关系？何种课文（经验）被排除在外？课文在撰写的时代是什么意思？课文对今天的不同群体意味着什么？"通过类似问题的解答，学生可以获得关于建构主义和解构的概念，通过建构和解构的方法，学生完成对课程的学习。

课堂环境。后现代主义主张学生通过建构或解构的方法阅读尽可能多的材料，并对各种各样有冲突的主题或题目进行没有限制的讨论。这就要求在课堂上营造一种没有威胁的、安全的、开放的、平等的和支持性的环境。这样的环境鼓励学生对自己的经验进行反省，并和同学一起分享自己的故事及对故事的叙述。在后现代主义者看来，质疑和批评不是一种消极的活动或行为。相反，这种质疑和批评被视为导致变化的积极行动。后现代主义者相信，建构主义的学习环境可能刺激学生小组解决问题，进行合作性的、试验性的集体活动。

教师的角色。后现代主义者认为，教师的作用是在教学过程中实践批判理论，并向学生示范批判的程序和方法。具体说，在后现代主义的课堂里，教师要实践并示范质疑、批评和分析的程序与方法。同时，教师要认识到，他们拥有对学生、学生的同伴和父母，以及更大的社区产生影响的能力，而且必须发挥这种能力，以对这些人产生积极的影响。作为专业人员，教师要不停地检视他们是如何与别人进行交流的，他们是否疏远或冒犯了其他人，是否始终尊重所有个体提出问题和表达不同意见的权利。不难看出，后现代主义教育希望在师生之间，大而言之，在人与人之间建立一种相互尊重、自由、开放、平等的对话和交流关系。

教学评价方式。后现代主义教师使用的评价技术多种多样，其中学生和教师自评是最受重视的方法。后现代主义者鼓励学生写日志，对他们的进步进行记录并做出评价。教师不断地从学生那儿获得反馈。教师邀请学生对他们的教学效果及其与他人的交往进行评价。

（三）评　价

虽然后现代主义深受马克思主义和实用主义的影响，但后现代主义似乎不想解决马克思主义和实用主义关注的基本问题。而在教育的问题上，后现代主义教育哲学对美国教育的影响还没有见到效果，毕竟教育的影响滞后且漫长。然而后现代主义教育哲学有它显而易见的优势和长处。其最大的长处是强调真理的多样性，因而强调培养学生对真理主观性的警觉和意识，这在一个信息更新速度不断加快的时代显得尤其重要。

哲学认识影响到教师关于教育基本问题的看法。各种哲学流派虽然思考问题的角度、方法和手段不同，但都会思考基本的教育问题，而对基本的教育问题的思考形成了不同的教育哲学流派。尽管不同的教育哲学流派会对美国教育实践产生不同程度的影响，但没有任何一种哲学流派是影响美国教育实践的永恒主角。本章所介绍的教育哲学流派大多在 20 世纪上半期就已经出现，但是在新的社会条件下，这些教育哲学又以各自的方式，继续影响着美国教育实践的发展。

进步主义教育哲学曾经是 19 世纪末至 20 世纪上半期在美国中小学占据重要地位的教育哲学流派。第二次世界大战后，由于国际政治、经济形势的变化和进步教育自身存在的一些弱点，进步主义教育哲学逐渐成为美国教育理论和实践舞台的配角。但是，由于新传统主义教育阵营对于儿童兴趣和需要的忽视，其在实践领域并没有取得预想的成功。目前，进步主义教育哲学在当代美国教育界仍然以多种多样的形式得以体现。

作为保守主义的典型代表，要素主义教育哲学提倡将人类文化的共同要素作为课程的核心，将传统知识授受方式作为主要的教学方法，其在客观上契合了二战后美国保持国际霸主地位的需要，特别是 20 世纪 80 年代以来追求教育卓越的社会环境，更为要素主义教育哲学一枝独秀营造了适宜的环境。目前，要素主义教育哲学是美国中小学主导性的教育哲学。

后现代教育哲学也是影响美国教育的重要教育哲学派别之一。该派学者不仅对人们惯常习以为真的客观性、普遍解释、真理以及理性的重要性等命题提出大胆质疑，而且还用批判性的眼光对美国教育制度进行了多方面的审视。他们提出的要广泛阅读各种不同的材料，要在多角度的分析中逐步形成自己的意识，要时刻对社会、教科书等提出的所谓真理存有一种绝对质疑的警觉性等的观点，非常有利于学生批判性思维能力的养成。后现代教育哲学在这个信息更新速度不断加快的时代显得尤其重要。

结　语

在西方教育思想史研究领域，美国教育思想的形成与发展与其国家的出现一样，是一种后发的现象，但是作为典型的个案，美国教育思想史在西方教育思想史研究领域占据着非常重要的地位。其原因有二，首先，美国教育思想与其教育实践活动一样，是世界教育史特别是西方教育史大家庭的一分子，加之美国教育思想史更为集中、典型地再现了一个民族国家从无到有、从弱到强演变过程中人们对于教育发展的各种期盼，美国教育思想史是认识人类教育思想发展轨迹和西方教育思想发展变迁的一个重要窗口；其次，美国教育思想最初传承自欧洲，建国后逐步形成了自己的风格和传统，特别是20世纪要素主义教育思想、永恒主义教育思想、社会改造主义教育思想、新行为主义教育思想、结构主义教育思想、人本主义教育思想、建构主义教育思想等的提出更是开时代之先，对世界各国教育思想的形成以及教育实践的发展均有着较强的引领和指导作用。开展专门的美国教育思想史研究，不仅有助于我们对于美国教育思想与该国教育实践、与该国社会或国家发展、与该国人的培养等多种因素之间关系的认识，且在一定程度上也有利于我们对于西方教育思想整体变化规律的把握。在本课题研究即将结束之际，我们将对美国教育思想发展变迁的内外影响因素、阶段特征以及其演进过程所体现出来的历史规律进行探究，以期深化对于美国教育思想发展演变历程的整体认识。

一、美国教育思想史发展变迁的影响因素

美国教育思想的发展变迁是由非常复杂的内外矛盾的合力所造成的，其中，美国政治、经济、文化制度的发展、来自其他国家的影响和竞争压力、教育制度自身的发展以及人们对于教育本质认识的变化等都是较为重要的推动教育思想发展变迁的因素。

政治制度是确定政治权力归属、分配、控制和调节的制度，政治制度由

政体、国体、组织机构和社会制度构成。[①] 400 余年来，美国从殖民地社会起步，经历了共和制国家制度的创建、发展，霸主地位的确立、保持等几个重要的历史阶段，当三权分立与相互制衡相结合的政治制度、两党制的政党制度以及与之配套的组织机构和社会制度成为规范美国社会政治生活的规则体系和国家上层建筑，它也对公民群体的数量、规模和构成提出了内在的要求，只有遵循这一历史要求来设计教育，这样的教育思想才不可能是盲目的。美国教育思想的发展就深受其国家政治制度的影响。比如，殖民地时期北部清教社会希望创建山巅之城政教合一的社会理想，客观上要求其未来的成员具有坚定的宗教情怀和宗教理想，这就为该社会极为重视下一代宗教信仰的教育思想奠定了历史的底色；南部多数成员对于母国文化的高度认可及其希望在那里创建另一个版本的母国社会的期冀，也为该地区所出现的绅士教育思想提供了历史的基础；美国建国后，创建自由、民主、平等的共和国的理想和追求，客观上要求与之相配套的公民群体的出现，这也是其国家缔造者和教育思想家重视公民教育、普及教育和公共教育的重要原因；南北战争后，确保美国的政治制度不受其他外部势力的影响，也在很大程度上决定了各个历史阶段教育思想关注的主题。比如 20 世纪 30 年代，在国内经济大萧条的背景中，面对德国的崛起和苏联阵营的压力，在反思进步主义教育思想软弱性的同时，以捍卫美国自由民主政治制度为其主要目标的保守主义教育思潮的出现就是一个典型的例子，而二战后东西方阵营冷战环境的出现，使确保美国政治制度安全性的力量变得更为强大，直接影响了此时期教育思想的形成。

　　经济制度是一个社会最为活跃的制度因素，凡是有关制定和实施生产、收入与消费决策的机制和组织机构均可以纳入经济制度的范畴。[②] 从殖民地社会迄今，美国经历了农业经济、工业经济和后工业经济三大经济制度的变化，不同的经济制度对于人才有着不同的需求，而不同的人才需求进而又会影响教育思想的形成。比如，在农业经济时代，由于农业生产、家庭或作坊的手工业生产是其主要的生产方式，因此，让少数人接受学校教育、大多数人接受家庭教育和学徒教育即可满足经济生活的需求，因此，聚焦以上各类教育是此时期教育思想关注的重点；在工业社会，机器大生产客观上要求更多懂得机器操作的、具有一定文化基础的人员，因此，教育的普及化和民主化进程就是该时期教育思想关注的焦点；后工业时代是信息和知识经济的主场，由于新事物的不

---

① 何平立：《西方政治制度史》，中国政法大学出版社 2015 年版，前言。
② ［美］格雷戈里、斯图尔特：《比较经济制度学》，葛奇、许强译，知识出版社 1988 年版，第 6 页。

断涌现，工作的变动将成为常态，因此，培养具有坚实的学术基础且具有足够应对变化能力的人才成为教育思想的主导。与以上的变化规律相契合，美国教育思想的变迁也体现了以上的规律。比如，在殖民地农业经济时期的教育立法中，教育思想家更为关注的是家长和师傅在教育下一代方面所应承担的责任①；工业经济的发展在客观上推动了免费、义务、世俗、普及性的公共教育思想的出现，而机器工业对于大批技术工人的需求，则为该时期中等职业教育思想的出现奠定了历史的基础，同时，及时消除工业化城市化过程中教育的弊端，又为进步主义教育思想的提出提供了充足的条件；此外，二战以来后工业社会的到来也为美国教育优异思想、新职业主义思想等的出现奠定了时代的基础。

"文化或文明是一个复杂的整体，它包括知识、信仰、艺术、伦理道德、法律、风俗和作为一个社会成员通过学习而获得的任何其他能力和习惯。"②作为复杂的人类现象，文化的传承在客观上要求具有该种文化基因的民众大量地出现，而具有这样的文化修养的民众的出现更需要教育作用的发挥，因此，文化无疑也会对教育思想的形成与发展造成深刻的影响。"美国文化是欧洲历史传统、北美大陆环境和美国人社会实践多种力量综合作用的产物"③，在初期殖民地的移民当中，既是盎格鲁撒克逊人又是新教徒的移民较多④，因此，盎格鲁撒克逊文化所崇尚的自由主义、功利主义、理性主义传统，新教徒，特别是清教徒强烈的宗教信仰都对建国前美国以宗教教育、绅士教育为主要内容，以家长和作坊师傅为主要教育者的教育思想的形成产生过重大的影响；美国建国后，其文化独立性逐步增强，保护和传播这样的文化，客观上为富有美国特色的教育思想的出现指明了方向。比如19世纪初贺拉斯·曼等人公共教育思想的形成就深受传播美国文化使命的影响，因为在一个教育落后、移民众多且其文化与宗教背景又各异的国家，如何凝集各方力量共同推进合众国的发展进步？在曼看来，只有借助于公共学校的创建，通过共同语言的教学，将这个国家最为珍视的共有核心知识与价值观念传递给移民的后代，才能解决国家所面临的

①　[美]劳伦斯·A.克雷明：《美国教育史：殖民地时期的历程（1607—1783）》，周玉军、苑龙、陈少英译，北京师范大学出版社2002年版，第87-99页。

②　[英]爱德华·泰勒：《原始文化》，连树生译，上海文艺出版社1992年版。

③　朱永涛：《世界文化史知识——新大陆·新文化，美国文化历程》第4卷，辽宁大学出版社1996年版，第131-132页。

④　[美]卢瑟·路德克：《美国社会与文化——构建美国》，王波等译，江苏人民出版社2006年版，第66页。

难题。^①除了公共教育思想，保存和传播美国特有文化的理念在 19 世纪末 20 世纪进步主义教育理念的形成过程中^②，在 20 世纪 30 年代美国要素主义和永恒主义理念的提出过程中，甚至在二战后历次追求教育卓越、教育优异思想的出现过程中都有鲜明的体现^③。

来自其他国家的影响和竞争压力也是美国教育思想演变的重要变量之一。自民族国家产生以来，国家之间的影响和相互竞争就是客观存在的现象，工业革命以来的许多发明创造在拉近各国空间距离的同时，尤其加重了这种相互影响和比拼的情绪。在美国国家产生之前，其绝大多数移民来自欧洲国家的现实决定了其教育思想受欧洲各国的影响较多，而美国国家的出现又与工业革命几乎同时，美国一直处于这种不断强化的相互影响和竞争的环境之中，而来自其他国家的影响和竞争压力非常多地体现在美国教育思想演变的过程中。比如，殖民地时期的美国教育思想就深受欧洲思想家们的影响，其中，除了古代欧洲，启蒙时期欧洲的教育思想家也对美国教育思想的形成和发展有着直接的影响；美国建国后，贺拉斯·曼公共教育思想的提出就深受普鲁士教育的影响，他曾多次参观欧洲的学校，普鲁士的学校尤其给他留下了深刻的印象。此外，美国研究型大学的理念和中等职业教育思想的形成也受益于德国的经验。美国建国后，来自欧洲以及其他国家的竞争压力也是美国教育思想变化的最大诱因之一。比如以《莫雷尔法案》和《史密斯－休斯法案》为代表的美国高、中等职业教育思想的形成，就是在美国国会议员、教育思想家们在意识到来自欧洲工农业生产的竞争压力的背景下提出的^④；二战后也有多次的危急时刻让美国人意识到了其中小学教育落后于其他国家的现实，从而激发起了教育改革的冲动，比如 1957 年苏联卫星上天之后出现的新的课程改革思想、20 世纪 80 年代美国在感受到来自不同阵营国家的竞争压力之后所掀起的追求教育优异的思想等。

当然，美国教育思想的变迁也与教育制度的发展变化有关，教育制度的发展变化是影响教育思想变化的最直接的、最重要的变量之一。教育制度泛指

---

① ［美］弗·斯卡皮蒂：《美国社会问题》，刘泰星等译，中国社会科学出版社 1986 年版，第 169 页。

② 付宏、杨汉麟：《进步时代"美国化"的公民教育与反思》，《理论与现代化》2011 年第 1 期；陈正桂、玛格丽特·史密斯·克罗科：《美国化：19 世纪末 20 世纪初美国公民教育的重要任务》，《湖北社会科学》2010 年第 6 期。

③ 贺国庆、于洪波、朱文富：《外国教育史》，高等教育出版社 2009 年版，第 535—540 页。

④ Scott Key, Economics or Education: The Establishment of American Land-grant Universities, *Higher Education*, 1996, 15(67); Marvin Lazerson & W. Norton Grubb, *American Education and Vocationalism—A Documentary History 1870—1970*, New York, London: Teachers College Press of Columbia University, 1974, p.123.

一个国家各级各类教育机构与组织的体系及其管理规则，每一种教育制度都是存在于一定的政治、经济、文化环境之中的，而每一种教育制度的设计都是为了培养人的教育活动而服务的，但是某种教育制度本身设计得优与劣、其各个组成要素之间相互配合得好与坏、整体作用发挥得理想与不理想，都可能成为人们对于更为理性、合理的教育制度期盼的理由，这也为新的教育思想的出现提供了现实的前提。特别是在面对社会政治、经济、文化环境变迁的情况下，某种教育制度是否能够积极顺应时代变化做出调整，也决定了新的教育思想产生和发展的可能性，而新的教育思想的出现又会对原有教育制度的发展变化造成一定的影响。美国教育思想形成与发展的历程本身就是与各种教育制度相互作用的历史，这一现象鲜明地体现在美国教育思想史每一个阶段甚至每一种教育思想的提出过程中。比如，初级学院理念的提出是美国高等教育领域的一件大事，其之所以出现就是由于当时的高等教育制度在面对更多学生的入学要求的背景下，无法做到在不拉低精英教育质量的同时满足更多人的需求，初级学院理念的提出为教育体制的改革贡献了智慧，初级学院教育制度的创建是其相应的教育思想的一种实现；二战后，以普罗瑟为代表的一群教育管理者对于当时的中学教育制度非常不满，认为普通教育和职业教育各自服务了其中20%的中学生，而对于剩余的60%学生的关心是远远不够的，因此，生活适应教育运动理念的提出就是对于当时的教育制度的一种修补。

人们对于教育本质认识的深化也是推动教育思想变迁的一种力量。任何真理都不可能是一下子就能得到的，人类对于万事万物的认识大都有一个试错和逐步完善的过程，这一规律对于教育思想的发展也是适用的。在美国教育思想发展史上，由于时代的变迁，一批教育家在反省儿童中心论进步主义教育思想弊端的同时，进一步提出了"社会中心论"的进步主义教育思想，他们的思想无疑是推动进步主义教育更为契合现实的一种举措；在职业教育领域，由于时代的变迁，人们发现以普罗瑟和斯尼登为代表的一派所提出的孤立、隔离、终结性的社会效率职业教育思想远远不能适应后工业时代对于个体持续、终身发展的需求，因此，他们重新认识了约翰·杜威民主主义职业教育思想的价值，并进一步提出了新职业主义的教育思想；而在高等教育领域，教学、科研和服务社会功能的提出也是一个渐进的过程，所有这些不仅是高等教育思想逐步完善的结果，也是推动高等教育发展的强大动力。

二、美国教育思想史发展变迁的阶段及其特征

在多重因素的影响下，美国教育思想的演进表现出了明显的阶段性特征。由于研究视角的差异，目前在如何划分演进阶段方面存在着不同的标准，比如有学者尝试从教育思想在不同历史阶段的表现的视角，将美国教育思想史划分为以下四个阶段：殖民地时期到独立建国前的前制度化时期，建国初期至19世纪末的制度化时期，19世纪末20世纪初到二战前的制度重组时期和二战结束以来的制度调整时期。[①] 由于教育是培养人的一种社会活动，其实质是教育者根据社会的要求和人的身心发展规律，对受教育者施加的一种系统影响活动。"教育与社会和人的三边关系是教育中的永恒课题，而且是教育中其他一切问题的出发点。"[②] 一定教育思想的出现与其所处的社会政治、经济、文化环境是密不可分的，社会政治、经济、文化环境是教育思想生发与演变的历史前提、动力、丰富性的基础以及实践效果检验的准绳，任何脱离社会现实环境来谈教育思想的演进本身都是不科学的。当然，由于教育自身的独立性和发展的滞后性，教育思想的演进与社会发展的步伐未必是完全同步的，但是从整体来看，即便有时候会略微偏移，这种对应关系是绝对存在的，这是一条不以人的意志为转移的客观规律，是支配与控制教育思想演进背后重要的历史逻辑之一。从美国社会与国家变迁的视角来看，美国从殖民地社会开始（建国之前为殖民地时期），其中经历了国家的创建与维护期（美国建国至南北战争结束）、国家力量的极速上升期（南北战争结束至二战结束）、确保国家霸主地位不动摇（二战结束以来）四个典型的历史发展时期，每一时期美国社会政治、经济、文化环境的变迁都对教育发展提出了不同的要求。从服务于美国国家和社会发展的视角出发，美国教育思想的演进可以划分为以下四个阶段。

（一）殖民地构建多样化的新家园和谐共生的教育思想发展阶段

自美洲殖民地开始移民以来，移民们大都抱着各种各样的梦想来到了美洲，比如英国的清教徒和教友派教徒、德国的再洗礼派教徒和爱尔兰的持异议的教徒，主要是为了宗教的目的来到美洲，而另一些人则是出于躲避政治迫害、追求经济机会或躲避战争等原因来到美洲。[③] 这一时期，除了本土印第安

---

① 张斌贤、陈露茜：《美国教育思想演化的主要阶段与基本特征》，《华东师范大学学报》（教育科学版）2018 年第 1 期。

② 黄济：《教育哲学通论》，山西教育出版社 1998 年版，第 334 页。

③ 顾学稼等：《美国史纲要》，四川大学出版社 1992 年版，第 21 页。

人定居点，殖民地还自然而然地形成了北部、中部和南部三个较大的移民区。由于清教徒是北部新英格兰殖民地的主体，其成立殖民地的主要目的就是保存和散播福音的真理。[①] 在到达美洲站稳脚跟后，他们按照自己对于圣经的理解，建立了一个政教合一的社会。与其对于该宗教社会的希冀相一致，清教徒将教育看作对抗人类野蛮习性的最重要武器，他们不仅是几个殖民地中最早运用立法手段要求所有父母或监护人确保孩子接受基本的宗教与道德教育，倡导创建培养牧师的高等教育，而且北部的新教思想家也多是从宗教信仰的养成以及宗教与学识融合的角度倡议开展各种各样的教育活动；中部殖民地的移民多来自欧洲不同的国家，其宗教不同、文化多样，虽然他们希望过上有意义且充实的生活的愿望是相同的，但缺乏共同的社会理想，每个教派在自行设计体现其宗教信仰的教育体系的过程中表达着对于教育的看法；从南部殖民地的移民主体来看，他们多是由在英国占统治地位的国教派信徒组成，其对于英国生活方式和文化的认可程度是其他殖民地的人们难以比拟的。此外，由于这些人来到美洲大陆的目的主要是获取经济利益，作为广袤的种植园的主人，南部还最先启用了令人不齿的奴隶制度。与南部精英阶层重构母国社会的理想相契合，他们所提倡的教育是绅士式的，且由于奴隶制度的出现，这些人心目中的教育无疑还是非常不公平的，即将普通民众和奴隶的教育排除在外。

（二）服务于新型国家创建与维护的教育思想发展阶段

1776 年 7 月 4 日美国独立，1787 年宪法生效，美国国家正式出现。与新国家一起出现的是人们的国家意识和信念被逐步强化，国家主义的倾向鲜明地体现在国家银行创建、关税制定、国内交通建设和外交政策制定等多个领域。[②] 之后出现的南北战争则进一步粉碎了分裂国家的倾向，美国最终成为南北贯通的统一整体。与此时期美国国家创建与维护的步伐相契合，如何通过共和国公民和政治人才的培养，让共和国的理念真正深入人心，将多样、异质的移民变成真正的美国人，打牢共和国的基石，则是当时及之后的历届总统、社会知名人士、教育理论家对于教育的共同期盼。[③] 比如华盛顿总统就对知识在维护自由宪法方面的功用有着清晰的认识，他说知识可以使那些受托担任政

———————
① 何顺果：《美国史通论》，学林出版社 2001 年版，第 16 页。
② ［美］乔治·布朗·廷德尔、大卫·埃默里·施：《美国史》第 2 卷，宫齐、李国庆、裴霜霜等译，南方日报出版社 2012 年版，第 311-326 页。
③ ［美］劳伦斯·A. 克雷明：《美国教育史：建国初期的历程》，洪成文等译，北京师范大学出版社 2002 年版，第 5-6 页。

府职务的人更懂得赢得民众信任的重要性，也会使民众理解并珍视他们的权利 ①；麦迪逊（James Madison，1751—1836）总统认为教育对政府的存在至关重要："如果只有一个民众的政府，但是民众没有知识或者没有学得知识的手段，那它只是笑剧的序幕，或者是悲剧的序幕，或者可能二者兼有……" ② 约翰·亚当斯（John Adams，1735—1826）也认为知识和智慧是政治自由以及社会公正的基础。与他们对于教育的认识同步，他们中的一部分人还直接参与了某些州公立学校教育制度的设计以及州立大学（最初是国立大学，后国立大学思想破产）的创建过程。19 世纪 30 年代由贺拉斯·曼等人所倡导的公共教育思想与共和国先行者的以上思想有着内在的一致性，公共教育思想是共和国先驱思想的自然逻辑延续。

（三）服务于美国国力极速上升的教育思想发展阶段

南北战争扫除了美国工业发展的羁绊，南北战争后大约半个世纪，美国已经从一个农业国迅速转变成为世界头号工业和城市化强国，而之后的两次世界大战，更是将美国置于世界头号经济政治强国的宝座，二战后的美国俨然已拥有"缓慢而又踏实地编织一张国际安全和日益繁荣的世界网络"的力量。③尽管此时期是美国实力极速上升的时期，但是此期间美国也面临许多亟待解决的新问题。正视这些社会问题，让教育思想更为符合时代的要求成为此时期教育思想家和社会改革家的共同心愿。如 19、20 世纪之交美国患上了"工业文明综合征"，即物质进步与社会整体改善之间的"二律背反"④，此时期出现的进步主义教育思想不仅是针对教育领域过于严重的智力训练、成人权威、管理僵化等弊端提出的改革举措，更是力图通过教育教学的改革，培养能够克服工业文明综合征，能够胜任民主政治、经济新生活的新生代公民，而进步主义教育思想的精神领袖约翰·杜威更是明确提出了教育服务于民主主义社会构建的宏伟愿景。20 世纪初和 40 年代美国曾两次卷入世界大战，20 世纪 30 年代又爆发了经济大萧条，与以上的国家事件相适应，为满足战争和救济的需求，加快初级技术工人的培养，专门满足特定学生未来特定就业需求的职业教育思想成为时代主流，且推动职业教育发展的职业教育立法成为国家意志；从高等教育

---

① ［美］乔治·华盛顿：《华盛顿选集》，聂崇信等译，商务印书馆 1983 年版，第 301 页。

② Paul Monroe, *Founding of the American Public School System—A History of Education in the United States,* New York: The Macmillan Company, 1940, p.202.

③ ［美］哈里·杜鲁门：《就职演说》，见孙毅兵、卞建华主编：《英语精彩演讲文库：美国总统演讲集萃》，天津科学技术出版社 2012 年版，第 215 页。

④ 李剑鸣：《大转折的年代，美国进步主义运动研究》，天津教育出版社 1992 年版，第 24 页。

的角度来看，由于工业化、城市化使更多的青少年进入高中，初级学院理念的出现是高等教育民主化的重要举措。而在推动真正的大学教育的开展方面，弗莱克斯纳的现代大学观和赫钦斯的自由教育思想又是让大学在变化的时代中保持其应有传统的重要建议。

（四）服务于国家霸主地位保持的教育思想发展阶段

二战以来，作为头号世界强国，美国以任何欧洲国家过去连做梦也想象不到的方式主宰着西方世界[①]，同时也幻想着"建立美国领导下的自由世界大家庭，把美国的政治制度、经济模式推向全世界"[②]。但是，此时期有两股不可忽视的力量让美国时刻也不能掉以轻心，即一方面美国必须同时提防着来自阵营内外的国家对于它的霸主地位的威胁，另一方面又必须对国内日益尖锐的种族、贫困等问题保持足够的应对力，以防这些问题损耗自己的竞争实力。当然，以上两股力量时有强弱，不同时期两种力量会交错占据上风，但是时刻保持警醒，确保美国世界头号强国的地位不下降成为此时期美国上下一致的国家信念。与该时期美国社会和国家发展的理想和信念相契合，美国教育思想也致力于服务这样的主题。比如，战后至少有四次契机让美国人意识到了中小学教育落后的现实与国家理想之间的差距，从而激起了教育改革的冲动，它们是：为应对战后生活调整运动带来的混乱所提出的"回到基础"教育理念、1957年苏联卫星上天之后出现的新的课程改革思想、20世纪80年代美国在感受到来自不同阵营国家的竞争压力之后所掀起的追求教育优异的思想、新千年的到来所激发起的美国人对于未来优质教育的期盼等。当然，在这一条发展线索之外，二战后的生活调整教育思想、60年代的机会均等教育思想、70年代的生涯教育思想等都是对如何解决国内种族与贫困问题的积极回应。作为高深知识传递和生产的场所，战后也是美国高等教育机构和学生数量发展最为迅捷的时期，但是，更好地服务于国家战略和保持高等教育应有属性之间的论争依然在持续。

① 冯泽辉：《美国文化综述》，四川人民出版社2002年版，第134页。
② 刘金质：《美国国家战略》，辽宁人民出版社1997年版，第8页。

三、美国教育思想发展变迁过程所体现出来的历史规律

（一）社会发展与教育实践之间的基本矛盾是美国教育思想演变的决定因素

美国教育思想的产生与发展是受多种因素影响的结果，但是这些因素究竟是如何起作用的呢？通过考察400余年美国教育思想发展演变的历程，可以发现推动某一时期某种教育思想之所以出现的内在规律：当社会发展向教育提出了某种新的人才培养要求，但整个的教育实践在这一时期难以满足社会的这一需求，于是，一批对于教育事业有着强烈责任感、爱好或特长的其他领域专家或教育家，在尝试改变自身教育实践的同时，也力求在教育思想领域谋求突破，他们对于教育实践下一步该如何发展的谋划或设计就成为某一时期教育思想的蓝本，而其中某些契合实际的谋划或设计还将成为推动某一时期教育实践改革的动力，这一规律体现在美国教育思想发展的每一个阶段。比如，在美国国家创建和维护时期，新国家对于其所需要的人才提出了新的要求，但是教育实践难以满足需求，一些国家缔造者在尝试改变教育实践的同时，也力图推动公民教育的主张被更广大的民众所接纳；在美国国家力量的急剧上升时期，工业化、城市化向教育发展提出了新的要求，但是当时以城市公立中小学校为代表的美国教育除了人满为患，还弥漫着浓厚的保守主义倾向，智力训练、成人权威成为该时期学校教育的典型特征，一批教育先行者在勇于改革自身教育实践的同时，力推符合时代要求的进步主义教育思想、社会效率职业教育观等的出现。

当然，由于某一阶段的社会发展的概念是一个包容性很强的概念，其中会包括该阶段社会政治、经济、文化等各领域的发展，也会包括该阶段社会或国家形态的某种发展，其中，只要某一方面的发展在社会发展中占据主导地位，其必定会对这一时期教育思想的产生和发展发挥主导作用，并进而促使该时期的教育思想朝向该方面发展。比如二战以来美国教育思想服务于其国家霸权地位目标保持的立场是一贯的，但是，由于不同的年代，社会政治、经济、文化有着不同的主题，这就导致了美国教育思想发生了钟摆式的变化，如20世纪60年代轰轰烈烈的民权运动，使确保弱势群体的各项权利成为该时期人们关注的主要问题，关注弱势群体的教育顺理成章地就成为该时期教育思想的主导；80年代以来，确保美国国际竞争地位的领先问题成为迫切的社会问题，促进教育优异的同时兼顾教育公平的思想成为80年代以来的教育思想主流。

（二）人的发展问题始终是教育思想演变的核心问题

尽管教育活动包含着许许多多的侧面，比如课程、教学、教育财政、教师发展、学校管理等等，但所有的教育活动无疑都最终指向或服务于人的培养和发展问题，这一原则对教育思想来说也是适用的。在美国教育思想史几百年的发展历程中，尽管不同时期有许多人在讨论学校教育制度、办学理念、办学方法等的问题，但是，抛开现象透视本质，关注人的培养和人的发展始终是所有教育思想的内核。

由于人的发展是一个多层次、多角度的概念，它既包括个人的片面发展，也包括个人全面、自由的发展，同时也包括最高层次的"每个人""任何人"即"全体社会成员"都普遍地得到发展。[①] 虽然社会全体成员人的本质完全的展现、人的能力全面提升的状态和境界，是只有共产主义社会才能实现的状态[②]，但是，致力于单个人或部分人的单个能力或某些能力的发展自始至终都是教育思想关注的核心主题，而从致力于单个人某种能力的发展到致力于单个人某些能力的发展，再或者从服务于单个人的某种能力的发展再到服务于部分人的某种能力或某些能力的发展，不仅代表着教育自身发展水平和教育民主化水平的提升，更标志着教育思想已经演变到了一个新的阶段。

从最初清教徒创办主要培养教会人士的高等教育，主张青少年人人要具备阅读、理解宗教原则和死刑法的能力[③]，到 2000 年后美国《不让一个孩子掉队法案》和普及高等教育（college for all）理念的提出（2017 年美已有参、众议员向两院递交"college for all Act"议案，拟就公立高等教育机构免费为来自工人家庭的学生提供教育或者有意义地降低学生债务问题开展立法活动[④]），美国教育思想的核心内核——培养什么样的人或促进哪类人哪些方面的发展均发生了翻天覆地的变化，其中不仅涉及人的概念的变化，也有人的数量、类型、层次、职能等的变化，如仅从公民培养的角度来看，从共和国建立后旨在培养一般意义上的公民，到其国力急速上升期希望培养能够应对工业化、城市化挑战的公民，再到二战后希望培养能在信息与知识经济时代保障美国霸主

① ［德］马克思：《资本论》第 1 卷，见中共中央马恩列斯著作编译局：《马克思恩格斯全集》（第 23 卷），人民出版社 1972 年版，第 649 页。

② 王海传：《人的发展的制度安排》，华中师范大学出版社 2007 年版，第 24 页。

③ ［美］亨宁：《弗吉尼亚法令》，见［美］E. P. 克伯雷主编：《外国教育史料》，华中师范大学、西南师范大学、西北师范大学、福建师大教育系译，华中师范大学出版社 1990 年版，第 343-345 页。

④ *College for All Act Introduced*, 2019-09-13, https://www.sanders.senate.gov/newsroom/press-releases/college-for-all-act-introduced.

地位的公民，公民概念的变迁代表了美国教育思想的内核已经发生了根本性的变迁；此外，美国教育思想每一次的变迁，其核心内容都绕不过人的培养中数量、层次、职能等的变化。如果将共和国缔造者所希望的公民教育和精英教育看作一种蓝图的话，那么，曼等人公共教育思想的提出，其实质是已经将公民教育思想从蓝图部分变为现实，此时他们培养的公民的数量和规模与之前相比已经发生了巨大的变化；同样，在高等教育领域，从主要培养宗教人士的高等教育起步，美国建国后，州立大学、赠地学院、研究型大学、初级学院等新的高等教育思想的出现，高等教育所能够促进的人的发展在类型、层次、职能方面都有了巨大的拓展，让更多的人享受更多类型的高等教育，促进更多的人更多方面地发展，成为美国高等教育思想演变的本质和内核。

（三）美国教育思想的演变具备明显的渐进性和反复性的特征

美国教育思想的演变除了具备明显的阶段性特征，还具有明显的渐进性和反复性特征。所谓的渐进性特征主要是指任何教育思想的发展变化都不可能是一蹴而就的，都有一个相对缓慢的从量变到质变的过程。教育思想发展的渐进性特征可能与教育问题的逐步显现和明晰、人们对于某一教育问题认识的逐步深化等因素有关；所谓教育思想的反复性主要是指一种教育思想在一个时期出现，而在另一个时期它可能会以同一种形式或另一种形式出现，但是其精神实质是不变的。教育思想发展的反复性可能与同样的教育问题在不同的历史时期的再现或者与人们对于先前教育思想的再次认识等因素有关。教育思想发展过程中的渐进性和反复性特征不仅仅是美国教育思想史独有的现象，在世界各国教育思想发展变迁的过程中，这一规律都可能出现。

美国教育思想发展的渐进性体现在几乎每一种教育思想发展演变的过程中。比如，在高等教育领域，自建国后，在多种因素的相互作用下，美国高等教育出现了学校类型层次不断丰富、数量急速扩张的变化，在这种情况下，高等教育是继续捍卫自由、精英教育的传统还是走更为民主、实用的道路，两条思想路线的逐步变化与两者之间的斗争几乎贯穿了 19 世纪乃至 20 世纪美国高等教育思想全部发展的历史；进步主义教育思想的形成与发展也体现出了渐进性的特征。如果将亚当斯（Jane Addams）、瑞斯（Jacob Riis）和莱斯（Joseph Mayer Rice）等人对公立学校的办学条件、学校管理、课程教学等问题的揭露作为进步主义教育思想出现的序幕，那么帕克、库克在昆西市和芝加哥库克师范学校所进行的教育革新实验及提出的教育思想仅仅可以称作进步主义理论形成期的思想，约翰·杜威的进步主义教育思想是该思想系统化的标志，而约翰逊的有机学校、沃特的葛雷学校、克伯屈的设计教学法、帕克赫斯特的道尔顿制等则属于进步主义理论丰富期的思想。

教育思想演进过程中的反复性在美国教育思想发展的历程中也有鲜明的表现。我们知道约翰·杜威的民主主义职业教育观念由于其过于超前性，在20世纪初曾遭到了社会的抛弃，但是在20世纪末期新的历史条件下，以查尔斯·S.本森为代表的一批人重新发现了杜威职业教育思想的闪光之处，杜威的职业教育思想部分地在新职业教育思想中得以重现；此外，尽管20世纪上半期与下半期美国社会的内忧与外患均有着不同的内容，但是确保教育质量和促进教育民主、公平之间的矛盾贯穿始终，体现保守主义倾向的教育思想不仅出现在要素主义、永恒主义教育思想里，也出现在二战后"回到基础"教育改革、1958年《国防教育法》和80年代的教育改革浪潮中。

（四）美国教育思想的演变是美国教育思想独立性和影响力不断增强的过程

纵观几百年来美国教育思想发展变迁的历程，还可以发现另一个规律，即美国教育思想发展变迁的过程与其社会和国家发展的过程有着极强的相似性，即都有一个在权衡自身特质基础上的借鉴、继承到独立发展并发挥世界影响的过程。当然，由于教育思想的发展除了会受到国家政治、经济、文化发展的影响，还有自身的独立性和独特性需要考虑，因此，美国教育思想借鉴、继承、独立与世界影响发挥的过程与其国家的发展还存在着一定的时间和性质的差异。美国建国前，由于更多的人口来自英国，因此，英国的文化与教育制度对此时期教育思想的形成有着重要的影响，殖民地时期的高等教育思想、普及宗教教育的理念和学徒制的思想很多都取自英国的经验；美国国家建立的过程深受法国启蒙思想影响的过程，无论是共和国缔造者创办国家大学的理想还是其普及教育的理念都体现了鲜明的法国印记；19世纪是德国教育全方面发力的世纪，也是德国教育发挥世界影响的世纪，该时期德国研究型大学理念、赫尔巴特传统教育思想、福禄贝尔学前教育思想等都对美国教育思想的形成与发展产生了深刻的影响。此外，19世纪也是美国教育思想开始呈现其独立形式的时期，美国公共教育理念的提出就是欧洲经验和美国本土实际情况相结合的产物。1837年，爱默生著名演说《论美国学者》的发表加快了美国独特文化的形成过程，19 世纪末 20 世纪初美国文化已经全面成熟[①]，与美国文化独特性的形成相一致，包括进步主义教育思想在内的一系列教育思想的提出都是独具特色的美国教育思想出现的标志，自此，美国不仅仅成为教育思想的吸纳国，也成为教育思想和教育智慧的贡献国。20 世纪发端于美国的要素主义教育思想、永恒主义教育思想、社会改造主义教育思想、新行为主义教育思想、结构主义教育思想、人本主义教育思想、建构主义教育思想、教育优异思想等的提出不仅是美国学者对世界教育发展史的贡献，也是美国发挥其独特的教育影响的体现。

---

① 朱永涛:《世界文化史知识——新大陆·新文化，美国文化历程》第 4 卷，辽宁大学出版社 1996 年版，第 131-132 页。

参考文献

中文译著

〔美〕阿伦·奥恩斯坦、〔美〕莱文·丹尼尔：《教育基础》，杨树兵译，江苏教育出版社 2003 年版。

〔美〕埃尔伍德·帕特森·克伯莱：《美国公共教育：关于美国教育史的研究和阐释》，陈露茜译，安徽教育出版社 2012 年版。

〔美〕本杰明·富兰克林：《富兰克林自传》，李瑞林、宋勃生译，国家行政学院出版社 1998 年版。

〔美〕彼得森：《杰斐逊集》，刘祚昌、邓红风译，生活·读书·新知三联书店 1993 年版。

〔美〕布鲁纳：《布鲁纳教育论著选》，邵瑞珍、张渭城等译，人民教育出版社 1989 年版。

〔美〕布什等：《科学——没有止境的前沿》，范岱年、解道华等译，商务印书馆 2004 年版。

〔美〕查尔斯·曼恩：《1491：前哥伦布时代美洲启示录》，胡亦南译，中信出版社 2014 年版。

〔美〕查尔斯·霍默·哈斯金斯：《大学的兴起》，梅义征译，上海三联书店 2007 年版。

〔美〕查尔斯·博哲斯：《美国思想渊源——西方思想与美国观念的形成》，符鸿令译，山西人民出版社 1988 年版。

〔美〕克拉克·科尔：《大学的功用》，陈学飞等译，江西教育出版社 1993 年版。

〔美〕戴维·B. 泰亚克：《一种最佳体制：美国城市教育史》，赵立玮译，上海人民出版社 2010 年版。

〔美〕丹尼尔·贝尔：《资本主义文化矛盾》，赵一凡译，生活·读书·新知三联书店 1989 年版。

　　〔美〕丹尼尔·J.布尔斯廷：《美国人：南北战争以来的经历》，谢延光译，上海译文出版社 1988 年版。

　　〔美〕丹尼尔·坦纳、劳雷尔·坦纳：《学校课程史》，崔允漷译，教育科学出版社 2006 年版。

　　〔美〕德里克·博克：《走出象牙塔——现代大学的社会责任》，徐小洲、陈军译，浙江教育出版社 2001 年版。

　　〔美〕德里克·博克：《美国高等教育》，乔佳义译，北京师范学院出版社 1991 年版。

　　〔比〕德·德·里德－西蒙斯：《欧洲大学史·近代早期的欧洲大学（1500—1800）》第二卷，贺国庆、王保星、屈书杰等译，河北大学出版社 2008 年版。

　　〔美〕约翰·杜威：《民主主义与教育》，王承绪译，人民教育出版社 2001 年版。

　　〔美〕约翰·杜威：《明日之学校》，朱经农等译，商务印书馆 1935 年版。

　　〔美〕约翰·杜威：《杜威教育论著选》，华东师范大学出版社 1981 年版。

　　〔美〕E.P.克伯雷：《外国教育史料》，华中师大、西南师大，西北师大、福建师大教育系译，华中师范大学出版社 1991 年版。

　　〔德〕弗·鲍尔生：《德国教育史》，滕大春、滕大生译，人民教育出版社 1986 年版。

　　〔德〕弗里德里希·包尔生：《德国大学与大学学习》，张弛等译，人民教育出版社 2009 年版。

　　〔美〕F.P.格雷夫斯：《近三世纪西洋大教育家》，庄泽宣译，商务印书馆 1931 年版。

　　〔美〕F.W.泰罗：《科学管理原理》，韩放译，中国社会科学出版社 1981 年版。

　　〔美〕弗·斯卡皮蒂：《美国社会问题》，刘泰星等译，中国社会科学出版社 1986 年版。

　　〔美〕弗雷德·赫钦格、格雷丝·赫钦格：《美国教育的演进》，汤新楣译，美国驻华大使馆文化处 1984 年版。

　　〔美〕简·杜威：《杜威传》，单中惠译，安徽教育出版社 1987 年版。

　　〔美〕吉欧·波尔泰：《爱默生集：论文与讲演录》，赵一凡等译，生活·读书·新知三联书店 1993 年版。

［英］海斯汀·拉斯达尔：《中世纪的欧洲大学：大学的起源》第一卷，崔延强、邓磊译，重庆大学出版社 2011 年版。

［德］黑格尔：《历史哲学》，王造时译，上海书店出版社 2001 年版。

［美］赫钦斯：《教育现势与前瞻》，姚柏春译，今日世界出版社 1970 年版。

［美］克拉克·科尔：《高等教育不能回避历史——21 世纪的问题》，王承绪译，浙江教育出版社 2001 年版。

［美］卡罗尔·帕金、克里斯托弗·米勒等：《美国史》上册，葛腾飞、张金兰译，东方出版中心 2013 年版。

［美］科南特：《科南特教育论著选》，陈友松等译，人民教育出版社 1984 年版。

［美］肯尼迪：《扭转颓势》，沙地译，生活·读书·新知三联书店 1976 年版。

［美］L. 迪安·韦布：《美国教育史：一场伟大的美国实验》，陈露茜、李朝阳译，安徽教育出版社 2010 年版。

［美］拉里·希克曼：《永远年轻的杜威——希克曼教授讲杜威》，林建武、陈磊、林航等译，中国政法大学出版社 2015 年版。

［美］劳伦斯·阿瑟·克雷明：《学校的变革》，单中惠、马晓斌译，山东教育出版社 2017 年版。

［美］劳伦斯·A. 克雷明：《美国教育史：殖民地时期的历程（1607—1783)》，周玉军等译，北京师范大学出版社 2003 年版。

［美］劳伦斯·A. 克雷明：《美国教育史（二）：建国初期的历程》，洪成文等译，北京师范大学出版社 2002 年版。

［美］理查德·D. 范斯科德等：《美国教育基础——社会展望》，北京师范大学外教所译，教育科学出版社 1984 年版。

［英］罗素：《西方哲学史》下卷，何兆武、李约瑟译，商务印书馆 1976 年版。

［英］罗伯特·R. 拉斯克、詹姆斯·斯科特兰：《伟大教育家的学说》，朱镜人、单中惠译，山东教育出版社 2013 年版。

［美］罗伯特·赫钦斯：《美国高等教育》，汪利兵译，浙江教育出版社 2001 年版。

［美］卢瑟·路德克：《美国社会与文化——构建美国》，王波等译，江苏人民出版社 2006 年版。

［美］杰斐逊：《杰斐逊选集》，朱曾汉译，商务印书馆 1999 年版。

［美］加耳布雷思：《丰裕社会》，徐世平译，上海人民出版社 1965 年版。

［美］麦克尼尔：《课程导论》，施良方等译，辽宁教育出版社 1990 年版。

［美］梅里亚姆：《美国政治学说史》，朱曾汉译，商务印书馆 1988 年版。

［美］欧内斯特·博耶：《美国大学教育——现状、经验、问题及对策》，复旦大学高等教育研究所译，复旦大学出版社 1988 年版。

［美］帕克赫斯特：《道尔顿制教育》，陈金芳、赵钰琳译，北京大学出版社 2005 年版。

［美］乔治·华盛顿：《华盛顿选集》，聂崇信、吕德本、熊希龄译，商务印书馆 1983 年版。

［美］乔治·布朗·廷德尔、大卫·埃默里·施：《美国史》第 2 卷，宫齐、李国庆、裴霜霜等译，南方日报出版社 2012 年版。

［美］S.E.佛罗斯特：《西方教育的历史和哲学基础》，吴元训等译，华夏教育出版社 1987 年版。

［美］韦恩·厄本、杰宁斯·瓦格纳：《美国教育：一部历史档案》，周晟、谢爱磊译，中国人民大学出版社 2009 年版。

［英］威廉·博伊德、埃德蒙·金：《西方教育史》，任宝祥、吴元训译，人民教育出版社 1985 年版。

［美］沃浓·路易·帕灵顿：《美国思想史》，陈永国译，吉林人民出版社 2002 年版。

［比］希尔德·德·里德－西蒙斯：《欧洲大学史：中世纪大学》第一卷，张斌贤、陈玉红、和震等译，河北大学出版社 2008 年版。

［美］亚伯拉罕·弗莱克斯纳：《现代大学论——英美德大学研究》，徐辉、陈晓菲译，浙江教育出版社 2001 年版。

［美］亚历山大·里帕：《自由社会中的教育：美国历程》，於荣译，安徽教育出版社 2010 年版。

［美］亚瑟·科恩：《美国高等教育通史》，李子江译，北京大学出版社 2010 年版。

［法］雅克·勒戈夫：《中世纪的知识分子》，张弘译，商务印书馆 2002 年版。

〔美〕约翰·S. 布鲁贝克：《高等教育哲学》，王承绪等译，浙江教育出版社 2001 年版。

〔美〕约翰·I. 古得莱德：《一个称作学校的地方》，苏智欣、胡玲、陈建华译，华东师范大学出版社 2006 年版。

〔美〕詹姆斯·柯比·马丁等：《美国史》（上册），范道丰等译，商务印书馆 2014 年版。

中文专著

陈学飞：《当代美国高等教育思想研究》，辽宁师范大学出版社 1996 年版。

德万：《加利福尼亚大学》，湖南教育出版社 1986 年版。

冯泽辉：《美国文化综述》，四川人民出版社 2002 年版。

傅统先、张文郁：《教育哲学》，山东教育出版社 1986 年版。

盖青：《美国 20 世纪教育实验研究》，广东教育出版社 2010 年版。

郭健：《哈佛大学发展史》，河北教育出版社 2000 年版。

顾学稼等：《美国史纲要》，四川大学出版社 1992 年版。

黄宇红：《知识演化进程中的美国大学》，北京师范大学出版社 2008 年版。

何顺果：《美国史通论》，学林出版社 2001 年版。

贺国庆：《德国和美国大学发达史》，人民教育出版社 1998 年版。

贺国庆：《近代欧洲对美国教育的影响》，河北大学出版社 2002 年版。

贺国庆：《欧洲中世纪大学》，人民教育出版社 2009 年版。

贺国庆、于洪波、朱文富：《外国教育史》，高等教育出版社 2009 年版。

梁丽：《美国学人留德浪潮及其对美国高等教育的影响（1815—1917）》，河北教育出版社 2016 年版。

林玉体：《美国教育思想史》，九州出版社 2006 年版。

李剑鸣：《大转折的年代，美国进步主义运动研究》，天津教育出版社 1992 年版。

刘绪贻、杨生茂、李剑鸣：《美国通史》第三卷，人民出版社 2008 年版。

刘绪贻、韩铁、李存训：《美国通史》第 6 卷，人民出版社 2008 年版。

刘金质：《美国国家战略》，辽宁人民出版社 1997 年版。

陆有铨：《现代西方教育哲学》，北京大学出版社 2012 年版。

钱满素、杨靖：《爱默生教育思想研究》，中央编译出版社 2015 年版。

任钟印：《世界教育名著通览》，湖北教育出版社 1994 年版。

荣艳红：《美国联邦职业教育立法制度发展历程研究》，科学出版社 2014 年版。

单中惠：《西方教育思想史》，教育科学出版社 2007 年版。

滕大春：《美国教育史》，人民教育出版社 2001 年版。

滕大春：《外国近代教育史》，人民教育出版社 1989 年版。

滕大春：《外国教育通史》第 6 卷，山东教育出版社 2005 年版。

汪霞：《课程改革与发展的比较研究》，江苏教育出版社 2000 年版。

王桂：《当代外国教育 —— 教育改革的浪潮与趋势》，人民教育出版社 1995 年版。

王希：《原则与妥协——美国宪法的精神与实践》，北京大学出版社 2014 年版。

王恩铭：《美国文化史纲》，上海外语教育出版社 2015 年版。

王宗军：《当代世界经济与政治》，西北工业大学出版社 2009 年版。

王海传：《人的发展的制度安排》，华中师范大学出版社 2007 年版。

吴飞：《洛克与自由社会》，上海三联书店 2012 年版。

吴式颖：《外国教育史简编》，教育科学出版社 1988 年版。

吴式颖、任钟印：《外国教育思想通史》第八卷，湖南教育出版社 2002 年版。

杨生茂、陆镜生：《美国史新编》，中国人民大学出版社 1990 年版。

姚云标：《美国公共教育中宗教问题研究》，安徽人民出版社 2006 年版。

夏之莲：《外国教育发展史料选粹》（上），北京师范大学出版社 1999 年版。

夏之莲：《外国教育发展史料选粹》（下），北京师范大学出版社 1999 年版。

张斌贤、王晨：《外国教育史》，教育科学出版社 2008 年版。

张斌贤、褚洪启：《西方教育思想史》，四川教育出版社 1994 年版。

张磊：《欧洲中世纪大学》，商务印书馆 2010 年版。

张金辉：《耶鲁大学办学史研究》，中央编译出版社 2009 年版。

赵祥麟：《外国教育家评传》第二卷，上海教育出版社 2003 年版。

邹铁军：《实用主义大师杜威》，吉林教育出版社 1990 年版。

朱永涛：《世界文化史知识——新大陆·新文化，美国文化历程》第 4 卷，辽宁大学出版社 1996 年版。

中文期刊

陈正桂、玛格丽特·史密斯·克罗科：《美国化：19 世纪末 20 世纪初美国公民教育的重要任务》，《湖北社会科学》2010 年第 6 期。

付宏、杨汉麟：《进步时代"美国化"的公民教育与反思》，《理论与现代化》2011 年第 1 期。

高金岭、晏成步：《大学公共性实现：政府与市场的力量——从"达特茅斯学院案"和"灯塔制度"谈开去》，《教育学报》2013 年第 2 期。

龚放：《柏林大学观的当代价值——纪念德国柏林大学创建 200 周年》，《高等教育研究》2010 年第 10 期。

郝艳萍：《弗莱克斯纳的现代大学观探析》，《高等教育研究》2003 年第 1 期。

贺国庆：《从莫雷尔法案到威斯康星观念》，《河北大学学报》（哲学社会科学版）1993 年第 3 期。

贺国庆：《法国启蒙运动教育思想对美国的影响》，《河北大学学报》1994 年第 3 期。

贺国庆、梁丽：《柏林大学思想及其对美国的影响》，《高等教育研究》2010 年第 10 期。

和震：《美国大学自治制度的特征与主题》，《学术研究》2006 年第 1 期。

刘向荣：《科南特教育思想研究》，博士学位论文，河北大学，2006 年。

却尔兹、陈科美：《克伯屈——通过志愿活动的品格教育》，《现代外国哲学社会科学文摘》1962 年第 3 期。

荣艳红、刘向荣、李步冲：《美国社会效率职业教育观的兴衰》，《河北大学学报》（哲学社会科学版），2014 年第 39 卷第 6 期。

王萍：《美国中小学教师教育发展研究》，博士学位论文，华中师范大学，2012 年。

王英杰：《大学校长与大学的改革与发展——哈佛大学的经验》，《比较教育研究》1993 年第 5 期。

王英杰：《美国发展社区学院的历史经验及发展中国专科教育之我见》，《外国教育研究》1992 年第 1 期。

王保星：《美国初级学院运动的兴起及其教育民主化意义》，《河北大学学报》（哲学社会科学版）1999 年第 4 期。

王晨:《美国名著教育方式之争及其问题》,《教育学报》2009 年第 5 期。

王晨:《西方经典教育的历史、模式与经验——以美国为中心的考察》,《教育学报》2012 年第 1 期。

王晨:《赫钦斯自由教育思想研究》,《比较教育研究》2005 年第 4 期。

杨帆、张斌贤:《教育改革的新起点:昆西学校实验》,《教育科学研究》2016 年第 2 期。

杨帆、张斌贤:《从昆西实验到库克实验——帕克教育思想与实践的转变》,《清华大学教育研究》2018 年第 3 期。

阎照祥:《17—19 世纪初英国贵族欧陆游学探要》,《世界历史》2012 年第 6 期。

余承海、程晋宽:《美国州立大学的起源与发展》,《高教发展与评估》2013 年第 6 期。

邹海燕:《十九世纪的美国中等师范教育》,《教育研究与实验》1985 年第 3 期。

周详:《达特茅斯学院案与美国私立大学章程》,《湖南师范大学教育科学学报》2014 年第 2 期。

张宝昆:《人的因素对大学发展的影响:德、美、日三国大学发展与高等教育思想家》,《外国教育动态》1998 年第 1 期。

张斌贤:《进步主义教育运动:概念及历史发展》,《教育研究》1995 年第 7 期。

张斌贤、高玲:《英雄与时势:普洛瑟和美国职业教育制度的奠基》,《西北师范大学学报》(社会科学版)2014 年第 6 期。

张斌贤、陈露茜:《美国教育思想演化的主要阶段与基本特征》,《华东师范大学学报》(教育科学版)2018 年第 1 期。

英文原著

Abraham Flexner & Daniel Coit Gilman, Creator of the American Type of University, New York: Harcourt, Brace and Company, 1946.

Abraham Flexner, A Modern College and a Modern School, Garden City, New York: Doubleday, Page and Company, 1923.

Abraham Flexner, Aristocratic and Democratic Education, Atlantic Monthly, Vol.108, No.1, 1911.

Abraham Flexner, College Entrance Examinations, Popular Science Monthly, Vol.63, No.5, 1903.

Abraham Flexner, I Remember: The Autobiography of Abraham Flexner, New York: Simon and Schuster, 1940.

Abraham Flexner, Symposium on the Outlook for Higher Education in the United States, Proceedings of the American Philosophical Society, Vol.69, No.1, 1930.

Abraham Flexner, The Importance of "Useless" Knowledge, Hispania, Vol.27, No.1, 1944.

Abraham Flexner, The Religious Training of Children, International Journal of Ethnics, Vol.7, No.3, 1897.

Abraham Flexner, The University in American Life, Atlantic Monthly, Vol.149, No.5, 1932.

Alar Lipping, The Platoon School Curriculum and the Diffusion of School Physical Education Programs, 1900—1930, Research Quarterly for Exercise and Sport, Vol.74, No.1, 2003.

Albert Faust Bernhardt, The German Element in the United States with Special Reference to Its Political, Moral, Social, and Educational Influence Vol. Ⅱ, Boston: Houghton Mifflin Company, 1909.

Alexis F. Lange, The Junior College as an Integral Part of the Public-School System, The School Review, Vol.25, No.7, 1917.

Allan Bloom, Closing of the American Mind: How Higher Education has Failed Democracy and Impoverished the Souls of Today's Students, New York: Simon Schuster Trade, 2012.

Amy A. Kass, Radical Conservatives for Liberal Education, John Hopkins University, 1973.

Arthru Levine, Handbook on Undergraduate Curriculum, San Francisco: Jossey Bass Publishers,1978.

Arthur A. Gray, The Junior College in California, The School Review, Vol.23, No.7, 1915.

Arthur E. Bestor, Jr. Life-Adjustment Education: A Critique, Bulletin of the American Association of University Professors (1915—1955), Vol.38, No.3, 1952.

Arthur Levine, Higher Learning in American 1980—2000, Baltimore: The John Hopkins University Press, 1992.

Benjamin Rush, Address to The People of The United States, Berne, Indiana: Witness Press, 1918.

Benjamin Rush, Plan for a Federal University, American Museum, Vol.4, No.5, 1788.

Benjamin Franklin, The Autobiography of Benjamin Franklin, New York: Dover Publication, 1996.

Benjamin Franklin, Wit and Wisdom from Poor Richard's Almanack, New York: Dover Publication, 1999.

Bernard Bailyn, Education in the Forming of American Society: Needs and Opportunities for Study, Richmond: William Byrd Press, Inc., 1960.

Bernard Flicker, Abraham Flexner's Educational Thought and Its Critical Appraisal, New York University, 1963.

Brand Blanshard, Education in the Age of Science, New York: Basic Books, 1959.

Brian A. Cole, Hutchins and His Critics, 1936—1953, University of Maryland, 1976.

C. H. Rochedieu, The Fairhope Idea in Education, Peabody Journal of Education, Vol.36, No.1, 1958.

C. Hanford Henderson, The Aim of Modern Education, Popular Science Monthly, Vol.46, No.8, 1896.

C. W. Butterfield, The University of Wisconsin: A History, 1848-1925, Madison: University of Wisconsin Press, 1949.

C.Randolph Benson, Thomas Jefferson as Social Scientist, Rutherford: Fairleigh Dickinson University Press, 1971.

Calfrey C. Calhoun & Alton V. Finch, Vocational Education: Concepts and Operations, Califonia: Wadsworth Publishing Company Belmont, 1976.

Carl E. Seashore, The Junior College Movement, New York: H. Holt and Company, 1940.

Carroll S. Page, Vocational Education, Washington: Washington Government Printing Office, 1912.

Charles Alpheus Bennett, History of Manual and Industrial Education 1870 to 1917, Peoria: Chas. A. Bennett Co., Inc., 1937.

Charles Dennis Marler Jr., Colonel Francis Wayland Parker: Prophet of the "New Education", Stanford University, Vol 27, No.2, 1952.

Charles F. Thwing, The American and the German University: One Hundred Years of History, New York: The Macmillan Company, 1928.

Charles S. Benson, New Vocationalism in the United States: Potential, Problems and Outlook, Economics of Education Review, Vol.16, No.3, 1997.

Charles S. Benson, The Great School Debate: Which Way for American Education? New York: Simon & Schuster, Inc., 1985.

Christopher Jencks & David Riesman, The Academic Revolution, Chicago:The University of Chicago Press, 1977.

Christopher Jencks, Inequality a Reassessment of the Effect of Family and Schooling in America, NewYork: Basic Books, 1972.

Clark Kerr, Abraham Flexner's Universities, Society, Vol.31, No.4, 1994.

Clark Kerr, Higher Education cannot Escape History, New York: State University of New York Press, 1994.

Clark Kerr, The Great Transformation in Higher Education, New York: State University of New York Press, 1991.

Cleburne L. Farr, A Rhetorical Analysis of Selected Addresses by Robert Maynard Hutchins, The State University of Iowa, 1959.

Cobban A. B., Universities in the Middle Ages, Liverpool: Liverpool University Press, 1990.

Coleman R. Griffith, The Junior College in Illinois, Urbana: University of Illinois Press, 1945.

Coleman, J.S., Campbell, E.Q. & Hobson, C.J., et al., Equality of Educational Opportunity, Washington, D. C., U.S. Government Pringting Office, 1966.

Commission on Life Adjustment Education for Youth, Report of the Commission on Life Adjustment Education for Youth to the National Conference, Washington, D.C.: Federal Security Agency, U.S. Office of Education, 1950.

Courtenay W. J. & Miethke J., University and Schooling in Medieval Society, Leiden, Boston, and Cologne: Brill, 2000.

Dan A. Schafer, Study of the Extent that James B. Conant's Recommendations for the American High School have been Implemented in Selected Indiana High Schools, Indiana University, 1963.

Daniel Coit Gilman, University Problems in the United States, New York: The Century Co., 1898.

Daniel Colhoun, The Educating of Americans: A Documentary History, Boston: Houghton Mifflin Company, 1969.

Daniel Fallon, The German University, Philadelphia: Colorado Associated University Press, 1980.

David L. Passmore, Book Reviews: Foundations of Vocational Education, American Journal of Education, Vol.82, No.1, 1973.

David Riesman & David Webster, On Higher Education: The Academic Enterprise in an Era of Rising Student Consumerism, New Jersey: Transaction Publishers, 1998.

David Snedden, The Problem of Vocational Education, Boston, New York, Chicago: Houghton Mifflin Company, 1910.

David W. Robson, Educating Republicans: The College in the Era of the American Revolution, 1750—1800, Westport, connecticut: Greenwood Press, 1985.

Delbert D. Weber, A Comparison of the Educational Ideas of James Bryant Conant and Robert Maynard Hutchins, The University of Nebraska Teachers College, 1962.

Dickson A. Mungazi, The Evolution of Educational Theory in the United States, Westport: Praeger Publisher,1999.

Douglas E. Kliever, Vocational Education Act of 1963, A Case Study in Legislation, Washington D.C.: American Vocational Association, 1965.

Douglos McKnight, Morality and Public Schools: The Specter of William Torrey Harris, The Journal of Educational Foundations, No.4, 1999.

E. E. Lewis, The Junior College and the Reorganization of Secondary Education, Educational Research Bulletin, Vol.7, No.4, 1928.

E. Q. Brothers, Present-Day Practices and Tendencies in the Administration and Organization of Public Junior Colleges, The School Review, Vol.36, No.9, 1928.

Edith Nye MacMullen, In the Cause of True Education: Henry Barnard and Nineteeth-century School Reform, New Haven: Yale University Press, 1991.

Edward J. Power, The Transit of Learning: A Social and Cultural Introduction of American Educational History, Sherman Oaks: Alfred Publishers Co., Inc., 1979.

Ellwood P. Cubberley, Public Education in the United States, New York: Houghton Mifflin Co., 1934.

Ernest L. Boyer, Campus Life: In Search of Community, New Jersey: Princeton University Press, 1990.

Ernest L. Boyer, Scholarship Reconsidered: Priorities of the Professoriate, New Jersey: Princeton University Press, 1990.

Ernest L. Boyer, School Reform, Vital Speeches of the Day, No.10, 1989.

Erwin V. Johanningmeier, Americans and Their Schools (2nd ed.), Long Grove: Waveland Press Inc., 1985.

Floyd M. McDowell, The Junior College, Washington: Government Printing Office, 1919.

Franklin Parker, Francis Wayland Parker, 1837—1902, Paedagogica Historica, No.1, 1961.

Frederick L. Whitney, The Junior College in America, Greeley: Colorado State Teachers College, 1928.

Freeman R. Butts, A Cultural History of Education, New York: McGraw-Hill Book Company, Inc., 1947.

Friedrich Paulsen, The German University and University Study, New York: Germans, Green, and Co., 1906.

Gary Orfield, The 1964 Civil Rights Act and American Education, Charlottesville, London: University Press of Virginia, 2000.

George F. Zook, The Junior College, The School Review, Vol.30, No.8, 1922.

George S. Counts, The Soviet Challenge to America, New York: The John Day Company, 1931.

George W. Comer, The Autobiography of Benjamin Rush, Princeton: Princeton University Press, 1948.

Gerald L. Gutek, An Historical Introduction to American Education, Long Grove: Waveland Press, Inc., 2013.

Gerald L. Gutek, Education in the United States, An Historical Perspective, New Jersey: Prentice-Hall, Englewood Cliffs,1986.

Gerald L. Gutek, Philosophical and Ideological Perspectives in Education, New York: Allyn and Bacon, 2004.

Gladys A. Wiggin, Education and Nationalism, An Historical Interpretation of American Education, New York: McGraw-Hill Book Company, Inc, 1962.

Gordon C. Lee, Crusade Against Ignorance: Thomas Jefferson on Education, New York: Bureau of Publications, Columbia University, 1962.

Gregory S. Johnson, Francis Wayland Parker: An Historical Study of the Influences on His Philosophy of Education as its Relates to Language Arts/Reading Instruction, University of the Pacific, 1973.

Warren Botton H. & Eugene F, Provenzo Jr. History of Education and Culture in America, New Jersey: Prentice-Hall. Inc, Englewood Cliffs, 1983.

Harlow G. Unger, Encyclopedia of American Education, New York: Facts on File, Inc., 1996.

Harry Passow, John Dewey's Influence on Education around the World, Teachers College Record, Vol.83, No.3, 1982.

Harry S. Ashmore, Robert Maynard Hutchins, The American Scholar, Vol.59, No.4, 1990.

Harvey Kantor & David B. Tyack, Work, Youth, and Schooling, Historical Perspectives on Vocationalism in American Education, Redwood: Stanford University Press,1982.

Harvey Kautor, Education, Social Reform, and the State: ESEA and Federal Education Policy in the 1960s, American Journal of Education, Vol.100, No.1, 1991.

Henry F. May, The Enlightenment in America, New York: Oxford University Press, 1976.

Henry G. Badger, Junior College Salary Schedules, Bulletin of the American Association of University Professors (1915—1955), Vol.34, No.4, 1948.

Henry P. Tappan, University Education, New York: Routledge / Thoemmes Press, 1994.

Herbert Brownell, Robert Maynard Hutchins, 1899—1977, The Yale Law Journal, Vol.86, No.8, 1977.

Herbert M. Kliebard, The Struggle for the American Curriculum, 1893—1958 (3rd ed.), New York, London: Routledge Falmer, 2004.

Hermann Rohrs, The Classical German Concept of the University and Its Influence on Higher Education in the United States, New York: Peter Lang, 1995.

Howard Mumford Jones, Emerson on Education, New York: Teachers College Press, 1966.

Hugh Hawkins, Pioneer: A History of the Johns Hopkins University 1874—1889, New York: Cornell University Press, 1960.

Hyman G. Rickover, Education and Freedom, New York: E.P.Dutton and Co. Inc., 1959.

J. P. Henry, Two Hundred Years of American Education Thought, Lanham: University Press of American, 1987.

James B. Conant, Report of the President of Harvard University to the Board of Overseers (1951—1952), Cambridge: Harvard University Press, 1952.

James B. Conant, Slums and Suburbs: A Commentary on Schools in Metropolitan Areas, New York: McGraw-Hill Book Company, Inc., 1961.

James B. Conant, The American High School Today, New York: McGraw-Hill Book Company Inc., 1959.

James Bryant Conant, Education and Liberty: The Role of the Schools in a Modern Democracy, Cambridge: Harvard University Press, 1953.

James Bryant Conant, My Several Lives: Memoirs of a Social Inventor, New York: Harper & Row, Publishers,1970.

James R. Connor, The Social and Educational Philosophy of Robert Maynard Hutchins, University of Wisconsin, 1954.

James T. Patterson, Ameirica's Struggle Against Poverty 1900—1994, Cambridge: Havard University Press, 1994.

Jeffrey L. Dow, The New Vocationalism: A Deweyan Analysis, University of Florida, 2002.

Jerorne S. Bruner, The Process of Education, Cambridge: Harvard University Press,1960.

John C. French, A History of the University Founded by Johns Hopkins, Baltimore: The Johns Hopkins Press, 1946.

John D. Pulliam & James J. Van Patten, The History and Social Foundations of American Education, Upper Saddle River: Pearson Education, Inc., 2013.

John Higham, Send These to Me: Jews and Other Immigrants in Urban America, New York: Atheneum, 1975.

John R. Thelin, A History of American Higher Education (2nd ed.), Baltimore: The Johns Hopkins University Press, 2011.

John S. Brubacher & Willis Rudy, Higher Education in Transition, A History of American Colleges and Universities, 1636—1976, New York: Harper Collins Publishers, 1976.

John W. McFarland, What about Life Adjustment Education? The High School Journal, Vol.37, No.8, 1954.

Joseph F. Callahan & Leonard H. Clark, Innovations and Issues in Education, New York: Macmillan Publishing Co., 1977.

Joseph J. Ellis, American Sphinx, The Character of Thomas Jefferson, New York: Vintage Books, 1998.

Joseph W. Crosby, A Comparative Analysis of the Educational Philosophies of John Dewey and Robert Hutchins, The University of Southern California, 1949.

Kenneth B. Hoyt, Career Education: Contributions to an Evolving Concept, Salt Lake City: Olympus Publishing Co., 1976.

Kenneth S. Volk, The Gary Plan and Technology Education: What Might Have Been? Journal of Technology Studies, Vol.31, No.1, 2005.

Kenneth Zimmerman & William Torrey Harris, Forgotten Man in American Education, Journal of Thought, No.2,1985.

Kurt F. Leidecker, Yankee Teacher: The Life of William Torrey Harris, New York: The Philosophical Library, 1946.

L. Dean Web, The History of American Education, A Great American Experiment, New Jersey: Upper Saddle River, 2006.

Laura Blank, Mathematics for Life Adjustment, The Mathematics Teacher, Vol.47, No.5, 1954.

Laurence R. Veysey, The Emergence of the American University, Chicago: University of Chicago Press, 1965.

Lawrence A. Cremin, American Education, The Colonial Experience 1607—1783, New York: Harper & Row, Publishers, 1970.

Lawrence A. Cremin, The Transformation of the School: Progressivism in American Education, 1876—1957, New York: Alfred Abraham Knopf Sr., 1961.

Lawrence A. Gremin, American Education, the National Experience, 1783—1876, New York: Harper & Row, 1980.

Lawrence J. Dennis & William Edward Eaton, George S. Counts: Educator for a New Age, Carbondale: Southern Illinois University Press, 1980.

Layton S. Hawkins, Charles A.Prosser & John C.Wright, Development of Vocational Education, Chicago: American Technical Society, 1951.

Lee S. Duemer, Agricultural Education Origins of the Morrill Land Grant Act of 1862, American Educational History Journal, No.34, 2007.

Leland L. Medsker, The Junior College: Progress and Prospect, New York: McGraw-Hill Book Company, 1960.

Leonard V. Koos, A Quarter-Century with the Junior College, The Journal of Higher Education, Vol.9, No.1, 1938.

Leonard V. Koos, Desirable Types of Junior-College Organization, The School Review, Vol.44, No.5, 1936.

Leonard V. Koos, How to Democratize the Junior-College Level, The School Review, Vol.52, No.5, 1944.

Leonard V. Koos, Rise of the People's College, The School Review, Vol.55, No.3, 1947.

Marietta Johnson, Thirty Year with an Idea: The Story of Organic Education, Tuscaloosa: The University of Alabama Press, 1974.

Marlow Ediger, Subject Centered Versus an Activity Centered Curriculum, Education, Vol.116, No.2, 1995.

Martin Trow, The Expansion and Transformation of Higher Education, International Review of Education, Vol. XVIII, No.1, 1972.

Marvin Lazerson & Norton Grubb, American Education and Vocationalism—A Documentary Histiory 1870—1970, New York: Teachers College Press, 1974.

Marvin Lazerson, Origins of the Urban School Public Education in the Massachusetts 1870—1915, Cambridge: Harvard University Press, 1971.

Maurice R. Berube, American Presidents and Education, New York, Westport, Conrecticut, London: Greenwood Press, 1991.

Maurice R. Berube, American Presidents and Education, New York, Westport, Conrecticut, London: Greenwood Press, 1991.

Max L. Carey, Occupational Employment Growth through 1990, Monthly Labor Review, Vol.104, No.8, 1981.

Melville J. Ulmen, Prospect for Pluralism, Monthly Labor Review, Vol. 113, No. 6. 1970.

Melvin L. Barlow, The Vocational Age Emerges, 1876—1926, American Vocational Journal, Vol.51, No.5, 1976.

Merrill Peterson, Jefferson: Writings, McLuhan: Routledge,1997.

Merrill Peterson, Thomas Jefferson and the New Nation, Oxford: Oxford University Press, 1975.

Michael Harrington, The Other American: Poverty in the United States, New York: Macmillan Publishing Co., 1962.

Michael Knoll, The Project Method: Its Vocational Education Origin and International Development, Journal of Industrial Teacher Education, Vol. 34, No.3, 1997.

Morris Bishop, A History of Cornell, Ithaca: Cornell University Press, 1962.

Mortimer J. Adler, The Crisis in Contemporary Education, The Social Frontier, No.42, 1939.

Mortimer J. Adler, The Paideia Program, New York: Macmillan, 1984.

Morton Keller & Phyllis Keller, Making Harvard Modern: The Rise of America's University, New York: Oxford University Press, 2001.

Murray G. Ross, The University: The Anatomy of Academe, New York: McGraw-Hill Book Company, 1976.

Nelson F. Ashline, et al., Education, Inequality and National Policy, Lexington: Lexington Books, 1976.

Orie William Long, Literary Pioneers: Early American Explorers of European Culture, Cambridge: Harvard University Press, 1935.

Panel of Consultants on Vocational Education, Education for a Changing World of Work, Washington: U.S. Government Printing Office, 1964.

Passow A. Harry, American Secondary Education: The Conant Influence, a Look at Conant's Recommendations for Senior and Junior High School, Reston: National Association of Secondary School Principals, 1977.

Paul Goodman, Growing up Absurd, New York: Random House, Inc., 1960.

Paul Merrill Spurlin, The French Enlightenment in America, Athens: The University of Georgian Press, 1984.

Paul Monroe, Founding of the American Public School System—A History of Education in the United States, New York: The Macmillan Company, 1940.

Paul Westmeyer, A History of American Higher Education, Springfield: Charles C. Thomas Publisher, 1985.

Peter Sacks, Standardized Minds, Cambridge: Perseus Publishing, 1999.

Philip Dorf, The Builder: A Biography of Ezra Cornell, New York: Macmillan Publishers, 1952.

Philip G. Altbach & Robert O. Berdahl, Higher Education in American Society, New York: Prometheus Books, 1981.

R.Freeman Butts, A Cultural History of Education, New York: McGraw Hill, 1947.

Ralph Waldo Emerson, The American Scholar (12 Vols), Boston: Houghton, Mifflin and Company, 1904.

Ray L. Wilbur, The Junior College in California, Bulletin of the American Association of University Professors (1915—1955), Vol.14, No.5, 1928.

Richard B. Jones, Higher Learning for America: A Comparison of Abraham Flexner and Robert Maynard Hutchins and Their Views on Higher Education, Saint Louis University, 1978.

Richard Hofstadter & Walter P. Metzger, The Development of Academic Freedom in the United States, New York, London: Columbia University Press, 1955.

Rippa S. Alexander, Education in a Free Society: An American History, New York: Longman, 1984.

Robert M. Hutchins, No Friendly Voice, New York: Greenwood Press, 1936.

Robert M. Hutchins, The Conflict in Education, New York: Harper and Brothers, 1953.

Robert M. Hutchins, The Higher Learning in America, New Jersey: Transaction Publishers, 1995.

Robert M. Hutchins, The Learning Society, New York: The New American Library, 1968.

Robert M. Hutchins, The University of Utopia, Chicago: The University of Chicago Press, 1936.

Robert M. Maciver, Academic Freedom in Our Time, New York: Columbia University Press, 1955.

Roberta Silver, An analysis of Charles Allen Prosser's Conception of Secondary Education in the United States, University of Chicago, 1991.

Roland G. Paulston, French Influence in American Institutions of Higher Learning, 1784—1825, History of Education Quarterly, Vol. 8. No. 2, 1968.

Rosa BrunoJofré & Jürgen Schriewer, The Global Reception of John Dewey's Thought: Multiple Refractions through Time and Space, London: Routledge, 2012.

Roy J. Honeywell, The Educational Work of Thomas Jefferson, Cambridge: Harvard University Press, 1931.

S. M. Lipset & D. Riesman, Education and Politics at Harvard, New York: McGraw-Hill Book Company, 1975.

Saul K. Padover, The Complete Jefferson, San Diego: Tudor Publishing Company, 1943.

Shu Wei-Non, A Comparison of Factors that Influnce Vocational Education Law-Making in the U.S. and TaiWan, Republic of China, University of Minnesota, 1996.

Sidney P. Marland, JR, Career Education Now, The Career Development Quarterly, Vol.20, No.3, 1972.

Sol Cohen, Education in the United States: A Documentary History (Vol.3), New York: Random House, 1974.

Stephen L. Preskill, Ranking from the Rubbish: Charles W. Eliot, James B. Conant and the Public School, Champaign: University of Illinois at Urbana-Champaign, 1984.

The National Education Association, Report of the Committee of Fifteen on Elementary Education with the Reports of the Sub-committees, New York: The American Book Company,1895.

Thomas D. Fallace, The Effects of Life Adjustment Education on the U.S. History Curriculum, 1948—1957, The History Teacher, Vol.44, No.4, 2011.

Thomas Diener, Growth of an American Invention: A Documentary History of the Junior and Community College Movement, Westport: Greenwood Press, 1986.

Tony W. Johnson & Ronald F. Reed, Historical Documents in American Education, Boston: AlLyn BcBacon, 2001.

U. S. Department of Commerce. Historical Statistics of the United States, Colonial Times to 1970, Part 1, Washington, D.C.: Census Bureau, 1975.

V.T. Thayer, Formative Ideas in American Education, New York: Dodd, Mead & Company,Inc.,1965.

Van G. M. Pool, The Home Room, The Bulletin of the National Association of Secondary School Principals, Vol.36, No.184, 1952.

Vincent P. Lannie, Henry Barnard: American Educator, New York: Teacher College Press, 1974.

W. Carson Ryan, Studies in Early Graduate Education, New York: The Merrymount Press, 1939.

W. Norton Grubb & Marvin Lazerson, The Education Gospel and the Role of Vocationalism in American Education, American Journal of Education, Vol.111, No.3, 2005.

W. Norton Grubb, The Convergence of Educational Systems and the Role of Vocationalism, Comparative Education Review, Vol.29, No.4, 1985.

Walter C. Eells, The Junior College, Boston: Houghton Mifflin, 1931.

Walter Rüegg, A History of the University in Europe. Vol. III : Universities in the Nineteenth and Early Twentieth Centuries (1800—1945), Cambridge: Cambridge University Press, 2004.

Walter H. Gaumnitz & Ellsworth Tompkins, Holding Power and Size of High Schools, Washington: Federal Security Agency, Office of Education, 1950, Circular Number 322.

Ward W. Briggs & Basil L. Gildersleeve, The Formative Influence, German Influences on Education in the United States to 1917, Cambridge, New York: Cambridge University Press, 1995.

William C. Bagley, An Essentialist's Platform for the Advancement of American Education, Educational Administration and Supervision, No.24,1938.

William H. Goetzmann, The American Hegelians: An Intellectual Episode in the History of Western America, New York: Alfred A Knopf, 1973.

William Heard Kilpatrick, The Project Method, Teachers College Record, No.19, 1918.

William R. Harper & John Dewey, In Memoriam. Colonel Francis Wayland Parker, The Elementary School Teacher and Course of Study, No.10, 1902.

William Torrey Harris, How to Teach Natural Science in Public Schools?, New York: C.W. Bardeen Publisher,1895.

William Torrey Harris, Nature vs Human, or the Spiritual, American Journal of Education, No.3, 1871.

William Torrey Harris, Psychologic Foundations of Education: An Attempt to Show the Genesis of the Higher Faculties of the Mind, New York: D. Appleton & Company, 1898.

William Torrey Harris, The Church, the State and the School, North American Review, No.9, 1881.

William Torrey Harris, The History and Philosophy of Education, Chautauquan, No.3, 1882.

William Torrey Harris, The Present Need of Moral Training in the Public School, Journal of Education, No.27, 1888.

William Torrey Harris, The Theory of American Education, Journal of Education, No.2, 1870.

William Torrey Harris, Vocation versus Culture, Proceedings of American Institute of Instruction, 1891.

William W. Brickman, A Century of Higher Education, Westport, Connecticut: Green Wood Press, 1962.

William John Cooper, The Junior-College Movement in California, The School Review, Vol.36, No.6, 1928.

Willis Rudy, The Universities of Europe, 1100—1914, A History, London: Associated University Presses, 1984.

英文网络文献

Carl D, *Perkins Career and Technical Education Improvement Act of 2006,* 2007-11-26, http://www.acteonline.org/policy/legislative_issues/upload/Perkins_Changes_Summary.doc.

David Snedden（1868—1951）, 2013-08-14, http://education.stateuniversity.com/pages/2426/Snedden-David-1868-1951.html.

F.Labaree, H*ow Dewey Lost, The Victory of David Snedden and Social Efficiency in the Reform of American Education Education*, 2014-01-27. www.files.wordpress.com/2011/03/how_dewey_lost.pdf .

Kenneth B. Hoyt, *Career Education: Contributions to an Evolving Concept,* 2019-03-25, https://eric.ed.gov/?id=ED123459.

John Hillison, *The Collition That Supported the Smith-Hughes Act or a Case for Strange Bedfellows*, 2014-03-15, http://eric.ed.gov/?id=EJ504569.

Melvin L. Barlow, *A New Rationale for Vocational Education//A Report: On the Administrator's Conference on Vocational Education*, 2018-12-07. https://eric.ed.gov/?id=ED021959.

Milton E. Larson & Duane L. Blake, *The Bridge between Man and His Work,* 2018-12-05, https://eric.ed.gov/?id=ED021999.

National Center on Education and the Economy, *America's Choice: High Skill or Low Wage!*, 2014-04-05, https://eric.ed.gov/?id=ED323297.

National Commission on Secondary Vocational Education, The Unfinished Agenda, 2014-05-23, http://files.eric.ed.gov/fulltext/ED251622.pdf.

Robert H. Thiede, *Gary Plan,* 2018-08-15, https://www.britannica.com/topic/Gary-Plan.

Roger Yarrington, *Junior Colleges: 50 States/50 Years,* 2017-09-17, https://files.eric.ed.gov/fulltext/ED034514.pdf.

Secretary's Commission on Achieving Necessary Skills, What Work Requires of Schools, 2014-03-25, http://tech.worlded.org/docs/maththing/ny1p9.htm.

The Carl D Perkins Vocational and Technical Education Act of 1998, 2007-02-08, http://eric.ed.gov/?id=ED369959.

U.S. Department of Education Office of Vocational and Adult Education, *Vocational-Technical Education: Major Reforms and Debates 1917-Present,* 2018-02-08, https://files.eric.ed.gov/fulltext/ED369959.pdf.

图书在版编目（CIP）数据

美国教育思想史 / 贺国庆等著. — 杭州：
浙江大学出版社，2021.12
ISBN 978-7-308-22028-6

Ⅰ．①美… Ⅱ．①贺… Ⅲ．①教育思想－思想史—
美国 Ⅳ．①G40-097.12

中国版本图书馆CIP数据核字(2021)第239768号

美国教育思想史

贺国庆　等著

策划编辑	吴伟伟	
责任编辑	蔡圆圆	
责任校对	许艺涛	
封面设计	周　灵	
出版发行	浙江大学出版社	
	（杭州市天目山路148号　　邮政编码　310007）	
	（网址：http://www.zjupress.com）	
排　　版	杭州林智广告有限公司	
印　　刷	浙江省邮电印刷股份有限公司	
开　　本	710mm×1000mm　1/16	
印　　张	29.75	
字　　数	509千	
版 印 次	2021年12月第1版　2021年12月第1次印刷	
书　　号	ISBN 978-7-308-22028-6	
定　　价	119.00元	